U0529071

中国社会科学院老学者文库

国际道德：
新时代全球治理的道德支撑

刘国平 ◎ 著

中国社会科学出版社

图书在版编目（CIP）数据

国际道德：新时代全球治理的道德支撑／刘国平著 . —北京：中国社会科学出版社，2021.1

（中国社会科学院老学者文库）

ISBN 978-7-5203-7643-3

Ⅰ.①国⋯　Ⅱ.①刘⋯　Ⅲ.①国际政治—研究　Ⅳ.①D5

中国版本图书馆 CIP 数据核字（2020）第 255585 号

出 版 人	赵剑英
责任编辑	喻　苗
责任校对	任晓晓
责任印制	戴　宽

出　　版	中国社会科学出版社
社　　址	北京鼓楼西大街甲 158 号
邮　　编	100720
网　　址	http://www.csspw.cn
发 行 部	010-84083685
门 市 部	010-84029450
经　　销	新华书店及其他书店
印刷装订	北京明恒达印务有限公司
版　　次	2021 年 1 月第 1 版
印　　次	2021 年 1 月第 1 次印刷
开　　本	710×1000　1/16
印　　张	41.5
字　　数	541 千字
定　　价	238.00 元

凡购买中国社会科学出版社图书，如有质量问题请与本社营销中心联系调换
电话：010-84083683
版权所有　侵权必究

序　　言

　　当今世界，复兴道德，繁荣道德，发展道德，弘扬道德，让道德规范深入全球治理的各个领域、每个角落；激励全球人都尊崇道德，发扬德性，践行道德规范，这已经成为新时代全球治理的历史责任和历史使命。该书对全球治理道德支撑的研究，正是这种责任和使命使然。

　　习近平同志说：百行德为首，百业德为先。中华民族是一个有着悠久尚德传统的民族，历来讲究"道德当身，不以物惑"，历来对缺失道德者持不齿的态度。在参与全球治理中，中国也必须像习近平同志说的那样，在道德方面做出表率，不断提高道德认识，陶冶道德情操，锤炼道德意志，提升道德境界，打牢道德防线，坚守道德底线，夯实道德基础。要做道德的示范者，诚信风尚的引领者，公平正义的维护者，以自己高尚的道德品行去影响和感染世界，以自己高尚的道德人格去赢得人心，凝聚人心。要激励全世界的人都崇德向善，见贤思齐，积善成德，都讲修养，讲道德，讲廉耻，讲贡献，讲积极向上的生活情趣，讲做一个为全球人谋幸福的奋斗者，这才是参与全球治理应肩负的责任。

　　道德是人类文明的基础，也是个永恒而又现实的话题。何为道德，按照古希腊苏格拉底的说法，道德就是应当如何生活的内心的规范。黑格尔也认为：道德不是一个单纯抽象的观念，而是一个强有力的、能够实现它自己的原则。黑格尔说："道德便是义务，便是实体的权利，所谓第二天性，这个命题是很恰当的；因为人类的第一天性，便是他直接的、单纯的、动物的存在。"[①] 对每个人、每个国家来说，道德既在哲学里，又在心灵深处，在实际生活中，如影随形。仁慈、善良、兼爱、公平、正义、良心、尊重、诚信、宽容等，这些美好、崇高、神圣的词语，在广大人民心中铸成一道心灵长城。

顾名思义，所谓国际道德，就是各国在相互关系、相互交往中应当遵循的道德规范或道德原则。按照黑格尔的逻辑，家族道德是道德形成的最初形式，随之而起的国家道德，便是它的第二形式。那么国际道德就应当是道德的第三形式。国际道德规范或原则，体现在许多方面，诸如相互尊重原则、公平正义原则、诚信宽容原则、和平发展原则、平等互利原则、合作共赢原则等。这里着重研究的，是全球治理中的道德支撑及其道德建设，其集中体现，就是这些道德规范或道德原则的支撑和建设。当然，全球治理的道德，必然要涉及个人道德、民族道德和企业道德。

近些年，全球治理虽然逐渐热起来，但全球治理的许多问题，诸如全球治理的本质和特性，全球治理与国家治理的区别，全球治理的道德属性和相关道德建设等，都还没有说清楚。全球治理的理论体系、机制体系、监督体系等，都还没有完整地建立起来。特别是基于道德在全球治理中的特殊作用，加强全球治理中的道德研究，促进全球性的道德复兴，已经成为新时代哲学社会科学学者们肩负的历史使命和不可推卸的责任。

全球治理，是人类文明发展中面临的最宏伟、最复杂、最深入人们灵魂、关系到人类命运的大课题。它不仅需要理论创新，更需要实践创新。这里不是要对全球治理进行全面研究，而只是要从道德本质切入，对全球治理宗旨、信仰、原则、秩序等的道

---

① ［德］黑格尔：《历史哲学》，台北里仁书局1984年版，第78页。

德属性,道德面临的严峻挑战,以及如何进行道德建设,如何发挥道德规范的作用,进行尝试性的研究。

由于全球治理的特殊性和时代性所决定,全球治理中道德规范的作用更加突出。加强全面的道德建设,决定着全球治理的成败。西方在对全球治理的研究中,很强调实力,认为全球治理得靠实力支撑的霸权。当然,我们所说靠道德支撑的含义,并不是要轻视实力,而是说,实力必须由道德支撑,才能在人间正道上发挥正能量;使全球治理沿着为全人类谋幸福的正道,阔步前进。

新时代全球治理的道德支撑,其含义是:用德性信仰、德性理念、德性宗旨、德性原则、德性秩序等为指导,在没有世界政府、国际法还不能具有强制性力量的条件下,主要靠国家的自律、自觉的道德规范,维持各种协议、公约、条约、规则等的善性和执行的有效性。当然,全球治理道德支撑的研究,只是全球治理研究中的沧海一粟。

本书以信仰和价值观为纲,抓住和平、劳动、幸福、公平、正义、财富、权势、欲望、善恶、美丑、贡献、掠夺、战争等,这些与人的精神、感情相关的最基本的理念,从它们的自然逻辑和相互关系中,研究全球治理的道德内涵,论述为什么全球治理必须以道德支撑的缘由,以及如何进行具体的道德建设。本书始终围绕两条主线:一条是,贪婪财富和权势的私欲,是一切恶的本质和根源;另一条是为他人、为全球人谋幸福的公心,是一切善的本质和根源。

每个国家和每个人一样,对善恶、美丑的选择,或许一生都在路上,或许就在眼前的一念之间。放眼当今世界,也许每个人都会有这样的感觉:在以往的全球治理中,正是受对权势、财富贪婪的腐蚀,世界性道德的滑落,几乎达到了极致。到处都有道德的凄楚,到处都有道德在悲惨中的挣扎和呼唤。在国际社会中,最令人担忧的事情,就是这种贪婪对道德的腐蚀。正是因为这种腐蚀，使人性发生了极度扭曲，使善恶颠倒，甚至使狼外婆屡屡得逞。

不可思议的是，有些曾深信"得道多助，失道寡助"的人，不知为什么，却突然也加入了"道德能值几个钱，良心不能换财富"的"谬流"。在一切向钱看的环境下，研说道德，似乎是个令人很心酸、很纠结、很沉重的话题，真有点不合时宜。然而，道德的凄楚和悲惨，道德的挣扎和呼唤，却刺痛着善良人们的心，人们都不得不发声。特别是由于道德毕竟是人类文明存在和发展的基础，是国家存在和发展的基础，是国际社会存在和发展的基础，具有不可战胜性；由于道德体现着广大人民的意志，所以，道德永远自信，越是在道德滑落的环境下，才越需要研究它。研究它、认识它、宣传它，才更有必要，更有价值，更有意义。

诚然，无论是一个国家，或是国际社会，总的看，德性始终都还占据主导地位。犹如中国的俗语：邪不压正，人间正道是沧桑。否则就没有国家的存在和发展，没有国际社会的存在和发展，没有人类文明的存在和发展。

自人类进入工业社会之后，所实行的观念、制度、政策，都刺激了人类第一天性的膨胀，刺激了人类物质文明的发展，而轻视或抑制了人类第二天性和精神文明的发展。在法治和德治的关系上，也过于强调法治的作用，轻视了内在的、自觉的道德规范的力量。

比如，在教育和人才的评定标准上重才轻德，这就是涉及人类文明根本性的大问题。自工业革命以来，全球性的小学、中学、大学教育，都没有真正把道德教育放在第一位。在人才评定中，无论是中等人才、高等人才，都没有把道德标准放在第一位。所看重的，是对科学、技术和知识的掌握程度。人类文明的发展，离不开科学、离不开技术、离不开知识，但更离不开道德。道德是可以决定人类命运的。

中国是个文明国家。在中国文明传统中，最重视道德教育。比如，人们都知道的，孔子教育门徒有四科：德性、言语、政事、文学。四科中，德性是摆在第一位的。实际上，儒家学说的核心，就是德性。儒家倡导的是德治。因为德性体现着人的灵魂和精神，只有先具备了德性，才能赋予其学得知识、技能和行为灵魂，才能赋予自己所掌握知识、技能以道德属性，才知道为谁而干，如何去干，从而始终行走在人间正道上，为人类做出贡献。一切科学技术，特别是高精尖的科学技术，都必须具备道德灵魂，才能发挥巨大的正能量，为人类做出惊天动地的大贡献；如果失去了道德属性，就会变成危害人类的大邪恶。

中国为构建人类命运共同体的不懈努力，也就是为全球谋利益、谋幸福，为全球的和平发展、平等合作、共赢共享的不懈努力，堪称世界的表率。而从国民的层面看，特别是从国民的素质看，与做全球人的表率的差距，可想而知。比如，在与世界的交流中，要做到让外国人只要看到中国人，就看到了中国的文明，看到了中国的道德，看到了中国的仁义礼智信，看到了中国人的谦让和尊严，看到了中国人的热情和利他精神，看到了中国人的彬彬有礼，看到了中国人的大义凛然的气度；而且不仅看在眼里，还折服在心里，显然差距不小。

回顾人类发展史就会明白，伦理道德作为人类文明得以生存和发展的基础，是不会泯灭的。道德不仅是社会意识形态，不仅是人生观和价值观，而且充溢在人们的一切实践活动中，体现在人们的一言一行中。人们的一言一行，都反映着道德的遵从，时时刻刻都应当视影自省。如列宁说的：道德并非基于内心感受的理想主义准则，而是基于革命运动不断变化的要求。道德兴，则人类文明兴；道德被践踏，则人类文明被践踏。

自古至今，研究道德，宣传道德，以德育人，不仅是一项重要的社会工作，而且是治理者的一项重要使命。如黑格尔说的：

人类绝对的和崇高的使命，就在于他知道什么是善和什么是恶。他的使命便是他的辨别善恶的能力。当我们考察德性或道德时，切莫陷入《哀歌启应祷文》的那种世界上善良的人都遭遇不幸，而罪大恶极的人却幸运亨通的陈词滥调。可黑格尔之后的历史，恰恰是陷入了这种陈词滥调。

以往对于人类德性的研究，特别是对伦理学的研究，多偏重于理性，偏重于对概念、逻辑、形式方面的解释，忽视了对实质性问题和实际中的问题的探讨，因而常被人质疑和讥笑。其实，道德既是抽象的，也是具体的；既是理论，又是实际生活；既有其理论体系，也有其广泛的实践领域。在人类群体生活中，在各种共同体中，在各种共同体的具体结构的方方面面，都充满着德性，体现着德性。可以说，一个人的一言一行，一个国家的一言一行，都遵循着一定道德原则的选择。所以，本书更侧重于全球治理实践中的道德建设。

事实证明，特朗普带领的美国，是真实的美国，是只讲私欲贪婪，不讲道德的美国。为了谋取美国的最大利益，它已经成为全球化的破坏者、全球治理的破坏者、全球共同体或全球村的破坏者。这使人们都不得不从实际出发，深入考虑世界的未来、全球治理的未来，考虑解决当今世界难题的关键究竟在哪里，考虑解决世界难题的钥匙究竟在哪里？

各种意见和争论，各种政策和方案，可以说是五花八门。可美国的所言所行，告诉人们，在当今新的时代，全球性问题的解决，需要具有道德属性的新的思维、新的思想、新的理念、新的道德、新的原则。也就是说，新时代的全球治理，需要由这些新思维、新思想、新理念、新道德和新原则来主导，即由代表这些新思维、新思想、新理念、新道德、新原则的力量来主导。

促进全球化的发展，改革全球治理，建立更公平、更合理、更合乎正义的世界政治经济秩序，建立以合作共赢为基础的和谐美好的世界，建立和谐美好的人类命运共同体或地球村，这是当今最大的德性。这里要研究的，是全球治理中的道德支撑。因为道德本应是全球治理的基础和最基本、最重要的力量支撑。然而，在以往的霸权治理中，纯洁的道德却丢失了，而变成了掠夺财富和权势的工具，所以，全球治理道德建设的一项重要任务，就是正本清源。

全球治理虽然早已发生，但作为世界性的热门话题，还是20世纪晚期之后的事情。全球治理，是人类发展进步的新标志，然而，纵观全球治理的发展进程，尽管有许多看得见的成就，但也有许多看得见的问题。当今人们都看得出来或体会得到，这些问题中最为突出的，就是道德的缺失，道德的支撑软弱无力。也就是说，当今的世界，比过去任何时候，都更需要道德支撑。面对道德被腐蚀的环境，加强全球治理中的道德建设，显得非常重要和急切。

面对以往全球治理中的问题，面对当前国际社会动荡不安的现实，这里试想以新的视角，即德性的视角，来重新研究、思考、认识全球治理中的问题、方向和美好未来。本着认识的实践—认识—再实践—再认识的客观规律，着重在对过去的认识进行检验的基础上，探讨真理，寻找新的方向。

目　　录

第一章　道德的神圣和永恒 ……………………………… （1）
　一　道德规范和人心的力量 ………………………………… （1）
　　　灵魂规范和良心原则 …………………………………… （2）
　　　法律基础和成文道德 …………………………………… （9）
　　　历史权力和道德历史观 ………………………………… （13）
　二　私欲产生和道德分裂 …………………………………… （19）
　　　道德的原本和纯真 ……………………………………… （19）
　　　私欲恶崇和道德分裂 …………………………………… （25）
　　　私欲贪婪和罪恶渊薮 …………………………………… （35）
　三　治理者异化和道德凄楚 ………………………………… （42）
　　　人身奴役和奴隶社会道德 ……………………………… （43）
　　　封建特权和封建社会道德 ……………………………… （48）
　　　金权统治和资本主义道德 ……………………………… （53）
　四　人民的意志和道德的自信 ……………………………… （58）
　　　劳动统治和正气慷慨 …………………………………… （58）
　　　利他利公和道德豪迈 …………………………………… （66）
　　　公利原则和道德底线 …………………………………… （72）

第二章　全球化中的善与恶 ……………………………… （79）
　一　善恶混杂和混杂中的进步 ……………………………… （80）

善性追求和人类的胸怀……………………………………（80）
　　善恶混杂和善始善终……………………………………（90）
　　善性主导和人类文明进步………………………………（98）
二　道德的美好和掠夺者的丑恶…………………………（102）
　　商业道德和殖民掠夺……………………………………（103）
　　先进者的道德和垄断掠夺………………………………（109）
　　金融道德和投机掠夺……………………………………（117）
　　货币道德和美元掠夺……………………………………（122）
　　政治道德和战争掠夺……………………………………（127）
三　时代的转变和道德的新发展…………………………（131）
　　社会主义的融入和道德力量的展现……………………（131）
　　新时代和新德性理念的传播……………………………（135）
　　新时代和中国优秀道德传统的新价值…………………（143）
四　扬善除恶和全球化的未来……………………………（148）
　　扬互利共赢除零和博弈…………………………………（148）
　　扬国际民主除霸权主义…………………………………（153）
　　扬全球利益除民族利己主义……………………………（157）
　　扬勤劳致富除剥削掠夺…………………………………（161）

第三章　霸权治理和善恶倒置……………………………（165）
一　霸权治理和道德丢失…………………………………（166）
　　殖民体系：掠夺者的天堂………………………………（166）
　　道德之名贪婪之实………………………………………（172）
　　凡尔赛秩序和不道德的意图……………………………（177）
　　华盛顿秩序和不道德的条约……………………………（185）
二　霸权伪装和道德工具化………………………………（189）
　　道德伪装和美国的繁荣…………………………………（189）
　　道德工具高手和霸主梦的实现…………………………（193）

雅尔塔秩序和人民意志的哀痛 …………………………… (198)
　三　两极治理和道德工具的效能 ……………………………… (201)
　　　军事冷战和道德热战 ……………………………………… (202)
　　　军备竞赛和践踏道德 ……………………………………… (206)
　　　民心瓦解和制度崩溃 ……………………………………… (209)
　四　时代的转变和道德的振兴 ………………………………… (212)
　　　社会主义的融入和全球治理的新时代 …………………… (212)
　　　新时代和道德面临的挑战 ………………………………… (216)
　五　联合国的道德属性和初心回归 …………………………… (221)
　　　联合国的道德属性和功与过 ……………………………… (221)
　　　霸权挟制和恶性行为的根源 ……………………………… (225)
　　　中国承诺和联合国的美好 ………………………………… (229)

第四章　全球治理的德性信仰：公天下和共生存 …………… (232)
　一　公天下和共信仰 …………………………………………… (233)
　　　公天下信仰的善性和高尚 ………………………………… (233)
　　　公天下价值观的荣光和完美 ……………………………… (238)
　　　公天下的兴盛和私欲贪婪者的不甘 ……………………… (245)
　二　共发展和共享用 …………………………………………… (250)
　　　共幸福和公天下的境界 …………………………………… (250)
　　　共发展和国际联合劳动 …………………………………… (259)
　　　平等合作和互利共赢的德性 ……………………………… (267)
　三　共生存和互诚信 …………………………………………… (272)
　　　善性契约和全球互诚信 …………………………………… (273)
　　　善性竞争和企业诚信 ……………………………………… (281)
　　　善治国家和政府诚信 ……………………………………… (291)
　四　共治理和共责任 …………………………………………… (294)
　　　责任担当和行为主体的品格 ……………………………… (295)

网络安全和网络责任 …………………………………… （298）
生态安全和生态责任 …………………………………… （300）

第五章　全球治理的德性目的和宗旨：为全人类谋幸福 …………………………………… （307）

一　全球幸福之本和全球和平劳动 …………………………… （308）
　　社会的太阳和人格的标志 ……………………………… （308）
　　幸福之路和对邪恶的遏制 ……………………………… （314）
　　劳动者的发展和教育公平 ……………………………… （318）
　　善性社会和全球治理的追求 …………………………… （322）

二　幸福的内涵和消费道德 …………………………………… （325）
　　享受陷阱和幸福哀叹 …………………………………… （326）
　　信用卡的诱惑和债务奴隶 ……………………………… （331）
　　钱生钱的蛊惑和贫富分化加深 ………………………… （339）

三　全球幸福和全球变革 ……………………………………… （343）
　　全球化变革和全球幸福的不二选择 …………………… （343）
　　社会福利和福利制度变革 ……………………………… （349）
　　债务危机和公共消费制度变革 ………………………… （355）

四　共幸福和共富裕 …………………………………………… （360）
　　共同富裕和消除不平等之路 …………………………… （361）
　　善性制度和扶贫美德 …………………………………… （368）
　　共同富裕和劳动者全面发展 …………………………… （371）
　　最后的障碍和善性分工 ………………………………… （375）

第六章　全球治理的德性原则：和至上和致中和 ………… （381）

一　博大精深的思想和最高的道德 …………………………… （381）
　　和平劳动和道义至上 …………………………………… （387）
　　和平崛起和道德超越 …………………………………… （390）

原则的实现和未来的塑造 …………………………（393）
　二　新创举和新道德内涵 ……………………………………（397）
　　新创举的中国性和世界性 …………………………（398）
　　新原则和新德性 ……………………………………（403）
　　人心的支柱与和平发展的保证 ……………………（409）
　　共识的原则和新世界秩序的基础 …………………（415）
　三　新原则的实践和自我毁灭的拯救 ………………………（420）
　　中国人的自信和坚定 ………………………………（420）
　　反对霸权主义：新原则的生命 ……………………（425）
　　新原则的实践和新的全球性安全 …………………（436）

第七章　全球治理的德性秩序：公平和正义 ………………（444）
　一　公平正义和世界秩序 ……………………………………（444）
　　公平正义：世界秩序的基本准则 …………………（445）
　　真相：评价公平正义的基石 ………………………（451）
　　公平正义和宽容公道 ………………………………（455）
　二　公平正义和霸权秩序摈弃 ………………………………（460）
　　霸权秩序和对公平正义的蹂躏 ……………………（460）
　　干涉主义和对公平正义的践踏 ……………………（463）
　　霸权主义的摈弃和公平正义的实现 ………………（467）
　三　特权和旧世界秩序的桎梏 ………………………………（472）
　　垄断特权和全球性发展的梗阻 ……………………（472）
　　科技特权和全球性工业化的艰难 …………………（477）
　　金融特权和全球性腐败的加深 ……………………（483）
　　治理特权和全球性公平正义危机 …………………（490）
　四　公平正义和旧世界秩序的变革 …………………………（492）
　　公平正义和世界秩序变革的核心 …………………（493）
　　变革的经济力量和道德力量 ………………………（497）

变革的实践和中国的作用 …………………………………… (502)
　　共商共建和变革成败的关键 ………………………………… (508)

第八章　全球治理的德性追求：和谐社会与和谐世界 …… (515)
　一　和谐世界与教育创新 ……………………………………… (515)
　　和谐世界和文明新境界 ……………………………………… (516)
　　和谐世界和教育创新 ………………………………………… (519)
　　尊崇道德和幸福美满 ………………………………………… (523)
　二　国际民主化和国际法治化 ………………………………… (529)
　　国际民主和国际法治相辅相成 ……………………………… (529)
　　协商民主和选举智慧 ………………………………………… (535)
　　不公正统治和不公平猖獗 …………………………………… (538)
　　制度悔过和自知美德 ………………………………………… (548)
　三　和谐世界和包容智慧 ……………………………………… (559)
　　求同存异和差异包容 ………………………………………… (559)
　　互利共赢和利益包容 ………………………………………… (567)
　　无疆大爱和大爱包容 ………………………………………… (573)

第九章　全球治理的德性方案：构建人类命运共同体 …… (580)
　一　指路明灯和中国贡献 ……………………………………… (581)
　　伟大创举和功德无量 ………………………………………… (581)
　　命运相依和共生为大 ………………………………………… (589)
　　命运共同体和"共"的精神 ………………………………… (591)
　二　人类命运共同体和道德支撑 ……………………………… (597)
　　文明互鉴和德性目的 ………………………………………… (598)
　　创新劳动和共享道德 ………………………………………… (601)
　　大国胸怀和大国道德 ………………………………………… (604)
　三　全球人的意志和道德的力量 ……………………………… (608)

理想巅峰和道德制高点 …………………………………… (608)
　　全球幸福和安全障碍 ……………………………………… (612)
　　人间正道和德性大展现 …………………………………… (615)
四　共同的事业和共同参与的平台 ………………………………… (622)
　　公德之路和新创举的开端 ………………………………… (622)
　　平台的多样性和力量的集结 ……………………………… (629)
　　成效初显和未来光明 ……………………………………… (636)

主要参考文献 …………………………………………………………… (640)

后　记 ………………………………………………………………… (643)

第 一 章

道德的神圣和永恒

道德是抽象的，也是具体的；它既是理论，也是生活。它不仅是隐藏于人的心灵里的心理意识，不仅是人类内心的一种感受，也不仅是理想的行为准则，而且是人们群体生活的基础，是人类社会生活实践活动、人类文明发展内在的基本规范和准则。自古至今的历史证明，道德是人类文明的灵魂，是人类文明发展的永恒动力，它对人类文明发展的作用是巨大的、决定性的。可以这样说，如果没有道德，就不会有人类文明，就不会有人类文明的发展与进步。人们都知道，在古典的中国文明中，在古希腊哲学文明中，道德都是最重要、最基础的组成部分。诸如中国的诸子百家，特别是儒家和道家；希腊的智人群，特别是诸如苏格拉底、亚里士多德等；其在德性的研究中，都非常有造诣，而且至今都仍然闪耀光芒。他们都劝治理者发挥自己的智慧，以德治或良法善治为本，尽一切努力避免恶治。

一 道德规范和人心的力量

道德是人的人格所在，是人和其他动物的根本区别所在。道德作为人们自觉遵守的行为规范，作为从人的内心深处发出的力量，对人类文明发展进步的作用不仅是巨大的，而且是带有基础性和根本性的。道德从来是与信仰紧密联系的，有什么样的信仰，就有什么样的道德。所以，无论作为一个国家的治理者，还是国际社会的治理者，坚持正确道德规范，都是职责所在，使命所在。对于有德性的治理者，中国古人常称其为明主、贤君；而对没有德性的治理者，则称其为昏君、暴君。无论是国家的治理者，还是国际社会的治理者，谁不想做明主、贤君，而甘愿做昏君、暴君呢？然而，在人世间，什么事都有可能发生。

灵魂规范和良心原则

尊崇道德，遵循道德规范行事，这是中国人的优秀传统。我的父亲是一位山村农民。多行善事，做人要有良心，凭良心办事，不要愧对别人，这是父亲教育孩子的口头禅。1949年，我在上小学，虽然还没有到加入共青团的年龄，但由于情况特殊，我加入了共青团组织。那时候共青团组织还没有公开。后来父亲觉察到了，就让我坐在床边，很严肃地对我说："听说你加入了啥组织，我不知道，我也不反对。但你可一定要记住，我们家祖祖辈辈都是实诚人，无论何时何地，做人办事，都讲的是实诚和良心。没良心的事、愧对别人的事，可千万不能做，这你可一定要永远记在心里！"父亲是个少言寡语的人。在我的记忆里，这是父亲唯一一次对我这样认真、正经、严肃的谈话。看着父亲那很神圣的表情，我意识到这些话的分量。因此，我一生都把它记在了心底里，根深蒂固。

中国人讲的良心，就是道德规范，凭良心办事，就是凭道德规范办事。哲学家都相信，道德规范，是人类灵魂的规范和良心原则，是人内心的意识或法律。在没有世界政府的环境下，这种规范和原则，不仅应当是国际社会至高无上的准则，而且也应当是全球治理的基本支撑。道德规范，不仅包含人内心的感情和意志，也不仅是意识形态或抽象的概念，而且还隐随于人们的一切实际生活中。它作为评价人实际行为善恶的准则，渗透在人类行为活动的方方面面，堪称人类行为活动的总和。

古希腊哲学家亚里士多德认为，人的德性，是在灵魂中生成的。在灵魂中生成的，只有三种东西，即感受、潜能和品质。而且德性不是天生的，而是在接受教育中生成的。所以，德性是一种有教养的标志。亚里士多德认为，理性是灵魂中的高级组成部分。理智德性，是灵魂中理性部分最优秀、杰出的品质。正是这种品质，使人类具有了进行科学探究的潜能。

黑格尔对道德的解释是：道德有其普遍的特质，个人灵魂体现的特质。人生的宗教和道德都是有无限价值的。世界上凡是有高尚和光荣要求的人，仍然有一种更高尚的存在超越了它。"世界精神"的要求，就高于一切特殊的要求。各种道德法则，不是偶然的，而是在本质上合理的。国家的道德并非由个人自己的确信来支配的那种伦理的、反省的道德。真正古老的道德，则是根据各人恪守义务这个原则的。在这个意义上说，道德便是"义务"，便是实体的"权利"，所谓"第二天性"，这个命名是很恰当的。因为人类的第一天性，是直接的、单纯的、动物的存在。

生活在一个民族、一个国家的每个人，生活在国际社会的每个行为主体，其每项具体行为活动，无论其思考、策划每项事业，或从事事业的一言一行，都始终处在具体的道德评价之中，心灵深处都摆脱不了是非、善恶、真假、美丑这些德性或邪恶的框围。或者说，德性或邪恶都会时时刻在耳边作响，并提醒着人们：到底应当做出何种选择。

一个人出行，遵守不遵守交通规则，遵守不遵守乘车规则，遵守不遵守交通道德和乘车道德；上班时，遵守不遵守上班的纪律，在与同事们沟通和合作时，遵守不遵守职业道德；参与国际交流与合作时，遵守不遵守相互尊重、相互关爱、相互帮助、相互合作、共赢、共享等这些国际社会的道德，都在考量之中。从事政治工作的，有政治道德；搞经济工作的，有各种经济道德；

搞科研工作的，有科研工作的道德；道德无业不在，无处不在，无时不在。或者说善恶无业不在，无处不在，无时不在，关键性的事情，是行为者如何选择。

我们说的道德，当然是指能够反映广大人民意志的、人们公认的、普遍性的与假恶丑相对立的真善美。具体说，它应当是符合人性，符合人民意志，符合事物发展客观规律，能促进社会生产力发展和人类自身发展，促进人们物质和精神文化生活提高，推动人类文明走向更加自由民主、更加包容和谐、更加理想和美好幸福的、大多数人都认同并自觉遵守的那种行为规范和准则。这种规范和准则的普遍实现，也就是真善美的个人、真善美的民族、真善美的国家、真善美的国际社会的实现。这种美好，这种真善美，当然是全世界人民的普遍愿望。

在国际社会中，国家是最主要的行为主体。按理说，每个国家都应当有自己美好的灵魂，有自己文明的精神，有自己的道德和尊严。然而，在私欲极端膨胀，对私人财富和权势的贪婪都无法遏制的环境下，这一切，都被破坏了。在国际社会，每个国家都和一个国家内的每个人一样，如果失去美好的灵魂，失去了文明向上的精神，失去了自己的尊严和道德，那就失去了自己的人格、国格，失去了自己的一切，就会成为国际社会邪恶的根源。

人们都知道，自从国家出现之后，国与国之间究竟应当以什么样的原则处理相互关系，这在思想理论上，历来存在着诸多争论。国际社会出现之后，随着国际关系特别是国际关系理论的发展，这种争论日趋激烈和深化，其对实践的影响，更是日益具体和强大。就政治领域看，虽然思想理论很多，各种派别林立，但主导性的可归结为两个对立派别：

一派是推崇强权政治，主张国际政治行为无道德论。如欧洲文艺复兴时期的意大利政治家马基雅维利、17世纪英国政治家托马斯·霍布斯，就崇尚强权政治，崇尚国际行为无道德论，认为统治者为确保自己的权力和国家的生存，其行为应不受任何道德准则的约束，可以不择手段去实现自己的目的。只要需要，他可以走上诸如背信弃义、不讲仁慈、悖乎人道、违反神道，甚至发动战争等为非作恶之途。这种荒谬的理论，自然导致了国际社会的动荡和国际关系的混乱，但它却为列强推行强权政治和争霸世界中的那种钩心斗角、尔虞我诈、相互残杀、争夺霸权提供了理论辩护。

另一派是崇尚主权平等，主张道德和正义，应是国际关系中至高无上的准则。这一派理论从国际社会的统一性和相互依赖性出发，认为任何国家的行为，都不能是绝对的、无限制的和不受约束的。相反，它要受到其他国家和整个国际社会的共同利益所影响，受其他国家和为社会所共同认可的行为规则的制约。任何国际社会的行为主体，都必须遵守共同认可的行为规范和准则，遵守共同的国际秩序，才能维护国际社会的稳定和发展。如法国著名理论家让·博丹、荷兰法学家格劳秀斯等，就主张主权独立，主权平等，主权不受任何外力的压制与约束，反对强权政治，反对在强权政治下的相互吞并、杀戮无辜，主张建立主权平等的国际关系。马克思和恩格斯更是对吞并和杀戮深恶痛绝，主张国与国的交往必须遵守共同认定的规范和原则，并明确提出，应当把道德和正义作为国际交往的至高无上的原则。

马克思认为，资产阶级的强权政治，掠夺性的扩张，争霸世界，都是违背道德的，资产阶级在推行对外政策中的那种不择手段、背信弃义、尔虞我诈、相互倾轧、相互欺骗、恫吓、干涉、侵犯、吞并等，这都是不道德、非正义的行为。因为这种不道德和非正义的行为，给世界人民造成了深重灾难，所以，在未来的国际关系中，应当把道德和正义作为最高的准则。

道德不仅是人类普遍尊崇的美好，也是由感情迸发出的，促进人类文明发展进步的强大自控力量。这种力量之所以强大，之所以是一切人类文明发展的基础,是因为它体现的是社会生产力发展的主体劳动和劳动者的心声,是广大人民的力量,是由民心、民意、民志熔铸的发展的力量,向上的力量,奔向美好未来的力量。民心难毁,民意难违,世界广大人民意志的力量,无敌于天下。

道德的这种力量,来自于它对人们之间关系的调整。它作为由原则、规范、意识、信念、情感和行为习惯等构成的特殊规范调解方式,承担着判断、调节、教育、认识等社会功能,对社会生活有巨大的、有效的能动作用。正如亚当·斯密说的,具有美德的人,会得到人们的敬爱和赞美,人们会将应有的荣誉和报酬归功于他们。亚当·斯密认为,事物的自然进程,于坏蛋是有利的,而人们的天生感情,则倾向于具有高尚道德情操的人。并且,大自然给予每一种美德和罪恶的那种报答和惩罚,最能鼓舞前者和约束后者。

亚当·斯密认为,人们做事,都应当遵守道德规则,遵守鼓舞人们勤劳和专注的有效和合宜的规则。而当暴力和计谋居然胜过真诚和正义时,义愤怎么不会在每个旁观者的心目中激起呢?对于一个无辜者所受的痛苦,人们会多么悲伤和怜悯,对压迫者所得到的成功,又会产生多么强烈的愤恨,这都是人类天性使然,即人类天性中最高尚和最真诚的本性,是爱好美德和厌恶邪恶及非正义本性使然。

大量的史料也许能使人们确信,人们共同生活的群体,都需要有共同遵守的行为规范才能维持。正是人们在共同劳动和生存的长期实践中,从自身的本性和发展需要中,逐步形成了一种维持群体生存的、群体每个成员都自觉遵守的行为规范,即道德情操,包括风俗、习俗,来维持群体的秩序,才有了群体的存在和发展。

人的本性,无论是性善或性恶,无论是第一天性还是第二天性，都只能在群体生活和相互关系中展现出来，所以它体现为人的社会性。从这种本性中产生的道德，同样具有社会性，具有一种除恶扬善、维护正义、维护共同利益、维护群体发展的重要作用和巨大力量。当然，人类最初的道德情操规范或行为规范，不仅发自人的本性，发自人的聪明智慧，而且发自人的社会生产力的发展。不言而喻，在没有国家、没有法律的情况下，国际社会秩序的维持，只能主要靠这种道德的力量。

不言而喻，道德作为信仰、价值观的核心和人们自觉遵守的行为规范，体现在人类文明发展的各个阶段和各个方面。个人需要遵守个人道德规范，社会需要遵守社会道德规范，国家需要遵守国家道德规范，国际社会也需要遵守国际社会道德规范。只有这样，才能有全人类的发展和进步。在社会生活中，无论从事什么职业，都需要遵守起码的职业道德，受起码的道德约束、道德支撑，才能在合作中成事。否则，就不会有事业的发展和社会的和谐与稳定。

黑格尔在给道德下定义时，曾这样说道：道德就是普遍的主要的"意志"同个人的意志的"统一"。生活在这种统一中的个人，有一种道德的生活，他具有一种价值，这种价值只存在于这种实体性之中。在黑格尔看来，我们常用"理想"这个名词，而理想是什么？理想就是指"理性"的理想、善的理想、真的理想。所谓"真正的善"，即"普遍的神圣理性"，不是一个单纯的概念，而是一种强有力的、能够实现它自己原则的力量。它之所以是伟大的力量，还因为它不仅是符合人类本性、促进人类文明发展进步的自控的力量；而且是保证人类走向美好未来的向上的力量源泉。

人们都知道，在我们国家，"道德"是个合成词。道的含义非常广，也非常深邃。中国古代的老子在《道德经》一开头就说："道可道，非常道。"对这六个字的理解和阐释，有万千种，其中，指万物产生和发展的客观规律，似乎是共识。这种规律，当然包含有道理、道路、秩序、方式、方法之意。而德，主要是指人们的品德，即人类在共同生活中，长期形成的、与人类本性相联系的、自觉遵守的行为准则和规范。把这两个字合在一起的道德，当然就应该是人们共同生活和相互关系中的，与人类本性相联系的，合乎道理、合乎客观事物发展规律的，能促进人类文明发展进步的，人们都自觉遵守的行为准则和规范。

无论从其产生还是其发展来看，道德都蕴含在人们的群体生活的共同体中。它既在群体生活中产生，又在群体生活中展示和发展。关于这一点，世界的哲学家们，从古希腊的亚里士多德，到近代德国的黑格尔，英国的亚当·斯密、罗素等，看法都一致。当然，这种群体，也可被称为共同体，它有不同的层次、形式和结构。诸如氏族共同体、民族共同体、国家共同体、国际共同体、全球共同体等。

既然如此，那么国际道德，就应当是国际社会各行为体在共同生活、相互沟通、相互交流、相互合作、合乎道理、合乎事物发展规律并自觉遵守的行为准则和规范。人是有感情、有思想、知是非、懂廉耻的动物。仁慈善良、真诚淳厚、富有同情心、爱打抱不平、伸张正义、诚信包容、渴望和平、渴望自由、渴望尊重等，这都是人性在群体生活中自然而然的展现。社会越发展，这种展现越丰富，到如今的全球化时代的国际社会，其展现已渗透到了社会的各个角落。

诚然，群体性不仅是人类的本性，也是几乎所有动物的本性。而人类群体和动物群体的根本区别，就在于人类本性中与生俱来就有感情、有理性、有道德，有爱憎分明、勇于伸张正义、抑恶扬善的内涵。在伦理道德从人的天性和社会性结合中自发产生后，经过不断丰富发展，就成为维持群体生存、发展的，全面、系统的最重要的行为规范。当初的伦理道德，自然也是与社会习俗和社会风气混杂在一起发挥作用、展现力量的。正是在这种力量的基础上，形成了不同群体的秩序，保证了不同群体的生存和发展。比如，家庭有家庭秩序，国家有国家的秩序，国际社会也有国际社会的秩序。

可见，道德不仅是意识形态，而且是无形的法律。它不仅体现着人的品格和心灵，体现着人们的核心价值观，而且还支配着人的行为；既是一种巨大的精神力量，也是一种巨大的物质力量。正如希腊哲学家柏拉图说的，人的品性是政治的基础。品性的堕落，是政治败坏的根源。换言之，每一种共同体都有其内在的精神，生活于其中的统治者和公民，也都有独特的品格和心灵。在人与人的关系中，在人与共同体的关系中，正是由道德情操的支配，由这种品格和心灵的支配，共同体才能在稳定与和谐中得到发展。

正因为政治品格的堕落，给社会造成的巨大危害和灾难，才使人们对政治抱有深刻的偏见，有些大思想家才把政治描绘成是一种攫取私利的争斗。其认为，人类的恶行和人类社会中的贪婪成性，都是通过政治的堕落而恶性发展的，所以政治是私利的渊薮。这当然低估了德性和理性的作用，低估了灵魂规范和良心的力量，低估了正直的人们坚持德性和理性的决心，低估了这种力量和行为影响社会变革的能力。

法律基础和成文道德

毋庸置疑，自古至今，实际支配人们行为活动的，有两种规范或两种力量：一种是道德规范和道德力量；另一种是法律规范和法治力量。虽然两种规范都是一种强制的力量，但其强制的主体却不相同。道德规范是人内在的自我强制的力量；而法律规范则是外在的社会的强制力量。哲学家们都确信，两者相比，前者则更为根本。其中原因有二：一是因为在人类社会中，在人们的相互关系中，有许多矛盾，特别是涉及感情方面的矛盾，是法制无力解决的，只能靠道德的力量；二是因为道德是法律的基础，法律是成熟的道德，法律规范中，就包含有道德规范的精华。由此决定，德治与法治应当是统一的。

哲学家们普遍认为，道德作为由社会经济关系所决定的特殊的意识形态，是以善恶为评价标准，以人内心信念维系的调整个人与自然、个人与他人、个人与社会关系的原则规范、心理意识和行为的总和。而法律则是成文的、成熟的道德，经过实践检验、人们公认有效的那些道德规范，越来越多地被列入法律，并成为内在自制力与外在强制力结合的更有效的行为规范。遵纪守法，为什么是道德行为，原因就在于此。

黑格尔在其《历史哲学》一书的绪论中，在阐明道德的起源和发展时，就阐述了这两种力量的区别。在黑格尔看来，无论社会或国家，法律和道德都是不可缺少的。而法律这种形式，则是由道德关系发展而来的。就人类全体来说，或就几个种族来说，都是处在一种相互关系中。

显而易见，在社会生活中，认同是社会规范、社会秩序形成的基本条件。在任何共同体中，无论是道德规范还是法律规范，都只有在认同中才能产生和形成。同样，在国际社会，各行为主体也只有在认同中，才能有这种共同的行为规范和秩序。以道德规范为例，如果用一句话概括国际道德的话，那就是各行为主体都认同的，与思想和感情结合的、大家都自愿遵守的行为规范。而法律是成熟的道德，或成文的道德，法律和道德，法治与德治，是统一的、不能分离的，是一枚硬币的两面。据哲学家的研究，古希腊雅典人就有道德是法律基础的思想。他们把法律视为社会运作的技术层面，而把道德视为社会运作的价值层面。一个法治社会，必然有着深刻的道德价值基础。

关于道德规范与法律规范的关系，习近平同志也有精彩的论述。比如，习近平说：法律是准绳，任何时候都必须遵循；道德是基石，任何时候都不能忽视。我们必须坚持依法治国和以德治国相结合，使法治和德治在国家治理中相互补充、相互促进、相得益彰，推动国家治理体系和治理能力的现代化。比如，习近平说：法律是成文的道德，道德是内心的法律。法律和道德都具有规范社会行为、调节社会关系、维护社会秩序的作用，在国家治理中都有其地位和功能。法安天下，德润人心。法律有效实施有赖于道德的支持，道德践行也离不开法律约束。法治和德治不可分离，不可偏废，国家治理需要法律和道德协调发力。

习近平同志还以自律和他律，阐明了道德和法律的关系。在论述了自律和他律必须结合起来时，强调首先要严于自律。这就是说，道德规范和法律规范必须结合起来，而首先要严于道德控制。习近平说：所谓自律，就是社会中的个体对自我实行的约束和控制。所谓他律，就是指通过法律、制度、纪律等外因条件发生作用来规范和控制自己行为的一种约束机制。强调道德修养，就是强调首先必须严于自律。加强道德自律，就是要常存敬畏之心、敬畏人生、敬畏权力、敬畏纪律、敬畏人民，做到自重、自省、自警、自励、慎始、慎独、慎微，始终坚持立身不忘做人之本。

习近平同志的这些思想，当然也适用于国际社会，适用于全球治理。国际社会各行为主体，在国际社会中生存，其任何行为无一不受道德规范和法权规范的约束。道德和法权都是维系和调节各行为主体相互关系、相互利益的方式和力量。虽然道德规范和法权都是一种强大的力量，但在没有世界政府的国际社会环境中，道德规范似乎应当是一种最基本、最主要甚至带有决定性的力量，而法权规范则是一种较弱的力量。而且因为道德规范还要通过国际惯例进入国际法，使国际法压根儿就隐含国际道德规范的作用。也就是说，在没有世界政府的环境中，全球治理主要得靠道德规范，靠各行为主体内在的控制力量来支撑。

其实，欧洲的古典哲学家们，对这两种规范的区别早有论述。概而言之，这种区别就在于：一个是外在的强制力量，一个是内在的自我强制的力量。比如，康德在论述德性义务和法权义务的本质区别时，就曾这样说过：德性就是人在遵循自己的义务时准则的力量。"德性义务与法权义务的本质区别在于：对于后者来说，一种外在的强制是道德上可能的，但前者仅仅依据的是自我强制。"①

康德认为，对目的准则的责任，就叫德性义务。"而德性论的至上原则是：你要按照一个目的性的准则行动，拥有哲学目的对任何人而言都可以是一个普遍法则——按照这一原则，人无论对自己还是对他人都是目的，而且他既无权把自己也无权把他人仅仅当作手段来使用。这还不够，相反，使一般而言的人成为自己的目的，这本身就是人的义务。"②

不教自悟，道德总是与感情相联系的。但感情不能代替道德，因为道德还与理性联系着。如康德说的，尊重情感作为一种道德动力，使自己的主观准则成为普遍的法则，使自己摆脱感性欲望的影响，回归理性本性，达到道德的最高原理，普遍的道德法则。

因为道德体现着民心，所以道德的力量更强大、更持久。道德作为法律的基础，没有道德的支撑，就不会有真正法律和有真正的法律效益。如习近平说的：要坚持依法治国和以德治国相结合，就要强化道德对法治的支撑，重视道德的教化作用，在道德教义中，突出法治内涵，发挥道德对法治的滋养作用，努力使道德体系同社会法律规范相衔接。

同样，法律作为底线的道德，不仅承载道德，而且是道德的保证。法律规范，也要树立鲜明的道德导向，弘扬美德义行，使

---

① 《康德道德哲学文集》下卷，中国人民大学出版社2016年版，第558页。
② 同上书，第559页。

立法、执法、司法都体现道德的要求；把实践中广泛认同的、较为成熟的、操作性强的道德要求，及时上升为法律规范，引导全社会崇德向善；并用法治手段解决道德领域的问题，弘扬真善美，打击假恶丑，使道德有可靠的社会制度支撑。

黑格尔在《历史哲学》这一著作的绪论中，不仅对世界历史的本质和内涵，而且对人类道德的本质和内涵，都做了精辟的论述。在黑格尔看来，回顾世界历史的发展，无疑可以从中找到普遍的东西，找到它的德性，比如"仁心、或者高尚的爱国心。但是抱着这些德性和这些普遍的人，在芸芸的人类中，只占一个细微的比数。他们的影响当然极为有限"。相反，以自私欲望的满足，却影响巨大。这种势力"表现在它们全然不顾法律和道德加在它们上面的种种限制，而且它们这种自然的冲动，比起维护秩序和自制，法律和道德的、人为的、讨厌的纪律训练，对于人们有一种更直接的影响"。[1]

可见，虽然道德规范的实现依赖的是人的内在力量，而法律规范的实现依赖的是政治权力和暴力，但道德规范和法律规范相互间，也存在着一种相互依存的辩证关系。比如，道德是法律的基础，法律则是成熟的或成文道德，这就意味着：没有政治权力支撑的法律规范，不存在；没有道德基础的法律规范，也不存在。因为政治权力具有维持统治阶级利益的一面，所以法律在把道德规范之中必须遵守的部分确定为法律规范的同时，就把统治者当作为大多数人谋福利的统治者看待了。

历史权力和道德历史观

告诉人们过去的真实，这是历史的权力。我们评价历史上的善恶，评价一个人过去的善恶，评价一个国家过去的善恶，都要

---

[1] ［德］查理·黑格尔：《历史哲学》，台北里仁书局1984年版，第53页。

尊重历史，尊重真实，听命于历史权力。历史上每项事物的出现、发展，都有它具体的历史条件和环境，评价它的善恶，评价它在人类文明发展中的地位和作用，离不开这些具体条件和环境。大量好的、善的、推动人类文明向前发展的那种文明传统，至今也仍然是好的、善的、被人们尊崇的、推动人类文明向更高阶段发展的东西；可一些现今看来是恶的，应当取缔或消除的东西，在它产生和发展的时候，也许就是进步的、善的、推动人类文明向前发展的东西。一切都要听从于历史的权力，都应当具体分析。

2017年12月28日，中央电视台《今日说法》节目，讲到这样一件似乎很奇特的事件。三个20岁出头的青年，在凌晨3点钟，发现一位车主忘记锁车，就顺便从车里的钱包里偷走了3000多块钱。当他们行窃后到一个公园溜达的时候，突然发现一个饮酒过量的女青年掉进很深的河里，在挣扎。三个青年其中一个奋不顾身跳进河里，把女孩拖到河边，并在另两位青年的帮助下，把女孩救上岸来。当公安局民警在为这种见义勇为的善事申报的时候，那个车被盗的案件也破了，盗走车里3000多元的窃贼正是这三位青年，他们又被抓捕，戴上了手铐。就在这很短的时间内，三个青年先偷了钱，做了窃贼，做了恶事；后又奋不顾身救人，做了见义勇为者。法律的处理，也算公正，一码是一码：既定了偷窃的罪，又申报了见义勇为的荣誉。这也许是善恶、美丑混杂于一身的小小的典型。面对警察的审问，三个年轻人都对行窃行为后悔莫及，表示了不会再行窃的决心。他们如果真的这样做了，那么他们的一生仍然是光明的。

一个人也好，一个国家也好，从其发展过程的行为总体看，都不会是纯净的，都不会是非黑即白。我们称其为善的，不意味着其一点恶行都没有；我们称其为恶的，也并不意味着其一点善行也没有；都是善恶、美丑的混杂，只是从主导方面而言的。这善恶混杂，就构成了人类历史，也构成了每个人的生活，每个国家的生活。历史是全人类的事，谁都不能对抗历史、抱怨历史，因为历史是绝对的权力。

恩格斯曾经这样说道："历史从来就有权而且将来也永远有权安排单个人的生活、幸福和自由，因为历史是全人类的事，是种族的生命，所以它本身是起主宰作用的；谁都不能对抗历史，因为历史是绝对权力。谁也不能抱怨历史，因为既然这样安排了他，他就可以享受到生活的乐趣或者参与人类的发展，而这是最大的乐趣。如果尼禄或多米齐安的臣民，抱怨他们生不逢时，没赶上我们这样的时代：不再用火刑而且不再轻易被杀头，如果中世纪宗教狂热病的受害者责怪历史，说他们没能在宗教改革以后的宽容异教的统治下生活，那就太可笑了。好像没有人受苦，另一些人就可以前进似的！同样，现在正不得不忍饥挨饿的英国工人，固然有权抱怨罗伯特·皮尔爵士和英国宪法，却不能抱怨让他们成为新法律原则的体现者和代表的历史。国家的情况则不然。它从来就是一种特殊的东西，它永远不会占用整个人类在其活动和历史发展中理所当然拥有的权力，即为了整体而牺牲个人的那种权力。"[1]

世界上的每件事物，似乎也是如此，也都不是善者纯善，恶者纯恶。社会制度变革中的善恶，也都不是一成不变的。一般来说，都是在旧制度的恶行已经充分暴露，已经被广大人民所不能忍受的情况下，一种新制度的革命才会发生。而且，在社会制度变革的初期，新制度总会迎合广大人民的愿望，提出一些符合德性，符合人民利益的新的制度和口号，使自己赢得人民、赢得胜利。而一旦掌权之后，私欲就会膨胀、贪婪，从而忘记初心。任何事物也一样，在其整个发展过程中，其善恶是会有变化的。

比如，被马克思视为万恶渊薮的私有制，在它产生的时候，

---

[1] 《马克思恩格斯全集》第41卷，人民出版社1982年版，第394页。

有谁把它视为罪恶,去反对它呢?至今的人们,又有谁否定它在当时的历史条件下,对社会生产力发展所起的巨大推动作用呢?没有私有制,哪有之后的奴隶社会、封建社会和资本主义社会的产生、发展,以致如今人类文明发展所取得的种种奇迹呢?

而到如今,在人类文明发展到全球化、发展到人们高度相互依存、一损俱损的命运共同体的新时代,私有制虽然对生产力发展还有些作用,但从社会总体看,私有制的确完成了它的历史使命,利用自己霸占的生产资料去无偿占有别的劳动,这种违背德性的制度的确已经成为人类文明向更高阶段发展的桎梏。变私有制为社会所有制,即广大劳动者的个人所有制,是势在必行。马克思把共产主义归结为消灭私有制,的确是科学正确的,的确是为广大劳动者谋福祉的。

比如,在英国资产阶级革命的时候,特别是在英国工业革命的时候,谁会去反对这种革命,会去否定这种革命是人类文明的进步,否定它在创造物质财富,推动人类文明发展中的巨大作用,否定资产阶级在人类文明发展中的作用和贡献呢?然而,在资产阶级推行资本主义制度,推进人类文明发展的过程中,基于私欲的膨胀和贪婪,的确犯有通过掠夺,诸如殖民掠夺、贸易掠夺、战争掠夺、金融掠夺等手段,无偿占有劳动者的劳动,剥削、压迫劳动者,抢劫别人财富的罪孽。广大劳动者为了摆脱剥削和压迫,为了争取自身的解放,为了争取真正民主、自由、平等的生存和尊严,起来反对资产阶级,反对资本主义制度,的确是一种善行,是合情合理、理所当然的。

比如,民主、自由、平等、博爱,这是资产阶级革命时提出的纲领和口号。这种纲领和口号,体现了人性与道德,正是这些德性的纲领和口号,得到了广大人民的支持,凝聚了广大人民的力量,才使资产阶级革命取得了胜利。翻翻英国、法国和美国的历史,我们都可以从中看到,在资本主义制度建立的初期,那些治理国家的元老们，的确都是践行或起码在文本中是践行这些纲领的。在文本中或治理者的言辞中，都不乏对德性的渲染。然而，随着私欲膨胀，随着对私人财富的无度贪婪，他们的人性发生了扭曲，他们的行为背叛了原初。文本中对德性的渲染，逐渐淡薄，行为与德性逐渐背离。距离民主、自由、平等、博爱的纲领越来越远，距离德性越来越远。最后，为了争夺世界霸权，贪婪财富，竟置广大人民的生命于不顾，不惜用残酷战争的方式，用残酷杀害生灵的手段，来满足自己的欲望。纲领成为空壳，道德成为工具，谎言、欺骗、讹诈、威胁、战争都成为任意选择的手段。

比如，以道德的角度看，人们的任何行为都有一定的动机或目的。一般来说，动机和结果应当是一致的。然而，基于实现目的的手段不同，动机和目的有可能会背离。比如向外扩张，这是资本主义国家永恒的主题。因为向外扩张能使资产阶级得到更多超额利润和财富。可在这种为自己私利的扩张中，却无意开创了世界历史，推进了全球化，推动了人类文明发展。或者从列强争霸世界的意义上来说，争霸世界的目的是要创造出一个自己的世界，或创造出一个自己能够控制、服务于本国利益的世界。可结果呢？却是落后国家的发展，新生国家的强大，反对霸权主义的力量呼声日益高涨。

比如，任何国家发展的历史，国际社会发展的历史，全球治理发展的历史，人们行为中任何大的事件，其产生和发展进程，都不会是笔直的、纯正的，而是曲折的，是善恶、美丑混杂的。就全球治理来说，第一次世界大战后产生的国际联盟，第二次世界大战后产生的联合国，都是全球治理的重要组织机构，对全球治理发挥着重要作用。尤其是联合国，在至今的全球治理中，其作用不仅是巨大的，而且是无可替代的。当然，这两个国际组织虽然在维护世界和平，推进全球发展中做了大量好事、善事、美事，但在霸权国家的操纵下，也被迫做了一些违背道德的非正义行为。不过总的看，它们在全球治理中似乎还是功大于过的。

比如，如何评价美国在人类文明发展中的作用问题，也是很复杂的。美国这个国家，在推动人类文明的发展进步中，做了不少好事，也干了不少坏事。独立战争、南北战争、参加反法西斯的第二次世界大战，都为自己赢得了荣誉，受到了世界的尊重。在第一次世界大战后国际联盟建立、第二次世界大战后联合国的建立中，以至在之后的全球治理中，美国都起了很重要的作用，世界不会忘记。但其为了本国的利益，利用世界人民的尊敬和信任，利用对联合国的控制，所进行的不正当的行为，世界同样不会忘记。

用道德历史观评价一个国家历史，或对一个国家的看法，还受感情变化的影响。比如，一个国家在落后、受人欺压或遭灾祸的时候，外人往往会投以忧心、同情和怜悯，甚至给予善爱的帮助。而当这种时候过后，又依然优哉游哉，寻开心，好像那种不幸的事情从未发生过。2017年12月，美国《明星论坛报》网站，发表的麦卡莱斯特学院经济学家蒂莫西·泰勒的文章《中国崛起：一个国家的财富》中提出，西方应为中国惊人的成就喝彩。文章引用了亚当·斯密《道德情操论》中的一段话，就阐明了这一道理。

斯密写道："这是自动出现在这种时刻的一种更为强大的力量，一种更为有力的动机。这是理性、道义、良心，判断我们行为的伟大的法官和裁判。当我们的行为将要威胁他人的幸福时，他的声音足以震慑我们心中最剧烈的冲动。他向我们大声疾呼：我们不过是无数生命中的一员，决不高人一等；如果我们如此妄自尊大，必将受到人们的仇视、憎恨和诅咒。"

二 私欲产生和道德分裂

自奴隶社会开始，人类社会就处于被私有制引发的大分裂状态：一边是统治者、压迫者；另一边是被统治者、被压迫者。随着公天下转变为私天下，随着利益集团和阶级的产生，随着私欲的不断膨胀，人类的天性也发生了扭曲，人类由这种天性或自然性孕育产生的道德情操，也开始大分裂，分裂为利益集团的道德，或阶级的道德。原本的、神圣的道德，也开始遭到无情的践踏。虽然道德的话语仍然流行，仍然高尚，但出在不同人之口，却有着不同的含义和不同的动机。历史已经证明，只有出自劳动人民之口的，才是真正体现人性的那种原本的道德。而出自统治者、压迫者、剥削者、奴役者之口的，那一般都是伪道德，其动机都是在为其残酷统治、压迫、剥削、奴役等这些不道德之事涂脂抹粉，进行辩护，或者是拉大旗作虎皮。道德在他们手里，变成了纯粹的贪婪财富和权势的工具。

道德的原本和纯真

人所共知，道德是人们共同生活或社会关系的产物。有了人与人、人与社会的相互关系，才有了相互关系中的秩序和规范，才有了道德。而人和人们的社会关系，都是劳动的产物，是在共同劳动中形成的社会关系，所以应当说，共同劳动是人类道德起源的第一个前提条件。随着社会生产力的不断发展，随着人们社会生活的日益复杂化，人类道德也在不断发展、成熟和完善。

人类社会的发展，是从"公天下"、从"大同"开始的，这一点似乎已经无人质疑。所以，作为原始的、原本的、纯真的道德，是公天下这种社会关系的产物。历史学家都公认，共同占有生产资料、共同劳动、共同享受劳动成果、共同商议和处理共同事务的氏族公社，是人类最早的社会组织，这种社会组织的基础是家庭。人类的道德情操，就是人类在这一时期，在公天下和大同环境中，在长期的共同生活中，逐步形成的思想和情感结合的、本能性的、人们都自觉遵守的社会行为规范。

那个时代人们的生产力落后，还没有剩余产品，当然就谈不上私欲了。不过现在回头想一想，结合人类数千年血雨腥风的历史想一想，结合当今战争、掠夺、欺诈、欺骗的现实想一想，结合当今世界财富占有的极度不平等的现实想一想，也许会觉得，在生产力高度发展的今天，那"公天下"，那"世界大同"，那共商、共管、共享，那至真、至善、至诚的道德情操，也许是符合人性、符合人类文明发展的，是人类应当追求的理想的境界。

世界上几乎所有的动物，都有从群的本能，都喜欢群体生活。人有人群，兽有兽群。这也许是为了生存、为了传播后代、为了感情的满足等因素所决定的与生俱来的本能。因为群体生活不仅可以加大攫取食物的力量，而且可以加大防范其他动物伤害的力量，可以满足交配，以更多、更好地传宗接代。而人与其他动物不同的是，人类的群体生活，不仅受共同的基因和亲情支配，还有特殊的伦理道德的自制或自控能力。正是这种自制或自控的力量，才使人类真正脱离了动物界，成为地球上最伟大的主宰。

不言而喻，人类的伦理道德，或道德情操，都首先在婚姻、家庭群体中出现，从最初的、人的本性中、亲情中产生。家族成员之间本能的爱、本能的抚养、本能的宽容、本能的呵护，都是群体生存和发展的保证。历史证明，人类道德就是在家庭的长期发展过程中产生的。随着人类自身的发展进化，随着自身的繁衍和人口的增加，随着人类劳动技能、社会关系和生产力的发展，家庭这种族群的规模、性质、运行方式等，都在发展和变化。随之，家庭伦理道德也在不断发展、不断变化。

当然，一谈到家庭，自然就要谈到婚姻。史学家们一般认为，在人类最初的很长时期里，人们通行的是群婚制。后来的一夫一妻制，是经过很长时期发展进步的结果。正如古历史学家摩尔根说的，由群婚制到一夫一妻制的这种进化，是自然选择原则在发生作用的最好说明。家庭成员之间的关系，是靠血缘亲情维系的，是一种亲属关系，也是一种亲属制度。这种亲属关系或亲属制度秩序，主要靠伦理道德来维系。

马克思主义者把这种亲属制度，称为共产家户经济或家庭公社，也把这种氏族社会称之为原始共产主义社会。在这样的社会里，每个人的劳动、战斗，自然都是为了整个家庭公社的生存。为公社的生存、为公社的整体利益，大家都平等劳动，平均分配，共同商议公社事务，这当然就是公社的基本精神和每个公社成员的基本道德。

原始家庭不断分裂的过程，也就是氏族、部落产生和发展的过程。发展中的关键一步，是由于畜牧业和农业的发展、氏族产品的增多而带动的家庭革命，即由母系氏族转变为父系氏族的革命。在男权的家庭公社时代，承认父权，承认以父权为中心的家庭的辈分等级秩序，家庭每个成员都按照自己的地位、责任而约束自己的行为，以维持家庭的和谐，这自然也是家长制家庭基本的道德，也是家长制家庭的基本精神。

作为固定的道德，或者作为公社秩序的道德，则是劳动人民在生活矛盾中，对各种关系的美好，诸如和谐、公平、正义、勇敢、智慧、善良等的想象化或理想化。并具体象征化为各种"图腾"或"神"。"图腾"或"神"，便成为道德的化身。于是，图腾、神、宗教，便寄托着人们对伦理秩序和品德的理解，反映着对人性善恶的认识。可见，"图腾""神"应当是劳动人民的象征，原本的道德，纯真的道德，是产生于劳动人民之中的。

人们都承认，单纯质朴的氏族制度，有其美妙之处：没有大兵、宪兵和警察，没有贵族、国王、总督、地方官和法官，没有监狱，没有诉讼，而一切却都是有条有理的。一切争端和纠纷，都由当事人的全体即氏族或部落来解决，或者由各个氏族相互解决。虽然当时的公共事务比今日多得多，可是，没有今日这样臃肿复杂的管理机关。一切问题，都由当事人自己解决，在大多数情况下，历来的习俗、道德就把一切调整好了。不会有贫穷困苦的人，因为共产制的家户经济和氏族都知道它们对于老年人、病人和战争残疾者所负的义务。大家都是平等、自由的，包括妇女在内。当然由生产力发展水平所决定，这种美妙之处也是单纯的、质朴的、原始的。由于氏族公社，或氏族共同体，实行的是公有权力和共有经济，因此，氏族成员都共同劳动，共同享受劳动成果，氏族的一切事务都通过共同协商解决，这就是氏族的基本精神，氏族的基本道德，也被视为天性法则或习惯法则。

诚然，尽管氏族之间、部落之间存在掠夺和战争，但氏族内部却靠这种道德规范来维持生存和发展。初期的血缘家族，一个家族就是一个公社或一个集团群，家族成员之间是平等关系，大家共同劳动，共同消费。随着生产工具和生产力的发展，人类族群的规模和结构在发展，族群的性质和精神也在发展，人类的整个文明在发展和进步。而家庭作为族群最基本的元素，作为族群的基础，始终存在着。无论族群发展到哪个阶段，有何种规模，比如家庭族群、氏族族群、国家族群、国际族群等，都必须有自己固定的结构、秩序，有族群的精神，才能存在和发展。

在氏族这种群体中，基本的群体结构是由亲属构成的。主要是靠亲情的亲属关系维系的，其最基本的群体精神，就是由血缘关系所决定的相互的义务。最基本的秩序，就是亲属辈分秩序。每个人，无论在这种结构中处于何种地位，或父亲、或子女、或兄弟、或姊妹等，都不是简单的称谓，而且体现着比较固定的权利和义务。这种权利和义务遵循何种原则，它们是如何形成的，是个值得研究的问题。不过，由血缘关系所决定的人性，由人性产生的伦理道德，肯定是个重要因素。

可我们知道，在人类历史上，任何家族形式，都不全是和平或和好的。比如，专偶制家庭，它作为个体家庭的最高形式，其在历史上绝不是作为男女之间的和好而出现的。而且相反，它是作为女性被男性奴役，作为整个史前时代所没有的两性冲突而出现的。马克思说过，人类最初的分工，是男女之间为了生育子女而发生的分工。在历史上出现的最初的阶级对立，是同个体婚下的夫妻间的对抗的发展同时发生的，而最初的阶级压迫也是同男性对女性的压迫同时发生的。

在马克思主义者看来，个体婚制是一个伟大的历史进步。在这个时代中，任何进步同时也是相对的退步，因为在这种进步中，一些人的幸福和发展，是通过另一些人的痛苦和受压抑而实现的。个体婚制是文明社会的细胞形态，根据这种形态，我们可以研究文明社会内部充分发展着的对立和矛盾的本质。

可见，在从古至今的家族中，其最主要的或基本的精神，或者基本的追求，可以用六个字来概括：生存，发展，安全。生存，是第一位的。为了生存，就必须发展。为了发展，就必须有个安全的发展环境，必须维护家庭共同利益，维护家庭的团结和和谐，维护家庭的安全。

当然，尽管在家族共同体中有对立和矛盾，但在涉及每个人的共同利益上，在涉及这一基本精神上，大家则是团结一致的。不过，因为有对立和矛盾，就需要有解决对立和矛盾的机制，有大家共同遵守的秩序、道德。对家庭成年成员来说，家庭也是个权利、义务和责任的共同体。只有严格行使各自的权利、尽各自的义务和职责，才能求得家庭在对立和矛盾中的相对和谐。

家族秩序虽然是靠辈分维系的，但在个体家庭中，父权是最重要的，或者说，家庭是父权统治的利益共同体。父亲不仅要谋划全家人的劳动、生活和安全，而且还要负责子女们的教育。当然，在丈夫有权压迫和奴役妻子，而且以独裁的形式，教育管理子女的情况下，这种家庭秩序，当然也是专制秩序。这种专制秩序，是与父权家长专制相联系的。

在国家、法律出现之前，就单纯家庭来说，由人性本能或俗成的伦理道德，以及在这种伦理道德下的秩序，无论采取方式，或通过会议商定，或自然形成，肯定都是强者的秩序。这种秩序又始终是与亲情联系在一起的。而这种秩序的维持，主要靠亲情，靠人性决定的人的本能性的道德情操，靠在道德情操基础上形成的自制的力量，比如本能地爱，本能地宽容，本能地呵护，等等。即使在国家和法律产生之后，家族秩序的维护，虽然掺进了法律因素，但实践证明，再多的法律，也无法解决家庭中的所有对立和矛盾，无法代替亲情的强大作用。

即使在法律产生之后，也如恩格斯曾说过的："在婚姻问题上，即使是最进步的法律，只要当事人让人把他们出于自愿一事正式记录在案，也就十分满足了。至于法律幕后的现实生活发生了什么事，这种自愿是怎么造成的，关于这些，法律法学家都可以置之不问。但是，最简单的法律制比较，在这里也会向法学家们表明，这种自愿究竟是怎么一回事。在法律保证子女继承父母财产的应得部分，因而不能剥夺他们继承权的各国，子女的婚事必须得到父母的同意。"[①]

可见，靠血缘关系形成的家庭或家族，因受亲情、财富继承等因素的影响，家族内的对立和矛盾，有其非常的特殊性，单靠法律是很难解决的，只能提倡在充分发挥亲情、道德情操和习俗作用的基础上，以理解、包容、忍让中，求得妥协和维护家庭的和平和和谐包容。家和万事兴，这既是中国的文明传统，也是人类家庭应具备的重要精神。

---

① 《马克思恩格斯选集》第4卷，人民出版社1995年版，第71页。

总之，人们似乎有了这样的共识：在原始公社时代，氏族公社通过道德规范、宗教规范，特别是习俗，来调整人与人之间的社会关系，调整在公共管理、婚姻家庭、财产继承、渔猎耕种、产品分配人际关系等方面的矛盾，以维持社会的生产和生活秩序，这体现了全体氏族成员的共同利益和意志，体现了氏族社会的核心价值体系，也体现了人类道德情操的原本性和纯真性。

私欲恶崇和道德分裂

这里说的私欲，主要指的是私人对财富和权势的占有欲。我们知道，佛教总希望人类能进入无争、无私欲的世界。可人生天地间，却注定要经受无休止的道德与政治困境的磨炼。善良的德性，也要经受私欲、奴役和各种罪恶的洗礼。在人类的发展进步中，不断汲取祖先们的精神财富，特别是在对自然和社会认识上的真知灼见、行为上的德性指引，都是义不容辞的。当然，这不是要否认人类革命的作用和新的创造力。

正如有学者说的，美国革命就促使英国及时调整其帝国政策，人类最富创造力的成就，往往产生自人类的灾难和精神压抑之中。如罗马帝国、大英帝国时期的政治系统，就是建立在掠夺之上的政治系统。说不定适时地革命，会使这种系统向着某种可以接受的正义和秩序演变。也就是说，正义的革命可以促进人类文明沿着正义和德性的方向发展。

历史告诉我们，在氏族社会发展的后期，部落联盟的形成，标志着氏族社会开始走向崩溃。历史学家们的研究证明，在人类历史上，人们在以氏族制度为基础的氏族公社所有制下，生活了数千年。无论氏族、由氏族联合成的部落或部落联盟，都有自己比较完整的组织机构、习俗和道德规范，并按照成员共同商定的原则，管理着氏族、部落的具体事务。而部落联盟的建立，就已经标志着这种组织开始崩溃，凡是部落以外的，便是不受商定原则的保护的。在没有明确的和平条约的地方，部落与部落之间便存在着战争。这种主要以抢夺食物为目的的战争，往往进行得非常残酷，使得别的动物都无法和人类相比。

全盛时期的氏族制度，其前提是生产极不发展，因而广大地区内人口极度稀少。因此，人类差不多完全受着大自然的支配。这种自然支配，不仅促进了人们幼稚的宗教观念的产生，而且促使个人在感情、思想和道德情操方面发展，对于这些习俗和道德情操，人们在行动上始终是无条件服从的。这个时代的人际关系，虽然使人们感到值得赞叹，不过他们都仍依存于自然形成的共同体的脐带。

人类的发展，有其不可抗拒的规律。人类道德的发展，也有它自己的规律。在以血族关系为基础的这种社会结构中，劳动生产力日益发展起来。随着财富和劳动产品品种的增加，剩余产品的出现，以及成员生活的提高和消费结构的变化，氏族之间、部落之间的产品交换开始产生和发展。更重要的是人们的私欲、个人对财富的觊觎，开始产生和发展起来。战争掠夺、战俘沦为奴隶，使用他人劳动力的可能性，从而阶级对立的基础等新的社会成分，也日益发展起来。所有这一切，都使人类文明发展中最带有影响力的、对财富的私人占有制产生了。

当然，从生产力发展的角度讲，私有制的出现的确促进了社会生产力的发展，或许有其历史的进步性。但在其后的发展中，却因私欲的恶祟，即私欲无度、贪婪无度、掠夺别人财富无度，致使其人性中邪恶的力量占据了上风，而道德的力量却被束缚或被践踏。所以，问题的关键不在于私有或公有，而在于是否为了自己的私欲而无偿占有别人的劳动、掠夺别人的财富。

如恩格斯说的，对财富的鄙俗贪欲，是文明时代存在的第一天起直至今日，起推动作用的灵魂。恩格斯说："鄙俗的贪欲是文明时代从它存在的第一日起直至今日的起推动作用的灵魂；财富，财富，第三还是财富，——不是社会的财富，而是这个微不足道的单个的个人的财富，这就是文明时代唯一的、具有决定意义的目的。如果说在文明时代的怀抱中科学曾经日益发展，艺术高度繁荣的时期一再出现，那也不过是因为在积累财富方面的现代的一切积聚财富的成就不这样就不可能获得罢了。"①

伊壁鸠鲁说过，美德的核心，是不无偿占有别人的东西。在伊壁鸠鲁看来，公正或正义的全部美德，即所有美德中最重要的美德，其全部价值就在于，我们对待自己周围之人时的那种仔细和谨慎的行为。这种行为的核心或本质，就是不能无偿占有他人的东西。这样做，不是因为它成为人们所追求和赞扬的，而是因为如果不这样做会遭到社会的谴责和惩罚，从而使自己内心的安定和平静遭到毁灭。

亚当·斯密也用苏格拉底的话说，如果你想成为一个有理智、有节制、坚持正义和公平、受人爱戴和尊敬的人，并得到人们的承认，你就得真心实践这些美德，真正做到节制自我、宽宏大量、公平正义和仁慈善良。亚当·斯密强调，美德存在于慈善中。仁慈或仁爱作为行为的准则，引导着其他品格的发挥和作用，所以只有仁慈的行为，才能被打上美德的烙印。他还用哈奇森的话说，"美德必然仅仅存在于纯粹而又无私的仁慈之中"②。

私人占有这种新的社会成分出现之后，在几个世纪中，都竭力想使旧的社会制度适应新的条件，直到两者的不相容性最后导致一个彻底的变革为止。这种变革，使以血族团体为基础的旧社会，由于新形成的各社会阶级的冲突而被炸毁，代之而起的是组成为国家的新社会。而国家的基层单位已经不是血族家庭，而是地区团体了。在这种社会中，家庭制度完全受所有制的支配，阶级对立和阶级斗争从此自由开展起来，这种阶级对立和阶级斗争

---

① 《马克思恩格斯选集》第4卷，人民出版社1995年版，第176页。
② [英]亚当·斯密：《道德情操论》，中国工人出版社2016年版，第288页。

构成了直到今日的全部成文史的内容。阶级的压迫和掠夺,当然是不道德的。国家原本是为了协调、抑制这种压迫和掠夺产生的,可后来却成为这种压迫和掠夺的工具,背离了人类的德性。

生产力的发展,是人类德性的表现,但它也是私欲产生的基础和条件。私欲只能产生在生产力发展到有剩余产品的时候,也就是说,只有在粮食、家畜吃不完的时候,才能有积累,才能说其应当归谁所有的问题。在实践中究竟归谁所有,是一个很自然的过程,不难想象,在这一过程中,占有优势的是强者和智者,是酋长和酋帅。酋长和酋帅首先积累起自家的财富,这似乎是顺理成章的事。另外,只有有了剩余产品,才使部落之间的战争具有了更新的价值。它不仅可以保护自己的领地,保护自己的产品,而且还可以掠夺这些产品。还可以把战俘变成奴隶为其使用,为其劳动,创造更多产品。

正如恩格斯说的:如果不是对财富的贪欲把氏族成员分裂为穷人和富人,就不会产生世袭制,部落组织决不会转变为掠夺、压迫邻近部落的组织。"掠夺战争加强了最高军事首长以及下级军事首长的权力;习惯地由同一家庭选出他们的后继者的办法,特别是从父权制实行以来,就逐渐转变为世袭制,他们最初是耐心等待,后来是要求,最后便僭取这种世袭制了;世袭王权和世袭贵族的基础奠定下来了。于是,氏族制度的机关就逐渐挣脱了自己在民族中,在氏族、胞族和部落中的根子,而整个氏族制度就转化为自己的对立物:它从一个自由处理自己事务的部落组织转变为掠夺和压迫邻近部落的组织,而它的各机关也相应地从人民意志的工具转变为独立的、压迫和统治自己人民的机关了。但是,如果不是对财富的贪欲把氏族成员分裂成富人和穷人,如果不是'同一氏族内部的财产差别把利益的一致变为氏族成员之间的对抗',如果不是奴隶制的盛行已经开始使人认为用劳动获取生活资料是只有奴隶才配做的、比掠夺更可耻的活动,那么这种情况是决不会发生的。"①

历史学家们从英雄时代的希腊社会制度中，似乎找到了私欲产生的过程。如恩格斯分析的：在英雄时代，"希腊的氏族组织还是很有活力的，不过我们也已经看到，它的瓦解已经开始：由子女继承财产的父权制，促进了财产积累于家庭中，并且使家庭变成一种与氏族对立的力量；财产的差别，通过世袭贵族和王权的最初萌芽的形成，对社会制度发生反作用；奴隶制起初虽然仅限于俘虏，但已经开辟了奴役同部落人甚至同氏族人的前景；古代部落对部落的战争，已经逐渐蜕变为在陆上和海上为攫夺牲畜、奴隶和财宝而不断进行的抢劫，变为一种正常的营生，一句话，财富被当作最高的价值而受到赞美和崇敬，古代氏族制度被滥用来替暴力掠夺财富的行为辩护"②。

可见，私有制的产生，奴隶制的产生，根苗在家庭里。父权专制的确立，世袭制度的确立，家奴的使用，都使对财富的贪欲从家庭走向社会，走向战争掠夺。如马克思说的：父权制的部落首领，他们管辖的部落成员，最后是奴隶。潜在于家庭中的奴隶制，是随着人口和需要的增长，随着战争和交易这种外部交往的扩大，而逐渐发展起来的。

历史学家们已经向我们证明，由于劳动技能的提高，劳动生产率的提高，剩余产品的出现，促使了私有制度的产生、国家的产生，导致了氏族社会的瓦解。前已述及，在氏族社会，最初有条件把公共财富据为私有的，有条件积累私人财富的，并不是一般成员，而是有特殊地位的成员，比如酋长、军事领袖、掌握特殊技能的能者、有知识的智者等。他们不仅有着特殊的地位，而且有着特殊的社会资源。社会特权，以及由这种特权造就的社会的特殊地位，都不仅是在不道德中产生的，而且为不道德的扩散、

---

① 《马克思恩格斯选集》第 4 卷，人民出版社 1995 年版，第 164—165 页。
② 同上书，第 106 页。

或为践踏道德提供了基础和条件。

比如，希腊城邦国的出现，也就意味着私有制和国家的出现。据史学家们的研究，希腊城邦国的来源主要有三种：一种是由于私有制的产生，从氏族社会逐步瓦解中发展而来；另一种是通过对外战争，被征服的氏族由于阶级对抗而逐步形成的城邦国；还有一种是通过对外殖民活动，形成的殖民城邦国。公元前8世纪到公元前6世纪，希腊进行过大规模的殖民扩张活动。其殖民范围涉及黑海沿岸，并扩展到地中海，其建立的殖民城邦有130多个。

无论私欲采取何种方式产生，随其产生，或者与其产生相适应，就产生了私有制度，随之就产生了社会的大分裂。即分裂为：一方是统治者、压迫者和剥削者；一方是被统治者、被压迫者和被剥削者。值得强调的是，与社会的这种大分裂相适应，人类的道德也发生了大分裂。即分裂为阶级的道德：一边是纯真的劳动者阶级的道德；一边是压迫、剥削阶级的虚假的伪道德。

正如恩格斯说过的，氏族社会这种人类最初的共同体，随着社会生产力的发展，其自然形成的共同体的共有权力，必然要被打破，而且也确实被打破了。不过它不是被人们想象中的更高的道德打破，而是被那种人们感到是一种退化，即一种离开古代氏族社会的淳朴道德高峰的堕落的势力打破。这种堕落的势力，就是对私利贪欲的势力。生产力的发展，自然带来了更多的财富和更大的利益。而最卑下的利益，诸如无耻的贪欲、狂暴的享受、卑劣的名利欲、对公共财产的自私自利的掠夺等，揭开了新的、文明的阶级社会。最卑鄙的手段，如剥削、压迫、偷盗、强制、欺诈、背信等，毁坏了古老的没有私有制、没有阶级的氏族社会。把氏族社会引向崩溃，也就是把氏族社会的伦理道德引向崩溃。

在私有制度下，私欲的膨胀，便是掠夺和奴役发生的根源。不难想象，有着特殊社会地位和拥有特殊社会资源的人，在私欲的支配下，不仅有条件率先积累起自己的财富；而且在私欲贪婪无止境吸引下，在积累起自己的私人财富之后，就利用这些财富，特别是利用奴隶这种财富，去做更多的无偿占有别人的劳动，去做压迫、剥削、掠夺别人财富的不道德之事。

在国家产生之后，他们更是利用国家这个强大的政治工具，不仅使自己的财富积累更有保障，而且更加迅速。这就自然而然地导致了社会的大分裂：一方是统治者、压迫者、剥削者、掠夺者的富人；另一方是被统治者、被压迫者、被剥削者、被掠夺者的穷人。从此，双方的斗争，即统治和反统治、压迫和反压迫、剥削和反剥削、掠夺和反掠夺的斗争，一句话，就是有道与无道的斗争，正义和邪恶的斗争，就成为人类文明发展的核心内容。

这也就是说，随着这种社会的大分裂，是道德的大分裂。社会的各种利益集团，都高举着道德的大旗，都强调自己的道德才是真道德，才具有普世性，并在世界强制推行，从而无论在理论上或在实践中，使道德领域成为最混乱、最具争论、最具诡辩的领域。诡辩论者通过各种诡辩，把本来是善的行为，硬说成是不道德的，而把明明是恶的行为硬说成是道德的，使人在大是大非问题上陷于迷惑。比如以道德典范自居的美国，在对外事务中的实用主义和双重标准，就是道德的诡辩论。正如有学者说的，在美国的对外政策中，没有任何问题比道德问题更使人迷惑，更引人关注的了。

从道德本质上说，道德的大分裂，我们主要可以从三个层面来理解：一是指产生了与原本道德相违背的假道德或伪道德，虽然道德话语依旧，但内涵已经发生异变；二是阶级社会中，道德已经浸透了阶级的属性，已经成为特殊的、只适应于阶级内部的行为规范；三是在剥削阶级手里，道德已经被扭曲，已经变成他们贪婪财富和权势中，随心所欲的、得心应手的工具。他们都高举着道德大旗，而却行着罪恶之实。

正如马克思说过的，道德观、价值观这类范畴，不是抽象的，而是具有特定的社会属性。一切已往的价值观、道德论归根到底都是当时的社会经济状况的产物；人们自觉地或不自觉地总是从他们阶级地位所依据的实际关系中，汲取自己的价值观和道德观。近代资本主义社会人与人之间的关系是纯粹的金钱关系，表现为物的属性，金钱确定人的价值。而代表着未来的那种道德，是无产阶级的道德。马克思恩格斯都驳斥了在阶级社会中，一切想把任何道德教条当作永恒的、终极的、永恒不变的价值观和道德律强加给人们的企图，认为只有在消灭了阶级对立，而且超越阶级对立后，真正人的道德才成为可能。

马克思认为，一切已往的道德论，归根到底都是当时的社会经济状况的产物。而社会直到现在还是在阶级对立中运动的，所以道德始终是阶级的道德；它或者为统治阶级的统治和利益辩护，或者当被压迫阶级变得足够强大时，代表被压迫者对这个统治的反抗和他们的未来利益。在这里没有人怀疑，在道德方面也和人类知识的所有其他部门一样，总的说是有过进步的。但是我们还没有超出阶级道德。只有在不仅消灭了阶级对立，而且在实际生活中也忘却了这种对立的社会发展阶段上，超越阶级对立和超越对这种对立的回忆的、真正人的道德才成为可能。

在人类发展的历史上，道德问题总是和善恶问题联系在一起的。如马克思和恩格斯分析的，如果说在真理和谬误的问题上我们没有什么前进，那么在善和恶的问题上就更没有前进了。这一对立完全是在道德领域中，也就是在属于人类历史的领域中运动，在这里所播种的最后的、终极的真理恰恰是最稀少的。善恶观念从一个民族到另一个民族、从一个时代到另一个时代变更得这样厉害，以致它们常常是互相矛盾的。但是，如果有人提出反驳，说无论如何善不是恶，恶不是善；如果把善恶混淆起来，那么一切道德都将完结，而每个人都可以为所欲为了。

在马克思看来，问题毕竟不是这样简单地解决的。如果事情真的这样简单，那么关于善和恶就根本不会有争论了，每个人都会知道什么是善，什么是恶。但是今天的情形是怎样的呢？今天向我们宣扬的是什么样的道德呢？首先是由过去的宗教时代传下来的基督教的封建主义的道德，这种道德主要地又分成天主教的和新教的道德，其中又分成许多种类，从耶稣天主教的和正统新教的道德，直到松弛的启蒙的道德。和这些道德并列的，有现代资产阶级的道德，和资产阶级道德并列的，又有无产阶级的未来的道德，所以仅仅在欧洲最先进国家中，过去、现在和将来就提供了三大类同时并存的各自起着作用的道德论。哪一种是有真理性的呢？如果就绝对的终极性来说，哪一种也不是；但是，现在代表着现状的变革、代表着未来的那种道德，即无产阶级的道德，肯定拥有最多的能够长久保持的因素。

不言而喻，符合人性的那种人伦道德，在人民的心目中，总是神圣的、高尚的。特别是在被统治者、被压迫者、被剥削者、被掠夺者的心目中，更是神圣、高尚的。这种神圣和高尚，已经把道德变成了任何人都不可触碰的神，即使统治者、压迫者、剥削者、掠夺者，也不敢触碰。这就迫使他们在做那些违背道德的恶事时，不得不拉大旗作虎皮，硬把这些践踏道德的行为，说成是尊重道德、合乎正义、合乎道德的，把种种不道德穿上道德的外衣。

自阶级和国家产生之后，由于统治者为维护自己的统治，不得不从理论、道德上，为自己统治的合法性制造依据，不得不打着道德的旗号，以笼络人心，这就使伪道德横行，而真道德被践踏。自人类进入私有制社会或阶级社会之后，道德的理论和实践，就像跌入了烟雾缭绕的深渊，使人在迷惑中弄不清真假。尤其在实用主义、双重标准、对神圣概念的恣意解释下，甚至使道德变为掠夺、奴役的工具。人们也许都想象不到，在统治、压迫和剥削阶级依靠国家力量维护自己利益的环境中，伪道德的力量是何等的强大，是何等的无孔不入。

毋庸置疑，在阶级社会中，纯真的道德，是在广大被统治、被压迫、被剥削的劳动人民身上。遵循道德规范，实践道德原则的，也主要是劳动人民。包括体现国家道德的国家精神，以及体现国际道德的世界精神，也主要体现在广大劳动人民身上。共同生活在一个共同体内的人们，我们可以称其为共同体的公民，比如氏族共同体中的人们，我们可以称其是族民，即氏族公民；共同生活在一个国家中的人们，我们称其为国民即国家公民；而共同生活在国际社会中的人们，我们当然可以称其为世界公民。其实，早在200多年前，康德就提出了世界公民的概念。而在这种公民中，劳动者是创造物质财富和精神财富的主体，是纯真道德的主要承载者。而统治者、压迫者、剥削者，则是不讲道德，或拉大旗作虎皮者，或道德的诡辩论者。

显而易见的是，道德的目的是为了实现共同体的社会秩序。如果说氏族内部是个人道德、家庭道德的展现，国家内部是个人道德、家庭道德、企业道德的展现的话，那么国际社会内部则是个人道德、家庭道德、企业道德、国家道德的展现。我们知道，早在公元前3000多年前，世界就出现了国家，开始有了国家道德规范。而无论道德规范还是法律规范，无论是氏族道德、国家道德还是国际道德，其最终目的，都是为了实现社会秩序。早在公元前6世纪，希腊哲学家就把个人正当的自由与社会制度的公正相统一，并在这种统一中实现社会的秩序，作为道德力量的展现。可实际上并非如此，在真假道德的混乱中，强权政治在维持国家秩序中却起着决定性作用。

直到中世纪，虽然还谈不上国际社会，但国家之间的沟通和交流从来就没有停止过。在国与国的沟通、交流中，国家的德性就必然表现出来，有道和无道、善行和恶行的斗争，也必然表现出来。中世纪之后，由于工业的迅速发展，特别是国际贸易的迅速发展，使得这种沟通和交流更显得频繁。同样我们可以这样说，各行为体正当的自由和国际社会的公正的统一，并在这种统一中实现国际社会秩序，这当然是国际社会道德的目的。而遵守或不遵守国际道德，对人类文明发展与进步却具有截然不同的结果：一种是遵守道德的善行和善果；一种是违背道德的恶行和恶果。

在最初的私人财富追逐中，除了利用国家的力量，进行残酷的压迫和剥削外，还有两种很重要的手段，就是对外战争掠夺和殖民掠夺。战争掠夺不仅可以获得死的财富——各种物质财富；还可以获得活的财富——奴隶。我们翻开希腊城邦国那段历史就会明白，城邦国之间的战争，城邦国对外殖民战争，连年不断，简直就是一部战争史。极言之，希腊的繁荣，是由战争掠夺和殖民掠夺带来的。

了解世界历史的人都知道，在对外殖民掠夺中，希腊殖民者每到一处，就赶走或奴役当地土著居民，建立城邦，推行奴隶制度，用对待奴隶的方式，对待土著居民，对土著居民进行残酷的剥削、掠夺、奴役和屠杀。这给土著居民和周边居民，都造成了巨大灾难。可见，希腊城邦国奴隶主、贵族对居民特别是奴隶，所进行的残酷统治、压迫、剥削、掠夺、奴役，必然激起奴隶和平民的强烈反抗和暴动。暴动和镇压暴动，也是希腊城邦国的主要内容。在之后的罗马帝国繁荣，英大帝国繁荣，直到今天的美大帝国繁荣，都继承了希腊的基因，它们的繁荣，依靠的就是掠夺、奴役和屠杀。

私欲贪婪和罪恶渊薮

在利益问题上，如何处理个人之间、公与私之间的关系，是体现德性的基本问题。古今的哲学家们无不把这种关系作为论述道德的核心问题。比如：在个人关系中，道德的核心，是如何处理本人、他人和公众之间的利益关系；在家庭关系中，道德的核心，是如何处理个人利益、其他成员利益和家庭整体利益关系；在国内关系中，道德的核心，是如何处理个人利益、他人利益和国家整体利益关系；在国际社会中，道德的核心，是如何处理本国利益、他国利益和国际社会整体利益关系。不难理解，在国际社会，一个国家和国际社会的关系，就如同在一个国家内，个人和国家之间的关系。在一个国家，如果说国家利益为公，个人利益为私，那么在国际社会，国际社会的利益为公，一个国家的利益就为私了。

恩格斯说过，在人类社会中，每个人的利益、福利、幸福，都同其他人的利益、福利、幸福有不可分割的联系，这是显而易见的不言而喻的真理。他说："一个人的利益、福利和幸福同其他人的福利有不可分割的联系，这一事实却是一个显而易见的不言而喻的真理。虽然我们大家都应该承认，没有自己的伙伴我们就寸步难行，应该承认仅仅是利益把我们大家联系起来，但是我们却以我们的行动来践踏这一真理，我们把我们的社会安排得好像我们的利益不但不能一致，而且还是直接对立的。我们已经看到，这种严重的错误带来了什么样的后果。要消除这种悲惨的后果，就必须消灭这种错误。"[①]

铁的事实告诉我们，在人与人的关系中，如果只顾个人私利，必然会引起人与人之间对利益的争夺，引起争夺利益中各种恶的手段；在国家与国家的关系中，如果只顾本国利益，只贪婪本国利益，也必然会引起国与国之间的利益争夺，引起利益争夺中各种恶的手段。也就是说，在任何范围和任何情况下，只要存在只顾私利，存在私欲贪婪，就必然有恶的出现。恶与私欲贪婪，是分不开的，私欲贪婪，是罪恶的渊薮。

[①] 《马克思恩格斯全集》第2卷，人民出版社1965年版，第605页。

所以，要实现德性社会，就要消除对财富和权势的私欲和贪婪。自古至今的人类社会，善恶的博弈，始终是围绕着这一核心。善恶虽然都是发自人的自然本性，但善性之所以更为强大，是因为善恶的后盾，即善恶的社会性力量不同。社会的善的力量，总会大于社会的恶的力量。所以，善恶的博弈中，善总是要胜利的。如黑格尔说的：当我们看到这种追逐私利的表演和暴行的种种后果，看到古今人类所创造的及其繁荣的各个帝国所遭受的祸害、罪恶和没落，我们不禁悲从中来，不免有一种道德的凄苦，一种良善的愤怒。不必用修辞学上的夸张，只需老实地总括起许多最高贵的民族和国家，以及最纯善的正人和圣贤所遭受的种种不幸，这便构成了一幅最为可怖的图画，激发了最深切、最无望的仇怨情绪，而绝不能够找到任何安慰。这就是我们的私欲和兴趣所构成的现在。

在讲到家庭道德和家庭精神时，黑格尔认为，家庭简直可以算作一个人。家庭每个成员都自愿放弃他们个人的人格、法律地位、特殊利益和欲望，全家生活在一种相互爱敬、相互信赖和相互信仰的统一里面。而在一种爱的关系中，一个人在对方的意识里，可以意识到自己生活于另一个人身上。追求每个成员的发展，整个家庭的发展，构成家庭成员的共同目的。在家庭中，道德所寄托的感情、意识和意志，都不只局限于个人的人格和利益，而是包罗全体的共同利益。如果贪婪私人财富和权势，自然要破坏这种共同利益，自然要走上恶的道路。

在讲到国家道德和国家精神时，黑格尔认为，国民的整体意志是最主要的东西。国家是道德的"全体"和"自由"的"实现"，也是这两个因素客观的统一。国家道德就是个人的意志和普遍意志的统一。一个民族，一个国家，当它从事于自己的意志的时候，当它在客观化的进程中抵抗外部暴力、保护自己的动作的时候，这个民族，这个国家就是道德的、善良的、强有力的。生活在民族或国家内的个人、家庭、法人体，都应该把个体的意志和愿望，与民族或国家的意志和愿望合二为一。都应该如同家庭中各成员的关系一样，勇于为了民族和国家的共同利益，而放弃自己的家庭、个人的特殊利益和欲望。可那些贪婪私人财富和权势的人，是不会这样做的。

在讲到国际社会道德和国际社会精神时，黑格尔认为，任何民族和国家都是在发展前进的。为要使一种真正普遍的兴趣可以发生，一个民族的精神、国家的精神，必须进而采取新的东西，更为高等和博大的东西，必须扬弃旧的原则，迎来新的原则。在一个民族的发展中，其最高点便是它对于自己的生活和状况已经获有思想，即它已经将它的法律、正义、道德，归合为科学。

我们完全能够想象得到，处在国际社会的每个国家和其他行为体，就如同处在一个国家内的家庭、法人体一样，体现整体利益或者每个国家和国际社会行为体的共同利益的国际社会的利益，当然是高于国家利益、民族利益、家庭利益和个人利益的。在与国际社会整体利益发生矛盾时，当然应当放弃自己国家的狭隘利益或小利益，服从国际社会的利益，或大利益。使国际社会各行为体能在利益的相互协调中，求得和平与发展，这就是国际社会的基本道德和基本精神。可历史已经告诉我们，那些贪婪私人财富和权势的恶势力，是不会遵从这种道德和精神的。

英国哲学家罗素在描写国际社会时，也这样说：在我们所能描绘的世界中，劳动是自由自愿，完全是为了集体事业的迅速发展而做的，甚至最小的劳动单位也有一种从事创造活动的喜悦。唯一有价值的人际关系是植根于相互尊重自由上的，在那里没有对财富和权势的贪婪、没有支配、没有奴役，爱是唯一的纽带。这就是罗素所描述的国际社会。从道德的产生中，我们能够悟到，道德作为群体生活的产物，是人类在长期群体生活中，共同劳动、共同生活、相互交往所形成的，人们都自觉遵守的行为规范和衡量是非、善恶、对错的标准。仔细研究起来就会觉得，道德和法律的区别，最根本的一点是，它不仅是行为规范，而且是心灵深处的一种信仰。道德就是人心，人心的力量是无敌的。得道多助，得人心者得天下，原因就在于此。

可见，这里说的道德，是体现人心的、符合人性的、能推动人类文明发展进步的、被各种文明都公认的普世性的公共道德。这种道德的核心，就是在相互交往中的不贪婪私欲，做到至真、至善、至诚。在利益关系中，坚持共同利益至上。在共同劳动中相互关爱、相互合作、相互帮助，做到劳动成果共享，不光利己，而且要利他和利公。

在谈到生活在世界或国际社会中的个人，应当具备何种道德和品格时，罗素有这样的描写："那些其生活对自己、对朋友、对世界都有益处的人，是为希望所激发、为快乐所支撑的人。他们通过想象看见了可能的事物以及把它们变为现实的方法。在处理个人关系时，他们从不为可以失去别人的亲爱和尊重而索然挂怀：他们只顾付出爱和尊重，而回报自然会不招自来。工作时，他们不会受嫉妒心的驱使，而只关心什么事是必须做的。政治上，他们不会耗费时间和热情为本阶级和本国家辩护，他们的目标只在于让整个世界更幸福、更少些残忍、更少些利欲之事，让更多的人摆脱压迫，自由发展。"[①]

如果不遵从德性行事，昧着良心，违背德性去贪图私人财富和权势，甚至去掠夺别人的财富，那就走上了邪恶之途。无论其获得的财富如何多，权势如何大，其也难逃良心永远背负着的谴责，背负着人民群众的鄙视。良心永远不得安宁和平静，永远会受到良心和罪恶感的折磨，并永远摆脱不了这种痛苦，永远会有没脸见人的感觉。这种生活，当然不能说是幸福的。对当今的人

---

① 《罗素道德哲学》，九州出版社2004年版，第164页。

来说，如果自己的信仰、自己的社会制度，缺乏道德基础；如果事实证明，自己的信仰、自己的制度不如另一种信仰、另一种制度，自己对全球治理的结果，不如另一种治理，为了自己的幸福，就应该勇敢地做出新的正确抉择。

比如，道德主张人类是血气一体的手足同胞，要求人们行事要做到包容仁爱、真诚无私，要坚持平等和共富的原则，从而实现共同幸福的目的。对照自己的信仰，自己的制度，是否把此作为坚定不移的追求？对那些把自己的幸福建立在别人痛苦之上，贪婪追求个人财富和权势的人，应采取何种态度，这些都是每个人、特别是参与全球治理的每个人，都应当做出选择的。

黑格尔认为，人与动物的根本不同，就在于人是有感情、有理性的。"人类绝对崇高的使命，就在于他知道什么是善和什么是恶，他的使命便是他的鉴别善恶的能力。总而言之，人类对于道德是要负责的。不但对恶负责，对善也要负责。"[1] 黑格尔告诫我们，在考察德行、道德和宗教虔诚在历史上遭受的命运时，切莫陷入《哀歌启应祷文》的陈词：说什么世界上善良、虔诚的人，时常或多半都遭遇不好，而罪大恶极的人，往往幸运亨通。因为这种不幸或亨通，都不能算作世界合理秩序的主要因素。对于世界的生存的伟大目的，所追求的不是个人快乐，个人的幸福和幸福的环境，而是各种善良和公正的实现和保证。

很显然，正是道德原则和道德义务，把国家组成国际社会，并维护着国际社会的团结。而作为一种更为文明的精神，人们不能把国际社会的和谐稳定寄希望于世界恶人都被根绝之后。应当承认，正是有罪恶和罪大恶极人的存在，才显示出道德的高尚、作用和力量。而且在民众中，也有适度的贪心，也需要通过教育加以解决。这些当然也正是国际政治中最大的难题。

---

[1] [德] 黑格尔：《历史哲学》，台北里仁书局1984年版，第70页。

亚当·斯密说："仁慈本身并不包含任何使其变得低级鄙俗或令人不快的东西。然而，我们惋惜的是，它并不适合这个世界，因为世人不配拥有它，也因为它必然使其具有这种特性的人作为虚伪欺诈的背信弃义者和忘恩负义者的牺牲品，并遭受痛苦和不安的折磨，而在所有人中，他是最不应该遭受这种痛苦和不安的，这种痛苦和不安也是最难忍受的。憎恶和愤恨则逆其道而行之。那些可憎的激情过分强烈的发泄会把人变成一个普遍令人畏惧和憎恶的客观对象，我们认为这种人并不配生活在文明社会，应当像野兽一样被驱逐。"[1]

人们常说，做事要凭良心，做人不能昧良心。良心是什么？或什么是良心？按照哲学家们的解释，良心就是道德规范，就是他人利益至上。有学者还把良心称为神圣规律。亚当·斯密认为，良心，即内心的善良，在人际关系中是重要的。在内心里，当我们的行为能影响或决定他人的幸福或不幸福时，我们可能不敢按自爱之心提示的那样，把个人的利益置于众人的利益之上。如果真的这样做了，就会受到众人的蔑视和愤恨，就会在内心永远留下耻辱和铭刻难以泯灭的污点。所以，品德高尚的人，都不会这样做，都不会违背这条神圣的定律："个人绝不可将自己的重要性，凌驾于其他任何人之上，以致为了一己私欲，而伤害和损害他人。对一个人来说，采取不正当的手段夺取另一个人的任何东西，或不正当地以他人的损失来增进自己的利益，是比从肉体或外部环境来影响人的死亡、贫穷、疼痛和所有的不幸更与天理相违背的。"[2]

亚当·斯密认为，在道德课程中，有两类哲学家向我们灌输其理论：一类是试图增强我们对别人利益的感受；一类是试图削弱我们对自己利益的感受。前者要使我们如同天生同情自己的利

---

[1] ［英］亚当·斯密：《道德情操论》，中国工人出版社2016年版，第35页。
[2] 同上书，第125页。

益一样同情别人的利益；后者要使我们如同天生同情别人利益一样同情自己的利益。也许，这两者都会使自己的学说大大超越了自然和合宜的正确标准。前者认为，世上实在有太多的人，处在无时无刻不在挣扎的各种灾难之中。那种无视无时不在贫穷之中煎熬，无时不在受疾病的折磨，无时不在受敌人的欺凌和侮辱的不幸者，而还满怀喜悦的人，实在是太歹毒了。

而后者认为，任何人都不应该把自己看作某一离群索居的、孤立的人，而应该把自己看作世界中的一个公民，看作自然界浩瀚的国家的一个成员。应当时刻为了这个大团体的利益，而不顾自己微小的利益，并且甘心情愿。不允许用一种自私激情，易于将自己置身于其中的眼光，而是应当用世界上任何其他公民都会用来看待我们的那种眼光来看待自己。遇到任何灾难，都相互同情，相互承担，这是每个人都应当具有的美德。

三 治理者异化和道德凄楚

这里说的治理者，指的是在阶级、国家产生之前原始公社的原本的治理者。这种治理者同公社成员是一体的，是同呼吸共命运的。治理者的异化，是指在阶级、国家产生之后，原本的治理者就异化为脱离人民、凌驾于人民之上的压迫者和统治者。当然，这里也包括在阶级、国家产生之后，基于政治运动或其他原因，由普通公民而上升为治理者的异化。如上节所述，私有制的产生，国家的出现，占有财富的世袭，占有财富不平等，穷人和富人的出现，就促使氏族社会的治理者，如部落的酋长、军事首领发生了异化。他们由原来的服务者异变为统治者。他们依赖自己的特殊地位，使自己占有了更多的财富，并把手中的权力，变为保护和扩大自己财富的手段，使自己由族群领导者异变成为凌驾于族群之上的奴隶主。随着治理者的这种异化，一切社会关系似乎都颠倒了。道德也由人们内心的自觉遵守的规范，异变为统治者的装饰和工具。强权、掠夺、奴役、屠杀，也被奉为道德、奉为正义了。

人身奴役和奴隶社会道德

从奴隶社会开始，私有制的产生，阶级的出现，一个阶级统治、压迫、剥削、奴役、掠夺另一个阶级制度的形成，使私人对财富和权势的贪婪，成为道德情操被践踏的根源。如果从公元前12世纪算起，至今已经有3000多年的历史了。这3000多年间，人们从来没有摆脱过社会的大分裂，没有摆脱过由这种大分裂导致的道德大分裂，而产生的压迫、剥削、奴役、掠夺和战争。可以说，这3000多年，人类都是在道德被践踏的血雨腥风中走过来的。

3000多年的历史，以铁的事实告诉人们，统治者、压迫者、剥削者、掠夺者都是不讲道德的，他们压迫、剥削、掠夺的行为，都是践踏道德的。虽然他们嘴上也讲道德，可他们讲的是虚假的伪道德。他们讲道德，只是为了把道德作为自己统治、压迫和剥削的工具，是为了拉大旗作虎皮。因为压迫、剥削、奴役、掠夺本身，都是不道德、不正义的，那些抑制压迫、剥削、奴役、掠夺，维护公平正义，维护群体生存和发展，维护人类文明生存和发展的道德情操，对于统治者、压迫者、剥削者、掠夺者来说，自然是格格不入的。

不过，从古今政权更替的历史中可以发现，任何一个社会集团，在它要利用民众的力量夺取政权时，或夺得政权的初期，其向民众宣扬的道德，是迎合民众意愿的真道德，尽管其怀有不道德的目的。其的治理，的确也是对民众有利的。但都是在夺得政权之后，才本性暴露，显示出其统治者、剥削者、压迫者、掠夺者的真面目。

人们也许还会觉得奇怪，进入阶级社会之后，人类物质文明的发展与精神文明的发展，常常是背道而驰的。随着人类物质文明的大发展，人类道德文明的发展，人们道德素质的发展，却显得非常落后，甚至倒退。在阶级社会中，似乎科学技术越发展，物质文明越发展，精神文明就越下滑，人类道德越被践踏。科学技术发展的程度越高，劳动创造的财富越多，道德情操被践踏的就越厉害，这似乎很让人费解。

其实，历史发展的辩证法就让人很费解。比如，在阶级社会中发生的那些不道德之事，有的却还有着另一面，就是从人们费解的领域，反而刺激人类文明的发展。而且由于财富、教育、舆论工具等，都掌握在统治者、压迫者、剥削者手里，所以研究道德，为道德发声的，反而是他们，而不是以道德为遵循的劳动人民。这就使我们意识到，历史中道德的理论和实践，也处于分裂状态。宣传道德的，其实践行为，不一定符合道德，甚至是在践踏道德；而真正实践道德的，却是无声的被统治者，即广大人民。

奴隶社会，是人类进入阶级社会的第一个社会形态，也是道德被践踏的第一个社会形态。在奴隶社会中，由于科学技术和生产力还都比较落后，所以奴隶主对道德的践踏方式是赤裸裸的、直接的人身奴役。在奴隶制时代，利用战争抢夺财富，则是积累私人财富的主要手段。身处奴隶制的哲学家们，其对奴隶社会的解释，只包括奴隶主和自由民。在奴隶社会中的奴隶，只是一种财富、一种工具，而不被当作人看待。

史学家们公认，被称为"荷马时代"的公元前12世纪和8世纪的希腊，处于氏族社会解体末期。在"荷马史诗"中，可以看到氏族瓦解、氏族道德丧失，阶级分化出现的事实。比"荷马史诗"稍晚的赫西俄德，在其长诗《神谱》《工作与时日》中，对公平、正义、公道被破坏的事实，做了更多的叙述。他认为，人们被繁重的劳动和不幸的生活压得喘不过气来，社会道德败坏，强权被奉为正义，人与人的关系失去了和谐而充满着仇恨。

面对城邦国家的出现，面对氏族社会和氏族道德的衰败，希腊哲学家柏拉图则从人的本性或人的品性的视角，从人的共同体和伦理政治的视角，对城邦国家进行了理想化的解释。他认为，城邦应当是人们共同生活的共同体，城邦的起源和政治秩序建立，人们在城邦内的等级分工，是自然的、合乎人的品性的。城邦制度与公共生活的优劣，取决于它是否符合人的本性和自然规律。符合人的本性和自然规律的，就是正义，就是善。城邦内每个等级、每个人，都有适合自己的工作，都能发挥自己的才能，这就是实现了正义的国家。

从柏拉图对城邦国的解释中，我们可以看出，柏拉图的"理想国"，实际是个道德之国。比如，他认为，国家作为人民共同劳动、共同生活的有机整体，个人不能离开国家，个人只有在国家中共同劳动、共同生活，才能实现个人的本性。他把参加共同劳动、公共生活、维护公共利益，作为每个公民的义务。把实现正义、至善，作为国家应当追求的目的和价值。

柏拉图认为，分工合作是城邦生存的基础。因为人的天赋和才能是千差万别的，每个人只有从事一种最适合自己的工作，才能做得最好。然而，人的生活所需又是多方面的，这就产生了个人才能片面性与生活需要多样性之间的矛盾。为了解决这一矛盾，人们就需要过共同的生活。在柏拉图看来，城邦的政治权力管理城邦的公共事务，城邦的维护者保卫城邦的安全，城邦的生产者，包括农民、牧人、各类工匠、大小商人、诗人、艺术家等，担负城邦的生产和繁荣社会生活。只要各阶层都以美德约束自己，都把理性放在主导地位，使自己成为有德性的人，控制欲望，从而各得其所、各司其职、分工合作、协调一致，便实现了正义，成为正义的城邦国家。这就是柏拉图理想的整体和谐、统一和强盛，人人都幸福的城邦国家。当然，正如马克思所说的，就把分工说成是国家的构成原则这一点说，柏拉图的理想国只是埃及种姓制度在雅典的理想化。

柏拉图主张有知识的哲学家治理国家，实际上是没有私有的、用德性治理国家的理想国。柏拉图接受苏格拉底"美德即知识"的信念，认为善德出于知识，邪恶出于无知，没有人有意作恶或无意为善，关键是有没有知识。一旦人们有了善德的知识，就会具备完善的德性。知识才能矫正人的恶习和不良品性。为此，柏拉图把教育视为城邦最重要的大事。他认为，教育不仅是传授知识，而且是为了陶冶人的情操，净化人的灵魂。这里，我们不禁会想起中国儒家的"人之初，性本善，性相近，习相远，苟不教，性乃迁"的思想。

柏拉图的思想体系，是在氏族社会瓦解、奴隶制度产生时期的产物，从他的思想中，我们不仅可以看出，氏族社会的瓦解和奴隶制度的产生都是不可避免的，也可以看出柏拉图的矛盾心理。比如柏拉图认为，私有财产是人们自私、贪欲的根源，私有财产不仅会造成贫富分化，把公民分裂为富人与穷人，而且使双方互相仇恨，党争不断，这是城邦动荡、夭折的根源。所以城邦国的维护者和哲学家，都不得占有土地等私有财产。可他又认为，直接的生产者可以拥有自己的私有财产，不过都不能只追求一己私利，而漠视甚至不惜损害他人和国家的利益。

柏拉图认为，人们的政治制度是从城邦公民的品性和习俗里产生的，人的品性堕落是政治败坏的根源。如果人们的品性和心灵发生了变化，政治制度就会相应发生嬗变。虽然柏拉图的哲学思想和政治思想对后世的影响无疑是巨大的，特别是对基督教和空想社会主义者的影响尤为突出，但他的思想毕竟是时代的产物，如史学家说的，他的哲学家治国的思想，无非是垄断知识的贵族治国思想，他的理想国，本质上是一种奴隶主贵族剥削压迫奴隶的制度。正是这种制度，把符合人性的道德情操和习俗带到了被践踏的深渊。

毋庸置疑，私有制、压迫、剥削、奴役、掠夺产生之后，从人性中、从人们群体生活中，形成的那种原本的道德情操理念，比如公平正义，至真、至善、至诚等，仍然被广泛地尊崇着，但在每个人的心灵深处，这种尊崇却有真有假，有不同含义。在压迫者、剥削者、掠夺者、奴役者那里，这些原本道德的含义都发生了扭曲，成为为奴隶主压迫、奴役奴隶辩护的工具。尽管国家的产生和制度的产生，不仅有这种道德情操的作用，而且都包含有这种道德的因素，可自从私有制度、国家产生之后，劳动者的劳动发生异化，人性发生扭曲，原本的道德情操遭到践踏。

在奴隶社会，那种符合人类本性的至真、至善、至美、至诚、公平正义、合作劳动、共享劳动成果的道德情操，就在奴隶主对奴隶的统治、压迫、奴役和掠夺下，被践踏了。为攫取私利，他们对奴隶进行着极其残酷的统治和掠夺，他们用皮鞭强迫奴隶为他们劳动，对于敢于反抗的奴隶，他们可以随意处死。尤其是对战争中俘获的奴隶，他们可以随意杀戮。我们回顾一下希腊和罗马那段奴隶制历史就会明白，在通过血腥的对外战争和掠夺，建立起奴隶制度之后，奴隶主对奴隶的统治是多么的残酷。可在奴隶主那里，这种统治、压迫和奴役却都是合乎正义的。

在奴隶社会，哲学家们说的自由公民，不包括奴隶。而奴隶被视为会说话的工具，是奴隶主最重要的财富。希腊著名哲学家亚里士多德曾这样说：奴隶是一种最好的财产，是一切工具中最完善的工具。奴隶社会，就是建立在一部分人，即自由、全面发展的公民，对另一部分人，即奴隶的"非人化"基础之上的。为了强迫奴隶劳动，奴隶主可以任意虐待、惩罚奴隶。可以实行诸如鞭打、绞杀、火烧、吊脚、剥皮、扭松关节等各种刑罚。可在那种社会，奴隶主无论怎么对待奴隶都是合乎道德的。可见，奴隶社会奴隶主对道德的践踏是多么严重，多么令人咋舌。

在当时的哲学家们的笔下，所谓自由发展的公民，实际上大多都是奴隶主。他们主要是靠剥削大量奴隶、掠夺海外殖民地为生的。比如，据历史学家们提供的资料，在希腊城邦国时代，奴隶的数量是巨大的。在马其顿亚历山大时代，科林斯城邦国就有46万奴隶，而自由民只有4万人。雅典城邦国有奴隶40万人，而自由民只有2.1万人。奴隶承担着几乎所有的生产劳动，还包括家务劳动。

奴隶大部分都是从对外战争掠夺和殖民掠夺中获取的，为了不断获得奴隶，对外掠夺战争和殖民战争就连年不断。而且奴隶是会说话的工具，也是会反抗的工具，不堪忍受欺凌的奴隶不断反抗，不断暴动，奴隶主又不断镇压这种反抗和暴动，于是国内战争也连年不断。奴隶主们惊呼：奴隶不仅个个都是会说话的工具，而且个个都还是敌人，有多少奴隶就有多少敌人。可见，希腊城邦国的繁荣是靠战争获取的，希腊城邦国对道德的践踏，根源之首，也是为掠夺财富、掠夺奴隶而发生的战争。

封建特权和封建社会道德

人们都知道，奴隶社会后期出现了大批从奴隶主阶级中产生出的大土地所有者。这些大土地所有者，利用奴隶对奴隶主反抗的力量，逐步废除了愚昧迷信的奴隶社会的核心价值体系，通过长期不同形式的革命性变革，逐步走上了封建化道路。奴隶制的非常，封建社会的出现，自然是历史的进步。尽管东西方封建社会在形成方式上有所不同，比如西方在中世纪，一般是采用有更多奴隶制印迹的农奴制。而东方一般则采用个体的小农经济。但东西方封建社会以土地为基础的所有制是共同特点。不过，在封建统治者对原本道德践踏的事实，也引起了有良知的哲学家的不满和批判。特别是在文艺复兴中，也包含有道德复兴的内容。

在封建社会，封建统治者践踏道德的重要武器，就是皇权神化，就是宗教迷信，就是宗教用来欺骗人民的天意、天神或上帝。他们首先把自己神化为天神的使者或上帝的使者，然后再把自己的统治神化为替天行道。比如，在欧洲中世纪的封建统治者，都不仅是大土地所有者，而且都把持着教会。他们把持的各种宗教教会，都把封建统治宣扬为是天经地义的，给封建统治者压迫、剥削、奴役、压榨农民，蒙上神赐的灵光。把不道德说成是道德，要人们对封建统治秩序，对封建压迫、剥削和奴役，对宗教教会的横行和荒诞，都忍耐和俯首听命。这就是封建社会统治者对道德的践踏，是假道德或伪道德，对原本道德的践踏，而真正的原本的道德，只能隐藏在劳动人民的心灵里，或在那幻想的天国里，或在那心灵愤怒发出的文艺作品里。

如恩格斯说过的，在欧洲中世纪，封建统治者正是利用其把持的宗教教会，把古代文明，古代哲学，古代政治与法律，都一扫而光，以便一切都从头做起。它从没落了的古代世界承受下来的唯一事物，就是基督教和一切残破不全而且失掉文明的城市。正是这样的历史条件，使罗马天主教会在当时的封建制度里处于万流归宗的地位，成为封建统治的巨大国际中心。况且，由于教会的僧侣们长期垄断知识和教育，他们通过传道，把教会封建国家制度都神圣化，宣传教权至上，王权神授思想，把封建的统治、压迫、剥削和奴役都神圣化，把神学灌输到人们的思想深处，对人民进行洗脑，要被压迫、被剥削、被奴役的劳动人民屈从、认命，这就使神学成为了封建统治的精神支柱。

值得注意的是，中国的封建社会与欧洲中世纪有所不同。中国封建社会之所以能够长期维系，靠的就是封建社会的核心价值体系，这种核心价值体系通常以"君上大权"为骨架，并融入儒释道等一些有利于统治阶级的思想，最为典型的是中国儒家的"三纲五常"思想。基于儒家领袖人物，特别是孔子的特殊身份和社会地位，他们的思想包含有两面性，既包含有利于统治阶级的不道德成分，也包含有利于广大劳动者和广大人民的道德的成分。

比如，儒家的"三纲五常"思想中的"三纲"，是指"君为臣纲，父为子纲，夫为妻纲"，它要求为臣、为子、为妻的必须绝对服从于君、父、夫，同时也要求君、父、夫为臣、子、妻做出表率，反映了封建社会中君臣、父子、夫妇之间的一种特殊的道德关系。"五常"即仁、义、礼、智、信，是用以调整和规范君臣、父子、兄弟、夫妇、朋友等人伦关系的行为准则。仁、义、礼、智、信的意思就是仁爱、忠义、礼和、睿智、诚信。

以"君上大权"为骨架的"三纲五常"思想，为封建统治阶级的统治和等级秩序的神圣性、合理性而辩护，成为封建专制主义统治的基本理念，为我国历代封建统治阶级所维护和提倡。这种核心价值观起着规范、禁锢人们思想和行为的作用，2000多年来一直影响着中华民族的国民性，在一定时期也起到了维护社会秩序、规范人际关系的作用，但客观评价封建社会的核心价值体系，它既有压抑、扼杀人的自然欲求的消极影响，也有对塑造中华民族性格方面的积极影响。

在奴隶社会和封建社会，在原本道德被奴隶主、王权和宗教踏在脚下的同时，被压迫、被剥削、被奴役的广大劳动人民，却渴望着过去人与人之间的那种高尚和美德。始终实践着勤劳、至善、至诚的道德准则。自14世纪之后，基于两个方面的原因，在欧洲形成了开辟新航路的风潮。一是因为封建社会劳动人民的主体，农民和手工业者，不堪忍受封建主、大教主的统治、压迫和奴役，反抗斗争日趋激烈；二是因为由于生产力的发展，封建主、贵族、大商人为了扩展对外贸易，侵占新的领土。急于向外扩张的基督教，自然也积极支持这种新航路的开辟，特别是通向东方中国和印度新航路的开辟。新航路开通后，大商人、大贵族依靠对外的殖民扩张和殖民掠夺，使自己的势力迅速膨胀。基于这些因素，欧洲在14—17世纪，兴起了一场如恩格斯所说的："人类以往从来没有经历过的一次最伟大、进步的变革。"

由于道德的力量所体现的是人民的力量，是人心的力量，所以任何新生的阶级要革命，首先得先举出道德的旗帜。这场革命运动实际上是新兴资产阶级的革命运动，它要同强大的封建贵族、大教主进行斗争，也得进行道德宣传，赢得民心。当时产生的人本主义、人道主义、自由、平等博爱，就是民心所向，它不仅促进了人民的思想解放，砸断了教会的神学枷锁；而且迎来了人文科学的繁荣，激起了人本主义或人道主义思想的产生。这实际上是原本道德的反响，是原本道德从幻想中，从天国向人间的回归。

比如，主张放眼现实世界，相信人的力量；主张以人为中心，反对以神为中心；认为人是生活的创造者和主人，应当发挥人的才能，发挥人的思想感情的力量。提倡科学发展要为人民谋福利，号召把人的思想、感情、智慧都从神的束缚下解放出来。肯定现实世界和现实生活，向往名利、享受和致富，反对悲观、禁欲遁世和虚伪造作。否定对教皇和教会的绝对服从，反对封建特权和等级制度，追求自由、平等和人权等。这些思想虽然都受到了广大人民的敬仰，但由于文艺复兴中指的人，不是劳动人民，而是新兴的资产阶级，这就使原本道德的回归受到一定的局限。

比如，德国流浪诗人、人文主义思想家胡登就批判了罗马教皇对道德的践踏。他说，罗马靠三种东西使一切人都驯服，那就是强力、狡猾和伪善；罗马有三件事不能说出真相，那就是教皇、赎罪券和无神论；有三种事物成为罗马的特点，那就是教皇、古老建筑和贪婪；有三种不同的东西供养着罗马的富翁，那就是穷人的血汗、暴利和掠夺。

比如伟大思想家雅克·卢梭，其思想的基础就是人的德性。他通过自然人这把标尺，映射出社会状态下人性的异化，其目的就是要在社会状态下恢复人性之善。他揭示社会铸成人之恶的根源，设想出了恢复人性之善政治制度，认为这种政治制度首先而且必须以德性为目标。卢梭认为，什么是最好的政府，能够造就出最好道德、最开明、最智慧、最好的人民，有益于全人类幸福的政府，就是好的政府。

卢梭在《论人类不平等的起源和基础》一书中就阐明了，由人类本性所决定，本来人类生活得无忧无虑、幸福满足，人与人之间是平等且自由的，然而，私有观念和私有制度的产生，让人们的贪欲无限膨胀，从而做出谋杀、毒害、抢劫、虚伪等种种不道德的行为。在这样的社会状态下，由于利益，人们必然相互欺骗。在《社会契约论》一书中他阐明了，在政治生活的共同体中，个人与集体是统一的，而这种统一，必须以道德为基础。好的社会制度，或以德性为基础的社会制度，需要具有相应高尚道德的公民来维护。只要有具有德性的政治制度，制度下的人们，必将是具有德性的；反之，只要人是有德性的，政治就将是高尚的；事物的辩证性就是如此。当然，卢梭主张培养与自然界融为一体的道德公民，其目的不仅是增强人们的生存能力，更是为了让人们生活得有意义。

不过，值得注意的是，在文艺复兴期间，不仅出现了许多伟大的思想家，还产生了空想社会主义的思想。这些空想社会主义者，面对封建主、教主对人民的压迫和奴役，面对封建社会向资本主义社会转变的风浪，觉察到私有财产是一切罪恶的根源，提出废除私有制，建立公有制的理想社会。比如意大利思想家康伯内拉提出的"太阳城"思想，英国人文主义思想家莫尔提出的"乌托邦"思想，都非常有影响。这些思想虽然没有摆脱中世纪传统的神权政治的影响，但其所体现的原本道德的价值却不能忽视。

比如，在康伯内拉的《太阳城》里，没有私有财产，一切都是公有的。没有富人，也没有穷人，人人平等，都靠劳动为生。劳动不分贵贱，无论做什么，都同等重要，都受到尊重。每天只劳动4个小时，其余时间看书学习，或搞科研和文体活动。劳动产品归公，人们的生活所需由公家供给。"太阳城"的管理人员，由人民选举产生，不称职者可随时撤换。管理人员都和人民一样参加体力劳动。显然，康伯内拉的"太阳城"思想，是劳动人民所欢迎的，是体现原本道德的。

比如，莫尔在其《乌托邦》中，愤怒斥责英国的圈地运动，控诉它是"羊吃人"的运动，并提出了一个理想的社会设想。在莫尔设想的理想社会中，没有私有财产，没有剥削，没有贫富之分，大家都平等地参加劳动，或从事农业，或从事手工业，并经常轮换。劳动产品归集体所有，各家可以根据需要，不付任何代价，领取生活用品。乌托邦的管理者由选举产生，每年选举一次。他们没有任何特权，主要职责是组织生产和集体消费。可见，《乌托邦》和《太阳城》一样，都是不堪忍受封建贵族、宗教贵族对人性、对原本道德践踏的产物，虽然在当时的社会环境中不可能实现，是一种空想，但它毕竟是符合人性、符合原本道德的，它既体现着人类原本道德的反响，也体现着广大劳动人民对道德回归的渴望。

金权统治和资本主义道德

在奴隶社会和封建社会，对道德践踏的力量主要是以暴力支撑的强权。而在资本主义社会，对道德践踏的力量，却主要是以资本支撑的金钱和以金钱熔铸的特权。金权，当然也是一种强权，但这种强权是以金钱、财富作为支撑的。人们都知道，货币是劳动者创造的商品交换的工具。可哪能想到呢，在人类文明发展到资本主义社会之后，它竟能神奇般地成为财富的代表和象征，成为对劳动和劳动者的支配者。资本主义社会几乎所有的人，包括掌权者，都跪倒在金钱的脚下，向金钱顶礼膜拜，人的神圣，人的伟大，人的尊严，人的真、善、美的高尚品格，统统都被金钱抛到九霄云外了。

放眼当今世界，在包括夫妻、家庭、社会、国家、国际社会中，一切邪恶，诸如惨不忍睹的侵略战争、各种巧妙的财富掠夺、各种谎言的编造和传播、各种哄骗欺诈的得手、各种挑拨离间、两面三刀、双重标准、弄虚作假、逼真伪装等的产生，都根源于对金钱和权势的贪图。如亚当·斯密说的，实施这些邪恶的那些人，"不配生活在文明社会，应当像野兽一样被驱逐"。

马克思说："金钱贬低了人所崇奉的一切神，并把一切神都变成商品。金钱是一切事物的普遍的、独立自在的价值。因此，它剥夺了整个世界——人的世界和自然界——固有的价值。金钱是人的劳动和人的存在的同人相异化的本质；这种异化的本质统治了人，而人则向它顶礼膜拜。"[①] 看看当今资本主义的现实，看看当今全球治理的现实，谁会不感到马克思这些话，说的是多么深刻，多么正确，多么一针见血啊！

在资产阶级看来，人生来都是自私的，都是为了金钱。人不为钱，天诛地灭，这也许是资产阶级人生观的核心。在资本主义社会，人与人之间的关系是纯粹的金钱关系，表现为物的属性，金钱确定人的价值。"在资产阶级看来，世界上没有一样东西不是为了金钱而存在的，连他们本身也不例外，因为他们活着就是为了赚钱，赚钱是他们人生的唯一价值。除了快快发财，他们不知道还有别的幸福；除了金钱的损失，他们不知道还有别的痛苦。"[②] 而这种对钱财的无限的贪婪，正是资本主义社会万恶的渊薮。

如马克思恩格斯分析的，贪得无厌地追求个人财富，无休止地贪图钱财，是资产阶级具有决定意义的目的。资产阶级除现钱交易之外，他们不承认人和人之间还有其他关系，甚至他和自己的老婆之间的联系百分之九十九也是表现在同样的"现钱交易"

[①] 《马克思恩格斯全集》第3卷，人民出版社2002年版，第194页。
[②] 《马克思恩格斯全集》第2卷，人民出版社1957年版，第564页。

上。由于资产者的统治，金钱使资产阶级所处的那种可耻的奴隶状态甚至在语言上都留下了它的痕迹。金钱确定人的价值：这个人值一万英镑，就是说，他拥有这一笔钱。谁有钱，谁就值得尊敬，就属于"上等"人，就"有势力"，而且在他的那个圈子里在各个方面都是领头的。"对资产者来说，只有一种关系，即剥削关系，才具有独立存在的意义；其他一切关系都只有在他能够把这些关系归结到这种唯一的关系中去时才有意义，甚至在他发现了有不能直接从属于剥削关系的关系时，他最少也要在自己的想象中使这些关系从属于剥削的关系。这种利益的物质表现就是金钱，它代表一切事物，代表人们和社会关系的价值。"①

因为资产阶级的力量全部取决于金钱，所以他们要取得政权就只有使金钱成为人在立法上的行为能力的唯一标准。他们一定要把历代的一切封建特权和政治垄断权合成一个金钱的大特权和大垄断权。资产阶级的政治统治之所以具有自由主义的外貌，原因就在于此。资产阶级消灭了国内各个现存等级之间一切旧的差别，取消了一切依靠专横而取得的特权和豁免权。他们不得不把选举原则当作统治的基础，不得不在原则上承认平等，不得不解除君主制度下书报检查对报刊的束缚。为了摆脱在国内形成独立王国的特殊的法官阶层的束缚，他们还不得不实行陪审制。但是资产阶级实行这一切改良，只是为了用金钱的特权代替已往的一切个人特权和世袭特权。

即使如此，我们也应当用历史唯物主义的观点，把这视为是历史的进步。如马克思所说的，资产阶级在历史上曾经起过非常革命的作用。比如：在它已经取得了统治的地方把一切封建的、宗法的和田园诗般的关系都破坏了；它无情地斩断了把人们束缚于天然尊长的形形色色的封建羁绊，它使人和人之间除了赤裸裸

---

① 《马克思恩格斯全集》第3卷，人民出版社1960年版，第480页。

的利害关系，除了冷酷无情的"现钱交易"，就再也没有任何别的联系了；它把宗教虔诚、骑士热忱、小市民伤感这些情感的神圣发作，淹没在利己主义打算的冰水之中。它把人的尊严变成了交换价值，用一种没有良心的贸易自由代替了无数特许的和自力挣得的自由。"总而言之，它用公开的、无耻的、直接的、露骨的剥削代替了由宗教幻想和政治幻想掩盖着的剥削。阶级抹去了一切向来受人尊崇和令人敬畏的职业的神圣光环。它把医生、律师、教士、诗人和学者变成了它出钱招雇的雇佣劳动者。资产阶级撕下了罩在家庭关系上的温情脉脉的面纱，把这种关系变成了纯粹的金钱关系。这些正是资本主义比封建主义进步的地方。"[①]

毋庸置疑，道德也和人类社会一样，总是在进步的。但至今我们还没有超出阶级道德的约束。在资本主义社会里，由于金钱魔力的钳制，道德也成了商品，成为投资，道德行为即按照道德规范行事，不是被看作是人们应具有的高尚品格，而是被看成能赚钱的投入，要计较它的道德成本。可见，只有在不仅消灭了阶级对立，而且在实际生活中也忘却了这种对立的社会发展阶段上，真正符合人性的那种美好、高尚的道德，才会成为可能。

"贪爱钱财是万恶之根源"，这是耶稣对其信徒的教诲。可有哪个资产者真的信它和按它行事呢？人们都知道《圣经》上的那个故事：一个富人问耶稣怎样才能得到永生，耶稣告诉他：应当变卖你所有的财产，把它分给穷人，然后跟我走。然而，这个富人却忧愁地离开了，因为他的财产太多。耶稣对门徒们说：我实在告诉你们，财主进天国是很难的，比骆驼穿过针眼还难。资本主义社会现实中的富人，同样是离耶稣而去，只知道剥削穷人，而不会把自己的财产分给穷人，实现同穷人们的真正平等。如果他们能做到这一点，那他们就不会剥削穷人了，资本主义制度也

[①] 《马克思恩格斯选集》第1卷，人民出版社1995年版，第174页。

就不存在了。

就全球治理而言，在资本主义的全球治理中，同样存在着金钱对道德的践踏。从全球治理的角度看，资产阶级全球治理的目的，如马克思所论述过的，资产阶级所要创造的世界里，就是要把公开的、无耻的、直接的、露骨的剥削，代替了由宗教幻想和政治幻想掩盖着的剥削，带到全世界。把世界人与人之间的一切关系、一切尊严、一切道德，都变成了赤裸裸的利害关系，变成冷酷无情的"现金交易"，把人的尊严变成了交换价值。它抹去了过去一切等级制度，抹去了一切向来受人尊敬和令人敬畏的职业的灵光，把医生、律师、教士、诗人和学者变成了他出钱招雇的雇佣劳动者，使整个社会结构简单化为资本家和雇佣劳动者的对立，把温情脉脉的家庭关系，也变成了纯粹的金钱关系。

英国哲学家罗素就认为，崇拜金钱，认为一切价值都应用金钱来衡量，这是资产阶级的信仰，英国人、美国人都是这种信仰。然而这种信仰和人的本性不仅不一致，而且是用一种错误的理论，引导人们残害自己的本性。罗素说："一般说来，因为生活腐朽才促进了对物质的崇拜，而对物质的崇拜又倒转来加速它赖以繁殖的生活的腐朽。凡是崇拜金钱的人，他不再希望通过自己的努力和行动来得到幸福，他把幸福看成是从外界得来的一种被动的享受快乐。"[1] "崇拜金钱，是一种信仰，认为一切价值都要用金钱来衡量，金钱是人生成功与否的最后考验。这种信仰从一种错误的关于成功的理论，引导人残害了自己的本性并且使人羡慕对于人类幸福毫无补益的事业。"罗素还说，"西方进步的先锋——美国，在最完备的形式中表现出对金钱的崇拜"[2]。罗素强调：金钱的崇拜并非新鲜的事情，但是现在它比以往危害更大。

在金权统治的社会里，把对私人财富和权势的贪婪，看成是

---

[1] 《罗素道德哲学》，九州出版社2004年版，第88页。
[2] 同上书，第88—89页。

道德的行为。如罗素说的，在资本主义社会，劳动、资本、土地、遗产之间的关系，是资本比劳动尊贵，土地比资本尊贵，任何一种财富，如果是遗传得来，比自己用劳力得来的更受尊敬。一个人对于由自己劳动所得的权利，在法律上只得到一个极小限度的承认，从未得到更多的承认。在任何一个社会里，如果私有财产不受限制而偷盗是要受罚的，那么利息就很自然地兴起来了。这样出借资本的权利，就会给私人资本家带来巨大的财富和势力。如不加以严格的控制，势必造成社会不平等。目前，不论在工业世界或在国际政治上，它的效果是这样坏，已经到了对这种权利非控制不可的地步。

四　人民的意志和道德的自信

在国际关系中，中国历来是个道德至上的国家。中国特色的社会主义，本身就是以道德为支撑的。中国在当今国际社会所倡导的和平发展理念，也都是符合国际道德的崭新的理念，体现着人类文明的发展与进步。因为德性是人的本性，德性体现的是劳动，是劳动创造幸福，这也是广大人民的意志。而历史已经证明了，广大人民的意志，是不可战胜的。

劳动统治和正气慷慨

劳动，是人类最基本的美德，也是人类文明创造和发展的基础。马克思所理想的共产主义社会，就是劳动统治的社会。在那种社会里，劳动成为人们的第一需要，人们都在那自由联合体内，进行自由的、创造性的共同劳动，并共同享受劳动成果。不言而喻，只有实现了劳动统治，消除了劳动的异化，人人都自食其力，才能彻底消除无偿占有别人劳动根源，消除私欲贪婪的邪恶，使道德力量充分发挥。因此，可以说，与劳动统治相伴随的，是道德统治。

劳动美德，是人作为人的人格的基础，当然也是人类文明发展的基础，更是国际社会发展的基础。在古今的人类社会学界，无论搞哪个领域的研究，劳动美德都是不能舍弃的内容。特别是在哲学家的思想中，人类文明发展，永远脱离不开劳动这个基础。劳动美德的现实与他们的思想相比，尽管有很大差距，尽管掠夺美德发生了异化，原初的劳动美德受到了践踏，但总的看，以劳动美德为核心的道德规范，仍然主导着人类文明的发展。

正如黑格尔说过的：时代的艰苦，使人对于日常生活中平凡的琐屑兴趣，予以太大的重视，现实中很高的利益和为了这些利益而做的斗争，曾经大大地占据了精神上的一切能力和力量，以及外在的手段，因而使得人们没有自由的心情去理会那较高的内心生活和较纯洁的精神活动，以致许多较优秀的人才都为艰苦环境所束缚，并且部分地牺牲在里面。

在当今的世界上，最有影响力的理论，当然是马克思主义理论了。马克思关于人本论的思想，关于劳动统治的思想，关于劳动者是社会太阳的思想，关于民主的本质是劳动者当权的思想，关于科学技术发展有利于生产力发展的思想，关于人类道德的思想，都博大精深。马克思的理想和追求，就是符合人类本性的道德的真正实现，就是劳动者真正当权，并在劳动者当权下，消灭剥削、消除对财富和权势的贪婪，人人都能自由劳动、共享幸福的社会。比如马克思所追求的人类的真正平等、自由，人的彻底解放和自由发展，自由人联合劳动的共同体等，都无不浸透道德的基因。

不过，这里我们不说马克思的理论，因为马克思一直被一些西方人视为幽灵，他们很害怕这个幽灵，一提起马克思，他们就本能地产生逆反。所以，这里我们就有意多引用一些西方最崇拜的亚当·斯密的著作，从这些著作中，看看在人类社会的发展中，道德是多么的重要，资产阶级在贪婪权势和财富中，对道德的践踏，是多么的令人惊叹，与亚当·斯密的思想是多么格格不入。

贪婪权势和财富的资产阶级，在对劳动者剥削和掠夺中，从来都是不择手段、不讲道德的。其在生意场上，也只信仰亚当·斯密的金钱人理论，而却忘记了亚当·斯密的道德人理论。人们都知道，在亚当·斯密的著作中，有两部著作颇有影响：一部是《国民财富的性质和原因的研究》，人们简称为《国富论》；另一部是《道德情操论》。在《国富论》中，论述了国民财富的源泉是劳动，是劳动创造了价值，工人的工资、资本家的利润都是劳动创造的，而且工人的工资越低，资本家的利润就越高，从而揭示了资本主义制度剥削的本质。这些理论，正是马克思主义的来源之一。

比如，在《国富论》的《导论》中，亚当·斯密就有这样的描写：人类还在非常贫穷的渔猎时代，每个人都能从事力所能及的劳动，尽其所能地为其本人或为他的家人、为他的族人提供生活必需品和便利品。而与此相反，在文明和富裕的繁荣时代，有些人虽然根本不参加任何劳动，但其消费的劳动产品，却比大多数劳动者要多出十倍甚至百倍。然而，资本家们从《国富论》中汲取的，并不是这些，而是亚当·斯密立论所设想的两个前提：即一个是经济人，认为人虽然是有理性的，但现实中的人都是自私的，都是利己主义者，特别是在产品交易中，卖的人总想卖得贵一些，而买的人却总想买得便宜些。这种从利己出发参与经济活动的人，亚当·斯密称之为经济人。另一个是市场上的人，即在市场上，人都是遵守市场规则的。市场经济靠市场规则，即看不见的手，就能自动调节。而资本主义实践证明，经济和政治是分不开的，人性也有善恶两个方面，这种建立在两个不正确前提基础上的自由市场经济的理论，却成了收入不平等、社会不平等的根源。

当然，在我的这本书中，重点是说国际道德。国际社会道德作为国际关系的产物，主要体现的是国际社会各行为体、特别是国家与国家之间的关系。在《道德情操论》这本书中，亚当·斯密已经提到过对宇宙的治理问题。不过，他认为，对宇宙这个巨大机体的治理是神的义务，而不是人的义务。现在人们都明白了，神不过是虚无缥缈的幻想，无论是现今的对全球的治理，还是未来对宇宙的治理，还得靠人。就对全球治理而言，依据当前的现实，最需要做的，就是两件事：一是健全和完善全球治理的机构，制定和完善国际社会的有关法律；二是加强全球治理的道德建设。从本质上讲，道德是成熟的法律，所以进行道德宣传，加强道德建设，提供国家治理者、企业治理者和全民的道德素质，则是全球治理成功的重中之重。

我们知道，黑格尔在论述道德的产生和发展时，曾这样认为，家庭道德是道德的最初形式，国家道德则是道德的第二形式。黑格尔说：家长制度的基础是家族关系，这种关系自觉的发展成为道德的最初形式——家庭道德；继之而形成的国家道德，便是它的第二形式。显然，国际社会的道德，就应当是道德的第三形式。道德由第一种形式，发展到第三种形式，是一个长期的历史过程。看看黑格尔和亚当·斯密的著作，对比当今的现实，我们既会感到道德之路的坎坷，更会感到道德复兴的势头、不可阻挡性以及对道德的自信。

比如，在亚当·斯密看来，慈善是一种美德。但在资本主义社会，在资本主义主导的国际社会，这种美德却一直被压抑着。不过，近些年来，这种状况似乎开始改变。亚当·斯密说："慷慨豪迈、人道至上、善行无迹、怜悯众生、相互之间的友谊和尊敬，所有和善的且带有仁慈的感情，当它们在行为举止或面部表情中表现出来时，甚至是向那些和我们完全没有任何关系的人表现出来时，几乎无论在什么样的场合，中立的旁观者都会对他们产生好感。因此，我们对慈善的感情总是怀有最强烈的同情倾向。无论在什么方面，它们都使我们感到愉快。对幸福比他希望由此得到的利益更为重要。"① 自 20 世纪末期开始，西方的有识之士对此似乎有所领悟，资本主义社会福利事业、慈善事业的发展，倡导平等和道德的诸如《新资本主义》《道德资本主义》等一些书的问世，似乎可以证明这一点。

比如，亚当·斯密认为，相互关心会使双方都得到幸福。而别有用心的挑拨离间的行为，则是邪恶。他说："会有什么人比以挑拨离间为乐，并把亲切的友爱转变成不共戴天的仇恨为爱好的人更为可恶呢？这种如此令人憎恨的伤害，其可恶之处又在什么地方呢？在于失去友谊。它的罪恶，在于他们丧失相互之间的感情，不能享受朋友之间的友谊，未来双方都由此感到极大的满足；它的罪恶，在于扰乱了他们平静的内心，并且中止了本应该存在于他们之间的那种心灵的和谐。这些友爱，这种和谐，这种交往，不仅是和善和敏感的人，即使是非常粗俗的人，也会感到对幸福比对渴望由此得到的一切琐事更为重要。"② 亚当·斯密认为，具有最完美德性因而我们自然极为挚爱和最为推崇的人，是这样的人：他既能对自己自私的原始感情保持充分的控制，又能最敏感地感知他人富于同情心的原始感情。那个把温和、仁慈和文雅等各种美德，同伟岸、高贵和大方各种美德结合起来的人，肯定是我们最为热爱和最为钦佩的自然而又恰当的对象。而在霸权主义主导的国际关系中，为了争夺权势、争夺财富，却盛行着挑拨离间、双重标准、两面派、言行不一、两面三刀这些违背道德的行为。不过，现在这些违背道德的行为已经遭到世界越来越多的国家、越来越多国家的人们抵制和批判。

比如，亚当·斯密认为，责任是正义的核心，并对人们的责

---

① ［英］亚当·斯密：《道德情操论》，中国工人出版社 2016 年版，第 34 页。
② 同上。

任感给予了特别的推崇。在他看来，我们行动的唯一原则，应该是责任感，或出于对一般原则的尊重。所有几乎与美德有关的一般准则，决定审慎、慈悲、慷慨、感激和友善功能是什么的一般原则，在很多方面是模糊不清的。然而，有一种美德，一般原则可以以极高的精度规定它要求的每一种外在的行为，这种美德就是正义。不折不扣、坚定不移遵循着这一美德的人，是最值得称赞和最值得依赖的人。这种正义的核心，是任何行为都应当有责任感，都不得伤害别人。

比如，亚当·斯密认为，人们的品性修炼，就同艺术品的创造，应当精雕细刻，并会给别人以影响。比如，审慎、公正、积极、果敢坚决和朴素的品质，都会为他自己和与他有关的人展示美满幸福的前景。比如，以仁慈、公正、慷慨大方和公德心，对别人而言，都是最有用的心性。当然，那种为了别人的利益牺牲自己、甚至牺牲自己生命的人，更是会引起人们的称赞和效仿。亚当·斯密还认为，道德上的赞同与不赞同的情感，是以人类天性中最强烈和最充沛的感情为基础的，虽然它们有可能会出现些不同，但不可能彻底地被颠倒。当今霸权主义者的所作所为，正是试图颠倒这种关系。不过，从中国倡导的一些道德理念，日益被世界越来越多国家所接受的事实看，以及国际社会道德复兴的势头看，道德与不道德，永远是不会被颠倒的。

比如，亚当·斯密认为，包容是一种美德。因为行事谨慎的人，都是爱学和谦虚的人，它们都有真才实学，从不自我夸耀，从不哗众取宠，欺骗他人；因为谨慎行事的人，都是真诚的人，厌恶虚伪的人，尊重友谊的人，对朋友的谦虚、谨慎和高尚行为处事尊重的人；因为谨慎行事的人，都是勤劳和俭朴的人，善于克制自己的人。亚当·斯密认为，相互包容往往会产生一种友谊，这种友谊感情，就像一个家庭中的兄弟那样。办公室里的同事、贸易中的伙伴，彼此都称兄道弟，相互之间只有心意相投，才能和谐一致。有理智的人,都应当这么做。就是说,我们对他人的包容,既是一种美德,也是一种自然倾向。这种情感、道义只有具备智慧和美德的人才有,同有这种智慧和美德的人交往,虽然不一定会变成有智慧和美德的人,但至少会对智慧和美德怀有一定的敬意。亚当·斯密说:"伦理学家劝告我们,我们应当对他人多一些怜悯和同情。他们警告我们,不要为权贵所迷惑。这种迷惑力非常强烈,以至于人们总愿意成为富人和大人物,而不愿当智者和有美德者。而社会地位和财产的差别,恰恰不是建立在智慧和美德基础之上的。关于这一点,平凡大众的眼光,完全能够分辨清楚。"[①] 亚当·斯密还说过,按照伊壁鸠鲁的观点,人性最理想的状态,人所能享受到的最完美的幸福,就存在于肉体所感觉到的安适之中,存在于内心所感到的平静之中。达到这个人类天性追求的崇高目标,是所有美德的终极目的。伊壁鸠鲁说,一切美德并不是因为本身的原因而被人追求,而是因为它们具有达到至高境界的倾向。同样,包含自我克制和为他人考虑的谨慎,之所以成为美德的根源和基本要素,人们对它的追求,也不是因为它本身,而是因为它具有实施最大的善行和消灭最大的恶行的倾向。

总之,道德作为人的本性,是不会永远被践踏的。道德之路,慷慨豪迈,道德的复兴,是不以人的意志为转移的。德性作为哲学范畴,有各种各样的定义。而无论哪种定义中,与感情相联系的一种意志的力量,都是重要因素。比如康德就把德性定义为:履行责任时意志准则的力量。在至今的全球治理中,因为还没有世界政府,所以主要靠这种德性的力量,靠这种道德力量的支撑。我们知道,道德作为人类群体生活中,或共同体生活中,人们自觉遵循的或自行约束的行为规范,其力量是内在的、永恒的。

[①] [英]亚当·斯密:《道德情操论》,中国工人出版社2016年版,第215页。

可以说，群体生活，共同劳动、共同享受劳动成果，是人的本性所致。这里说的人性，当然不只是人的天性或自然性，更包含有群体的社会性。这种本性，表现在族群成员为共生共存、相互联系、抵御外侵的各个方面。其中，伦理道德，或者道德情操，就是人类最初本性的展现。群体生存，这既是与大自然斗争的需要，也是人的本性使然。前已述及，最初，人类最基本的族群是氏族，以及之后形成的部落、民族，再之后是国家、国际社会，它们都是以群体生活为基础的联合体。无论何种联合体，都意味着在与大自然的斗争中，在取得生活资料的斗争中，力量的强大。

习近平同志说：道德是社会关系的基石，是人际和谐的基础，要始终把弘扬中华民族传统美德、加强社会主义思想道德建设，作为极为重要的战略任务来抓，为实现中华民族伟大复兴的中国梦提供强大精神力量和有力道德支撑。习近平同志指出：核心价值观，其实就是一种德，既是个人的德，也是一种大德，就是国家的德、社会的德。国无德不兴，人无德不立。从习近平的话中，我们不难悟到，道德既是社会关系的基石，当然也是国际社会的基石，国际社会也是无德不成。

从一般意义上说，"道德"是涵盖大公、大善、大爱、至真、至诚、仁道、正义等一切美好品行的范畴。党的十八大以来，在以习近平同志为核心的党中央领导下，中国所取得的一项突出成就，就是中国人、中国社会、中国整个国家的道德素质，有了明显的回归和提高。中国有着很美好的道德文明和传统，这些文明和传统对于全球治理，对于全球治理中的道德建设，都意义非凡。习近平利用一切机会，把中国道德传统推向了世界，推入到了全球治理中，这意义更加重大，它预示着在中国道德传统的影响下，全球治理将出现崭新的面貌，将按照全球人民的愿望健康发展。中国将为全球治理的这种新发展，提供新的道德理念和动力。

利他利公和道德豪迈

就国际社会讲，各行为主体之间，诸如国家与国家之间、跨国企业与跨国企业之间、国民与国民之间，在各种相互联系或关系中，都只有遵守自己的道德规范，才能实现国际社会的和谐。也就是说，全球治理的德性表现在许多方面，但最根本的德性，是体现在如何处理国家与国家、跨国企业与跨国企业、国民与国民的利益关系问题上，体现在国家、企业、个人利益与全球利益的关系问题上。把他国、他人的利益，放在与自己平等或高于自己的位置上，把全球利益放在第一位，而不能总把本国的利益、本企业的利益、本国民的利益，放在第一位，总把本国的利益，凌驾于他国利益、全球利益之上。

其实，利他思想，是亚当·斯密在《道德情操论》一书中提出的重要信条。亚当·斯密的《国富论》是1776年出版的。而《道德情操论》是亚当·斯密写出《国富论》之前的1759年写出来的。在《国富论》中表述的那些观点，都是在写出《道德情操论》之后。但到了晚年，亚当·斯密面对贫富两极分化，面对金融投机，面对资本主义非理性繁荣，面对自私、贪婪、仇恨、掠夺等不道德的泛滥，自己发出感慨：人在追求物质利益的同时，必须受道德观念的约束，必须不伤害他人。人们应当把利他的道德情操，永远种植在心灵深处。这种道德情操维持，对整个市场经济的和谐运行，对一个民族的强盛，都至关重要。

我们都知道，亚当·斯密的《道德情操论》是从人的共性、人都有同情心切入的。当然，亚当·斯密说的同情心，不是一般的同情心，而是包含有关爱、友谊的利他的同情心。亚当·斯密认为，爱是一种令人愉快的感情，恨则是令人不愉快的感情。人们都渴望有同情者，渴望有友谊、有朋友。在亚当·斯密看来，温柔、殷勤、坦率、谦逊、宽容、仁慈，这都是人们应当具有的美德。

亚当·斯密曾这样说："因此，正是这种同情别人多过自己的感情，正是这种克制自私放纵仁慈的感情，构成人性的尽善尽美。唯有如此，才能让人与人之间的情感和激情产生共鸣。在这中间包含着人类的全部优雅和合宜的情感。如同爱人如己是基督教的主要教规一样，仅仅像爱邻居那样爱自己，或者换一种结果相同的说法，我们必须像邻居能爱我们那样爱自己，也成了自然女神给我们的伟大训诫。"[1]

亚当·斯密在《道德情操论》一书中，阐明了这样的道理：博爱和善行，都是无国界的，虽然有效的善行很少能超出自己国家的范围。人们应当相信，世界上所有的居民，无论是最卑贱的或是最高贵的，都应当遵循博爱仁慈的指引，行善事。有智慧和美德的人，都应当为了公众的利益，为了全天下人的幸福，而牺牲自己私人的利益。亚当·斯密说：这种信念，无疑是人类思索的主体中最为崇高的一种。与这种思索相比，所有其他想法都必然显得庸俗。我们相信，竭尽全力从事这种崇高思索的人，必将受到公众的虔诚和敬意。

追随亚当·斯密思想的西方学者，面对当今比亚当·斯密时代更加自私、贪婪、仇恨、掠夺等不道德的泛滥；面对在资本主义的国际关系中，只讲权势和金钱，不讲正义和道德，因而造成了今天资本主义各种矛盾和各种弊病的爆发，使其已经陷入穷途末路的这种现实；有的学者也开始反思，开始感慨，开始重视道德规范。

近些年，有不少西方学者在为资本主义的继续生存出谋划策，有些学者的确提出了一些值得注意和思考的理论。比如，曾经任哈姆莱大学法学院第三任院长及哈佛大学法学院副院长，并在美

---

[1] [英]亚当·斯密：《道德情操论》，中国工人出版社2016年版，第18页。

国外交关系协会及美国外交部担任过咨询工作，现任考克斯圆桌组织全球执行官的斯蒂芬·杨著的《道德资本主义》一书就值得一提。

书中提出：做到把他人的利益置于自我之上，或者说牺牲小我以至完成大我，就是道德资本主义的根本原则。斯蒂芬认为，道德资本主义，是资本主义的最高理想。他这样论述道德的含义："睿智的企业团队通过维持和上述不同形式资本的密切联系来实现利润，任何一家企业不可能闭关自守，自给自足，相反，它所倚重的资源很大程度上掌控在他人手中，想要兴隆发达，前提就是要取悦他人。这种将他人利益置于自我之上的行为，就是道德的。"①

因为资本主义的不道德，资本家们的贪得无厌，已经威胁到资本主义的生存，所以不少西方学者想从道德领域，为资本主义寻找生路。因此这里我们不妨对斯蒂芬的道德资本主义多说几句。诚然，如斯蒂芬所说的："无可置疑的是，我们之所以从事商业活动，是出于满足自己的利益和需要的目的。然而，当我们关注身处的环境时，就会发现我们并非自给自足的封闭式个体，我们的事业通过与外界的互动而欣欣向荣，因为一个显而易见的结论就是，当别人希望并帮助我们成功的时候，我们成功才是最有保障的。"② 就是说，任何企业的成功，都包含有别的企业的支持和帮助，作为回报，自己当然应当对别的企业的成功给予义不容辞的支持和帮助，这是理所当然的。

斯蒂芬意识到，把他人利益置于个人利益之上，并不是一件容易的事。他说："时不时地，我们的需求和偏好会与他人的需求和偏好产生共振，当我们在满足自己的需求时，越多考虑他人的需求，我们的私利和公德就会有更多的重合；如果我们只关注自

---

① ［美］斯蒂芬·杨：《道德资本主义》，上海三联书店2010年版，第8页。
② 同上书，第11页。

己的需求，这个重合的部分就会越来越少，直至我们在道义上和他人完全背离。当这个重合部分极度萎缩的时候，我们往往开始用操纵、欺诈和威胁等手段将自己的需求强加于他人，这种时候我们的表现也往往是不道德、不合伦理的。"①

不过，斯蒂芬还是相信道德资本主义能够实现。他认为，当公德向我们说话时，它的声音也许微弱得难以听见，然而，当公德得到了来自于自身利益的支持时，那么，在这种力量的推动之下，我们就下决心为实现公德和私利的双赢而努力。对于大多数人来说，这两种动机的合力是促使我们行善的关键所在。斯蒂芬劝说资本主义企业家们，把眼光放得长远一点观察公德和私利的关系，如果仅仅从眼前利益出发做出了决定，那么从长远来看，负面效应肯定会大大超过当初得到的那点利益。因而，在商业中，用不法手段有时能获得短暂的收益，但是，一旦丑行曝光，不堪设想的后果将会造成长期的甚至是永久性的损失。如果目光短浅地盯着眼前的那点利益，我们是在降低目标，沦为"暴力"的牺牲品。

斯蒂芬看到了，如果仅仅是以至善的、宗教规范性的严格标准来衡量，那么就永远不可能有道德资本主义了。既然道德资本主义是属于这个有着悲伤和罪恶，在事实性范畴内存在的世界，那就不能要求我们在性灵上完美无缺，我们只能时刻要求自己超脱最平庸的欲念，有更高的要求。道德资本主义对我们的人性潜能是一种挑战，它激发我们在现实和死亡的世界里发现神圣，用德行引导我们的激情。道德资本主义试图将哲学的教导和宗教的智慧融入对利益的追求之中。

斯蒂芬也看到了，因为资本主义的不道德，造成了贫富两极分化日益严重。所以道德资本主义就是想用道德的力量，用政府

---

① ［美］斯蒂芬·杨：《道德资本主义》，上海三联书店 2010 年版，第 11 页。

的力量，用发展社会资本的办法，让贫困离开。斯蒂芬认为，拥有更多更充足的社会资本的国家，将会体验到由私营投资所带来的更丰裕的财富创造。虽然，在维持社会资本活力的过程中，商业企业扮演着重要的角色，然而，政府担负着提供加大经济发展必要投入的主要责任。如果一个国家的政府没有法制的约束，如蟊贼般窃取人民的财富，那么道德资本主义是不可能在那里生根发芽的。道德资本主义的一个前提就是政府要依据法规来实施有理有据的社会公平原则，通过私营投资的方式来根治贫困，其出发点就是一个有责任感的政府。

斯蒂芬认为，经济发展需要社会资本，社会资本的产生和保护则需要政府的公共权威。例如，财产权——也就是对财富的社会权利——既是由政府创设，又是受政府保护的。虽然政府不是也不能够成为创造财富的引擎，这个角色是由私营资本承担的，但是，政府依然有义务把从市场活动中获取财产的工具，交给它的人民。

斯蒂芬认为，在以上诸项条件都具备了以后，私营经济创造新财富的机遇就显得越来越富有吸引力。在社会资本和终结贫困之间有一个良性循环的过程，其中一项有所进展的话，另一项就更容易实现。把一个发展中的国家改造成富裕的先进国家绝不是一件容易的事，这是一个漫长的、需要大家同心同德付出非同寻常的代价的过程，除非充足的社会资本这一条件具备，否则，自发的实质性的经济腾飞就无法实现。经济发展不会从天上掉下来，不会在伊甸园里实现，财富的创造以及它的后续分配来自于人类的努力，文化和社会是经济繁荣的必要基础。

可惜的是，在以私有制为基础的资本主义剥削制度统治下，斯蒂芬的道德资本主义似乎是很难实现的。因为问题明摆着，如果资本主义真的能做到上述这些，如果资本主义社会每个人真的能够在考虑自己发展的同时，也考虑他人的发展，并把他人利益置于个人利益之上，为他人的发展创造条件，如果现今的资本主义真的能通过自身的力量使自己发展成为斯蒂芬所讲的道德资本主义的话，那也许离社会主义又更近一步了。因为在马克思共产主义劳动联合体中通行的原则，就是劳动者共同发展，每个人的发展都为他人的发展创造着条件。

比如现今中国带给世界的，也是自己正在实践的那些理念，比如和平发展理念，合作共赢理念，共同富裕理念，和谐社会和和谐世界的理念，都蕴含着这种道德。中国还把中国化了的马克思主义，中国特色的社会主义，带到世界，从而推动了世界对马克思主义和社会主义的研究和实践，推动了人类文明的发展。并让世界了解中国的信念、中国的社会，中国的道路、中国的今天和中国的明天。在相互沟通、相互交流中，加深相互理解、相互信任，以共同为人类文明进步贡献各种力量。

当然，在任何时候，道德和法总是不能分离的。无论在一个国家的治理中或在全球治理中，不能没有法理，不能无视有关国际法的作用。但事实使人们相信，单靠国际法难以维护世界秩序。比如，英国埃克赛特大学战略与安全研究所主人帕特里克·波特在 2017 年 8 月美国《国家利益》双月刊网站上发文认为：有秩序肯定好过混乱。对于一个频繁讨论法治的国家来说，突然间道德和法规就变得泾渭分明，英国可以为了其他价值观而舍弃法规，除非我们说这是英美人的特权。否则，若一个大国可以选择地拒绝提请安理会或国际法院裁决，为什么其他国家不行？大国可以遵守法规，也可以任意违反法规，它们拥有大国特权，这就是我们所在的世界。

帕特里克认为，有效、可行的国际秩序的产生，不仅需要外交，而且需要有实力的支持，他说："可行性国际秩序的形成，主要依赖不只会阅读国际文件的外交官，这需要妥协、调整、相互让步以及持续协商，背后威慑力和物质力量的支持。那或许不是引人入胜的世界，但至少是真实的。审慎的外交，有时会取得成功，我们也只能拥有那样的世界。"

在当今的国际社会，作为独立的力量、能独立行使国际权利、承担国际责任和义务参与活动的基本行为体，不仅有国家，还有各种国际组织、跨国企业等，不过，国家还是主要行为体。全球治理的主要任务，还是协调国家与国家之间的关系，促进全球性的和平与发展，提高全球人民的福祉。在国际社会中的国家，不同于一个家的法人，国际社会没有像国家那样的政府，也没有针对国家强制执行的法律，一切事物的处理，都靠在讨论、协商基础上形成的决议，靠当事国都自觉执行。这种自觉，体现的当然就是靠内心的法律——道德。所以，道德在全球治理中起着决定性的作用。

总之，在融入世界中，中国以崭新的面貌、崭新的角色、崭新理念、崭新的原则，给世界带来了崭新的变化，意味着人类文明发展崭新阶段的到来。中国坚持独立自主、不干涉他国内政，坚持开放发展、和平发展、合作发展、共赢发展，既发展自己，也发展世界，既让自己发展，更让别人发展。中国的这些理念和实践，同帝国主义、殖民主义、霸权主义的做法，形成了鲜明对照。我们完全可以这样说，中国的融入，给世界带来的是和平、是发展、是利益、是福祉，而不是战争、不是掠夺、不是灾难。从这个意义上说，中国的融入正在改变着世界历史，体现着世界性道德的复兴。

公利原则和道德底线

公利原则，体现着平等、公平和人类幸福。公利原则，即既关心自己的利益，也关心他人的利益，关心所有人的利益，这是起码的道德，是道德的底线。亚拉巴马大学教授詹姆斯·蕾切尔斯在其《道德的理由》一书中，就把公平作为道德底线的重要标志。他认为:"几乎每一种道德理论,都包含有公平的思想。这种思想的含义就是:每一个个体利益都同等重要,没有人应该被特殊对待。同时,公平要求我们不难把特定群体的成员作为低等的来对待,并且它谴责各种形式的歧视,如性别歧视、种族歧视等。"在他看来,道德底线的核心,就是"公平地关心他的行为影响所及的每一个人的利益"。[①]

美国著名学者乔姆斯基还从源头上研究了公利原则。其在《世界秩序的秘密》一书中写道:谈论共同利益话题,应当"从源头开始,从亚里士多德的《政治学》开始。后来大部分政治理论都以它为根基。民主理应人人参与,民主理应以共同利益为目的,这是理所当然之理,不容置疑。为了实现这个目的,必须确保人人都有相对的平等、适度和充足的财产、持久的兴旺和繁荣。换言之,亚里士多德觉得,如果你富得浑身流油或穷得揭不开锅,你就无法严肃地谈论民主。任何真正的民主国家,都必须是我们今天所谓的福利国家。其实呢,在20世纪,无论是极度富裕的一极,还是极度贫困的一极,均为我们的想象所不及。巨富与民主无法共存,这种观念贯穿于启蒙思想和古典自由主义,托克维尔、亚当·斯密和杰斐逊等人,莫不以此为自明之理"[②]。

关于公利原则、全人类幸福原则是人类的美德,亚当·斯密有很多精彩的论述。比如,亚当·斯密认为,在当今的世界上,全人类的幸福是最大的幸福。完美的品德,就存在于指引我们的全部行为以增进最大可能的幸福的过程中;存在于是所有较低级的感情服从于对增进人类普遍幸福的行为中;存在于仅把个人视为芸芸众生之一,认为个人幸福只有在不违反或有助于全体的幸福时才能去追求的价值观之中。只有这种动机,才是具有美德品

[①] [美]詹姆斯·雷切尔斯:《道德的理由》,中国人民大学出版社2014年版,第12—13页。

[②] 《世界秩序的秘密:乔姆斯基论美国》,译林出版社2015年版,第234页。

质的动机。

比如，亚当·斯密认为，公众利益原则，人类幸福原则，具有重要地位。他用哈奇森的话说，在什么是能合理说明美德的正确无误的证据的辩论中，人们都不断提到的一个标准，就是公众利益和人类幸福。几乎所有的学者都承认，任何有助于公众利益、有助于促进人类幸福的行为，都是正确的，值得赞赏的和具有美德的。最有利于促进全人类幸福的行为，在道德上也是善良的。

比如，亚当·斯密认为，个人也好，国家也好，都生活在全人类这个大家庭中。任何国家的繁荣和进步，都是人类进步的组成部分，都应当受到尊重。亚当·斯密说："我们热爱自己的国家，并不只是由于它是人类大家庭的一部分，我们热爱它是因为它是我们的祖国，而且这种热爱同有关全人类的考量并无联系。设计出人类感情系统，以及设计出天性的一切其他方面系统的那个智慧，似乎认为：把个人的主要的注意力引向人类大家庭的一个特定部分，可以大大促进全人类的利益，这个特定部分基本上处在个人的能力和理解力的范围之内。"[1]

比如，亚当·斯密认为，人们对自己国家的热爱，并不是来自对人类的热爱。人们不应当只爱自己的国家，而不爱别的国家，甚至用猜疑和嫉妒的心理去看待邻国的繁荣和兴亡。亚当·斯密说："法国和英国，也许都有一些理由害怕对方海军和陆军力量的增强。但是，如果两国嫉妒对方的土地的精耕细作、制造业的发达、商业的兴旺、港口与码头的安全以及所有艺术和自然科学方面的进步，无疑有损于这两个伟大民族自身的尊严。这些进步都是我们生活的这个世界的真正变革。人类因这些进步而得益，人性因这些进步而更显高贵。在这样的进步中，每个民族不仅应当尽力超过邻国，而且，出于对全人类的热爱，还应当去促进而不

---

[1] ［英］亚当·斯密：《道德情操论》，中国工人出版社2016年版，第218页。

是去阻挠邻国的进步。这些进步都是国与国之间竞争的适当目标，而不是它们彼此歧视和妒忌的目标。"[1] 这样做，才是一个人、一个国家的美德。

共同利益原则，还体现着平等精神，财富占有的平等和权力分配的平等。而且这种平等不仅包括机会平等，更重要的是结果平等。乔姆斯基还写道："自亚里士多德以来，许多思想家都相信，结果平等理应是任何公正自由的社会追求的主要目标。结果平等并不意味着结果完全相同，但至少大体相同。接受结果的极端不平等，就是与有史以来自由主义传统之核分道扬镳。"

乔姆斯基特别提到，如麦迪逊担心的，屈从于社会的极端不平等，就会使越来越多的人对更平等分配福祉的社会充满渴望和期盼。"公平地说，麦迪逊是资本主义之前的人物，他的能力超群，应该是开明的政治家和仁慈的哲学家。他不是拼命扩大自己财富，而不顾他人死活的投资者和法人团体。在亚历山大·汉密尔顿及其追随者把美国变成资本主义国家时，麦迪逊大感惊愕。依我看，如果生活在今天，他会成为反对资本主义者。杰斐逊和亚当·斯密"也会。

对于西方国家来说，特别是像一直把本国利益放在第一位的美国来说，要做到像亚当·斯密说的，既爱自己的国家，也爱别的国家，爱全球所有的国家，不是那么容易。因为这涉及人生观和价值观的转变，道德观和人生观是相通的。在一定意义上或本质上说，道德观就是人生观。比如，人生观涵盖的人生目的、人生态度、人生价值、立身行事原则等，都有其道德属性。人生在世，无不受一定人生观、道德观的教育，并遵循一定人生观和道德观行事。资产阶级全球化时代，其主导的人生观和道德观，是资产阶级的人生观和道德观。这种人生观和道德观的核心，是拜

---

[1] ［英］亚当·斯密：《道德情操论》，中国工人出版社2016年版，第218页。

金主义，是金钱至上，是对私人财富的贪婪，是对真正人性的扭曲和道德的扭曲。

历史已经并正在证明，有什么样的人生观，就有什么样的人生，就有什么样的人生和事业。在拜金主义、金钱至上、贪图享乐、封建迷信等资产阶级腐朽思想的泛滥中，进行劳动阶级人生观和道德观的宣传教育，切实关乎人类文明的繁荣发展。一个人的人生观和道德观，不是生来就有的，而是在社会生活中逐步形成的。人生观、价值观、道德观这些范畴，都不是抽象的，它有着特定的、具体的社会属性。一切已往的价值观、道德观，归根到底都是当时的社会经济状况的产物，人们自觉或不自觉地总是从他们阶级地位所依据的实际关系中，吸取自己的价值观和道德观。要了解不同人生观的形成，首先需要了解人自身，了解人的本性或人的本质，了解人的本质与社会本质的关系。

马克思犀利地揭露了只为追求私人利益的人的狭隘和丑恶。他说，利益的狭隘小气、愚蠢死板、平庸浅薄、自私自利的灵魂只是看到自己吃亏的事情；就好比一个粗人因为一个过路人踩了他的鸡眼，就把这个人看作天底下最可恶和最卑鄙的坏蛋。他把自己的鸡眼当作观察和判断人的行为的眼睛。他把过路人和自己接触到的那一点当作这个人的本质和世界的唯一接触点。然而，有人可以踩了我的鸡眼，但他并不因此就不是一个诚实的、甚至是优秀的人。正如你们不应该从你们的鸡眼的立场来评价人一样，你们也不应该用你们私人利益的眼睛来看待他们。私人利益把一个人触犯它的行为夸大为这个人的整个为人。

他还说，利益是讲求实际的，世界上没有比消灭自己的敌人更实际的事情了！私人利益总是怯懦的，因为那种随时都可能遭到掠夺和损害的身外之物，就是私人利益的心和灵魂。有谁会面临失去心和灵魂的危险而不战栗呢？如果自私自利的立法者的最高本质是某种非人的、异己的物质，那么这种立法怎么可能是人道的呢？"当他害怕的时候，他是可怕的。"这句格言可以作为一切自私自利的和胆怯的立法的写照。

马克思认为，私人利益的空虚的灵魂从来没有被国家观念所照亮和熏染，他的这种非分要求对于国家来说是一个严重而且实际的考验。如果国家哪怕在一个方面降低到这种水平，按私有财产的方式而不是按自己本身的方式来行动，那么由此直接可以得出结论说，国家应该适应私有财产的狭隘范围来选择自己的手段。私人利益非常狡猾，它会得出进一步的结论，把自己的最狭隘和最空虚的形态宣布为国家活动的范围和准则。

马克思说，利益是没有记忆的，因为它只考虑自己。它所念念不忘的只是一件东西，即它最关心的东西——自己。1842年，在莱茵省讨论森林盗窃法的斗争中，马克思作为《莱茵报》主编，他大胆撰文，从法律上为维护政治和社会中备受压迫的贫苦群众利益而斗争。他说，在最贫苦阶级所保存着的习惯权利中，却存在着本能的权利感。这种权利感的根源是实在的，合理的。他说，在贫苦阶级的这些习惯中，存在着合乎本能的法的意识，这些习惯的根源是实际的和合法的，而习惯法的形式在这里更是合乎自然的，因为贫苦阶级存在本身至今仍然只不过是市民社会的一种习惯，而这种习惯在有意识国家制度范围内还没有找到应有的地位。

在马克思看来，选择职业应当着重考虑的是人类的幸福和自身的完美。其认为，作为学者，不能只为自己而劳动，而同时应当为同时代所有的人的完美和幸福而劳动。他说：在选择职业时，我们应当遵循的主要指针是人类的幸福和我们自身的完美。不应认为这两种利益会彼此敌对、相互冲突，一种利益必定消灭另一种利益；相反，人的本性是这样的：人只有为同时代人的完美、为他们的幸福而工作，自己才能达到完美。如果一个人只为自己劳动，他也许能够成为著名的学者、伟大的哲人、卓越的诗人，然而他永远不能成为完美的、真正伟大的人物。

为大多数人的幸福而工作和战斗，并在这种战斗中实现自身的完美，这是马克思自小就立下的志向。他说，历史把那些为共同目标工作因而变得高尚的人称为伟大的人物；经常赞美那些为大多数人带来幸福的人是最幸福的人。作家写作永远是目的本身，对于他自己或别人都不是一种工具；必要的时候，作家可以为作品的生存牺牲他个人的生存。为大多数人的幸福而工作和战斗，就是为广大劳动者幸福而工作和战斗，为广大劳动者的解放而工作和战斗。马克思的一生，就是为广大劳动者的幸福和解放而战斗的一生，并在这种战斗中实现了自身的完美。

马克思早就说过：我们选择了能为人类而工作的职业，那么，重担就不能把我们压倒，因为这是为大家做出的牺牲；那时我们所享受的就不是可怜的、有限的、自私的乐趣，我们的幸福将属于千百万人，我们的事业将悄然无声地存在下去，但是它永远发挥作用，而面对我们的骨灰，高尚的人们将洒下眼泪。马克思的这些话的真理性，都已被历史所证明了。

第二章

全球化中的善与恶

善与恶，是道德中相互对立的核心概念。哲学家们对善、恶概念的理解多种多样。比如，有的把"善"理解为人类存在的本原和主宰，其体现在个人品性方面的，主要是慈善、无私、忠诚、同情、谦让、感恩、救助、正直等；体现在社会政治方面的，主要是平等、公平、正义等。而在培根看来，善就是利人，或有利于人类。善的伟大，就在于它致力于他人的或人类的福利。关于"恶"，有的把它理解为人类意志的一种缺陷，它主要体现为掠夺、无偿占有别人的东西、残害和各种犯罪。当然，我们现在说的当今全球化中的善与恶，也有自己的独特含义。全球化中善的内涵和善的表现，主要包括：不同文明相互借鉴中，相互虚心学习，取长补短，以求共同发展和进步；在和平发展中，不同国家相互尊重，平等合作，相互帮助，以求共同发展，共赢共享；在谋求利益和幸福中，既考虑本国利益，也考虑他国利益，考虑全球利益，既为本国人谋幸福，也为他国人和全球人谋幸福。而全球化中恶的表现，主要是贪婪私人财富和权势，为了贪婪私人财富和权势，不择手段无偿占有别人的劳动，用垄断、金融投机甚至侵略战争，无情掠夺落后国家的财富。当然，尽管全球化同其他事物一样，也是一个善恶混杂、矛盾的整体。不过，善一直处于主导地位。因为善所体现的是人民的意志，而人民的意志当然是永远是不可撼动的主导的力量。如中国有句俗语说的，邪永远不可能压正。也正因为有善的主导，人类文明才能不断发展,全球化才能不断进步。

一 善恶混杂和混杂中的进步

全球化的进程,虽然是由资本主义的对外扩张开启的,但其开拓全球化的目的,并不是要为世界人民谋幸福,而是要为自己创造一个便于自己贪婪财富和权势的世界。所以,从道德的视角看,全球化始终存在善和恶的博弈。全球化真正的动力,是不同文明相互借鉴、谋求共同发展和共同幸福的需求;是全球广大劳动人民谋求相互沟通、相互借鉴、相互合作、共同发展、共同幸福、共同进步的需求;同时也是资本家贪婪世界财富和权势的需求。正是由于这种动力所决定,尽管全球化是个善恶混杂的整体,存在着善与恶的剧烈博弈,但仍然使人类文明发展取得了巨大的进步。

善性追求和人类的胸怀

文明多样性,是国际社会的现实。而全球化,正是不同文明相互沟通、交流、借鉴的客观需要。不同文明之间,有矛盾、有冲突,也有共同利益。以发展共同利益来解决矛盾和冲突,应当是任何一种文明对待他种文明的正确态度。这种态度,就是如习近平同志所说的:"雨果说,世界上最宽阔的是海洋,比海洋更宽阔的是天空,比天空更宽阔的是人的胸怀。对待不同文明,我们需要比天空更宽阔的胸怀。文明如水,润物无声。我们应该推动不同文明相互尊重、和谐共处,让文明交流互鉴成为增进各国人民友谊的桥梁、推动人类社会进步的动力、维护世界和平的纽带。我们应该从不同文明中寻求智慧、汲取营养,为人们提供精神支撑和心灵慰藉,携手解决人类共同面临的各种挑战。"[①]

---

① 《习近平谈治国理政》,外文出版社2014年版,第262页。

不言而喻，所谓全球化，就是在人类文明发展进步中，世界各民族、国家相互沟通、相互交流、相互合作的进程。它是各国生产力发展和人们生活多样化的产物。事实证明，全球化有利于世界各种文明的相互了解、相互借鉴、相互合作、相互促进、相互帮助，并在相互了解、相互借鉴、相互合作、相互促进、相互帮助中，实现共同发展，实现资源全球性的合理配置，实现全球性劳动生产率的提高，实现全球人幸福指数的提高。这些就决定了，全球化是人类文明发展的进步，是历史的必然。

只有用全球化的眼光，看待人类文明的未来，以全球化的伟大胸怀，对待全球化，正确处理个人和全球化、国家和全球化的关系，才能使个人、使国家成为充满朝气、充满自信、充满力量的人类文明发展的推动者、创造者，才能获得最大的欢乐，最大的幸福。如罗素说的："觉得自己是宇宙的公民，尽情地享受世界所给予的五光十色和舒畅快乐，不会因为想到死亡而苦恼万分，心神不定，因为他感到自己不会真的与后来者分离。惟有在这种与生命之流如此深刻的、本能的结合中，人们才能找到无与伦比的欢乐。"[1]

可眼下，正当全球化遵照世界人民的意志发展的时候，世界上却出现了一股反对全球化的逆流。出现逆流的原因，在于人民意志在全球化中的实现，阻碍了资本主义发达国家对落后国家的掠夺，阻碍了同盟对财富和权势的贪婪。比如，美国不顾世界人民的意志，搞单边主义，搞贸易保护主义，挑起和中国、和世界的贸易战，所追求的就是美国利益和权势第一。当然，这股逆流虽然不能阻挡全球化的大势，但危害却不能小觑。

全球化作为生产要素在更大范围、更大规模上的合理配置，作为人类追求生活多样性和追求幸福完美性的需要，无疑是一种

---

[1] 《罗素道德哲学》，九州出版社2004年版，第404页。

进步，是符合人类德性的，是人类共同的德性追求。当前，在全球化深入发展，世界各国在平等合作中追求发展，追求幸福的时候，谁顺应历史潮流，推进全球化的发展，谁就站在了道德的一边；谁只顾本国利益，不顾他国和全球利益，谁搞单边主义，搞贸易保护主义，破坏全球化的发展，谁就站在了邪恶的一边。邪恶总会得到应有惩戒的。

人们都知道，经济全球化一词，是由美国经济学家T.莱维于1985年提出来的，意思是说贸易、服务、资本、技术等在世界性生产、消费和投资领域中的扩散。国际货币基金组织，把经济全球化定义为：通过贸易、资金流动、技术涌现、信息网络和文化交流，世界范围内的经济高度融合，亦即世界范围各国成长中的经济通过在增长中的大量与多样的商品劳务的广泛输送，国际金融的流动、技术被快捷广泛地传播，而形成的相互依赖现象，其表现为贸易，直接资本流动和转让。

其实，全球化理论早在资产阶级古典哲学和经济学中就有过论述。不过，在他们那里，不叫全球化理论，而叫世界历史理论。德国古典哲学家黑格尔，以及之后的马克思，对世界历史的形成、性质、历史进步性，都有很深刻的论述。这些论述在当今仍然光芒四射。在他们那里，世界历史不仅是人类历史发展的必然，而且体现着人类文明进步。

世界历史理论，最初是由黑格尔提出的。它的意思是说，世界历史是人类在自我运动、整体发展以及目标实现过程中形成的。其中整体发展居核心位置。他认为，在发展中的各个民族与国家，因为都生活在许许多多民族和国家之中，因而必然要发生各种联系或关系，正是各个民族、各个国家之间的这种相互联系、相互关系，构成了世界历史。

因为处在世界历史中的各民族和国家的发展阶段和发展水平不同，所以在研究世界历史时，也应该关注特定阶段的民族历史。

从黑格尔的论述中，我们不难悟到，世界历史理论的实质，就是世界各国、各民族在和平共处中，相互联系、相互交流、相互合作中，实现共同和谐的整体发展或共同发展。实现整体发展或共同发展，这就是进步，这就是德性。很显然，这里说的整体，当然不只包含经济，而且包含政治与文化。

在黑格尔看来，世界历史的形成，是一个具有内在联系、合乎规律的、合理的、由低级到高级的发展过程，蕴含着必然性、前进性、曲折性和统一性。当然，民族历史向世界历史的转变，并不是像黑格尔说的那样，是"自我意识""宇宙精神"或者某个形而上学怪影的某种纯粹抽象行动，而完全是物质的，需要吃、穿的每个人，都可以用具体生活加以证明的。马克思说过，所谓世界历史，不外是人通过人的劳动而诞生的过程，是自然界对人说来的生成过程。关于它通过自身而诞生、关于它的产生过程，都有直观的、无可辩驳的证明。正确认识全球化，还必须弄清它形成和发展的基础，劳动全球化和劳动关系的全球化。

关于这一点，古典经济学家亚当·斯密、马克思也都有精彩论述。在亚当·斯密和马克思看来，就国际社会看，各国为了自身的发展，都主动融入到全球分工结构中，一切劳动和劳动分工，都寓于全球劳动体系之中，在全球分工链条的作用下，各国的劳动甚至每个人的劳动，都在相互联系、相互依赖着。劳动分工，是提高劳动效率，从而增长财富的重要因素，因而得到了亚当·斯密和马克思的重视。亚当·斯密的《国富论》，就是从分析劳动分工开始的。该著作的第一句话就是："劳动生产力最大的改进，以及在劳动生产力的指向或应用的任何地方所体现的技能、熟练性和判断力的大部分，似乎都是分工的结果。"可见，劳动分工，特别是国际劳动分工，都是人类劳动中的德性表现。

马克思继承了黑格尔和亚当·斯密的这一理论，并用劳动者创造历史的唯物主义理论对其加以改造，就产生了马克思的世界历史理论，即马克思的全球化的理论。它的基本含义是：由于世界市场的开拓和发展，民族的片面性和局限性日益成为不可能，一切国家的生产和消费都成为世界性的了，物质生产是如此，精神的生产也是如此。人类历史的发展，必然从民族、地域的历史走向世界历史的，这是人类历史发展的、不以人们的意志为转移的客观规律，也是人类文明的发展与进步，它具有必然性和不可逆转性。

　　正确认识全球化，当然首先要弄清它的形成和本质。关于这一点，马克思的论述更为精彩。马克思在《共产党宣言》中，写有这样一段话："不断扩大产品销路的需要，驱使资产阶级奔走于全球各地。它必须到处落户，到处开发，到处建立联系。资产阶级，由于开拓了世界市场，使一切国家的生产和消费都成为世界性的了。使反动派大为惋惜的是，资产阶级挖掉了工业脚下的民族基础。古老的民族工业被消灭了，并且每天都还在被消灭。它们被新的工业排挤掉了，新的工业的建立已经成为一切文明民族的生命攸关的问题；这些工业所加工的，已经不是本地的原料，而是来自极其遥远的地区的原料；它们的产品不仅供本国消费，而且同时供世界各地消费。旧的、靠本国产品来满足的需要，被新的、要靠极其遥远的国家和地带的产品来满足的需要所代替了。过去那种地方的和民族的自给自足和闭关自守状态，被各民族的各方面的互相往来和各方面的互相依赖所代替了。物质的生产是如此，精神的生产也是如此。各民族的精神产品成了公共的财产。民族的片面性和局限性日益成为不可能，于是由许多种民族的和地方的文学形成了一种世界的文学。"[①] 关于全球化的形成和意义，马克思有很多论述。这些论述都值得我们认真领悟。

[①] 《马克思恩格斯选集》第1卷，人民出版社1965年版，第276页。

比如，马克思认为，资产阶级历史时期负有为世界历史创造物质基础的使命，因为它不仅造成以全人类互相依赖为基础的普遍交往，以及进行这种交往的工具，并在发展生产力的基础上，把物质生产变成对自然力的科学统治。而且只有资本主义的私有财产才能完成它对人的统治，并以最普遍的形式成为世界历史的力量。因为各民族之间的相互关系及各自所处的地位，取决于每一个民族的生产力、分工和内部交往发展的程度。生产力发展程度高、有分工优势和内部交往发达的民族，因为在与其他民族交往中处于比较有利的地位，因而就自然比较愿意、比较容易与其他民族交往。而各民族相互影响的交往活动的范围越是扩大，生产方式发展所造成的国际分工越发展，各民族原始封闭状态就消灭得越彻底，民族史就越是成为世界史。

比如，马克思认为，全球化时代，其概念不是纯哲学范畴，而是涉及社会政治、经济、文化等综合概念。它是与民族史相区别的、在民族史基础上发展形成的人类社会发展到一定阶段的产物。在马克思看来，由落后的生产力所决定的各民族原始的、落后的生产方式，转变为由先进生产力所决定的先进的、日益完善的生产方式；由各民族自给自足的闭关的状态，转变为各民族普遍交往、相互依赖状态；这就是民族历史转变为世界历史的本质。如前所述，由于这种转变体现着人类文明发展的要求和进步，体现着全球人民的要求，体现着人类历史发展的新阶段，自然也体现着历史新阶段的人类的德性。

比如，在马克思看来，劳动分工的含义指的是社会劳动在各类劳动生产结构之间的分配。其在人类社会经济发展中所起的作用，特别是对现代工业社会发展所起的作用，是无法估量的。"政治经济学作为一门独立的科学，是在工场手工业时期才产生的，它只是从工场手工业分工的观点来考察社会分工，把社会分工看成是用同量劳动生产更多商品，从而使商品便宜和加速资本积累的手段。"① 可以说，人类社会经济发展的历史，就是一部劳动分工产生和发展的历史。同样，国际劳动分工作为国际关系的基础，作为国际贸易和世界市场的基础，其产生和发展的历史也体现着国际关系发展的历史，体现着人类文明的发展进步和德性。

比如，在马克思看来，贸易、投资的全球化，通过商品、资本在全球的自由流动，便利于人们对商品和资本的需要，既能满足人们消费需要、消费结构变化、消费水平提高，也能满足人们发展生产对资本的需要，从而促进生产的快速发展，这无疑也符合人类德性。我们不难想象，在全球化发展的高级阶段，全球贸易和投资规则，必然趋于一致，从而使全球治理越来越重要，这当然更是符合德性的。

只要放眼当今的世界，我们就可以觉察到，劳动全球化，即通过全球性的沟通、联系和合作，达到劳动力在全球性的优化配置，从而提高劳动效率，增加更多社会财富，显然不仅是符合人类德性的，而且是人类最基本的道德。人们似乎已经认识到，在跨国公司全球发展的推动下，劳动全球化深入发展，已经成为经济、政治、文化全球化发展的基础。并在此基础上，形成了新的全球性的劳动关系。这种新的劳动关系，体现着剥削关系向合作关系的转变，即不道德关系向道德关系的转变。

研究全球性的经济关系、政治关系、科学文化关系，都必须从研究全球劳动关系入手。劳动全球化的发展，使国际劳动发展中的一些障碍，诸如国家疆界、劳动力国际流动等局限，大为缓解或开辟了一条新的渠道。跨国公司全球性的发展，带来了世界各民族、各国家、各地区间相互交往、相互联系、相互依存的大发展，带来了资本全球化和劳动全球化的大发展，带来了国际劳动向劳动全球化的根本转变。当今，跨国公司全球发展所带来的

---

① 《马克思恩格斯全集》第44卷，人民出版社2001年版，第78页。

资本和劳动全球化程度，劳动在各民族、国家、地区间的相互交往、相互联系、相互依存的程度，都远非过去任何时代所能比，世界几乎所有民族、国家，都被卷进了这种劳动全球化的网络之中。每个劳动者的劳动、生活，都同全球劳动体系联系着，形成了全球性的人类命运共同体。

可见，全球化在国际生产力高度发展的推动下，国际分工空前深化的基础上，政治经济活动在全球范围的扩展，不仅是历史的大趋势，而且是符合人们对幸福生活的愿望的。诸如：商品和生产要素在全球自由流动，资源在全球范围进行配置，各国经济、政治、文化上的紧密依存，互相融合的不断发展和深化，使全球成为发展的一个整体，一个命运共同体。毋庸置疑，全球化的发展对全球的和平发展，对全球人的幸福生活，都是有利的，都是全球人渴望的，体现着人类文明的进步和德性。如果我们把这些与马克思的其他论述结合起来看，起码可以悟出三点启示：

一是由民族史转变为世界史，是人类文明发展进步的表现，是符合人类德性的。这种德性主要表现在，由于世界市场的开拓和发展，民族的片面性和局限性日益成为不可能，一切国家的生产和消费都成为世界性的了，物质生产是如此，精神的生产也是如此。这种世界性，有利于不同文明之间的沟通、交流和相互借鉴，有利于各种资源在全球的合理配置，有利于全球性生产力的发展和生产效率的提高。

二是世界历史，也就是全球化，不是偶然的、可有可无的，而是人类文明发展中的一个必然的历史阶段。这就决定了，全球化趋势不可逆转，虽然全球化中各种矛盾错综复杂，各种人生观、价值观盘根错节，但如恩格斯说的：马克思的世界历史理论可以给我们提供一把解惑的钥匙，使我们对当今和未来都能有清醒的认识，从而坚定自己的信念和方向，无论民粹主义、单边主义、贸易保护主义，以及各种反对、破坏全球化发展的逆流何等猖狂，都能按照选定的目标，破浪前进。

三是就发展进程而言，世界历史包括两个转变：一个是由民族历史向世界历史的转变；一个是由资本主义主导的全球化时代，向社会主义主导的全球化时代转变。当今世界，正处于由资本主义主导的全球化时代向由社会主义主导的全球化时代转变当中。谁都会意识到，全球化发展至今，全球人已经在相互联系、相互依赖中形成了密不可分的全球村，成为命运共同体。亚当·斯密理想的"文明社会"、马克思理想的"共产主义"，都是要经过这种全球村，而达到的一种人类自由和谐的共同体，马克思称之为"自由人的联合体"。当然，由于这种转变面临更多、更复杂的矛盾和挑战，所以它是一个更为长期和复杂的任务。

比如，马克思说过，历史从哪里开始，思想进程也应当从哪里开始，而思想进程的进一步发展不过是历史过程在抽象的、理论上前后一贯的形式上的反映；这种反映是经过修正的，然而是按照现实的历史过程本身的规律修正的，这时，每一个要素可以在它完全成熟而有典范形式的发展点上加以考察。马克思的世界历史理论与其他理论一样，作为历史过程的反映，也是经过修正和不断发展、完善的。社会主义主导的全球化时代应当是个什么样子，它具有什么样的特征，首先都应当在理论上加以阐明。

比如，社会主义主导的全球化，应当如何治理，也应当在理论与实践的结合中，加以研究和澄清。当前我们所谓的全球治理，实质上就是适应全球化发展的要求，适应全球广大人民对美好生活的愿望，对全球性经济、政治、文化等的发展，特别是发展中的各种矛盾，进行引导、协调和管理，使这种发展能遵循造福全人类的正确道路前进。全球治理的产生和发展，与全球化的产生和发展同根、同源和同步，也是人类文明发展的必然产物，体现着人类文明发展的进步，所以，也是符合人类德性的。

比如，当前全球化的发展，已经使人们相互依存为一个大家庭。无论从理性、德性或具体实践讲，人类共同生活在地球上，本像一家人，应当在相互联系、相互合作、相互依赖、相互支持、和谐相处、共同发展、共同治理、共同享受发展成果中，结成和谐、美好的命运共同体。生活在命运共同体中的人们，自然要在共同协商中，制定出适合共同生存的原则、秩序、法律和各种管理制度，以保证共同体健康和谐发展。

比如，对"地球村"概念应当如何理解？它的意义何在？也应该研究和澄清。我们知道，1967年，加拿大传播学家M.麦克卢汉提出了"地球村"的概念。这一概念一提出，由于它的含义深远，而且形象逼真，所以立即受到世界的关注，得到普遍使用，现在已经成为了一个比较科学的概念。麦克卢汉是传播学家，可在他看来，"地球村"的主要含义，不是指发达的传媒使地球变小了，而是指人们的交往方式，以及人的社会和文化形态发生了重大变化。

比如，新的科学技术革命，特别是交通运输技术革命和信息技术革命，正在有力推动劳动全球化和经济全球化的深入发展，使人们都深度融入到了全球化之中，使国家与国家，人民与人民，由相互联系、相互沟通，发展到了相互合作、相互依存，谁也离不开谁，一荣俱荣、一损俱损的地步。这说明，地球村不仅是个形象的比喻，似乎也是个很科学和贴切的概念。

地球村现象的产生，是全球化深入发展的结果，它改变了人们的旧观念，体现了世界人民需要和平、需要发展的真切愿望。无论肤色、无论种族，人人平等成为地球村大家庭的一员。当然，这里所说的地球村，毕竟不是某一个村，而是一个地球人共建的村。地球村也需要秩序，需要治理。在地球村里，人们不仅相互联系更紧密，而且相互间更加了解，尽管有许多矛盾，但也能在德性力量的支撑下，使之和谐与发展。

总之，如习近平同志说的：纵观世界文明发展史，人类先后经历了农业革命、工业革命、信息革命。每一次产业技术革命都给人类生产生活带来巨大而深刻的影响。现在，以互联网为代表的信息技术日新月异，引领了社会生产新变革，创造了人类生活新空间，拓展了国家治理新领域，极大提高了人类认识水平，认识世界、改造世界的能力得到了极大提高。互联网让世界变成了"鸡犬之声相闻"的地球村，相隔万里的人们不再"老死不相往来"。可以说，世界因互联网而更多彩，生活因互联网而更丰富。

善恶混杂和善始善终

黑格尔说的对，世界历史的确是善恶、美丑混杂的整体。而生活在这种混合体中的每个人，都不能不在善恶中做出选择，并付诸行动。如康德说的：每一个有良好道德意念的人在此生中，必须在善的原则的率领下，与恶的原则的侵袭进行斗争。而只有建立道德性社会，才能实现善的原则对恶的原则的胜利。康德说："如果找不到任何手段来建立一种目的完全是在人心中真正防止这种恶并促进善的联合体，即建立一个持久存在的、日益扩展的、纯粹为了道德性的、以联合起来的力量抵制恶的社会，那么，无论单个的人想要如何致力于摆脱恶的统治，恶都要不停地把他滞留在返回到这种统治之下的危险之中。因此，善的原则的统治，只能通过建立和扩展一个遵照道德法则，并以道德法则为目的的社会来达到。因为只有这样，才能期望善的原则对恶的原则的胜利。"[①]

回顾全球化的进程就知道，全球化的发展的确促进了世界性科学技术和生产力的发展，促进了财富的巨大增加，促进了世界性文化交流，促进了不同文明的相互借鉴，促进了发展中国家更快发展，这的确是善的一面，美的一面，是历史的进步，人类文

---

① 《康德道德哲学文集》上，中国人民大学出版社2016年版，第304—305页。

明的进步。而在善的发展的同时，也充满着丑恶，充满着罪孽。现在的问题是，既不能否定全球化善的一面，不能否定善的主导；又不能否定恶的一面，不能因为看到全球化恶的一面就否定全球化。重要的是对其善恶如何正确认识和分析，尤其是对其恶的一面如何认识和分析。

2018年，在瑞士达沃斯论坛期间，论坛主席施瓦布在接受采访时认为：目前，一个多边、多极世界正在形成。所以，全球化应当找到这种多边、多极世界的平衡点，即我们称之为的公平合理的全球化。施瓦布认为，以往的全球化的确存在一些问题，但这正如我们在倒洗澡水时，不应当把婴儿也一起泼出去。我们应当维持全球化的积极影响，照顾那些被忽视的人的利益。在谈及中国时，施瓦布认为，只要是友善、积极的领导角色，人们就不应当感到担忧。中国领导者不仅考虑本国利益，也考虑其他国家的利益，我们应当期待中国在全球化中发挥领导作用。

回顾全球化的进程就知道，全球化的确促进了世界性生产力的发展，但也的确出现了各种丑恶和罪孽。这种丑恶和罪孽的突出表现，就是强者通过暴力或非暴力手段对弱者进行掠夺，无偿占有弱者的劳动。在这种侵略和掠夺中，各种谎言、欺骗，特别是灭绝人性、罪孽深重的侵略战争，都是对道德的践踏。仔细回想一下，有哪个帝国主义列强国家，不是靠这种残暴的战争和掠夺起家和维持的呢！

如黑格尔说的："我们假如把一般世界历史翻开来，我们便看到了一幅巨大的图画，它充满了变化和行动，以及在永无宁息的推移交替之中的形形色色的民族、国家、个人。凡是人类心灵所能想到的和发生兴趣的任何东西——我们对于善、美和伟大的一切感觉——都表现出来了。到处都采行着和实施着各种目的，这些目的是我们所认识的，它们的完成是我们所欲求的——我们为它们希望，我们为它们畏惧。在这一切事变之中，我们看见人类的行动和痛苦，处处有和我们切身相关的东西，所以处处有激起我们爱或憎的地方。有时候它以美丽、自由和丰富多彩来吸引我们，有时候它又以可使罪恶也显得有趣的那种精力来打动我们。有时候我们看到某种包罗宏富而为大家所关切的事业，进展得比较迟缓，而且结果竟然在许多琐碎事项的错综纠纷中被牺牲掉，终于纷纷化为尘埃了。同时为了一桩细微的结果，既然可以费去九牛二虎之力；而从显然是渺小的事情上，却发生了一番巨大的事变。随时随地都有最庞杂的一群事变，把我们卷入旋涡中去；这一群刚去，那一群又立刻来代替了它的位置。"①

事实证明了黑格尔这些话的正确性。人们都知道，全球化的进程，是从新航路的开辟和地理大发现开始的。马克思说过，民族史向世界历史转变的契机，是新航路的开辟和地理大发现，转变的动力是资本的自发运动所刺激的生产力发展，特别是科学技术的发展。新航路的开辟和地理大发现，特别是科学技术的发展，这些都有利于人类文明的发展进步，都是人类德性的表现，但它也刺激了资本主义的原始积累和殖民掠夺。资本主义的殖民掠夺，当然是强者依靠强势，对弱者进行掠夺，这是很不道德的事情。可翻开全球化的历史，却始终充满强者对弱者的掠夺，始终存在暴力和战争，存在这种掠夺对道德的践踏。

人世间的很多事物，都是很奇怪甚至不可思议的。比如，从人类社会制度的转变和一种社会制度内改朝换代的历史看，由于政权决定性的力量是人民，在于人心向背，所以在夺取政权时，就需要人民的力量和人民的支持，因而其口号、政策、行为，往往是以迎合人民意志和利益的善开始。而在夺得政权之后，对权势和财富的贪婪，逐渐膨胀，恶性慢慢发作，日益脱离人民和违背人民，招致新一轮的夺权斗争。

---

① [德]黑格尔：《历史哲学》，台北里仁书局1984年版，第118页。

虽然全球化是善恶的混杂，但在善恶的混杂中，善总是占主导地位。因为善体现的是人民的意志和人民的力量。从一个国家看，如果我们把夺得政权到政权更替作为一个周期；从国际社会看，如果我们把夺得霸权到霸权更替作为一个周期，以善的角度看，在这种周期中，一般都是从善开始，经过善恶的博弈、恶的全面暴露，最后被推翻，以善的回归结束，实现了中国人常说的：善始善终。可见，善始善终这一成语，作为哲学概念，其含义不只是说从开始到结尾，都要做善事，都要把善事做好；而是还体现着更深的、善恶博弈的客观规律。一般来说，任何事情都是从善开始，在善恶博弈中，最终总是恶得到应有的报应，而以善结束。

还比如，全球化和全球治理，都是历史的进步，体现着人类文明发展的新阶段。全球化是由资产阶级开拓的，全球治理也是由资产阶级开启的。这是善举，也是资产阶级的功劳。然而，资产阶级在开拓世界历史和全球治理的道路、方式和过程中，以至于整个资本主义全球化和全球治理的过程中，却走过了暴力掠夺、鸦片贸易、金融投机、技术敲诈等背离人类德性的道路。特别是由于资产阶级的唯利是图和贪得无厌，使人类的德性发生了扭曲和异变，遭到了金钱的践踏，造成了严重的恶果。而新的全球治理，正是要扭转这种情况。

这里特别值得一提的是，全球化的主要载体，是跨国公司的发展。在列强争霸时代，国际垄断资本主要是通过大公司的国际联盟来瓜分世界的。而当今的大跨国公司和全球性公司，都以全球经营为目标。无论跨国公司的劳动或全球公司的劳动，当然都是一种面向全球性的劳动，是劳动全球化的体现。从促进全球化发展看，它是符合人类德性的，而作为资本主义性质的跨国公司，其靠资金垄断和技术垄断，而掠夺世界的一面又是不道德的。

当今跨国公司在世界各地发展的事实证明，资本主义的跨国公司也是善恶与美丑的混杂体。其促进全球化发展的一面，促进别国发展的一面，是符合道德的；而其追逐的垄断利润或超额利润最大化，在与其他公司的竞争中，践行零和博弈原则，只顾自己的利益，而不顾别的公司、别的国家的死活，依赖自己在科学技术、生产经营、资本和信息等方面的优势，置别的公司于死地，这就失去了德性，违背了道德，陷入了邪恶。特别是极少数资本家的确能把一些工业部门集中在自己手里，不仅在个别国家内，而且能在全球金融、贸易、产权、生产等方面，控制全球市场，控制全球的生产和消费。并在这个基础上形成了极少数大银行、金融大王、金融巨头或金融寡头的统治，并利用这种统治，进行全球性的掠夺，这更是对德性的违背，甚至是践踏。

翻开世界历史，人们都会觉察到，全球化的确都是在善恶混杂中，在善恶搏斗的血与火中脱胎和发展的。在过去的200多年里，那些发达国家，那些帝国主义列强，正是靠对世界广大劳动者的剥削和掠夺，特别是靠对落后国家的剥削和掠夺，才积累起了巨大财富，使少数富人过着养尊处优的糜烂生活，而广大劳动者却陷入了贫困。

人们不会忘记17世纪40年代到17世纪80年代这段历史，更不会忘记18世纪60年代到19世纪40年代这段历史。在前一段历史中，英国在世界上第一个进行了资产阶级革命，并取得了胜利；在后一段历史中，也是英国第一个进行了工业革命，并取得了成功。这两次革命不仅开辟了人类文明发展进步的新纪元，而且对世界影响之巨大出乎人们的预料。也就是说，这一历史时期，英国对人类文明的发展进步是功不可没的。可功劳归功劳，罪孽归罪孽。在建立大英帝国过程中，其做了非常多违背道德的事。

马克思说，"资本"生来就具有全球性，资本家生来就是全球主义者。我们都知道，资本主义是在封建社会内部产生的。早在英国资产阶级革命之前，欧洲国家手工业特别是工场手工业就比较发达，并促使 15 世纪末和 16 世纪初的地理大发现。地理大发现，无疑是德性行为，它为人类全球性的交往提供了条件，但它也为新兴的资产阶级对外扩张、资本原始积累创造了条件。如马克思说的："美洲和绕过非洲的航海线路的发现，给新兴的资产阶级开辟了新天地。东印度和中国的市场、美洲的殖民化、对殖民地的贸易、交换手段和一般商品的增加，使商业、航海业和工业空前高涨，因而促使正在崩溃的封建社会内部的革命因素得到迅速的发展。"[1] 似乎可以这么认为，地理大发现，应当是全球化和全球治理的萌芽或起点。

地理大发现对西方国家发展的影响是深远、巨大的；对整个世界的影响也是深远、巨大的。它不仅促进了商人资本发展的大革命，加速了封建生产方式到资本主义生产方式的转变，也开始了西欧殖民者掠夺亚洲、非洲、美洲的血腥历史，开始了帝国主义争霸世界的历史。所以我们应当说，研究全球化或全球治理的进程，应当是从地理大发现和全球性的殖民掠夺开始。

在全球化的形成中，最不可忽视的，就是由大工业的发展所形成的世界市场作用。世界市场的出现和形成，既是大工业发展的基础，也是世界历史形成的基础。如马克思所说，事情已经发展到这样的地步：今天英国发明的新机器，一年之内就会夺取中国千百万工人的饭碗，这样，大工业便把世界各国互相联系起来，把所有地方性的小市场联合成为一个世界市场，到处为文明和进步做好了准备，使各文明国家发生的一切，都必然影响到其余各国。因而单是大工业建立了世界市场这一点，就把全球各国人民联系了起来，发生了各民族相互合作、相互依赖，并逐步发展成为地球村或命运共同体。可见，开创世界市场和开创世界历史一样，既是资产阶级的历史使命，也是资产阶级的历史功绩。

---

[1] 参见马克思、恩格斯《共产党宣言》，载《马克思恩格斯选集》第 1 卷，人民出版社 1995 年版，第 252 页。

不可思议的是，在这种善恶混杂中，会出现人们用常理难以理解的现象：有些恶性的行为，却能有善性的结果；而有些善的行为，却会引来恶的结果。比如，由民族历史转变为世界历史，这是人类文明发展进步的表现，是人类德性的表现。可人们都清楚，无论是民族史转变为世界史的过程，或是转变后的发展进程，这段历史却都是充满血与火，充满着对人性、人类道德践踏的血腥的历史。遵德行事虽然是伟大的，而这段历史却是不遵德行事，而是掠夺特别是暴力掠夺，这当然是罪孽深重的。而且常常是真正的道德，却变成了邪恶者实现自己目的的工具。

比如，地理大发现无疑是善性的，可它却引起了全球性的殖民掠夺。这种掠夺作为资本主义原始积累的重要来源，却是非常残酷的，是惨无人道的。如马克思说的："美洲金银产地的发现，土著居民的被剿灭、被奴役和被埋葬于矿井，对东印度开始进行的征服与掠夺，非洲变成商业性地猎获黑人的场所：这一切标志着资本主义生产时代的曙光。这些田园诗式的过程是原始积累的主要因素。"① 也就是说，是地理大发现解开了一部用血与火写成的美洲、亚洲、非洲各族人民遭受欧洲殖民者虐杀、欺诈、掠夺、征服和长期奴役的灾难史。

在资产阶级革命前，英国还是个很小的、落后的农业国。在全国约550万人口中，有410万是在农村。正是由于资产阶级革命特别是工业革命的成功，使英国成为世界上第一个工业化国家，并开创出了影响至今的自由市场经济模式，并迅速崛起，建立起全球的"日不落帝国"，成为世界海洋、商业、工业争夺中的霸主和中心，使人类由民族历史开始进入世界历史，即全球化的新时代，从而引领了人类文明的新发展。可想而知，全球化的产生和开拓，全球治理的开启和发展，都应当是资产阶级的功劳。至今

---

① 《马克思恩格斯选集》第23卷，人民出版社1972年版，第783页。

的全球化和全球治理,也主要是资本主义的或由资本主义为主导的霸权治理。可资本主义的历史,却是劣迹或恶迹斑斑。

正是利用这种殖民掠夺的大量不义财富,欧洲国家进行了工业革命。而工业革命的成功,又促使这些国家扩大了自己的殖民地和势力范围,把亚洲、美洲和非洲广大地区,都变成它们工业产品的销售市场和原料供应地,使殖民地国家成为它们的附庸,加速了全球化的进程。到1820年,仅英国的工业产品就占世界工业总产额的一半,英国成为名副其实的"世界工厂"。

诚实的国际问题学家们似乎有了这样一点共识:西方的民主化是工业化成功的产物,而不是工业化的起因。比如,英国之所以成为富裕的强大帝国,最初靠的不是民主化,而是奴隶贸易和之后的殖民掠夺。虽然到20世纪20年代之后,英国国内开始有了民主生活,但国外殖民地的广大人民却被剥夺了这样的机会。殖民地倡导独立的、要求民主的人士也被视为是异端,而遭迫害,甚至被逮捕入狱。比如当时的印度首任总理尼赫鲁,就遭受了这样的迫害。

在第二次世界大战之前,英国是全球化不争的霸主,第二次世界大战之后,靠大发战争财的美国,争得了全球化霸主的宝座。英国霸权时期,殖民掠夺是主要形式,具体表现为贸易掠夺和战争掠夺;而在美国霸权时期,除了继承了贸易掠夺和战争掠夺之外,更侧重于金融掠夺。如马克思说的,这种金融掠夺,不仅表现为夺取资本财产的本来的方法,而且取代了直接的暴力。更为可怕的是,这种掠夺还是作为颠倒黑白的力量出现的。

如马克思说的:这种掠夺"它把坚贞变成背叛,把爱变成恨,把恨变成爱,把德行变成恶行,把恶行变成德行,把奴隶变成主人,把主人变成奴隶,把愚蠢变成明智,把明智变成愚蠢。因为货币作为现存的和起作用的价值概念把一切事物都混淆了、替换了,所以它是一切事物的普遍的混淆和替换,从而是颠倒的世界,是一切自然的品质和人的品质的混淆和替换"①。对货币占有者来说,"谁能买到勇气,谁就是勇敢的,即使他是胆小鬼。因为货币所交换的不是特定的品质,不是特定的事物,人的本质力量,而是人的、自然的整个对象世界,所以,从货币占有者的观点来看,货币能把任何特性和任何对象同其他任何即使与它相矛盾的特性和对象想交换,货币能使冰炭化为胶漆,能迫使仇敌互相亲吻"②。

善性主导和人类文明进步

尽管全球化是善恶混杂的整体,但总的来看,人类的善性、德性却始终是主导性的力量。如黑格尔在其《历史哲学》绪论中所说过的,尽管世界历史的发展总是曲折的,然而,其大趋势,却总是先进替代落后,旧的事物的灭亡,正是新的事物的产生。曲折当然就包含暂时的后退,暂时的向下滑。当前的全球化发展,就有向下滑的现象,就有反对全球化的逆流。这种逆流当然是与人类的德性,与人类文明的进步相对立的。

由于全球化、全球治理,都是人类文明发展进步的一个重要的、必然的历史阶段,都体现着全球人民的意志和愿望,所以,它是不会逆转的。人民的意志是不可违的,所以尽管当前新的民族主义、民粹主义、反对全球化的思潮来势汹汹,全球化的大趋势也不会逆转;不过,奇怪的是,促使人类进入全球化阶段的,本来是资本主义向外扩张的结果,应当是资产阶级为追求自身利益的结果;然而,正当全球化的发展使人类融入地球村的时候,在资本主义世界却出现了一股逆流,这就不能不引起人们的深思。

历史的事实是,全球化不仅是资本主义开拓的,而且在至今的全球化中得利最多的,也是资本主义。然而不可否认,在资本主义获得利益的同时,也为发展中国家提供了前所未有的发挥机

---

① 《马克思恩格斯全集》第3卷,人民出版社2002年版,第364页。
② 同上。

遇。一些发展中国家也正是及时抓住了这个机遇，在付出高昂代价的前提下，获得了一些发展。因此，也在不同程度上，成为全球化的积极参与者。无论如何算账，从付出的劳动与收益之比的角度看，发展中国家获得的只是小利，而发达国家获得的是大利。当然，这些大利主要是进入了富人的腰包，但毕竟会在一定程度上提高国民的生活水平。

在全球化发展过程中，一些发达国家利用其对全球化游戏规则的控制，不仅能获得正常交往中的比较利益，还能获得超经济利益。发达国家利用其经济、政治、科学技术、产品、市场和国际分工等多方面的优势，利用对一些国际组织的控制，利用其垄断的高端技术、高端产业、高端产品等，利用其在法律、会计事务、国际规则等方面的主导地位，把本国的法律、规则、秩序国际化或全球化，把本国的利益放在第一位，并要求所有国家都必须遵守，如有不遵守者就进行制裁，或者武力干涉，甚至发动侵略战争，强制别的国家就范。

在全球化中的各种优势，不仅使发达国家成为国际贸易的垄断者，而且成为国际贸易的最大受益者。大量的统计数字说明，广大发展中国家的融入是全球贸易的推动力，正是发展中国家的融入，刺激了全球贸易的迅速发展，特别是刺激了发达国家，尤其是美、日、欧盟三大经济体的出口。全球贸易，长期被美国、日本和欧盟三大经济体所垄断，其在世界贸易总额中，一直都占50%以上。也就是说，在全球贸易中，发达国家获得的利益比发展中国家要大得多。

控制游戏规则，垄断高科技产业和资本密集型产业，是发达国家获得最大利益的秘诀。而其获得的超额利益，使自己的资本更加雄厚，使高科技产业和资本密集型产业更快升级换代，保持在全球化中的垄断地位，保持较高的竞争力，以保持自己获得的利益总是高于发展中国家。而缺乏资本和高科技优势的广大发展中国家，只能靠自己的辛勤劳动，靠给发达国家更多的红利，在被剥削、被掠夺甚至被奴役中，求得生存和发展。

显而易见，问题的症结在于，发达国家开拓全球化的目的，不仅是为了获得最大、最多的利益，而且还要统治世界，要世界永远听从于发达国家，特别是听从于美国，永远成为发达国家和美国的乐园。而更使人气愤的是，美国这样做的时候，往往高举着道德的旗号，披着《圣经》的外衣。正如美国一些学者说的：成为一个没有意识形态，而是本身就是一种意识形态的国家是我们的宿命。比如，杰斐逊高唱民主、人权，但他却拥有奴隶。

当今世界，全球化发展正处于历史的转折关头。正是在这紧要关头，美国特朗普政府搅动世界一帮私欲贪婪势力，掀起了一股反全球化的逆流。不过，从我们列举的如下事实，完全可以看出，世界在觉醒，世界人民的力量在强大，德性主导全球化，人民意志主导全球化，是不可逆的大势。

人们都看清了全球化发展的历史事实，也的确证明了全球化对发达国家的确是最有利的，发达国家特别是美国，在全球化中的确攫取了巨大的利益。正是发达国家对落后国家的残酷掠夺，正是个别国家要谋求统治世界、独吞世界，才造成如今天这样的财富分配两极分化和发达程度巨大的悬殊。

人们更看清了，要统治世界，要世界都听从发达国家特别是美国的统治，那似乎是痴心妄想。因为穷富两极分化和社会分裂的事实越来越证明，无论是欧洲或美国，其社会制度都不是全人类理想的社会制度，它正在遭到世界上大多数人，包括一些美国人所厌恶。所以在发展中国家随着全球化中力量的不断增强，发达资本主义国家不能再像以前那样蹂躏、掠夺世界人民的时候，其就颠倒黑白，把其蹂躏掠夺所造成的全球性问题，都归罪于全球化。于是，单边主义、贸易保护主义、民粹主义、民族主义等，又变着花样开始抬头了。这股逆流虽然不会阻挡全球化历史的车轮，但毕竟是一种干扰，而且来势汹汹，是一股很大的负能量。

历史的发展从来都不是顺畅的，而是在艰难曲折中前进的。当前世界所兴起的反全球化逆流也好，民粹主义也好，民族主义也好，孤立主义也好，地区一体化分裂之势也好，都是这种曲折的表现。

有学者评论说，英国脱欧、美国总统大选，都有一个共同的背景，那就是被受害者意识束缚的民族主义。还有那些害怕恐怖主义、难民、移民风波的欧洲国家，以及未能摆脱长期萧条、就业环境恶化和国民生活水平下降的日本，也都出现了同样的情况，把民族主义作为摆脱困境的良方。所谓受害者的意识，就是认为，自己理所当然应享受到的财富和权利被别的国家抢走了。民粹主义者更是宣称，是精英出卖了他们。这反映出现在民族主义猜疑心理的根源。

当然，民族主义还有对抗社会主义的意图。因为畏惧社会主义，就打着民族主义的旗号，把本国的各种矛盾，压榨、掠夺劳动者的矛盾、财富占用不平等的矛盾，失业、贫困和劳资之间的矛盾，都归结为全球化的发展，归结为在全球化中日益强大起来的社会主义，炒作社会主义的威胁，试图把人们的视线转移到国外，以掩盖他们的罪恶。

2016年8月，"世界报业辛迪加"网站刊登的美国布鲁金斯学会副会长凯末尔·德尔维什的题为《全球治理的作用是什么》的文章提出，全球治理不是凭空而来的，而是由国际贸易、投资、旅游、电信、跨国公司各种业务等决定的人们之间的联系日益密切，使全球交往变得比以往任何时候都要广泛、快速和无所不在。全球气候变化、全球性的贸易和投资、跨国税收、解决全球性的不平等，这些都需要通过国际合作通过全球治理才能解决。

民众对生活水平下降的不满，对许诺大选的绝望，对资本主义制度的质疑，对贫富差别的拉大的愤怒，对恐怖袭击的恐惧，对原有价值观的动摇,对难民潮的疑惑,对政府的不信任,对精英治理者的嘲弄等,都是民粹主义浪潮的根源。医治世界问题的良策,还在于合作开放。只有在全球化中,在合作开放中,才能打造更美好的未来。

美国维基战略网站高级分析师利昂·哈达认为,民族主义者反对全球化,是光明与邪恶的斗争,他在美《国家利益》双月刊发文《民族主义无法取代全球主义》认为,我们不应该就此得出结论,认为民族主义将取代全球主义成为政治经济的新驱动力。相反,这只是一种标志,表明两大力量之间的再平衡将为工业化社会新的均势创造基础。对全球化自由原则进行修正,并不等于就认同民族主义、保护主义、排外主义或种族主义。现在相互联系着的事实,不可能让世界停下脚步并对自由贸易和移民关闭边境。

总之一句话,全球化作为人类文明发展的必然阶段,作为人类奔向理想、美好社会的必经之路,包含着人类的智慧和进步。人类文明的发展不会倒退,历史不会开倒车,全球化的历史车轮,只能朝着人类命运共同体的方向滚滚向前,越发展越好。新的、更文明、更道德的世界历史时代已经在即,社会主义国家参与全球治理的历史使命也是义不容辞。

二 道德的美好和掠夺者的丑恶

同情弱者,善待弱者,帮助弱者,扶持弱者,这是强者应具备的美德。把强作为利器,掠夺弱者,恃强凌弱,这是邪恶。而在资本主义主导的全球化时代,盛行的正是弱肉强食的哲学。强者基于对私人财富和权势的贪婪,硬要道德屈从财富和权势,致使道德扭曲,善恶颠倒。把最没有德性、最没有道德、最体现资产阶级本性的强者对弱者的掠夺,也说成是合乎道德的。在资本主义主导的全球化中,依靠自身的势,包括科学技术强势、资金强势、产品强势、对世界市场控制的强势以及军事强势,掠夺落后、弱小国家的资源和财富,这是帝国主义列强国家犯下的重大罪行,但也被它们说成是合乎道德的。在全球化发展的不同阶段,其掠夺的手段和方式虽然在发展和变化,但掠夺的本质始终如一。如前所述,总的趋势是,在第二次世界大战之前,其掠夺主要是靠赤裸裸的暴力,靠暴力殖民掠夺;而在第二次世界大战之后,主要是靠被文明和道德伪装了的垄断掠夺和金融投机掠夺,靠美元殖民掠夺。我们研究掠夺手段和方式这些变化,对于认清当今西方国家在全球化中的表现有重要意义。

商业道德和殖民掠夺

人们都知道,首先动摇封建专制统治的,是商业的发展。自15世纪到17世纪,由于新航路的开辟,新大陆的发现,以欧洲为中心的商业在世界上空前繁荣起来。无论是新航路的开辟、新大陆的发现,或世界商业的繁荣,这都有利于人们世界性的沟通和交流,有利于不同文明之间的了解和相互借鉴,对推动人类文明发展进步是非常重要的、开拓性的,是符合德性的。那些在发现新航路、发现新大陆方面做出贡献的人,当然都是具有德性之人,所行之事,都是德性之举。他们都是对人类文明发展进步做出独特贡献的人。

问题不是出现在对于新航路和新大陆的大发现,而是出现在利用这些新发现,进行不道德的殖民活动和殖民掠夺。作为职业道德,商业道德有多个方面,诸如:文明经商、互尊互敬、礼貌待客、货真价实、买卖公平、诚实无欺等。商业道德的核心,是诚信,是公平交易,互利双赢。而欧洲大贵族商人却背离了这些德性,仰仗对商业的垄断,靠国家力量的支持,对殖民地进行不道德的掠夺贸易,用无偿占有殖民地劳动者的血汗,积累起自己的巨大财富，是地地道道的不义之举。但是，他们的不道德不是嘴上说的，而是内心隐藏的。他们是嘴上说道德，内心想的是财富，实际行的却是不道德的掠夺。

在阐述资本主义商业的贪婪性时，恩格斯曾这样写道："商业的贪婪性已多少有所遮掩；各国多少有所接近，开始缔结通商友好条约，彼此做生意，并且为了获得更大的利润，甚至尽可能地互相表示友善和亲善。但是实质上还是同从前一样贪财和自私，当时一切基于商业角逐而引起的战争就时时露出这种贪财和自私。这些战争也表明：贸易和掠夺一样，是以强权为基础的；人们只要认为哪些条约最有利，他们就甚至会昧着良心使用诡计或暴力强行订立这些条约。"[①] 恩格斯在这里阐述的这种情况和道理，至今不仅依然，而且程度更甚。

商业中的道德和掠夺，总是混杂交织在一起的。正如恩格斯说的："斯密颂扬商业是人道的，这是对的。世界上本来就没有绝对不道德的东西；商业也有对道德和人性表示尊重的一面。但这是怎样的尊重啊！当中世纪的强权，即公开的拦路行劫转到商业时，这种行劫就变得具有人道精神了；当商业上以禁止货币输出为特征的第一个阶段转到重商主义体系时，商业也变得具有人道精神了。当然，商业为了自己的利益必须与廉价卖给他货物的人们和高价买他的货物的人们保持良好的关系。因此，一个民族要是引起它的供应者和顾客的敌对情绪，就太不明智了。它表现得越友好，就对他越有利。这就是商业的人道，而为了达到不道德的目的而滥用道德这种伪善方式就是贸易自由体系引以为自豪的东西。伪君子叫道：难道我们没有打倒垄断的野蛮吗？难道我们没有把文明带往世界上遥远的地方吗？难道我们没有使各民族建立起兄弟般的关系并减少了战争次数吗？不错，这一切你们都做

---

① 《马克思恩格斯全集》第3卷，人民出版社2002年版，第422—423页。

了，然而你们是怎样做的啊！你们消灭了小的垄断，以便使一个巨大的根本的垄断，即私有制，更自由地、更不受限制地起作用；你们把文明带到世界的各个角落，以便赢得新的地域来扩张你们卑鄙的贪欲；你们使各民族建立起兄弟般的关系——但这是盗贼的兄弟情谊；你们减少了战争次数，以便在和平时期赚更多的钱，以便使各个人之间的敌视、可耻的竞争战争达到极端尖锐的地步！你们什么时候做事情是从纯粹的人道出发，是从普遍利益和个人利益之间的对立毫无意义这种意识出发的呢？你们什么时候讲过道德，什么时候不图谋私利，不在心底隐藏一些不道德的、利己的动机呢？"[1] 这里，恩格斯淋漓尽致地揭露了重商主义经济学和资产阶级自由贸易经济学的伪道德性。其嘴上说的是道德，心底里隐藏的，却是不择手段地图谋私利掠夺。

在殖民掠夺时期，资产阶级商人甚至连口头说的道德也不复存在，而变成赤裸裸的暴力。马克思曾经这样说过：当我们把目光从资产阶级文明的故乡转向殖民地的时候，资产阶级文明的极端伪善和它的野蛮本性，就赤裸裸地呈现在我们面前，它在故乡还装出一副体面的样子，而在殖民地它就丝毫不加掩饰了。

人们都知道，西方自哥伦布开始新航路的开辟，便为西欧新兴的资产阶级开辟了新的活动场所，使欧洲商路和贸易中心从地中海区域转移到大西洋沿岸。欧洲人所到之处，就通过暴力移民和建立殖民地，并残酷进行殖民掠夺，从而为西欧资本主义的原始积累创造了条件，大量的黄金、白银，从非洲、亚洲、拉丁美洲，流入欧洲商业垄断者的口袋。也就是说，新航路的发现为殖民主义掠夺和奴隶贸易，为商人贵族掠夺财富和权势，开辟了道路。

面对西方商人贵族的恶行，使世人不得不为中国人的善良，

---

[1] 《马克思恩格斯全集》第3卷，人民出版社2002年版，第448页。

中国人的道德而点赞。如果西方人也能像中国公元前2世纪开辟的古丝绸之路那样，能像明朝郑和下西洋那样，每到之处，既不殖民，也不掠夺，都坚持以德行事，坚持相互交流、相互学习、相互借鉴、平等贸易，达到双赢，那将是多么美好啊。

中国古丝绸之路的开辟是中国的骄傲，它体现的是与西方殖民掠夺完全不同的中国文明。丝绸之路一开始，就实行着平等交流、相互学习、相互借鉴、合作共赢的理念。这些理念的实施，就使丝绸之路成为沿路国在相互合作、相互学习、相互借鉴中得到共赢、共享之路。关于古丝绸之路的来历，想必人们都已经知晓。早在公元前2世纪至公元5世纪，这条横贯中亚、联系欧亚两洲的古丝绸之路就开凿出来了。这条大通道对沿路国家之间的政治、经济和文化交流，特别是对大量的中国丝和丝织品由此道西运起了重大作用。

如史学家们所描述的，丝绸之路所经之地，有白雪皑皑的崇山峻岭，有一望无垠的大漠荒碛和盐碱沼泽。在生产力和交通工具尚不发达的条件下，古代各国劳动人民、商旅、使者和僧侣等，冒着流沙、风暴、冰雪袭击的危险，披荆斩棘开通商路，对于加强东西方的经济文化交流，增进东西方各国人民之间的友谊，做出了重大贡献。

人们都知道，自公元1405年之后的28年间，郑和奉旨率庞大船队，七次远航西洋，航线从西太平洋穿越印度洋，直达西亚和非洲东岸，途经30多个国家和地区。他的航行比哥伦布发现美洲大陆早87年，比达·伽马早92年，比麦哲伦早114年，在世界航海史上，他开辟了贯通太平洋西部与印度洋等大洋的直达航线，创造了世界航海史的奇迹，是中国古代历史上的一次世界性的盛举。对于当时的世界各国来说，郑和所率领的舰队，从规模到技术到实力都是无可比拟的。

更重要的是，郑和船队是和平的船队、文明的船队，船队所到之地，都践行商业道德原则，不殖民不掠夺，而只是和平联系和沟通，只是平等交换产品，只是在向诸国传播先进的中华文明的同时，学习各国先进的东西。通过这种相互交流、相互学习和平等贸易，不仅使中国得到了利益，也使各国都得到了利益，达到了双赢。所以，船队所到之地，无不受到当地的热情欢迎，留下美好形象，此与西方的殖民掠夺形成鲜明对照。

欧洲殖民掠夺的手段，主要是战争和垄断贸易。它们把大量工业品运到殖民地，强卖、贵卖，从而大肆掠夺殖民地国家的黄金、白银和工业原料。他们利用国家权力，以最残暴的暴力手段进行殖民掠夺，既是人类历史上最黑暗、最可耻、最血腥的一页，也是欧洲国家的起家史，是它们为什么能够在国际分工中一直保持强势，至今还是世界发达国家的原因所在。

最不道德，最无人性，最为人类所不齿的是，它们还进行奴隶贸易。由于它们在美洲、西印度惨无人道地大量杀戮土著民族，造成矿山和种植园的劳动力大量短缺。于是，从非洲贩卖奴隶到这些地方，就成为最有利可图的买卖。它们像猎捕动物那样，在非洲大地上到处猎捕黑人，许多黑人部落在殖民者猎捕队的破击下被消灭，许多被猎捕的黑人在逃跑中死亡或被困死于森林中。

为了从贩卖奴隶中获得无本万利的收获，它们不惜采取"盗人"的制度。马克思在揭露荷兰在殖民掠夺中所犯罪行时，曾这样写道：荷兰"经营殖民地的历史，'展现出一幅背信弃义、贿赂、残杀和卑鄙行为的绝妙画卷'。最有代表性的是，荷兰人为了使爪哇岛得到奴隶，而在苏拉威西岛实行盗人制度"。"他们走到哪里，那里就变得一片荒芜，人烟稀少。"[①] 据专家估计，从16世纪到19世纪，由非洲运到美洲的黑人，就约达1500万人。非洲在奴隶贸易中死亡、失踪的约有1亿人。

---

① 《马克思恩格斯全集》第23卷，人民出版社1972年版，第820页。

当然，为了掠夺财富而进行鸦片贸易，更淋漓尽致地暴露了资本主义文明的本质。比如帝国主义列强对中国的鸦片贸易，就是最典型的例子。几乎所有列强国家都参与了对中国鸦片贸易，其中以英国和美国最为突出。英国以印度为基地向中国输入鸦片，美国以土耳其为基地向中国输入鸦片。通过向中国输入鸦片，不仅用鸦片杀害中国人，还能获得暴利。现在人们都知道，吸鸦片对一个人、对一个国家，意味着什么。而英国正是用这种毒品鸦片，让中国人在麻醉中死亡的办法，赚取大量财富的。资本主义的本质，资本主义文明的本质，在这种鸦片贸易中暴露无遗。

西方学者一直都在探讨自由市场与道德的关系。随着自由市场弊端的日益暴露，越来越多的学者开始谈论道德在市场中的主要作用。这些学者认为，那种只要能为其他人提供服务，为社会提供服务，即使没有真诚的善意，即使是坏人，也符合自身的利益和社会利益的自由市场理论，都被视为是一种幻想。主张自由市场理论内部，也出现了道德的毁灭和摧毁自由的国家官僚主义的蔓延，是资本主义自由市场无法摆脱的后果。经济上大获成功的资本主义，终将因缺少精神和道德支撑，而无法生存下去。

比如，德国哲学家米歇尔·鲍曼认为，那种只要有自由市场，而无须人民道德，就能确保自由和幸福的假设，无异于一种幻想。鲍曼还借亚当·斯密的话说，必须用道德感情，对与生俱来的个人私利追求加以限制，以防市场奇迹变成市场暴君。我们看到，世界市场发展至今的事实是，正是由于对个人财富和权势的贪婪疏于限制，使贪婪者肆无忌惮，所以市场奇迹早已被市场暴君所挟制。

这里想特别指出的是，第二次世界大战之后，虽然靠暴力的殖民掠夺已经逐步退位，但一种新的殖民掠夺，即美元殖民掠夺却走上舞台。这种殖民掠夺虽然不用暴力，但其比暴力殖民掠夺更快捷、更有效、更残酷。从而对道德的践踏，也更隐蔽、更具有杀人不见血的特性。就邪恶而论，美国的美元帝国与英国的殖民帝国相比，有过之而无不及。

先进者的道德和垄断掠夺

人们都知道，自第二次世界大战之后，美国一直是世界科学技术和产业的先进者。由于其科学技术先进性一直在全球独占鳌头，所以其企业在全球获得的利润、美国在全球获得的财富，也一直在全球独占鳌头。2019年1月，《日本经济新闻》以《美国企业利润缘何在全球独占鳌头》为题报道，即使在2018年，美国企业在全球的销售总额也达到35万亿美元，净利润为2.8万亿美元，是10年前的2.5倍，占全球100多个国家和地区的1.8万家上市公司利润总额的40%。

美国企业缘何能在全球独占鳌头？该报道分析，是因为其利用新的科学技术，特别是信息技术，完成了产业由资本密集型向知识密集型的转变。现在的美国企业，代表技术实力的专利和体现品牌力的商标权等无形资产约为4.4万亿美元，是10年前的2倍以上。能有效利用无形资产的数字产业快速发展，则是美国企业获得高利润的法宝。入选美国500指数成分股的信息技术企业，其在海外的销售额，一般都占其销售总额的60%，这些企业的利润一般都是很高的。比如，美国奥多比系统软件公司的净利润，就占到其销售总额的30%。为什么会如此？就是因为其对这些技术的垄断，是一种垄断利润。而且这种垄断是霸凌性的，不许别人越雷池一步。

据英国《泰晤士报》网站2019年1月发表的菲利普·阿尔德里克的文章认为，富可敌国的科技巨头，正在改变着全球的实力平衡。文章披露，美国五大高科技企业巨头：苹果、谷歌、亚马逊、脸书和微软，其资产总规模已达3.5万亿美元。相比之下，英国的国内生产总值才仅有2.6万亿美元。这些强大的科技巨头不仅影响全球经济，而且影响全球政治，它们所做的很多事情是政府应当做的，因而也被称为公司国家。

文章中写道：出席2019年达沃斯论坛的精英们，最担忧的就是如何解决这些公司的垄断问题。虽然进行了激烈的争论，但结果仍然是一筹莫展。正如文章说的，在美国，数字经济是鼓励垄断的，何况数据本身就是一种集中化的力量。在风险投资领域，当科技公司达到一定规模时，它就会处于一种致命地带。文章认为，解决问题的办法，就是采取全新的反对垄断和监管的方法，而且英国已经率先进行了尝试。

当然，这里说的先进者，不仅是指科学技术领域的先进者、生产领域的先进者、思想文化领域的先进者，还包括自然禀赋的优越者。前诸种先进，都是历史造成的，并与自然禀赋优越有着密切关系。先进者的道德，主要是指先进者，在处理与其他先进者特别是与落后者的关系中，应当遵循的道德规范和准则。毋庸置疑，在科学技术、生产力发展上，追求创新和先进，追求不断获得创新和发明，并利用这些创造和发明，以促进人类物质文明和精神文明的发展进步，提高广大人民的物质文化生活水平，这当然是人类最基本的德性。

这里的问题是，最先获得创新和发明成果，并最先把这些成果运用到创造物质财富和精神财富的实际生产中去，形成先进生产力、先进文化、先进产品的那些国家，也就是人们通常称为的发达国家，应当具备什么样的德性。稍微思考就会明白，以德性要求，起码应当做到三条：

第一，对于落后国家，要有尊重之心，平等之心。比如，先进的科学技术成果，要花费科研成本。如果把这些先进技术输出到落后国家，从其促进生产力提高所导致的财富的增加中提取一部分，作为对这些成本的弥补，并获得合理的利润，当然是理所应当的。这种弥补成本的收益和利润如何提取，当然有多种方式，而最基本的原则是公平合理。

第二，对于落后国家要有同情心，要有博大的胸怀，要使引进这些先进技术的后进国家也能共享先进技术，获得引进新技术新收益，得到生产力的提高，增强其创造能力，得到相应的、合理的回报和价值，以使其能逐步摆脱落后，赶上先进。

第三，要有慈善之心，要诚心帮助落后者或后进者。即在自己赢得合理收益前提下，不加任何条件把这些先进技术扩散给后进的国家，使其也提高创新能力，提高生产力，在实现共同发展中得到更快的发展。使创新和发明在国际范围，以至在全球范围发挥更大作用，对人类文明的发展进步做出更大贡献。

然而，自工业革命之后，变为先进者的资产阶级，囿于贪婪私人财富和权势的价值理念，却不是这样做的，而是依靠对先进的垄断，对落后者进行邪恶的掠夺。垄断，本质上就是一种特权，它意味着不公平和不平等。这种特权可以利用各种霸权条约、霸权合同、霸权契约等，打着自由平等的旗号，以超额利润的现实，进行不平等、强制性的掠夺。

先进国家保持自己的垄断地位，已经变成了一个生死存亡的问题。如恩格斯说的："为了保护本国的工业，使它不致灭亡，英国必须使其他国家的工业停留在很低的水平上；对它来说，保持工业的垄断已经不纯粹是一个获利多少的问题，而变成一个生死存亡的问题了。不用说，各国之间的竞争比个人之间的竞争要激烈得多，要尖锐得多，因为这是一个集中的、大规模的斗争，这个斗争只能以一方的决定性胜利和他方的决定性失败而告终。因此，我们和英国人之间的这种斗争，不管结果如何，既不会给我们的工业家，也不会给英国的工业家带来好处，它只能引起社会革命，正如我刚才所证明的那样。"①

这种对先进的垄断，不仅包括对先进技术的垄断，对先进产品的垄断，对世界市场的垄断，还有对资本的垄断。我们都知道，到18世纪之后，随着英国工业革命的完成，英国成为世界科学技术最先进、工业生产技术最先进的国家。仰仗这些先进，其也成为世界最大的掠夺者。其对外掠夺的方式，主要是通过对世界三大市场，即商品市场、科学技术市场、资本市场的垄断和控制。此时期，其不断开拓世界市场，在全世界掠夺工业原料并把工业产品销售到世界各地，这已成为资产阶级的生命线。

利用垄断获得超高利润，不仅靠垄断优势，更靠垄断特权，靠这种特权下的零和博弈原则。对于垄断者来说，这种特权是不能侵犯的，而且后面有国家撑腰。比如，中国人都知道，美国政府正是为了这种特权，为了这种独占鳌头的利润，为了打压有可能打破其对高技术垄断的中国的高技术发展，竟然伙同几个利益相关国，经过密谋策划，于2018年12月1日，在加拿大逮捕了华为高管孟晚舟，其手段的卑鄙、气焰的嚣张，令世界震惊。

孟晚舟事件显示的高技术垄断的不道德性，显而易见。不过这里我们暂且不论，这里我们就以在零和博弈原则下的自由竞争为例，来看看资产阶级是如何利用其先进优势，对落后者进行掠夺的。如果我们仔细考察资本主义发展史，考察全球化的发展史，就会明白，所谓的自由竞争，从来就不是在平等基础上真正自由的，而隐含着弱者对强者的屈服。零和博弈原则之所以能够出台，能够推行，这本身就说明了，它是强者的原则，垄断者的原则，霸王原则。

如马克思说过的，由于世界市场的开拓，使一切国家的生产和消费都成为世界性的了。这就挖掉了工业脚下的民族基础，使

---

① 《马克思恩格斯全集》第2卷，人民出版社1965年版，第623页。

古老的民族工业被消灭。古老的民族工业，被新的工业排挤掉了，新的工业的建立已经成为一切文明民族的生命攸关的问题；新工业所加工的，已经不是本地的原料，而是来自极其遥远的地区的原料；它们的产品不仅供本国消费，而且同时供世界各地消费。旧的、靠本国产品来满足的需要，被新的、要靠极其遥远的国家和地带的产品来满足的需要所代替了。过去那种地方的和民族的自给自足和闭关自守状态，被各民族的各方面的互相往来和各方面的互相依赖所代替，被国际竞争所代替。

巨大工业的优势，迫使一切落后国家如果不想灭亡的话，就必须同工业发达国家做生意，必须接受工业发达国家的零和博弈理念，接受其掠夺性的自由竞争的贸易原则，接受在这种原则下的各种霸王条款。在资本主义世界的经济关系中，自由竞争和零和博弈是最基本的原则。资本主义社会高唱的所谓自由，就是自由竞争。这种原则当然会扩展到道德领域。恩格斯在阐述竞争在资本主义社会中的强大作用时，就指出了这种竞争对道德进步的侵蚀。

比如，恩格斯说，竞争是市民社会一切人反对一切人的社会战争。因为在资本主义社会，利己主义是现代社会基本的和普遍的原则，在利己主义零和博弈规则作用下，竞争就带有你死我活的惨烈。自由竞争，是自由市场经济的动力。但竞争是残酷的，在零和博弈原则下的竞争，更是残酷的、不道德的。恩格斯还说："虽然我们也知道，每一个人的这种孤僻、这种目光短浅的利己主义是我们现代社会的基本的和普通的原则，可是，这些特点在任何一个地方也不像在这里，在这个大城市的纷扰里表现得这样露骨，这样无耻，这样被人们有意识地运用着。这样就自然会得出一个结论来：社会战争，一切人反对一切人的战争已经在这里公开宣告开始。正如好心肠的施蒂纳所说的，每一个人都把别人仅仅看做可以利用的东西；每一个人都在剥削别人，结果强者把弱者踏在脚下，一小撮强者即资本家握有一切，而大批弱者即穷人却只能勉强活命。"①

比如，恩格斯说："在任何地方，一方面是不近人情的冷淡和铁石心肠的利己主义，另一方面是无法形容的贫穷；在任何地方，都是社会战争；都是每一个家庭处在被围攻的状态中；在任何地方，都是法律庇护下的互相抢劫，而这一切都做得这样无耻，这样坦然，使人不能不对我们的社会制度所造成的后果（这些后果在这里表现得多么明显呵！）感到不寒而栗，而且只能对这个如疯似狂的循环中的一切到今天还没有烟消云散表示惊奇。"② 无法形容的贫穷，法律庇护下在相互抢劫，一切都做得这样无耻，这就是当时英国的状况。

比如，恩格斯说："竞争最充分地反映了流行在现代市民社会中的一切人反对一切人的战争。这个战争，这个为了活命、为了生存、为了一切而进行的战争，因而必要时也是你死我活的战争，不仅在社会各个阶级之间进行，而且也在这些阶级的各个成员之间进行；一个人挡着另一个人的路，因而每一个人都力图挤掉其余的人并占有他们的位置。工人彼此竞争，资产者也彼此竞争。机器织工和手工织工竞争；失业的或工资低的手工织工和其他有工作的或工资高的织工竞争，并力图把他们挤掉。"③ 这里，恩格斯不仅揭露了资本主义社会竞争表现在各个方面，不仅表现在资本家之间，也表现在工人之间，表现在所有的人与人之间；而且揭露了这种竞争的你死我活的性质。

比如，恩格斯说："竞争贯穿在我们的全部生活关系中，造成了人们今日所处的相互奴役的状况。竞争是强有力的发条，它一再促使我们的日益陈旧而衰退的社会秩序，或者更正确地说，无

---

① 《马克思恩格斯全集》第 2 卷，人民出版社 1965 年版，第 304 页。
② 同上书，第 304—305 页。
③ 同上书，第 359—360 页。

秩序状况活动起来，但是，它每努力一次，也就消耗掉一部分日益衰败的力量。竞争支配着人类在数量上的增长，也支配着人类在道德上的进步。谁只要稍微熟悉一下犯罪统计，他就会注意到，犯罪行为按照特殊的规律性年年增加，一定的原因按照特殊的规律性产生一定的犯罪行为。工厂制度的扩展到处引起犯罪行为的增加。我们能够精确地预计一个大城市或者一个地区每年会发生的逮捕、刑事案件，以至凶杀、抢劫、偷窃等事件的数字，在英国就常常这样做。这种规律性证明犯罪也受竞争支配，证明社会产生了犯罪的需求，这个需求要由相应的供给来满足；它证明由于一些人被逮捕、放逐或处死所形成的空隙，立刻会有其他的人来填满，正如人口一有空隙立刻就会有新来的人填满一样；换句话说，它证明了犯罪威胁着惩罚手段，正如人口威胁着就业手段一样。别的且不谈，在这种情况下对犯罪的惩罚究竟公正到什么程度，我让我的读者去判断。我认为这里最重要的是：证明竞争也扩展到了道德领域，并表明私有制使人堕落到多么严重的地步。"①

从恩格斯这段话中，我们更可以看到竞争中的各种不道德，各种犯罪，各种堕落，都令人发指。如果这种竞争再和垄断相结合，并加之于零和博弈的游戏规则，那么这种竞争中的恶性将发展到何种程度，人们就可想而知了。帝国主义列强在亚洲掠夺的对象，主要是印度和中国。他们利用鸦片贸易，利用战争，利用先进的工业品，利用不平等的贸易规则，从中国和印度赚取了多少黄金、白银，只有他们自己知道。

早在1637年，帝国主义列强就在虎门向衰老的中华封建帝国开炮，开始了屠杀、残害和掠夺中国人民的罪恶历史。帝国主义列强对中国的掠夺，开始是利用鸦片贸易。鸦片贸易不仅是一种

---

① 《马克思恩格斯全集》第3卷，人民出版社2002年版，第471—472页。

财富掠夺,而且是残害中国人的杀人不见血的阴毒方式。这种掠夺淋漓尽致地暴露了资本主义文明的本质,淋漓尽致地表现了资产阶级的邪恶,而且表现出其践踏道德的行为,是何等的罪孽深重。

马克思还揭露了标榜文明的英国政府的伪善性。其指出,在帝国主义的贪婪、野蛮面前,中国的道德、道义原则是无用的。在马克思看来,在18世纪,东印度公司与英国之间的斗争,具有外国商人与一国海关之间的一切争执都具有的共同点。在这场决斗中,陈腐世界的代表是基于道义,而最现代的社会的代表却是为了获得贱买贵卖的特权——这真是任何诗人想也不敢想的一种奇异的对联式悲歌。①

列强在世界进行掠夺的野蛮罪行,特别是掠夺中国的残暴罪行,对其国内也是讳莫如深,不敢公开的。当时的马克思很深刻地揭露了这一点。他说:"英国报纸对于旅居中国的外国人在英国庇护下每天所干的破坏条约的可恶行为真是讳莫如深!非法的鸦片贸易年年靠摧残人命和败坏道德来填满英国国库的事情,我们一点也听不到。外国人经常贿赂下级官吏而使中国政府失去在商品进出口方面的合法收入的事情,我们一点也听不到。对那些被卖到秘鲁沿岸去当不如牛马的奴隶、被卖到古巴去当契约奴隶的受骗契约华工横施暴行'以至杀害'的情形,我们一点也听不到。外国人常常欺凌性情柔弱的中国人以及这些外国人带到各通商口岸去的伤风败俗的弊病,我们一点也听不到。我们所以听不到这一切以及更多得多的情况,首先是因为在中国以外的大多数人很少关心这个国家的社会和道德状况;其次是因为按照精明和谨慎的原则不宜讨论那些不能带来钱财的问题。因此,坐在家里而眼光不超出自己买茶叶的杂货店的英国人,完全可以把政府和报纸

---

① 《马克思恩格斯选集》第1卷,人民出版社1995年版第2版,第716页。

塞给公众的一切胡说吞咽下去。"①

直至今日，帝国主义的这种本质并没有改变。其在国际贸易中践行的仍然是零和博弈规则，仍然是不择手段地掠夺。

金融道德和投机掠夺

金融业的出现，是社会生产力发展的要求。毋庸置疑，它对人类文明的发展与进步的作用是巨大的。比如金融作为现代市场经济的重要血脉、杠杆和支撑，通过对实体经济发展的资金有效筹集、融通和使用，使各种资源得到合理配置、合理使用、取得最大效果，从而促进经济的持续、良性发展，促进广大人民物质文化生活水平的提高，造福于人民，这当然是德性的表现。

金融道德的核心，是定价和收益的合理性，是运行中的诚信和信用。在金融活动中的无论是债权人或债务人，他们之间的关系都是一种信用关系，这种关系都靠诚信来维持。诚信的丢失，就是这种关系的结束。信用危机，就意味着资本主义制度向新制度转变的开始。马克思在分析资本主义信用制度时，曾这样说道：信用制度一方面加速了资本的集聚和集中，促进了资本主义经济的发展，使资本主义生产方式发展到它所能达到的最高和最后形式；另一方面，又加剧了资本主义内在矛盾。信用制度一方面把资本主义发展的动力——对剩余价值的榨取，发展成为纯粹的最大的赌博欺诈制度，另一方面，又是一种新的生产方式的过渡形式。

显而易见，问题的出现不在金融本身，而在于利用金融进行投机。诚然，在现实中，金融业本身也表现出善恶两重用途：一方面，它是交换的工具、融资工具、发展的工具，表现一种良性力量，的确是社会正常运转，特别是社会经济的发展所不可或缺

---

① 《马克思恩格斯文集》第2卷，人民出版社2009年版，第621页。

的。比如，它在经济运转中起着管道的作用，能让新的信息最终反映到价格上，如果没有金融，市场就会到处是瓶颈。特别是像互联网等新技术，初期非常依赖于股市的活动。这些都是它的善的一面，德性的一面，促进人类文明发展进步的一面。

另一方面，它作为投机掠夺的工具，本身就有恶性的一面。不断爆发的金融危机使人看到了，金融垄断寡头正是利用金融恶性的一面，进行疯狂投机、疯狂掠夺，才酿成了金融危机。金融垄断资本，无法抑制的贪婪欲望，使其丧失应有的理智，贪婪的、失去理智的投机、赌博，在把整个世界经济导入了危机和虚幻泡沫深渊的同时，自己却大发横财，积累起巨额财富。如西方学者说的：现在的全球经济，似乎正在被那些金融投机狂挟持为人质。

值得一提的是，自20世纪70年代末期以来，随着发达资本主义国家向金融资本主义转变，其金融业功能也发生了变异，即它不再只从事对实业的借贷活动，融资活动也不单靠从实业贷款中获得利息，而是直接投资于企业和大量金融产品和金融工具，利用自己的优势在直接参与金融产品的经营活动中，为自己融资、牟利。随着金融全球化的发展，随着各种金融产品的大量出现，金融投机、赌博也在全球泛滥。

特别是随着各种交通和通信技术的发展，随着各种复杂、晦涩、危险的金融"工具"的出现，金融已经主导和统治了整个世界经济和人们的生活。今天，人们都生活在一个"金融化"的世界当中，而主导金融自身的，则是越来越疯狂、越来越危险的投机和赌博，是投机和赌博取代劳动的全球性大比拼。如有经济学者所说的，那些作为投机、赌博者掠夺财富的花样翻新的金融工具，与其说是工具，不如说是炸弹。现在，那些"随机魔鬼""堕落天使"在世界每个角落到处游逛，被这些金融工具、被全球性的投机和赌博，拖入自我毁灭和灾难的事件，遍地皆是。

对那些"随机魔鬼""堕落天使"来说，道德的约束力是不存在的。在最近几十年来，金融对整个全球经济的主导程度是亘古未有的，政府对其监管不仅逐步放松，而且最后完全取消了，这就使全球性投机和赌博在主导人们生活的同时，破坏和吞噬着实体经济的发展，给世界带来了巨大的灾难。金融投机的猖獗，还与下面这些变化及其相互作用有关：现金、权益和养老基金的重要性日益凸显；家庭、企业和政府债务不断增加，保险公司扩张、变强并与其他全融公司的合并；业余和专业的金融投机者剧增，国际金融投机在火爆的衍生品市场中快速增长等。也就是说，金融投机这种不道德，已经被金融家们制定的、金融活动的各种规则所掩盖了。

还有一个重要因素不能忽视，那就是金融创新的诱惑。在消费信贷、抵押贷款的促动下，这种诱惑使人疯狂。诱惑的过程一般是这样的：比如，有自己的住房是许多工薪者的梦。而且都希望通过信贷市场，能帮自己达成这个愿望。于是，金融垄断资本第一步要做的，就是给信贷消费、按揭市场，主要是房地产市场引入更多的竞争；接着，是允许非银行机构从事房屋贷款业务，让它们提供更多有创意的、让人更容易供得起的房屋按揭，让那些没有从传统的按揭供应商那里得到好服务的人买得起房子；最后，将这些贷款放到一个池子里，打包成证券，卖给投资者，以求降低风险。他们还把这些房屋贷款的还款额，根据其风险的大小，分成债券的不同部分，持有高风险部分的投资者得到的利益高一些。然后，他们又叫信贷评级机构来证明这些按揭支持证券风险较低部分是很安全的，退休基金和保险公司可以放心投资。如果还是有人觉得紧张不安，他们又创造了衍生产品，购买了这些衍生产品的投资者，就好像是买了预防证券发行人违约的保险。这样就把一些工薪者忽悠得晕头转向，失去了判断力，而跳入那种不道德的投机洪流。

金融家们教给穷人的信条，就是大胆借钱、花钱。因为借钱不仅能满足消费，还能生钱。许多工薪者经不住这种诱惑，大量比较贫困，本来买不起房子的家庭，通过贷款拥有了自己的房子。还有许多人，甚至利用抵押贷款的方式，进行住房投机，梦想巨额财富从天而降。在此过程中，大投资者得到了高回报，费用和佣金撑满了金融投机者和赌博者的腰包，金融经济学家和决策官员证明了自己，都认为自己的梦想实现了，资本主义的矛盾解决了。而实际上呢？所有的风险都压在了贷款买房者的身上。

回顾金融投机所造成的金融危机的历史，看看当前债务危机和金融危机的现实，整个金融系统所具有的高度投机性和赌博性，不禁使我们不寒而栗。可为了避免全球经济的崩溃，负债还在继续增加，投机、赌博还没有终止，"恐惧"仍占据着我们报纸每天的头条，危机的旋风还在金融世界呼啸着，人类内在的美好道德还在被践踏着，人类发展该走向何处，每个人似乎都不得不深思。

发达国家对落后国家的金融掠夺，主要靠对国际货币的操纵。人们注意到，在20世纪70年代之后，这种操纵不仅变为全球性的了，而且更加严厉了。因为在货币金融主导的国际劳动分工秩序中，谁操纵了国际货币，谁就能通过全球性的金融活动，控制和支配整个世界的贸易和生产活动，就能对世界进行掠夺。在当今的美国，大量的劳动力，尤其是白领劳动力，其从事的都是金融业，其所谓的"劳动"，就是金融投机。美国就是仰仗着其对世界金融的控制，对国际货币的操纵，用金融投机对其他国家的实体经济进行着掠夺。

美国动不动就攻击别国是货币操纵国，其实美国才真正是世界的货币操纵国。当今世界上，有条件操纵货币的，只有美国，别的任何国家都没有条件。这个基本条件，不仅在于对世界银行和国际货币基金组织的控制，更重要的是美元的地位。它通过控制这两个国际组织，就能按照本国的利益控制国际货币的流向，影响别国的汇率；它利用美元的地位，就能肆无忌惮地搞赤字预算，肆无忌惮地举债，肆无忌惮地印制美元，以进行债务绑架和美元掠夺。据美国"华尔街日报"网站披露，虽然从2008年9月到2011年底，美联储已经印制了1.8万亿美元的新钞，但这还是美联储决策者在热身。2012年9月他们以刺激经济增长和降低失业率为名宣布，今后将不设期限以每月400亿美元的速度实施第三轮量化宽松政策，即印制更多美元的政策。

实际上，从20世纪末开始，一些发达国家，特别是美国，金融业以至整个经济，都已经被投机、赌博风潮所淹没。如有学者说的，投机和赌博似乎成为人们唯一的"美德"。也如马克思说过的，金融掠夺方式，即用金融投机、欺诈、赌博掠夺方式，同暴力掠夺方式相比，它不流血，却极其残酷。国际金融垄断资本正是利用自己的优势，在国际金融市场上叱咤风云，纵横捭阖，从国内广大劳动者身上，从发展中国家身上，掠夺了大量财富，个个捞得脑满肠肥，淋漓尽致地暴露了它们贪婪的本性。西方有学者把金融资产者们表现出的这种贪婪、豪赌、诱惑、嫉妒等，称为动物精神，这似乎触及了事情的本质。

人们都不会忘记，1997年亚洲发生的那场金融危机，是美国金融集团对亚洲的金融掠夺。1997年7月，被称为"假寐老狼"的美国"金融大鳄"、国际金融投机狂——乔治·索罗斯及其追随者，利用其强大的金融实力，向泰国发起攻击。之后又接连向印度尼西亚、马来西亚等11个国家发动攻击，致使这些外汇储备薄弱、金融市场管理水平低的国家无力抵抗，金融系统一片混乱，股市狂泄，货币贬值惨不忍睹，经济遭受的损失使人目瞪口呆。被攻击的这些国家，不仅财富被索罗斯投机者掠去了20%—50%，还造成大量企业倒闭，工人失业。而索罗斯及其国际投机团伙，却看着自己掠夺来的巨额财富，得意忘形、喜笑颜开。

当时的马来西亚总理马哈蒂尔曾这样说道：这个家伙来到我们的国家，一夜之间，使我们全国人民十几年的奋斗化为乌有。

泰国银行行长差旺说：我们只能眼睁睁地瞧着索罗斯这伙流氓强盗夺走我们曾经拥有的财富。就连那些腰缠万贯的富豪，也只能傻看着自己50%甚至更多的财产无影无踪。据估计，从3月到9月，马来西亚排名前12位的富翁，仅在股票市场就损失了130多亿美元。

显然，这种强者对弱者的掠夺，是非常残酷和不道德的，是对亚洲各国人民犯下的罪孽。然而那些掠夺者，却以掠夺为道德。我们看看当时的索罗斯是如何说的吧。他说：在金融运作方面，说不上有道德还是无道德，这只是一种操作。金融市场是不属于道德范畴的，它不是不道德的，道德根本不存在于这里，因为它有自己的游戏规则。我是金融市场的参与者，我会按照已定的规则来玩这个游戏，我不会违反这些规则，所以我不觉得内疚或要负责任。从亚洲金融风暴这个事情来讲，我是否炒作对金融事件的发生不会起任何作用。我不炒作它照样会发生。我并不觉得炒外币、投机有什么不道德。

瞧，先按照自己的优势，自己的意愿，制定出有利于自己的原则，然后用这些原则去进行对弱者的掠夺，还说这是按原则办事，是合乎道德的，这就是掠夺者的哲学，也是霸权主义者、强权政治者的哲学。

货币道德和美元掠夺

货币是交换的产物，是交换的工具，是劳动人民的创造。货币对人们交往、发展中的作用和贡献是无法估量的。在商品交换的长期发展中，货币逐步形成了五种职能：价值尺度、流通手段、储藏手段、支付手段和世界货币。货币的这五种职能，都具有道德属性，其对于人类生产力的发展、物质财富的增加、人们相互交往的推进、人们物质文化生活水平的提高、幸福指数的提高所起的作用，所发挥的善性，都是无法估量的。虽然如此，由于其本身性质所决定，其在贪婪财富和权势者的手中竟成为掠夺的工具、犯罪的工具、作恶的工具。

从资本主义制度一诞生，货币在其经济发展中就起着特别重要的作用。不过，正如马克思说的，对于资产阶级来说，货币是作为颠倒黑白的力量出现的。"它把坚贞变成背叛，把爱变成恨，把恨变成爱，把德行变成恶行，把恶行变成德行，把奴隶变成主人，把主人变成奴隶，把愚蠢变成明智，把明智变成愚蠢。因为货币作为现存的和起作用的价值概念把一切事物都混淆了、替换了，所以它是一切事物的普遍的混淆和替换，从而是颠倒的世界，是一切自然的品质和人的品质的混淆和替换。"[①] 尽管如此，对于广大劳动者来说，真假还是辨得清的。不过，正因为这种颠倒和混淆，为货币投机掠夺提供了可乘之机。

在靠货币投机掠夺财富、积累财富中，金融寡头们的腐朽性和寄生性也日益加深。与这种腐朽性和寄生性相适应，是它的赌博性和欺骗性的恶性发展。第二次世界大战之后，全球性的金融投机，主要体现为美元投机。大量美元不通过组织实际的生产劳动，而靠金融市场、金融工具，靠投机、赌博和欺骗占有别人劳动，获得财富，控制世界。马克思说，赌博和欺骗是金融垄断资本统治的基础和重要手段。与此紧密联系的是轻视劳动、贪图享乐、生活糜烂的道德堕落和道德败坏。因为金融控制者主要靠所有权证书的价格变动而进行掠夺，而所有权证书的价格变动而造成的盈亏，就其本质来说，越来越成为投机和赌博的结果。

资本主义社会发展的动力，是用剥削他人劳动的办法来发财致富。马克思写道："如果说信用制度表现为生产过剩和商业过度投机的主要杠杆，那只是因为按性质来说具有弹性的再生产过程，在这里被强化到了极限。它所以会被强化，是因为很大一部分社

[①] 《马克思恩格斯全集》第3卷，人民出版社2002年版，第364页。

会资本为社会资本的非所有者所使用，这种人办起事来和那种亲自执行职能、小心谨慎地权衡其私人资本的界限的所有者完全不同。这不过表明：建立在资本主义生产的对立性质基础上的资本增殖，只容许现实的自由的发展达到一定的限度，因而，它事实上为生产造成了一种内在的、但会不断被信用制度打破的束缚和限制。因此，信用制度加速了生产力的物质上的发展和世界市场的形成；使这二者作为新生产形式的物质基础发展到一定的高度，是资本主义生产方式的历史使命。同时，信用加速了这种矛盾的暴力的爆发，即危机，因而促进了旧生产方式解体的各要素。信用制度固有的二重性质是：一方面，把资本主义生产的动力——用剥削他人劳动的办法来发财致富——发展成为最纯粹最巨大的赌博欺诈制度，并且使剥削社会财富的少数人的人数越来越减少；另一方面，形成转到一种新生产方式的过渡形式。正是这种二重性质，使信用的主要宣扬者，从约翰·罗到伊萨克·贝列拉，都具有这样一种有趣的混合性质：既是骗子又是预言家。"[①]

马克思认为，即使把股份制度撇开不说，信用为单个资本家或被当作资本家的人，提供在一定界限内绝对支配他人的资本，他人的财产，从而赋予他人劳动的权利。对社会资本而不是对自己的资本的支配权，使他取得了对社会劳动的支配权。马克思写道："股份制度——它是在资本主义体系本身的基础上对资本主义的私人产业的扬弃；随着它的扩大和侵入新的生产部门，它也在同样的程度上消灭着私人产业——撇开不说，信用为单个资本家或被当作资本家的人，提供在一定界限内绝对支配他人的资本，他人的财产，从而他人的劳动的权利。对社会资本而不是对自己的资本的支配权，使他取得了对社会劳动的支配权。因此，一个人实际拥有的或公众认为他拥有的资本本身，只是成为信用这个

[①] 马克思：《资本论》第3卷（1894年），载《马克思恩格斯全集》第46卷，人民出版社2003年第2版，第499—500页。

上层建筑的基础。以上所述特别适用于经手绝大部分社会产品的批发商业。在这里，一切尺度，一切在资本主义生产方式内多少还可以站得住脚的辩护理由都消失了。进行投机的批发商人是拿社会的财产，而不是拿自己的财产来进行冒险的。资本起源于节约的说法，也变成荒唐的了，因为那种人正是要求别人为他而节约。他的奢侈——奢侈本身现在也成为获得信用的手段——正好给了另一种关于禁欲的说法一记耳光。在资本主义生产不很发达的阶段还有某种意义的各种观念，在这里变得完全没有意义了。在这里，成功和失败同时导致资本的集中，从而导致最大规模的剥夺。在这里，剥夺已经从直接生产者扩展到中小资本家自身。这种剥夺是资本主义生产方式的出发点；实行这种剥夺是资本主义生产方式的目的，而且最后是要剥夺一切个人的生产资料，这些生产资料随着社会生产的发展已不再是私人生产的资料和私人生产的产品，它们只有在联合起来的生产者手中还能是生产资料，因而还能是他们的社会财产，正如它们是他们的社会产品一样。但是，这种剥夺在资本主义制度本身内，以对立的形态表现出来，即社会财产为少数人所占有；而信用使这少数人越来越具有纯粹冒险家的性质。因为财产在这里是以股票的形式存在的，所以它的运动和转移就纯粹变成了交易所赌博的结果；在这种赌博中，小鱼为鲨鱼所吞掉，羊为交易所的狼所吞掉。在股份制度内，已经存在着社会生产资料借以表现为个人财产的旧形式的对立面；但是，这种向股份形式的转化本身，还是局限在资本主义界限之内；因此，这种向股份的形式转化并没有克服财富作为社会财富的性质和作为私人财富的性质之间的对立，而只是在新的形态上发展了这种对立。"[1]

在金融全球化的今天，少数富国不仅控制和支配着国际货币

---

[1] 马克思：《资本论》第3卷（1894年），载《马克思恩格斯全集》第46卷，人民出版社2003年第2版，第497—499页。

和金融，而且控制和支配着与国际货币金融、货币金融产品相联系的信息和服务业，控制和支配着从事这些产业的劳动者。由于信息、网络、数字化的作用，发达国家的诸多脑力劳动产品，比如金融产品、信息产品、知识产品、网络产品的优势，都是容易在国际上进行流动的，而发展中国家的优势，比如廉价劳动力特别是体力劳动力的优势，却不能跨国自由流动，不能到劳动力稀缺的发达国家得到比较高的利益。更严重的是，发展中国家的、对发展中国家发展有重要作用的不多的科技人才，还被发达国家用高薪收买的办法挖走，这对发展中国家的发展就更为不利。

金融掠夺或美元掠夺所铸成的全球性道德危机，主要表现是，在金融资本统治下，在钱能生钱的忽悠下，实体劳动被歧视。资本主义的腐朽性和寄生性加深，投机、欺诈代替了劳动和诚心；贪婪、享受、生活糜烂，代替了劳动、奋斗和勤俭。幻想靠投机取巧、靠赌博一夜致富，其结果是：世界性的财富占有不平等趋势日益加深，两极分化日益严重；世界性债务危机日趋严重，债务泥潭越来越深。据德国媒体披露，2016年，全球包括政府、企业和家庭债务总额，为全球国内生产总值的320%。2016年之后继续增加，总额已经达到244万亿美元。

列宁早就说过，在金融霸权秩序下，金融资本是作为一种存在于一切经济关系和一切国际关系中的巨大力量，可以说是起决定作用的力量，它甚至能够支配而且实际上已经支配着一些政治上完全独立的国家；一国的大金融资本也随时可以把别国即政治上独立的国家的竞争者的一切收买过去，而且它向来就是这样做的。这在经济上是完全可以实现的。

在国与国的关系中，不带政治"兼并"的经济"兼并"，或美元"兼并"，是完全可以实现的，并且屡见不鲜。列宁特别告诉我们，资本主义已经发展到这样的程度，商品生产虽然依旧占统治地位，依旧被看作全部经济的基础，但实际上已经被破坏了，大部分利润都被那些干金融勾当的"天才"拿去了。这种金融勾当和欺骗行为的基础，是生产社会化，人类历尽艰辛所达到的生产社会化这一巨大进步，却造福于投机者。这些金融大亨通过金融活动达到对一个国家的控制，是完全可能的。我们看到，第二次世界大战之后，这种可能变成了现实。

第二次世界大战后，发达国家主要是美国利用美元，对全球金融进行控制，不仅在全球获得了巨大的美元黑利，而且控制着很多国家的经济命脉，从而使世界的财富源源不断地流入美国。世界上许多国家在美元的诱惑下，不知不觉沦为美元的殖民地。加之美国通过对世界货币基金组织和世界银行的控制，通过美元在世界上的特殊地位，通过美元的铸币权，通过控制货币在世界上的流动，通过向世界不断输出美元等，已经建立起一个庞大的美元殖民帝国。

这个美元帝国不需要占领别国领土，只要美元能在你的国家流通，只要你把美元作为外汇储备，只要你需要美元，它就可以用美元占领你的国家，利用它对美元的控制和美元投机，比如美元的升值或贬值、储备美元的坚挺或缩水、美元的高价抛出和低价回收等，掠夺你的国家和你的国家的人民，而获得巨大的金融黑利。

也就是说，金融殖民帝国，美元殖民帝国，其殖民掠夺的方式虽不是暴力，而是美元特权，是美元投机和欺诈，但其比暴力更残酷，更不道德。如马克思说的，这种殖民掠夺，表现为夺取资本财产的本来的方法，体现着资本主义社会的本质。

政治道德和战争掠夺

顾名思义，政治道德主要指政治行为体如政府、政党、社会团体和个人，在从事政治活动中应当遵循的规范或准则。在没有世界政府的国际社会，各行为主体都遵循政治道德行事，就显得特别重要。政治道德的核心，是尊民意和谋福于民，是公平和正义，是权力、诚信和责任的统一。政治道德中最大、最集中的问题有三个：一个是对人民的民主；一个是对人民的诚信；再一个是始终坚持为人民谋幸福的宗旨。

在国际社会中，政治道德当然也离不开这三个方面，但最突出的是战争与和平问题。是要遵从人民的意志要和平，要和平发展；还是违背人民的意志，要侵略战争、要邪恶，这对每个个人、每个政治体、每个国家，都是最严峻、最尖锐的考验。回顾历史，帝国主义列强为了贪婪财富和权势，为了扩大势力范围、称霸世界，侵略战争是其不二选择。如列宁对帝国主义本质所揭露的：帝国主义就是战争。

据张戈编著的《世界战争简史》提供的资料，自1775年英国发动的马拉塔战争开始，到1999年科索沃战争，世界上共发生了122次较大的战争。战争是帝国主义征服和争夺殖民地的基本手段。正是基于殖民地的征服和争夺，把战争布满整个世界。战争总是以残暴和杀戮为特征的。每次战争给人民带来的总是巨大的灾难，总是生命财产的巨大损失。

如果说掠夺是邪恶的话，那么战争掠夺，则是最大的邪恶。以烧杀抢掠为目的的侵略战争，使被侵略国家广大人民家破人亡，生命财产遭到破坏或抢劫，这是最违背道德的最大的邪恶。而对于帝国主义者来说，却是掠夺财富最简明的方式。诸列强抢占、掠夺殖民地，几乎都是以战争方式开始的。战争掠夺的邪恶性，从两次世界大战中可以看得一清二楚。

翻开两次世界大战的历史，也许人们仍然惊魂未定。那数千万人的生命，那无法计数的财富，都葬身于枪弹与火海之中。那家破人亡的惨景，那妻离子散的悲痛，那肢体残缺的伤痕，世界上所有的人都永远不会忘记。这种战争的残酷性、暴虐性、非人道性，从列强对中国的战争掠夺中，都可得到充分证明。诸列强用战争方式对中国的掠夺,可以说是最血腥、最残酷、最暴虐、最野蛮的杀戮方式。烧、杀、抢、掠,说谎、欺诈,简直是无恶不作、十恶不赦。要发动侵略战争,当然需要借口,需要道德的伪装,需要把自己的罪恶勾当说得冠冕堂皇。英国对中国发动的鸦片战争,就是打着维护正常贸易的旗号而发动的赤裸裸的侵略战争。

毋庸置疑,鸦片战争是帝国主义在世界上进行战争掠夺的典型例子。英国凭借其船坚炮利,轰开了中国的大门,侵入中国,强迫腐败无能的清政府与其签订一个又一个丧权辱国的不平等条约,又割地又赔款。英国不仅抢占了大片中国土地,掠夺了大量财富,还控制了中国的海关。控制了海关,就控制了中国的经济命脉,就能使中国的财富源源不断地流向英国。在战争中,帝国主义对中国烧杀抢掠,坏事做尽,恶事做绝,永远被钉在了历史的耻辱柱上。

帝国主义列强另一次对中国进行战争掠夺的,是日本发动的两次大的侵华战争。一次是甲午战争,一次是第二次世界大战时期的侵华战争。人所共知,垄断资产阶级为了追求最大限度的利益,都很热衷于对外侵略和掠夺。而日本,由于军事封建帝国主义性质所决定,更热衷于对外战争和掠夺。如列宁曾论述过的:日本帝国主义是依靠军事力量的垄断,是依靠掠夺异族,主要是靠掠夺中国为条件的垄断。而这种垄断,部分地填补了、部分地代替了现代最新金融资本的垄断。

1894年,日军对中国不宣而战,从而揭开了侵略中国的甲午战争的序幕。由于清政府对日本入侵无力抵抗,只得求和,于1895年被迫与日本签订了屈辱的《马关条约》。《马关条约》是《南京条约》之后最严重的卖国条约。《马关条约》的基本内容是:承认日本对朝鲜的控制;割让辽东半岛、台湾;赔偿日本军费白银2亿两;开放沙市、重庆、苏州、杭州为商埠;允许日本在中国通商口岸设立工厂，产品运销内地时，只纳进口税，并享有设栈寄存等优待条件。还应指出，以上数目尚未将日本通过此次战争从清朝掠夺的财物计算在内。据史学家们统计，日本通过甲午战争所得的赔款及财物，总计约合库银 3.6 亿两，折合当时日币 5.1 亿元。这笔巨大的财富，是日本实际军费支出的 3.4 倍，是日本当时全国年度财政总收入的 6.4 倍，相当于日本当时 7 年的财政收入。其对日本工业革命的作用和意义，可想而知。

获得这笔巨额财富后，日本朝野欢欣鼓舞，当时日本外相高兴地说：在这笔赔款之前，根本没有料到会有几亿，本国全部收入只有 8000 万日元，一想到现在会有 51000 万滚滚而来，无论政府和日本国民都觉得无比的富裕！甲午战争后，日本的经济和军事实力飞速扩张，为其在 20 世纪 30 年代发动全面侵华战争埋下了伏笔。

据日本官方档案记载，赔款中 10% 被用于皇室日常支出，赔款中 80% 投入了工业建设和购置军备，日本的大财阀无不受益。之后日俄战争时日本的战列舰，全是在甲午战争后生产和购置的。用在教育上的仅有 10%，也就是两千两白银。日本正是靠着掠夺邻邦的财富和资源获得发展的。日本通过战争掠夺中国财富之巨大，中国财富对日本工业革命作用之巨大，都是令人惊异的。

为了把中国变为日本一家的殖民地，在第二次世界大战期间，其在中国的暴行、恶行令人发指。其杀害了多少中国人，掠夺了多少中国财富，只有其自己知道。

总之，帝国主义列强用船坚炮利，用残酷的侵略战争，轰开了中国的大门，把中国变成了半封建和半殖民地性质的国家，把中国人民置于水深火热之中，任它们肆意凌辱。它们在中国大肆烧杀抢劫，无恶不作，犯下了滔天大罪。它们在中国极尽烧杀抢劫之能事的那段历史，赤裸裸暴露了资产阶级人权、价值观的本质和虚伪性，暴露了资本主义社会的本质和缺乏道德性。

三 时代的转变和道德的新发展

毋庸置疑，以 2014 年北京举办的 APEC 峰会、2016 年在中国杭州召开的 20 国集团峰会、2017 年在北京召开的"一带一路"高级论坛为节点和标志，中国已经融入了世界，全球化已经由资本主义主导的时代向新的时代，即以社会主义主导的或者以世界广大人民意志主导的时代的过渡。社会主义融入的时代，也是走向以真正道德支撑的时代。这个新时代，是基于道德基础的中国新理念、中国新方案逐步被世界各国了解、认识、接受、实践的时代。这个时代与过去时代的根本区别，就是以平等合作、共赢共享，取代不平等的强者对弱者的掠夺。随着这些新理念、新方案的被广泛接受和实践，全球化的未来将变得更加美好。

社会主义的融入和道德力量的展现

人类更高的文明，只有在全球化中才能得到实现，这是显而易见的。社会主义的中国，在实行对外开放政策之后，以惊人的速度融入了全球化。中国不仅是社会主义国家，而且是世界上最重视道德的文明古国。中国的诸子百家，特别是儒家和道家，都把道德视为其哲学的基础。而且这种道德哲学在中国社会一直源远流长，从无间断，至今还放着光芒。而且在这种哲学中，还认为道德处于高于经济、政治和宗教的地位。自实行对外开放政策后，中国大踏步融入了世界，并成为国际社会负责任的一个大国。

与资本主义国家不同，中国融入全球化，不是要按照自己的面貌创造一个属于自己的世界，也不只是为了自身的发展和自身的利益，而是为了要创造一个属于全人类的整体发展或共同发展、共同进步、共同享受发展成果、共同幸福、共同美好的世界。中国道德传统讲的是："先天下之忧而忧，后天下之乐而乐。"中国不搞霸权，也不搞强权政治，更不搞剥削，不搞掠夺，不搞零和博弈，不搞势力范围。而是以命运共同体的思想、和平发展的理念，在尊重各种文明，尊重各国国家主权基础上，通过平等合作共赢，达到共同发展和共同富裕，实现世界的公平正义与和谐。可见，中国的融入，体现着道德展现，标志着全球化中的德性回归。

如前所述，直到 20 世纪末的全球化，都一直是资本主义发达国家所主导的。在这种主导中，因掠夺而使道德败坏。从 21 世纪开始，随着发展中国家、特别是中国改革开放的迅速发展和实力的不断增长，其参与全球化的程度也不断增长。特别是自 2010 年之后，随着中国世界影响力的增强，发展中国家在全球化中的话语权、参与度，都不断提升。可以说，目前，资本主义发达国家主导全球化的时代，已经向广大发展中国家主导全球化的时代过渡。不过，这种过渡需要发展中国家在综合实力上，包括经济实力、政治实力、科学文化实力、军事实力等，全面超过发达资本主义国家时才能实现。

人类文明的发展，都是有继承性的。继承先前的成果，开创更加辉煌的未来，这就是人类文明发展所遵循的规律。我们批判资本主义生产方式、社会制度、价值观念，绝不是要否定其历史的进步性，而恰恰相反，对它的历史进步性、对人类历史进步发展的巨大作用，都应当给予充分的肯定和应有的评价。无论对资产阶级或对资本主义制度，都应当从历史发展的角度进行考察，既肯定它的历史贡献、历史进步性，又肯定它的历史局限性和过渡性。无人怀疑，资产阶级在人类历史上曾起过非常革命的作用。但这种作用，是它们在贪婪私人财富和权势中，在世界性的掠夺中，不自觉地或利用道德工具中而无意取得的德性结果。

比如，开拓世界历史，把先进的科学技术、先进的大工业扩散到全世界，这是资产阶级的功劳之一。可其开拓世界历史的目的，只是为了给自己创造一个世界，是为了吞并整个世界，而并不是为了全球资源的合理配置和有效利用，从而推动全球性生产效率的提高，使人类文明向更高阶段发展。资产阶级在开拓世界历史中所创造的生产力发展的奇迹，人们不会忘记。但从根本上说，真正创造历史的是劳动阶级，资产阶级是靠广大劳动者的辛勤劳动，靠对广大劳动者的剥削掠夺，才开拓出世界历史，创造出人间奇迹的。如果没有广大劳动人民的辛勤劳动，哪来的全球化，哪来的生产力发展的奇迹。

更重要的是，这种奇迹为更文明、更理想、更美好的社会制度奠定了强大的物质基础。比如，人类理想的共产主义社会，就是全人类的事业，是只有在世界历史中，在全球化的高度发展中，才能得到实现的更理想、更美好的社会制度。没有以大工业为代表的先进生产力世界性的普遍发展，没有各民族的相互交往的普遍发展，就不可能有共产主义的实现，不可能有在人的全面发展基础上的、各种财富横流的自由联合体。

最重要的是，社会主义的融入把共产主义的道德带到全世界。共产主义道德的核心，就是在消灭私有制、消灭剥削和掠夺的基础上解放劳动者，实现人的全面发展和自由人的联合体。既然全球化为劳动者阶级真正实现自觉的、自己创造自己的历史创造了条件，那么劳动者阶级就应该不失时机地利用这些条件，完成自己的历史使命，从而推动世界历史不断向前发展。劳动阶级完全自觉地、自己创造自己的历史，这意味着人类从必然王国向自由王国的飞跃。全球化的深入发展，共产主义运动的深入发展，人们在创造巨大物质文明的基础上，也必将创造丰富的精神文明，必将使人类本性、人类道德得到回归。

马克思在《1844年经济学哲学手稿》中，把共产主义概括为：共产主义是私有财产即人的自我异化的积极的扬弃，因而是通过人并且为了人而对人的本质的真正占有；因此，它是人向自身、向社会的合乎人性的复归。这种复归是完全的、自觉的和在以往发展的全部基础上发生的。而要扬弃现实的私有财产，则必须有现实的共产主义行动。历史将带来这种共产主义行动，而我们在思想中已经认识到的那正在进行扬弃的运动，就是这种行动。共产主义在现实中的实现，将经历一个极其艰难而漫长的过程。

马克思还阐述了，在资本主义时代，私有财产造成了劳动的异化和人的异化，它使劳动者劳动的产品作为一种异己的敌对的存在物同劳动者对立。与此同时，劳动者同自己的生产活动相异化，劳动者的劳动是外在的东西，不是劳动者自己的，而是别人的；劳动变成了反对劳动者自身的、强制的劳动，劳动者在劳动中也不属于他自己，而属于别人。最后是人同人相异化。而这种异化的扬弃，是私有制的扬弃，是人的即劳动者的解放。而人的异化的扬弃，绝不是对象世界的消失、舍弃和丧失，而恰恰是人的本质的现实的生成。而社会主义世界历史时代的本质，就是私有制的扬弃，劳动者的解放和人的本质的实现。

体现这种异化本质的，是剥削阶级对劳动阶级的剥削。资产阶级开创世界历史过程，也把这种剥削制度扩展到全世界，从而造就了世界历史发展的动力劳动阶级。按照马克思的分析，在资本主义社会，劳动阶级是随资本主义生产力的发展而发展的，在生产力发展的不同阶段，劳动阶级反对资产阶级的斗争，也经历了不同的发展阶段。比如工人反对资本家的斗争，就紧随资产阶级成长和开创世界历史的进程而不断扩大。

起初是个别工人，然后是一个工厂的工人，再后是某一个地方的工人，接着是一个国家的工人，最后是整个世界的工人。他们由分散到联合，由地区的联合到一个国家的联合，再由一个国家的联合到国际联合，联合的范围和规模越来越大，组织性越来越坚强。随着资本拥有的国际性、世界性，工人劳动者也必然有着国际性和世界性。全世界无产者联合起来，共产主义一定会实现，这是全世界劳动阶级的共同呼声，也是世界历史由资产阶级时代转为无产阶级时代的客观规律。

更重要的是，如马克思说的，劳动阶级的解放，所有人的解放，都只有在世界历史意义上才能实现。不受任何民族性的局限，世界劳动者是一家，而且只有在世界历史中才能实现自己的事业，这就是劳动者的阶级本性，是劳动者能肩负实现理想社会历史使命的基本条件。

资产阶级在民族史的基础上开创了世界历史，完成了它肩负的为新的世界历史创造物质基础的使命。这种使命一方面是要造成全人类互相依赖为基础的普遍交往，以及进行这种交往的工具；另一方面是要发展人的生产力，把物质生产变成对自然力的科学统治。

这就告诉我们，劳动阶级只能在资产阶级所创造的资本主义世界历史的基础上，完成自己的历史使命。在封建主义生产关系成为生产力发展桎梏的时候，是资产阶级在封建地主阶级所创造的社会生产力的基础上实现了工业革命，创造了自己的世界历史。而劳动阶级要创造自己的世界历史，就必须在资产阶级所创造的社会生产力的基础上，并充分利用这个基础，利用这种武器，才能达到彻底解放自己的目的。

新时代和新德性理念的传播

不可否认，每个时代，都有自己特有的文明，包括制度文明和精神文明。但也有由人性决定的、适应于各种时代的基础文明，有适应于各种文明的普世道德。诚然，无论是民族历史向世界历史的转变过程，还是资本主义世界历史时代向社会主义世界历史时代的转变过程，都不仅是民族的解放过程，也是个人的发展与解放程度不断提高的过程，是人通过智力发展实现全面自由发展的过程，是制度文明和精神文明向更高阶段上转变的过程，也是人类道德向更高阶段发展的过程。

当前全球化深入发展最需要改变的，是由资本主义主导所造成的三种痼疾：一是由私欲膨胀、贪婪所造成的财富占有的不平等；二是由霸权主义和强权政治所造成的世界秩序的不公平、不合理；三是由零和博弈规则所造成的各行为主体之间的对抗。中国的融入，把中国提出的并能推动全球化健康发展的，能展示全球化发展美好未来的，能使人豁然开朗的新理念带给世界。这些新理念传播必将会消除那些痼疾，迎来全球化发展的新时代。

从如下列举的一些理念中可以看出，中国的这些理念都是人类德性的闪现，体现着人类的发展与进步，体现着全球化发展的方向，体现着人类道德的新发展，体现着全人类的共同价值。这些新理念的传播，预示着全球化中的痼疾、由这些痼疾所酿成的种种丑恶将被抑制或被消除，真善美将得到发扬光大。

比如，公天下理念正被越来越多的国家所接受，世界的信仰，特别是各种狭隘的民族利己主义、民粹主义猖獗的形势，将会被改变。社会主义在全球化中坚持的基本信仰，是公天下，是大道之行，天下为公。公天下的含义就是共同利益至上，是全球利益至上，是人类命运共同体至上。把国际社会的利益摆在与自己国家同等的甚至更高的地位上，这才是真正的国际道德。从21世纪初开始，随着资本主义全球化时代向社会主义全球化时代的转变，这种信仰也开始被越来越多的人所认识、所接受，逐渐成为共识。

人类历史，是从公天下开启的。而在资产阶级全球化时代，信仰的是私天下。资产阶级开拓世界历史的目的，是要建立一个属于自己的世界。其在全球化中的一切活动，都坚持本国利益至上，本国利益第一。而且采取实用主义的态度，有利于本国利益的，就行之；不利于本国利益的，就反对。甚至为了本国利益，而不惜侵略、掠夺别的国家，这是名副其实的强盗哲学和邪恶行为。

资产阶级之所以开创世界历史，其主观动机和目的并不是为了人类文明进步，而是为了要按照自己的面貌，为自己创造一个自己治理、自己控制、为自己谋利的世界。资产阶级之所以要奔走于全球各地，要不惜一切地摧毁一切民族的闭关自守的万里长城，要征服一切民族的仇外心理，要挖掉工业脚下的民族基础等，都只能归结为马克思所说的一句话：那就是要按照自己的面貌为自己创造出一个世界。这是一种狭隘自私的私天下理念。本国利益优先，本国利益第一就是这种私天下理念。这种理念正在被改变。

比如，和平发展、共同发展、共同富裕的理念，正被越来越多的国家所践行，世界财富占有不平等的痼疾将会得到改变。人所共知，劳动是人的最基本的美德。靠劳动养活，靠劳动致富，靠全体劳动者的辛勤劳动创建地球村，创造世界美好未来，这是人类文明维持生存和发展进步的基础。可在资产阶级全球化时代，尊崇的是金钱至上，零和博弈。金钱作为财富的体现，金融投机的工具，成为资产阶级的最爱。通过对落后国家的欺骗、掠夺，通过金融投机，通过各种超经济的手段，只一心为自己赚钱，为本国赚钱；贪婪地积累自己的财富，积累本国的财富，而不顾别人、别国的死活；这就造成了人与人、国与国之间在财富占有上严重的不平等，甚至两极分化，富者愈富，穷者愈穷，严重威胁到国际社会的和谐与稳定。

而中国融入后，推行的是平等相待，共同发展、共赢共享、共同富裕的理念，主张秉承开放精神，推进互帮互助、互惠互利、互学互鉴，实现共商、共建、共享、共同富裕。只有大家一起发展，一起致富，全球性的可持续发展才能实现，才是最好的发展。只有坚持公平发展，让发展机会更加均等，使各国都成为全球发展的积极参与者、贡献者、受益者，共同发展才能实现。而不能一个国家发展、其他国家不发展，一部分国家发展、另一部分国家不发展。

实现共同富裕，与人的自由发展是紧密联系的。通过共同发展，在物质极大丰富基础上，实现共同富裕的最高境界，是实现人的彻底解放和全面发展。可以说，建立在共同富裕基础上的、所有人的自由劳动和全面发展，也是人类文明的最高境界。中国的这一理念，日益被越来越多的国家接受，必将为消除贫困、消除财富占有不平等的痼疾，发挥越来越强大的作用。

比如，世界民主和谐理念，正被越来越多的国家所接纳，强权政治和霸权主义将被遏制。从历史实践中人们都会体会到，经济上的垄断和政治上的强权，也就是把自己的意志，通过垄断，通过强权，强加于别人，强加于别的国家，以实现强占别人、别国财富的狭隘自私的目的，这既危害别国的利益，也危害世界的整体利益，是造成全球化中恃强凌弱、仗势欺贫，造成不公正、不平等的根源。

而中国提出的世界民主和谐理念，体现着人类文明发展的新高度。这一理念的内涵，主要包括政治上相互尊重、平等协商，共同推进国际关系民主化；经济上相互合作、优势互补，共同推动经济全球化朝着均衡、普惠、共赢方向发展；文化上相互借鉴、求同存异，尊重世界多样性，共同促进人类文明繁荣进步；安全上相互信任、加强合作，坚持用和平方式而不是战争手段解决国际争端，共同维护世界和平稳定；环保上相互帮助、协力推进，共同维护人类赖以生存的地球家园。

显然，世界民主和谐理念是大善理念，它的核心或灵魂，是促进国际社会公平、公正和平等，这也是建立国际新秩序的核心和灵魂。这一理念的被接受，必将使全球化中的霸权主义和强权政治得到改变。由于这一理念大大拓展了既有国际关系理论的新视野，在国际社会反响热烈。很多国际人士认为，这一理念基于人类根本的道德准则，有助于推动和增加发展中国家话语权，对当今时代国际关系的发展演变具有重大现实指导意义。

比如，和平共处、和而不同、合作共赢理念，正被越来越多的国家所接受，世界上频繁的国际冲突将会得到缓解，解决国际冲突的方式也会得到改变。霸权主义、各式各样的民族主义、民粹主义，都无视世界文明的多样性，不承认每种文明都有各自的优势，不承认各文明之间的相互交流和借鉴，能够在取长补短中相互促进、相互帮助，从而推动共同发展、共同进步。这不仅是在认识上的片面和狭隘，而且是本文明至上的自我中心主义。这种本文明至上的自我中心主义，正是国际社会冲突不断的根源。

中国不仅承认世界文明的多样性，而且承认每种文明都有自己的长处和优势，每种文明的发展和进步都是世界人类文明发展进步的组成部分，都应当得到祝贺和尊重。所以提出了各种文明和平共处理念，并提出了和平共处五项原则。可想而知，正是由于文明的多样性，才使世界美丽，使世界万紫千红，多彩多姿。而多样性，就必然带来沟通和交流，而在沟通和交流中，必然会产生融合，产生相互借鉴，产生取长补短，从而产生双赢、多赢，乃至促进世界整体文明的发展与进步。

各种文明在和平共处中，在相互交流、相互借鉴中，很重要的是，需要秉持和而不同的精神，秉持以和平协商方式解决冲突意识。和而不同，是世界多姿多彩、在相互借鉴中欣欣向荣的基础。每种文明，都有各自的智慧和禀赋，都有各自的作用和贡献。人类历史，就是一幅不同文明在和平共处中相互交流、借鉴、融合的宏伟画卷。只有尊重各种文明，平等相待，互学互鉴，兼收并蓄，才能推动人类文明向着创新性的方向发展。可见，和平共处、和而不同、合作共赢理念被越来越多的国家所接受，不仅意味着世界上的对抗、冲突会得到缓解，而且意味着各种文明智慧和力量的聚合，意味着人类文明向更加美好未来的发展。

比如，人类命运共同体理念正被越来越多的国家所接受，世界上的邪恶将得到遏制；人间的一切美好都得到张扬。在某种意义上，人类命运共同体理念体现着马克思的联合劳动的思想。这一理念的提出，是基于各国互相联系、相互依存的程度已经空前加深上的。当今，生活在不同文化、种族、肤色、宗教和不同社会制度的人们，已经处在历史和现实交汇的同一个时空里，处在你中有我、我中有你，命运攸关、生死与共的命运共同体里。这就要求，各国要树立世界眼光，更好地把国内发展与对外开放统一起来，把自身发展与世界发展联系起来，把本国人民利益同各国人民共同利益结合起来。而这样一种"世界眼光"的必然体现，就是"命运共同体"思想。

当然，命运共同体中，不光讲利益，更要讲责任。所以，命运共同体同时也是利益共同体和责任共同体。世界各国之所以能成为命运共同体，关键在于各国之间具有共同利益、整体利益。而在具有共同利益或整体利益的世界各国之间，存在着荣损与共、利益相连的连带效应。习近平同志说：一个强劲增长的世界经济，来源于各国共同增长。各国要树立命运共同体意识，真正认清一荣俱荣、一损俱损的连带效应，在竞争中合作，在合作中共赢。在追求本国利益时兼顾别国利益，在寻求自身发展时兼顾别国发展。他还形象地说道：国家无论大小、强弱、贫富，都应该做和平的维护者和促进者，不能这边搭台、那边拆台，而应该相互补台、好戏连台。

共同利益，共同责任，是命运共同体的基础。正由于世界各国之间具有共同利益，各国才需要共同发展和合作共赢；正因为有共同责任，才能够共同发展和合作共赢。共同发展、合作共赢的理念和主张，是命运共同体思想的重要内容，它们充分展示了命运共同体思想中统一观的核心。所谓共同发展、合作共赢的主张，用习近平同志的话说，就是要和平不要战争、要合作不要对抗、在追求本国利益的同时要兼顾别国利益关切的一种主张；就是既要让自己过得好，也要让别人过得好的一种共荣、共进的理念。因为命运共同体思想包括差异观和统一观，而从这两种观念中又能引申出一系列具体的内容，所以命运共同体思想有着十分丰富的内容。

在这命运共同体思想里，我们似乎隐隐约约嗅到了共产主义那种自由人联合体的味道。有学者提出，命运共同体所体现的是共生主义。我认为共生主义这个提法好，他比较贴切地体现了习近平命运共同体的本质。从习近平同志对命运共同体的论述中，我们似乎能够悟到，命运共同体思想所体现的，的确是相互依存的共生主义。这种共生主义，似乎是我们认识当今世界新的世界观和方法论，是对人与自然、人与人之间相互依存、互利共荣、协同发展的生存状态和发展方式的一种新的和合乎逻辑、合乎科学的解释。

命运共同体理念，就是倡导社会制度、发展道路和文化形态等多样性的前提下，追求世界各国的和谐共生、共同发展、合作共赢、互利互惠。它主张在发展中采取一种"万物并育而不相害，道并行而不相悖"的共生、共荣、共利、共进的命运共同体思想。不言而喻，命运共同体思想是一种不同于零和博弈的崭新的国际观。这种国际观是在对当今国际社会本质和规律性科学认识基础上，对国际关系和全球治理的创新。命运共同体思想，不仅是对客观现实的充分反映，而且是对当今国际社会存在和运行规律、本质及其走向的深刻揭示。是人们认识当今国际关系本质，认识全球治理本质，进行国际政治经济秩序变革的根本指导思想。

命运共同体思想，体现着时代的精神和时代的要求。越来越多的人认识到，面对越来越多的全球性发展问题和安全问题，任何国家都不可能独善其身，任何国家要想自己发展，必须让别人发展；要想自己安全，必须让别人安全；要想自己活得好，必须让别人活得好。在这样的背景下，人们对共同利益也有了新的认识。既然人类已经处在"地球村"中,那么各国公民同时也就是地球公民,全球的利益同时也就是自己的利益,一个国家采取有利于全球利益的举措,也就同时服务了自身利益。中国政府自改革开放以来调整了自己与国际体系的关系,越来越重视人类的共同利益,使自己成为国际社会的"利益攸关者"。

命运共同体思想,还体现着新的全球价值观。这种价值观与贪婪追求私人利益的价值观不同,它把共同发展、共同利益放在首要位置。过去那种为贪婪私利进行掠夺和争夺世界霸权引发了数不清的战争与冲突,给世界造成的灾难罄竹难书。而现今,随着经济全球化深入发展,资本、技术、信息、人员跨国流动,国家之间处于一种相互依存的状态,一国经济目标能否实现与别国的经济波动有重大关联。各国在相互依存中形成了一种利益纽带,即要实现自身利益就必须尊重别国利益的纽带。依靠这种纽带,各国可以通过国际体系和机制来维持、规范相互依存的关系,从而维护共同利益。

当今,人类社会是一个相互依存的共同体,已经逐步成为共识。特别是2008年国际金融危机的发生,使相互依存和共生现象具有了更加深刻的内涵。一国发生的危机通过全球化机制的传导,可以迅速波及全球,危及国际社会整体。面对这些危机,各国和国际社会只能以同舟共济来应对。如有学者说的,在人类共同居住的"地球村"里,各国利益的高度交融使所有国家都成为共同利益链条上的一环。任何一环出现问题,都可能导致全球利益链中断。比如,一个国家的粮食安全出现问题,则饥民将大规模涌向别国,而且交通工具的进步为难民潮的流动提供了可能,而人道理念的进步又使拒难民于国门之外面临很大道义压力。比如,互联网已经把各国空前紧密地连在一起,在世界任何一点发动网络攻击,看似无声无息,但给对象国经济社会带来的损失却有可能不亚于一场战争。还比如,气候变化带来的冰川融化、降水失调、海平面上升等问题，不仅给小岛国带来灭顶之灾，也将给世界数十个沿海发达城市造成极大危害。资源能源短缺涉及人类文明能否延续的问题，环境污染导致怪病多发并跨境流行。

如有学者所说的，提出命运共同体思想和推动命运共同体建设，源自中华文明传统。当今中国人民致力于实现中华民族伟大复兴的中国梦，所追求的不仅是中国人民的福祉，也是各国人民共同的福祉，关于命运共同体的传统理念得到进一步发扬光大。推动建设人类命运共同体，也是中国领导人基于对世界大势的准确把握而贡献出的中国方案。中国不仅坚持走和平发展、合作共赢的道路，更敞开胸怀欢迎各国搭乘中国快车、共享发展机遇，以实际行动为构建人类命运共同体注入中国智慧，贡献中国力量，同世界各国合作共赢。

新时代和中国优秀道德传统的新价值

中国是文明型大国，也是伦理道德产生较早的大国，有着悠久的优秀道德传统。令人惊异的是，这些道德传统对新时代全球化的发展，却非常契合，非常有价值。大家都知道，早在春秋时期，中国就出现了诸子百家，特别是儒家、道家、墨家和法家，它们提出的"公""礼""和""仁""义""诚""信""道""法""名""实"等道德概念，以及其论述的很深刻的道德思想在中国源远流长，并在社会治理中发挥了巨大作用。由于这些传统道德思想与当今的马克思主义有相通之处，所以，中国人深受这些思想的影响，自然成为中国选择共产主义作为信仰的深层原因。

因为这些传统道德思想体现的是人的善性，是人民的意志，其所倡导的道德规范与今天全球化中所要求的道德规范很多方面都完全契合，所以其在今天的全球化和全球治理中，仍具有很高的价值。这些传统道德思想，虽然在世界上早有传播，但总的看影响力相对还小。可以断定，在中国深度融入全球化之后，通过与世界的密切交流，通过贸易、投资、旅游、文化合作等的密切接触，这些思想传播到世界的力度肯定会空前加大。比如，上节讲的中国向世界传播的新理念，都无不受这些思想的影响。这里主要想从教育的视角举一些例子，论述这些思想在世界传播的意义。

比如，善，是人类道德的核心。而在中国的道德思想中，善的思想最为丰富，其育人的价值也最为巨大。国内外都公认，中国古代老子的《道德经》博大精深，是一部奇书。在这部书中，对善的论述可以说是达到了极致。比如，本书第8章写道："上善若水。水善利万物而不争，处众人之所恶，故几于道。居善地，心善渊，与善仁，言善信，正善治，事善能，动善时。夫唯不争，故无忧。"这些话就是要告诉我们，最好的品德是水的品德，最高的善是水的善。水的心胸最开阔，水的志向最远大，水虽利于万物，却从不争自己的得失，从不想自己的利益，而且为了滋养万物，心甘情愿待在别人不愿待的地方。

相互尊重、不争利、不争权、甘心奉献、和善亲切、诚信可靠，这正是老子把水视为道德最高境界的缘由。而所有这些，也正是当今全球化中最有价值的道德规范。上善若水这四个字在中国已经家喻户晓，很多家庭都把它做成字画，挂在家庭显眼的位置，以示对善的虔诚，对这些道德规范的虔诚。当今国际社会所最需要的，何尝不是用这种如水的善，去消除掠夺，消除霸权，消除零和博弈呢！

比如，在本书的第27章写道："善行无辙迹，善言无瑕谪，善数不用筹策，善闭无关楗而不可开，善结无绳约而不可解。是以圣人常善救人，故无弃人；常善救物，故无弃物。是谓袭明。故善人者不善人之师，不善人者，善人之资。不贵其师，不爱其资，虽智大迷，是谓要妙。"人们都知道，作为人们的行为而言，老子有五善之说，即善行、善言、善教、善闭、善结。最重要的是，老子倡导人们行善不图名、不图利，而且善行之后，不必张扬，这也是当今全球化中所需要的美德。

儒家的"礼""善""仁"思想，在中国也有很深的影响。"礼""善""仁"，是儒家道德思想的精髓，它主要是集中在《论语》一书中。儒家思想在世界上流传广泛，影响深远的，就是这本书。儒家思想是一种世界观、一种社会伦理、一种政治意识形态、一种学术传统，以及一种生活方式，很早就越出国界，传播到东亚国家，传到了欧洲和整个世界。据有关史书记载，16世纪下半叶，儒家思想就传到了欧洲，并在欧洲启蒙运动中发挥了作用。

儒家"礼"的思想，实际上是关于社会结构和社会秩序的思想。在儒家看来，人生在世，都是在一定伦序地位中，诸如父子、夫妻、官民、君臣等，实际上是指复杂的社会结构。而且儒家主张正名，因为名不正，则言不顺。言不顺，则事不成。就是说，处在什么地位，就要用什么地位的规范，来约束自己的行为。儒家"仁"的思想，是关于做人的基本品格、基本要求和基本目标的思想。其基本含义，就是善和爱，就是善待别人、爱护别人，以别人的利益为重，并以此为人生的最高目标：不惜杀身成仁。

反映儒家上述思想的《三字经》，书虽小，但分量重，影响深。全书虽然总共只有380句，1140个字，可其内容非常丰富。它不仅涉及中国的封建礼教、伦理道德，而且涉及天文、地理、历史、人情等许多方面。这本书具体反映了儒家的教育思想，把德性教育放在第一位，让人从进入社会开始，首先就要懂得道德规范，知道应当遵循道德规范行事。书中那许多尊长、爱幼、孝敬父母、教子成器、自幼立志、苦读成才的生动典故，有着强大的感染力，实在值得教育部门高度重视，不仅应当把它作为现在小学生必修的课本，而且应当把它作为对全民进行思想道德教育和子女教育的普及读物。

可喜的是，1990年，联合国教科文组织已经把它编入《儿童道德丛书》，向全世界推荐，这体现出它的蒙学价值和受用无穷的普遍意义。《三字经》是教人识字、明理的启蒙和入门，也是通经习史的启蒙和入门。《三字经》不仅语言形象、生动、有趣，富有浓厚的哲理性，而且富含许多动人的历史和人物典故。它不仅要教人知道儒家思想的核心，还教人知道天文地理知识，教人知道如何进行德性修养、如何做人、如何奋斗。

除了"礼""善""仁"思想之外，其倡导的和为贵、相互尊重、相互谦让、平等相待的思想，也是当今全球化中所需要的。读读儒家的书就明白，体现在基督教中的、对言行举止进行规范的道德标准，就蕴含着儒家思想。比如中国人作为口头禅的"夫仁者，己欲立而立人，己欲达而达人"，"己所不欲，勿施于人"等警句，都表明了儒家的道德标准，推崇强烈的自律意识，即自己希望实现的目标也要帮助别人实现，而自己不想要的东西不要强加给别人。基督教特别是新教，同样重视对言行准则的规范。

儒家思想之所以在世界传播如此广泛，影响如此巨大、深远，除了它展示了它是不同于基督教、佛教、伊斯兰教等文化的另一种文化，给西方思想家们以启迪外；更重要的是它符合人性，符合人的理想和愿望，符合人类的发展规律。如研究儒家思想的外国专家所说，人们坚信儒家思想，是因为儒家思想能促进世界和平，能提升全人类道德素质，能使世界在多元文化相互交流和相互借鉴中实现共存共荣。所以儒家的丰富的道德思想，既属于中国，也属于世界；既属于过去，也会鉴照今天和未来。

在儒家的道德思想中，还有两个理念，是当今全球化发展所需要的：一个是包容，另一个是和而不同。可想而知，在文明多样化的世界，没有包容，就不会有全球化；没有和而不同，也不会有全球化。不同文明间的和平共处、相互借鉴、共同发展，这是全球化的本质。而这种本质，正是在和而不同和包容中实现的。从这个意义上说，儒家的道德思想，既是昨天的，也是今天的，更是明天的。所以，我们应该积极推动儒家道德思想的国际化，让其对全球化发展做出更大的贡献。

1988年，世界部分诺贝尔奖获得者在巴黎集会发表宣言称：如果人类要在21世纪生存下去，必须回首2540年前，去汲取孔子的智慧。与会者都有这样的认识：儒家思想的很多内容对人类文明思想宝库是有很大的贡献的。儒家提出了很多基本理念，有些是和世界其他国家思想一致的，不约而同的，有些则是独自的贡献。诸如其在四书五经中倡导的"己所不欲，勿施于人""学而时习之，不亦乐乎""吾日三省吾身""礼之用，和为贵""为政以德""学而不思则罔，思而不学则殆""见贤思齐焉，见不贤而内自省焉""德不孤必有邻""温故而知新""敏而好学，不耻下问""三人行必有我师焉，择其善者而从之，其不善者而改之""言必信、行必果"等，这些都是儒家思想中的独特的、有着普遍价值的理念，都应当在全球得到广泛传播。

当然，诸子百家的每一家，都有关于道德、关于善的思想。其中有很多，都是当今全球化所应当遵循的。比如墨家提出"兼相爱，交相利"的思想，就是当今全球化中所需要的思想。墨子说的：天下之人皆不相爱，强必执弱，众必劫寡，富必侮贫，贵必傲贱，诈必欺愚。凡天下祸篡怨恨，其所以起者以不相爱生也，是以仁者非之。墨子说的"仁者"，也就是懂得爱、有善性的人，就是能够"兴天下之利，除天下之害"的人。全球化中的每个国家、每个行为主体，也都应当做"兴天下之利，除天下之害"的国家和行为体。

四　扬善除恶和全球化的未来

我们知道，由资本主义主导的全球化时代向社会主义主导的全球化时代的转变，意味着一些基本原则和理念的更新和转变，也就是由恶的原则、恶的理念，向善的原则、善的理念转变。社会主义的中国所提出的诸多新原则和新理念，都是有道德属性的原则和理念，它们所体现的都是广大人民的意志。所谓社会主义主导，就是这些新原则和新理念的主导，就是人民意志的主导。所以应当大力弘扬这些原则和理念，以遏制诸如：零和博弈，霸权主义、强权政治、本国利益第一等这些非德性的理念。因为这些理念，都体现着掠夺者的意志，支撑的是恶性行为。因为在这种原则和理念的实践中，给人类造成了令人难以置信的灾难。所以，必然要在新原则和新理念被接受的同时，而被铲除。也就是说，扬善除恶，是新时代全球化发展的历史使命。当然，资本主义非德性的原则和理念要转变为符合德性的原则和理念，需要有一个很长的转变过程。在这个过程中，包含有许多复杂的德性与非德性、善与恶的矛盾和斗争。这些斗争本质上都涉及价值观的革命。

扬互利共赢除零和博弈

不言而喻，互利共赢是全球化中的善，而零和博弈是全球化中的恶。诚然，马克思世界历史基本内涵，是自给自足、闭关自守的民族隔离状态被消除，古老的民族工业被新的必然与全球发生联系的工业所代替，这是符合德性进步与发展的。与此相适应，旧的与自给自足、闭关自守、古老的民族工业相适应的民族精神，也在猛烈的冲击下退出历史舞台，被新的世界精神或全球精神所代替，这也是符合德性的进步与发展。

问题出现在，在资本主义主导的全球化中，在非德性理念的指导下，采用的不是体现人民意志的和平发展、平等合作、共赢共享；而是违背人民意志的零和博弈、掠夺和战争。这就给人类文明在这一历史时期的发展酿成了巨大的灾难，花费了巨大的代价。这也就决定了，资本主义主导向社会主义主导转变的必然性，旧的恶性理念向新的善性理念转变的必然性。

如上所述，大工业和世界市场所必然引发的生产和交换的世界化，这是共产主义实现的基本条件。因此，民族历史转变为世界历史，这既是历史的客观进程，也是一场人类历史大革命，这新与旧的更替，复杂、深刻、残酷而猛烈。所以，共产党人为了达到自己的最终目标，不仅应当胸怀祖国、放眼世界；而且应当胸怀当今，放眼未来。

零和博弈是违背人类德性的，而平等合作、共赢共享则是符合人类德性的。所以，这种理念上的转变，就意味着道德的振兴。掠夺和反掠夺的斗争，就具有不道德和反不道德的性质。而资产阶级主导的全球化，是从掠夺殖民地开始的，而且始终存在着发达国家对落后国家的掠夺，始终存在掠夺和反掠夺的矛盾和斗争。资产阶级开创世界历史的过程，就是掠夺世界的过程。更为不道德的是，它们始终把战争作为掠夺的重要方式，大英帝国是如此，美利坚帝国也是如此。因此，资本主义主导的全球化，始终是血淋淋的，既残酷又猛烈。

零和博弈原则，实际上就是掠夺原则，而掠夺越残忍，反抗越激烈。随着这种斗争的日趋激烈，资产者们往往打着道德的旗号做着违背道德的事。而且掠夺依然残酷、依然卑鄙无耻、依然野蛮，而且依然赤裸裸地暴露了资本主义的本性。与此相应，广大落后国家反对掠夺的斗争，同样依然激烈、依然前赴后继地发展着。

比如，"帮助落后国家"或"援助落后国家"，这当然是很高尚的美德。但其实行的援助都是有条件的，这种条件，就是自己获得最大的利益，就是自己的利益第一，自己的利益优先。就是说，其实质是把帮助或援助落后国家为幌子或诱饵，或用金钱收买这些国家和地区的统治者，或利用这些国家的政治矛盾或民族矛盾，挑拨离间，从而达到经济掠夺的目的。

比如，"支持弱者""支持正义""解放人民"，这些也是高尚的美德。而其实际实行的，却是以这些为借口和契机，把对外发动侵略战争饰为是合法的、善意的，是为了被侵略、被霸占国家或地区人民的自由和幸福，是为了解放这些国家或地区，是为了把自由和幸福带给这些国家或地区的人民等，以这种欺骗达到经济掠夺和政治侵略的目的。

比如，"消除邪恶"，"铲除祸患"，这当然也是高尚的美德。而其实际实行的是，把自己打扮成现代文明的化身、世界当然的救世主，从信仰和思想意识上麻醉落后国家，使落后国家自愿接受其掠夺和控制。或者先以自己的利益为准，即对这些国家进行制裁和孤立。

历史的事实是：残酷地掠夺，使大量财富源源不断从落后国家流到了发达资本主义国家，留给大多数落后国家的只有贫困；残酷的战争，使发达资本主义国家的资本家大发战争横财，使大多数落后国家的大量生命财产涂炭，留给它们只有灾难。正是这种残酷掠夺和控制，正是给落后国家造成的这种贫困和灾难，凝结成了落后国家无比的仇恨和反抗的无穷力量。从第二次世界大战后至今，世界落后国家反对发达资本主义国家经济掠夺和政治控制的斗争，就从未间断过。特别是亚非拉落后国家，反抗这种掠夺和控制的浪潮一浪高过一浪，有一些国家在这一斗争中争得了独立和民主，还有一些国家在这一斗争中建立了新的社会制度。

中国的魅力，来自于中国对正确理念、正确原则的坚持。读过西方经济学的人都知道，在资本主义的市场经济中，或者在资本主义的政治经济学理念中，个人自利最大化或追求个人财富最大化，始终被认为是经济活动和发展的引力。在资产阶级经济学家看来，人们在追求个人财富时，自然也会有利于社会。全球化发展的历史证明，追求个人利益能够自动促进社会利益的实现这个结论是不成立的。人们都看到了，每个人都只追求个人利益，都贪婪个人财富，其结果给社会造成了何等的灾难，人们都心知肚明，这里似乎用不着再多说什么了。

而社会主义中国的理念和实践，是平等合作，互利共赢。中国不仅主张一切国际分工和合作，都应当是平等的，而且主张通过这种平等合作获得的更高的效率和更多的财富，应当由参与分工合作者共赢、共享，而不能由一家所独占、独享。在人与人、国家与国家的关系中，中国从来讲究的就是相互帮助，相互协作，共同得利。从来就把平等合作、互利共赢，作为应当遵循的原则。互利共赢的原则，不单是个计量的问题，而且是与人性、人生观、价值观相联系的伦理道德的问题。在平等合作的前提下，互利共赢的基本含义就是合作协议所规定的各方的诉求和利益，各自都得到满足，简单说，就是各得其所。对于合作的各方来说，其诉求和利益当然有现实的、眼前的、看得见的；也有长期的、未来的、暂时看不见的。至于像中国在国际合作中所做的那样，为了帮助合作伙伴更快地发展，还在自己应得的利益中拿出部分赠予合作伙伴，更是属于更高层次的道德和文明问题了。

既然互利共赢原则体现了商品交换和市场经济更为公平、更为文明的原则，按理说早就应当成为市场经济和国际合作中主流，但就是因为有帝国主义的存在，霸权主义的存在，至今零和游戏原则仍大行其道。诚然，在当今的国际关系中，特别是国际合作中，不能不讲个人利益，不能不讲本国利益，而恰恰相反，只有遵循互利共赢原则，才能使所有个人、使所有国家的利益都得到满足。现在越来越多的经济学家已经意识到，资本主义所崇尚的自利原则，所实践的零和游戏原则，给世界带来的不平等，所带来的灾难，实在太多了。这就决定了其被平等合作、互利共赢取代的日子，已经为时不远了。

不言而喻，在相互依赖的平等分工和合作共赢的体系内，任何一方的利益都包容在对方的利益之中，并以对方利益的实现为前提，破坏了对方的利益，就等于破坏了自身利益。对合作伙伴的欺诈，就等于对自己的欺诈。实现互利共赢原则，实现既对自己有利，也对所有合作伙伴都有利，这就需要树立诚信、包容、共赢、共享的观念。参加合作的任何一方，在伸张自身利益的同时，都必须考虑和尊重对方的利益，考虑把共同的蛋糕做大，并在共同利益发生矛盾面前，相互谦让、相互妥协。互利共赢原则要求参与者在拟定合作项目时，就不仅要知道自己的利益是什么，还要知道对方的利益在哪里，只有这样，才能取得各方都满意的结果。

无论从人类文明的发展看，或从人类生存的角度看，互利共赢原则都具有普遍的意义。人和人类社会产生后，人作为社会的人，注定是要在相互沟通、相互联系、相互交换、相互合作中，才能生存和发展的。而人与人之间的合作、不同的利益体之间的合作，不同的民族国家之间的合作，都只有坚持互利共赢原则，才能长久持续地发展。在全球经济一体化不断深入发展，人类社会日益成为一个相互依赖的利益共同体的环境中尤其如此。那种以邻为壑、损人利己、零和博弈、违背人性的理念的本质，已经日益被人们所认清。

在世界经济一体化中，一损俱损、一荣俱荣的事实，人们都有深的感受。当然，在当今的全球化中，不仅有合作，也有竞争。互利共赢原则在竞争中的运用，就是改变零和博弈原则。竞争和博弈的最终目的，并不是要把对手逼上绝路，而是要和对方一起走上共同发展的康庄大道。中国以合作共赢理念参与国际贸易和国际竞争后所取得的奇迹前所未有，中国对世界的贡献也前所未有，中国理念的魅力、中国原则的魅力、中国道德的魅力，越来越得到彰显。

扬国际民主除霸权主义

全球化的实践证明，西方一些理论家所倡导的"霸权稳定论"是个伪命题。实际上，列强争夺霸权，称霸世界，必然给世界带来不稳定，给世界广大人民带来灾难，所以它是违背人类德性的，因而遭到世界性的反对。人们从实践中已经认识到，霸权主义是战争的根源，列强争夺霸权的结果必然是战争。帝国主义就是战争，霸权主义是新的帝国主义，同样也是战争，是灾难。而中国作为社会主义国家融入世界后，把新的德性理念，即共商发展的理念，和谐世界和国际关系民主化的理念，平等合作、共赢共享理念，共商共治理念带入全球化中，这当然要与霸权主义理念发生矛盾与斗争。这种斗争，当然也是善与恶的斗争。

我们都知道，在世界历史的发展进入垄断资本主义，即帝国主义发展阶段之后，由于资本主义发展不平衡加剧，少数列强利用世界历史这个环境，借自己在开创世界历史中的优势，野心膨胀，都想称霸世界。如列宁所说：帝国主义的重要特点，是几个大国争夺世界霸权。其目的如果说是直接为了自己，不如说是为了剥削对方，破坏对方的霸权。它们为什么要抢夺世界霸权，目的还是掠夺和霸占世界财富，财富是霸权的基础，霸权是财富的手段，争夺霸权是战争的根源。

这里要特别指出的是，抢占殖民地、掠夺殖民地，虽然对殖民地人民来说很残酷，但它毕竟还有着破坏旧的封建社会结构，使民族历史走向世界历史的进步作用，而帝国主义时期列强重新瓜分殖民地、争夺世界霸权的斗争，其性质似乎失去了开创世界历史的进步性，是纯粹地掠夺财富，给殖民地人民带来的纯粹是灾难。

历史向来对侵略者、失道者都是无情的，惩罚是严厉的。比如第二次世界大战中野心最大、侵略性最强、最猖狂的德国和日本，损失也最惨重，而欧洲以外的美国却是最大的获利者。第一次世界大战结束后，虽然获胜的英、法保住了自己的主导地位，世界的政治中心仍然在欧洲，但经济被战争严重破坏，欧洲的经济地位被削弱，英国开始走下世界经济霸主的宝座。而美国却在战争中大发横财，成为世界上最大的债权国和最大的资本输出国。欧洲经济霸权开始被美国所取代。

第二次世界大战结束后，仍然获胜的英国和法国，已经元气大伤。而在战争中获得最大利益的美国，已经代替英国，成为资本主义世界的霸主。在第一次世界大战中走入世界历史社会主义国家的苏联，虽然在第二次世界大战中损失惨重，但已经变得很强大。加之战争中民族独立运动风起云涌，所以这次大战使以英国为主导的殖民时代已经结束，殖民制度已经瓦解。

如有西方学者分析的，与过去强大的世界帝国相比，美帝国的新奇之处在于：所有其他帝国都知道自己不是唯一的帝国，而且没有一个帝国把目标锁定在主宰全球上，没有一个帝国认为自己是无懈可击，哪怕它们相信自己是世界的中心。把目标锁定在主宰全球上，这是美国新帝国主义与历史上帝国主义的重大区别，它表明美国的野心比历史上的任何帝国都大。

美国全球霸权主义新的恶性发展，不仅表现在深度和广度上，而且表现在内容上。美国统治集团所追求的已经不是一般性的霸权主义，而是一种综合性的霸权主义。这种综合霸权主义，不只是谋求某一个方面的世界霸权，而是在世界经济、政治、军事、文化、社会制度、价值观念等所有方面都推行霸权主义，在所有这些方面，都要按照美国的思想理念、体制模式、运行规则、运行秩序等进行改造，把整个世界改造成一切都服从美国的国家利益、一切美国化的世界，这就是当今美国霸权主义的基本内涵。

从经济方面看，资本输出仍然是其谋求单极霸权主义的重要手段，但它已经不再是一般的商品和货币资本的输出，而主要是以先进技术、设备为主要内容的知识资本输出。具体表现为：科学技术高度发展，信息成为资本主义的主导产业，知识的高度资本化，使其进入了知识经济时代。正是在这样的基础上，知识资本输出成为其对外资本扩张的主要手段；对核心技术的垄断和控制，成为其推行单极霸权的基础和主要力量，其经济、政治、军事实力都集中体现在对高、精、尖核心技术的垄断和控制上。特别是在进行资本输出的同时，更加重视自由市场经济制度的输出，把这种经济制度的输出列入其全球扩张战略的重要内容。

从政治上看，在两极冷战或两极争夺全球霸权时期，美国进行经济和制度扩张的手段主要是：一方面，以对付社会主义的"威胁"、遏制社会主义的发展为由，以国际条约的形式组建各种各样的经济、政治和军事联盟或集团，对社会主义国家进行政治上的渗透和颠覆、经济上的封锁和制裁、军事上的包围和威胁，对社会主义之外的国家进行争夺和控制，推行地区性的"美国化"；另一方面，利用包括各种文化产品、各种媒体、各种宣传工具上的强大的实力，大肆宣传和炫耀资本主义民主自由，以资本主义的生活方式和价值观念对其他国家特别是苏联等社会主义国家进行渗透和腐蚀。

总之，政治、经济、意识形态上的渗透与军事威胁、局部热战相配合，是这一时期资本霸权主义手段的基本特点。而起作用最大的是军事威胁和文化渗透。而在冷战后时期，美国则是要利用唯一超级大帝国的地位和力量，通过全球性的民主和价值观的输出，妄图用一个大帝国的思想和制度改造全世界，以实现美国对世界的永久统治。

然而世界历史永远是所有国家的历史，是全世界人民的历史，不可能变成美国一个国家的历史。活动在这个历史舞台上的，是世界所有国家，不只是美国，美国这种霸权主义理所当然地遭到包括发达资本主义国家在内的全世界人民的反对。不过，美国是个最讲实用主义的国家，其任何对外政策，都有为本国谋经济政治利益的目的。但为了给其为本国经济和政治私利而对外扩张的行为披上"合法"的即道德的外衣，以图得到国际社会的支持，美国惯用的手法，就是欲治人，先加罪于人。美国总能给被其扩张的对象先强加上种种罪名，把要扩张的对象先说成是"威胁""邪恶""侵犯人权""邪恶轴心"等，然后就以"先发制人"的办法，采取各种制裁行动，甚至是军事行动。

美国的所有这些行动，所带来的都是动乱和灾难。然而从美国政府的实践看，这种做法适得其反，却加深了与世界上许多国家的矛盾。也许正是基于对本国国家利益的考虑，世界各国明察秋毫，日益认清了美国的真正用心，美国越来越被孤立。还是如马克思说的，历史的发展有其自身的必然规律，任何国家和个人都不能对抗历史。美国要为自己创造一个世界的图谋，只能是一场梦。

与霸权主义相对立，作为社会主义的中国则提出了共商发展的新理念。这一理念倡导的不是霸权，而是平等，是民主，是协商。这一理念的内涵，主要包括政治上相互尊重、平等协商，共同推进国际关系民主化；经济上相互合作、优势互补，共同推动经济全球化朝着均衡、普惠、共赢方向发展；文化上相互借鉴、求同存异，尊重世界多样性，共同促进人类文明繁荣进步；安全上相互信任、加强合作，坚持用和平方式而不是战争手段解决国际争端，共同维护世界和平稳定；环保上相互帮助、协力推进，共同维护人类赖以生存的地球家园。和谐世界理念大大拓展了既有国际关系理论的视野，在国际社会反响热烈。很多国际人士认为，这一理念基于人类根本的道德准则，有助于推动和增加发展中国家话语权,对当今时代国际关系的发展演变具有重大现实指导意义。

毋庸置疑,实现共商发展不是一个或几个国家的事,而是世界各国共同的事。当今全球化深入发展,使各国都生活在一个地球村里,相互高度依赖,成为命运共同体,这客观上就要求所有国家都加入到国际民主化的建设中。在全球化日益深入发展中,人类发展面临的一切挑战和问题涉及每个国家、每个人的切身利益,需要世界各国、各国人民共同应对。争取发展繁荣的共同目标,把世界各国人民联结在了一起。在人类漫长的发展史上,各国人民的命运从未像今天这样紧密相连、休戚与共。应对共同的挑战,推进人类和平与发展的崇高事业,推进国际关系民主化,事关各国人民的根本利益,需要世界各国政府和人民在平等、民主基础上共同商量,共同献计献策,携手合作,共同努力,共同构建。

不能否认,当今的世界是大动荡、大调整、大变革的世界。各种利益错综复杂,各种矛盾盘根错节,各种不和谐的因素还影响着人们的生产和生活。正是在这样的环境中,中国提出了共商发展的理念,倡导世界各国人民应当携手努力,克服各种不利因素,推动世界向建立持久和平、共商发展、共同繁荣的长远目标前进。世界所有国家都应相互尊重,和谐共处,坚持用民主的方式、共商的方法,解决一切问题,这是促进人类持久和平、共商发展、共同繁荣的关键和前提,也是实现不同文明相互借鉴、共同发展进步的保证。

扬全球利益除民族利己主义

人类文明发展至今,人们都在谈新的民族精神和国际主义精神。而新的民族精神,或国际主义精神,究竟是什么?我们似乎可以用一句话概括,那就是把国际社会的整体利益,即把全球利益放在第一位。显而易见，全球化体现的正是全球利益，而全球利益，当然就包含有各民族、各国家的利益。把全球利益放在第一位，这应当是全球化应遵循的道德，当然也应当是各民族、各国家应遵循的道德。

维护全球利益，当然意味着对旧的狭隘民族意识，即把本民族、本国家利益放在第一位意识的革除。对于全球治理来说，国际社会的道德，即全球性的道德，与民族道德和国家道德相比较，是更为重要、更为高尚的。不过，在资本主义时代，却硬要把资产阶级的德性放在全人类的德性之上，永久统治整个世界，永久享受利益第一，这种理念当然是恶性理念，它不可避免带来各种文明之间的矛盾和斗争，所以，应当被铲除。

诚然，如马克思所分析的，资产阶级之所以能开创世界历史，不只是因为它开拓了世界市场，还因为它通过国际竞争、侵略战争等，进行全球性的掠夺；而且通过把资本主义的生产方式带到世界各地，妄图建立对世界的统治。在社会主义生产方式产生之前，资本主义生产方式是比过去所有生产方式都先进的生产方式。它的先进性蕴于它的革命性之中，它的革命性和先进性才使它具有世界性。一切旧的古老的生产方式在它的革命性和先进性面前，都显得落后、守旧和不合时宜。

然而，一切落后的、古老的、守旧的东西，都有着它深厚的民族历史和民族基础，它必然要与具有先进性、世界性的资本主义生产方式发生激烈的矛盾。人们不会轻易放弃自己原有的生产方式、接受资本主义的生产方式。尽管资产阶级有廉价商品的重炮，可要摧毁民族、特别是坚固的万里长城，征服其顽强的仇外心理，使其接受资本主义的生产方式，谈何容易。这种体现着先进与落后、民族性和世界性之间的矛盾和斗争，既是民族史转变为世界史中的基本的矛盾和斗争，也是世界历史发展中的基本矛盾和斗争。

在国家存在的条件下，这种矛盾和斗争集中体现于国家间利益的矛盾和斗争。按照马克思的分析，这种矛盾和斗争主要表现在四个方面：一是表现在民族的自给自足、闭关自守和资本主义生产方式所要求的开放和世界市场之间的矛盾和斗争上。旧的、靠国内产品满足的需要，要被新的、极其遥远的国家和地带的产品来满足需要所代替；一切封建的、宗法的和田园诗般的关系被破坏，束缚人们的天然尊长的形形色色的封建羁绊被无情地斩断、被各民族的各方面的相互往来和相互依赖所代替。二是表现在民族工业与资本主义大工业之间的矛盾和斗争上。古老的、带有工场手工业性质的民族的工业，被产品和原料都具有世界性的新的大工业所代替。三是表现封建等级制度、职业贵贱意识与资本主义民主平等制度、商品交换意识的矛盾和斗争上。一切封建等级、封建道德，受人尊崇、令人敬畏的职业灵光，都被赤裸裸的利害关系、无情的现金交易所代替。四是为推行资本主义生产方式，首先要对殖民地的个体劳动者进行剥夺，剥夺他们旧的劳动条件，把他们变成新的工资雇佣劳动者。如马克思说的，资本家总是企图用暴力去扫除那种在本人劳动基础上建立的生产方式和占有方式。因为不扫除这种生产方式和占有方式，就得不到雇佣劳动者，从而不能实行资本主义生产方式。

历史实践告诉我们，尽管有矛盾和斗争，但由民族封闭状态必然走向世界，走向全球化，物质生产是如此，精神生产也是如此。随着世界历史的开拓，各民族的精神产品也成了公共财产。民族的片面性和局限性日益成为不可能，于是由许多种民族的和地方的文学形成了一种世界的文学。这里的文学不只包括文学艺术，而且还包括哲学和科学。然而，正当全球化深入发展的今天，美国为了一己私利，却想把世界历史重新拉回到民族历史、拉回到民族利己主义的境地，这真的是异想天开。

特别值得指出的是，这些精神产品在落后国家的传播，对世界历史的发展有着特别重要甚至是决定性的作用。因为这种传播必然引发这些国家生产力的发展，使这些国家新的生产力与旧的生产关系矛盾加剧。而在资本主义的世界历史时代，落后国家旧的生产关系的被突破，适应新的生产力的新的、先进的生产关系的产生，只能意味着资本主义生产方式的被接受，意味着在民族性与世界性斗争中世界性的胜利，意味着世界历史的发展。这一进程是在体现民族性的民族生产方式与体现世界性的资本主义生产方式的相互矛盾、相互作用中实现的，既体现着民族生产力和生产关系之间的矛盾和斗争，也体现着国际生产力与国际生产关系之间的矛盾和斗争。

生产力的发展，民族生产方式向资本主义生产方式的转变，是民族史发展到世界历史的基础。如马克思说的，在世界历史发展过程中，一切冲突都根源于生产力和交换形式之间的矛盾。而且不一定非要等到这种矛盾在某一个国家发展到极端尖锐的地步，才导致这个国家内发生冲突。由于广泛的国际交往所引起的同工业比较发达的国家的竞争，就足以使工业比较不发达的国家内产生类似的矛盾。世界历史发展进程证明，这种冲突的结果往往是通过一场革命实现了历史性的进步。而由于生产力发展的不平衡，以及由这种不平衡所决定的生产关系和社会关系的不平衡，这种革命发生的性质、时间、强度也不相同，由民族历史转变为世界历史的道路和进程也有所不同。

斗争的实践已经证明，旧民族性的舍弃，民族利己主义的舍弃，对任何一个民族来说，都是一个痛苦、艰巨的长期斗争过程。没有狭隘民族性那种境界，不仅要以生产力的发展为基础，而且还要有一定的思想和社会条件。而进入世界历史之后，在国家利益与全球利益发生矛盾时，是坚决牺牲国家利益，维护全球利益；还是坚持国家利益第一，把本国利益置于全球利益之上，这又是很艰难的选择。当今的国际社会，各国都面临着这种选择。

扬勤劳致富除剥削掠夺

追求财富，也许是人的共性。然而财富的获取，有两种方式：一是靠辛勤劳动，靠劳动创造财富；二是靠剥削和掠夺获得财富。劳动者靠的是前一种方式，体现的是善性；而剥削者靠的是后一种方式，体现的是恶性。资产阶级虽然开创了世界历史，但由于其阶级的局限性，由于剥削和掠夺的本性所决定，当世界历史发展到一定阶段，特别是世界历史的发展与其自身的利益发展相矛盾时，它就不仅不能成为不断推动世界历史向前发展的力量，而且必然地成为世界历史继续向前发展的阻力。它的阶级局限性，最突出和最集中的表现，是它对财富和权势贪婪的私欲。

比如在国际上，客观地说，资产阶级在进行残酷掠夺的同时，无论把先进的生产方式带到全世界，或是把先进的科学技术带到全世界，这对世界的发展和进步、促进民族历史发展为世界历史都是有利的。但是，正是由于私欲的贪婪，或者说资本的本性所决定，资本主义国家送去的资本、生产方式、先进科学技术，同送去的廉价商品一样，是要赚钱的，而且赚的越多越好；赚钱，无可非议，但不是赚的越多越好。这里有个起码的道德底线，那就是双赢，让落后国家也得到自己应得的。当然，落后国家要获得这种进步是要付出代价的，只是力图使这种付出达到合理的界限。

正是出于自身最大利益的考虑，现今的资产阶级并不愿意让落后国家变为世界性先进的发达国家，变成自己利益的竞争对手。它所期望的是，落后的民族国家既要冲破封建枷锁，冲破闭关自守状态，融入到由他们所支配和控制的世界市场；又保持一定的或相对的落后状态，即保持在旧制度的一定的束缚之下，因为这种状态才是它进行剥削、掠夺、获得最大利益的基础和保证。这些国家在转入世界历史的进程中永远保持这种相对落后状态，对它才最有利。

为了达到这种目的，它们严密垄断高新科学技术，不愿看到落后国家通过发展生产力而改变落后面貌，成为它的竞争对手；它们动辄就对影响其利益的其他国家实行封锁、禁运、制裁等；为了狭隘的民族的利益，它们利用各种保护关税政策，限制进口和出口，实现贸易保护主义；它们在民主、人权、价值观、宗教等领域，推行狭隘的民族主义等；而所有这些，都是与世界历史的发展相悖的，而根源则是贪婪的私欲。

当然，美国不是不要全球化，不是不要世界秩序，而要的是美国控制下的全球化和美国统治世界的秩序。比如，世界秩序的主要内容，是各种规则。而如何制定规则，谁来制定规则，美国的愿望就是，制定规则的权力必须属于美国。就是说，世界的一切规则都必须由美国根据自身的最大利益说了算。自第一次世界大战后，美国成为资本主义世界的霸主，世界许多规则的制定权的确属于美国，世界秩序的确是由美国控制的。可因为这种秩序是只有利于美国的不公正、不合理的秩序，所以至今造成了严重后果。

比如，在这种秩序下，美国主要通过资本输出，特别是以援助和直接投资形式的资本输出，进行世界性经济掠夺和控制。虽然这也能给东道国带来一些看得见的利益，但获得最大利益的是美国，而且一般还都能得到东道国的欢迎。这种经济秩序的要害，就是通过技术禁运，最大限度地遏制发展中国家生产力的发展，遏制其生产方式由落后的、民族性的向先进的、世界性的生产方式的转变。美国靠资本输出赚了大钱，反而现在却大叫大嚷美国吃亏论，这看起来荒唐可笑，实际上美国要的不只是赚大钱，而且还要经济、政治和意识形态上的控制权。

比如，这种秩序既不能保证发展中国家经济和社会的迅速发展，也不能保证全球经济和社会的迅速发展，因为保证这种发展的不仅需要有世界市场，还必须有世界完善的法律和道德规范，有共同的良性游戏规则，有建立在以公共利益与共同发展为价值取向的国际文化与之相适应才行。而美国要依靠自己控制的这种秩序，硬把美国民族的观念、制度、法律、政策、生活方式以及风俗和消费习惯等都强加给世界，这与世界历史的发展显然是相悖的。

比如，美国依靠这种秩序的最终目标，是实现世界"美国化"，把世界变成"美国村"。"美国化"的基本含义，就是用美国的思想文化、美国的价值观念、美国的社会制度、美国的生活方式改造整个世界，把世界变成"美国村"；就是要把美国的思想文化、价值观念、社会制度、生活方式，作为世界的唯一标准和模式，强迫大家都接受。所以，"美国化"的内容不仅包括经济领域，而且包括政治和思想文化领域，不仅包括资本输出、经济制度和政治制度的输出，而且包括思想文化、价值观念和生活方式的输出。在实践中，所有这些输出都是紧密联系在一起，相互促进和相互推动的。然而，"美国化"是美国民族性的产物，具有强烈的民族主义特征，与世界历史的发展方向是相背的。

比如，如前所述，由于美国人把自己的民族视为世界上最优秀的，把自己的民主制度、经济制度、文化和价值观都视为是最优秀的，而且肩负有向世界传播这些制度和文化的上帝赋予的使命，所以，用这些作为建立国际经济政治秩序的基础，就不仅把世界历史内涵变狭隘了，将世界历史的发展重新拉回到狭隘的民族性中了，实质上是使世界历史美国民族化，让全世界的人都和美国人一样，信仰美国人的信仰，消费美国的产品，享受美国的文化，遵从美国的制度和价值观，按照美国的生活方式生活等；就是按照美国民族精神，民族意志，民族利益，来建立世界秩序。这显然是限制人们自由交往的，和世界历史发展的未来共产主义理想是格格不入的。

当今的社会主义国家，是倡导劳动致富、劳动创造幸福的，是要消灭剥削、消灭掠夺的。尽管它还处在发展初级阶段，但它毕竟代表着世界历史的未来，代表着世界历史发展的方向。社会主义国家与资本主义国家间的矛盾和斗争同一般发展中国家与资本主义国家间的矛盾和斗争，其性质是有所不同的。资本主义国家从来没有把社会主义国家看作一般的发展中国家。如果说资本主义国家同一般发展中国家间的矛盾和斗争，主要是偏重于经济方面的话，那么资本主义国家同社会主义国家间矛盾和斗争则更偏重政治方面。它既不愿看到作为发展中国家的社会主义国家成为经济发达国家，成为它的竞争对手；更不愿看到作为发展中国家的社会主义国家成为经济发达的社会主义国家，成为它的掘墓人。所以社会主义国家与资本主义国家间的斗争，自然应当比一般发展中国家与发达资本主义国家间的斗争要深刻得多、激烈得多，残酷得多。

在今天的现实中，社会主义国家与资本主义国家间的斗争，从表面上看，不仅不是那么激烈和残酷，反而看到了斗争中的合作，只是在斗争和合作中进行眼花缭乱的博弈。仔细分析这种奇妙现象的发生，当然有多种原因，但最主要、最本质的是一条：社会主义国家的强大，帝国主义国家的衰落。虽然帝国主义国家消灭社会主义、控制整个世界的野心勃勃，但由马克思所揭露的资本主义和社会主义发展的客观规律所决定，它抗拒不了这样的规律，它力不从心了。

第 三 章

霸权治理和善恶倒置

毋庸置疑,至今的全球治理都是由霸权国主导的霸权治理。从古典哲学家、伦理学家、经济学家的理论看,国际道德的核心应当是把国际社会的整体利益,也就是全人类的利益放在第一位。然而,至今的霸权治理中,不是把国际社会整体利益放在第一位,而是只把霸主国家的利益放在第一位。值得注意的是,霸主国家在对财富和权势的贪婪中,在对落后国家的掠夺中,始终都高举着道德的大旗,穿着慈善的外衣,从而把善恶完全倒置了。比如在这种道德大旗下,战争即和平,自由即奴役,援助即掠夺。道德原则是神圣的,可一旦它效忠于权力,就有了双重标准,就有了另外的含义,就变成了霸权主义者手中的工具。

目前,在国际研究领域,全球治理已成为热门话题。全球治理作为全球化发展的产物,它实际上早在第一次世界大战后就已经开始。也就是说,是全球化的产生和发展的需要,才有了全球治理的产生和发展。在国际社会中,人们的任何行为都应当遵循一定的道德规范。全球治理的行为自然也应当有自己的道德规范,有自己的道德支撑。

回顾世界历史,自殖民体系形成至今,我们似乎可以把全球治理的历史进程划分为五个不同的时期:第一个时期,是第一次世界大战前的殖民体系时期;第二个时期,是从第一次世界大战后到第二次世界大战后;第三个时期,是从第二次世界大战后至

20世纪末；第四个时期，是20世纪末至21世纪初；第五个时期，是21世纪初之后。前四个阶段，是资本主义主导的霸权治理阶段，第五阶段则是由资本主义主导的霸权治理向社会主义主导的、更高、更文明的协商治理的过渡。霸权治理阶段，是人类国际道德被践踏的阶段，协商治理阶段则是人类国际道德振兴阶段。

一 霸权治理和道德丢失

人们都知道，在自由资本主义发展时期，世界上已经形成了殖民地和宗主国对立的殖民体系。当时英国仰仗殖民掠夺建立了世界霸权，并着手建立以英国主导的世界殖民体系秩序。然而，这种图谋被第一次世界大战所中断。正是由于掠夺殖民地，争夺世界霸权，争夺势力范围等这些不道德的行为的恶性发展，酿成了第一次世界大战。所以真正的全球治理，应当说，是从第一次世界大战后开始的。在资本主义主导的霸权治理中，其治理者最大的恶事，就是支持战争和掠夺。罪恶的战争和掠夺使人类生命财产遭到巨大损失和灾难，人类道德遭到残酷践踏，这些都永远刻在了历史的耻辱柱上。

殖民体系：掠夺者的天堂

资本主义是从殖民掠夺开启的。在第一次世界大战之前，世界国际关系的结构是以英国为霸主的殖民体系。在这种体系中，宗主国对殖民地的掠夺是此时代的本质。可以说，殖民体系就是掠夺者的天堂。然而，直到18世纪晚期，英国的统治者和学者为了掩盖殖民掠夺的罪恶，高举"文明使命"的大旗，把自己打扮成道貌岸然的救世主。他们把殖民地国家的人民看作是懒惰、不诚实、缺乏文化、缺乏道德的野蛮人，宣扬他们为殖民地带来了文明、和平、人道和符合文明标准的生活方式。把对殖民地的强权统治,当作他们天经地义的使命。直到第二次世界大战后,英国统治者仍然梦想维持日不落大英帝国的地位。

谁都知道,资本主义制度是在对外掠夺的血与火中产生的。从15世纪开始,以哥伦布探险和发现美洲新大陆为标志,开创了资本原始积累和殖民掠夺的新时代。先是葡萄牙,后是荷兰和西班牙,再后是英国和法国,它们陆续在非洲、美洲、亚洲扩展它们的势力,进行殖民掠夺。资本主义制度的建立,资本主义的工业革命,资本主义巨大的财富积累,靠的就是残酷的殖民掠夺。

殖民掠夺的血淋淋的历史告诉我们,如果没有当初广大落后的殖民地国家的存在,没有资本主义先进国家对殖民地国家的残酷掠夺,就没有资本主义的产生和发展,就没有资本主义的工业革命,就没有现代资本主义的发达,就没有现代资本主义发达国家强大的财富积累。在资本主义的财富中,不仅包含着本国劳动人民的血汗,也包含着广大殖民地国家劳动人民的血汗。由此可见,现在发达资本主义国家出资帮助发展中国家,即原殖民地或半殖民地国家的发展,这实在是物归原主,理所应当。

顾名思义,所谓殖民掠夺,主要是对殖民地的掠夺。殖民地是指被宗主国占领,由宗主国统治,在政治、经济、军事、外交等方面都没有独立权力,完全受宗主国控制的地区。除了完全的殖民地之外,还有那些虽然拥有行政机关、军队等国家机器,但实际上在政治、经济、外交、军事等方面,受着别国控制的各种类型的半殖民地、附属国、附属领地。而所谓殖民主义,实质上是指宗主国在政治、经济、军事上对殖民地人民进行统治、奴役、压迫和剥削掠夺的政策和行为。

在殖民掠夺的角斗中,英国虽然是后来者,但它利用资产阶级革命的政治优势,其发展的速度和规模却十分惊人。而且如马克思说的,其手段的残忍,比葡萄牙和西班牙有过之而无不及。不仅如此,英国进行殖民掠夺的手段也是最残酷的。欧洲殖民主义者不管是在一个地方定居，或者是由于事务关系在"劣等种族"中暂时居住，他们通常总是认为自己神圣不可侵犯。而在对待"劣等种族"的那种无耻的傲慢自大和烧死活人祭摩洛赫神般的残忍上，英国人和荷兰人要超过法国人。历史已经证明，欧洲的资本主义列强没有一个不是依靠欧洲以外的殖民掠夺起家的。它们在欧洲以外直接靠掠夺、奴役和杀人越货而夺得的财宝，源源不断流入宗主国，并在宗主国转化为资本。

人们都知道，在17世纪，欧洲曾经历过30多年的混战时期。历史学家们都认为，1648年西荷合约的签署，既象征着三十年战争的结束，也象征着威斯特伐利亚体系的形成。也就是说，威斯特伐利亚一系列和约的签署，是人们对三十年战争反思的结果。值得注意的是，威斯特伐利亚和约体系中以平等、主权为基础的国际关系准则，是近代以来国际关系体系的基石，也是善良人们的美好愿望。至今它依然是解决国际矛盾、冲突的基本方法。条约体系中有关对战俘、信仰和人权问题条款，也体现了人类文明的进步。其在国际关系史上具有里程碑意义。

人们都知道，19世纪初，拿破仑曾用战争方式向欧洲输出革命，因遭到欧洲封建势力的顽强抵抗而遭到失败。以英国为首的封建势力胜利后在维也纳召开会议，共同确定了欧洲封建统治秩序和国际体系，历史学家称之为维也纳体系。在这一体系中，英国成为霸主，并控制了欧洲。从此之后，欧洲一直处在世界国际关系的中心舞台，欧洲独领风骚的状态，一直延续到第一次世界大战爆发前。

19世纪末到20世纪初，欧洲自由资本主义已经发展为垄断资本主义，进入到了帝国主义残酷掠夺殖民地、争夺世界霸权时期。19世纪30年代之后，世界列强通过对殖民地的掠夺，其科学技术和经济都得到了迅速发展。特别是科学技术大发展和广泛应用，各种交通运输工具的出现，如内燃机所带动的飞机、汽车、轮船、火车、电话的运用，由铁路建设带动的钢铁、煤炭的大发展等，使资本主义经济得到了惊人的大发展。

与这种大发展相适应，整个世界在更大程度上融合在了一起，形成了真正意义上的全球经济或世界殖民体系。这种殖民体系，本质上就是宗主国对殖民地进行土地掠夺、原料掠夺、贸易掠夺和政治控制的体系。但它促进世界性的贸易、资本流动、技术扩散等，从而客观上促进了世界经济的发展，这有利于全球人民的联系、交流和福祉的提高，所以它是历史的进步。

当然，人类文明的发展和进步是人类德性的体现。然而，这种进步是与帝国主义列强对广大殖民地国家的宰割、奴役和统治联系在一起的。这种宰割、奴役和统治，显然都是违背人类德性的。在这种全球经济中，或者在这种世界体系中，欧洲是中心，英国则是这一中心的霸主。在全球经济体系中，英国凭借自己的实力掠夺有最多的殖民地，在全球治理中也有着最多的发言权和决定权。然而，由于帝国主义列强发展的不平衡，新崛起的美、德、日，就不甘心这种格局，随着它们实力的增强，这些国家要求重新分割殖民地，重新划分势力范围，重新瓜分世界。

比如，美国利用第二次科学技术革命的契机，大搞技术革命，大力调整产业结构，大胆建立新的工业部门，大胆采取新的经营管理和营销方式，在加强对劳动人民剥削的基础上，使自己得到突飞猛进的发展。1870年至1913年间，美国工业生产增长了8倍多，1894年美国的工业生产就跃居世界首位，超过了英国。在许多工业产品方面，诸如钢铁、石油、汽车等，英国都无法同美国竞争。当时的英国人惊呼：美国拥有的工业生产能力无与伦比，工业生产力量无穷无尽。

比如，德国的发展速度也超过了英国，到20世纪初，其工业生产也超过了英国和法国，成为欧洲头号工业强国。1876年时，德国还没有一块殖民地，到1914年，德国的殖民地也只有290万平方公里，仅相当于英国的10%。所以德国强烈要求改变现状，要求按照实力对比重新分割世界。德国决心从英国手中夺取更多的殖民地，把德国建成一个"大德意志帝国"。于是，其在欧洲，在海洋，特别是在中、近东地区，同英国展开了激烈的争夺。

比如，日本在明治维新后，工业也得到迅速发展，并以惊人的速度迈入了列强的行列。日本虽然是后来者，但其对外侵略的野心极大。其对外扩张的矛头，首先是东亚地区，尤其是朝鲜和中国。除了把朝鲜变为其殖民地之外，还侵占了中国的台湾、澎湖列岛和辽东半岛。日本的目标，是把中国变成其一个国家的殖民地，气焰十分嚣张。

因为美、德、日都是掠夺殖民地的后来者，它们抢占的殖民地少，而新的经济实力和政治势力与其掠夺的殖民地形成反差，自然要求重新瓜分殖民地，对外扩张的势头很是凶猛。德国对外扩张的目标在欧洲，而美日对外扩张的目标，主要是远东和太平洋地区，尤其是中国。欧洲列强发动对中国的鸦片战争后，美国就立刻提出了"门户开放"政策，不仅要分享其他列强在中国的一切特权和利益，而且试图扩大其在中国的优势。之后日本对中国发动的甲午战争，更是想把中国变成它一个国家的殖民地。

第一次世界大战前，正是在维护自己既得殖民地和势力范围和重新瓜分世界的问题上，列强之间展开了激烈的争斗。在这种争斗中，践行的不是德性，而是各种违背德性的政治手腕。比如，为了这种争斗，不仅在经济上，而且在政治上，都践行的是本国利益优先和零和博弈的理念，都是为了最终摧垮对方、吃掉对方。为了摧垮对方、吃掉对方，各种违背道德的手段，诸如欺骗、欺诈、编造谎言、口是心非、言行不一、搞阴谋、使诡计等，都大行其道。所以，尽管形成了各种各样的联盟，但结果还是酿成了第一次世界大战。如列宁说的，随着最大垄断同盟的国外联系和殖民地联系以及势力范围的极力扩张，自然就使得这些垄断同盟之间达成世界的协定，形成国际卡特尔。国际卡特尔，就是当时国际垄断资本进行全球治理的一种组织形式。而国际政治联盟，也是列强进行全球治理的政治组织形式。

列宁特别强调，资本家同盟在经济上分割世界的基础上形成了一定的联系，与此同时，与此有联系的是，各个政治同盟、各个国家在从领土上分割世界、争夺殖民地、争夺经济领土的基础上也形成了一定的关系。帝国主义的一个重要特点，是几个大国都想争夺霸权即争夺领土，其目的不完全是直接为了自己，主要还是为了削弱对方，摧毁敌方的霸权。从列宁的这些话中，我们可以体会到，在殖民体系时期的全球治理是联盟性的治理。

在帝国主义列强瓜分世界的斗争中，虽然从手段、目的上看都是违背人类德性的，但由于全球资源富足，特别是劳动力资源充足，人们又渴望工业化，所以全球贸易、资本流动，却依然顺畅，全球经济发展还算顺利。被称为第一次全球经济时期的1864年至1914年这50年间，世界以欧洲为中心紧密联系，得到了较快发展。当然在这种发展中得到最大好处的是英国。它以实力和外交的巨大优势，通过向世界提供基础货币英镑，承接世界贸易、投资、海运和保险等，获得了巨大的利益。

可见，第一次世界大战前，列强国家为了争夺世界霸权，争夺在全球体系中的最大利益，都使出浑身解数，用尽各种阴谋诡计，明争暗斗，进行博弈的事实，把帝国主义的不道德性，列强国家的不道德性，全球殖民体系的不道德性，把资本主义民主和人权的本质，都一股脑儿暴露无遗。它以事实证明，在资本主义的国际关系中，是只讲利益，不讲道德的。

不讲道德的人，还要把自己装扮成道德圣人，这就是资产阶级的悲哀。比如，参战的原因原本都是为了自己，为了扩张自己的殖民地、势力范围和本国利益，而在参战国的宣传中，个个都把自己参战的原因说得冠冕堂皇，都把维护和平和正义的大旗举得高高的。比如，在德国首相的声明中说：是因为别国嫉妒德国的财富，想把枷锁加在德国身上，而德国是为了欧洲的和平而参战。比如，法国总统说，法国再一次为了人类的自由、理性和正义而战。英国则说，德国破坏了庄严的国际条约，英国是为了捍卫比利时的中立、反对强大民族欺凌弱小民族而战。

而第一次世界大战更以血的事实说明，帝国主义就是战争。而发动战争是最大的罪恶，是对人类道德最大的践踏。可帝国主义列强为了争夺霸权，争夺势力范围，就必然要发生战争。第一次世界大战就是这样性质的战争，就是帝国主义列强为重新瓜分世界，为了争夺世界霸权，争夺世界市场，扼杀小民族的战争。第一次世界大战的爆发告诉人们，资本主义制度有其致命缺陷和弱点，它不是人类最理想的社会制度。特别是到了帝国主义的发展阶段，其在国内的残酷压迫和剥削且不说，其在对外扩张、瓜分殖民地、瓜分势力范围、瓜分利益的斗争中所表现出的贪婪、残忍都使人发指的事实，就已证明它不是人类理想的社会制度。

第一次世界大战还以血的事实向人们提出了这样的使命：随着经济全球化的发展，随着全球体系的形成，客观上需要对全球化中的各种矛盾进行国际性的协调和治理。尽管由资本主义制度、资本主义的价值观所决定的霸权争夺，使这种治理是艰难的，但若没有治理，问题会更严重。帝国主义列强的发展，总是不平衡的发展。也就是说，在全球治理中避免战争、争取和平是永恒的主题。

道德之名贪婪之实

不言而喻，行为的道德规范贯穿于行为的始终。一般来说，首先要确定行为的目的，但很多情况下，目的是不公开的，外人是不知道的。其次是手段，手段一般情况下人们是看得见的。而无论是目的或手段，都可能是真假倒置的。比如，目的是恶的，一般必然采取恶的手段，因为采取善的手段，不容易达到恶的目的。但大量的事实证明，因为目的是无法直观的，常常被掩盖，致使道德常被列强国家所借用，被它们当作达到罪恶目的的最廉价、最有效的手段或工具。仁爱之国践行道德，狡诈之国利用道德，的确如此。美国就是最善于把道德作为工具的国家。

诚然，美国的独立战争和南北战争，都是正义之举。独立战争，是反对英国殖民者的战争，它使美国获得了独立；南北战争，是挣得民主共和的战争，它废除了南方的奴隶制，使美国走上了资产阶级民主共和国的道路。这两次战争使美国在世界上获得了极大的荣耀，提高了美国在世界人民心中的地位。加上那些开国元勋们都高举自由、民主、公平、正义等道德的旗帜，不仅对国内有极强的动员力和号召力，而且对世界也极具影响力。

了解美国历史的人都知道，最著名的几届美国总统，比如华盛顿、杰斐逊、罗斯福、威尔逊等，的确都很重视道德在国家治理和对外关系中的作用。在他们的演说中，不乏人民主权、改善劳工生活、全人类的利益、公正无私等道德的言辞。其在参与国际事务中，的确不只是为了自己的利益，也对别的国家的发展提供了不少帮助。所以，一时间，人们都把美国称为是世界上道德最好的国家。尤其是一些西方学者们，甚至视美国为世界道德的典范，认为在国际关系中，美国考虑的不光是本国的利益，而是具有利他主义精神。美国在世界上的影响力，在于它是公正无私的，在于它相信道德高于强权均衡。

制止邪恶的战争，当然是正义的。然而，如果在这种正义行为中抱有私心，一心想的是大发战争横财，那当然又是不道德的。自美国参加第一次世界大战之后，就因为总抱有发战争之财的私心，致使美国在国际上的道德形象开始陨落。人们都看清了，美国实际上实行的是强权均衡，其实际行动与道德的背离，使美国的道德形象成了空壳，成了宣传口号。然而，因为这种空壳或宣传口号背后的不可告人的真正动机和目的,是人们看不见的,所以即使是空壳,是宣传口号,也成为美国能够领导世界的重要原因。

比如,在美国的宣传中,美国参加第一次世界大战,别无他求,美国不垂涎任何国家的财富,而只是为了维护道德原则而战。实际上,美国参战的真正动机和目的正与这种宣传相反,恰恰是为了发战争之财,谋求世界霸权。发战争之财,也就是发别国的国难之财,是一种极不道德的行为。而美国却是个善于发战争之财,善于在战争中起家的国家,也是在国际斗争中很善于投机的国家。

在美国统治者的理论或意识里,对外扩张和战争是刺激美国发展的引擎,是"美国幸福的源泉"。所以从建国伊始,通过战争对外扩张,就是美国永恒的主题。美国对外扩张和发动战争的目的,不仅是要扩大自己的势力范围,促进国内的发展和实力的增长,而且更重要的是统治世界。只要战争能促进国内需求,能刺激国内生产,能扩大国内产品的市场,能增强国家实力的增强,那就毫不犹豫地进行,不管这种战争是自己发动的,或是别人发动的。

当然,如果别的国家打仗,美国却能从中渔利,并刺激本国发展,那自然是求之不得。因此,在第一次世界大战刚一爆发,美国统治者就宣称:这场战争的结果将是"没有胜利的和平",在两败俱伤结束战争的时候,"整个世界前途就会落在我们手中"。所以在战争初期,美国利用自己远离战场和优越的地缘政治环境,抱着坐山观虎斗,以坐收渔翁之利的态度,没有直接参战;主要是通过对战争国大量的贸易,特别是大量军火和军事物资的贸易,大发战争之财;并利用在两败俱伤之机,控制其他国家,以争夺世界霸权。

在这次战争前的1913年,美国经济已经因生产过剩而陷入了衰退。正值美国在国外为过剩产品寻找市场，意图摆脱衰退的时候，战争爆发了，这对美国来说真是天赐良机。战争爆发初期，美国之所以持中立态度，原因就是两条：一是靠同交战双方做生意，就能摆脱经济衰退，增强和扩张自己的经济实力；二是打算在两败俱伤的时候，出来收拾残局，扮演仲裁者的角色，更能彰显美国"救世主的形象和高尚"。

在1914年7月，美国总统威尔逊就说过："没有人比我更关心把美国商人的企业带到地球上每一个地区。当我想使自己成为一个政治家之前很久，我就关心这件事。"1916年他又说过："美国远离现在这场冲突，而世界其他地区战火蔓延，不是因为它不感兴趣，也不是因为它冷漠无情，而是因为它想要扮演的角色是一种不同于此的角色。"[1]

因此，只是到了战争后期，即1917年的时候，战争的局势发生了变化：一方面战争已经直接威胁到了美国的利益，比如德国的潜艇不仅击沉了美国的舰只，而且还暗地鼓动墨西哥向美国进攻；另一方面战争已经进行到了后期，已经处在了两败俱伤的局面下，协约国已经开始占据优势，并有可能取得胜利；正是在这种极为关键和有利的时机，美国为了分得战争胜利的更大的一杯羹，才正式向同盟国宣战，加入了战团。

回顾美国历史会使人懂得，美国统治者酷爱战争的原因，是每次战争都会因其高超的投机艺术，给美国带来经济上的发展和政治上的荣耀。伴随着每一次战争，都有一次对外扩张的高潮，都有一次资源和财富从世界各地流向国内的大高潮，都有一次经济上的大爆发和大繁荣，都有一次资本家的大爆发，都有一次资本集中和积聚大发展。当然，除了美国统治者善于投机之外，还有一个地缘政治的优越条件。

---

[1] 参见余志森主编《美国通史》第4卷，人民出版社2002年版，第386、388页。

对美国来说，第一次世界大战的结果，使其双重梦想如愿以偿。战争爆发后，随着欧洲各国购买美国货的急剧增加，美国经济衰退仅仅几个月就转向繁荣。1913年美国的出口总额为25亿美元，1916年就猛增为55亿美元。战争不仅使美国经济得到巨大的发展，而且战后按照美国提出的国际秩序的安排，使美国开始取代英国，走向世界霸主的地位。正如美国社会学家奥托·纽曼在其所著的《信息时代的美国梦》一书中所指出的："第一次世界大战后，美国已经开始具备领导世界的能力，但却并没有实施这种力量，而是从欧洲事务中抽身，尽管这也是为了维护前大英帝国作为世界荣耀之源的面子。战争迫使许多欧洲国家拍卖在美国的资产用以资助欧洲的冲突。在整个冲突过程中，它们逐渐成为美国的债务国，而不得不接纳美国进入它们一直保护的前殖民地市场。对美国而言，战争则意味着无失业的国家经济。人们的平均收入增加了50%。那时在美国人的视野里，唯一有些不安定的是1917年发生的'红色恐怖'，但那是在遥远的农村。"[1]

这场战争给美国人带来的仍然是光彩，它不仅使善于大发战争横财的美国如愿以偿，而且使其作为这场战争的最大获利者，其经济、政治、军事力量都获得了新的爆发。这次战争所耗费的直接战费1800多亿美元，间接战费1500亿美元。而这些战费无论是以武器、装备、粮食和其他商品的形式，或是以借债的形式，其绝大部分都是来自于美国。战后的1919年，美国的工业生产总值已增长到620亿美元，比1914年几乎增长了2倍；资本输出达到了70亿美元，比1913年增长了2.5倍；对外贸易额达到了62亿美元，比战前也增长近2倍。战后美国由欠外债60多亿美元的债务国，一跃成为世界最大的债权国，仅欧洲国家欠美国的债务就高达100多亿美元，其中英国就达44亿多美元。美国所占有的

---

[1] [美]奥托·纽曼、理查德·德·佐萨:《信息时代的美国梦》，社会科学文献出版社2002年版，第23页。

黄金量，已占世界黄金的 40% 以上。美国大发这次战争的横财，使经济再次爆发，由此数字可见。

美国信仰的是实用主义哲学，在世界上，美国是最善于投机、善于制造舆论、善于隐藏自己和借力实现自己野心的国家。在这次战争中，美国是最大的暴发户，又是损失最小的国家。在这次战争中，共有 1000 多万人战死，2000 多万人受伤。而美国的死亡人数只有 11 万多，受伤人数只有 20 多万。无论是经济损失或人员损失，美国都是最少的。相反，因为在这次战争中受到极大的损失，英国的霸主地位已经动摇。不过，它仍然是世界上海上实力最强、占有殖民地最多的最庞大的殖民大帝国。

美国企图利用这次战争之机迅速扩大军事力量，以为美国冲出美洲，夺取欧洲领导权，进而称霸世界做好准备的目的也基本达到。战前，美国的军队只有 30 多万，战后迅速增至 450 多万，为战前的 15 倍。特别是在战争中不仅形成了许多大型军工综合企业，而且形成了以这些企业为核心、以军事科学技术和军事工业为驱动力的国民经济体系。美国凭借其迅速膨胀起来的经济实力和军事实力，开始了争夺欧洲领导权，并进而称霸世界的图谋。

凡尔赛秩序和不道德的意图

人类有史以来的第一次世界大战，给人们的教训是深刻的。血的教训使人们意识到，在人类文明发展中，最大的恶事，是发动侵略战争；最大的善事，是维护和平，维护和平是人类最大的道德。这次战争所耗费的直接和间接军费 3300 亿美元，死伤人员 3000 多万。连年的战争，给参战各国，特别是各国人民都造成了无法估量的灾难和破坏。战争的结果，虽然英法取胜，英国不仅保住了自己的中心和主导地位，而且殖民地还有所扩大，但整个的欧洲却受到重创，其在世界的影响力大为削弱。史学家们一般认为，这次战争使欧洲工业倒退了 8 年。这次战争，也是英国开始走下世纪霸主宝座的标志。

第一次世界大战后,由于欧洲的削弱,特别是英国的削弱,加之社会经济凋敝,人民生活艰难,社会动荡,所以人民都呼吁和平。呼吁建立全球治理权威机构,而避免战争的爆发。比如,苏维埃俄国建立后,就颁布了"和平法令"。而在一片和平声中,加之四年多战争,使参战国都精疲力竭,疲惫不堪,都需要在一段和平环境中得到喘息和恢复。实现和平成为全球人民的愿望。而实现和平的条件,是反对霸权主义,是列强停止争霸。这对诸列强来说,似乎是办不到的。

人们都知道,英国哲学家罗素在其《罗素道德哲学》一书中,就曾提出过建立国际权威机构的想法。他这样写道:"要想阻止国内或国际事务中的暴力统治,就必须建立一个这样的权威机构,它能够宣布除了它本身以外一切武力都是非法的,并且拥有足够强大的力量使得一切使用武力的企图都要流产。在一个国家内存在着这样一个权威机构,那就是国家政权。处理国际事务的权威机构还有待建立。建立这样一个机构其难度可想而知,但如果想免受一次比一次破坏性更大的战争的危害,再大的困难也要想办法去克服。这次战争后结束以后,是否可以建立一个国际联盟,甚至建成后能否履行这项任务,都还很难说。"[1] 至今,如罗素愿望的像国家政权那样的国际权威机构仍没有建立。

为了实现其全球霸主的野心,在战争还没有完全结束的1918年初,美国总统威尔逊就迫不及待地以争取世界和平为题发表演说,提出了所谓"十四点"和平建议。这个演说淋漓尽致反映了美国的性格,反映了美国的上述特点。演说主要是依据世界现实和美国的实际情况及需要,用适应当时人们渴望和平愿望和乐意接受的言辞,描绘了实现美国意图的路线图。在这个演说中,他

---

[1] 《罗素道德哲学》,九州出版社2004年版,第173页。

一方面迎合世界广大人民厌恶战争、渴望和平的心理，高举和平大旗、道德大旗，高喊"自由和平""民族自决""国无大小一律平等"等口号，为美国捞取经济利益和政治资本；另一方面，为实现其全球性扩张的战略，制造舆论。

从言辞上说，这个演说是符合人类德性的，充满美丽的道德言辞。而实质上，它却是美国进行全球性扩张的一个宣言。在这个演说中所提出的"十四点计划"，可以说既是美国想对战后国际秩序安排的基础，也是美国进行更大规模对外扩张的基础。其中的每一点，都包含有其称霸全球的目的和意图，都有摧垮敌方的目的和意图。人类的德性主要体现在行为上，而不是言辞上。能告诉人们美国真正的目的和意图的，是其实际行动，而不是言辞。

战后，美国虽然在经济实力上已经超过了大英帝国，但以综合国力而论，美国还不是最强大的。其海军力量不及英国，陆军力量不及法国，大多数殖民地都还控制在英法这些老牌帝国主义者的手中。所以它进行全球性扩张最需要的外部条件就是：在政治和外交上，各国能在"自由和平""国家平等""民族自决"等的引诱下，都对美国实行开放和透明，并以国际联盟形式，增加美国在处理国际事务中的发言权和控制力；在经济上，消除经济壁垒，建立平等贸易；在殖民地问题上，以维护民族独立、民族自决、公平处理殖民地等方式，废除原殖民者的垄断统治；在军事问题上，实行公海航行自由，以打破英国对制海权的垄断等；有了这些条件，美国就可以对其他国家进行政治和军事上的各种渗透，美国的资本和产品就可以无阻挡地进入世界各国，美国就可以插手其他殖民者殖民地的事务，甚至以另一种形式夺占这些殖民地。而威尔逊"十四点"演说的核心，正是美国所需要的这些内容和条件。

美国提出的在外交上开放透明，主要是对美国的开放透明。其提出废除秘密外交，以便使美国能了解各国的动向，插手他国事务；比如，提出公海航行自由，以冲破欧洲老牌帝国主义对海洋的控制，实现美国的海上霸权；比如，提出消除贸易壁垒，"门户开放"，以打破英法等老牌帝国主义障碍，使自己的商品进入到世界各地；比如，提出和平处理殖民地，维护民族独立，以使自己能名正言顺踏入老牌帝国主义国家的殖民地等。总之，威尔逊是抓住和迎合广大人民厌恶战争、渴望和平的心理，以求得世界舆论的支持。

当然，不只美国有私心，战胜国在分赃中都有私心。战后，英法虽然遭到削弱，特别是英国在世界经济和金融霸权地位动摇，殖民地的独立、离心倾向迅速增长，但它毕竟仍然是世界最庞大的殖民帝国，其继续掠夺和支配着殖民地的大量财富，保持着在欧洲的霸权地位。英国的打算是，维护、扩大其最大殖民帝国的利益，既遏制欧洲的主要竞争对手法国，防止法国独霸欧洲野心的实现，又联合法国或拉拢法国对抗美国，遏制美国称霸世界的图谋。为了遏制法国，它既要巩固新抢占的德国殖民地的统治，又不愿意过度削弱德国。

法国作为战争的主战场，是损失最大、付出代价最高的国家，也是经济遭到破坏最严重的国家。其死伤人数达到430万，物资损失高达2000亿法郎。战争结束时，其工业产量只有战前的57%。不过在战争中，法国也壮大了自己的军事力量，随着德国和奥匈帝国的战败，其成为世界头号陆军强国。它的意图是最大程度削弱德国，肢解德国，巩固其在德国抢夺的地盘，使自己成为欧洲的霸主。

正是在此环境下，战胜国于1919年1月在巴黎的凡尔赛宫召开了和平会议。在巴黎和会上，其重要的议题，名义是拟定对德和约和建立战后世界和平，实际上是战胜国宰割战败国、重新瓜分殖民地、瓜分势力范围的会议。会议的主要议题，是建立以美、英、法主导的战后国际秩序。具体就是建立一个超乎国家之上的、由它们控制的国际组织，即国际联盟。

巴黎和会，是中国遭到屈辱的会议。中国的屈辱，也体现着这次会议的缺乏道德性。中国作为战胜国之一，在会议上提出了废除外国在中国的势力范围，撤走在中国的军队，取消"二十一条"等正义要求。可在帝国主义列强主宰的巴黎和会上，它们却拒绝了中国的要求，竟然决定将德国在中国山东的权益转让给日本，真的是弱国任人欺。这遭到中国人的强烈不满，引发了中国的"五四运动"。

在巴黎和会上，美、英、法都怀着各自的利益、意图，进行着尔虞我诈、各不相让的激烈博弈，使会议一开始就陷入了激烈的争吵。比如，在讨论会议程序时，威尔逊从美国的利益和意图出发提出，建立国际联盟是达到世界永久和平的全部外交结构的基础，所以应当首先讨论建立国际联盟问题。而英、法从自己的利益和意图出发，都主张首先讨论对德和约问题。英国主张先讨论对德国领土瓜分的问题，以及土耳其领地的归属问题；法国主张先讨论边界、殖民地和赔款问题。对立各方各执一词，互不相让。

经过激烈的争论，最后决定，将建立国际联盟问题交给以威尔逊为首的专门委员会研究，由该委员会负责制定国联盟约草案。英法的阴谋是想借此把美国的计划从议事日程里抹掉。出人意料的是，在威尔逊的组织下，专门委员会经过一系列紧急磋商，终于在1919年2月13日，按期制定出了国联盟约草案。2月14日，威尔逊在庄严的气氛中向全体大会报告了草案内容，并获得一致通过，在第一回合的斗争中，威尔逊勉强占了上风。

建立国际联盟无疑有利于世界的和平，是德性之举。但威尔逊之所以对于建立国际联盟的计划特别着迷，其真正目的是想把建立国际联盟视为取代英法称霸世界的大计和必经之路。他在巴黎和会首次发言时就提出，要优先讨论国联盟约问题，强调国联盟约与对德和约应当成为统一的和不可分割的整体，对任何国家都有约束力。但英法两国对此不感兴趣。它们主张将二者分开，并优先讨论瓜分领土和战争赔款问题。

作为体现美国意图的国际联盟，作为巴黎和会的产物，于1920年1月正式成立。应该说，巴黎和会是讨论全球治理的会议，而国际联盟的建立，则是全球治理中重要的实质性一步。国际联盟的建立，当然意味着美国对全球治理的贡献。国际联盟开始的成员国有44个，后来增加为63个，德国和苏联分别于1926年和1934年被吸收为会员国。因为它是霸权主义的产物，各战胜国都怀有不可告人的目的，使联盟缺乏道德的支撑，所以尽管其字面上冠冕堂皇，实际上却充满着激烈的利益争夺。比如，从字面上看，国际联盟的宗旨是促进国际合作，保证国际和平与安全，其实是列强争霸都想利用的平台。

这里特别值得一提的是，为了实行其全球性扩张的战略，在处理国际事务中，美国向来就善于熟练地利用道德宣传，借助于道德手段。比如，先在维持力量平衡的条件下，利用矛盾制造摩擦，然后积蓄力量，待条件成熟后予以各个击破。比如，以平等和民主协商为幌子，建立在自己控制下的国际组织，借助于集体的力量，达到为自己战略利益服务的目的。战后，在如何处理战败国的问题上，美国不仅主张维持德国在政治和军事上的强大地位，而且反对在经济上过分削弱德国，其目的就是不仅使德国成为英法的抗衡力量，而且成为反对苏维埃社会主义的前哨阵地；对美国与英法发生矛盾的而且都不肯让步的问题，如战争赔款问题，如何处置德、土殖民地问题等，美国都主张交由美国控制的"国际联盟"讨论处理。实际上就是通过"国际联盟"的力量，实现美国的意志和目的。

也就是说，经过威尔逊的努力，想先建立一个由美国控制的国际联盟以扩大美国的影响，建立美国对欧洲的控制权，实现美国的战略目标的这个意图似乎实现了,但奇怪的是,建立国际联盟,本来是美国总统威尔逊提出来的,而且威尔逊在其成立过程中起了很大作用,有人甚至称"国际联盟是威尔逊的产儿";尽管威尔逊心怀鬼胎,有自己的意图,但国际联盟建立后,不知为什么,美国反而拒绝加入。

国际联盟的价值和德性,更突出体现在它的盟约上。盟约宣称,联盟的宗旨是促进国际合作,保证国际和平与安全。盟约规定了会员国的职责和义务,提出,各会员国都有保持自己领土完整、行政独立的义务和防御外来侵略、保持各国之间和平的责任。尽管盟约有逻辑混乱和相互矛盾之处,没有改变殖民统治的实质,但它毕竟是符合时代要求的全球治理的第一个全球机构。

国际联盟作为第一个政治性国际组织,反映了在20世纪初,世界已经发展成为一个相互关联的整体。国际联盟的主要机构是全体会员国组成的代表大会、行政院、常设秘书处三个机构。联盟代表大会每年召开一次,必要时可召开特别会议。每个会员国都可以在会上发言,表达自己国家的意见。但有关事务的最后决定权,则归行政院。行政院,由五个常任理事国组成,后来实际上变成了国际联盟的执行委员会。国际联盟常任秘书处,是最富有创新的机构,它负责安排会议,接受报告,登记条约,准备大会和行政院文件,管理联盟的出版物和新闻发布工作等。

除了这三个机构之外,联盟设有国际常设法院、国际劳工组织、常设委任统治委员会等六个常设机构和专门委员会以及许多辅助机构,负责许多繁杂的具体工作。从这些机构和工作范围可以看出,国际联盟的出现,不仅是人类文明进步的需要,而且是人类历史由民族史转变为世界历史的必然产物,有其巨大的历史进步性。

建立一个国际组织,进行全球治理,以维护世界和平,这当然是当时广大人民的渴求。而对于帝国主义列强来说,建立国际组织只是一种手段，是自己获得更大利益的手段。对它们来说，关键的问题，是对这种国际组织的控制权，使其成为为自己利益服务的工具。英、法、美还草拟了国际联盟的方案，其核心是保护战胜国的既得利益，维护战胜国的意志。后来由于俄国十月革命而自动退出争霸行列，建立国际组织，建立世界秩序，就变成美、英、法、意、日为维护各自利益的新的博弈。

毋庸置疑，国际联盟的建立是人类文明发展的要求，是历史的进步，是全球治理中的善事。虽然在20世纪初，世界就出现了社会主义国家，落后的发展中国家也开始政治的独立斗争和经济上的迅速发展，其实力不断壮大，但与当时的列强势力相比，差距还很大。所以当时的全球治理，以资本主义发达国家开启并主导是理所当然的。从国际联盟的筹划和建立过程中人们就可以看到，资本主义的全球治理是霸权治理，是在争霸中治理，或治理中争霸，其中的道德缺失不言自明。

实际上，巴黎和会是英、法、美、意、日利益博弈的场所，即靠各自的实力进行利益分赃的场所。这种博弈，自然不是求得共赢的博弈，而是都想战胜对方的博弈。巴黎和会后，正是在美国的主导下，在凡尔赛和约下，形成了凡尔赛体系，即它们争霸的新平台。凡尔赛条约和国际联盟条约一起，构成了一个互为联系的条约体系。它们正是通过这一体系，建立了帝国主义在世界上的国际新秩序，确立了五个战胜国在这种秩序下的利益划分。这种划分使美、英、法、意、日的利益得到满足，而包括中国在内的广大发展中国家的利益却受到很大的损害。

从国际联盟的组织机构看，国际联盟的主要机构是全体会员国组成的代表大会，行政院和常设秘书处三大机构。代表大会的职权是处理联盟内的事务，主要是关于世界和平的有关事务。代表大会每年召开一次，每个国家都派代表参加，都可以在大会上发言，表达自己的意见。这看起来是公平的，但最后的决定权却控制在美英法手里，特别是英国和法国手里，所以结果却是不公平的。

这里要特别指出的是，尽管国联满足的主要是美英法意日的利益，但因实际却受英法的控制。而美国原本是想削弱英法，以便其控制欧洲，所以积极活动、在国联的建立中起了重要作用的美国，却因国际联盟的宗旨和原则，没有完全照顾到美国的利益，有悖美国控制欧洲、称霸世界的长远目标，所以最后美国拒绝加入。这足以看出美国称霸世界的狼子野心。

华盛顿秩序和不道德的条约

第一次世界大战之前的世界秩序是殖民秩序，是宗主国对殖民地的直接统治。谁的殖民地多，谁就是霸主。在列强掠夺殖民地期间，几乎所有依靠战争与战败国所签订的国际条约都是掠夺性的、极不平等条约，都是与人类德性不相容的。

比如，在当时的远东和太平洋地区，日本和英国结成了同盟，共同抵御德国和沙皇俄国对远东的扩张。在1894年，日本就发动了侵略中国的战争——甲午战争，并取得了胜利，强迫中国与其签署了《马关条约》，中国又割地又赔款。第一次世界大战期间，日本则利用英美法忙于欧洲战争之机，迅速扩张了其在远东的势力。它不仅抢占了德国在远东的势力范围，而且侵占了中国的山东，强迫中国与其签订了妄图灭亡中国的条约《二十一条》。《马关条约》也好，《二十一条》也好，都是日本妄图灭亡中国的极不平等条约。日本在远东的肆意扩张，自然威胁到美英在远东的利益。

第一次世界大战后，美国除了控制欧洲外，就是在远东和太平洋地区进行扩张。因此，美英日在为争夺远东、主要是争夺中国的利益上，矛盾日益突出和尖锐。为了这种争夺，其较量的主要领域是贸易和海军。当然，美国的意图不只是远东，而是整个世界。它要在全球范围内，对传统的霸主英国进行挑战。而面对英国和日本的强大海军，美国人知道，没有战胜这两个国家的强大海军，称霸世界是不可能的。

于是，美国把疯狂发展海军作为其争霸世界的重中之重，如当时威尔逊提出，美国一定要建立一支能与世界上任何国家都势均力敌的海军，并开始了其野心勃勃的海军建设计划。而英国首相乔治则对威尔逊说：英国宁愿耗尽它最后一个金币，也要维持对美国或其他任何国家的海军优势。当时的海军大臣丘吉尔更为坚决，他说：世界上无论什么东西，无论什么见解，无论什么论据和劝说，不管它们如何动听，都不能让我们放弃我国赖以生存的海上霸权。此后，英国与美国针锋相对，也开始了维持自己霸权的海军发展计划。而日本更是不甘落后，它利用在中国掠夺的大量财富，也开始了自己改造"八四舰队"海军的发展计划。就当时来说，海军强大的背后，就是霸权。

可见，当时美、英、日在争夺远东、争夺世界霸权的斗争是多么尖锐和激烈。然而，在势均力敌的情况下，争霸也需要有秩序，需要有秩序维持下的暂时平衡。特别是美国，基于其海军发展落后于英国，需要有一段发展追赶时间，于是就以"维护世界和平"的招牌，提议召开了由14个国家参加的华盛顿会议，并产生了华盛顿秩序。这个会议于1921年召开，历时两个半月，集中讨论了限制海军军备问题和太平洋和远东问题。由于这次会议由美英日三国控制，重大问题的决定权都掌握在它们手中，所以这也是美英日瓜分远东的会议。

在美英日的控制下，会议通过了7项条约和12项决议案。其中主要是《四国条约》《五国海军条约》《九国公约》和中日《解决山东问题悬案条约》。在华盛顿会议上，首先讨论的是英日同盟问题，因为英日同盟是美国称霸远东的重要障碍，而美国的重要意图就是拆散英日同盟，以消除其在远东称霸的障碍，而于1921

年12月《关于太平洋岛屿属地和领地的条约》即《四国条约》的签订，实现了其夙愿，这无疑是美国外交的重大胜利。同时，"四国条约"也使英国在远东的巨大利益得到巩固，所以英国也感到满意。条约对日本在远东的控制虽然有所制约，但其在远东已经取得的利益得到了美英法的承认，而且意味着日本已经成为世界四强之一，能同美英法平起平坐，自然感到得意。

华盛顿会议的另一个议题，是关于限制海军军备的问题。在这个议题上，美国的主要意图，就是在海军发展上赶上英国，能与英国平起平坐。经过激烈讨价还价的博弈，最后于1922年2月，美英日法意五国签订了《关于限制海军军备条约》即《五国海军条约》，用条约的形式，对每个国家的海军规模做了规定。规定中，美国实现了与英国的同等规模的地位，美国在外交上又取得了胜利，同时，这也标志着英国的海上优势从此结束。

这一系列的会议和一系列条约，都是在美国主导下，争夺和妥协的结果。既满足了美国的要求，也使其他列强能够接受。而受害的，只是列强之外的落后国家，尤其是中国。华盛顿会议的另一个议题，是远东和太平洋问题，也就是如何建立远东和太平洋秩序问题。其核心是关于中国的问题。因为帝国主义列强都认识到，要争夺远东和太平洋地区的霸权，必须在争夺中国中取得优势。

当时帝国主义列强在争夺中国中。它们的各种恶态、丑态都永远刻在人类历史的耻辱柱上。在中国这个议题上，美国的主要意图，就是把在中国的门户开放扩大到中国普遍的工商业领域，把中国变为美国能够控制的、能够保证美国最大利益的半殖民地国家。

虽然当时的中国开始觉醒，但在帝国主义各种威胁利诱下，中国在会议上没有提出真正能够保证中国主权独立、领土完整的要求，反而同意美国的门户开放政策，致使各列强在中国的势力范围和利益得到巩固。因为华盛顿会议是美英日控制、美国主导的会议，决定权在它们手中，所以它们为了自身的利益，在相互妥协中，只有以牺牲中国的利益以求得它们之间的妥协和平衡。

会议在 1922 年 2 月 6 日，由美、英、法、意、日、荷、葡、比、中九国正式签署的《关于中国事件应使用各原则及政策之条约》即《九国公约》，使美国如愿以偿，使其得到了在巴黎和会上没有得到的东西。公约虽然规定尊重中国的主权和独立，而实质是把中国独立作为幌子、作为它们在中国平等瓜分利益的平台。对它们来说，最本质的东西是"门户开放"和"机会均等"原则。如当时美国国务卿休斯说的：由于这个条约，中国的"门户开放"终于变成了现实。

同凡尔赛秩序一样，华盛顿秩序也是列强争霸实力较量的结果。所不同的是，前者是以承认英国的霸权为基础的，而华盛顿秩序则是以美国主导为基础的。华盛顿秩序标志着英国霸权的衰落和美国霸权的开始。华盛顿秩序的策划者和主要受益者，都是美国。华盛顿会议作为巴黎和会的继续，和巴黎和会一起，标志着帝国主义列强对全球秩序的重新安排。值得一提的是，由于帝国主义的基本理念不是共享，而是独霸，所以这种安排，或者说这种暂时的平衡，并不是美英矛盾、美日矛盾、日英矛盾的根本解决之道，随着它们之间发展的不平衡，这种平衡必然会被打破，新的争夺必然会重新开始。

从凡尔赛秩序和华盛顿秩序的形成和实践看，它们通过国际联盟，通过各种国际条约、国际公约等带有强制性的力量，在维持全球秩序中暂时有一定作用。但它们实质上都是列强争霸的平台，它们都利用这些平台，进行更大规模的争斗，因而酿成了比第一次世界大战更为残酷的第二次世界大战。虽然有像国际联盟这样的国际组织，尽管在其章程中也有尊重并维护所有成员国领土完整和政治独立，不受外来侵略的规定，尽管会员国都对其维持战后秩序和世界和平寄予了很多期望，但正因为它不具有这种权威的力量，所以其章程、宗旨、决议的贯彻执行完全取决于各成员国的态度，靠各成员国的自觉、自愿。而在那只考虑本国利益、妄图称霸世界的环境下，它所能起到的维护世界秩序和维护世界和平的作用，自然都非常有限。

二 霸权伪装和道德工具化

人们都公认，第二次世界大战与第一次世界大战不同，它是德意日法西斯对世界人民的屠杀，是它们对人类道德的肆意践踏，是它们犯下的滔天罪行。以美国、英国、法国、苏联和中国为代表的正义的力量，浴血奋战，粉碎了法西斯统治世界的野心，取得了第二次世界大战的胜利，这是正义的行为。正是这种正义行为，为美国霸权主义者用道德伪装自己，把道德作为实现自己霸权梦的工具提供了条件。第二次世界大战后，一批殖民地、半殖民地国家进行了民族独立解放的斗争，并以独立国家的身份加入国际社会。这些国家以前所未有的速度发展，使世界各国、各地区之间的联系空前密切起来，全球性的贸易、金融、投资和多种形式的合作，都得到迅速发展，使得全球治理问题更为迫切和复杂。更具重要意义的是，包括联合国在内的诸多全球治理组织的诞生，为全球治理的有效开展提供了有利条件。

道德伪装和美国的繁荣

第一次世界大战后，在战争中大发横财的美国，在新的扩张计划的带动下，经济又出现了一次新的大发展时期。这次战争之后的1919—1929年，美国的国民总收入由650.9亿美元，增至828.1亿美元，增长了27%。其整个工业生产率提高了40%。由于欧洲的大门、太平洋的大门特别是中国的大门，都已经向美国洞开，美国大量的资本和产品已经毫无阻力地冲出美洲，向欧洲和太平洋地区迅速扩张。其向海外的资本输出额由1919年的70亿美元，增至1929年的172亿美元，增长了1.46倍；商品输出额由1922年的39.71亿美元，增至1929年的51.57亿美元，增长了近30%。汽车是当时美国的支柱产业，1929年美国的汽车产量占世界汽车产量的81%。在柯立芝执政时期，随着经济的大发展，特别是电力、电气工业和房产业的发展，座座摩天大楼拔地而起，收音机、洗衣机、小汽车已经进入普通家庭，成为广大民众的消费品，出现了令欧洲人惊叹的繁荣。

这一时期美国的繁荣，也被称之为"柯立芝"繁荣，在这种繁荣中，道德已经发生了扭曲，已经变成了统治者、治理者的工具。比如，"柯立芝"繁荣的实质，是富人繁荣、资本家繁荣。柯立芝和胡佛的信条是：富人是个人才智所赐，上帝所助；穷人是罪有应得，是罪恶的报应。如果把这种信条用于国际社会，那就是富国、强国是其本国精英者所赐，上帝所助，而穷国、弱国则是罪有应得，是罪恶的报应。这种信条似乎连一点同情心都没有了，而且把人世间的罪恶和善良、公平正义和为富不仁的位置完全颠倒了。

我们知道，亚当·斯密的《道德情操论》是从同情心切入的。亚当·斯密认为："人，不管他被认为是怎样的自私，他的天赋中总会存在一些本性。这些本性除了使他把别人的幸福看作他自己的事情，也会使他关注别人的命运，即使他除了看到别人的幸福和快乐而感到高兴之外，他一无所有。属于此类本性的就是同情或者怜悯，即当我们看到他人的不幸时，或当我们想象到他人的不幸时所感受到的那种情感。显而易见的是，我们时常会因为他人的不幸而感到悲伤，这并不需要任何实例予以证明。同情这种感觉，绝不会只是品行高尚的人才能具备，它同人性中所有的原始感情是一样的，即使这些高尚的人在这方面的感受比其他任何人都更为敏锐和强烈。即使最残忍的恶棍或者是最麻木不仁的匪徒，也不会完全没有同情心。"①

因为美国社会制度成长和繁荣的基础是个人主义，而这种个人主义又是和自由企业制度和对私人财富和权势的贪婪联系在一起的，所以政府不仅不应当干涉企业的自由发展、自由地发财，而且应当为它们的发财和发展提供援助，而不应该去援助"卑贱的穷人"。正是在这种繁荣年代里，美国每年的失业人数都在200万以上，没有固定职业的贫民达800万以上。1923—1929年，美国企业的利润增长了62%，而工人在劳动强度不断加大、劳动生产率不断提高的情况下，实际收入只增长了11%。这种状况与"柯立芝"繁荣一样令人吃惊。

在美国繁荣的同时，欧洲英国和法国的实力却逐步削弱。而在美英的纵容下，德国又逐步重新崛起。至20世纪20年代中期，德国已经恢复元气。当时，基于苏联的迅速发展，基于帝国主义列强对苏联的忌惮，为了避免德国与苏联接近，欧洲主要国家英法比德意波捷七国外长在瑞士的洛加诺举行会议，并形成了《洛加诺公约》。公约中，获益最大的是德国。德国不仅成功取得与欧洲各国的平等地位，而且能成功在英法苏之间周旋，左右逢源，赢得外交上的主动。通过巧妙的外交活动，使德国赢得这种成功的德国外交家施特雷泽曼，还因此获得了诺贝尔和平奖。

可见，在一战后的全球治理中，因为并没有解决列强争霸这个根本问题，只是改变了争霸列强的结构，所以，列强在新的结构基础上展开了更加激烈的争夺。比如，因为在"非战公约"上签字的列强国家，内心想的是，自己成为世界霸主，而不是真的不战。当然，如史学家们说的，这个公约对列强者来说，它只是一纸空文，但它毕竟是大多数国家签署的一项国际和平条约，它

---

① ［英］亚当·斯密：《道德情操论》，中国工人出版社2016年版，第3页。

为促进各国摒弃把战争作为国家政策工具，以和平手段解决国际争端奠定了法律基础。这应当算是人类文明发展中的一项重要成果。它所具有的宣传教育和道德价值，是不能忽视的。

值得一提的是，在争夺霸权的斗争中，美国统治者意识到，为了维持自己的霸主地位，不能只靠枪弹，还得有文的一手，就是金钱外交。金元和枪弹并用，才能取得更大的效果。这种金元和枪弹并用，实际上就是暴力掠夺和资本输出掠夺并用。特别是基于地缘政治的缘故，为了加大对拉美国家的资本输出，其对拉丁美洲国家还提出了睦邻政策。正是在这种政策下，美国垄断资本从拉美国家获得了极为丰厚的利润。据史学家们的统计，仅1930年至1938年，美国从拉美国家获得的利润、利息和其他方式的受益，就达13.1亿美元，显示出金元和枪弹并用政策的效果。

更值得一提的是，美英更不道德的是，想借刀杀人。正是为了争夺霸主，美英矛盾、美法矛盾都日趋尖锐。为了压制法国，为了把德国这股祸水引向苏联，美英都暗自纵容甚至助长这股祸水，以致最后酿成了人类文明史上最大的灾难——第二次世界大战。这次大战波及全球，规模空前，把世界60多个国家、世界4/5的人口都卷入了战争旋涡，显示出美国和英国内心的阴暗和不道德的品性。

同第一次世界大战初期的情况一样，基于地缘政治的优越地位，在第二次世界大战爆发初期，美国故技重演，同样采取隔岸观火，寻机渔利，大发战争之财的态度。直到1941年"珍珠港事件"之前，美国的意图和美梦一直是使自己成为世界的"大兵工厂"。当"珍珠港事件"发生的时候，欧洲战场已是双方伤亡惨重，美国利用自己已经积蓄了的足够的力量在此时参战，自然就使其既获得了巨大的胜利果实，又获得了巨大的荣耀，并乘机彻底控制了欧洲和亚洲，成为资本主义世界的新霸主。

道德工具高手和霸主梦的实现

轻车熟路,美国在战争一开始就做着利用战争发财和实现霸权的双重美梦。由于第一次世界大战后,美国就利用战争赔款和战争债务问题,开始在德国进行经济渗透,到1929年,美国资本已经占德国外债总额的70%。在希特勒执政前,美国给德国银行和企业的贷款就高达22亿多美元。所以,在战争全面爆发之前,为了使法西斯德国成为进攻苏联的桥头堡,美国与英法一样,对德国和意大利法西斯疯狂的侵略和扩张战争,也采取了中立和纵容的态度。

但是,对美国来说,客观事物的发展并不都是天从人愿。随着战争形势的发展,法西斯德国不仅要进攻苏联,而且要称霸欧洲的意图日趋明显。在这种情况下,一方面由于遏制不住大发战争横财的欲火,另一方面由于怕德国真的称霸欧洲,所以美国于1939年就放弃了中立政策,开始大量向英国供应军火和军用物资,把美国工业与"欧洲战争机器"联系起来。1940年,应英国的请求,还把大量军舰和军事基地"租借"给英国。1941年,美国又通过了"租借法案",授权总统以各种方式,包括直接出售、转让、交换、租借等,为英国提供军火和军事物资,并拨款70亿美元用于实施此法案,主要是用于生产和输出租借物资。当时美国提出的口号是:"美国必须成为民主制度的伟大的兵工厂",并遏制德国称霸欧洲。

与此同时,美国在国内通过增加战争预算,迅速扩展军备。1939年美国的国防拨款达到了16.14亿美元,其他一些专项国防计划拨款6.4亿美元,都达到了美国和平时期国防拨款的最高水平。这些拨款大部分都用于了建立海陆空三军工业体系,用于飞机、坦克和军舰的生产。1940年罗斯福又要求国会增拨11.8亿美元的国防费用,用于每年生产数万架飞机,并建立一支5万架飞机的空军。

当然，美国的意图不只是要大发战争财，而且还要利用战争的有利时机，扩张自己的政治势力和军事势力，以爬上资本主义世界霸主的地位。所以当"珍珠港事件"爆发后，其就立即对日宣战，直接卷入了战争。从美国的意图和野心看，与其说"珍珠港事件"迫使其不得不直接参战，不如说是"珍珠港事件"为其直接加入战争，以扩张自己的政治和军事势力提供了难得的契机。

美国投入战争的初期，主要是集中力量击败日本，以扫清其向亚洲扩张的最大障碍。对欧洲战场，主要只是向英、法和苏联提供大量的武器和军事物资，以支持其对德作战，尽量消耗德军，以等待参战的最有利的时机。到了1942年，苏联大规模的反击战已经开始，在德军已经处于不利地位，其失败已成定局的情况下，美国认为最有利的时机已到，才加入了大规模的反击战。

战争使美国经济空前繁荣。政府通过战争拨款、战争投资、战争动员等，使整个国民经济的发展在战争的带动下，像一部高速运转的机器迅速地运转了起来。1940年至1945年，美国联邦政府的财政预算高达3176亿美元，其中直接用于战争的费用有2815亿美元，占整个预算的88.6%，为第一次世界大战战争费用的8倍。这些庞大的战费，一是靠增加税收取得，主要是个人所得税和公司所得税，1941—1946年，其税收总额为1560亿美元，占全部战费的44%；二是靠借款取得，占全部战费的约56%，都是靠向私人、银行和其他机构借款而筹措的。而这些庞大的军费，主要是用于战争投资和消费，即用于大量军品的生产和消费。1944年美国的军品生产总量达到了640亿美元，差不多占美国产品总量的44%，相当于德、意、日三个轴心国和美国主要盟国军品产量的总和。

战争期间，在联邦兵工生产局的全面指挥下，美国的所有工业几乎都投入到了热火朝天的军工生产中，工人加班加点，展开生产竞赛。军用的钢、铝等各种冶金产品，卡车、电话机等交通通信和运输工具，坦克、飞机、大炮、舰艇等大批武器装备，都从各生产线上源源不断大量地生产出来。据统计，从1940年7月到1945年7月，美国共生产飞机近30万架，坦克8.6万多辆，舰艇7.1万多艘。1945年，在陆军服役的航空队人员已达230多万，拥有飞机7.2万架；在海军服役的人员340多万，拥有各种类型舰只9.1万艘。在战争期间，有1500多万人参军服役。在5000多万就业人员中，有1000多万从事军工生产。由于劳动力的缺乏，吸收了100多万退休老工人重返工作岗位，吸收了500多万妇女参加生产。

这次战争不仅再次证明，对美国来说，"战争则意味着无失业的国家经济"；而且证明，对美国而言，"战争可以重新平衡经济"，正是这场战争不仅使美国彻底摆脱了20世纪30年代大危机的困扰，而且"驱动美国在全球范围内建立起自己强大、繁荣和成功的地位"。[①] 第二次世界大战的结果，使美国人赢得了更大的光彩。"对欧洲进行物质和军事援助的必要性，加上保护美国海外经济利益和共给的需要，使美国扮演起自由世界警察的角色。把联合国总部设在纽约使美国空前的光彩和荣耀。"[②]

这场战争不仅使美国成为最大的获利者，而且其成为资本主义世界霸主的目标也如愿以偿。后起的、在重新瓜分世界的斗争中野心勃勃的德、意、日，被彻底摧垮；老牌帝国主义英法，虽然也是战胜国，但已经元气大伤，在经济、政治、军事等各方面的实力都再也无法与美国相比；而美国不仅如其所愿，成为"世界最大的兵工厂"，大发了战争横财，急剧地膨胀了自己的经济实力，而且急剧地膨胀了自己的政治和军事实力。

---

① ［美］奥托·纽曼、理查德·德·佐萨：《信息时代的美国梦》，社会科学文献出版社2002年版，第26页。

② 同上书，第27页。

1945年与1939年相比，美国国民生产总值由910亿美元，增至2136亿美元，增长了1.35倍；1940—1945年美国农业的纯现金收入由23亿美元增至94.58亿美元，增长了3倍多；1945年美国的工业生产指数也增长了近3倍，美国的生产能力，已经超过了整个资本主义世界生产能力的2/3。1940年底到1945年，美国就业人员的周平均收入由24.2美元增至44.39美元，增长了近1倍；战争结束时，美国持有公债的人数达到了8500万，私人在银行的储蓄存款高达1364亿美元。正如当时美国《时代》周刊所宣扬的：战争使美国骤然富了起来；也如哥伦比亚广播公司所评论的：这次战争开始以来，生活水平还能提高的，只有我们这个国家；整个欧洲都已经弄得精疲力竭，而我们却没有。这些增长，这些钱，这些财富，都是哪里来的？当然是靠"伟大兵工厂"赚来的，是靠军火贸易赚来的。

人们都知道，第二次世界大战与第一次世界大战的性质，有所不同，它既是帝国主义列强争霸世界的战争，也是全世界民主力量与妄图称霸奴役世界的法西斯主义的一场殊死搏斗。它是人类历史上规模最大、损失最惨重、伤亡最大的一次战争。它历时六年，交战双方动员的兵力，高达1.1亿人，在战争中死去的人员达一亿人。直接耗去的军费达1.3万亿美元，占交战国国民收入的60%—70%。参战国的物资总损失达4万亿美元。损失最大的是苏联和中国。苏联死亡人数达2700万，伤亡总数达6000万。苏联的物资损失大约占二战参战国总损失的41%。中国在抗日战争中牺牲的人数达2100万，财产损失和物资消耗超过1000亿美元。中国在这场反法西斯战争中的贡献是巨大的，所做出的民族牺牲是巨大的。

第二次世界大战以铁的事实说明，战争是背离人类德性的最大的恶事、恶行。发动战争的德意日法西斯，是最大的恶棍，其得到人民惩罚是罪有应得。但，这次战争不仅造成善良百姓生命财产的巨大损失，而且开了一个坏的先例，那就是核武器的使用。1945年，美国向日本广岛投下第一颗原子弹，炸死7.8万人，炸伤3.7万人，死伤人数占广岛总人数24万的48%。时隔三日，又在长崎投下了第二颗原子弹，炸死2.3万人，炸伤4.3万人，死伤人数占长崎总人数的近30%。这就使我们不难悟到，战争是残酷的，特别是大量先进、杀伤力巨大的武器的出现，如果再发生世界性的大战，其后果是难以想象的。

战争结束后，美国如愿以偿，成为世界上最大的商品、资本输出国和最大的债权国。1947年，其商品出口额已占资本主义世界出口总额的1/3，1946—1949年，其贸易顺差年平均都在61亿美元以上；1948年，美国对外直接投资已达到了294亿美元，比1943年增长了1倍多；1949年，其黄金储备总额已达到245.6亿美元，占整个资本主义世界黄金储备总额的74%以上；1946年其他资本主义国家欠美国的债务，就已达到了460亿美元。

军事技术的开发，军备大量生产，如果是为了防备，自然无可厚非，但如果是为了去赚钱或为了直接去发动侵略战争，去杀人，那是大逆不道的恶事。而美国建国之后，从未受到过别的国家侵略战争的威胁，其追求成为"世界最大兵工厂"的目的，完全是为了赚钱。这次战争不仅使美国成为"世界最大兵工厂"的美梦成真，战争中消耗的大部分武器装备，特别是先进的武器准备都是来自于美国；而且随着大量军费的增加，研制各种先进军事技术、武器装备技术投入的增加，美国的军事科学技术、武器装备技术、武器装备的数量和质量都已处于世界领先地位。

战争期间，美国利用政府的力量，将过去分散的科研系统集中统一起来，由直属总统领导的科学研究与发展局进行统一协调和管理，从而能把全国的科研人员和科研设备集中统一调配和使用，在原子能、电子计算机、生化和化工、航空和航天技术等方面，集中攻关，取得了突破性的进展。使美国在战后的以原子能、电子计算机、生化和化工、航空和航天技术为核心的新的科学技术革命中，又处在领先和制高点的地位。

美国人明白，在科研方面最具战略意义的是原子能技术。战争期间，美国为抢在德国前面先制造出原子弹，集中了本国和欧洲的最优秀的核物理学家，动员了10万多人员和庞大的工业经济资源，耗资20多亿美元，研制出了世界上第一颗原子弹。战后，美国不仅有世界上最强大的空军和海军，有数百个军事基地分布于世界各地，有极为庞大的武装部队，而且是世界上唯一有原子弹的国家，其世界头号军事强国的地位已经确立。

与美国强大相对照的是欧洲列强的衰落。昔日欧洲的帝国主义列强，包括大英帝国在内，其经济的恢复和发展都不得不靠美国的支持和帮助；其国家安全都不得不依靠美国的撑腰和保护，美国已经成为资本主义世界的霸主，整个资本主义世界实际上都已成了美国的势力范围。连英国的外交大臣欧内斯特·贝文也不得不承认：美国"今天正处在拿破仑战争结束时英国的地位。拿破仑战争结束后，英国约掌握了世界财富的30%，而今天，美国则大约掌握了世界财富的50%"[1]。美国的经济、政治和军事实力，都大大超过了大英帝国。欧洲列强主宰世界的时代，已经一去不复返了。

雅尔塔秩序和人民意志的哀痛

人们都知道，第二次世界大战后，美英苏在雅尔塔开会密商，形成了雅尔塔体系。雅尔塔会议，也是战胜国的一次分赃和划分势力范围的会议。会议上，美英苏的利益得到满足。雅尔塔体系是在美英苏主导下，在划分各自利益的基础上，为战后有利于它们利益的世界秩序所做的安排。由于它同样具有大国强权政治的

---

[1] 参见刘绪贻主编《美国通史》第6卷，人民出版社2002年版，第12页。

性质，是霸权主义的产物，同样缺乏文明理念和道德支撑，所以尽管它反映了世界反法西斯战争之后的世界现实，反映了世界人民的一些愿望，是历史上的一个进步；但由它的性质所决定，特别是由于它包含有美国谋划有利于自己称霸世界的意图，并没有完全反映人民的意志，所以难免因道德缺失而终究难免解体的命运。

早在战争还在进行的1943年，美英苏三国首脑就在德黑兰举行会谈，讨论对战后世界的安排问题。人们都不会忘记，美国总统罗斯福和英国首相丘吉尔，在去德黑兰的途中，与在埃及首都开罗的蒋介石举行了会谈，讨论了战后如何处置日本的问题，并签署了《中美英三国开罗宣言》。这份宣言还带到德黑兰会议上，征求斯大林的意见，斯大林阅后表示同意，才在德黑兰会议结束的当天，也就是1943年12月1日公开发布。

开罗宣言向世界宣告："我三大盟国此次进行战争之目的，在于制止及惩罚日本之侵略"；"三国之宗旨在剥夺日本自1914年第一次世界大战开始以后在太平洋所夺得的或占领之一切岛屿，在使日本所窃取于中国之领土，例如满洲、台湾、澎湖群岛等归还中华民国。三国决定在相当期间，使朝鲜自由独立"。三国声明："将坚持进行为获得日本无条件投降所必要之重大的长期作战。"可见，开罗宣言是战后处理日本问题的重要国际文件，具有重大积极的意义。这种重大积极意义是符合人类德性、符合国际道德的，是不容诋毁的。

其实，德黑兰会议的主要议题是开辟第二条战线，加速反法西斯战争胜利，特别是战后如何分割德国的问题。在这个问题上，三国各有各的打算，分歧严重，没有达成协议。不过这个会议对加强美英苏三国在战争中的合作，协调盟国作战部署，加速世界反法西斯战争的胜利，却具有巨大影响和作用。正是在这次会议的影响和推动之下，世界反法西斯战争进展迅速，到1945年初，在法西斯德国的败局已定的形势下，美英苏三国首脑又于1945年2月，在苏联的克里木半岛的雅尔塔举行会议，讨论最后打败德国和日本的具体计划，特别是规划战后的世界秩序。

雅尔塔会议讨论的主要问题是：关于德国问题、波兰问题、组建联合国问题和对日作战问题。会议的前两个议题，是关于欧洲的问题，也就是苏美英三国，如何划分在欧洲的势力范围。关于德国问题的讨论，会议制订了最后战胜德国、迫使其无条件投降的具体计划，做出了德国投降后由苏美英三国分区占领的决定。关于波兰边界和临时政府组成也做出了规定。关于组建联合国问题，会议决定，由苏、美、英、中四国发起，邀请"联合国家"宣言签字国于1945年4月25日在美国旧金山举行会议，制定联合国宪章，正式成立联合国。

关于对日作战问题，会议做出了《关于对日作战协定》（也称《雅尔塔协定》）决定，决定在欧洲战场结束后两个月或三个月，苏联将参加同盟国方面的对日作战。但要满足苏联在亚洲应得到的全部利益，诸如满足苏联对外蒙古、库页岛、千岛群岛、旅顺大连的利益要求等。而苏联则承诺支持美国对华政策和整个亚太战略，让美国控制整个和单独占领日本。英国也保住了其在远东的原有利益。苏美英各得其所，达到了暂时平衡。

德国无条件投降后，苏美英三国于1945年7月，又在德国柏林郊外的波茨坦举行会议，讨论对德国的具体分管问题和最后战败日本的问题。会议做出了《苏美英三国的柏林（波茨坦）会议公报》和《柏林（波茨坦）会议议定书》两个文件。会议还通过了一项决议：《促令日本投降之波茨坦公告》，以中、美、英三国共同宣言的形式发表。后来苏联也在公告上签字，使其成为中、苏、美、英四国对日的共同宣言。

波茨坦公告宣布，开罗宣言之条件必须实施，日本主权只"限于本州、北海、九州、四国及无人所决定其他小岛之内"；日本军队必须完全解除武装；消除日本军国主义，严惩战争罪犯；盟国对日本实行军事占领；不准日本保有可供重新武装之工业；阻止日本人民民主趋势之复兴及增强之所有障碍必须消除。可见，波茨坦会议对促使日本无条件投降，巩固反法西斯战争胜利成果，维护战后世界和平，有着积极的意义和作用。会议对战后世界秩序的安排，也对战后国际关系格局的发展，有非常重要的影响。

雅尔塔体系的制定者，主要是美国的罗斯福和苏联的斯大林。美国的意图是，凭借自己在战争中迅速膨胀起来的实力，压制苏联，以谋划建立一个有利于美国霸权的战后世界秩序。因为英国已经在战争中削弱，所以只要压制住苏联，自己的意图就可实现。所以主张把苏美英三国在战争中形成的联盟关系，发展为战后的合作关系，由美国充当霸主。而苏联为保住其在战争中获得的利益，获得战后有一个和平国际环境，也对美国妥协。也就是说，雅尔塔会议使美苏各自追求的目标基本上都达到了。唯有中国的意志，也就是体现当时世界人民的意志，被丢在了一边，只能无声地哀叹。

苏联不仅是世界上第一个社会主义国家，而且是社会主义大国。雅尔塔体系既然是美英和苏联妥协的产物，其内在的矛盾和冲突自然得不到解决。战后，随着苏联的强大，随着殖民地国家的独立和发展，随着一大批国家政治独立和经济实力的增强，引起了世界格局的巨大变化。世界上不仅有实力最强大的美国和苏联，还有诸如英法这样实力紧随其后的国家，还有大量的新独立的发展中国家。美苏两国为了加强对中间力量的争夺，矛盾日趋尖锐，斗争日趋激烈，使世界形成了美苏两极对立的新格局。

三 两极治理和道德工具的效能

客观事物的发展，总是不以人的意志为转移的。战后世界的力量对比,并没有完全按照美国的意愿发展。苏联不仅没有很快垮掉,反而得到了极为迅速的发展,经济、政治和军事力量都日益强大。于是美国改热战为冷战,以期在冷战中利用自己在科学技术和经济实力方面的优势,通过军备竞赛和平演变的方式不战而胜。而随着经济实力和军事实力的增强,苏联却真的背离了人民的意愿,走上了霸权主义道路,与美国针锋相对,形成了两强争霸的格局。冷战的实质是什么?也许人们还没有深思过。冷战的实质,就是争取民心之战,就是军事冷战和道德热战。美国的意图,就是用强大的军事威慑、强大的道德宣传,强大的民心瓦解,使自己不战而胜。冷战使美国如愿以偿,而强大的苏联却令人惊异地垮掉了。人们一直对苏联的失败不解,都在总结教训,见解千差万别。现在看来,苏联失败的原因有千万条,但最根本的一条,是以道德支撑的信仰出了问题。由于忽视德治,丢了民生,失了民心,铸成了信仰动摇,制度动摇,失败自然成为必然的恶果。

军事冷战和道德热战

二战后,美国杜鲁门政府凭借其强大的经济、政治和军事势力,公开宣称"美国在世界上处于领导地位"。苏联不仅不承认美国的领导地位,而且同其展开了针锋相对的斗争。也就是说,美国实现世界霸主梦的主要障碍,是苏联。消灭苏联,是其最主要的战略目标。但由于苏联的强大,想用热战争方式消灭苏联已经成为不可能。美国发动的侵朝战争的实践,也证明用战争的方式很难达到自己的目的。可见,冷战是美国想消灭苏联不得已而做出的选择。

这里的问题是,冷战的本质究竟是什么?现在看来,冷战的实质就是军事上冷战,道德上热战。冷战的策划者之一,美国的高层谋士们认为,对美国构成威胁的不是苏联的军事实力,而是苏联的政治力量。

苏联的失败，不是失败在军事上，而是失败在政治上和道德上。我们都知道，1947年，杜鲁门在其被称为杜鲁门主义的国情咨文中，向苏联发出了许多道德炮弹。其中最吸引眼球的，就是攻击苏联是"极权国家"，是"对外扩张主义"，要搞自己的"势力范围"。因此其宣布，苏联是美国的主要敌人，美国对外政策的目标就是遏制苏联的"扩张"。扬言世界"不论什么地方，不论直接或间接侵略威胁了和平，都与美国的安全有关"。"世界上一切尚不处在苏联势力范围之内的国家，在它们反抗苏联的斗争中都应得到美国的慷慨援助和政治上的支持。"也就是要在世界的一切地方，都要遏制苏联，都要与苏联对抗。

在当时的境况下，这些道德炮弹的威力是强大的。为了扶植和组织反苏力量，特别是在经济上控制西欧国家和西欧市场，封锁苏联，美国还制订和实施了马歇尔计划。这个拨款170亿美元的支持欧洲复兴计划实施的结果，很快得到响应，使美国如愿以偿。它既使美国占领西欧巨大的市场，为美国战争时期膨胀起来的巨大的生产力找到了市场，解决了生产过剩和市场缩小的矛盾；又在政治上控制了西欧，使西欧成为能实现美国新的国家利益和新战略目标的、经济上发展、政治上稳定、军事上强大的反苏的前哨阵地。从而也使欧洲在经济、政治和军事上，都长期分裂为东西两个敌对的集团，也成为美苏冷战的前哨阵地。

在美国的扶植下，1948年英、法、比、荷、卢五国缔结了以军事同盟为核心的包括经济、政治和文化合作的集体防御条约。1949年4月，以美国为首的西方12个国家又建立了旨在军事上威慑和遏制苏联，包括军事最高权力机构军事委员会和军事统一指挥系统最高司令部在内的"北大西洋公约组织"。按照公约的规定，北约盟军最高司令应由美国人担任，北约的核打击力量也由美国所控制。可以说，北约的建立使美国既初步完成了对西欧在经济、政治和军事上的全面控制，也初步完成了以西欧为桥头堡，包围、遏制苏联，谋求世界霸权的全球战略部署。

在美洲，美国通过建立美洲国家组织和美洲国家间互助条约等，使整个美洲在经济、政治和军事上，都处在了美国的控制之下；在亚洲，美国还以扶植日本和与日本结盟为核心，拉拢一些国家组织各种军事联盟，在经济、政治和军事上控制这些国家；美国还通过经济或军事援助为诱饵，把其势力渗透到亚、非、拉许多发展中国家。所有这些，都是其全球霸权战略的组成部分。

与此同时，苏联却没有在道德上应战，而是针锋相对，走上了与美国争夺霸权的道路。1949年，其在东欧建立了由苏联控制的经济互助委员会，1955年建立了华沙条约组织，在经济、政治、军事等各方面，都同美国展开激烈的争夺。加之苏联在国内没有建立起社会主义的民主机制，社会主义理论体系和治理体系，这就使人们相信了美国人的话，道德炮弹发挥了非常有效的威力。

这种道德热战，虽然没有硝烟，但其性质和结果同样是你死我活的，同热战一样激烈和残酷，其结果更具有长期的决定性。一方面，进行大规模的军备竞赛，是建立在军事经济轨道上的美国所渴望的。由于大规模不停地备战，可以使美国不停地发展军事科学技术，不停地发展军事工业，不停地扩大军费和军事投资，所以，其对美国发展的刺激作用，与热战是一样的；另一方面，美国利用道德工具，打着道德的大旗，行着与道德相反的恶事，却反而成为人们眼中的道德卫士，获得了巨大的政治资本和政治红利。

美国正是利用这种红利，使自己仍然处在战争经济的轨道上，扮演着世界"最大兵工厂"和世界警察的角色。正如美国总统肯尼迪所说的，冷战不是没战，而只是战争形式的改变。是"卫星外交、灌木林火式的有限战争、间接的非公开侵略、恫吓、颠覆、内部革命"①。

在杜鲁门任总统时期，美国不仅发动了侵略朝鲜的战争和越南战争，而且借口所谓"共产主义威胁"，在世界各地进行军事援助和建立军事基地，使美国的军事预算不断增加，并一直保持着世界上最大的军火商的地位。比如在艾森豪威尔任总统时期，一方面，美国军费开支达到历史上的最高水平。大规模的军费开支，成为扩大投资，促进经济发展的最重要的因素。美国还利用强大的军事力量和情报机构，打着援助的旗号，在世界各地大搞颠覆和干涉活动。这些援助不仅扩大了美国在海外的军事存在和军事力量，而且扩大了美国的出口，刺激了其国内经济的发展。

自由是人的德性。打着维护自由的旗号，干尽不让别人自由的事情，这是冷战时期美国的狡诈之处。比如，在肯尼迪任总统时期，美国提出了"新边疆"外交和军事战略，其核心就是如肯尼迪所说的："我们准备付出任何代价，挑起任何重担，对付任何困难，支持任何朋友，反对任何敌人，以确保自由的存在和胜利。""在总统的盾形纹章上，美国之鹰的右手抓着一根橄榄枝，左手抓着一束箭。我们准备对两者都给予同样的重视。"② 可见，世界霸权和两手政策就构成了这一战略的宗旨、目标和手段。

尤其值得注意的是，为了在最具军事战略意义、最具心理战意义的航天事业上与苏联争高低，美国在航天事业上的投资更是惊人。20世纪60年代，美国用于航天事业的费用高达400多亿美元，使美国的科研与发展经费在国民生产总值中的比重达到3%的历史最高水平。先后有上万家企业、120所高等学校、40多万人参与了美国的宇航计划。宇航科技的发展，带动了一系列科学技术的发展和应用，特别是电子计算机技术、卫星通信技术、遥感

---

① 参见刘绪贻主编《美国通史》第6卷，人民出版社2002年版，第260页。
② 同上书，第257页。

技术的发展和应用，从而大大提高了劳动生产率。

尼克松于1980年出版的《真正的战争》一书中说："为了应付对于我们自己的生存、对于自由与和平的生存的挑战，我们必须大大增加我们的军事力量，支持我们的经济力量，恢复我们的意志力量，加强我们的总统的权力，制订一种不仅旨在避免失败，而且旨在取得胜利的战略。"① 里根政府执行的正是这种战略。在里根的"快活经济学"中，大规模的备战不仅仍然是其重要的内容，而且仍然是其刺激经济发展的重要手段。

在整个冷战期间，虽然没有发生大战，但小战不断。回想一下就知道，那每场小战都是由美国策动，并且是打着道德的旗号策动的。特别是在冷战结束之后，美国两届布什政府所策动的战争没有一场是不打着道德旗号的。什么违反人权，什么使用化学武器，什么支持恐怖主义等，不一而足。可见，美国的不战而胜实际上是道德热战而胜，是在利用道德工具博弈中，技高一筹而胜。

军备竞赛和践踏道德

人们在从事某项事业时，总是怀着美好的愿望。但事业的发展往往会事与愿违，使人失望。回顾霸权主义主导的全球治理，就是这样。全球治理，是在资本主义抢夺殖民地、瓜分世界、争霸世界中开启的。全球治理的机制，也是在霸权主义主导下形成的。那些西方的理论家们也费尽心机，为霸权主义治理的合理性提供依据。善良的人们，似乎也对这种治理抱有美好的愿望。

然而，至今这种治理的结果如何呢？人们都看到了，是少数霸权主义者、少数霸权主义国家，通过对弱势国家、弱势群体的掠夺，使自己成为富国、富豪，过着奢侈、糜烂的生活。而广大

---

① 参见刘绪贻主编《美国通史》第6卷，人民出版社2002年版，第514页。

发展中国家、特别是落后国家的人民，却仍被各种贫困所折磨。财富占有的巨大悬殊，以及这种悬殊所造成的各种矛盾，使许多国家，以至整个国际社会都处于动荡状态，致使霸权治理陷入穷途末路。

形势逼人，使人们不得不反思。当然，反思也是一种进步。从全球治理的历史进程中我们可以看到，在资本主义霸权治理时期，其治理的目标，只是霸权国的利益。所以其行为方式、手段，都是只讲自己的利益，而不讲德性的。正是只为本国在世界上的利益和统治的这种动机和图谋，构成了其在全球治理中违背德性的基础。为追求本国的最大利益，追求本国的霸权统治，都是不讲方式和不择手段的。

冷战，实际上包含有两个方面的争夺和比拼：一是争夺军事优势比拼，或制造各种先进武器的比拼；二是争夺民心的比拼，或运用道德工具技巧的比拼。这两个方面的比拼，都置道德于工具的地位而不顾，嘴上高唱道德，实际上是利用道德谋求私利和霸权。武器的较量，实际上是扼杀道德的比拼。打着道德大旗，行背离道德之事，这就使道德处于非常尴尬的地位：眼见自己被践踏、被利用，却无能为力，只能自甘凄楚。

杀人武器的比拼，也是扼杀道德的比拼，把人类推向了自我毁灭道路的比拼。因为武器在侵略者手中，它的功能就是杀人，就是要杀死对方。当然，武器是没有生命的，无所谓善恶。但它的功能，是由生产武器和运用武器的人而实现的，而人是有善恶之分的。武器的善恶，就是生产和使用武器的人的善恶。把杀人武器用于发动侵略战争的人，当然就是非正义的恶行、恶人，而保卫人民、反对侵略使用武器，自然也就是善行、善人了。

不言而喻，后者的比拼更为体现冷战的本质。美国实现后者的手段，就是高举道德大旗，运用道德工具。尽管霸权主义者都高举道德大旗，话语冠冕堂皇，但在行为上，却是违背甚至践踏人类的基本道德的。比如关于公天下的德性，关于维护和平和反对战争的德性，关于公平正义的德性，关于慈爱的德性，关于坦诚的德性，关于像爱自己一样爱他国、爱他人的德性等，它们的行为都是背离的。因为这些口头上的仁义道德，与其追求的目的是背道而驰的。

冷战的实质是威慑战、制度战、心理战和民心战。冷战的制胜法宝，是强大的军事实力优势和经济实力的优势和道德宣传的制高点。即以军事实力优势的强大威慑力，使对方取胜的心理崩溃，战斗的意志和精神崩溃；以经济实力优势拖垮对方的国民经济；以宣传道德的优势，使对方失去民心；有了这三条，那自然是胜利在握了。所谓"和平演变"，实质上是在外部威慑和引诱氛围下，使其从内部瓦解。而取得军事和经济实力优势的关键或决定性因素，则是科学技术的优势。因此，争夺科学技术的优势，特别是军事科学技术的优势，以及运用道德工具的优势，就自然成为冷战的核心。

冷战期间，在相对论、量子力学、分子生物学、系统科学等重大发现和发展的带动下，科学技术的各个领域都迅速发展，出现了人类历史上第三次科学技术革命。哲学革命的成果，首先是用在了与军事科学技术相关的领域，特别是与威胁力最大的核武器技术、生物和化学武器技术、各种导弹和火箭技术、各种卫星侦察和导航技术领域，诸如原子能、核能、电子、信息、网络、航天、航空、生物等。在这些领域，美苏发展之迅速、相互争夺之激烈，都令人惊骇。

武器的较量把人类推向自我毁灭道路的杰作，是核武器的较量和航天技术的惊人发展。截至20世纪70年代，美苏生产和储存的核武器，再配以先进的发生技术和各种工具，就可以把整个世界消灭好几次。也就是说，美苏都已经核武装到了牙齿。如果发生核战争，将不会再有胜利者。核威慑对美苏双方来说，已经不再起作用。

那么有威慑作用、对民心向背起决定作用的是什么呢？当然是经济实力和人民生活水平的增长速度。决定这种速度的关键，则是科学技术，特别是为发展军事力量而新创的科学技术，转化为巨大的军事生产力和民用生产力的速度，转化为提高整个国民经济发展速度、质量和效益的速度。决定这种转化速度的关键，或者说决定经济实力和人民生活水平增长速度关键的关键，则是经济体制和政治体制。

实践证明，美国的政治体制和市场经济体制，更有利于这种转化。美国的科学技术，特别是重大的尖端科学技术，当然首先是用于军事和军事工业，但通过市场机制的作用，其很快就可广泛用于民用工业和整个国民经济，转化为整个国民经济发展的巨大动力。其科学技术无论是转化军事生产力或民用生产力的速度，都比苏联要快得多。美国的许多大的工业企业，都是军民两用的，美国军事实力的发展与经济实力基本上是同步的。而且无论在其军事实力或经济实力的发展中，还有西欧强国的联合和支持，其在与苏联争夺中的优势自然就不言而喻了。

而苏联的高度集中的政治体制和计划经济体制，是不利于这种转化的。苏联的大部分尖端科学技术基本上都是只用于军事，苏联的军工企业也只搞军事产品的生产，并不能带动整个国民经济的发展。其结果是军事工业脱离民用工业畸形发展，在军事实力迅速发展的同时，经济实力和人民生活水平却没有相应得到提高。虽然从60年代开始对经济体制进行改革，但为时已晚，而且进展缓慢。最后，终因经济实力无法支撑庞大的军事，不得不在制度心理战、经济发展心理战、人民生活水平心理战和人心向背争夺战中败下阵来。

民心瓦解和制度崩溃

民心体现着正义和道德。民心失，则制度必亡，这是人类历史发展的一条铁律。民生即民心，民生丢，则民心必变。所以，对一个国家治理者来说，遵循广大人民的意志，始终把解决好民生问题作为最大的责任，不断提高广大人民的物质文化生活水平和幸福指数，这是国家治理者最大的德性。在国际竞争中，谁站在道德的制高点，谁就是胜利者。而解决民生问题的根本，当然在于发展经济。

在美苏冷战中苏联失败了，败在哪里？败在了没有搞好民生上。只顾与美国搞军备竞赛，而忽视了经济的综合发展，忽视了民生，忽视了道德的制高点，所以才使美国轻易得胜。冷战不是不搞热战，而是要热战起到道德威慑的效果。冷战期间，局部热战从未停止过。只是这种局部热战的意义不在军事上，更重要的是在威慑上，在争取民心上。道德战是为了争取民心，小的军事战也是为了争取民心。

人们都知道，二战后，美国仰仗自己的霸主地位，利用自己对欧洲、对日本、对联合国、对货币基金组织、对世界银行、对世界重要资源的控制，使自己获得了巨大经济利益和政治利益，世界的财富都源源不断流入到美国的腰包，把美国推到了高收入、高消费的最富国的宝座，使美国和美国人在世界上趾高气扬，不可一世。虽然进入70年代后，因受世界性的石油危机影响和冲击，加之适应新的科技革命迅速发展，面临着产业结构调整艰巨任务，使美国经济的发展陷入了较长时期的滞胀之中。不过，经过一段时间的调整，80年代，美国经济又进入了新的高速增长期，出现了里根时期的经济繁荣。

苏联解体后，美国如愿以偿地成为世界上唯一的超级大国，美国已经无敌于天下，成为世界霸主的梦，终于实现了。美国从此成为了人类历史上第一个全球性的大帝国。有些西方学者说，美国的成功，是所有西方国家鼎力相助的结果，美国的先进科学技术，经济和军事实力，美国的全球霸主地位，是在西方国家的鼎力帮助下确立的，在一定意义上说，是西方国家把它抬上去的，这话不无道理。

苏联解体后，布什马上又改"超越遏制"战略为"世界新秩序"战略，即实现世界美国化的战略，也就是建立世界永久大帝国的战略。作为这个战略的第一步，就是在政治和制度上控制中东，控制阿拉伯世界，于是就发动了第一次对伊拉克的战争。因为只要制服了伊拉克，就不仅可以控制在中东以及整个阿拉伯世界的军事和政治的战略要地，而且可以控制具有战略意义的整个中东的石油资源。因此，美国对伊拉克是志在必得。

在克林顿总统时期，一方面，由于在军事上已经没有竞争对手，大量军事技术转化为民用技术，政府加大了对民用技术发展的投资，使美国在高新技术，特别是信息技术上，又得以突飞猛进，信息和知识经济得到了迅速的发展；另一方面，由于其对外经济扩张阻碍的消除，其利用经济、技术上的优势，利用政治和军事上的霸权地位，迅速占领全球的商品市场、投资市场和技术市场，垄断资本迅速向全球扩张，从而使美国经济在预算平衡、物价稳定和充分就业的情况下，得到了近10年的连续高速增长，这是美国历史上从来没有过的。在此时期的美国经济的增长中，33%以上来自于出口，对外经济扩张成为其经济发展的最重要的因素。

在对外政策方面，此时期克林顿把老布什建立的以美国为主导的"世界新秩序"战略，更加明确为"参与和扩张战略"。其核心是：在军事上，保持绝对优势，并建立以美国为主导的世界安全体系，防止出现能与美国抗衡的力量；在政治上，以"维护人权"为幌子，在全球推行美国的民主制度和价值观念，实现社会制度、文化和价值观的美国化；在经济上，以强大的军事、政治和科学技术实力为后盾，用国家力量的支持推动国际垄断资本的发展，进行全球性的经济扩张，以调动和开发全球资源为美国服务。一句话，建立以美国经济和政治制度为基础，以美国文化和信仰为指导，由美国永远统治的世界，实现美国永久性世界大帝国的战略，从克林顿政府就已经开始了。

非洲有着丰富的资源和巨大的潜在市场，所以，克林顿实施这一战略的第一炮，选择了非洲，即借派兵到索马里实行人道主义任务之机，试图在索马里建立在美国控制下，能够推行美国民主制度的所谓"有效而负责的政府"，以打开在非洲推行美国化，把非洲纳入美国政治和经济体制的突破口。不过，这一计划因遭到索马里的顽强抵抗而没有成功。

在欧洲，苏联虽然解体了，但俄罗斯仍然是世界上第二个军事大国，要把整个欧洲都纳入到美国的控制之下，就需要孤立俄罗斯。所以，克林顿在欧洲实施这一战略的核心是北约东扩，而突破口是东扩的最大阻碍南联盟。1998年以美国为主力的北约发动对南联盟的大规模空袭和战争，正是为了实现这一战略。在北约其他国家的大力帮助下，这一计划取得了成功。

四　时代的转变和道德的振兴

20世纪80年代末和90年代初，国际风云突变，震撼着整个国际社会。在短短几个月里，原苏东国家的共产党被迫放弃了执政地位，苏联解体，美苏争霸世界的两极格局也随之终结，世界历史也进入了一个新的阶段。这个新阶段的本质意义，是广大发展中国家融入到了国际社会，使全球化发展成为人类命运相依的地球村。与此相适应，全球治理也进入新时代，即以世界广大人民参与的共同治理的时代。这个时代的一个重要内容，是道德的振兴，是道德在全球治理中支撑地位的逐步确立。

社会主义的融入和全球治理的新时代

冷战后，世界形势的最大变化，是发展中国家实力和地位的提高，世界格局呈现出多极化趋势。正如邓小平同志说的：世界格局将来是三极也好，四极也好，五极也好，剧变后的俄罗斯无论怎么削弱也算一极，中国算一极，中国不要贬低自己。为适应这种多极化趋势，邓小平当时提出，我们的对外政策，还是两条，一条是反对霸权主义，反对强权政治，维护世界和平；第二条是建立世界政治新秩序和经济新秩序。也就是说，当时邓小平已经把参与全球治理问题作为我国对外政策的内容。

适应这种多极化趋势，全球治理也成为国际理论界的议题。我们都知道，社会党国际前主席、国际发展委员会主席勃兰特于1990年在德国提出全球治理的概念。1992年，28位国际知名人士发起成立了"全球治理委员会"，并由卡尔松和兰法尔任主席。该委员会于1995年发表了《天涯成比邻》的研究报告，较为系统地阐述了全球治理的概念、价值以及全球治理同全球安全、经济全球化、改革联合国和加强全世界法治的关系。毋庸置疑，我们可以把这看成是全球治理进入新时代的标志。而全球治理真正进入新时代，当然应当是在2015年习近平在联合国大会上讲话之后。

不言而喻，新时代需要新思维和新理念。何为新时代，它的特征是什么？其内涵都包括哪些？这是值得研究的问题。所谓全球治理的新时代，就意味着它的宗旨、目的、理念、原则、方式等，都根本不同于过去时代。最主要的是它不再以实力和强权为基础，而是以道德为基础，以人民的意志为基础。比如，它的治理宗旨和目的，不再只为少数国家的利益，而是要造福全人类。比如，它的治理方式，不再是少数霸权国家的霸权治理，而是所有国家都平等参与的共商治理。比如，它的治理理念，不再是掠夺和零和博弈，也不是少数国家获利，而是和平发展、民主协商和合作共赢。

由旧时代走向新时代，包含着一个最根本的转变，即由霸权治理向协商治理的转变，这种转变也意味着由剥削者、掠夺者意志为主导向以广大人民的意志为主导转变，意味着全球治理中人性和道德的复归。事实告诉我们，全球治理中出现的一切问题，特别是不平等问题，都根源于霸权治理，根源于霸权国家依靠实力和对世界商品市场、资本市场、科学技术市场的控制，在对落后国家实行剥削和掠夺中，谋求本国的利益。把本国利益放在至上的位置，而不顾落后国家的死活。而共商治理的根本意义就在于，让新兴发展中国家和一切落后国家，都参与协商，达到全球治理的共商、共治和共享。

毋庸置疑，时代的变化是因中国的崛起和融入引起的。是中国新理念、新方式的融入，才使全球治理进入了新时代。2015年习近平在70届联合国大会上的系列讲话，就是对这一新时代含义的概括性阐述。习近平就和平与安全问题、大国关系问题、国际合作问题、妇女儿童问题、卫生健康问题、维和问题、气候变化问题等全球性问题，全面阐述了新时代全球治理的新特点和新任务。

从这些讲话中我们可以体会到，新时代全球治理的核心就是八个字：共守和平，共谋发展。习近平提出，新时代的发展已经不同于过去时代，因为新时代的发展，不只是个经济增长问题，而且是解决全球性问题，应对全球性挑战的钥匙；而且还是消除冲突的根本，是保证人民权利的基础。习近平把发展问题与自由、平等、公平、正义联系起来，把平等协商作为实现民主和解决国际冲突的基本方式，这都使大家耳目一新。也就是说，在自由、平等、公平、正义、合作、共赢的原则下，共守和平，共谋发展，是新时代全球治理的核心内涵。

顾名思义，共守和平，共谋发展，首先强调的是"共"字：世界和平，要靠世界所有国家、所有国家的所有人民的共同努力，才能维护；全球性发展，需要所有国家、所有国家的所有人民共同谋划，才能实现。而"共"字的实现，靠的又是自由、平等、公平、正义、合作、共赢这些基本原则。况且，和平与发展的关系，也是辩证的：和平是发展的条件，有了和平的环境，才会有发展；发展则是维护和平的基础，如习近平说的，唯有发展才能消除冲突的根源；唯有发展，才能保证人民的基本权利；唯有发展，才能满足人们对美好生活的热切向往。

根据"全球治理委员会"的定义：全球治理不仅包括全球性的宏观治理，也包括中观和微观治理，它不仅涉及国家和国家、国家和国际社会的关系；而且涉及个人和制度、公共部门和私营部门的关系，是管理全球共同事务的各种方法的综合。实践使我们看到，全球治理的核心是通过建立公平、公正、合理的原则和制度安排，以维持公平、公正、合理的政治经济秩序，以促进全球性的发展和合作，解决发展和合作中的利益冲突和协调。它既包括正式的制度安排，也包括非正式的制度安排。

这就是说，新时代全球治理的对象，是全球不同层次的行为体所构成的多元化和多样性的极其复杂的国际社会。它的突出特征，是以全球治理机制为基础，而不是以正式的政府权威为基础。它采取的治理的方式，只能是参与、谈判和协商，强调程序的基本原则与实质的基本原则同等重要。全球治理的内容，不仅包括全球治理的价值，即在全球范围内所要达到的理想的超越国家、种族、宗教、意识形态、经济发展水平之上的全人类的目标；也包括为实现这些目标所建立的国际组织，所制定的各种原则和规制。维护国际社会正常秩序，实现人类理想目标的规制体系，包括用以调节国际关系和规范国际秩序的国性的原则、规范、标准、政策、协议、决议、程序等。

在新的时代，由于一方面，几乎所有的国家都实行了对外开放，在不同程度上都融入到了世界；另一方面，广大发展中国家的实力迅速增长，特别是社会主义中国实力的迅速增长，并参与了全球治理，这就使参与全球治理的主体，除了原资本主义发达国家之外，还有发展中国家和社会主义国家；除了主权国家之外，还有由主权国家协商建立的全球性组织，如联合国、世界银行、世界贸易组织、国际货币基金组织以及非正式的全球公民社会组织等。这就使全球治理必然要遵循反对霸权主义，树立公天下理念，提倡在民主协商基础上的共治，使全球治理沿着民主协商治理的方向发展。

新时代参与全球治理的各行为体，都依据其自身特色以及在国际体系中的不同地位，使当前全球治理的方式也多样性了。比如，最主要的还是以国家为中心治理，即以主权国家为主的治理。具体地说，就是主权国家在彼此关注的领域，出于对共同利益的考虑，通过协商、谈判而相互合作，共同处理有关问题，进而产生一系列国际协议或规制。还比如，以国际组织为主的治理，即国际组织针对特定的领域，如经济、环境等领域开展的治理活动，使相关成员国之间实现对话与合作，谋求实现共同利益。又比如，以非政府组织为主的治理，包括现存的跨组织关系网络中，针对特定问题，在信任和互利的基础上，协调目标与偏好各异的行动者的策略而展开的合作治理。

新时代和道德面临的挑战

20世纪末，基于综合国力所限，在全球治理中，中国只是一个普通的参与者。进入21世纪以来，随着中国迅速崛起为世界第二大经济体，中国在世界上的影响力越来越大。中国不仅成为全球治理的重要参与者，而且成为全球治理机制变革的重要推动者。十八大报告指出，"中国将坚持把中国人民利益同各国人民共同利益结合起来，以更加积极的姿态参与国际事务，发挥负责任大国作用，共同应对全球性挑战"。这意味着中国在全球治理中的地位已经发生根本改变。

如第二章中叙述过的，中国的融入不仅是经济发展的融入，更重要的是德性的融入，是新发展理念，新的治理理念、原则和方式的融入。中国的影响力，也更多体现在这些新理念、新原则、新方式的感召力上。诸如中国提出的和平共处五项原则，中国提出的国际民主、和谐世界、共商共治、合作共赢、共同富裕、人类命运共同体等新理念，都被越来越多的国家所认识、所接受，很大程度上成为全球的共识。显而易见，中国提出的新原则、新理念都是符合德性的，昭示着人类文明发展进步的美好和方向，昭示着全球治理中新的德性。

2013年10月，牛津马丁"为后代委员会"发布的一份报告，对当今全球治理面临的挑战进行了归纳和分析。这种归纳和分析似乎比较符合实际，所以这里不妨加以引用，以和大家共享。报告认为："各种国际组织和架构已很难适应当今'超链接'的全球化世界。"为什么美国主导下的全球治理机制不再适应当今世界，会陷入"治理困境"呢？主要原因是：

第一，全球治理机制、规则难以适应现实需要。美国通过操纵各种国际、地区组织为其利益服务，实现所谓"美利坚治下的和平"。但如今遭到多种价值体系、不同发展模式和不同性质规则的多极发展取向的挑战。全球化运动把世界各个地区、国家甚至地方紧密地联结在一起，相互依存代替了以往的零和博弈。新兴国家开始崛起，承担起越来越多的责任，推动治理由"西方治理"向真正意义上的全球"共同治理"方向转化。

第二，全球治理边疆不断扩大与改革的矛盾深化。全球治理的治理边疆不断扩大。经济金融秩序重构、联合国改革、传统与非传统安全、气候变化、环境保护等问题层出不穷，网络、极地、空天、海洋等新领域问题日趋突出。各国越来越将多边主义视为维护自身利益的重要途径与方式，要求深入改革，然而，在深化方面，在诸如讨论和制定全球治理新规则、新制度，改革和完善联合国安理会、气候变化、多哈回合谈判、二十国集团发展等，对网络安全、极地、海洋等新领域建章立制方面，改革困难重重，成果收效甚微。虽然 FMI 和世行份额做出调整，新兴国家投票权有所增加，但是美国等西方国家拖延履行其国内法律程序，改革方案的审批程序至今没有完成。

第三，"共同治理"难度加大，碎片式"分治"明显。在全球化时代，发达国家也好，新兴和发展中国家也好，都需要在全球治理领域内加强合作，以共同应对全球性挑战。"二十国集团"开启了建立新型全球治理机制的大门。然而随着应对危机紧迫性的减弱，美国、西方逐渐摆脱金融危机、欧债危机的困扰，新兴大国与发达国家在全球治理领域的较量激烈，"共治"前景暗淡，碎片化的"分治"明显。主要经济体几乎都在经营本地区或跨地区的大大小小"集团化"进程中。其中，以美国主导的"跨太平洋伙伴关系协定"，东盟主导、中、韩、澳、印等参加的"区域全面经济伙伴关系"，美欧之间的"跨大西洋贸易与投资伙伴协议"等"超级集团"谈判引人关注。

第四，大国关系进入"不稳定期"。在欧洲，美欧俄因乌克兰危机造成关系紧张。在亚洲，中美日因东海、南海问题争端而引发对立，大国关系中的对抗性因素上升，"不稳定期"与当前全球治理的"重构期"重叠，给亟待加强和完善的全球共同、合作、多元化的治理增加了难度。中俄是新兴大国的代表，美欧日是发达国家的代表，中俄与美欧日关系的矛盾与冲突将不可避免地影响到全球和区域治理领域的合作，加剧全球治理领域内的对抗。

第五，全球安全治理处于失序状态。安全治理是全球治理中的重要内容，因涉及国家的根本安全和核心利益，以及美国西方长期秉持"冷战"思维，采取双重标准等因素的影响，安全治理一直明显落后于其他全球治理领域。尤其近年国际安全形势严峻，全球安全治理面临失控危险：联合国及安理会的作用遭到质疑，欧安组织、北约无力解决欧洲面临的安全危机，亚洲缺乏区域性、协调性和高效的安全架构，一些次区域性安全机制虽有发展，但在应对海洋争端、恐怖主义泛滥、网络攻击、大规模武器扩散等跨区域性威胁面前，却显得能力不足。

可见，虽然全球治理的转型，即由旧的西方的霸权治理向新型的共同治理机制方向转变成为必然，但其面临的挑战还是非常严峻的。我们似乎可以把2015年联合国70周年大会视为这种转变的开始。新的协商治理与旧的霸权治理的区别，当然表现在许多方面，但最根本的区别在于，以强权政治的压迫支撑转变为以民主协商的道德支撑。压迫支撑强调的是制裁、军事干涉；而民主协商强调的是主权独立基础上的民主协商和自主、自尊、自爱。

由全球治理的特殊性所决定，对全球一切问题的解决，都不能像解决国内问题那样用直接的法律、行政手段，而只能由国际社会的主要行为主体国家，在平等、民主条件下，通过谈判、协商的方式，而建立自我实施性国际规则、机制加以解决。因为是谈判、协商、自愿遵循和实施国际原则和机制，没有强制性和惩罚性，所以，无论在国际原则和机制的建立、实施中，道德力量的作用，在某种程度上就带有决定性。

当然，回顾全球霸权治理的历史，客观地讲，既不能否定它取得的一些历史性的进步和成绩，也不能否定它存在的严重问题，以及这种治理所带来的严重后果。比如为解决重大国际矛盾，有关国际组织，都制定有解决的有关协议、法律原则、制度安排和具体条约文件，这些东西都有一定历史进步性和积极作用。然而，许多全球性的根本性矛盾并没有得到解决。比如，战争与和平问题没有解决，发展问题没有解决，贫富两极分化问题没有解决，甚至越发严重。原因何在？不言而喻，就在于霸权主义和零和博弈控制下，在于鼓励私欲、鼓励享乐、金钱至上的环境中，世界性道德的严重缺失，以及世界性的金钱拜物教对人们心灵的侵蚀。

从全球治理角度看，这种道德的缺失，集中表现在公平、正义、道义和诚信的缺失方面。比如从私心出发，从本国利益出发，对国际协议、原则和制度安排，搞阴谋诡计，耍两面派，言行不一，口是心非，制造事端，搞双重标准等。致使许多国际协议、甚至法律原则和制度安排，流于形式。因为世界虽然建立有不少国际组织，但并没有形成世界政府，国际组织的法律原则和制度安排，对国际社会主要行为体的国家都没有直接的约束力，都无法强制相关国家遵守和执行。这些协议、原则和制度安排的真正落实，主要靠道德的力量，靠在道德支撑下的自觉遵守和执行。

人都是有精神、有信仰的，国家也是有精神、有信仰的，而精神、信仰是不能单用法律制度加以解决的。当今世界，国家还是国际社会的主要行为体，国家利益对每个国家来说还是最重要的。正是把自己的国家利益放在第一位，搞霸权主义，搞零和博弈，搞政治强权，搞贸易掠夺，搞金融掠夺，不讲诚信、不讲道义、言行不一、口是心非，自然就普遍存在。在霸权主义和强权政治面前，在掠夺者面前，诚信、道义都一文不值。总之一句话，全球治理只有协议，只解决法律原则和制度安排问题，这自然是不能或缺的，但却是不够的。更要强调道德自觉，加强道德建设，这更是不可或缺的。

因为没有全球政府，才显得道德支撑的极端重要性。因为对全球一切问题的解决，都不能用像解决国内问题那样，用直接的法律、行政手段，而只能由国际社会的主要行为主体国家，在平等、民主条件下，通过谈判、协商的方式，而建立由道德支撑下的、自我实施性国际规则、机制加以解决。无论是谈判、协商过程，或自愿遵循和实施国际原则和机制过程，道德力量的作用都是至关重要的。在某种程度上，甚至是带有决定性的，是道德的力量，是德定天下。

习近平同志利用一切机会，把中国道德传统推向了世界，推到了全球治理中，这意义非常重大。它预示着全球治理将出现崭新的面貌，将按照全球人民的愿望健康发展。中国作为全球治理的引擎，将为全球治理的发展提供崭新的理念和动力。道德作为信仰、价值观和人们自觉遵守的行为规范，体现在人类文明发展的各个方面。个人有个人的道德，社会有社会的道德，国家有国家的道德，国际社会也有国际社会的道德。如果在全球治理中，国际社会、国家、各种行为主体、各种治理机构，从事各种职业的个人，都遵守各自的道德规范，并由这种道德规范约束自己的行为，全球治理就必定成功。

五 联合国的道德属性和初心回归

联合国的出现，是全球治理中的一项创举。尽管由于霸权主义者不道德的干扰，一段时期甚至想把它变成为贪婪自己私利和权势，意图称霸世界的工具，致使它也做过一些恶事；但就它的整个生存过程看，它还是功大于过的。它在全球治理中的积极作用，任何时候都不能不承认，都功不可没。

联合国的道德属性和功与过

在国际社会中，美国是个典型的实用主义者和利己主义者。对自己有利的就据之，不利的就抛之。与一战后威尔逊着迷建立国际联盟一样，罗斯福对建立联合国也非常着迷。着迷的原因，是他想把联合国作为美国控制的工具，维持以美国为霸主的战后世界秩序。他认为，凭借美国实力的绝对优势，只要能得到苏联的支持，其在联合国的领导地位，在整个世界的霸主地位，就不可动摇。因而他对建立联合国组织非常积极。

如前所述，雅尔塔会议的一个重要内容，就是建立联合国组织。并已做出了安排，由苏、美、英、中四国发起，邀请"联合国家"宣言签字国，举行专门会议，制定联合国宪章，正式成立联合国。1945年4月，由四国召集的联合国国际组织会议在美国旧金山举行，有50个国家的280多名代表出席。会议讨论通过了联合国宪章，举行了签字仪式。在宪章上签字的51个国家，被称为联合国的创始会员国。这年的10月24日，美苏英法中五大国和其他签字国递交批准书后，联合国正式成立。这一天，也被称为"联合国日"。

表面看，联合国的建立，似乎是那些国家领袖们的杰作，实际上它是世界人民意志和人民力量的显现，是世界人民反法西斯战争胜利的成果，是大国合作的产物。第二次世界大战给世界人民生命财产造成的巨大破坏，实在太触目惊心了，所以战后整个世界的人民对维护和平的呼声，也实在太剧烈、太震撼、太具威慑力了。任何国家的领袖，在这种呼声、这种威慑力感召下，都不能在维护战后世界和平方面，没有任何作为。就是说，联合国的建立是世界人民力量的产物。当然，这不是要否定那些杰出领袖们的贡献。

联合国虽然不是世界政府，不是独立的主权机构，而只是主权国家在一定认同下设置的一种沟通、合作的机构或平台，但它却是国际行为合法性的象征。比如，它利用联合国大会或各种委员会讨论协商，通过一系列的决议、宣言、行动纲领、法律文件、公约、条约等手段，确立国际行为规范，确立行为准则等，这些虽然都不像在一个国家内那样具有法律性和强制性，但却都是符合德性的，都有利于对世界和平的维护和国际合作的发展，对人类文明发展进步起有不可低估的作用。

从建立联合国的过程看，无论在联合国的性质，或联合国机构、任务、原则的讨论中，主要是美国、英国、苏联三国说了算。作为发展中国家代表的中国的意见，并未受到重视。也就是说，它始终存在着文本道德和行为不道德的脱离。其字里行间，所体现的只是美英苏三国的利益和意志，以中国为代表的广大发展中国家利益和意志的要求却未得到重视和满足。

联合国是战后建立的规模最大、最有影响的国际组织，它的建立，是第二次世界大战后实施全球治理的重大措施和最重要的德性行为。从联合国的宗旨和宪章看，联合国不是世界政府，不是独立的主权机构，而只是国际社会各行为体相互联系、相互沟通、相互博弈的一个平台，一个作为开展多边外交活动、合作活动的舞台和论坛，尽管有它的不足和缺陷，但总的看，对维护战后的世界和平与发展，起到不容忽视的作用。

比如，联合国宪章就充分体现了联合国的道德属性。由19章111条组成的联合国宪章，就表达了人类不想再遭战祸、永享和平与安全的决心，表达了人民渴望尊重国家主权和主权平等，并在此基础上友好合作、以和平方式解决国际争端的愿望。在联合国宪章的序言中，就这样写道：欲免后世再遭今代人类两度身历惨不堪言之战祸；重申基本人权，人格尊严和价值，以及男女与大小各国平等权力之信念；创造适当环境，俾克维持正义，尊重由条约与国际法其他渊源而起之义务，久而弗懈；促成大自由中之社会进步及较善之民主。为达此目的，还特别强调：要力行宽恕，彼此以善邻之道，和睦相处；要集中力量，以维持国际和平与安全；要运用国际机构，以促成全球人民经济及社会进步。

比如，联合国的道德属性，还体现在联合国宪章宗旨和原则中。联合国的宗旨为：第一，维持国际和平及安全，并为此目的，采取有效集体办法，以防止且消除对于和平之威胁，制止侵略行为或其他和平之破坏，且依正义及国际法之原则，调整或解决足以破坏和平之国际争端或情势；第二，发展国际以尊重人民平等权利及自决原则为根据之友好关系，并采取其他适当办法，以增强普遍和平；第三，促成国际合作，以解决国际属于经济、社会、文化及人类福利性质之国际问题，且不分种族、性别、语言或宗教，增进和激励对于全体人类之人权及基本自由之尊重；第四，构成以协调各国之行动之中心，以达成上述共同目的。

比如，联合国的安全理事会，每年都要举行数百次会议，讨论有关安全问题，并针对热点问题的解决，做出上百次决议、声明或报告，以促进问题的解决。还通过派遣访问团、认命特使、派遣维和部队，进行具体调解，直接参与热点问题或争端问题的解决。在实现争端问题的和平解决，维护世界的和平与稳定方面，做出了贡献。

比如，促进世界各种文明的沟通与相互借鉴，无疑是联合国德性的行为。世界各个民族、各种文明，都有自己的优势，需要在相互开放、相互沟通中相互借鉴，在相互借鉴中实现取长补短，达到共同发展和进步。每年的联合国大会，都云集各国元首、首脑和外长，都利用这个平台和机会，向世界讲述自己的意见和主张，讲述本国发展的经验和对外部的需要，从而达到相互交流、相互理解、相互学习、相互借鉴、相互帮助、结交朋友、选择合作对象等目的，所有这些，都是它独有的，是世界任何国际机构都无法比拟的。

比如，联合国经社理事会，它作为全球经济、社会和环境发展的协调机构，是推进世界可持续发展的核心机构。它除了召开国际会议，讨论全球经济、社会、文化、教育、卫生等发展形势外，还通过对全球经济、社会、文化、教育、卫生、环境等发展情况的大量的调查研究工作，写出报告或政策建议，提交联合国大会审议，并向全球进行宣传。

比如，开展世界上规模最大、历史最悠久的对落后地区、落后国家的发展援助，当然也是联合国德性和功绩的突出表现。联合国开发计划署、联合国人口基金会、联合国儿童基金会，都专门从这方面的工作，并从不同领域，做出了令人瞩目的成绩。据研究联合国专家提供的数字，至联合国建立 70 周年的 2015 年，联合国共为 80 个国家的 9000 万人提供了粮食，为世界 58% 的儿童接种了疫苗，为逃离战火、饥荒或迫害的 3870 万难民提供了援助，共派 12 万维和人员在全球维护和平，筹措人道主义援助资金有 220 多亿美元。

联合国的问题，主要出现在实践领域，出现在实践领域的霸权主义的挟制。不过，即使有霸权主义的挟制，联合国的积极作用还是要大于其在霸权操纵下发生的那些不道德行为的负面作用。特别是体现其德性的一面，诸如维护全球贸易的顺利进行、促进国际间的合作、对落后国家的发展援助等，都发挥了巨大作用，取得了明显效果，做出了突出的功绩。特别值得一提的是，它作为一个全球性的论坛和平台，能反映世界各种声音，使各国都能在这个平台上发表自己的意见和主张，选择自己的合作伙伴。它的那些在各领域符合德性的文本，在这个平台上展现的各种能促进人类文明发展进步的、符合德性的、公道正义的意见和主张，都有着宣传的意义和象征性的意义，象征着未来的世界将会沿着广大人民的意志，向着更美好的方向前进。

霸权挟制和恶性行为的根源

比如，联合国宪章原则，基本是正确的，是符合人类德性的。联合国宪章的主要内容包括：联合国的宗旨是维持国际和平和安全；发展国际间以尊重人民平等权及自决权原则为根据的友好关系；促进国际合作，以解决属于经济、社会、文化及人类福利性质的国际问题。构成一个协调各国行动之中心，以达成上述共同目的；为实现这些宗旨，其遵守的基本原则是：各会员国主权平等；各会员国在其国际关系上不得使用威胁或武力，或以与联合国宗旨不符的任何其他方法，侵害任何会员国或国家之领土完整和政治独立；不得干涉在本质上属于任何国家国内管辖之事件；以和平方法解决国际争端等。

从上述宗旨和原则看，联合国宪章是符合大多数国家愿望和人们利益的，联合国的建立，是全球治理和人类文明发展的一大进步。如果真的能按照本意实施全球治理，当然是很好的，然而，在联合国建立中起支配性作用的美国，一开始就有想通过控制联合国组织，实现其称霸世界、领导世界、谋取本国最大利益的不可告人的图谋，总想把联合国当作其谋取霸权和利益的工具，这就影响着联合国宗旨和作用的发挥。美国为了本国的利益，总是采用双重标准行事，使联合国的宗旨和原则遭到曲解和践踏；使联合国在遵守或破坏践踏这些宗旨和原则问题上，也就是在坚持联合国的真德性和假德性上，一直存在激烈博弈和斗争。

比如，从联合国主要机构设置和运行看，文本上的东西似乎还都是符合人类德性的。联合国的主要机构有：联合国大会、安全理事会、经济及社会理事会、托管理事会、国际法院和秘书处。按照章程的规定，联合国大会由全体会员国组成，每年定期举行一次，讨论宪章范围内的任何问题或事项。每个会员国都有一票表决权；重要问题的决议，须有2/3多数票通过。这些，当然都是合理的、符合德性的。

比如，在文本中关于对安理会职能和权力的规定：依照联合国的宗旨和原则，维护国际和平与安全；调查可能引起国际摩擦的任何争端和局势；建议调解这些争端的方法和解决的条件；制订计划以处理对和平的威胁或侵略行为；促请各成员国实施解决制裁和除使用武力以外的其他措施以防止或制止侵略；对侵略者采取军事行动；就接纳新会员国以及各国加入《国际法院规约》的条件提出建议；在"战略地区"行使联合国的托管职能；就秘书长的任命向大会提出建议，并与大会共同选举国际法院的法官等，这些当然都是必要的、符合德性的。

比如，经社理事会作为联合国的协调经济、社会和环境工作的机构，也是联合国系统推进可持续发展的核心机构，接受联合国大会的领导，协调联合国及各专业机构的经济和社会工作；研究国际上有关经济、社会、发展、文化、教育、卫生及有关问题；就其职权范围内的事务召开国际会议，并起草公约草案提交联合国大会审议。可见，作为讨论国际经济和社会问题以及拟订政策建议的中心论坛，经社理事会在加强国际合作促进发展方面发挥着关键作用。这当然也是必要的、符合德性的。

除了联合国之外，美国还仰仗自己的实力，仰仗强权政治，又主导建立了国际货币基金组织、世界银行、关贸总协定组织。这三大组织，都是适应全球化发展而产生的、进行全球治理的重要国际组织。虽然这三大组织始终都受霸权主义者的控制，有许多不公平、不合理之处，但对全球金融的稳定和发展，促进全球贸易和投资的稳定和发展，促进世界的和平与稳定，特别是对稳定汇率、稳定各国币值、扩大国际贸易都起有积极作用。但同时，美国也正是利用这三大组织，迅速膨胀了自己的经济实力，巩固了自己在世界金融、贸易、投资等领域的霸权地位。这三大组织也同联合国一样，在全球治理中发挥过重要作用，也是在德性与非德性的混合中，维护着全球的不公正、不平等的经济秩序运行。

比如，1944年初，英美苏中等44国，在美国新罕布什尔州布雷顿森林举行国际货币金融会议，并通过了协议书和《国际货币基金组织协定》和《国际复兴开放银行协定》。1945年，国际货币基金组织和国际复兴开放银行（又称世界银行）同时正式成立。从国际货币基金组织的宗旨看，是符合德性的。比如，在货币问题上促进国际合作；消除妨碍世界贸易的外汇管制，促进国际贸易的扩大和均衡发展；向成员国提供短期贷款，协助解决其他国内经济困难以及国际收支逆差等问题；稳定汇率，扩大国际清偿能力；同有关国际经济组织联系和合作，共同研究国际金融领域重大问题等。这些无疑都体现着国际经济发展的需要和德性。

比如，从世界银行的目的和任务看，也是符合德性的：在成员国不能按合理条件得到私人资本的情况下，向这些国家尤其是发展中国家发放贷款，以资助它们进行生产性投资和经济结构调整；对私人贷款提供保证，促进外国私人投资；与其他国际金融机构合作，开放成员国的生产资源，促进国际贸易的平衡发展；通过各种技术援助，促进成员国生产力发展以及居民劳动条件的改善；同其他开发组织通过交换资料、官员会晤等方式，建立密切咨询和业务联系等。这些无疑都有利于促进发展，符合各成员国利益，符合国际社会德性。

比如，1944年的布雷顿森林会议上就提出，在建立国际货币基金组织和世界银行的同时，还要建立世界贸易组织，并使这三大组织成为控制全球货币、金融、贸易的机构。当时由于国际贸易组织不能满足美国利益，所以遭到美国的反对，国际贸易组织因此没有建立。后来美国又发起制定出了关税及贸易总协定，并于1947年在日内瓦建立（1995年又改为世界贸易组织）。关贸总协定，是有关关税和贸易政策的、具有约束力的最大的国际多边协定。

从它的宗旨看，应该说，是符合德性的。比如，在互惠互利的基础上削减关税和其他贸易壁垒，消除国际贸易中的差别待遇，充分利用世界资源，扩大商品的生产与交换，促进各缔约国经济的发展，这些都体现着德性的要求。从它奉行的基本原则看，也是符合德性的。比如，非歧视性原则，关税保护和关税减让原则，禁止采用进口数量限制原则，禁止倾销和限制出口补贴原则，磋商调解原则等，这些也都体现了贸易中德性的要求。

比如，二战后，美国的霸权梦已经不是只充当资本主义世界的霸主，而是成为整个世界的霸主。但是由于苏联的强大，为了实现其世界霸权梦，在安排战后世界新秩序时，就不得不争取与苏联的合作。而苏联，为了创造一个恢复和发展经济的和平国际环境，也不得不在获得尽量多的利益的同时，对美国做出一些让步。战后所形成的"雅尔塔体系"，以及按照"雅尔塔体系"所建立的联合国和一系列国际组织，实际上都被美国绑架，都是在按照美国的世界霸权战略和意愿，在苏联的让步和合作中才实现的。这种战略的核心是突出美国的霸主地位，突出美国的决定作用，突出美国利益第一。

总的看，在二战后至20世纪末的全球治理中，由于受霸权主义的支配，特别是美国强权政治的支配，各种全球治理的组织和机构，其文本中的德性，行为中的德性，都被这种霸权主义和强权政治所破坏或扭曲了。

中国承诺和联合国的美好

毋庸讳言，联合国建立初期，其成员主要是西方国家，而且受发达国家主要是美国的操纵，实际上成为它们的工具。从20世纪60年代开始，情况发生改变。到1971年，以中国代表权的恢复为标志，由于广大发展中国家的加入，美国操纵联合国的时代终结。自20世纪70年代到90年代，联合国进入了新的发展时期，被称为是联合国的黄金时代，世界人民对联合国的信任和期望也大为提升。

然而，在21世纪初，美国又不顾世界人民的反对，不顾联合国多数成员的反对，不惜假借谎言，发动了入侵阿富汗和伊拉克的战争，使联合国遭到撕裂和陷入危机，联合国在世界人民中的形象严重受损。正是在这危急关头，2015年，联合国迎来了它的70周年诞辰，并举行了一系列的纪念活动。中国国家主席习近平亲自参加了这些活动，并发表了系列重要讲话，对联合国面临的挑战，以及如何应对这些挑战，提出了中国的主张和意见，做出了中国的承诺，并受到成员国的普遍欢迎和称赞，使联合国又踏上了新的时代和新的征程。

谁都看得出来，当前国际社会和联合国，正面临非常严峻的新挑战、新问题。世界上每天都在发生着大量冲突，全球还有8

亿多贫困人口，恐怖主义、气候变化等全球性问题，都严重威胁着人类社会的生存和发展。联合国本身，也面临各种调整和改革的考验，诸如：如何提高联合国大会的治理能力和效率，重塑联合国的威信；如何使安理会更具代表性、在维护世界和平中发挥更大作用；如何使秘书长的推选更民主，更具有民众基础；如何加强和提高经社理事会的治理能力；如何防止自身的腐败，使联合国成为廉洁高效的机构；如何兑现一系列发展目标和承诺等。

毋庸置疑，在新的时代，只有通过切实可行的改革，才能使联合国的各种机构、各种资源和各种能力，适应于新的国际安全、世界和平发展、新的全球治理和国际秩序的要求。为此，习近平在讲话中强调，联合国作为最具普遍性、代表性、权威性的国际组织，寄托着人类新愿景，开启着合作新时代，这一创举前所未有。先辈们集各方智慧，制定出了联合国宪章，奠定了现代国际秩序的基石，确立了当代国际关系的基本准则，这一成就影响深远。

习近平强调，在新的形势下，国际社会对联合国的期待值上升，联合国肩负的责任更加艰巨，联合国的作用只能加强，而不能削弱，联合国的权威必须维护，而不能损害。世界各国都应捍卫《联合国宪章》宗旨和原则，坚持尊重各国主权独立，自主选择发展道路和社会制度，坚持通过对话协商以和平方式解决国家间的分歧和争端。

在讲到联合国的未来时，习近平强调，世界正处在一个加快演变的历史进程之中，和平、发展、进步的阳光足以穿透战争、贫穷、落后的阴霾。世界多极化进一步发展，新兴市场国家和发展中国家的崛起，已经成为不可阻挡的历史潮流。和平、发展、公平、正义、民主、自由，是全人类的共同价值，也是联合国的崇高目标。当今世界，各国相互依存、休戚与共。我们要继承和弘扬联合国宪章的宗旨和原则，构建以合作共赢为核心的新型国际关系，打造人类命运共同体。

习近平再次承诺，中国坚决走和平发展道路，永不称霸，永不扩张，永不谋求势力范围。习近平强调，应当倡导共同、综合、合作、可持续的安全理念，建设开放、透明、平等的国际安全合作架构，走出一条共建、共享、共赢的安全新路，共同维持世界和平与稳定。应当推动国际关系的民主化和法治化，坚持和平共处五项原则，维护国际和平正义，用统一适用的规则来判明是非。应当完善全球治理，确保各国在国际经济合作中机会平等、规则平等、权利平等，实现世界普遍繁荣和各国共同发展。

为了支持联合国，习近平在70届联合国大会一般性辩论时还宣布了一系列具体支持项目。比如，中国决定设立为期10年、总额10亿美元的中国—联合国和平与发展基金，支持联合国的工作，促进多边合作事业，为世界和平与发展做出新的贡献；比如，中国将加入新的联合国维和能力待命机制，决定为此率先组建常备成建制维和部队，并建设8000人规模维和待命部队；比如，中国决定在未来5年内，向非盟提供总额为1亿美元的无偿军事援助，以支持非洲常备军和危机应对快速反应部队；比如中国将设立"南南合作援助基金"，首期提供20亿美元，支持发展中国家落实2015年后发展议程；比如，为帮助发展中国家的经济发展和改善民生，中国在未来5年将向发展中国家提供"6个100"项目的支持，这些支持无疑将使联合国更加强大，更加美好。

总之，联合国作为世界反法西斯战争胜利的成果，承载着世界各国人民对和平与发展的殷切期望。联合国作为最具代表性和权威性的国际组织，以和平、安全、发展、人权为支柱，对当今人类在平等合作、和平发展、互利共赢发展中构建人类命运共同体有着不可替代的作用。国际社会重申对联合国宪章的承诺，切实维护联合国的权威，不断丰富联合国宪章的内涵，赋予其新的生机和活力，则是新时代全球治理的客观要求。

第 四 章

全球治理的德性信仰：公天下和共生存

信仰是人之本，社会之本，国家之本，全球治理之本。世界上一切的真善美，一切的假恶丑，一切的矛盾和争斗，一切的秩序和治理，一切成功和失败，追根溯源，全在于信仰。所以，抓住了信仰，就抓住了问题的根本。在中国文明传统中，公天下信仰占有重要地位。公天下信仰所追求的，是平等、和谐、幸福的世界，最终理想是世界大同。不言而喻，在全球化深入发展至今日，公天下和共生存的信仰，应当成为全球治理的基本信仰。适应公天下信仰的公共道德原则，也应该是全球性的最大和最高的道德原则。中国称的"天下"，当然指的是整个地球或整个世界。地球，是大自然赋予人类生存的最丰厚的礼物。人类生存所需要的一切，它都公平、无私地慷慨赋予。顾名思义，公天下的含义是：世界不是某个人的天下，也不是某个国家的天下，而是世界所有人、所有国家、所有文明的天下，是生活在地球上的所有人的天下。天下，也不是某种文明独占、独享的天下，而是所有文明共有、共存、共荣、共享的天下。任何一个国家，任何一种文明，要想独霸世界、统治世界，那都是痴心妄想。只有在共有、共存、共荣、共享中，人类文明才能在和谐中前进和发展。在狭隘民族主义、种族主义、贸易保护主义、本国利益优先等猖獗的当今时代，倡导公天下和共文明的意识和理念，已经成为全球治理肩负的历史使命。

一 公天下和共信仰

公天下信仰，应当是支撑新时代全球治理的共信仰，或者是新时代全球治理应当倡导的信仰。公天下信仰的基础，是人的从群性和共在性。而共在性和公道德是紧密联系的。共在性、共生存必须有公道德维系。这里说的公道德，就是指不同文明公认的人的善性，以及由这种善性决定的道德规范。这种善性，这种道德规范，应当是普世性的。在宇宙间，地球只有一个。共同生活在地球上的人们，犹如生活在一条船上，只有同舟共济，才能生活得美好。不过，过去的阶级社会是私天下大行其道的社会，剥削阶级在私欲贪婪支配下，不顾广大劳动者的死活，通过各种手段对广大劳动者进行掠夺，致使人类社会发展始终存在因私欲而掠夺劳动的恶事，违背了共有、共在、共生、共荣的原则。特别是因私欲贪婪而导致的掠夺和战争，更是给广大劳动者带来了严重灾难。不言自明，私天下体现的是私欲贪婪掠夺和罪恶；公天下体现的是无私欲贪婪的文明和善性社会。一个人，一个国家，全球治理，应当如何选择，显而易见。

公天下信仰的善性和高尚

世界文明的多样性，信仰的多样性，是客观、真实的存在；不同文明共同生活在一个地球上，也是客观、真实的存在；在人类文明发展中，各种文明都各有自己的优势，各有自己的贡献，这更是客观、真实的存在。承认这种客观、真实存在，认知这种客观、真实存在，承认由"自在性"和"他在性"构成的"共在性"，承认各种文明之间发生着相互联系、相互沟通、相互借鉴、相互促进的关系的公天下信仰,自然是科学和高尚的信仰,是全球治理值得倡导的信仰。这种信仰,是不同文明中的同,或者应当是不同文明中的同。求同存异,这是全球治理的大智慧、大哲学。

人们越来越相信,信仰是一种无形、无敌的力量,是人类奔向美好的指路明灯。人的信仰有多种多样,这里讲的信仰,主要是指政治信仰。在谈到政治理想时,哲学家罗素曾这样说:"在漫漫的黑夜中,人们渴望一座光明灯塔的指引,这就是明确的信仰、基础稳固的希望以及由此产生的能够超越一切险阻的沉稳的勇气。时间坚定了我们的信念。我们看到,我们曾经以为罪恶的东西,最终证明是罪恶的。旧世界正在因为自身固有的缺陷而迅速地走向毁灭。而一个更美好的新世界将要在它的废墟上升起,如果这一点可以确认的话,那么我们将能够比以往任何时候都更清醒地把握自己的命运。"[1]

罗素认为,现存的资本主义政治制度是"植根于一种错误的政治蓝图,它使得人间的痛苦、灾难、犯罪不断延续下去。要使人们从中解脱出来,必须确立一种完全不同的政治理想。这种政治理想,是植根于人们实际生活的理想。政治学的目标,就是要使个人的生活达到最优。因为不同的文明,不同的人,构成了这个世界。所以,政治学的使命,就是按照使每一个人都能获得最大的利益这一原则,来调整人们之间的关系"[2]。

当今世界,不同信仰、不同文明,都有着不同的个性和特点。所以不同文明共在、共生、共荣、共享的原则,不可能是放之四海而皆准的,而只能是不同文明、不同信仰中所包含的那种最本质的共同。如罗素说的:世界上不同的人,不同的文明,不同的国家,有着不同的追求,不同的理想,并不是所有的人都一样的

---

[1] 《罗素道德哲学》,九州出版社2004年版,第246页。
[2] 同上书,第247页。

刻苦、一样的富有自我奉献精神。所以，我们无法寻找出放之四海而皆准的、哪怕在细节上也无任何出入的性格模式。而只能根据一些更宽泛的原则，来确定什么是可能的，什么是想要的。

在人类文明发展中，每种文明都有自己的优势和贡献，这毋庸置疑。至今的人类文明，都是文明大家庭共同创造的。以公天下理念为例，早在私有制刚产生时，世界古代先贤们就对私有制提出了批判，并提出了天下为公、世界大同的构想。比如，早在公元前400多年，古希腊哲学家柏拉图就提出了"理想国"的构想。他提出，治国者必须是德高望重、具有完美德行、高超智慧和知道正义所在的人。在他的"理想国"里，为了保证社会的公平正义，国家的治理者和武士不能有私产，因为私产是一切私心邪念的根源。如果他们有了私产，就不能保证社会的公平正义。在那种年代里就能有如此构想，的确很了不起。

而更了不起、更令人惊异的是，早在公元前500多年，中国儒家学派的代表人物孔子，就提出了"三世说"，提出了"天下为公"的大同世界构想。孔子认为，中国社会的发展要经历"据乱世""升平世"和"太平世"三个大的历史时期。由"据乱世"进入"升平世"，就意味着进入到了人们温饱无忧、生活富裕的社会。而由"升平世"进入"太平世"，就意味着实现了人类理想的最高境界，"天下为公"的大同世界。

如有西方学者说的：那种认为西方打造了地球上一切美好的东西、只有西方的自由主义价值观才是高尚的这种想法，是荒谬的、恶劣的。因为西方的自由主义价值观，就是自由剥削、掠夺劳动者的价值观。比如欧洲，主是英国和法国，如果没有暴力殖民掠夺，没有对原住民的清洗和奴役，没有在美国南部强制奴隶生产棉花，没有对中国和印度的战争和贸易掠夺，其强大是不可能的。而事实是，西方不是世界上一切有价值东西的唯一源头，也不是自由和民主的唯一源头，而只是诸多源头之一。许多优秀的、有价值的东西，在欧洲之外，也有高度发展。

处在不同文明和不同信仰中的人们，为什么能够共存、共处，并在合作中得到发展？那是因为在诸多不同中，也有共同的东西。正是这种共同的东西，把不同文明、不同信仰紧密联结在一起。比如，在应对政治上的战争威胁，经济上和平发展的威胁，环境上的气候变化的威胁等方面，各种文明、各种信仰就有着共同的利益和共同的愿望。也就是说，在国际社会高度复杂性和高度不稳定性的环境下，人们面对的最大现实问题，就是与人的共在、共荣、共享相关的诸如和平与安全问题、平等合作和共同发展问题、相互沟通和借鉴问题等，就是不同文明、不同信仰的共同利益和共同愿望。

要解决好这个问题，当然需要共同遵循一定的意识和原则。"他在性"和"共在性"意识和原则，也就是"公天下"和"共生存"的意识和原则，就是需要共同遵循的意识和原则。在以往的私天下治理中，无论在政治、经济、社会、文化上，信仰的都是私欲贪婪、自由掠夺的理念和零和博弈原则。虽然这种理念和原则，给世界带来的令人发指的灾难，所导致的社会的不平等、不公正的现实，由这种不平等、不公平所导致的社会的严重分裂和动荡都历历在目，但在眼下，这种理念和原则不仅仍然大行其道，而且还显得十分猖狂。

"他在性"和"共在性"，或"公天下"和"共生存"意识和原则，所倡导的是有我的利益，也有他人的利益和共同的利益。我发展了，也让他人发展，让所有的人都发展。所以在具体交往和合作中通行的不再是零和博弈规则，而是平等合作、共赢共享的规则。不言而喻，只要这种意识和原则，能在具体行动中得到实施，社会的平等和公平就一定会实现，社会的一切邪恶就一定会被消除。

显然，在"他在性"和"共在性"，或"公天下"和"共生存"意识和原则下，人类文明发展进步的关键是不同文明之间的相互的合作。有学者认为，平等合作应当是不同文明之间最高的行为准则，这无疑是正确的。但这种平等合作当然是具有德性的合作，是在"他在性"和"共在性"理念下的合作。这种合作把共同的利益放在首位，把符合德性的"五共"原则，即共商、共建、共治、共赢、共享，作为基本原则。

"共在性"和"共联性"是紧密联系的。有"共在性"就必然有"共联性"。哲学家康德在其道德哲学中，就提出过"世界公民法权"的概念和理论。在他看来，世界所有彼此之间能够发生实际关系的各民族，其和平的、尽管还不是友好的、普遍的"共联性"这一理性理念，绝不是博爱的（伦理的），而是一个法权的原则。现在看来，世界各个民族、每个公民的"共联性"，作为人性或人的本质的体现，既是伦理的，也是法权的。

康德说："既然对地球居民能够生活于其上的土地的占有，总是只能被设想为对一个特定整体的部分占有，因而被设想为这些居民的每一个都源始处于一种土地的共联性之中，但并不是处于占有，从而使用或者对其所有权的法权共联之中，而是处在自然可能的交互作用之中，亦即处于一个人与其他所有人自愿相互交往的普遍关系之中，并拥有尝试交往的法权，外人没有权力把他因此当作一个敌人来看待。这种法权，就它涉及一切民族在其可能交往的某些普遍法律方面可能的联合而言，可以被称为世界公民法权。"[①]

"世界公民"的理念含义非常深刻。我们应当意识到，为作为一个合格的世界公民，既是一种骄傲，又是责任的担当。当今，任何国家的公民都应当做好由国家公民向世界公民转变的准备。什么是公民？在希腊古典哲学家看来，在法制环境下，公民应当

---

① 《康德道德哲学文集》下卷，中国人民大学出版社2016年版，第523页。

是以共同拥有公共权力并同等地参与公共事务的人。任何公民，都是独立、自由、平等的，一切权利都是公民所共有的。他们不仅可以平等地表达自己的意见，并公开选举公共权力的代理人，而且可以平等地参与议政、参政。这种政治权利上和社会地位上的平等就决定了，无论他们出身、地位有多么不同，平等的权利能使他们成为同类的人，即同类的公民。而且只有这种同类人，才能被平等、友爱联系在一起，组成一个共同体。

不过，历史实践也证明了，只强调在追求个人利益中服从法律的经济人的理性，是不充分的理性。而只有在追求个人利益中服从内心道德人的理性，即共有、共在、共荣、共享的理性，才是充分的、能使社会走向自由、平等、公平、正义、和谐和美好理性，才是人类最理想的理性。

公天下价值观的荣光和完美

公天下这一理念，不仅是一种信仰，也是一种价值观，是一种具有最高德性的最完美的价值观。价值观的含义，说到底，就是一句话：人为什么要活着？或者人活着是为了什么？问题的核心是：活着是为私，还是为公。是为了贪图私人财富、私人权势；还是为了他人和整个人类的利益和幸福。当然，为公不是说不为私，如果没有强健的体魄，没有高深的科学技术知识，那以什么为公？所以，如果，而不是为了贪婪私人财富和权势，不是为了自己过奢侈、糜烂的生活，而只是为了生存需要，为了给为公即为社会做贡献奠定基础和准备条件，以更好地为公，那从本质上说，这种为私当然也就是为公了。

西方总鼓吹自己的价值观高尚，其实不然。可以说，当今资本主义社会的一切邪恶，都根源于这种对财富、权势的私欲、贪婪和掠夺。而以公天下为核心的社会主义价值观，倡导的是共同利益、共同发展、共同幸福。事实证明，这种价值观才是符合人性、符合道德的、最高荣光、最完美的人生观和价值观。如马克思说的，只有为了全人类的幸福而创造性地工作，自己才能实现完美。

历史已经并正在证明，价值观是由人生观决定的。有什么样的人生观，就有什么样的价值观，就有什么样的人生，就有什么样的人生和事业。值得注意的是，一个人的人生观，不是生来就有的，而是在社会生活中逐步形成的。人生观、价值观都不是抽象的，而是具有特定的、具体的社会属性。一切已往的价值观，归根到底都是当时的社会经济状况的产物，人们的人生观和价值观都是在实际的社会生活中形成的。所以正确人生观和价值观的形成，需要在家庭教育、社会教育和自我修养中才能形成。以德律己、以德育人，这是广大教育工作者的荣光，也是其所肩负的重任。

生活在全球化中的每个人、每个国家，自己的生活都与他人、他国的生活密切联系着，都不可能独善其身。要想自己活得好，就必须让他人也生活得好。如果只为自己好，或者把自己的好建立在他人不好的基础上，当然是不道德的。而既为自己也为他人，为人类的幸福而劳动、而奋斗，甚至不惜献出自己的生命，这当然就是最高尚的信仰和道德了。公天下和共生存所追求的，就是这种价值观和道德。这种价值观和道德，体现着人的本性和人类文明的本质。

所以，研究人生观和价值观，就不能不研究人性问题。不言而喻，从认识论的角度讲，人既是认识的主体，又是认识的客体。人要正确认识世界，首先要正确认识自己。人都是具体的，而不是抽象的。世界上不存在脱离社会环境的超人。如何从社会环境中认识人的性质，这是人类科学中的大课题。自古至今，虽不乏关于人性的理论，但能从道德的角度、从善恶的角度，真正说服人的不多。

至今人类文明的发展历史，特别是当今世界的现实似乎证明，黑格尔对人的天性的分析，可能是正确的。当然，他把人作为善恶的混杂体，并把动物性，把弱肉强食的丛林法则，视为人的第一天性；把人的社会性，即理性、德性，把共生、仁爱、公平、正义、合作、共享原则，视为第二天性；也许低估了人的第二天性的决定性作用。

毋庸置疑，在人类社会里，人的本性必然会受到社会环境的影响，必然要通过社会而表现出来。因而，从社会的角度看，人的本性或人的本质，就是指人的社会性。关于人的本质，马克思有多种提法，有的是从自然的、原本的意义说的；有的是从现实的、社会的意义上说的；但核心是人的社会性即社会本质，其他都是为了说明这种本质。比如马克思就说过，国家的职能和活动，就是人的职能；人的本质不是人的胡子、血液、抽象的肉体的本性，而是人的社会特质。而国家的职能等只不过是人的社会特质的存在和活动的方式。因此很明显，个人既然是国家职能和权力的承担者，那就应该按照他们的社会特质，而不应该按照他们的私人特质来考察他们。

人的本质是劳动，这是马克思很重要的观点。人的生命活动，人区别于动物的本质特征，就是劳动。劳动，是人类的基本道德和基本价值。人和人类社会，人和人类社会的历史，都是劳动创造的。但自人和人类社会被创造之后，劳动就具有了特定的社会形式和性质，劳动的本质就随着社会的本质发展变化，而发展变化着。劳动在奴隶制、封建制下，是被迫的、令人厌恶的事情；在资本主义下，则又是被异化、被商品化的鄙俗、主客体颠倒了的苦难；而只有到了信仰公天下的共产主义社会，劳动才能原本归真，成为劳动者的第一生活需要，成为一种快乐，劳动者才能真正创造自己的历史。

如马克思所分析的，劳动异化的消除，也是通过人并且为了人而对人的本质的真正占有，是向作为的人即合乎人的本性的人的复归，这种复归是彻底的、自觉地保存了以往发展的全部财富。因此，人不应当仅仅被理解为直接的、片面的享受，不应当仅仅被理解为占有、拥有。人以一种全面的方式，也就是说，作为一个完整的人，占有自己的全面的本质。[①]这种共产主义作为完成了的自然主义，等于人本主义，而作为完成了的人本主义等于自然主义，它是人和自然之间、人和人之间的矛盾的真正解决，是存在和本质、对象化和自我确立、自由和必然、个体和类之间的抗争的真正解决。

正因为人的本质是人的真正的社会关系，所以人在积极实现自己本质的过程中，也创造、生产着人的社会联系、社会本质，而社会本质不是一种同单个人相对立的抽象的一般的力量，而是每一个单个人的本质，是他们自己的活动，他们自己的生活，他们自己的享受，他们自己的财富。因此，作为现实的、活生生的、特殊的个人，就是在社会联系中的个人。任何个人的本质，都是在一定的社会关系、社会环境中孕育、发展和定型的。而且，"既然人的性格是由环境造成的，那就必须使环境成为合乎人性的环境。既然人天生就是社会的产物，那他就只有在社会中才能发挥自己的真正的天性，而对于他的天性的力量的判断，也不应当以单个人的力量为准绳，而应当以整个社会的力量为准绳"[②]。我们研究人的信仰和道德时，也应当遵循这一准绳。

中国古代的先哲们，很早就在争论人的本性问题。在人之初，是性本善，或是性本恶的问题上，始终各持一端。不过，在人的本性不是一成不变的，是可以随着社会环境的改变特别是随着社会教育而改变的这一点上，却是一致的。孟子是性本善论者，可他有苟不教性乃迁，教不严父之过之说；荀子是性本恶论者，可

---

① 《马克思恩格斯全集》第42卷，人民出版社1979年版，第123页。
② 《马克思恩格斯全集》第2卷，人民出版社1979年版，第167页。

他也认为,正因为人之初性本恶,才需要社会教育,社会教育的目的就是改变人之初的恶性。可见,不管两者有意或无意,却都承认了人之后的本性是社会性,是社会教育的结果。

在资产阶级看来,人生来都是自私的。在资本主义社会,人与人之间的关系是纯粹的金钱关系,表现为物的属性,金钱确定人的价值。对钱财的无限地贪婪,正是资本主义社会万恶的渊薮。

而代表着未来的社会主义人生观、价值观的核心,是为广大劳动人民谋利益、谋幸福。在这种人生观和价值观里,人们之间的相互关系是相互依存、相互帮助,人人为我、我为人人的关系。每个人的生存,都是在为社会的发展、为他人更好地生存创造条件。人生的目的不只是为了自己,也同时是为了他人,为了整个社会、为了整个人类。只为自己而活、而死,价值轻如鸿毛;而为了社会、为了人类而活、而死,价值则重于泰山。

毋庸置疑,价值观的美,美在符合道德。而道德也和人类社会一样,总是在进步的。恩格斯在《反杜林论》这部著作中,十分精辟地论述了这种道德发展和趋势。他说:如果说,在真理和谬误的问题上我们没有什么前进,那么在善和恶的问题上就更没有前进了。这一对立完全是在道德领域中,也就是在属于人类历史的领域中运动,在这里所播种的最后的、终极的真理恰恰是最稀少的。善恶观念从一个民族到另一个民族、从一个时代到另一个时代变更得这样厉害,以致它们常常是互相直接矛盾的。但是,如果有人提出反驳,说无论如何善不是恶,恶不是善;如果把善恶混淆起来,那么一切道德都将完结,而每个人都将可以为所欲为了。如果除去一切极端玄妙的词句,这也就是杜林先生的意见。但是问题毕竟不是这样简单地解决的。如果事情真的这样简单,那么关于善和恶就根本不会有争论了,每个人都会知道什么是善,什么是恶了。

当然,在金钱熔铸特权,金钱成为整个社会第一杠杆的资本主义社会，要从资产阶级道德发展到劳动阶级道德，从资产阶级的人生观和价值观发展到无产阶级的人生观和价值观，自然是一个很漫长、很艰难的过程。比如要让信仰《圣经》的基督教徒放弃自己的财产，就并不那么容易。"贪爱钱财是万恶之根源"，这是耶稣对其信徒的教诲。可有哪个资产者真的信它和按它行事呢？《圣经》上有这样一个故事：一个富人问耶稣怎样才能得到永生，耶稣告诉他：应当变卖你所有的财产，把它分给穷人，然后跟我走。然而，这个富人却忧愁地离开了，因为他的财产太多。耶稣对门徒们说：我实话告诉你们，财主进天国是很难的，比骆驼穿过针眼还难。资本主义社会现实中的富人，同样是离耶稣而去，只知道剥削穷人，而不会把自己的财产分给穷人，实现同穷人们的真正平等。如果他们能做到这一点，那他们就不会剥削穷人了，资本主义制度也就不存在了。

劳动阶级人生观和道德观的首要一条，就是不为金钱而生，要为全人类的解放和幸福而奋斗。马克思说，利益是讲求实际的，世界上没有比消灭自己的敌人更实际的事情了！私人利益总是怯懦的，因为那种随时都可能遭到掠夺和损害的身外之物，就是私人利益的心和灵魂。有谁会面临失去心和灵魂的危险而不战栗呢？如果自私自利的立法者的最高本质是某种非人的、异己的物质，那么这种立法怎么可能是人道的呢？"当他害怕的时候，他是可怕的。"这句格言可以作为一切自私自利的和胆怯的立法的写照。

马克思还说，利益是没有记忆的，因为它只考虑自己。它所念念不忘的只是一件东西，即它最关心的东西——自己。而有道德的人，当然不光关心利益，关心自己，而且更要关心人的精神，关心他人，关心所有的人。比如，认真选择职业，是青年人开始走上社会、走上生活的重要责任。在走上社会时，每个人眼前都有一个目标，这个目标至少在他本人看来是伟大的，而且如果最深刻的信念即内心深处的声音，认为这个目标是伟大的，那它实际上也是伟大的。

谁都知道，伟大的东西是闪光的。不光闪光也会激发虚荣心，虚荣心容易使人产生热情或者产生一种我们觉得是热情的东西；但是，那些被利益、被名利迷住了心窍的人，理性是无法加以约束的，于是他一头栽进那不可抗拒的欲念召唤他去的地方；他的职业已经不再是由他自己选择，而是由利益或名利选择了，是被偶然机会和假象决定了。

人都是有尊严的。而能给人以尊严的只有这样的职业：在从事这种职业时我们不是作为奴隶般的工具而是在自己领域内独立地进行创造；这种职业不需要有不体面的行动，哪怕只是表面上不体面的行动，甚至最优秀的人物也会怀着崇高的自豪感从事它。有崇高信仰和道德的人。当然，人的一生总是处在矛盾和斗争中，但是，一个不能克服自身相互斗争的因素的人，又怎能抗御生活的猛烈冲击，怎能安静地从事活动呢？然而如马克思说的：只有从安静中才能产生出伟大壮丽的事业，安静是唯一能生长出成熟果实的土壤。

在人的工作和生活中，既会有激情燃烧、大风大浪，也会有平淡无奇、风平浪静。无论遇到何种情况，既不能张狂，也不要自卑，应当始终保持自己的尊严。只要秉着恪尽职守甚至牺牲自己的幸福的态度去工作，只要有信仰的激励，都会感到幸福和愉快。马克思说：自卑是一条毒蛇，它无尽无休地搅扰、啃啮我们的胸膛，吮吸我们心中滋润生命的血液，注入厌世和绝望的毒液。而"尊严最能使人高尚、使他的活动和他的一切努力具有更加崇高品质的东西，是使他无可非议、受到众人钦佩并高出众人之上的东西。特别是追求真理的研究职业，对于还没有确立坚定和牢固、不可动摇的信念的人，是最危险的。因为只有牢固树立为所有劳苦大众谋福利高尚信仰和道德的人，决心以不怕牺牲生命、竭尽全力去为之奋斗的人，才能完成这种最高尚的事业。

有崇高信仰和道德的人，无论从事何种职业，其着重考虑的，都是人类的幸福和自身的完美。都不能只为自己而劳动，而同时应当为同时代所有的人的完美和幸福而劳动。所遵循的主要指针，应当是人类的幸福和我们自身的完美；而不应是狭隘的个人利益和幸福。马克思说：人的本性是这样的：人只有为同时代人的完美、为他们的幸福而工作，自己才能达到完美。如果一个人只为自己劳动，他也许能够成为著名的学者、伟大的哲人、卓越的诗人，然而他永远不能成为完美的、真正伟大的人物。

什么是伟大人物？像马克思那样的，胸怀全人类，为世界广大劳动人民的幸福而工作和战斗，并在这种战斗中实现自身完美的人，或者那些为共同目标工作因而变得高尚的人，就是伟大的人物。那些为广大劳动人民带来幸福的人，是最幸福的人。为全人类的幸福而工作和战斗，为广大劳动者的幸福而工作和战斗，为广大劳动者的解放而工作和战斗，并在这种战斗中，使自己成为伟大的人，实现自身的完美，这应当成为所有人的追求。

公天下的兴盛和私欲贪婪者的不甘

自20世纪开始，公天下的实践，在世界迅速发展。具体表现为社会主义的产生和发展。虽然遭到资本主义的遏制和围困，甚至在20世纪末遭到了苏东剧变的巨大打击，一心想消灭公天下理念和信仰的资本主义世界，一度曾兴高采烈。可社会主义经过一段时间的反思和调整，开创出了改革开放的新道路，并取得了惊人的成就。实践证明了公天下的理念和信仰的正确性和科学性，其在世界上的影响越来越大。这对私欲贪婪的资本主义当然是巨大威胁，所以自21世纪开始，资本主义霸主美国就集结其国内外的一切势力，加大了搞垮社会主义堡垒中国的力度。这也预示着，私欲贪婪对公天下的反扑，将会进入更加激烈的新时期。

由资本主义性质所决定，资本主义是不会接受公天下理念和信仰的。马克思在描述资本主义社会时，曾有如下一段非常深刻的话：资产阶级在它已经取得了统治的地方，把一切封建的、宗法的和田园诗般的关系都破坏了。它无情地斩断了把人们束缚于天然酋长的形形色色的封建羁绊，它使人和人之间除了赤裸裸的利害关系，除了冷酷无情的"现金交易"，就再也没有别的联系了。它把宗教的虔诚、骑士的热忱、小市民的伤感这些情感的神圣激发，淹没在利己主义打算的冰水之中；它把人的尊严变成了交换价值，用一种没有良心的贸易自由代替了无数特许的和自力挣得的自由。总而言之，它用公开的、直接的、露骨的剥削，代替了宗教幻想和政治幻想掩盖着的剥削。资本主义实践的，就是这样的社会制度。

在资本主义的实践中，对个人财富的鄙俗的贪婪，不仅有思想文化方面的原因，更有社会制度方面的原因。马克思说过，在阶级社会里，每个阶级都有自己本阶级的阶级精神或灵魂，而资产阶级，资本家，只有作为人格化的资本，它才有历史的价值。资产阶级最基本的精神或灵魂，首先就是对个人财产和人权的信仰和崇拜。他们最崇尚的，就是个人主义，特别是个人的权力和个人财富。只顾个人赚钱发财和个人权利，这也是资本主义价值观的核心。只要自己能发财，只要能增加自己的财富，人间的一切道德、一切公平、正义、诚信等，均可置之度外。

资本主义的实践中，鼓励个人对物质财富的占有，并以此来确定人的社会地位和社会关系，是其核心。无限制地发财、追求个人财富和权力，自然就成为资本主义全球治理最基本的特性。在资本主义社会，个人的权势、地位、智慧、荣誉，都同财富联系在了一起。谁能赚钱，能获得巨大的财富，谁就是精英、就是智者，就会受到社会的尊崇，就有了权势、地位和荣誉。在资本主义全球治理中，践行的也是这种理念。

如恩格斯说的："鄙俗的贪欲是文明时代从它存在的第一日起

直至今日的起推动作用的灵魂；财富，财富，第三还是财富，——不是社会的财富，而是这个微不足道的单个的个人的财富，这就是文明时代唯一的、具有决定意义的目的。如果说在文明时代的怀抱中科学曾经日益发展，艺术高度繁荣的时期一再出现，那也不过是因为在积累财富方面的现代的一切积聚财富的成就不这样就不可能获得罢了。"①

贪婪金钱和财富，不平等的财产权，是资本主义社会结构的阶级性和等级性的基础，是资产者赖以统治的基础，也是资本主义全球治理的基础。资本主义对全球进行的霸权主义的治理，要争夺世界霸权，正是为了要得到更多的财富，更多金钱。在资本主义社会中，财富实际上是最大的权力。金钱和权力的结合，就铸成了政治统治。获得金钱，就获得权力，这两种势力相互作用，直到两者合而为一，进而就变成政治统治。关于这一点，我们从资本主义国家的总统大选中可以一目了然。

毋庸置疑，资产阶级的力量全部取决于金钱，所以它们要取得政权，就只有使金钱成为人在立法上的行为能力的唯一标准。它们一定得把历代的一切封建特权和政治垄断权，结合成一个金钱的大特权和大垄断权。资产阶级消灭了国内各个等级之间一切旧的差别，取消了一切依靠专横而取得的特权和豁免权，它们不得不把选举原则当作统治的基础，在原则上承认平等。但资产阶级实行这一切改良，只是为了用金钱特权代替以往的一切个人特权和世袭特权。在对全球进行的治理中，列强们所践行的，也是这种金钱铸就的霸主特权。

这一段言简意赅的话，把"公天下"的内涵、境界和美好，叙述得清清楚楚。在那种美好理想的社会里，人们都以道德规范自己的行为，没有压迫、没有剥削、没有掠夺、没有战争、没有

---

① 《马克思恩格斯选集》第4卷，人民出版社1995年版，第176页。

邪恶、没有犯罪，人们都安居乐业在幼有所教、壮有所用、老有所终、矜寡孤独废疾者皆有所养的安全、和谐、幸福的大同社会里。时至今日，这仍然是人们的美好理想和追求。

虽然自私有制产生、原始公社解体之后，人类文明一直是在私天下环境下，在善与恶的混杂中，在血与火的洗涤中，强势地发展着；不过，在思想领域，公天下的美好理想也一直在传承着。特别是私天下中的邪恶，在资本主义社会充分暴露，并成为资本主义社会发展的桎梏的时候，摈弃私有制、摈弃私欲贪婪的公天下理念，不仅由美好理想变成了一种伟大的政治力量，而且开创出了社会主义制度，并在世界上大放光芒。

比如，在西方，从16世纪开始就出现了社会主义思潮，并开始了社会主义的实验。不过，这种思潮和实验，由于缺乏科学基础，带有很大的空想性，人们称之为空想社会主义。到19世中期，也就是资本主义进入大工业时代，私欲的邪恶已经在资本主义制度中凸显时，这种思潮和实验达到高峰。这种思潮和实验的核心之一，就是废除私有制，建立公有制。几乎所有空想社会主义者都对资本主义私有制进行了批判，认为它是违背理性和人类道德的，是造成一部分人剥削、压迫另一部分人，使个人贫困、社会不公和各种邪恶产生的根源。比如，空想社会主义者欧文就认为，是私有制在造成穷人失业、贫困、饥饿和无知的同时，却使富人成为没有理性的、贪婪无度的"衣冠禽兽"。

在批判私有制的邪恶中，他们还批判了资本主义利己主义思想和道德。比如，空想社会主义者圣西门在其《论实业制度》中，就这样说道：贪婪已经变成在每个人身上占有统治地位的感情；利己主义这个人类的坏疽，侵害着一切政治机体，并成为一切社会阶级的通病。它使人们道德沦丧，精神低下，使整个社会陷于冷酷之中。空想社会主义者傅立叶在其《经济的和协作的新世界》中也说道：在资本主义社会，文明是欺骗的王国，而道德则是它的工具。资产阶级道德家是一群"无赖骗子",资产阶级道德学"是一种对阴谋家很合适的科学"。资产阶级的道德,是资产阶级对劳动者统治的手段。

令人振奋的是,自19世纪30年代开始,以马克思、恩格斯为代表的科学社会主义者加入了对私有制的批判队伍中。马克思在批判、继承黑格尔哲学、亚当·斯密经济学和空想社会主义理论基础上,创立了马克思主义科学社会主义理论。1848年《共产党宣言》的发表,则是社会主义由空想转为科学的标志。顾名思义,共产主义就是以公天下为信仰,以公有制为基本社会制度的社会理想。在《共产党宣言》中,马克思写道:"共产主义的特征并不是要废除一般的私有制,而是要废除资产阶级的私有制。但是,现代的资产阶级私有制是建立在阶级对立上面、建立在一些人对另一些人的剥削上面的产品生产和占有的最后而又最完备的表现。从这个意义上说,共产党人可以把自己的理论概括为一句话:消灭私有制。"

更令人振奋的是,从20世纪初开始,马克思科学社会主义不仅是一种科学理论,而且变成了科学的实践,变成了推动世界变革的巨大力量,并开创出了以马克思主义为指导思想,以公有制为基本社会制度的社会主义的国家。强大苏联的出现,东欧社会主义国家的出现,社会主义新中国的出现,标志着公天下的美好理想已经开始把人类文明发展的道路照亮。

19世纪末,马克思主义开始传入中国。由于公天下传统的力量,马克思主义在中国真是如鱼得水,中国的社会主义运动很快就开始蓬勃发展起来。1921年中国共产党成立之后,把马克思主义与中国革命的具体实践相结合,经过艰苦的斗争,不仅取得了新民主主义革命的成功,也取得了社会主义革命的成功。1949年中华人民共和国的建立,标志着中国已经开始了公天下的历程。正如毛泽东说的:社会主义革命的目的,就是解放生产力、发展生产力。而要解放生产力，发展生产力，就必须消灭私有制，建立社会主义公有制。

从1978年开始，中国正是基于公天下这一理念，实行了改革开放政策。改革开放40年来，中国始终遵循国际道德，本着共同发展、平等合作、共赢共享的原则，既使自己得到了巨大发展，也为整个世界的发展做出了巨大贡献。真正做到了，我发展了，也让你发展，让所有国家，让整个世界，都得到发展。中国公天下的力量，中国发展的奇迹，中国对世界贡献的奇迹，都令世界赞叹。

当前，中国利用公天下的优势利用社会主义的优势，已经使自己由极端落后的国家，发展成为世界第二大经济体，已经由弱国发展成为强国，并走进了世界的中心。因私天下的痼疾，使西方世界各种矛盾日趋尖锐，陷于无法解决的挣扎中。这也预示着：距离古代先贤们所构想的那种美好理想社会，在全球实现的日子已经不远了，人类文明发展进步的美好未来已经在向全球人招手了。

二　共发展和共享用

共发展，是公天下之本、共幸福之源。因为幸福是靠劳动、靠发展生产力创造的。在公天下的理想社会里，共同幸福是由共同劳动、共同发展所创造的。在公天下社会中的劳动，是在平等合作中的联合劳动；在公天下社会中的发展，也是在平等合作中的共同发展；由这种共同劳动和共同发展创造的幸福，也是天下所有人所共有的、最大的幸福。可见，共发展和共享受应当是全球治理的本质和追求。

共幸福和公天下的境界

我们都知道，人民指的就是以劳动群众为主体的社会基本成员。在古代先贤的理想中，无论是天下为公或大同世界，都讲的是贤人治理。所谓贤人，就是有道德的人，就是遵守道德规范的人。贤人治理，概言之，就是以人民为中心，以人民幸福为目的，一心为人民谋幸福的治理。如中国儒家描写的：选贤与能，讲信修睦，人不独亲其亲，不独子其子；使老有所终，壮有所用，幼有所长，矜、寡、孤、独、废疾者皆有所养；男有分，女有归。货恶其弃于地也，不必藏于己；力恶其不出于身也，不必为己；是故谋闭而不兴，盗窃乱贼而不作，故外户而不闭等，都是说的在贤人治理下，人民幸福的美好社会。

令人深思的是，1991年，经过70多年辛苦构建的苏联这座社会主义大厦，却顷刻之间倒塌了，这对世界的震撼之大，无法用语言表达。2002年俄罗斯学者罗伊·麦德维杰夫出版了一本书《苏联的最后一年》，本书用大量惊心动魄的真实史料，对苏联大厦突然倒塌的过程进行了细致再现，是人们对苏联大厦突然倒塌的原因进行深入思考的绝好参考书，值得一读。书中对苏联解体的原因归纳为七个方面，即：反俄罗斯的民族主义；俄罗斯的分离主义；冷战和西方的施压；社会主义阵营的瓦解；戈尔巴乔夫的作用；叶利钦与苏联解体；苏联基础和承重结构的脆弱性。的确，这些或许都是苏联大厦倒塌的原因。

不过，我觉得这些还都不是问题的根本。根本的问题，或者说苏联大厦倒塌的根本性原因，主要是三个根本性问题始终没能解决：一是始终没能把马克思主义从死的教条与神化中解放出来，没有把马克思主义理论与苏联的具体国情结合起来，产生出适合苏联国情的马克思主义，因而在实践与马克思主义某些观点的矛盾中，对马克思主义信念发生了动摇；二是始终没能突破如何对待市场经济问题，没有形成或建立起适合苏联国情的社会主义市场经济理论和实践；三是始终没能认识到社会主义是以人为本、共同富裕的社会，始终没有把工作的重心放在国内，把民生问题放在发展的第一位。稍加思索就明白，罗伊所列出的那些原因，都是由这三条所派生出来的。这三个问题应是我们应当永远吸取、永远记住的教训。

在这三个根本问题中，最根本的问题，当然是第三个。前两个问题的解决，都是为了解决民生问题。而民生问题没有解决好的根源，又是信仰问题，是治理者对马克思主义的理解出了偏差，对社会主义认识出了偏差，从而走上了霸权主义道路，脱离了为人民谋幸福的轨道。这应当是苏联解体的决定性原因。

中国的情况与苏联的情况不同。最大的不同有二：一是中国有公天下的基因，或曰公天下的根，而且这种根很深。如有学者所说的，儒家描绘的美丽的图景虽然到现在也没有真正显现，但这一学说为秦汉以后的许多进步思想家所继承和阐发，为世代知识分子对它的精神追求一如既往；二是在中国公天下的传统里，始终是以人民为主体，以为人民谋幸福为宗旨的。

比如，中国明代的黄宗羲对封建私天下的批判。黄宗羲提出了天下百姓为主，君为客的思想。他说，天下之治乱，不在一姓之兴亡，而在万民之忧乐。君主的所作所为，都应当是为了天下之人。为此，他还主张以天下之法，取代一家之法。黄宗羲公天下的思想，集中体现在对民生的关注中，将仁政体现为百姓的实际利益，诸如降低税收，减轻百姓负担等。

比如，中国古代思想家顾炎武也对封建私天下进行了批判。顾炎武认为，古之圣人，以公心待天下之人，胙之土而分之国；而今之君人者，尽四海之内为我郡县犹不足也。他还认为，专制君主把天下视为自己的私产，集政权、财权、兵权于一身，根本无法胜任使天下致治的责任。顾炎武还把国家与天下区分，认为封建国家，是指一家一姓的朝廷，而天下则是指万民的天下。国家亡则朝廷亡，而由道德沦丧、人与人相残而导致的天下亡，则是更为严重的。保国者，其君其臣，肉食者谋之；保天下者，匹夫之贱，与有责焉耳矣。后来的梁启超，将其概括为："天下兴亡，匹夫有责"，并在中国传为佳话。

比如，思想家王夫之公天下政治思想。王夫之的政治思想，就是以公天下为核心的思想。他用公天下批判封建专制制度，提出不以天下私一人的以民为基的民本思想。他说，中国财足自亿也，兵足自强也，智足自明也。只要不以一人疑天下，不以天下私一人，中国就大有希望。而封建君主专制本质，是以"私"乱天下"公理"，才使政治腐败，民不聊生，最终走向亡天下的结果。

比如，康有为的大同思想。康有为不仅依据"变易之义"，即"穷则变，变则通，通则久"的思想，提倡变革；而且继承儒家的三世说，用儒家三世说阐述自己的历史发展观。康有为认为，封建君主专制为"据乱世"，资本主义君主立宪为"升平世"，资本主义共和制为"太平世"，这就是人类历史从低级到高级的发展过程。并以此说明变革维新的必然性，提出"变者天下之公理"的思想。

在康有为著的《大同书》里，阐明了他的"公天下"的社会理想。康有为认为，社会的痛苦，根源于人与人之间的不平等。而只有公天下的实现，才能消除这种不平等。《大同书》中说：夫人类之生，皆本于天，同为兄弟，实为平等，岂可妄分流品，而有所轻重，有所摈斥哉？还说：大同之世，至仁之世也。而爱以平等为前提，平等程度越高，仁爱体现得愈加强烈，人类也就更为高尚。

在康有为看来，政治上的人人平等，即人既无帝王、君长，又无官爵、科第的人平等，则是实现公天下的重要内容。除此之外，经济上实现公有制也是实现公天下更重要的条件。他说：今欲致大同，必去人之私产而后可。凡农工商之业，必归之公。可见，在康有为的大同世界里，政治上的平等，经济上的公有制，都是与仁爱相联系，大同之世，就是仁爱之世，道德之世。

比如，孙中山天下为公的思想。孙中山公天下思想，就是指天下为全体人民的天下，具体体现就是民有、民治、民享。孙中山在《三民主义》的演讲中，满怀信心地对世人说，他理想中的未来社会有欧美国家资本主义经济的繁荣，而没有欧美国家资本主义发展必然带来的种种弊端以及阶级对抗和社会动荡。孙中山想将政治革命和社会革命"毕其功于一役"，描绘出改造和建设未来中国的蓝图，尽管有许多不切实际的空想成分，但是，却客观反映了伟大的中国人民，而且更善于同压迫者做斗争。孙中山对未来社会是"天下为公"的阐述，当时确实使很多人怦然心动，并成为那个时代中国人民的奋斗目标。而孙中山本人更是身体力行，首先对"天下为公"进行了实践。

孙中山新三民主义思想的核心，当然是以民为本的思想。他的新三民主义是在俄国革命的影响下，在中国共产党的直接帮助下形成和完善的。尽管它有不少理论上的缺陷，但它毕竟是孙中山思想的精华，对中国的变革来说有着很高的价值。在其新三民主义中，赶走帝国主义、推翻封建主义成为革命的基本任务。孙中山明确指出，推翻清朝并不标志着民族革命任务的完成，顶多只可算作一半的成功，只有赶走帝国主义，废除我们的卖身契，不做各国人的奴隶，那才算民族主义完全成功。也就是说，完全的民族主义必须具有两方面的意义：一则中国民族自求解放；二则中国境内各民族一律平等。

我们都知道，孙中山民权主义思想，主要源自西方资产阶级的民主思想，不过他加进了新的内容。按照他的解释，所谓"民权"即西方国家人民所行使的诸种权力，例如，民有选举官吏之权，民有罢免官吏之权，民有创制法案之权，民有复决法案之权，此谓之四大民权也。这四权，只有进行政治革命，推翻持续数千年封建专制统治的君主政体，建立民主立宪政体，才能实现。

难能可贵的是，在对民权思想的思考中，孙中山还看出了资产阶级民主的实质，看出了西方资产阶级民主的狭隘性和虚伪性。孙中山认为，西方资产阶级宣称人民主权，但却实行代议政体。这种政体使权力往往为资产阶级所专有，成为压迫平民的工具。如果说人民还拥有权力的话，那也只能称为间接民权。孙中山主张，权力一定要为一般平民所共有，不能为少数人所垄断并被他们据为己有。必须使人民能够直接管理政府，因此一定要"于间接民权之外，复行直接民权"。所谓的"行直接民权"，就是人民不仅要有选举权，而且还要有创制、复决、罢免等权力。

为了实现"直接民权"，孙中山提出了颇具特色的"权""能"分开理论。他认为"权""能"分开，是由于每个人"天赋的聪明才力"有分别。有的人绝顶聪明，是"先知先觉"，他们是世界上的创造者，是人类中的发明家；有的人是"后知后觉"，不能够创造发明，只能够跟随模仿别人，是宣传家；还有的人是"不知不觉"，做事的时候即使有人指导，他也不能"知"，只能去行，是实行家。既然"权"与"能"是可以分开的，那么到底由谁来掌握"权"，又由谁来发挥"能"呢？孙中山认为，一个国家的政治要正常运行，根本上说须人民有"权"，政府有"能"，管理政府之事交给那些有"能"的专家即官员。他还把人民掌握的"权"称之为"政权"，官员管理政府的"权"称之为"治权"。"政权"和"治权"属于政治的两个力量：一个是管理政府的力量，另一个是政府自身的力量。从"权"与"能"分开的理论来说，人民拥有的"政权"是"权"，官员行使的"治权"是"能"。如果人民有了很充分的政权，管理政府的方法又很完善，便不怕政府的力量太大而不能够管理，人民自然也就不怕政府成为"万能"了。

人们都知道，作为孙中山指导社会革命经济纲领的民生主义，其思想渊源不仅是西方资产阶级的经济思想，还来自中国先进思想家的民本思想和他们提出的民本纲领，而且还受到马克思社会主义思想的影响。比如，孙中山认为，所谓"民生"就是指"人民的生活"，包括"社会的生存、国民的生计、群众的生命"。在孙中山看来，民生问题是西方近百十年来所发生的最大的社会问题，所以民生主义就是社会主义。孙中山认为，民生问题之所以发生，是因为近代各国的物质文明虽然进步很快，工商业很发达，人类的生产力增长很快，但由于没有人民当权，社会贫富不均，随着工业革命的发生，使许多人一时失了业，没有工做，没有饭吃，尤其是工人会遭受很大的痛苦。

所以，在孙中山看来，解决贫富不均问题是民生中的重要问题。他认为，整个社会贫富不均，富者敌国，贫者无立锥之地，一言以蔽之，要实行民生主义，缘因于贫富不均。孙中山认为，虽然中国面临的问题是贫穷而不是贫富悬殊，但是，也应该吸取欧美国家的教训，未雨绸缪，赶紧设法，免得再蹈覆辙。为预防中国社会出现贫富不均问题，孙中山提出了许多举措，诸如平均地权、节制资本、耕者有其田等。

从上可见，孙中山的三民主义思想内涵丰富，不仅是他推翻封建制度，建立资产阶级共和国的根本指导思想，也体现了他希望建立一个"民有""民治""民享"的共和国的美好理想。为了将三民主义的理论贯彻到革命和建国实践中，孙中山创造性地制定出了五权宪法，以及革命建国的程序和方略。孙中山根据"权"与"能"分开的理论提出，人民应当有四项权力，即选举权、罢免权、创制权和复决权。人民有了这些权力，便可以直接管理国家的政治。那些有"能"的官员要使政府充分发挥作用，前提应是政府有很完全的机关。在他看来，只有"用五权宪法所组织的政府，才是完全政府，才是完全的政府机关"。所谓"五权"是指行政权、立法权、司法权、考试权、监察权。

从孙中山这些思想主张中，人民都不难觉察到，孙中山的思想和主张，不均是对西方资产阶级的超越，也是对中国古文明传统的继承。在孙中山看来，西方实行立法权、司法权和行政权三权分立已有一百多年，但存在着缺点。如果中国还是实行那种三权分立，自然也会产生很大的流弊。因此，我们现在应当集合中外的精华，防止一切的流弊。具体讲，就是在其"三权分立"基础上，应当再加入中国古代的考试权和监察权，建立一个五权分立的政府。这样的政府，才是世界上最完全、最良善的政府。只有这样的纯良政府，才可以做到民有、民治、民享。

孙中山认为，为了保证五权分立的政府是一个纯良政府，必须用人民的四项权力去监督管理五项权力。只有这样，才能使人民和政府的力量彼此平衡，民权问题才算是真解决，政治才算是有轨道，政府才能为人民谋幸福行政，中国才可以破天荒地在地球上造成一个新世界。可见，孙中山的五权宪法是在借鉴中国古代的考试和监察制度的基础上，对西方三权分立学说的超越。尽管最后它没有得到实现，但它作为思想的创造，已经成为人类文明发展中的财富，发挥着它应有的作用。

可孙中山的三民主义为什么失败了呢？问题同样出在信仰上。出在其继承人背叛了公天下信仰，背叛了三民主义。而是共产党继承并发展了公天下信仰，继承并发展了三民主义。中国共产党自诞生那天起，就把公天下作为自己的信仰，把解决民生问题放在了首位。把全中国人民的解放，把解放生产力、发展生产力，提高人民的生活水平，放在了首位。新中国建立伊始，毛泽东就向世界庄严宣告：中国的社会主义既要造福于中国人民，也要造福于世界人民，这两个基本目标是永远不会变的。在毛泽东之后的邓小平、江泽民、胡锦涛、习近平，都把以人为本、以人民为中心放在治国理政的首位；把发展生产满足广大人民的物质文化需要作为治国理政之本。

如习近平在中国共产党十九大报告中指出的：可见，解放人民，造福人民的马克思主义、科学社会主义，在中国这片土地上，扎根、繁茂、茁壮成长，是很自然的事了。习近平指出：我们要学习孙中山先生天下为公、心系民众的博大情怀。任何一项伟大事业要成功，都必须从人民中找到根基，从人民中积聚力量，由人民共同来完成。今天，我们要开创全球治理的新局面，也应该按照习近平说的，始终把全心全意为世界人民服务作为根本宗旨，始终把世界人民的拥护和支持作为力量源泉，坚持把人民放在心中的最高位置，坚持一切为了人民、一切依靠人民，永远保持对人民的赤子之心，永远同人民站在一起，把世界人民凝聚成为推动全球治理的磅礴力量。

既然天下为公，那么天下的治理就必须由天下所有国家，所有国家的人民共同治理，实现在民主、公平、正义基础上的共商、共赢、共治、共享。如习近平同志说的：全球治理体系理念创新发展，要积极发掘中华文化中积极的处世之道和治理理念同当今时代的共鸣点，继续丰富打造人类命运共同体等主张，弘扬共商、共建、共享的全球治理理念。什么样的国际秩序和全球治理体系对世界好、对世界各国人民好，要由各国人民商量，不能由一家说了算，不能由少数人说了算。这就意味着，全球治理的事情大家一起商量着办，更加完善的全球治理体系大家一起建设，由此产生的成果也将由大家一起分享。

习近平同志还说：随着全球性挑战增多，加强全球治理、推进全球治理体制变革已是大势所趋。这不仅事关应对各种全球性挑战，而且事关给国际秩序和国际体系定规则、定方向；不仅事关对发展制高点的争夺，而且事关各国在国际秩序和国际体系长远制度性安排中的地位和作用。中国将积极参与全球治理体系建设，努力为完善全球治理贡献中国智慧，同世界各国人民一道，推动国际秩序和全球治理体系朝着更加公正合理的方向发展。我们应该致力于构建创新、活力、联动、包容的世界经济，通过创新驱动发展和结构性改革,为各国增长注入动力,使世界经济焕发活力。我们要树立人类命运共同体意识,推进各国经济全方位互联互通和良性互动,完善全球经济金融治理,减少全球发展不平等、不平衡现象,使各国人民公平享有世界经济增长带来的利益。

总之,在中华民族五千年的文明史上,有许多优秀的传统美德,"天下为公"无疑是其中最绚丽者之一。作为20世纪中国三大伟人之一的孙中山,对"天下为公"这种传统美德的身体力行,不仅影响着与他同时代的中国人去为建立共和国而奋斗,而且对后世的中国产生了深远的影响。在全球化日益深入发展的今天,"天下为公"已不仅仅是一种传统美德,而且应当成为全球治理中,应当大力弘扬的崇高信念和伟大精神。

共发展和国际联合劳动

人们都耳闻目睹,全球性化中的劳动已经不是孤立的劳动,而是在平等合作中最广泛的国际联合劳动。以这种劳动为引擎的共同发展,是实现全球共同幸福的基础。在公天下环境中,也就是在全球化环境中,人们追求的,不仅是个人的发展,也不仅是一个国家的发展,而是全人类的共同发展。在这种发展中,因为劳动者将真正成为自然的主人、社会的主人、自身的主人,故都能按照发展的科学规律,以人和自然和谐的原则,进行创造性的劳动;并通过自己创造性的劳动,创造社会财富,创造自己生存的条件。在这种发展中,人们所追求的是每个人都能得到全面的自由发展,而且每个人的自由发展是一切人的自由发展的条件。每个人都作为天下的一员,都自由平等地进行合作劳动,自由平等地支配自己的劳动成果。

在公天下的信仰中,劳动者的劳动是真正体现劳动本质的全球性的联合劳动。处在世界历史中或全球化中的个人,已经不是民族历史中的个人，而是联合起来的劳动者共同体中的个人。大家都在为共同发展而劳动，并在不断增加生产力总量基础上，不断提高物质文化生活水平，提升幸福指数。在自由劳动、自由交往、和平生活中，人们所追求的是，使人与自然、人与社会、人与自身都能达到历史性的和解，真正实现世界的和谐发展。

在全球性的联合劳动中，最核心的关系，是分工和在分工基础上的合作。分工合作是人的德性，也是人类社会的本质。人们都知道，哲学家罗素曾给人类社会下了这样一个定义："为着共同的目标进行合作的一群人。"据此，我们也可以给国际社会下这样一个定义："为着共同的目标进行合作的一群国家。"罗素还说："社会合作存在着一种天然本性的基础。"从这一定义中我们可以看出，分工是前提，合作是核心，共同目标则是灵魂。首先要有共同目标，有了共同目标，才能有为实现共同目标的分工与合作。

古今的经济学家们都承认，分工是由渴求生活变化特别是消费变化的人性决定的，它是劳动效率得以提高的重要原因。劳动分工产生之后，无论在国内或国际上，劳动者在创造财富时，单个劳动总不如合作劳动或协作劳动。在这里，我们是把合作劳动和协作劳动当作同义语用的。无论合作劳动或协作劳动，都是一种联合劳动。同个人劳动相比，联合劳动是社会劳动。人们也许还没有充分意识到，合作劳动比单个劳动会产生人们料想不到的溢加效应，这是社会劳动效应。

显而易见，没有分工就没有合作，但如果只有分工而没有合作，或没有科学的、很好的合作，其结果显然是不可想象的。国际劳动分工所产生的一切巨大作用，都蕴含在分工与合作的辩证统一中。在大工业时代，分工合作一般都是指双方依据分工的协议和任务，互相配合共同完成某项大型劳动项目。其中，由于发展水平的差异，对落后国家而言，参与分工往往是被迫的，要付出较大代价的，或者是为了生存的无奈之举。很多教科书或理论专著在研究、阐述国际劳动分工时，似乎忽视了这种被迫性或强制性，忽视了在分工基础上的合作，这似乎有些偏颇。实际上，国际劳动合作同国际劳动分工相比，因为它涉及国家主权，所以似乎是更为重要、更为复杂、更为难于驾驭的体系。

在合作劳动下所产生的劳动生产力，已经不是个人生产力，而是社会生产力，同个人生产力相比，它在不增加投入的情况下，却增加了劳动效率，增加了更多财富。实践证明，合作劳动不仅是一种伟大的劳动力量，而且是一种伟大的社会力量。合作劳动不仅能使参与合作劳动者都能够充分发挥各自的才能和天赋，而且能使不同才能、技能、天赋的劳动者进行最佳结合，从而产生出一加一大于二的效果。这种效果的获得，是社会生产力的功劳。

回望历史，人类至今所取得的一切人间伟大奇迹，无不是通过协作劳动而创造出来的。随着这种劳动组织形式、组织管理和规模的千变万化，合作劳动的力量似乎是取之不尽的。然而，在人们的意识里，也许至今对合作劳动的伟大意义，对它为什么在不增加投入的情况下，能提高生产力，提高生产效率，增加财富量等，尚缺乏足够的认识。对社会生产力的伟大意义，特别是对在国际合作劳动中，社会生产力转变为国际社会生产力的伟大意义，尚缺乏足够的认识。

有学者把合作劳动作为一种社会生产力，在不增加投入的情况下，其本身就会增加生产力，就会使生产力提高，使创造的财富增加的这种现象，视为互利的空间，并在此基础上构成了人类社会的共同利益。同时，互利空间形成的共同利益并不与个人利益相对立，它只是对个体单元脱离群体适应性的自我扩张有所约束，但对不同的个体利益提供了共同扩张的空间，将个体的生存适应性包容在一个更高级次的合作模式中。这种认识，似乎不无道理。

我们通常说的社会生产力，就是由合作劳动产生的。同样，我们常讲的国际生产力，一般都是在国际合作劳动基础上产生的、本质上是一种国际合作生产力。劳动者摆脱民族国家的局限，充分利用国际劳动生产资源，充分发挥各自的优势，以取得劳动生产要素的最佳配合，从而使生产力得到发展和提高，并共同享受这种协作生产力，这是人类发展进步的表现。然而，在国际劳动分工和国际协作还在资本主义主导的情况下，这种进步在许多方面受到局限。资本主义制度下践行的零和博弈原则，就是这种发展进步的桎梏。

合作劳动所产生的这种溢加的财富，是社会生产力的功劳，或劳动方式变革的功劳。马克思说："和同样数量的单干的个人工作日的总和比较起来，结合工作日可以生产更多的使用价值，因而可以减少生产一定效用所必要的劳动时间。不论在一定的情况下结合工作日怎样达到生产力的这种提高：是由于提高劳动的机械力，是由于扩大这种力量在空间上的作用范围，是由于与生产规模相比相对地在空间上缩小生产场所，是由于在紧急时期短时间内动用大量劳动，是由于激发个人的竞争心和集中他们的精力，是由于使许多人的同种作业具有连续性和多面性，是由于同时进行不同的操作，是由于共同使用生产资料而达到节约，是由于使个人劳动具有社会平均劳动的性质，在所有这些情形下，结合工作日的特殊生产力都是劳动的社会生产力或社会劳动的生产力。这种生产力是由协作本身产生的。劳动者在有计划地同别人共同工作中，摆脱了他的个人局限，并发挥出他的种属能力。"[1]

在劳动全球化的当今，建立在双赢或多赢基础上的国际合作，已经成为世界所有国家的愿望。但需要解决的是怎样才能做到合理的分工和科学的合作，特别是合作中的科学管理。任何协作劳动，无论是国内的或国际的，都好像一支乐队，不仅需要合理分

---

[1]《马克思恩格斯全集》第44卷，人民出版社2001年第2版，第382页。

工合作，而且需要科学管理和指挥。而在资本主义的协作劳动中，这种管理和指挥职能便成为资本的职能。"一切规模较大的直接社会劳动或共同劳动，都或多或少地需要指挥，以协调个人的活动，并执行生产总体的运动——不同于这一总体的独立器官的运动——所产生的各种一般职能。一个单独的提琴手是自己指挥自己，一个乐队就需要一个乐队指挥。一旦从属于资本的劳动成为协作劳动，这种管理、监督和调节的职能就成为资本的职能。这种管理的职能作为资本的特殊职能取得了特殊的性质。"①

当今世界所通行的，还主要是资本主义的合作劳动。就资本主义合作劳动而言，有提高劳动生产力的一面，也有不道德的一面。主要表现在：由于由合作劳动而产生的社会生产力都被资产阶级所独享，因为它既增加了资本家的利润，又无须给劳动者支付任何报酬；所以它既是提高劳动生产力的有效措施，也是剥削劳动者的更有利手段，因而它始终是资本主义劳动生产占统治地位的形式。如马克思阐述过的，在同一个劳动过程中同时雇用较大量的工人，构成资本主义生产的起点。这个起点是和资本本身的存在结合在一起的。因此，一方面，资本主义生产方式表现为劳动过程转化为社会过程的历史必然性，另一方面，劳动过程的这种社会形式表现为资本通过提高劳动过程的生产力来更有利地剥削劳动过程的一种方法。马克思曾从如下三个方面，具体阐述了这种剥削方法的秘密。

第一，其掩盖了社会生产力的性质。马克思认为，工人劳动者在把自己的劳动力出卖给资本家这种交换关系的性质，"决不因为资本家购买的不是 1 个劳动力而是 100 个劳动力，或者说，他不是和 1 个工人而是和 100 个互不相干的工人签订合同，而有所变化。资本家无须让这 100 个工人协作就能使用他们。因此，他

---

① 《马克思恩格斯全集》第 44 卷，人民出版社 2001 年第 2 版，第 384 页。

支付的是100个独立的劳动力的价值,而不是100个结合劳动力的价值。工人作为独立的人是单个的人,他们和同一资本发生关系,但是彼此不发生关系。他们的协作是在劳动过程中才开始的,但是在劳动过程中他们已经不再属于自己了。他们一进入劳动过程,便并入资本。作为协作的人,作为一个工作机体的肢体,他们本身只不过是资本的一种特殊存在方式。因此,工人作为社会工人所发挥的生产力,是资本的生产力。只要把工人置于一定的条件下,劳动的社会生产力就无须支付报酬而发挥出来,而资本正是把工人置于这样的条件之下的。因为劳动的社会生产力不费资本分文,另一方面,又因为工人在他的劳动本身属于资本以前不能发挥这种生产力,所以劳动的社会生产力好像是资本天然具有的生产力,是资本内在的生产力"[1]。

第二,其掩盖了劳动分工和劳动协作的科学本质。马克思认为,在这种协作劳动方式中,资本家对工人们的残酷掠夺和压制,始终阻碍着劳动分工的合理性和劳动协作的科学性。"首先,资本主义生产过程的动机和决定目的,是资本尽可能多地自行增殖,也就是尽可能多地生产剩余价值,因而也就是资本家尽可能多地剥削劳动力。随着同时雇用的工人人数的增加,他们的反抗也加剧了,因此资本为压制这种反抗所施加的压力也必然增加。资本家的管理不仅是一种由社会劳动过程的性质产生并属于社会劳动过程的特殊职能,它同时也是剥削社会劳动过程的职能,因而也是由剥削者和他所剥削的原料之间不可避免的对抗决定的。同样,随着作为别人的财产而同雇佣工人相对立的生产资料的规模的增大,对这些生产资料的合理使用进行监督的必要性也增加了。其次,雇佣工人的协作只是资本同时使用他们的结果。他们的职能上的联系和他们作为生产总体所形成的统一,存在于他们之外,

---

[1]《马克思恩格斯全集》第44卷,人民出版社2001年第2版,第386—387页。

存在于把他们集合和联结在一起的资本中。因此,他们的劳动的联系,在观念上作为资本家的计划,在实践中作为资本家的权威,作为他人意志——他们的活动必须服从这个意志的目的——的权力,而和他们相对立。"①

第三,其掩盖了协作劳动管理的性质。马克思认为,由资本主义性质所决定,资本主义对协作劳动的管理,就其形式来说是专制的。这与资产阶级民主、平等的政治口号,形成了鲜明的对照。因为当今的劳动全球化,当今的国际劳动分工和劳动协作,都还是以资本为主导的,而不是以劳动者为主导的,所以对国际协作劳动管理的主导形式,也仍然是资本主义的,是专制的。资本主义为什么要实行这种管理,这种管理的意义在哪里?马克思做了这样的阐述:"如果说资本主义的管理就其内容来说是二重的,——因为它所管理的生产过程本身具有二重性:一方面是制造产品的社会劳动过程,另一方面是资本的价值增殖过程,——那么,资本主义的管理就其形式来说是专制的。随着大规模协作的发展,这种专制也发展了自己特有的形式。正如起初当资本家的资本一达到开始真正的资本主义生产所需要的最低限额时,他便摆脱体力劳动一样,现在他把直接和经常监督单个工人和工人小组的职能交给了特种的雇佣工人。正如军队需要军官和军士一样,在同一资本指挥下共同工作的大量工人也需要工业上的军官(经理)和军士(监工),在劳动过程中以资本的名义进行指挥。监督工作固定为他们的专职。政治经济学家在拿独立的农民或独立的手工业者的生产方式同以奴隶制为基础的种植园经济作比较时,把这种监督工作算作非生产费用。相反地,他在考察资本主义生产方式时,却把从共同的劳动过程的性质产生的管理职能,同从这一过程的资本主义性质因而从对抗性质产生的管理职能混

---

① 《马克思恩格斯全集》第44卷,人民出版社2001年第2版,第384—385页。

为一谈。资本家所以是资本家，并不是因为他是工业的领导人，相反，他所以成为工业的司令官，因为他是资本家。工业上的最高权力成了资本的属性，正像在封建时代，战争中和法庭裁判中的最高权力是地产的属性一样。"①

从实践发展中我们能够体会到，在当今的国际协作劳动中，由于社会主义国家的融入，这种协作劳动的性质，包括其管理的性质，都有发展和变化。特别是在由社会主义国家参与的国际协作劳动管理中，考虑的不仅只是资本价值的增殖，而且还考虑双方的利益，考虑共赢、共享，特别是考虑劳动者的切身利益，使劳动者参与管理。也就是说，就整体而言，其溢加财富的独占、独享在逐步消失，其管理的专制程度在弱化。当然，要彻底改变这种协作劳动的性质和管理形式，尚需等待社会主义在全世界的胜利。

毋庸置疑，在当今的国际上，实现平等合作的前提，是反对霸权主义。在以往的资本主义主导的国际合作中，由于实行的是零和博弈原则，所以可以说都是不平等的合作。这种不平等表现在许多方面，但最主要的是两个方面：一是合作协议带有霸王性，带有一些弱势国家不得不接受的附加条件；二是合作的规制都是由强势国家制定的。这种合作协议的形成，其原因除了强势国家在科学技术和经济实力方面的优势外，主要是强势国家的霸权主义和强权政治的压力。在霸权主义和强权政治的钳制下，弱势国家为了生存，不得不接受形形色色的霸王条款，接受花样翻新的附加条件，接受不合理、不公平的国际规则。不过在社会主义力量不断壮大，影响不断增强的状况下，这种状况正在得到改变。目前中国提出和平发展、平等合作、互利共赢，已经成为当今世界的大趋势。

---

① 《马克思恩格斯全集》第44卷，人民出版社2001年第2版，第385—386页。

平等合作和互利共赢的德性

平等合作、互利共赢新理念，是德性理念，体现着道德原则。它被世界所接受，就意味着国际关系理论的重大革命，并将带来各国对外关系实践的重大变革。在资本主义国际关系理论中，至今践行的理念是"零和博弈"，与这一理念相适应的，是把自己的得建立在别人失的基础上，是贪得无厌的唯利是图，是你死我活的相互对抗。这是一种强权下的理念，体现的是一种不公平、不合理的国际关系和国际秩序。中国作为社会主义国家，其在实践平等合作和互利共赢理念时所取得的成就和奇迹，证明了这一理念的正确性和文明性。正是在这一理念的指引下，中国的发展才刺激和带动了世界的发展，成为世界发展强大的引擎，为世界的发展和繁荣，为世界财富的增加，为世界人民的幸福，做出了巨大的贡献。

读过西方经济学的人都知道，在资本主义的市场经济中，或者在资本主义的政治经济学理念中，个人自利最大化或追求个人财富最大化，始终是经济活动和发展的引擎。在资产阶级经济学家看来，人们在追求个人财富时，自然也会有利于社会。比如亚当·斯密在《国富论》中说过："每一个人都不断地努力为他自己所能支配的资本找到最有利的用途。固然，他所考虑的不是社会的利益，而是其自身的利益，但他对自身利益的研究自然会或者毋宁说必然会引导他选定最有利于社会的用途。"① 资本主义的发展历史证明，追求个人利益能够自动促进社会利益的实现这个结论是不成立的，每个人都只追求个人利益，都贪婪个人财富，其结果给社会造成了何等的灾难，社会现实已经使人们都心明眼亮了，这里似乎用不着再多说什么了。

---

① [英]亚当·斯密：《国民财富的性质和原因的研究》，商务印书馆2010年版，第27页。

商品经济的基础或原则，国际分工合作的基础或原则，究竟应当是自利，还是互利？资本主义和社会主义的理念不同，回答不同，实践也不同。资本主义的理念和实践是自利，是零和博弈原则；社会主义中国的理念和实践是平等合作，互利共赢原则。资本主义的自利理念和零和博弈原则能够推行的基础或条件，是霸权主义和强权政治，是霸权协议或霸权条款所决定的分工合作中的不平等。资本主义的或霸权主义这一理念，与其战争掠夺理念是相通的。社会主义中国所实行的是平等合作，反对任何霸权协议和霸权条款。社会主义中国不仅主张一切国际分工和合作，都应当是平等的，而且通过这种平等合作获得的更高的效率和更多的财富，应当由参与分工合作者共赢、共享，而不能由一家所独占、独享。

在人与人、国家与国家的关系中，中国从来讲究的都是相互帮助、相互协作，共同得利；从来就把平等合作、互利共赢，作为应当遵循的原则。平等合作和互利共赢的原则，不单是个计量的问题，而且是与人性、人生观、价值观相联系的伦理道德的问题。在平等合作的前提下，互利共赢的基本含义就是合作协议所规定的各方的诉求和利益，各自都得到满足，简单说，就是各得其所。对于合作的各方来说，其诉求和利益当然有现实的、眼前的、看得见的；也有长期的、未来的、暂时看不见的。至于像中国在国际合作中所做的那样，为了帮助合作伙伴更快地发展，还在自己应得的利益中，拿出部分赠予合作伙伴，更是属于更高层次的道德和文明问题了。

既然平等合作和互利共赢原则体现了商品交换和市场经济更为公平、更为文明的原则，按理说早就应当成为市场经济和国际合作中的主流，但就是因为有帝国主义的存在，霸权主义的存在，至今零和游戏原则仍在大行其道。诚然，在当今的国际关系中，特别是国际合作中，不能不讲个人利益，不能不讲本国利益，而恰恰相反，只有遵循互利共赢原则，才能使所有个人、使所有国家的利益都得到满足。现在越来越多的经济学家已经意识到，资本主义所崇尚的自利原则，所实践的零和游戏原则，给世界带来的不平等，所带来的灾难实在太多了。这就决定了其被平等合作、互利共赢取代是势在必行了。

不言而喻，在相互依赖的平等分工和合作共赢的体系内，任何一方的利益都包容在对方的利益之中，并以对方利益的实现为前提，破坏了对方的利益就等于破坏了自身利益。对合作伙伴的欺诈，就等于对自己的欺诈。实现互利共赢原则，实现既对自己有利，也对所有合作伙伴都有利，这就需要树立诚信、包容、共赢、共享的观念。参加合作的任何一方在主张自身利益的同时，都必须考虑和尊重对方的利益，考虑把共同的蛋糕做大，并在共同利益发生矛盾面前，相互谦让、相互妥协。互利共赢原则要求参与者在拟定合作项目时，就不仅要知道自己的利益是什么，还要知道对方的利益在哪里，只有这样，才能取得各方满意的结果。

无论从人类文明的发展看，或从人类生存的角度看，平等合作和互利共赢原则都具有普遍的意义。人和人类社会产生后，人作为社会的人，注定是要在相互沟通、相互联系、相互交换、相互合作中才能生存和发展的。而人与人之间的合作，不同的利益体之间的合作，不同的民族国家之间的合作，都只有坚持互利共赢原则，才能长久持续地发展。在全球经济一体化不断深入发展，人类社会日益成为一个相互依赖的利益共同体的环境中，尤其是如此。那种以邻为壑、损人利己、零和博弈、违背人性的理念的本质，已经日益被人们所认清。在世界经济一体化中，一损俱损、一荣俱荣的事实，人们都有很深的感受。当然，在当今的全球化中，不仅有合作，也有竞争。互利共赢原则在竞争中的运用，就是改变零和博弈原则。竞争和博弈的最终目的，并不是要把对手逼上绝路，而是要和对方一起走上共同发展的康庄大道。中国以平等合作和互利共赢理念参与国际贸易和国际竞争后，所取得的奇迹前所未有，中国对世界的贡献也前所未有，中国理念、中国原则的魅力，越来越得到彰显。

比如，中国始终把平等合作、互利共赢视为自己的对外关系的原则。在中国看来，现在的世界是劳动全球化的世界，是相互依赖的世界。在这样的世界里，平等合作、互利共赢是最高的境界。而且，同世界各国劳动者进行合作和联合，并在合作和联合劳动中实现共赢共荣，成果共享，这是社会主义的一项基本原则。过去几十年来中国是这么讲的，也是这么做的，今后必然会继续这么做。更重要的是，在劳动全球化中，各国相互联系日益紧密、相互依存日益加深，和平发展、互利合作、共赢共荣，不仅已经成为中国人民的愿望和要求，而且成为世界所有国家人民的愿望和要求。在这种发展中，劳动是相互的，责任是相互的，利益是相互的，贡献也是相互的。任何国家在考虑自己利益的同时，也必须考虑到别的国家的利益，在劳动联合、利益交织的情况下，劳动尊严共享，劳动成果共享，似乎已经成为世界各国不二的选择。

比如，中国始终把坚持与世界共同发展，坚持与世界共同分享发展成果，作为自己在国际社会的立命之本。日益融入世界经济的中国，在与各国的交流合作中，应当始终追求良性互动、互利共赢。无论是对外贸易、引进技术、吸引投资，或共同抵御亚洲金融风暴和国际金融危机，中国都着眼于取长补短、合作共赢，把世界的机遇转变为中国的机遇，把中国的机遇转变为世界的机遇。倡导不同文明开展对话、彼此包容，推动不同社会制度和发展模式相互借鉴、共同发展，未来的道路上，中国梦必将进一步焕发出中华文明的独特魅力。

比如，中国在国际竞争中，始终坚持平等合作和互利共赢的原则，坚持走良性发展的道路。在中国看来，竞争是商品生产的基本特性。商品生产和市场经济为什么能有如此巨大的作用，它的魔力在什么地方？历史实践对这个问题的回答是：竞争。马克思和列宁的理论都告诉我们，竞争是市场经济的灵魂。没有市场当然就不存在竞争，而没有竞争也不会有真正市场经济的存在。竞争既是残酷的、血淋淋的，又是人生动力所在，人类社会发展动力所在。竞争是一种复杂的社会关系，人们正是这种关系中生存着、发展着生产力。然而，竞争可以使人获得财富，使人幸福、快乐和自豪；也可以使人失去财富，使人痛苦和悲哀。在竞争的时代，人们的喜怒哀乐，社会的发展进步，似乎都融入了这种竞争之中。中国提出和坚持互利共赢原则，就是要使这种竞争走上人们都能获得财富、获得幸福、获得快乐的良性发展的道路。

马克思早就告诉我们，当今的资本主义竞争不是自由竞争，而是垄断竞争。它已经不再是小企业同大企业、技术落后的企业同技术先进的企业进行竞争，而是垄断者在扼杀那些不屈服于垄断、不屈服于垄断的压迫和摆布的企业了。在零和博弈理念和原则下，这种垄断性的竞争，规模更加巨大、程度更加激烈和残酷，竞争的手段也更加污浊和卑劣。除了通过降低成本降低价格以击败对手之外，还利用各种"联盟"或"合同"的形式霸占原料、产品和劳动力市场；利用价格"同盟"控制价格，以保证垄断利润；甚至利用制造假信息、假广告、流言蜚语等一些非法手段，制造混乱，从而置对手于死地。

实践证明，在中国融入全球化之后，国际竞争中的这种零和博弈的理念，已经开始变化。国际合作的发展，已经开始向着促进全球资源的优化配置，推动世界经济增长，增进各国人民的福祉的方向发展。尽管出现了一些不平衡，但互利共赢逐步成为国际贸易发展的主流。从发展趋势看，中国坚持对外开放的基本国策，是不会改变的。中国将会建立更加开放的市场体系，在更大范围、更广领域、更高层次上参与国际经济技术合作和竞争，同世界各国广泛开展平等合作，积极推进利益共享、互利共赢，在自己取得发展的同时，也使互利共赢理念得到更多国家、更多人的理解和赞同。中国的魅力，中国这一理念的魅力，将会在国际社会日益得到彰显。

总之，现在已经有越来越多的人意识到，要彻底摈弃零和博弈理念和原则，关键不仅在于要革新观念，还在于应当改变旧的不合理的国际经济秩序。在这方面，中国已经做出了很大努力，并正在做出努力。比如，中国支持完善国际贸易和金融体制，支持通过磋商协作妥善处理经贸摩擦。中国积极推动建立健全开放、公平、非歧视的多边贸易体制，进一步完善国际金融体制，为世界经济增长营造健康有序的贸易环境和稳定高效的金融环境。中国主张在国际贸易和国际金融中，建立新的经济和政治关系，以解决贸易壁垒、贸易摩擦特别是贸易保护主义问题。因为这些问题都不利于公开、公正、合理、透明、开放、非歧视的国际多边贸易体制的建立和健康发展，也为世界经济增长带来了新的不确定因素。

三　共生存和互诚信

在人类共生存的任何共同体中，交流、合作、互鉴，都是实现共同发展的基本条件。而在这种交流、合作、互鉴中，应当通行的一项最基本道德，就是互诚信。诚信，是在公天下环境中，在当今的全球治理中，人与人之间、国家与国家之间、政府与人民之间、企业与企业之间、企业与消费者之间，都应该遵循的基本原则和道德，国际社会所有行为主体应当遵循的基本原则和基本道德，就是诚信。诚信这项基本道德，决定着全球化的发展和全球治理的成败。新时代全球治理的道德支撑，很大程度上体现在诚信支撑上。

善性契约和全球互诚信

在全球化的国际关系中，契约是核心。无论你意识到与否，人们无一不生活在契约关系中。黑格尔把契约称为人际关系中的"共同意志"，是发生关系的各方自由平等的权利，或者是一种平等交换关系。在人类的社会关系中，契约作为交换关系的文书，实际并不像黑格尔说的那样。契约并不完全是自由平等的，大量存在的则是不自由、不平等的霸王契约。

在卢梭看来，契约的真正自由在于正确处理个人与公众的关系。能够正确处理这种关系，社会就是自由的。能够以理性给自己立法，并遵照执行，自己就自由了，道德也自由了。可见，契约论的宗旨，就是实现两个方面的统一，即个人意志和人民意志、个人利益和社会利益、权力和义务、强制与自由的统一，以保证社会的平等和公正。这种社会契约所要求的统一就是：每个人都以自身全部的力量，共同置于公意的最高指导，并在共同体中接纳每一个成员作为全体之不可分割的一部分。这种统一的实现，就会产生一个道德共同体。在这个共同体内，"小我"服从"大我"、服从公共人格，即服从人民的意志。以公共利益作为社会的标准，并按照这种标准建立的社会秩序，就是善性社会和善性社会秩序。

无言自明，即使善性的契约，即真正体现自由平等权利的契约，也必须有诚信作为保障，诚信也是契约的基础。没有诚信就不可能有契约关系的存在。可见，诚信才是最本质并带有决定性的东西。诚实无欺，信守诺言，言行一致，表里如一等，就是诚信的内涵。在强者对弱者进行掠夺的霸王契约中，强者可以不诚信，可以依据自己的高兴或不高兴，决定是守约或不守约。而他们希望的是弱者诚信，是弱者的守约。弱者的守约诚信，被剥削阶级的守约诚信，可以说是强者的生命、剥削阶级的生命。

诚信，是中国的文明传统，是儒家思想的核心。诸如致其诚信，与其忠敬，诚即天道，天道酬诚，这些流传至今的以诚信为本的立身处世原则，就是儒家为人之道的中心思想。《中庸》中说："诚者天之道，诚之者人之道。"诚信，还被称为儒家五常之本，百行之源。可见，诚信在儒家思想中的地位，在中国文明中的地位，是何等的重要。这就告诉人们，在无政府状态下的全球化中，遵守诚信这种道德规范，对于国际社会的各行为主体都是至关重要的。

基于诚信这种魅力，中国历来把它称为治国之宝。现在看来，它也是全球治理之宝。宝的含义，就是信民或民信，就是尊民意，按广大人民的意志行事。中国儒家的民无信不立，讲的就是，治理者如果失去了人民的信任，就一事无成。就像王安石说的：自古驱民在信诚，一言为重百金轻。《资治通鉴》中，也有这样的描写：君无信用不能使民，失去民心则不能守国。善治国者，不欺其民；善齐家者，不欺其亲。可见，信在治国齐家中是何等重要。美国特朗普政府的所言所行，以及在全球引起的反响，也使我们看到，无诚信品德的人、政府，其言行人们是不会相信的。要使他人相信自己，就必须做诚实之人，诚实之政府。

因为诚信涉及信仰和价值观，所以它历来都是说起来容易做起来难。尤其在国际关系中，那些私欲贪婪的人、国家，它们往往以利益确定诚信，以自私和贪婪玩弄诚信。它们只是要求别人有诚信，而自己讲的只是财富和权势。在它们那里，虽然不缺财富和权势，但缺的是诚信和道德。而诚信体现的是国格，它是显示国家地位和国家尊严的象征，是国家自立自强于世界民族之林的重要标志。所以一旦人丢掉了诚信，丢掉了信誉，就会遭到人们的唾弃。

如卢梭说的：在私有制下，剥削阶级和被剥削阶级订立契约的实质，是一种既不等价又无交换自由的约定。"这两个阶级的人之间的社会契约的条款，可以概括为几句话：你需要我，因为我富你穷。那么，我们就来订个契约。我给你以替我服务的光荣，条件是你把你剩下的那些东西都交给我，以报偿我为使唤你而付出的精神。""我和你订立一个你负完全义务，而利益完全归我的约定；只要我高兴的话，我就守约；而且，只要我高兴的话，你也得守约。"①

恩格斯在讲到资本主义劳动契约时，也阐述了这样的道理：实际上，这种契约是不同阶级地位给予一方的权力，以及这一权力强加于另一方的压迫。恩格斯说："劳动契约据说是由双方自愿缔结的。而只要法律的字面规定双方平等，这个契约就算自愿缔结。至于不同阶级地位给予一方的权力，以及这一权力给予另一方的压迫，即双方的实际阶级地位，——这是与法律不相干的。在劳动契约有效期间，只要此方与彼方没有明白表示放弃，双方仍然被认为是权力平等的。至于经济地位使工人甚至把最后一点表面上的平等权力也放弃掉，这又是与法律无关。"②

在霸权主义存在的国际社会，拥有资本、技术、军事、话语权等七大实力的霸权主义国家与落后的发展中国家间契约的实质，犹如剥削阶级和被剥削阶级间的契约一样，也是如卢梭说的，表面上看似双方都自愿、自由，实际上只是强者一方的自由和自愿。原因就在于，强者和弱者之间的一切契约，始终存在霸王性，存在强者说了算的不合理状况。

诚信，是维持人类社会发展秩序的基础，当然也是维持国际秩序的基础。而在具体实践中，这个基础常常被破坏，往往是弱者守约，弱者讲诚信，因为除此，它没有别的办法；而强者不守约，不讲诚信，因为它们总想获得更多的利益。前者的守约，是无奈的忍受；后者的不守约，是出于对更多利益的追求。所以，

---

① ［法］卢梭：《政治经济学》，商务印书馆1956年版，第20、36页。
② 《马克思恩格斯选集》第4卷，人民出版社1995年版，第71页。

在建立新的国际经济政治新秩序时，应当努力做到使道德原则，即公平和正义的准则，成为各民族之间的关系中的至高无上的准则。

也就是说，在全球化中，只有消除契约的霸王性，使公平正义准则得到实现，诚信才能真正体现出它的本性，才能在道德原则，即公平和正义的准则下，维系人际关系、国际关系的德性底线。习近平说：人与人交往，在于言而有信，国与国相处，讲究诚信为本。任何大国，都需要把诚信作为自己的美德。我们高兴地看到，在中国的带领下，诚信正在作为建立新的安全观和国际政治经济新秩序的基本要素，在全球外交里发挥着越来越重要的作用。

"契约精神"是西方社会的主流精神，它是指存在于商业经济社会中的契约关系和内在原则，是一种自由、平等、守信的精神。实际上，契约作为在相互关系中以诚信为基础的、在自愿原则下签署的各种协议，是多种多样的，诸如社会契约、政治契约、政府契约、劳资契约、商业契约等。在资本主义社会，契约是各种关系的黏合剂，一切关系都通过契约来实现。

可见，由《圣经》蜕变出来的契约精神，是西方传统文化的根基，也是促成西方商业文明发展的基本要素。如亚当·斯密说的，契约的维系，有赖于市场经济的发展。可想而知，契约精神的本质就是诚信原则，契约全靠诚信来维系。在国际社会中，各种文明，各行为主体之间的关系，各种国际的经济、政治、军事之间的交流与合作，也都主要靠各种契约、靠对契约的诚信来维系。所以，有人说，诚信实质上就是一种"精神契约"。遵守契约的人是明智的，信守契约的人是高贵的。懂得为自己的契约埋单，实质上是给自己的人格上保险。实际上，被视为资本主义自由、民主根基的契约精神，却隐藏有很大的秘密。

诚然，契约在资本主义国家的确有很大的力量。但在资本主义国家，财富是最大的权力。占有巨大财富的富人，控制着权力，享受着自由、平等。而不占有财富的广大劳动者，所享受的自由和民主，只能是在不触犯富人的权力和利益前提下的自由和民主，或者只是在富人设计好的契约上签字的自由和民主。人们还知道，基督教《圣经》中有关社会契约和人民主权的内容，是西方民主制度的思想来源，也是欧洲民主思想家们的思想理念。

然而，在财富不平等存在，并以财富多寡决定统治者和被统治者、资本所有者和雇佣劳动者存在的情况下，所谓的自由、平等、民权，就失去了在契约内容中的平等权。契约中的那些条款，都是为统治者进行统治，为资本所有者赚钱而制定的，都是具有霸王性的条款。劳动者为了生存，对契约中的那些霸王条款也不得不接受，不得不在契约上签字。资本主义的自由、平等、民权对广大劳动者来说，最后就只是体现在了这个"签字"上。只要你和统治者、资本所有者一同在契约上签了字，你就同统治者和资本所有者一样，享受了自由、平等和权利。

在资本主义主导的国际社会也是这样，在国际贸易、国际金融等一切经济关系中，一切规则都是在发达国家特别是霸权主义强权下制定的，都带有霸王条款的性质，都只对发达国家有利。在这种总的规则下，各行为主体之间所签订的一切契约也都是如此，也都包含有不自由、不平等、不民主的霸王契约的性质。正是这种性质，在自由、平等、民主的掩盖下，酿成了如今世界财富占有的极不平等，极不公平。广大发展中国家虽然忠于诚信，按照契约精神，把自己的财富源源不断奉献给了发达国家，作为自己生存应当付出的代价，而发达国家却认为，这是应该的，发展中国家享受的自由、平等，就应该是这样的。

显然，问题的症结在规则，在于契约的善性和恶性。在资本主义主导的全球化中，一切规则制定，都是霸主说了算。如特朗普说的，规则必须由美国制定，由美国说了算。在以往所有的规则中，最为核心的就是零和博弈原则。这一规则的含义，就是任何国际合作、国际契约都必须保证美国利益第一。在这一原则下的契约，当然是恶性契约。在以往霸权主义主导的全球化中，或在全球治理中，由于践行的是这一规则，的确使美国如愿以偿。

自中国融入全球化之后，就开始摈弃零和博弈规则，提出了平等合作、互利双赢或共赢的原则。并在这种原则下，制定各种规则、各种国际契约，使各种规则和契约都不带有霸王因素，真正建立在自由、平等基础之上，都成为如黑格尔说的一种平等交换关系。与此相适应，对契约的诚信也回归到它原本的价值，真正成为人和人之间正常交往、国家与国家正常交往、国际秩序得以保持和发展的重要力量。

随着商品与货币经济的发展，西方的学者们也提出一种互利互惠的契约伦理。他们把诚信视为人的一种承诺、履约的道德法则，把道德与法治结合起来，认为守约是人的本性，有约必践、违约必罚。有学者还从人性自私论出发，认为人生来是自私的，只会维护自己之利益。人类必须通过订立社会契约，由国家以法律指导人民的行为，以谋求共同利益。为了保证利益的实现，就必须履行已订立的契约，守约为正义之源，无契约即无正义，有约而不遵行即为不义。当然，这里有一个前提，就是契约必须是真正自由、平等的善性契约。

诚信，是契约的基石，也是世界市场经济秩序的基石。世界市场经济是交换经济、竞争经济，又是一种契约经济。因此，如何保证契约双方履行自己的义务，是维护市场经济秩序的关键。如前所述，契约经济既是一种法制经济，又是一种诚信经济。既要用法律手段来维护市场秩序；又要用道德的力量，以诚信的道德觉悟，来维护正常的经济秩序。这就要求参与世界市场活动的各个国家和个人，既要遵守国际法律，尊重国际规则；又要讲究德性，讲究诚信，讲究国格，以诚信为荣，把诚信当作生命。

在当今的国际社会中，主导性的经济是市场经济。市场经济不仅是契约经济，而且也是诚信经济。相互诚信，是这种经济得以运行和成功的基石。当然，相互诚信还包含有对不同文明、不同制度的相互尊重和包容的问题。人们都知道，社会制度的选定是由信仰决定的。制度的好坏，事实说了算，而不是人说了算。比如，以市场经济来说，资本主义选定的是自由市场经济制度，而社会主义选定的是有调节的市场经济制度，两者是有区别的。究竟哪种制度好，事实似乎给出了答案。

人们都看到了，在自由市场经济中，即使没有霸王规则，没有契约的不平等，而基于商品交换的性质所决定，也会引起不平等的后果。在私有制度下，商品交换本身就是一种表面平等而实际不平等的关系。只要实行市场经济，实行私有制，不平等和两极分化的发生就是必然的、不可避免的。由于因商品生产的各种资源和条件的不同，产品生产者在市场竞争的地位不同，产品生产的投入、成本、销售条件的不同，实际的不平等，收入和财富两极分化，仍会必然发生。加之运行原则和秩序的不平等、不公平，这种两极分化就更严重。资本主义自由市场经济发展的历史，财富占有两极分化的现实，都已经证明了这一点。

与资本主义的自由市场经济不同，社会主义市场经济不是完全自由的，而是由政府调节的，是看得见的手和看不见的手并用。实践证明，这种有调节的市场经济体现着政府的诚信，它比资本主义的自由市场经济要优越得多。发达国家诋毁中国的社会主义市场经济，不承认中国的市场经济地位，一定要中国也实行它们的自由市场经济，这也许是基于对中国社会主义市场经济的惧怕。但中国自己则应当理直气壮讲清楚，中国的市场经济就是与资本主义自由市场经济不同的市场经济，是比资本主义自由市场经济好的市场经济。

要问社会主义市场经济同自由市场经济有什么不同，也许人们可以列举出很多条。不过在我看来,最根本的区别主要有三条:一条是本质不同,一条是目的不同,再一条是运行机制的不同。这三条不同,都是由其社会主义属性所决定的。至于其他的不同,也都是由这三条引起的。当然,这三条之间还有内在的联系。从本质上说,中国社会主义市场经济,作为发展社会主义经济的手段,因为有社会主义制度的约束,有公有制的基础,有社会主义国家宏观调控,所以它是比资本主义市场经济更为先进的经济形式。

从目的上说,社会主义运用市场经济这种手段的目的,是要发挥市场经济中的善性,是解放生产力,发展生产力,消灭剥削,消灭两极分化,实现共同富裕。而在资本主义自由市场经济中,由于资产者对私人财富的聚敛、贪婪,从而只使少数人富,多数人贫穷,并造成社会不平等,造成两极分化。从运行机制上说,社会主义市场经济也不同于资本主义的自由市场经济。它是在受社会主义各种根本制度、各种调控手段、各种法律约束下,在社会主义精神文明影响下运行的,在诚信理念的支撑下,它是一种比资本主义自由市场经济更文明的市场经济。当然,这从理论上说起来容易,而实践起来困难是很多很多的。

总之,从配置资源的方式和运行规律看,社会主义市场经济与资本主义市场经济当然具有共性,因此,发达资本主义国家在发展市场经济过程中一切有益的做法和经验都值得社会主义国家借鉴和吸收。但社会主义市场经济与资本主义市场经济又是与两种不同社会制度相结合的,因而表现出不同的特征。从实践的结果看,与社会主义制度结合的社会主义市场经济,正因为有社会主义制度的作用,它才能避免资本主义自由市场经济所造成的严重恶果,显示出其无比的先进性和优越性。所以,资本主义国家应当尊重事实,尊重中国的社会主义市场经济制度,承认中国的市场经济地位,让两种市场经济在相互交融、发展中,一切契约都走在相互诚信的道路上。

善性竞争和企业诚信

企业是市场经济的主体。企业之间相互的诚信，特别是大跨国企业之间的相互诚信，则是实现全球发展的基础。企业诚信，是国家诚信、国人诚信的体现，如果企业无信，必然影响到国家和国人。所以，在社会主义市场经济中，特别重视企业诚信。国家对市场的调控、监管，也主要是对企业的调控、监管。诸如要求企业始终坚持为人民、为广大消费者服务的方针，按照创新、协调、绿色、开放、共享的发展理念的要求，实现创新发展。要带头遵守法律，带头讲究诚信，不说谎、不弄虚作假、不欺骗、不敲诈、不坑害、不偷窃、不搞恶性竞争，始终坚持以优质产品，优质服务实现自己的诚信和承诺。

人们都知道，劳动创造世界。但更应当明白的是，确切地说，是创新劳动，或创造性劳动，创造世界。是各种创新，推动着人类文明的不断发展和进步。科学技术的创新，生产力的创新，生产方式的创新，社会关系的创新，思想理论的创新等，都是人类文明发展进步的引擎。而创新的引擎，是竞争。创新神奇，竞争也神奇，它们在人类文明发展进步中的作用和力量，更神奇。

竞争，是市场经济的本质所在，也是一种巨大而神秘的力量，是现代人类文明发展的基础。没有竞争，就没有市场经济，就没有资本主义文明，当然，就没有当今全球化的发展。不过，在不同社会制度下，竞争的性质是不同的。在资本主义制度下，在零和博弈环境中，竞争不是善性的或良性的，而是恶性的。不断发生的经济危机，能够证明这一点。我们这里说的善性竞争，不仅是指公平竞争，而且是指考虑到对方利益的让利竞争。

资本主义不断发生的经济危机，也使一些理论家的理想中出现了没有竞争的社会理想，这似乎不太现实。比如，罗素就认为：

"虽然，科学技术的高度发展，国家间经济联系和相互依赖加深，已经使整个世界成为了一个经济共同体。但是政治制度和政治信仰都落后于我们科学技术的发展。每个国家都因为经济孤立而造成了人为的贫困。比如我们发明了节省劳动力的机器，却被失业问题所困扰。当我们卖不出我们的产品的时候，我们便削减工资，以为世界上入不敷出的人越来越多了。所有这些都源于一个事实，这就是，当我们的技术发展越来越要求整个世界作为一个仅仅从事生产和消费实体而进行合作时，我们的感情和我们的政治信仰却促使我们坚决要求竞争。"[1]

罗素认为，事实很清楚，如果没有战争和竞争，如果所有的武装力量都被解散，国际争端由国际法院裁决，所有的关税都被取消，所有的人都能从一国自由地迁到另一国，那么每一个国家都会更加欣喜不已。所有的人考虑的，都不是私人的欲望、财富和权力的欲望，而是平等合作，以及在平等合作基础上的美好生活，那么就实现了共同体的和谐发展。

这作为一种理想，当然无可厚非。马克思理想的共产主义社会，就是不存在市场经济的社会。但那时存在不存在竞争，似乎值得研究。但当今人类社会中商品生产的存在和作用，是事实。可以预见，在人类文明发展的相当长的历史时期内。商品、货币、资本、市场，都是现代文明。生活在现代文明中的人们，都应当以科学的态度正确对待它、利用它。

商品生产，是资本主义发展的起点和基础。资本主义商品发展的历史，已经以不争的事实告诉我们，商品生产和市场经济中的竞争，在人类社会发展进步中，有着人们想象不到的神奇作用和威力。竞争是创新的动力、发展的动力，提高效率的动力。自17世纪至今，人类在发展中所取得的一切社会进步、一切惊人奇

---

[1] 《罗素道德哲学》，九州出版社2004年版，第244页。

迹，都无不渊源于这种商品生产和市场经济，渊源于这种商品生产和市场经济中的竞争。

竞争是看不见的手，它对经济发展的作用显得有些神秘。资产阶级古典经济学家亚当·斯密作为自由竞争的奠基人，对竞争的作用做了充分肯定。他告诉我们："一种事业若对社会有益，就应当任其自由、广泛竞争。竞争愈自由、愈普遍，那事业亦愈有利于社会。"[①] 马克思继承了斯密的理论，也肯定了竞争对资本主义发展的作用。

马克思特别强调：代替封建制度的资本主义制度，就是自由竞争以及与自由竞争相适应的社会制度和政治制度，就是资产阶级的经济统治和政治统治。没有竞争，就没有资本主义的不断发展。而且随着资本主义的不断发展，这种竞争的范围、规模也不断扩大，竞争也不断加强。竞争作为复杂的社会关系，可以说竞争无所不在。

然而，这只手的作用是有前提的。也就是说，对社会有益的事业通过广泛、自由竞争，达到有益于社会的结果，是有前提的。这个前提，就是遵守竞争道德，使竞争真正走在善性竞争的道路上。善性竞争含义，主要有两个方面：一是竞争是为了加速共同发展，而不是要置对方于死地；二是遵守竞争原则，遵守竞争中的诚信。比如平等原则、诚信原则、互利和双赢原则等。只要竞争是善性的，只要是遵循上述两个方面，只要不是推行零和博弈原则，竞争的结果必然是参与竞争者都各得其所，必然是社会经济的协调发展。如果丢掉了这个前提，像资本主义社会那样，在零和博弈下，进行恶性竞争，那结果会是社会的灾难。

竞争之所以无所不在，是因为它体现着人的本性，体现着市场经济的本质。可无论过去或当今，事实告诉人们，只有善性竞

[①] ［英］亚当·斯密：《国民财富的性质和原因的研究》，商务印书馆1972年版，第303页。

争,才能最大程度发挥竞争的正能量,才能使竞争发挥提高经济效益、提高生产要素配置的合理性,促使一切积极因素的调动,促进创新精神和科学技术进步,促进产品成本的降低和质量的提高,从而为广大消费者创造更多的福祉。

当然,这里说的善性竞争,还有另外一层意思,那就是帮助弱者。由于历史、地缘、科学技术因素的制约,国际社会各经济体的发展不可能是平衡的,任何时候,都有先进和落后之分。即使在德性竞争中,先进者或强者的优势,也总会大于或多于落后者或弱者。所以先进者或强者,不能利用自己的优势,甚至是巨大的优势,一口吃掉落后者或弱者,或者把落后者或弱者永远置于落后和弱者的地位。而是应该利用自己的优势,帮助落后者或弱者,使它们也逐渐变为先进者和强者。能这样做的,当然是高尚的道德的了。

资本主义社会大行其道的是对私人财富和权势的贪婪,是零和博弈原则,在这种原则下,竞争必然是恶性的。在竞争中的先进者或强者,利用自己在资本、科学技术、生产力、市场方面的优势,利用对资本、技术和市场的垄断,千方百计地想搞垮对方、扼杀对方、吃掉对方。可见,垄断也是一种霸权,垄断竞争就是在竞争中的霸权主义。这种竞争就意味着掠夺,意味着战争,意味着灾难。这种竞争所导致的结果,就是如今大家都看得见的社会的两极分化和社会的极端不平等。所以必须构建善性竞争的机制和社会环境,使竞争成为创新、增长和效率提高的动力。

可见,要剔除恶性竞争,就不仅需要建立合理、有效的国家调控机制;更需要建立实行善性竞争的社会环境。在全球性的市场竞争中,决定社会环境好坏的核心因素,就是两个:一是消除垄断;二是树立诚信。没有垄断,没有霸王条款的社会;遵守诚信,没有商业欺诈的社会;就为善性竞争提供了好的社会环境。

自亚当·斯密开始，资产阶级就推崇"那只看不见的手"。可那究竟是一只什么样的手，频繁的资本主义经济危机，特别是像20世纪30年代和21世纪初爆发的两场大危机的事实，也许给出了很好的答案。亚当·斯密理论的问题出在哪儿呢？就出在它设定的两个根本不存在的前提下：一是市场经济的参与者，都有一种内在的诚信。这种内在的诚信，可以使市场通过竞争自然达到平衡或和谐；二是市场经济活动，不受国家政治的影响。实践告诉我们，在资本主义社会，这两个前提都是不存在的。

在当今的全球化中，全球每个企业都以不同形式参与着市场经济活动，参与着市场竞争。而诚信或信用，是市场经济的灵魂。市场经济在一定程度上可以说，就是诚信经济。而诚信，作为中国文明传统中的一个重要理念，是中国人在相互交往中的崇尚。就是说，参与市场经济活动的人，有性善者，也有性恶者；有讲诚信者，也有不讲诚信者。加之在阶级社会中政治因素的影响，就导致资产阶级自由市场经济理论必然要造成今天的收入不平等的恶果。摆在我们面前的事实是，在资本主义市场所体现的企业劳资关系中，市场参与者资本家暴露出来的本性，却恰恰不是内在的诚信，而是内在的投机、欺骗、唯利是图和无限的贪欲。这种唯利是图的贪欲，必然造成市场上的恶性竞争和残酷搏杀。这种恶性竞争和残酷搏杀，又必然造成两种后果：一是破坏市场的平衡和和谐，引发经济危机；二是使贫富差距越来越大，社会财富不平等越来越严重。

前几年，法国著名经济学家、巴黎经济学院教授、法国社会科学院研究主任托马斯·皮凯蒂的新书《21世纪资本论》，曾引起了世界热议。而这本书的内容就是从收入和资本入手，论述在缺乏对企业监管下的资本主义自由市场经济所造成的资本所有权的不平等，劳动收入的不平等，以及整个社会财富的不平等。并用大量翔实的统计资料，从历史的角度研究分析这种不平等产生和发展演变过程。毋庸置疑，资产者利用资本主义的自由市场经济，不择手段地贪婪攫取私人财富，是造成上述资本主义的那些不平等的根源，而这些不平等也最本质地反映了资本主义自由市场经济的弊端。

事实是简单和明确的：如果没有各种形式的垄断和霸王条款，如果参与市场的企业都有着内在的诚信，都只是为了市场的发展和繁荣，没有唯利是图的投机和欺诈，那何来的借贷杠杆的滥用、金融衍生产品的失控和管理的失败以及必然导致的欠债、次贷的泛滥和高得离谱的银行高管的薪酬呢？而这些却恰恰是资本主义市场经济中，最为本质、已经把资本主义发展带到悬崖边的东西。站在悬崖边的那些曾经与强大的既得利益集团站在一起，反对政府监管，主张资本家自己管理自己的人，似乎受到了极大的讽刺和嘲笑，也不得不改弦更张了。他们看到了，在充满为私利而激烈竞争的市场中，唯利是图的投机、掠夺会发展、泛滥到何等危险的地步，单靠那只"无形的看不见的手"者们的"自我管理"，所带来的是什么样的严重后果。

现在，几乎世界上所有国家和政府似乎都意识到，在为私利竞争的市场经济中，那种认为靠企业自我管理、自我约束就能解决一切问题的思想是天真、幼稚和危险的。因为竞争者真正关心的并不是市场的健康发展，而只是战胜竞争对手，获得更大、更多的个人财富。为了战胜竞争对手，它们不择手段，投机、欺骗、赌博等，无所不用其极。只要不被发现，它们会用尽所有手段。在它们的心目中，占支配地位的是无尽的贪欲，而不是自我约束。也就是说，企业善性竞争的形成需要政府的帮助。

我们看到，在经济金融化，金融资本全球化，金融市场自由化的当今，资本主义信用制度却使少数人越来越具有纯粹冒险家的性质。因为财产在这里是以股票、证券的形式存在的，所以它的运动和转移就纯粹变成了交易所赌博的结果。马克思早就说过，在这种赌博中，小鱼为鲨鱼所吞掉，羊为交易所的狼所吞掉。投机、赌博取代劳动，这是当今发达资本主义国家存在的致命弊病，是资产阶级阶级性的突出表现，也是人类进步面临的最大威胁，是万恶的渊薮。在阐述资产阶级金融掠夺方式时，马克思一针见血地指出：赌博已经取代劳动，表现为夺取资本财产的本来的方法，并且也取代了直接的暴力。可马克思这些揭示金融掠夺本质的很重要的话，似乎被人们忘记了。

了解资本主义发展史的人都知道，不讲诚信的投机是资本主义制度、资本主义价值观的产物，它渗透于资本主义发展的各个时期和各个领域。资本主义的每次经济危机，似乎都与这种投机有紧密联系。这里我们不妨回忆一下早在150多年前，马克思在《欧洲的经济危机》一文中写的那段话："欧洲的投机狂在目前时期的一个显著特点，是它的普遍性。过去也有过投机狂，粮食的、铁路的、采矿的、银行的、棉纺业的，总之，有过各种各样的投机狂。但是，在1817、1825、1836、1846—1847年严重的商业危机时期，投机狂虽然波及了工业和商业的一切部门，而占主导地位的，只是某一种投机狂，它赋予每一个时期特殊的色调和性质。当时投机之风遍及一切经济部门，但是每一个投机者只限于在自己的专门部门活动。相反地，目前的投机狂的代表者的指导原则，却不是在一个固定的方面进行投机活动，而是普遍地进行投机活动，并且把它集中起来的骗术推行到一切经济部门。此外，目前的投机狂在产生和发展方面，也还有一个不同的地方，这就是它不是开始于英国，而是开始于法国。目前这一类法国投机者和上述时期内进行活动的英国投机者的关系，就像十八世纪法国的自然神论者和十七世纪英国的自然神论者的关系一样。一个提供材料，另一个制定概括的形式，使自然神论得以在十八世纪传遍整个文明世界。"①

在金融市场自由化的环境下，金融家们教给穷人的信条，就是大胆借钱。因为借钱不仅能满足消费，还能生钱。许多工薪者经不住这种诱惑，大量比较贫困、本来买不起房子的家庭，通过贷款拥有了自己的房子。还有许多人，甚至穷人，也利用抵押贷款的方式，进行住房投机，梦想巨额财富从天而降。在这个过程中，大投资者得到了高回报，费用和佣金撑满了金融投机者和赌博者的腰包，金融经济学家和决策官员证明了自己，都认为自己的梦想实现了，资本主义的矛盾解决了。而实际上呢？所有的风险都压在了贷款买房者的身上。

马克思早就说过，资本主义金融危机总是与信用危机紧密联系的。"在再生产过程的全部联系都是以信用为基础的生产制度中，只要信用突然停止，只有现金支付才有效，危机显然就会发生，对支付手段的激烈追求必然会出现。所以乍看起来，好像整个危机只表现为信用危机和货币危机。而且，事实上问题只是在于汇票能否兑换为货币。但是这种汇票多数是代表现实买卖的，而这种现实买卖的扩大远远超过社会需要的限度这一事实，归根到底是整个危机的基础。不过，除此以外，这种汇票中也有惊人巨大的数额，代表那种现在已经败露和垮台的纯粹投机营业；其次，代表利用别人的资本进行的已告失败的投机；最后，还代表已经跌价或根本卖不出去的商品资本，或者永远不会实现的资本回流。这种强行扩大再生产过程的全部人为体系，当然不会因为有一家像英格兰银行这样的银行，用它的纸券，给一切投机者以他们所缺少的资本，并把全部已经跌价的商品按原来的名义价值购买进来，就可以医治好。并且，在这里，一切都以颠倒的形式表现出来，因为在这个纸券的世界里，在任何地方显现出来的都

---

① 《马克思恩格斯全集》第12卷，人民出版社1962年版，第54页。

不是现实价格和它的现实要素。而只是金银条块、硬币、银行券、汇票、有价证券。在全国金融中心,例如伦敦,这种颠倒表现得尤为明显。"①

我们从2008年国际金融危机中,看到了马克思所描述的那种情景。美国总统奥巴马为了摆脱此次严重危机,而进行的变革的重要措施之一,就是建立严格的金融监管体制,加强对金融的监管。其实,奥巴马一入主白宫,就立即提出对金融监管的方案设想。其基本思路是:提高对所有金融机构的资本和流动性要求,对影响最大的金融公司提出更加严格的要求,要求所有这类大公司都要接受美联储的统一管理;针对现有监管机制没有为消费者和投资者提供足够保护的情况,政府计划将提供一个更强有力的全面保护消费者和投资者的框架;针对过去联邦政府没有遏制并管理金融工具和金融产品创新的状况,政府计划建立一个机制,专门对这些可能威胁金融系统稳定和整个经济稳定的金融活动进行监管等。

然而,奥巴马的这些监管措施是与华尔街的那些贪婪的投机者和冒险家格格不入的。那些人由其本性所决定,他们最希望的就是摆脱一切监管,使自己能自由自在地进行投机和财富掠夺。因此此方案设想一出,就引起了激烈争论。那些新自由主义者反对任何金融监管,他们为自己辩护的理由,就是对于那些不讲诚信和贪婪无度的金融家只需要打翻在地,政府不需监管。但事实一再证明,如果没有政府的严格监管,那些不讲诚信和贪婪无度的大银行家和金融投机者,是不会被发现和被打翻在地的。在没有监管的自由市场上,他们纵横捭阖,游刃有余。所以,奥巴马的改革是不会被他们接受的。

不过,话又说回来,如果根本制度不解决,光靠市场监管解

---

① 马克思:《资本论》第3卷,载《马克思恩格斯全集》第46卷,人民出版社2003年版,第555页。

决不了根本问题。诚然，新自由主义在全球推行近半个世纪以来，的确加重了世界和各国的不平等与贫富差别现象。而财富和收入分配的不平等，不单是缺乏监管自由市场造成的，而主要是由生产资料的私有制度造成的，是由过度投机和缺乏诚信造成的。解决这一问题的根本出路，是改变这种私有制度和由这种制度造成的投机。

依据当前的世界情况，如果能在如下方面采取果断措施，或许能够缓解收入不平等的恶性发展。诸如发展和壮大国有经济、集体经济和合作经济，重点从企业产权、微观层面和初次分配解决不平等和贫富对立问题；诸如加强税收和国民收入再分配的调控，不断降低低收入阶层的税收和提高高收入阶层的税收，不断提高城乡居民在社保、教育、住房等方面的公共福利和政府保障水平等。可这些在资本主义社会是很难做到的。

与资本主义不同，中国在发展社会主义市场经济中，正是因为考虑到资本主义自由市场经济的上述的各种弊病，所以始终把诚信放在重要地位，坚决反对市场投机、欺诈等违背社会主义原则的活动。为此，加强国家宏观调控和政府监管，使社会主义市场经济成为文明的现代市场经济。社会主义国家或政府对市场经济活动的调控和管理，对于抑制或避免恶性竞争，遏制或避免市场投机、欺诈，保证市场的健康发展，起有非常重要的作用。诸如：政府要通过各种法律的、行政的手段，来规范各类市场主体的行为，反对和制裁各种不正当竞争行为，防止和抑制垄断，维护公平竞争的市场秩序；通过法律的、行政的手段，保护消费者和劳动者的合法权益，以使在市场竞争中容易受到伤害的劳动力和广大消费者；政府对于规模经济效益显著的自然垄断行业，在价格、市场进入等方面实施适度的行业管制等；政府通过承担这些方面的职能，维护和创造市场机制正常发挥作用所需要的基本条件。

值得特别指出的是，中国市场经济参与者的诚信，也就是社会主义市场经济的诚信，不仅包含有没有投机、欺诈，一切都按规矩办事的市场诚信；还包含有更重要的帮助弱者、贡献社会的道德诚信，或信念诚信。这种诚信是更高的诚信，是克服市场经济弊病，实现真正平等，即以道德和信念为基础的以强济弱、以富济贫的平等。这种平等虽然实际上也是以不平等为前提的，但它却是人类文明本质的体现，是人类文明发展的必然归宿。

善治国家和政府诚信

国家是国际社会的最主要行为体。每个国家的善治或恶治，在很大程度上，就决定着全球治理的善性或恶性。中国主张的是法治与善治相结合，是习近平同志提出的良法善治。在社会主义社会，法治的本质是权力公有，体现的是公共意志，所以良法善治体现着两种规范：法律规范和道德规范。它不仅应当作为国家治理的核心理念，也应当作为全球治理的核心理念。良法善治，当然与治理者的诚信是紧密联系的。

诚信是国家存在的基础，是国家的生命。而且善治和诚信是紧密联系，相辅相成的。有善治才有诚信，有诚信才有善治，善治国家和诚信国家是无法分离的。政府是国家的行政机关，在全球化发展中，各国政府的诚信体现着国家的诚信，所以在全球治理中起有至关重要的作用。在国际社会中，政府的诚信包含两个方面：一是对本国国民的诚信，一是政府间的相互诚信。这种两个方面诚信的核心，就是一句话：公开透明和说话算数。无论是对国内人民的承诺，还是对国际上的承诺，都要一诺千金，信守诺言。

在对外关系中，善治国家、政府诚信，还有一层含义是，不只对国内诚信，对国内负责，更要对他国诚信，对他国负责，对整个国际社会诚信和负责。诸如制定对外经济政策，签订政府间以及全球性的各种协议，监管本国企业在国内外的经营活动等，都体现着政府的诚信和责任。这种诚信和责任，不仅体现在政府与世界市场的关系中，而且体现在国家与国家的关系中，以及各国人民之间的关系中。所以，政府诚信的好坏，政府之间关系的好坏，既影响全球经济的发展，也影响全球政治的稳定，更影响全球人民的向往。

人们都明白，在处理国际事务，特别是国家关系中，一般的都是要通过谈判，最后达成共识，并形成协议文书，然后按照协议文书规范自己的行为。所以政府间的合作或对各类复杂矛盾的处理，说到底，也是一种契约行为，也要本着契约精神，以诚信为本。这种以诚信为本，不仅体现在谈判以及协议的签署过程中，更体现在对协议的执行中。经验证明，对于政府间达成的协议，尤其关系到全球利益的协议，都应当始终以诚信为本不折不扣地执行。

然而，在具体实践中却不是这样简单。对于像中国这样的讲诚信的国家，的确简单，无论在什么情况下，都是不折不扣地执行。而对于像美国那样的不讲诚信，只坚持本国利益第一的国家，却相反，它们总是计较自己的利益，而不顾契约精神，不顾诚信，有利于自己的就执行，对自己不利的就不执行，就无端指责和任意撕毁。比如，自特朗普上台执政以来，美国政府却肆意撕毁以往达成的协议，反悔自己的承诺，这就给全球人提出了一个尖锐的问题，倘若一个主权国家的政府，不讲契约精神，不讲诚信，朝三暮四，并给国际社会正常运转造成巨大伤害，这该怎么办？除了大家联合起来对这种不道德、不诚信的行为进行坚决的斗争外，还能有什么办法呢！

政府间的诚信，除了表现在相互之间的政治、外交等事物之外，还表现对全球市场的监管上。自由市场经济所造成的、惊人的财富占有的不平等，已经警示人们，对全球市场进行监管，帮助参与全球化的企业都树立善性竞争意识，消除垄断和霸王条款，消除投机和欺诈，已经成为各国政府的共同的任务。只有各国政府以诚信为本，进行密切合作，才能进行有效监管，做到既充分发挥市场经济的作用，提高经济效益；又避免社会不公平、不平等的恶性发展。

在对市场进行监管方面，中国的实践经验值得推广。比如，中国提出的把看得见的手和看不见的手并用的理论和实践，既发挥市场的决定性作用，又发挥政府的监管和调控作用。政府加强对市场监管和调控的目的，主要是使市场向着社会公平、平等的方向发挥作用。政府对市场调节的德性，主要体现在遏制剥削和掠夺上。如马克思说过的，在资本主义自由市场经济中，是劳动者为资产阶级积累了巨大财富的同时，使自己却陷入贫困，造成了财富占有的极不平等和两极分化的状况。马克思说："在资产阶级社会里，活的劳动只是增殖已经积累起来的劳动的一种手段。在共产主义社会里，已经积累起来的劳动只是扩大、丰富和提高工人的生活的一种手段。因此，在资产阶级社会里是过去支配现在，在共产主义社会里是现在支配过去。"[①]

比如，把市场经济与精神文明结合起来，使市场经济成为更加文明的市场经济。在对资本主义的自由市场经济进行反思中，人们似乎都认识到了，建设现代化市场体系的基本条件是必须建立以道德为支撑、以产权为基础、以法律为保障的社会信用制度。这一制度的建立，也是规范市场经济秩序的治本之策。尤其是在强化产权保护的基础上，以货币信用为重点，构建包括企业信用、商业信用、消费信用、银行信用、个人信用在内的现代市场经济信用体系，更是完善和发展市场经济的一项重要任务。

比如，政府运用各种手段反对市场活动中的特权和垄断，保

[①] 《马克思恩格斯选集》第1卷，人民出版社1995年版，第287页。

障公平竞争原则得以遵循，以消除由市场机会的不平等所造成的收入分配的不平等。比如政府通过收入分配制度的改革，逐步提高居民收入在国民收入分配中的比重，提高劳动报酬在初次分配中的比重，着力提高低收入者收入，逐步提高扶贫标准和最低工资标准，建立企业职工工资正常增长机制和支付保障机制，创造条件让更多群众拥有财产性收入。并用各种调控手段，促进所拥有财产的平等。在对收入加强调控中，特别要保护合法收入，调节过高收入，取缔非法收入等。

总之，中国政府对市场经济坚持"两手抓"：既用市场合理配置资源这只"看不见的手"，也用政府宏观调控实现社会公平这只"看得见的手"，使其显示出相对于自由市场经济的巨大优越性。40多年来，正是在将社会主义市场经济体制同社会主义基本制度结合，不断处理好这两个相对的复杂关系的过程中，市场经济在社会主义中国走出了一条独具特色的道路。40多年探索孕育的独特经验和驾驭能力，让我们在面对世所罕见的繁重艰巨的改革发展任务、面对纷繁复杂的矛盾问题、面对可以预料和难以预料的风险挑战时，有了前所未有的从容、镇定和自信。

四　共治理和共责任

在当今，生活在公天下环境中的每个人、每个企业、每个国家，都处在深度的相互依赖中，所以都不能只考虑自己的利益、自己的索取，而不考虑自己的责任和贡献。贡献、责任和利益，是紧密联系相辅相成的。所以，国际社会的各行为主体在考虑自己利益的同时，不能不考虑他人的利益和整体的利益，不能不考虑应尽的义务和责任。责任担当，是人的品质、企业的品质，也是国家的品质。一个缺乏责任担当的个人、企业、国家，都肯定会失去社会的基本信任，失去人们的尊重，失去其存在的价值。

公天下的美好，就决定于各行为主体的贡献和责任担当。尤其是在共同安全特别是网络安全和生态安全等方面，都面临诸多挑战的形势下，各行为主体都有着义不容辞的责任和义务。责任担当已经成为全球人的历史使命。

责任担当和行为主体的品格

生活在国际社会这个大共同体中，权力、利益和责任、义务总是联系在一起的。比如人们都熟悉的罗斯福的一句话：权力总是意味着责任和危险。也有人说：世界上有许多事情必须做，但你不一定喜欢做，这就是责任的内涵。林肯曾这样说过：每一个人都应该有这样的自信：人所能负的责任，我必能负；人所不能负的责任，我亦能负。如此，你才能磨炼自己，求得更高的知识而进入更高的境界。马克思也说过：作为确定的人，现实的人，你就有规定、就有使命、就有任务，至于你是否意识到这一点，那是无所谓的。可见，上天从没有赋予一个人任何权力，除非同时让他肩负相对的责任。

人们都明白，责任担当是人的最基本的品格。而这里要强调的是，在国际社会，责任担当更是国际社会每个行为主体的品格，特别是主要行为主体国家的品格。就国家来说，无论是大是小，是贫是富，是先进是落后，只要能坚守公天下和共责任的信仰，坚守先贡献、后利益，先天下之忧而忧、后天下之乐而乐的意识，把贡献和责任担当作为自己分内应做的事，就一定能处理好与他国的关系，并在与他国的平等合作、互利共赢中，既使本国得到发展，也使他国得到发展；既使本国幸福，也使他国幸福。

在国际社会中，任何行为主体都是靠责任担当而不断成长与壮大的。责任担当，体现着行为主体在国际社会的价值。既体现着它对国际社会贡献的大小，也体现着它为国际社会发展、幸福所付出的多少。责任越重大，担当越沉重，当然就意味着它自身的价值就越大，对国际社会的付出和贡献也越多。对于这些敢于负责，敢于担当，付出多、贡献多的国家，当然应当点赞，的确也会受到越来越多国家的敬重信任和点赞，成为其他国家的知心朋友和伙伴。

任何一个行为主体，比如一个国家，一个民族，当然不能不考虑自己国家和自己民族的利益，不能不考虑自己国家和民族的幸福。但在信仰公天下，个人利益和幸福、民族利益和幸福、国家利益和幸福，都还算是小利益、小幸福。而体现所有个人利益和幸福、所有民族利益和幸福、所有国家利益和幸福的全人类的利益和幸福，才是最大的利益和幸福。为全人类利益和幸福而奋斗、而负责、而担当，才是最大的道德。

在国际社会里，对每个人、每个企业、每个国家来说，也许都处在责任担当的不同阶层和不同岗位，但目标都是一个，衡量自己行为德性的标准都是一个：他人的幸福、全人类的幸福。一个人、一个企业、一个国家，在参与国际事务中，如果只考虑自己的安全，而不关心、不考虑别人的安全；在生产和出口自己的产品时，如果只考虑自己的利益，只考虑自己利润的最大化，而不关心、不考虑全球广大人民的利益，甚至弄虚作假、欺骗、坑害人民，那就丧失了人格、丧失了国格。

由于在国际社会结构中所处地位的不同，每个人、每个国家，责任担当分量也不同。无论是个人、企业、国家，无论处于何种地位，都应当担当起自己地位所赋予自己的责任。应当如习近平说的那样：层层负责，人人担当。当然，那些有较大影响的大国，责任担当的分量自然就重。然而，责任担当是个人生观、价值观问题。不同信仰、不同价值观的人、企业、国家，并非都能敢于负责和勇于担当的。

比如，信仰公天下，把他人幸福、全人类幸福放在第一位的中国，在国际事务中就展现了敢于负责、敢于担当的大国风范，做到了如国家主席习近平所说的：担当是大国责任。习近平所倡导的全球治理模式，所倡导的新型大国关系，所倡导的"一带一路"，所倡导的公平正义的新的世界秩序，都是针对全球治理中的问题而提出的应对良方。中国承诺，在一切国际事务中，尤其在反对核扩散、反对恐怖主义、气候变化、防灾防病、减贫脱贫等事务中，都要勇于承担责任，发挥好一个大国的作用。

而信仰私天下、抱着美国利益第一不放的美国，就不然了。从特朗普上台执政以来的所作所为，我们可以清楚看到，以美国为首的西方大国，由根植于大国优先、权力优势、恃强凌弱的丛林法则而衍生的殖民主义、帝国主义、势力范围以及集团政治的理念所决定，在国际事务中，它只讲利益，只讲优先，而不讲责任担当。为了本国的私利，在世界上到处惹是生非，唯恐天下不乱，破坏世界的和平发展。

可见，在当今国际社会，不少国家既知道自己的利益在哪里，也知道自己的责任担当在哪里，也懂得责任担当的意义和价值，就是因为不把他人利益、全人类利益放在心上，就是只考虑自己的利益，却不愿意责任担当。可见，责任担当是一种最美好的信仰和美德。只有信仰责任担当是做人、作为国家的起码要求的人；信仰把他人利益、幸福，把全人类利益、幸福放在心上的人，才能做得到既为自己负责，也为他人、他国负责，才能为自己、为他人、为国家、为国际社会负责和担当。

面对多样文明、充满复杂利益和矛盾的国际社会，要把全球治理好的确不容易，的确需要大智慧。习近平说：小智治事，中智治人，大智治制。而全球治理不仅是治制，而且是治不同的制，其难度之大、需要智慧之大可想而知。对于治理者来说，最基本、最起码的要求，就是无私，就是要有公天下的信念，心底无私天地宽。无私才能无畏，无私才能负责，才能担当。信仰公天下，把全人类的利益和幸福放在心上，这些说起来容易，而做起来却是触及灵魂的革命。疾风知劲草，烈火见真金。经过实践考验的中国，正因为无私，始终把全球人民的利益和幸福放在第一位，所以就敢于旗帜鲜明，就能善始善终、善作善成，做一名名副其实、敢想敢做、负责担当的大国。

责任担当既有深刻的理论内涵，但也是具体的。其核心是为全球人民负责、为全球人民担当。具体说，就是要随时随地倾听全球人民呼声、回应全球人民期待，保证全球人民平等参与、平等发展权利，维护全球社会公平正义，在全球学有所教、劳有所得、病有所医、老有所养、住有所居上，努力奋斗，不断取得新进展，不断实现好、维护好、发展好全球最广大人民根本利益和幸福，在生产力不断发展，发展成果更多更公平惠及全球人民上，能够稳步前进，不断取得新进展。

网络安全和网络责任

在公天下环境下，讲安全，当然就不是指一个国家的安全，而是指所有国家的共同安全，指全球人的共同安全；也不是单指国防安全，而是指涉及社会发展、社会生活各个方面的综合安全。就当今的国际局势看，全球性的、对全球人影响最大的，是两个方面的安全：一是网络安全，一是生态安全。在这两个方面，人们所面临的威胁之大、之广、之深，都令人惊叹。维护这两个方面的安全，是全球每个国家、每个人都不可推卸的最大的使命和责任。

当今的世界，互联网的发展、智能技术的发展，如火如荼，已经深入到社会生活的各个方面。人们都亲身体会到，互联网的发展，尤其智能技术的发展，改变了人们的生活方式、交流方式和消费方式，拉近了人们的距离，使人们的一切活动都能便捷、迅速、高效地进行，为生产力的发展提供了强大的动力，这是网络的德性，是网络时代人类的新文明。然而，互联网事业，智能技术事业，也以其本身的特性所决定，有着两面性：它在成为最广泛的善性事业，包含有广泛、深刻的伦理道德的同时，也为各种邪恶、各种犯罪提供了机会，给人们的安全造成威胁。如学者们说的：一切的方便都源于互联网，但很多邪恶也是源于互联网。

时下，网络犯罪呈现出在全球迅速蔓延的态势，而且其范围涉及人们生活的所有方面。特别是人工智能技术的迅速发展，使虚假新闻、虚假视频满天飞。这不仅损害了社会的公信力，而且使真相和谎言难辨，从而严重扰乱社会的安全与稳定。可见，加强网络道德建设，维护网络安全，已成为全球治理的当务之急。诚然，适应这种形势，各个国家都在制定网络安全治理的长远目标，从技术创新、人才培养和储备等方面，制订具体的计划。国际组织之间也在广泛开展多种形式的对话与合作，协同应对网络安全威胁，加强国际网络安全治理，以共同应对挑战。然而，其任务之艰巨、难度之大，都是难以想象的。

比如，针对全球范围关键信息基础设施被网络攻击事件数量的持续攀升，特别是全球范围电信、金融、电力、交通、军队等信息系统因被攻击而不能正常运转，从而造成巨大经济损失的事实，各国都在想办法通过优化技术设计，完善网络的法制建设和道德建设，制定网络安全的有关法律，加强网络安全的总体部署等，以加强关键信息技术基础设施的抗攻击能力。然而，由于在这些工作中缺乏国家之间的密切配合，所以这种攻击不仅屡屡发生，而且还屡屡得逞。

比如，针对勒索软件病毒呈现爆发性增长态势，以及这种病毒攻击给全球性的包括政府部门、教育、医院、能源、通信、制造业所造成的危害，各国都建立了专门机构，以加强网络的作战能力。各国、各国际组织还在通过合作，加强新兴技术领域标准体系建设的同时，通过各种措施，加强网络安全学科建设和人才培养，以促进网络安全基础性人才培养。同样，基于一些人人生观和价值观的扭曲，贪婪私人权势和财富，这种犯罪仍在恶性发展。

比如，针对电子邮件所导致的安全危害越发严重，特别是电子邮件由于具有应用广泛、违法成本低的特点，越来越多地被用作违法工具，各类垃圾邮件、钓鱼邮件、病毒邮件被用来实施商业推广、情报劫取、系统破坏和经济欺诈等，各国、各国际组织，都纷纷组织专门会议，研究和讨论应对这种威胁的办法。诸如联合国、国际互联网协会、20国集团领导人，都呼吁、鼓励所有国家在使用信息通信技术时遵纪守法、互尊互助和建立相互信任的行为。然而，一些国家，一些团体，一些个人，出于经济或政治目的，不愿停止其罪恶行为，这些方面的安全仍面临严重威胁。

网络、智能技术，是全球人民的工具，维护网络和智能技术安全是为了全球人民的正义事业。所以，全球网络、智能技术安全的维护也得依靠全球人民。可喜的是，全球人民正在为此而努力。比如，全球各类产业大会对国际网络空间治理的关注，研讨国际网络技术创新发展等，都为繁荣网络产业起到了积极的促进作用。第三届世界互联网大会的主题，就是"创新驱动造福人类——携手共建网络空间命运共同体"。大会包括论坛、博览会、全球领先成果发布等，对展示网络攻防技术发展，传播网络安全思想和走向，促进技术人才的发现与培养，都有很好的作用。同时，这些技术大会通过安全竞赛，在普及网络安全知识、提高社会公众的网络安全意识方面也发挥了重要作用。

生态安全和生态责任

生态问题，特别是气候变化，是全球面临的最大的安全问题。生态安全正在威胁人类的生存。人类面临的自我毁灭威胁，除了战争之外，就是生态的破坏，即在人类过度开发、过度排放、过度使用化肥、农药、防腐剂、催生剂等中，慢性中毒而毁灭。空气中的毒性、水中的毒性、食品中的毒性，都严重威胁着人类的生存。生态问题是人类自己造成的，是人类道德丢失造成的，所以解决问题，不仅要法治，更要德治，要提高人们对道德规范的尊崇和虔诚。

保护全球环境，维护全球生态安全，是关系全球人幸福的大事，是全球人的共同责任。正因为如此，学者们早就提出过环境道德和环境正义的问题。当然，由于各国情况的不同，承担这种责任的能力也有所不同。共同而有区别的责任，这是1992年联合国环境与发展大会认可的原则。由于这一原则反映了发达国家与发展中国家在历史义务和现实发展之间取得的平衡，体现了全球生态治理的公平性与正义性，所以得到了大多数国家的认可。

正因为生态问题是涉及全球人的共同问题，所以，生态治理也是一个道义问题，涉及国际社会正义、人权和基本伦理。毋庸置疑，西方发达国家在过去的发展过程中，已经给全球生态造成了破坏，已经欠下了生态账。所以在当今的生态治理中，应当承担更多的责任，这才公平，也是道德使然。而且，当今许多过去被它们掠夺的落后国家，发展的资金、技术都缺乏，承担较少的责任，这也是理所应当。

可西方发达国家为了自身利益，却要发展中国家与其承担同样的责任，从而引发了对生态变化特别是气候变化原因的争论，引发了对气候治理政策的公平、正义，以及权力、责任和义务等的伦理的思考。在思考中，学者们也提出了一些伦理原则，诸如，为保障基本生存与发展排放权的"非伤害原则"，为维护代内气候正义的"共同但有区别的责任原则"，为促进代际气候正义的"风险预防原则"，为实现全球气候正义的"能力原则"等。并试图以这些原则，为全球气候治理提供一个有序的伦理环境和一个道德评判框架，以便把全球气候治理，与全球贫困问题、发展问题、安全问题结合在一起，纳入到全球治理的总的框架之内。

环境正义原则的核心，是在人类对全球环境问题严重性认识的基础上，寻求人与自然、人与人协调发展的伦理价值与原则。比如人与自然关系协调发展的地球支撑性原则、人与人关系协调发展的普遍伦理正义原则等。通过这些原则的实践，以共同实现环境正义，促成环境保护的实现以及使得人类生存与发展的可持续性成为可能。

正是环境问题的严重性，促使着人类从伦理的角度重新审视与思考人、自然、社会间的全面关系。思考发达国家与发展中国家、发达地区与落后地区、富人与穷人、社会弱势群体与强势群体等，在享有环境权利与承担环境义务上的公平与正义，以真正实现自然与人文的和谐。环境正义，正是通过对环境问题的深层思考与认识，寻求达到人与自然之间、人与人之间关系的真正和谐，这是对当代环境问题上，伦理道德缺失的填补与超越。其中，寻求人与自然关系和谐与正义的国际正义；寻求不同国家、不同利益群体的人，在享用与维护环境的过程中，权利与责任、索取与贡献的平衡是核心内容。

由于现代工业文明的发展，给人类带来了空前严重的世界性生态环境破坏问题、资源能源匮乏问题、贫困饥饿问题。当今，在这些问题上，全球人都在寻求道德共识与伦理相容性，寻求全球环境治理的正义原则，这当然意味着人类对全球性生态危机意识的觉醒。这些跨越国界、全球性的环境问题，是当代人类面临与解决的共同的道德课题。全球性问题的解决需要全球性的价值，在全球环境问题上，人类公共理性与共享的价值秩序，是推动不同国家、民族跨越文化与社会、宗教与世界观冲突，而共同应对眼前问题的具有创造性的互动关系的力量。

然而，在以往霸权治理下，虽然也讲环境正义，但那不是真正的全球人民需要的正义，而是以权利为核心的资本主义自由主义正义，是一种自由掠夺的正义。由于这种环境正义，鼓励资产者对自然环境的自由瓜分与争夺,其结果必然导致像今天这样的全球性的环境污染和资源的枯竭。而今天我们讲的环境正义,是符合全球人愿望的、合乎人与自然和谐发展的正义。这种正义的实践,不仅不会带来环境问题,而且还能为克服资产者自由主义正义对自然环境的破坏做出自己的贡献。这才是环境正义的存在价值和历史使命所在。

人们都知道,18世纪的工业革命使社会生产力得到发展;蒸汽机的发明及广泛使用为人类创造出了大量财富。但人们在为工业文明、在为工业文明取得的各种奇迹而欢呼的时候,可曾想到,取得这些奇迹的背后,所花费的代价是多么的巨大。这种代价,除了广大劳动者的血汗之外,就是对自然生态的破坏,使人类的生存环境恶化。大工业在创造奇迹的同时,其排放的有毒的废物、废气,给人类带来极大的危害。不过,由于当时世界人口数量不多,生产规模不大,造成的环境污染只是区域性的。

20世纪中叶以后,人类征服自然界的能力大大增强,随着煤炭、石油的广泛应用,钢铁、石油、化学、纺织、造纸等大工业的迅猛发展,对自然资源的取用也猛增,石油、煤炭等资源被大量开采;森林被大规模砍伐,草原被大面积垦殖,破坏了自然生态,因环境污染、气候变化所酿成的自然灾害,日益严重。诸如沙漠化、地球温度上升、酸雨、臭氧层破坏、海洋污染、野生动物物种灭绝、水资源短缺、有毒化学品污染等,都严重威胁着全球人的生存,全球环境治理刻不容缓。

我们都知道,早在1948年就成立了国际自然联合会,1956年改称国际自然和自然资源保护联合会。1972年第二十七届联合国大会决定于1973年成立联合国环境规划署。联合国环境规划署的宗旨是:促进环境领域的国际合作,审查世界环境状况,确保国际环境问题得到各国政府的适当考虑,审查各国及国际环境措施和对发展中国家的影响等。环境规划署理事会每6年召开1次特别会议，讨论全球环境规划。20世纪80年代末，环境规划署已有100多个成员。此外，全世界国际环境科学和国际环境法学方面的组织也有100多个。这些组织对促进各国间的环境工作的联系与合作，组织各种环境学术交流活动，培训环保科技人才等都发挥了重要的作用。

国际政治、经济合作的日益紧密，已使国际环境问题由科技领域扩展到社会、经济和政治等领域，并受到全球人的重视。比如1987年，24个国家在加拿大蒙特利尔签署了世界上第一个保护臭氧层的国际公约。1991年，在北京召开了发展中国家环境与发展部长级会议，并发表了《北京宣言》。该宣言指出：环境问题不是孤立的，需要把环境保护同经济增长与发展的要求结合起来，在发展过程中加以解决。应充分考虑发展中国家的情况，发达国家应以优惠或非商业性条件转让环境无害技术，为国际环境保护多做贡献，以便建立起国际经济新秩序，为全球环境保护创造必要条件。

全球环境治理和保护，使人类赖以生存的地球环境免遭污染和破坏，达到人与自然的和谐，这是涉及全人类幸福的大事。因为全球环境保护的对象，是人类赖以生存的整个地球环境，是个全球性问题，所以就应该从全球着眼，从全球人的共同利益着眼，综合考虑。其中最不发达国家、灾害频繁的国家以及发展中岛国和低地国家，尤应受到特别重视。

1972年6月，联合国在斯德哥尔摩举行了首次人类环境大会。自此以来，生态环境问题已经成为联合国的一个重要议题。尤其是随着全球性的发展，随着非传统安全问题的日益凸显，以及人类赖以生存的生态环境系统持续迅速恶化，联合国对环境问题的重视程度也不断提高。在联合国的努力下，全球性的环境治理不断向制度化、法治化的趋势发展。

联合国治理全球环境的制度建设，不仅包括原则、规范、规则和决策程序，还涉及组织机构、会议、规范文件建设等诸多方面。在这些制度建设中，有个显著的特点，是制度形成的网络化。近些年来，联合国治理全球环境的制度建设对全球环境改善的作用初步显现。比如，通过积极宣传，使对环境治理问题的急迫性得到了世界各国及其人民的高度重视；比如，通过积极促进国际环境谈判，使得良好的全球保护环境的制度环境开始形成；比如通过各种外交努力，提高了各国履行国际环境条约的能力等。

当然，目前联合国在全球环境治理上，也还存在一些难题，特别是公众对联合国环境治理一直存在信任问题，以及联合国自身的机构设置和经费问题等。最主要的是，全球环境治理中各国利益协调难度很大。所以，要真正把全球环境治理好，只靠联合国还不行，还需要世界各国共同努力。只有各国都齐心协力，通过体制改革，并建立新的以联合国为主导的国际环境治理体制，积极与非政府组织合作，联合国环境治理的制度建设才能发挥更大的作用。展望全球环境治理的未来，距离人们的愿望还任重道远。

当前，人类文明的发展，人们的生活，正遭受全球性的环境污染、生态破坏与资源匮乏等困扰，遭受着生态被破坏的惩罚。生态的破坏，看似只是人和自然的关系，其实也包含有人和人的关系，包含有人类的社会关系。人类运用自己的认识能力与科技理性，在不断地改造自然、创造新的生存环境过程中，往往不顾环境和生态造成的极大破坏，这是人类的失德和自私。当然，那些贪婪私人财富的资产者，则不会这样看。所以，由资源环境问题引发的人际矛盾冲突，在实践与现实层面，人与自然的关系对于人与人的关系而言更具有基础性。正如马克思说的：社会才是人同自然界的完成了的本质的统一。人与自然的关系实质就是人与人之间的社会关系。

可见，资源环境问题，表面上是人与自然关系的紧张与失衡，实质上则凸显出人与人之间社会关系的矛盾与冲突，主要表现在个体人性的异化与危机、群体间在环境权益上的矛盾分歧与利益冲突以及人类的可持续发展问题等方面。全球环境非正义现象的凸显，全球环境不平等或环境非正义指在资源环境保护实践中权利与义务的不对等问题，特别是发达国家与发展中国家在环境权利与责任以及主体的被承认与尊重问题上的巨大差距问题，主要表现在发达国家与发展中国家悬殊的贫富差距、越境的废物倾倒与国际贸易绿色壁垒等方面。

第 五 章

全球治理的德性目的和宗旨：
为全人类谋幸福

　　无论做什么事情，人都应当有自己的目的和宗旨。黑格尔在其《历史哲学》绪论中说："人类自身具有目的，就是因为他自身中具有神圣的东西，那便是我们从开始就称作理性的东西。"①目的是做事的纲，实现目的的方式、方法和工具，都服从于目的。所以，目的的善恶是整个事情善恶的基础。一般来说，目的的善性就决定着方式、方法的善性，决定着整个行事过程的善性，决定着事情结果的善性。

　　不过在实际中，有的目的是公开的，有的则是隐含的。全球治理，当然也应当如此，也应当有自己的理性，有自己明确的目的和宗旨，而且都应当是公开的。以道德的视角看，全球治理的目的和宗旨归结为一句话，应当是为全球人民谋利益和谋幸福。为全球人民的幸福，是全球治理最大的德性或最基本的道德。

　　对于这一点，先哲们早有论述。比如亚当·斯密说的："全人类的幸福，才是最大的幸福"；比如马克思说的："为人类的幸福和完美而工作，自己才能达到完美"；比如罗素说的："判断政治和社会制度的优劣，取决于这种制度是为劳动者带来了好运或是

---

① [德]黑格尔：《历史哲学》，台北里仁书局1984年版，78页。

伤害，是鼓励劳动创造还是纵容独占；也取决于他们是否体现或促进了人们之间的相互尊敬，是否能够有效地维护个人的自尊"。可见，从人的本质、人类文明本质、全球治理的本质等综合考虑，建立旨在为全球广大劳动人民谋幸福的体制、秩序，以实现全球性的共同富裕、共同幸福、共同美好，则是全球治理德性宗旨或基本目标的核心。

一 全球幸福之本和全球和平劳动

不言而喻，全人类的幸福靠全人类的辛勤劳动来创造。所以，和平劳动是全球幸福之本。倡导劳动致富，为全世界创造一个和平劳动、和平发展的环境，这应当是全球治理的基本任务。在当今国际社会，由于全球化的深入发展，国际劳动分工的深入发展，任何劳动都具有了国际性。所以，国际社会各行为主体的治理者，特别是国家的治理者，如果都能为自己治理范围的劳动者创造和平劳动的环境，使自己治理范围的劳动人民都能通过和平劳动，创造财富，得到幸福，那么全人类的幸福就能得以实现了。

社会的太阳和人格的标志

何谓幸福？概括地说，幸福就是劳动德性的展现，是劳动德性展现后的一种愉悦、美好的感觉。全人类的幸福，就是靠全人类劳动德性的展现。毋庸置疑，劳动是人类的基本德性，是人之所以是人的人格的标志。而劳动者，则是这种德性的体现者。中国的孩子都知道，应当依靠勤劳致富，靠勤劳创造幸福，不劳动者不得食，粒粒皆辛苦的道理。谁都不会否认，劳动创造了人类，也创造了人类世界，创造了人类幸福，创造了自古至今的一切物质文明和精神文明。开天辟地至今的一切科学技术成就、一切使人赞叹的巨大财富、上天入海的神奇，互联网的奥秘、魔幻般的奇迹，人们享受的一切幸福、美好，项项都是劳动者的辛勤劳动创造的，都是劳动者的血汗。

恩格斯曾说过，为了人类的文明奇迹劳动者付出了巨大的代价，包括不得不牺牲人类本性的优良品质。恩格斯在《英国工人阶级状况》中这样写道："这一切是这样雄伟，这样壮丽，简直令人陶醉，使人还在踏上英国的土地以前就不能不对英国的伟大感到惊奇。但是，为这一切付出了多大的代价，这只有在以后才看得清楚。只有在大街上挤了几天，费力地穿过人群，穿过没有尽头的络绎不绝的车辆，只有到过这个世界城市的'贫民窟'，才会开始觉察到，伦敦人为了创造充满他们的城市的一切文明奇迹，不得不牺牲他们的人类本性的优良品质；他们彼此从身旁匆匆地走过，好像他们之间没有任何共同的地方，好像他们彼此毫不相干，只在一点上建立了一种默契，就是行人必须在人行道上靠右边走，以免阻碍迎面走过来的人；同时，谁也没有想到要看谁一眼。所有这些人愈是聚集在一个小小的空间里，每一个人在追逐私人利益时的这种可怕的冷淡、这种不近人情的孤僻就愈是使人难堪，愈是可恨。"①

马克思说过，劳动者是人类社会的太阳。人类社会只要还没有完全围绕着劳动者这个太阳旋转，那就不能消除罪恶和黑暗。人们都懂得，自然万物的生长靠太阳，社会的生长同样靠太阳。不过，大自然的太阳是那颗能发热、发光的恒星，而社会的太阳则是能创造财富、创造幸福、创造人类历史的劳动者。太阳的德性，太阳的无私和善良，太阳的宽厚、仁慈和平等的精神，都是无与伦比的。全球治理的根本目的，就是要通过调整国际社会的各种关系，使人类社会能够围绕自己的太阳——全球劳动者旋转。

当然，事物都是辩证的。比如资本主义社会，它不是一切都

---

① 《马克思恩格斯全集》第2卷，人民出版社1965年版，第303—304页。

坏，它既有罪孽，也有创造。罪孽是掠夺者造下的，创造是广大劳动者的血汗。掠夺者在掠夺劳动者罪恶的同时，劳动者也创造了各种人间奇迹。特别是为新的世界历史时代创造了生产力、生产关系和社会关系的基础，创造了社会完全围绕劳动者这个太阳转的基础和条件。利用这些基础和条件，把人类文明的发展真正纳入到围绕劳动者旋转的轨道，这正是新时代的全球治理的历史使命。

人类社会没有围绕自己的太阳运行的集中表现，是劳动者还处在社会的底层，还在受剥削、受压迫，劳动和劳动者的异化还没有消除，劳动者还没有成为社会的主人。所以要造福劳动者，最重要的是解放劳动者，使劳动者真正成为劳动的主人、社会的主人。在马克思主义者看来，实现社会围绕自己的太阳转的核心，是消除劳动异化。通过解放劳动者，通过人并且为了人而对人的本质的真正占有，实现人向自身、向社会的即合乎人性的德性的复归，从而使劳动者创造的一切人间奇迹转化为全球劳动者的幸福，这应当是全球治理的最高宗旨。

在中国的发展中，坚持的以人为本，以人民为中心正是遵循的这一宗旨。坚持以人为本和以人民为中心，就是要坚持以广大劳动者的利益为本，坚持发展为了劳动人民，发展依靠劳动人民，发展成果由劳动人民所共享，实现人的全面发展，一句话，就是坚持让社会围绕自己的太阳转。以人为本和以人民为中心，既体现了我们中华文明的传承，体现了时代发展的进步精神；也体现了全球人民的愿望。这不仅集中体现了劳动者是科学发展观、和平发展的动力，也体现了发展的最终目的。特别是劳动者通过自己的辛勤劳动所创造的发展成果由劳动者共享这一条，还体现着实现共产主义的一条最基本的原则和要求：消灭剥削和劳动异化，使劳动者用自己劳动所创造的财富永远由自己享受，归自己共同占有。

读读马克思的书就知道，劳动异化是人性的扭曲，更是人类道德的扭曲。是私欲的贪婪造成了劳动异化、劳动者的异化和人的异化，使劳动者劳动的产品作为一种异己的敌对的存在同劳动者对立。与此同时，劳动者同自己的生产活动相异化，劳动者的劳动是外在的东西，不是劳动者自己的，而是别人的；劳动变成了反对劳动者自身的、强制的劳动，劳动者在劳动中也不属于他自己，而属于别人。最后是人同人相异化。而这种异化的扬弃，不仅是劳动统治，是劳动者的解放，而且是所有人的解放。当然，人的异化的扬弃，绝不是对象世界的消失、舍弃和丧失，而恰恰是人的本质的现实的重新生成，是劳动者的解放，从而人的彻底解放是人的本质和道德的回归。

值得强调的是，劳动者追求的不仅是劳动者的解放，而是人的解放，是所有人的解放。只有实现了所有人的解放才能实现全球人的幸福。而人的解放，只有在世界历史意义上才能实现。没有任何民族性，只有在世界历史意义上才能存在、才能实现自己的事业，这就是劳动阶级能肩负这样历史使命的基本条件。当然，世界历史的发展有着连续性和继承性。如马克思所分析的，资产阶级在民族史的基础上开创了世界历史，而资产阶级历史时期负有为新的世界历史创造物质基础的使命。这种使命一方面是要造成全人类互相依赖为基础的普遍交往，以及进行这种交往的工具；另一方面是要发展人的生产力，把物质生产变成对自然力的科学统治。

从这个意义上说，只有劳动者成为全球治理的主人，才能不仅实现劳动者自身的解放，而且实现人的解放，才能使人类社会真正围绕自己的太阳转。在马克思主义看来，人的解放在原则上，是超乎资产阶级和劳动阶级之间的对立的。它只承认这种敌对在目前的历史意义，否认它在将来存在的必要，而且正是以消除这种敌对为目的的。所以，只要这种敌对还存在，劳动者对他们的奴役者的愤怒就是必然的，这也正是劳动者运动的最重要的杠杆。但要消除这种对立，实现所有人的解放，这不仅仅是劳动者的事业，而是全人类的事业。全球治理的宗旨，就应该是动员、组织全球的广大人民，完成这一伟大的事业。

人的幸福，不仅与人的劳动、与生产力的发展密切联系；而且与人的自身发展也密切联系。人是什么？在马克思看来，人就是世界，就是国家，就是社会。人的本质不是单个人所固有的抽象物，在其现实性上，它是一切社会关系的总和。什么是人的自由发展？概言之，就是在没有压迫和剥削存在的环境中，每个人都能自由、平等、愉快地进行学习、劳动和创造，以不断增长的知识、技能和辛勤劳动，追求共同的幸福。从人的本性上说，全球治理的目标和宗旨也应当是要构建民主、自由、和谐、联合劳动的人类命运共同体，使每个劳动者都能在这个命运共同体中得到个性的全面发展。而构建人类命运共同体，是涉及整个世界经济、政治和社会结构变革的巨大工程，任务非常艰巨。

也就是说，人的全面发展，或者说全面发展的人，也不是自然的产物，而是社会关系的产物，是历史的产物，它不仅需要个人能力的发展，也需要所有人能力的发展，需要社会关系的发展。只有在这种发展都达到一定的程度和全面性，达到一定的历史阶段时，人的全面发展才能实现。在马克思看来，任何个人在历史的每一个阶段都遇到一定的物质结果，一定数量的生产力总和，人和自然以及人与人之间在历史上形成的关系，都遇到前一代传给后一代的大量生产力、资金和环境，尽管一方面这些生产力、资金和环境为新一代所改变，但另一方面，它们也就预先规定着新一代的生活条件，使它得到一定的发展和具有特殊的性质。

在人的全面发展中，民主、自由、良序等德性的社会环境，是非常重要的。民主、自由和个性，这在马克思主义者看来，都是很神圣的概念。自由确实是人们所固有的东西，但自由对不同的人却有着不同的内涵。如马克思说的，没有一个人反对自由，最多也只是反对别人的自由。自由虽然向来就是存在的，不过有时表现为特权，有时表现为普遍权利而已。马克思还以出版自由为例说明，问题不在于出版自由是否应当存在，因为出版自由向来是存在的。问题在于出版自由是个别人物的特权呢，还是人类精神的特权。

自由、平等、人权、民主，这些都是资产阶级反对封建专制制度时提出的口号，都有其道德属性。不过它常给人一种错觉，似乎这些东西都是属于资产阶级的。其实马克思主义者所主张的才是最彻底的自由、平等和民主。他们不仅反对封建专制制度，而且反对资本主义制度。他们反对资本主义制度的原因，就是它还不是真正自由、平等和民主的制度，在这种社会制度中，广大劳动者并没有成为主人，并没有真正享受到自由、平等和民主的权利，特别是没有享受到财产平等的权利，没有实现"每个人自由发展是一切人的自由发展的条件"的这种理想状态。

从价值观和道德观的立场看，只有实现了劳动统治，实现了社会围绕自己的太阳转，人才能最终成为社会的主人，从而也就成为自然界的主人，成为自身的主人——自由的人。马克思所希望建立的自由、和谐的社会状态，就是整个人类都能真正达到成为自然的主人，自身的主人；使整个社会能够达到每个人的自由发展是一切人的自由发展的条件。

显然，前一个达到是后一个达到的基础和条件；后一个达到是前一个达到发展的必然。这里提出的"每个人的自由发展是一切人的自由发展的条件"这个概念内涵，有两个方面：既包括个人自由，也包括集体的或社会所有人的自由。而且两者之间存在着相互依存、相互制约、相辅相成的辩证关系，都不是绝对的。个人自由是最基本的自由，是集体或社会自由发展的基础，没有个人自由，当然就谈不上集体的或社会的自由；而集体的或社会自由也不仅只是对个人自由的一种局限，而且也为个人自由发展提供了条件。

马克思说：一个人的发展取决于和他直接或间接进行交往的其他一切人的发展；彼此发生关系的个人的世世代代是相互联系的，后代的肉体的存在是由他们的前代决定的，后代继承着前代积累起来的生产力和交往形式，这就决定了他们这一代的相互关系。总之，单个人的历史决不能脱离他以前的或同时代的个人的历史，而是由这种历史决定的。

恩格斯也说过：个人力量（关系）由于分工而转化为物的力量这一现象，不能靠人们从头脑里抛开关于这一现象的一般观念的办法来消灭，而是只能靠个人重新驾驭这些物的力量，靠消灭传统分工的办法来消灭。没有共同体，这是不可能实现的。只有在共同体中，个人才能获得全面发展其才能的手段，也就是说，只有在共同体中才能有个人自由。

总之，解放劳动者，使劳动者真正成为劳动的主人，社会的主人，全球治理的主人，这就是当今国际社会围绕自己太阳转的含义，是全球治理造福劳动者宗旨的含义。为实现这种宗旨，在全球治理的各种机制、机构、活动中，都应当有劳动者的参与，能直接听到劳动者的声音。这也是使人类社会围绕自己的太阳转，消除邪恶和黑暗的必然途径。

幸福之路和对邪恶的遏制

幸福之路在何方，人类一直在追寻。其实马克思早就揭破了谜底，那就是让社会围绕自己的太阳转，即围绕劳动者的意志转。只要做不到这一点，那就不能消除黑暗、奔向幸福之路。只有遵从劳动者的意志，才能遏制邪恶，使善性勃发，使所有人在善性社会中都得到幸福。

当今，一个尖锐的问题摆在全球治理面前：承不承认劳动者的权利。是按劳动者的意志进行治理,还是按照资产者的意志进行治理?不能否认,过去的全球治理的确为劳动者做了一些好事,但总的来说,在霸权主义主导下的全球治理,是以资产者意志进行的,是为资产者服务的。那些有钱有势的资产者,或有权有势的富人,利用自己雄厚的资本和特权,在全球进行各种欺诈和投机活动,大肆掠夺落后国家或发展中国家劳动者创造的财富,在使穷国更穷,穷人更穷的同时,已经使自己不仅富可敌国,而且变得更加为富不仁,更加贪得无厌。

他们依靠政治力量和国家支撑,在掠夺财富中都是不顾道德、不择手段、贪得无厌的。全球性的各种掠夺、各种欺诈、各种造假、各种伪装、各种杀害甚至发动战争等,都使邪恶充满于全球的各个领域。更可悲的是,道德在他们手里,已经变成其掠夺的得心应手的工具。正如罗素说的,资产者对财富贪婪性的掠夺都是在"公平"的掩护下进行的。

在罗素看来,我们生活中的罪恶无非有三类:物质罪恶、性格罪恶和权力罪恶。而首先要消灭的根本罪恶,是权力罪恶酿成的奴役。诚然,人们每天看到的都是富贵和贫困、高利润和低收入的可耻对比,据此,有人主张首先要消灭贫困。而实则不然。罗素认为,贫困只是症状,而奴役才是病根。富与贫这两极是压迫和被压迫这两极的必然产物。许多人不是因为贫困才受奴役,而是因为受奴役才贫困。所以,不应当只把眼光盯在穷人物质生活的悲惨上,而应当意识到这乃是奴隶的精神堕落的必然结果。

可见,要消除社会的根本邪恶,实现理想的社会,首要的一条是实现劳动统治,实现人统治物。可当今的世界,仍然是利益的统治的世界,财产统治的世界,是物统治人的世界。恩格斯说:"只要外在化的主要形式即私有制仍然存在,利益就必然是单个利益,利益的统治必然表现为财产的统治。封建奴役制的废除使'现金支付'成为人们之间惟一的纽带。因此,财产,同人的、精神的要素相对立的自然的、无精神内容的要素被捧上宝座,最后,为了完成这种外在化,金钱、财产的外在化了的空洞抽象物,就成了世界的统治者。人已经不再是人的奴隶,而变成了物的奴隶;人的关系的颠倒完成了;现代生意经世界的奴役,即一种完善、发达而普遍的出卖,比封建时代的农奴制更不合乎人性、更无所不包;卖淫比初夜权更不道德、更残暴。"①

当今世界的状况仍然如恩格斯说,仍然是利益统治必然表现为财产统治,"现金支付"必然成为人们之间唯一的纽带,金钱、财产必然成为世界的统治者。人们不再是人的奴隶,而变成了物的奴隶、金钱的奴隶,而且后者比前者更不合乎人性、更不道德、更残暴。这里我们看到了,恩格斯对资本主义社会弊病的揭露和愤恨,是何等的深刻。

恩格斯还指出:"英国工业的这一次革命化是现代英国各种关系的基础,是整个社会的运动的动力。上面已经谈过,它的第一个结果就是利益被升格为对人的统治。利益霸占了新创造出来的各种工业力量并利用它们来达到自己的目的;由于私有制的作用,这些按照法理应当属于全人类的力量便成为少数富有的资本家的垄断物,成为他们奴役群众的工具。商业吞并了工业,因而变得无所不能,变成了人类的纽带;个人的或国家的一切交往,都被溶化在商业交往中,这就等于说,财产、物升格为世界的统治者。"② 在这种统治下,穷人是无权的,是备受压迫和凌辱的,宪法不承认他们。

这也就是说,当前全球治理最急切的事情就是努力扭转这种局面,真正承认劳动者的权利,按照广大劳动者的意愿、意志进行治理,使全球治理沿着实现劳动统治的方向发展。执行全球治理的一切机构和所有人员,都必须遵循为全球劳动者谋福祉、为

---

① 《马克思恩格斯全集》第3卷,人民出版社2002年版,第533—534页。
② 同上书,第544页。

劳动统治世界的宗旨，全心全意为劳动者的利益服务。始终把世界广大劳动者的拥护和支持作为力量源泉，坚持以劳动者为本，把劳动者放在心中最高位置。

要坚持为广大劳动者谋福祉的宗旨，当然首先就要使劳动者成为全球治理主人的原则。马克思说，要使前进成为国家制度的原则，首先就必须使国家制度的承担者——劳动人民成为国家制度的原则。同样，要使全球治理前进，就必须使全球治理规制的承担者——劳动人民成为全球治理制度的原则。其次是人民原则，也就是人民意志原则，使全球治理一切规制的制定必须按照人民的意志来进行，如马克思说的，如果这种规制不再是人民意志的现实表现，它就变成了事实上的幻想。可见，让劳动者代表直接参与全球治理，在全球治理机构设置、制度安排、具体运行中，如何让广大劳动者参与共商、共管、共享的具体事务，需要研究解决。

比如，当今全球治理最大的权威组织，就是联合国。为了实现劳动者意志为主导，实现为劳动者谋福祉的目标，在联合国机构中，除了加强劳工组织的规模和作用之外，似乎在所有的机构中，都应当有来自劳动第一线的代表，或者建立能直接反映劳动者意志的渠道。比如由劳动者代表参与的、能直接反映劳动者意志的政治咨询机构，有劳动者代表参与的能反映劳动者意志的扶贫机构等。以便在解决全球和平发展问题、劳动人民当权问题、贫困问题、财富不均问题等方面，直接听取劳动者的意见。这样也许可以在实现权力平等、财富平等和共同富裕方面的工作，更实际、更有效。如习近平同志说的，我们要有天下为公、心系民众的博大情怀。任何一项伟大事业要成功，都必须从人民中找到根基，从人民中积聚力量，由人民共同来完成。这也是全球治理者首先应当具备的信仰。

毋庸置疑，在当今的全球治理中，劳动者特别是发展中国家和落后国家劳动者的意志还得不到重视。其突出表现是，落后国家、发展中国家的劳动者，特别是那些从事重体力劳动的劳动者，那些蓝领劳动者，没有话语权，没有表达、展现自己意志的场所。中国提出的国际关系民主化的理念，提出国家不分大小、强弱、贫富，都是国际社会平等的一员，都应当平等参与全球治理，表达自己的意愿，参与国际规则的制定，依法行使权力。这无疑是劳动者意志主导全球治理的主张。

当今劳动者的意志是什么？我们似乎可以用16个字概括：和平、发展、平等、合作、共赢、共享、和谐、幸福。劳动者只凭辛勤劳动创造财富，创造幸福，既不无偿占有别人的劳动、剥削别人，更不掠夺别人。所以劳动者期望的和平，不只是自己劳动环境的和平，也不是局部的和平，而是全球的和平；劳动者期望的发展，也不只是某个国家、某个地区的发展，而是全球性的共同发展；劳动者谋求的幸福，也不只是自己的幸福，也不是某些人的幸福，而是所有人的共同幸福。

可想而知，消除各种无偿占有别人劳动，消除各种掠夺邪恶，是劳动者意志的核心。在西方的思想中，一直都很崇拜智者、精英，主张智者和精英治理。毫无疑问，智者或精英，在治理方面，的确比普通劳动者有更多的智慧和才能。现在的问题是，智者或精英在为谁治理这个大是大非的问题是否得到解决。如果是在为广大劳动者的利益、幸福而治理，这种智慧和才能，则有着德性的属性，必将为人类文明的发展进步发挥正能量，做出贡献，这是无人不欢迎的；如果是为了谋取自己的私利、贪图私人财富而治理，这种智慧和才能则有着邪恶的属性，必将对人类文明的发展进步发挥负能量，影响或破坏人类文明的发展进步，这是善良的人们都不得不反对的。

劳动者的发展和教育公平

劳动者的发展，或者发展劳动者，这是社会生产力发展的基础，也是人类文明发展进步的基础。劳动者的发展表现在许多方面，诸如：有足够的营养，使劳动者体质得到健壮的发展；有足够的受教育的时间，使劳动者在道德修养和科学知识方面都得到全面的发展；有足够的文化娱乐活动，使劳动者的智力和精神生活都在愉快中成长；等等。而当今世界的广大劳动者，还都是重体力劳动的承担者，不仅收入低，而且超负荷的劳动压得他们疲惫不堪，其自身发展的条件实在太差了。

劳动者的发展，劳动者素质的培养，最主要的是两个方面：一是科学技术素质，一是品德素质。而这两方面素质的提高，又呼唤着教育的发展和变革。人们越来越认识到，在未来的高科技或知识经济时代，教育将成为中流砥柱，教育制度和教育方式的改革将起到重要作用。因此，世界各国都把教育放在了国家发展战略的重要地位。

提高劳动品质，是提高自己在劳动分工中的地位，提升国际竞争力的重要一环。提升劳动品质，核心当然是提升劳动者的品质。而大量事实证明，提高劳动者品质的关键，不仅在于科学技术、劳动知识、劳动技巧的教育和培养；更在于对劳动者的理想道德进行教育。尤其是发展中国家，同样的劳动生产条件，同样的劳动产品，为什么劳动品质总比不上发达国家的劳动产品，原因可能有多种，但其中也有的是劳动态度问题。由于理想道德教育的缺失而造成的劳动不认真、不细致、不求精、不严格按照工艺流程去做，恐怕也是重要原因。

这里我们要强调的是，人们在探讨财富占有不平等根源时，似乎忽略了一个重要的方面，那就是教育道德。这里讲的教育道德，不仅包含有以德育人，对全球的劳动人民进行道德教育；还包含有教育平等、教育公平这个更深层、更重要的内容。穷人为什么穷，穷人为什么总会被掠夺，穷人为什么不能掌握自己的命运，穷人为什么不能当家做主，答案也许应当从教育不平等、教育和财富关系中去寻找。正是因为贫穷，得不到应有的教育，所以劳动者至今还处于既没有当权，也没有成熟到当权的程度的地位。

在知识就是资本、知识就是财富的现时代，知识的多寡、知识的深度、广度和高度，都意味着获得财富的能力。眼见的事实是，贫穷的国家没有力量普及教育，更没有力量普及高等的、先进的教育。穷人没有学上，或没钱上学，更没有条件上名牌的、先进的、高档一流的大学，缺少高端的劳动知识和技能，因而不仅不能从事高端的、高收益的创造性的劳动；而且还经常受到失业的威胁。因为穷而得不到应有的教育，又因为得不到好的教育，而找不到好的工作，因而就改变不了穷困的地位，甚至恶性循环。因得不到起码的教育，而越来越穷。

可见，如果说扶贫是实现共同富裕的重要措施的话；那么扶教，则是实现共同富裕的根本措施。特别是在全球治理中，要帮助落后国家或贫穷国家摆脱面貌，除了物质上的帮助之外，帮助其发展教育、提升教育，则更为重要和根本。显而易见，要彻底改变落后国家或贫穷国家在国际劳动分工中的地位，改变贫穷落后的面貌，不发展和提升教育，等于治标不治本。

不言而喻，科学技术是生产力，劳动者的品德更是生产力。而教育，则是科学技术和劳动力品德之源，这两种生产力都融合于劳动者一身，体现为劳动者的素质。一个国家在国际劳动分工中所处的地位，在国际交换中的所得所失，都由劳动者素质所决定、劳动生产力发展水平所决定，从根本上说，是由劳动者的教育水平所决定。

人们从实践中似乎都可以得出这样的结论：落后国家或贫穷国家，在国际劳动分工结构中落后的根源，说到底是教育落后所导致的生产力落后。实践使人们越来越意识到，任何社会的进步和生产力的发展都离不开教育，离不开通过教育提高劳动者的科学技术水平和素质水平。世界上一切先进技术、先进劳动，无不发源于教育，发源于劳动者知识、智力和素质的开发和提升。一个民族的振兴和强大，最终取决于其整个国民教育的发展。

在一个国家，财富占有的不平等；在国际社会，落后国家或贫穷国家与发达国家不平等，其根源都在于教育的不平等。因此，近些年来，世界上发达国家为了维持自己在国际劳动分工中的优势地位，都越来越重视教育，都把教育作为立国之本，作为实现国家强盛和繁荣的关键，摆在社会经济发展战略的重要地位。连美国前总统布什上台伊始就宣布，他要做教育总统。可见教育对一个国家的经济、政治、军事、文化、道德、社会生活等的发展，是何等的重要。

无论从世界生存竞争的历史或是当今的现实看，国际上的生存竞争，无论是经济的、政治的、军事的或意识形态的，都是劳动者素质的竞争。而这种竞争归根到底是在发展国民教育，即在提高劳动者素质方面的竞争。一个国民教育落后，劳动者素质很低的民族，不可能成为世界上文明和强大的民族。任何国家物质文明和精神文明的发展，都基于教育的发展，基于劳动者素质的提高。特别是在国际劳动分工结构升级大战中，任何国家如若没有教育的迅速发展，就不可能在这场大战中取得优势。

当然，任何国家有效的教育，不仅要根据劳动力发展即生产力发展的需要，而且要以整个经济实力为基础。问题是同发达国家相比，落后国家或贫穷国家都还没有引起对教育的足够重视。这从教育投资中就能看出来。发达国家的教育投入一般占国民生产总值的5%以上，而落后国家一般只占到2%—3%。除此之外，教育制度、教育方式也比较落后。

比如，大多数发展中国家的教育，却仍然是传统的观念和传统的方式，只重视向学生灌输书本知识，只重视要求学生们树立严格遵守纪律和顺从精神，只重视死记硬背书本知识的考试成绩，而不根据经济发展的客观要求，进行各种应用性和实用性强的专业教育，不重视培养学生解决实际问题的能力，或者没有把这些作为主要目标。在教育方式上，也主要是灌输式、填鸭式的，而不是启发式地培养学生的想象力和创造力，培养学生敢于对旧的提出批评、对新的提出独立见解，敢于独立进行各种生产和社会活动的能力，使学生真正得到德、智、体全面发展。在教育结构上，也过于重视基础理论综合性大学，而对高科技专业学校、专业技术进修学校的重视不够。

人们已经越来越认识到，在未来的高科技或知识经济时代，教育将成为中流砥柱，教育制度和教育方式的改革将起到重要作用。比如，鉴于未来知识环境的需要，美国明尼苏达大学的克利夫兰教授提出了教育应具有的五大要素：综合脑力劳动教育，以提高利用传统的学科分析方法、洞察力及综合解决问题的能力；社会目标、公众意向、成本、效益和伦理观教育，使一个人能正确判断自己的行动方针；通过学习传统文化、宗教、哲学、艺术和文学，培养自己分析问题的能力和个性；在这种知识环境中进行实际谈判、咨询心理学及领导作风的实践；世界前景以及个人对公共生活负责的教育。完全可以预见，今后哪个国家在教育制度改革方面取得了优势，其在国际劳动力竞争、劳动力结构升级中也必将取得优势，在教育和经济发展方面也必将取得优势。

善性社会和全球治理的追求

这里说的善性社会，就是哲学家们说的人道社会。在人类历史发展中，从古至今，哲学家们所倡导的人道思想是有深远影响的道德思想。我们这里讲的善性社会，就是指爱护人的生命，关怀人的幸福，尊重人的人格和权利的人道社会。康德认为：在交往中把舒适生活与德性结合起来的思维方式，就是人道。按照提倡人道主义伦理学的美国伦理学家埃利希·弗洛姆的说法：对人道主义伦理学来说，善就是肯定生命，展现人的力量。美德就是人对自己的存在负责任。恶就是削弱人的力量。罪恶就是人对自己不负责任。可见，人道主义就是把善、把建立善性社会，作为自己的愿景。

在欧洲文艺复兴时期，还形成了以人为中心的思想体系——人道主义或人本主义。这种思想体系的实质，就是在发展和治理中，坚持以劳动人民为本，以人民为中心。读读马克思的书，就可以悟到，共产主义在本质上就是人本主义。它和资本主义的根本区别，是人民当家做主，一切制度、一切发展都是依靠广大劳动人民，为了广大劳动人民。发展中的一切成就，都由广大劳动人民所共享。由此可见，爱护全球人的生命，关怀全球人的幸福，尊重全球人的人格和权利，这应当成为全球治理的追求。

人道思想的实现，首先应当保证劳动者的劳动权利。什么是劳动权利？劳动权利的核心是支配生产资料，或者支配资本。为此，首先就要改变物支配人，资本支配劳动者的那种状况，使劳动者有支配资本的权利。只有如此，才能把生产力从桎梏下解放出来，使生产力不断地得到加速发展。这种发展不仅可能保证一切社会成员有富足的和一天比一天充裕的物质生活，而且还可能保证他们的体力和智力获得充分的自由的发展和运用。

从本质上说，实现人道思想，就是要以广大人民群众的根本利益为出发点、落脚点，坚持发展为了劳动人民、发展依靠劳动人民、发展成果由劳动人民共享。一个国家治理的根基在劳动人民、血脉在劳动人民，力量也在劳动人民。把一切有利于劳动人民的事情，诸如扶贫、社会保险、失业保险、医疗保险等，都放在重要地位。在这方面，可以借鉴中国的经验。比如世界一些重要媒体称赞的，中国的扶贫、中国的棚户区改造、中国的社会保险、中国的医疗保险的发展，都堪称是世界奇迹。联合国有关专家也称中国的经验值得世界各国借鉴。英国剑桥大学教授马丁·

雅克在2015年10月22日英国《卫报》上说："中国使6亿人摆脱贫困，这可以说是过去30年在全球范围内对人权做出的最大贡献。"

也就是说，坚持人道思想或人本主义，其实质就是要把实现好、维护好、发展好最广大人民的根本利益，作为一切方针政策和各项工作的根本出发点。诸如要尊重人民群众的主体地位，充分发挥人民群众的积极性、主动性、创造性，要让经济社会发展的成果惠及全体人民等。

当然，就社会而言，人民群众既是一个整体，也是个体的联合；既有共同利益，也有不同的群体利益，还有个体的要求，利益关系非常复杂。坚持以人为本，自然应当既要把人民群众的整体利益放在首位，充分实现广大人民群众的根本利益；又要反映和兼顾不同的群体利益，协调好各方面的利益关系；还要关心每个人的利益要求，关注人的价值、权利和自由，满足人民的发展愿望和多样性的需求。以人为本，体现的是整体、群体和个体利益的有机统一。既不是把个人权益置于社会的首位，也不是只重视整体而忽视个人的价值和权益。

坚持人道思想或人本主义，当然还要坚持以促进和实现人的全面发展为目标。既要着眼于人民现实的物质文化生活需要，同时又要着眼于人民素质的提高，把促进人的全面发展落实到经济社会发展的全过程，在经济社会不断发展的基础上，推进人的全面发展。实现人的全面发展，也是一个长期的、渐进的积累过程，应当把促进经济社会发展与促进人的全面发展统一起来，使其相互促进，共同提高。

在实现人道思想中，作为全球治理的工作人员，应当始终与劳动人民心心相印，体验劳动人民的意志，遵从劳动人民的意志。这样才能坚持全球性发展为了劳动人民、依靠劳动人民、成果由劳动人民所共享这三点。这三点不仅体现了人类文明的传承，而且体现了时代发展的进步精神。比如，发展依靠劳动人民，就需要劳动人民自身的发展，只有劳动人民发展了，提高了，才能肩负起发展的使命；又如，发展成果由劳动人民所共享，走共同富裕的道路，这既是要为劳动人民自身能够得到发展创造必需的基本条件，也是实现全球稳定、持续、协调发展的条件。

是靠劳动致富，还是靠投机、掠夺、剥削致富，这是两种根本不同的人生观和价值观。这也是全球治理中，道德和邪恶博弈的核心领域。作为劳动者，所选择的自然是前者。一般而言，那些追求自身的自由、解放和发展，能使自己自由、公平发展和自由追求幸福的地方，也许就是大多数劳动者向往的地方。劳动人民所追求的，不仅是自己的幸福，也追求别人的幸福，追求共同的自由、解放和发展，追求在公平正义、合作共赢、共同富裕、和谐世界中的和平发展。这种追求就是全球每个劳动者的愿望和责任。全球治理如果能沿着这样的道路发展，世界必将变得美好。

二 幸福的内涵和消费道德

幸福的内涵究竟是什么？这是自古至今人们一直探寻的问题。在我看来，幸福不是奢侈消费，不是花天酒地。真正的幸福，无非是八个字：劳动，奋斗，创造，贡献。如上节所论述过的，世界上的一切财富都是劳动创造的。当看到自己通过辛勤劳动创造出的财富时，自然会感到很幸福；奋斗，是一切成功的基本条件。当看到自己通过艰苦奋斗取得了成功时，自然会感到很幸福；发明创造，是一种创新劳动，当看到自己通过创新劳动而获得创新成果或发明时，自然会感到很幸福；贡献，是伟大的。当看到自己对他人、对社会、对国家、对人类做出了贡献，看到这些贡献被共享、发挥它应有的价值时，自然会感到幸福。贡献也是劳动、奋斗和创新的总和，只有在辛勤劳动，艰苦奋斗，勇于创造中，才能有贡献的资本。当然，对于剥削阶级来说，就不是这样了。他们倡导的是消费主义、享乐主义。在他们看来，贪婪无穷的财富就是幸福；随意吃喝玩乐，过寄生、糜烂的生活就是幸福；实际上，这不是真正人的幸福，而是丢失人性的动物性的幸福。鉴于虚拟经济、金融投机、恶性消费等给广大劳动人民造成的危害，全球治理要为人民造福，不仅应当倡导勤劳致富，同时也应当倡导良性消费。

享受陷阱和幸福哀叹

从人性视角或道德视角看，人生在世不只是为了享受，更不是为了吃喝玩乐；而是为了实现自己的价值，为了对他人、对社会做出贡献。从生产和消费的关系看，是先有生产，后有消费。即先通过劳动，生产出产品，然后才有对产品的消费。消费自己已经取得的辛勤劳动的成果，这自然是合乎消费道德的；为了满足自己进行劳动需要的消费，为了满足自己自身发展的物质文化需要的消费，同样是合乎道德的。

消费无偿占有别人的劳动成果，显然是不道德的；而为了满足自己奢侈、寄生、糜烂、吃喝玩乐需要的消费，这当然更是不道德的。而资产者所追求的，正是这种腐朽生活。在以往的全球化发展中，发达国家，尤其是主导全球化的霸主，仰仗自己的优势，对落后国家和发展中国家进行各种形式的掠夺，积累起了巨大的财富，过上了骄奢淫逸的糜烂生活，从而招致了无度消费、无用消费、取乐消费等不良现象，在人类文明史中，出现了消费怪胎。显然，这种骄奢淫逸的糜烂生活，不是幸福，而是人格丧失的表现。

在这种怪胎中，由财富占有的不平等酿成的消费极度不平等、不公平、不合理，都几乎达到了极致。使物不能尽其用，也几乎达到了极致。落后国家和发展中国家广大的劳动者特别是贫困人口，其收入根本满足不了实际生活的需要，不得不忍受食不果腹、衣不蔽体的苦日子，物质消费和精神消费都非常匮乏。而那些掠夺者，那些掩埋在财富堆中的富人，则整天花天酒地，骄奢淫逸，无所事事，不知道该如何消费自己那么多的财富，把大量财富都用在了不仅毫无意义、毫无用处、毫无价值的地方，而且生出许多危害他人、危害社会的恶事。

正如美国著名学者乔姆斯基在其《世界秩序的秘密》一书中写的：美国以全世界5%的人口，消费全世界40%的资源，不必是个天才也能明白，这会形成怎样的局面。乔姆斯基说：大量的消费都是人为诱导的，与人们真正的欲望和需求无关。人们如果不拥有这些东西，或许会更幸福。乔姆斯基用美国人口调查局的数据说，自20世纪60年代至今，美国的劳动贫困阶层增加了50%，秩序贫困人口即使有工作，也仍然生活在贫困线以下。乔姆斯基说，人越是有钱，往往消费越多。个中原因不言自明。所以消费走向了专为富人提供的奢侈品，而不是专为穷人提供的必需品。无论在美国，还是在全球，都是如此。富裕的国家在很大程度上是高消费者，在富裕国家内，富人在很大程度上是高消费者。

更可悲的是，那些拥有大量资本的富人，为了解决产品的销路，实现剩余价值，却忽悠劳动者，用消费主义、享乐主义诱惑劳动者；用他们的腐朽生活方式腐蚀劳动者。为了把劳动者牢牢绑在其剥削的战车上，他们颠倒生产和消费的关系，向劳动者灌输享乐主义，要劳动者寅吃卯粮，提前消费，提前享乐。其向劳动者推销的信贷消费，就是一种陷阱。

资本主义社会的实践告诉我们，借贷消费的含义就是，劳资双方依据各自的需要，通过证券的形式，劳动者把自己急需而又无力购买的商品，比如住房和汽车，先用贷款的方式购买到商品，先得到享受，而后用自己的劳动偿还贷款。也就是提前把今后的劳动抵押给资产者，以后再通过实际的劳动赎回。对于资产者来说，借贷消费或信贷消费，因为解决了其产品的市场问题，保证了其剩余价值的实现，自然是喜不自禁了。

而对于劳动者来说，其含义就不同了。在正常情况下，这种奢侈消费的前提，是一般消费者不具备的。那些奢侈、高档的消费品，是一般消费者买不起，或无力购买的。而劳动者所需要的商品，比如住房，又是进行劳动和生活所必需的。如果靠自己劳动的积蓄购买，也许需要数十年之后才能享受。如果能把今后数十年的劳动先抵押给资产者，以换取先享受；表面看，这似乎是人性化的方式；然而，这种先享受也是有条件的，是要付出代价的。

这种代价，一是要多付出劳动，即贷款的利息；最重要的是，随着劳资关系转变为债权关系，今后数十年的劳动，就变成了刚性的了，无论今后劳动条件如何变化，都必须无条件完成。欠债还钱，天经地义。这就使今后的劳动成为强迫性劳动，成为没有鞭子的奴隶劳动。也就是说，对劳动者来说，这种信贷消费，实际上谈不上享受，而是被迫无奈地花高价或者带有卖身那样的性质，买到自己生活和工作必不可少的条件。这不仅不是幸福，而是幸福的哀叹。

实践告诉我们，资产者都是贪婪的，在资本主义社会，劳资关系本来是资本家剥削工人，是资本家欠着工人。现在这种关系似乎倒个儿了，变成了工人欠资本家，而且不仅要用足够的劳动来偿还，还要为资产者付出利息。诚然，在资本家向劳动者和整个社会灌输的"享受"意识，也推动了这种消费方式的发展，造成消费狂热。在一些人的意识里，"享受"似乎是至高无上的。为了它似乎可以不计后果，不惜代价。只要现在能享受到，即使之后成为"房奴""车奴"也在所不惜。于是就沉醉于借债"享受"

的陷阱里而不能自拔，在精神和肉体上不得不做出极大的牺牲和付出巨大的代价。

信贷消费，对高薪者来说是幸福的。因为稳定增长的财富，可以使他们高枕无忧过寄生生活。而对劳动者来说，这种长期深陷债务泥潭的生活，其内心之苦，这种提前消费的被迫性、无奈性、不幸福性都显而易见。比如，美国是世界上这种消费最大行其道的国家，所以美国人也是世界上债务最多的。目前，美国的私人债务已经高达19.5万亿美元，每人平均6万美元。背负巨额债务的日子，有什么幸福可言呢！

然而，我们在实践中看到，这种"提前享受"意识犹如套在劳动者脖子上无力摆脱的枷锁，可就是因为它迎合了资本家们的愿望，于是在资本主义社会得到了热炒，形成了全球的"提前享受"热、信贷消费热。随着这种狂热，消费泡沫在全球不断蔓延，个人债务不断积累。在劳动力市场上，劳动者和资本家表面上还保持着买者和卖者之间平等的关系，还有讨价还价的权利；而在债权人和债务人之间，欠债还钱，天经地义，没有任何讨价还价的余地。

马克思说，工资的提高和生活条件的改变，能"在工人身上激起资本家那样的发财欲望，但是，工人只有牺牲自己的精神和肉体才能满足这种欲望"[1]。"工资的提高引起工人的过度劳动。他们越想多挣几个钱，他们就越不得不牺牲自己的时间，并且完全放弃一切自由，为贪欲而从事奴隶劳动。这样就缩短了工人的寿命。"[2] 现在，不是工资提高在工人身上刺激了发财的欲望，而是"享受"刺激了这种欲望。而在现实中我们看到，工人中的绝大部分，即使做了精神和肉体上的巨大牺牲，也未能实现这种欲望。"国民经济学家对我们说，一切东西都可用劳动来购买，而资

---

[1] 《马克思恩格斯全集》第3卷，人民出版社2002年版，第229页。
[2] 同上书，第227页。

本无非是积累的劳动;但是,他同时又对我们说,工人不但远不能购买一切东西,而且不得不出卖自己和自己的人性。"①

2012年2月1日,英国《金融时报》登载了一篇美国前劳工部长罗伯特·赖克写的文章《贪得无厌的消费者正在破坏民主制度》。其中写道:将资本主义金融危机归咎于金融全球化和高得离谱的高管的薪酬实在太过简单了。从更深的层面上讲,此次危机标志着消费者和投资者对劳动者和公民的胜利。真正的危机集中在:作为消费者和投资者时,越来越考虑的是划算的买卖,而作为劳动者和公民时,却让自己获得重视的能力越来越弱。投资者从来未像现在这样强大过。然而,这些划算买卖的代价,是社会就业和薪酬的降低,以及日益扩大的社会不平等。至今还没有任何人找到让资本主义回归平衡的方式。你可以随心所欲地指责全球金融化和世界各地的企业,但请把一些指责留给那些贪得无厌的消费者和投资者吧,这些人几乎存在于我们每个人心中。

无论是被迫借债消费也好,或是主动借债消费也好,都会按自己在借债期间的劳动量,即劳动收入,计算着如何还清债务。这种计算都是按照经济发展的正常情况,或按照一定增长率一直增长的情况,以及自己身体一直健康的情况,一旦经济的发展或自己的健康情况出了问题,或因经济衰退,或因疾病,造成失业,劳动不能按照计划进行,就会因不能按期偿还债务,而使自己变得一无所有,而且一身债务,加倍贫穷。

这里我们再一次领悟到马克思下面这段话的意义:"在社会的增长状态中,工人的毁灭和贫困化是他的劳动的产物和他生产的财富的产物。就是说,贫困从现代劳动本身的本质中产生出来。不言而喻,国民经济学把无产者既无资本又无地租,全靠劳动而且是靠片面的、抽象的劳动为生的人,仅仅当作工人来考察。因

---

① 《马克思恩格斯全集》第3卷,人民出版社2002年版,第230页。

此，它可以提出这样一个论点：工人完全像每一匹马一样，只应得到维持劳动所必需的东西。国民经济学不考察不劳动时的工人，不把工人作为人来考察，却把这种考察交给刑事司法、医生、宗教、统计表、政治和乞丐管理人去做。"[1]

信用卡的诱惑和债务奴隶

信用卡的发明改变了人们的观念。其实，信用卡起源很早，它是商铺为招揽顾客而为顾客提供的一种消费信贷方式，是消费者可以赊账购买商铺的商品借据。信用卡打着富有感染力和诱惑力的"没有储蓄也可以实现享受欲望"的旗号，强势进入市场。过去，人们因为没有储蓄和现钱，不得不推迟自己享受的需求和欲望；那些工资只能勉强维持最低生活需要的劳动者，何谈享受；那些稍微有剩余的劳动者，也只能用加倍劳动，勒紧腰带，花钱精打细算，放弃眼前的享受，努力存钱，增加积蓄，以谨慎和耐心筹划着以后的日子。而现在有了信用卡，似乎一切都变了，不需要再这样做了。一张信用卡似乎可以使整个过程颠倒过来，人们把享受的欲望全都寄托在今后的劳动上，先享受再用劳动还。只要有那个小小的卡片，就可以尽情消费，尽情享受，想买就买，无须等到用辛苦的劳动挣够钱。

发明者为了避免信用卡的功效被缩小，避免便捷的信用卡仅仅给借款人带来一次性满足，就必须把债务变成能够创造利润的长期资产，解除借款人对还不起债务的担心。他会告诉借款人说，无法偿还你的债务吗？别担心！因为我们跟过去万恶的放债人不一样，他们要求借款人在事先约定好的期限内必须还清债务，而我们是现代的、友好的、微笑的放债人，我们不急着要回我们的钱，而是为您提供更多的方便、更多的贷款，使你不但可以偿还

---

[1]《马克思恩格斯全集》第 3 卷，人民出版社 2002 年版，第 232 页。

旧债，还能有钱增加新的消费，满足自己新的喜好。我们的目的就是让你们没完没了地欠我们的债，没完没了给我们付利息，欠的越多越好，欠的多，我们得的利息就多，我们手里的财富越多。

在资本主义金融市场上有个秘密，谁也不愿意点破。那就是，实际上银行都不希望债务人还清债务。如果及时还贷，将不再有欠债，也不会再有利息。而债务产生的利息才是现代友好且非常聪明的放款人源源不断的财富来源。拒绝提前消费，忍住不贷款的人，对放债者来说是无用的；而出于谨慎或古老信誉感快速还款的人，对放债人而言，也是噩梦。银行和放债人的美梦是，大量欠债人的永远存在，他们为这些欠债人"服务"的永远存在，只有这样，财富才能源源不断流入他们的腰包。如有学者所一语道破的，信用卡这一杰作的伟大之处，就是把国民中的绝大部分变成了一支庞大、惊人的欠债大军。从德国媒体披露的2016年之后全球政府、企业、家庭债务总额已经达到全球国内生产总值的320%，达到了244万亿美元的数据，似乎可以看到这个欠债大军的规模。

这里我们能够悟出，在救治2008年国际金融危机中，政府为什么不拿出钱去帮助那些欠债人，让那些欠债人还清债务呢？原因很简单，因为那将意味着把靠信用和信贷消费的现代资本主义埋葬。这次金融信用危机，不会是资本主义的终结，而会和过去一样，资本定将寻求新的能够获利的场所，开始新的掠夺。比如在这次救治危机中，那些银行无法通过惯用的试探和引诱手段获得的东西，则由国家通过强制执行来实现，强迫民众以集体的形式背负起规模前所未有的巨大的债务，并且以尚未出生的几代人的生活水平做抵押。

我们试想，如果没有投机和赌博，如果没有利益的贪欲和掠夺，如果是在劳动者联合体内，信用卡也许会是按劳分配的理想工具。不能否认，几十年来，全球金融体系对全球经济增长的确做出了贡献。问题出在对个人财富贪欲，以及在这种贪欲基础上产生的无度的投机所造成的金融泡沫，其中最危险的泡沫恰恰出现在关乎劳动者生活的房产部门。利己主义是资本主义的本质。这种本质集中体现为社会关系中的孤立和无情。人和人之间除了赤裸裸的利害关系，除了冷酷无情的现金交易，除了欺诈和掠夺，就再也没有任何别的关系了。只要这种本质不改变，资本主义就必然要被淹没在无情的利己主义的冰水之中。这次危机就是完美的例证。

结构性投资工具与抵押债务债券近似，其投资的债务范围很广，包括信用卡债务、学生贷款以及汽车贷款等，而且被设计成为永久性的。当抵押债务债券所持的抵押贷款随着时间推移偿付完毕，抵押债务债券也就自我清偿了。而结构性投资工具售出商业票据，使投资者能够买入新增贷款以取代那些已经到期的、清偿了的贷款。银行除收取发行费和管理费外，还由于它们在法律上是独立的实体，银行在平衡表上保有一定资产储备的限制，使得银行可以从中获利。然而，在金融危机爆发之时，银行为了维持它们的声誉，只有将结构性投资工具置于其资产平衡表中，因而也就不得不承担它们所负的债务。

信用违约掉期是债券违约的一种保险形式。如果债券的发行方违约，那么违约掉期的持有者将就损失掉的利息付款和本金获得补偿。因为信用违约掉期的购买者，不必拥有它为之提供保险的资产，而且任何一个希望对一家公司或一个政府的违约进行投机的人都可以购买，所以交易量很大。据有学者统计，到2007年年末，美国售出的信用违约掉期总值已达到45兆亿美元。在信用违约掉期的销售者中，雷曼兄弟和世界最大的保险公司美国国际集团（AIG）较为突出。美国政府允许雷曼兄弟破产，但当它发现雷曼破产的影响已经危及整个西方的金融体系的稳定时，它感到必须拯救美国国际集团，为此投入了1800亿美元，最终获得了公司超过 80% 的股权。

2008 年金融危机告诉我们，信贷消费由它的固有本质所决定，在它带来发展活力的同时，必然破坏发展的平衡和稳定。正是由于消费信贷的存在，全球金融的扩张和支配地位的确定，在加速资本和财富积累的同时，也播下了危机的种子。发达国家宽松的货币政策和神秘的金融操纵，造成投机和赌博泛滥，即便他们没有储蓄的消费者也能够更快享受到住房、汽车，但由于这种金融驱动型经济产生的收益都被那些金融操纵者所窃取，所以也使中产阶级萎缩，广大消费者深陷债务泥潭。更值得注意的是，在金融全球化的背景下，发达国家信用过剩和信贷泡沫，还导致了发展中国家特别是新兴工业化国家的生产过剩，使全球经济陷入混乱。

评级机构也是危机的促进因素。在整个工业化世界，特别是在欧洲，许多企业都深受金融危机的影响。在全球化时代，美国以外的银行和保险公司都被抵押债务债券的高回报和 3A 的评级所吸引。它们没有意识到，由这些抵押债务债券发行者花钱雇来的评级公司从来也不会对实际资产包括抵押债务债券，或者房屋抵押方每月的支付能力进行评估，相反，它们将评级建立在以揭示违约可能性为目的的数学模型上。最终欧洲的一些主要银行和保险公司不得不由它们的政府来帮助它们解困。此外，由于全球经济下滑影响了世界上所有的国家，即使一些国家没有受到投资萎缩的影响，它们也不得不面对出口需求下滑的问题。许多国家的政府都增加了它们的支出以弥补私人需求的减少，从而减少危机的损害。

然而奇怪的是，面临劳动者工资水平不断下降的事实，整体消费却在不断攀升。在 1994 年到 2004 年十年之间，在劳动者工资处于停滞或增长率很低的情况下，消费增长却超过了国民收入的增长，个人消费支出在 GDP 中的比例从 67% 上升到了 70%。到底该如何解释这一奇怪的现象？答案只有一个，那就是：在这段时间里，劳动者维持自己的最低生活的唯一办法，就是靠借贷消费，不断地依靠借贷来达到收支相抵。

美国是一个负债消费的社会，负债消费是美国家庭财务的一大特色，背负债务既是一个还债的过程，同时也是积累家庭资产的过程。2010年美国有74.9%的家庭背负债务。家庭背负的债务总额为13.9万亿美元，占家庭资产总额的16.4%。美国家庭债务的主体是房屋贷款，总额在10万亿美元左右。消费信贷债务约2.4万亿美元。美国负债家庭背负的债务中位值为70700美元，平均债务额为130700美元。美国有近75%的家庭背负各种债务。按照家庭收入来看，高收入家庭背负债务的比例较高，低收入家庭背负的债务比例较低。这说明，低收入家庭虽然挣得少，但想欠债也不容易，因为银行不会轻易把钱借给还不起债的家庭。2010年，美国最低收入家庭中有52.5%的家庭背负债务，是各个收入段家庭债务比例最低的。中下收入家庭背负债务的家庭比例为66.8%，这部分人似乎在收入上有了点本钱，可以借钱过日子了。美国中等收入以上家庭，不论中等收入还是高收入家庭，背负债务的家庭比例全部超过八成。在中等收入家庭，有81.8%的家庭背负债务，中上收入家庭的比例为86.9%，高收入家庭的比例为88.9%，最高收入家庭的比例为84.5%。另据有关专家统计，1979—2007年，美国普通劳动者工资年增长率为-0.04%，而消费增长比这一比率高好几倍，从而导致家庭债务迅速增加，从1982年的占可支配收入的59%，上升到2009年的129%。

从债务的种类看，主要有住房债务、信用卡债务和消费信贷债务。当前，美国有47%的家庭背负着自用住宅贷款债务，有39.4%的家庭背负信用卡债务，有46.3%的家庭背负消费信贷债务，包括汽车贷款，高等教育贷款，家具、家用电器和其他耐用消费品等分期付款债务。当然，同样是负债消费，高收入和低收入家庭背负的债务在种类上有很大不同。2010年，美国收入最低家庭和中下收入家庭主要体现在生活上的债务，相反，背负住房贷款债务的家庭比例并不高。最低收入家庭中有34.1%的家庭背负消费信贷债务，23.2%的家庭背负信用卡债务，而背负自用住宅债务的家庭比例仅为14.8%。中下收入家庭的情形与最低收入家庭差不太多，40.8%的家庭背负消费信贷债务，33.4%的家庭背负信用卡债务，而背负自用住宅债务的家庭比例为29.6%。中等收入家庭背负住宅贷款债务的比例大幅上升，有51.6%的家庭欠有住房贷款，背负消费信贷债务和信用卡债务的家庭比例也高于中下收入以下家庭，49.9%的中等收入家庭背负消费信贷债务，45%的家庭背负信用卡债务。到了高收入家庭，74.5%的家庭背负住房贷款债务，58.8%的家庭背负消费信贷债务，51%的家庭背负信用卡债务。

消费信贷债务是美国家庭的第二大债务，由于收入不同、年龄不同，美国家庭的高等教育贷款债务、汽车贷款债务和其他消费品贷款债务的比例组合也存在很大的差异。按照全美家庭的整体数据，高等教育贷款债务占消费信贷债务的45.1%，汽车贷款债务占39.3%，其他消费品贷款债务占15.6%。在中等收入以下家庭和高收入家庭，高等教育贷款债务在消费信贷债务中所占比例最高。中上收入家庭和最高收入家庭，汽车贷款债务在消费信贷债务中所占比例最高。最低收入家庭的其他消费品贷款债务是所有收入段家庭中比例最高的，美国穷人家庭拥有的现代化家庭用品并不少，原因何在？主要是靠借款来买。

由于家庭债务的不断增加，在过去10年，美国家庭债务占家庭资产的比例是直线上升的。2001年全美家庭债务与家庭资产比为12%，2007年上升到14.8%，2010年达到16.4%。2010年，除了最穷和最富的家庭，其他收入段家庭债务与资产比均超过20%，中上收入家庭债务与资产比最高，为27.7%。其次为中等收入家庭，债务与资产比为26.5%。高收入家庭债务与资产比为23%，中下收入家庭债务与资产比为21.4%。上述四类收入家庭构成了美国中产阶级家庭的主体，造成家庭债务与资产比升高的原因主要为家庭资产缩水、收入下降以及负债额上升。

对于出生在美国的普通劳动者家庭的人来说，从上学开始到退休为止，都得背负着债务过日子。美国人积攒家底其实是一个不断还债的过程，即用辛苦劳动偿还债务的过程。比如买房子30年分期付款，等房贷还完了，自己也老了，这房子才真正属于自己。从年轻时资不抵债，到奋斗到资债相抵，要被迫付出多少劳动，只有劳动者自己知道。收入最低家庭为了生活，很多家庭是靠借债度日，因此债务与收入比是所有收入段家庭中最高的，每月需要偿还的债务占月收入的23.5%。其他收入段家庭需偿还债务与收入比都维持在20%以下，中等收入家庭和中上收入家庭每月需偿还的债务占收入的19%，而最高收入家庭每月需偿还的债务只占家庭月收入的9.4%。如果偿债额与收入比超过40%，这就表明欠债有些过头了，如不及时调整，家庭就有可能陷入债务危机。美国有13.8%的家庭偿债额与收入比超过40%，这部分家庭可谓是欠债过多家庭，家庭生活会因债务负担过重而产生财务问题。不论是穷人还是富人，美国各收入段家庭都有一定数量的家庭存在偿债额与收入比过高的现象，但收入越低的家庭，偿债额与收入比过高的家庭比例也越高。

美国和西欧国家一样，借债消费热不仅表现在个人和家庭中，而且表现在国家中。资产阶级统治者为了缓和国内劳资之间和居民和政府之间的矛盾，特别是那些政客们为了拉选票，历来都不顾社会生产力的实际增长状况，采取增加社会福利的办法，大选中的许诺一个比一个高，实际生产能力达不到，就只好搞赤字预算，寅吃卯粮，靠发国债维持。赤字越来越大，国家债务越积越多。据统计，2008财年美国财政赤字创下了4550亿美元的新纪录，较上一财年增长了180%；2009财年受金融危机严重影响，美国的财政赤字规模达到1.42万亿美元，较2008财年飙升了212%；2010财年美国财政赤字1.3万亿美元。据美国财政部公布的数字，到2011年5月，美国债务已达法定的14.29万亿美元上限。2011年，联邦政府的债务将升至15.23万亿美元，超过了当年国内生产总值约15.17万亿美元，已经突破了100%经济大关。有专家依据2008年的数据计算，美国联邦政府债务累计已经高达65.5万亿美元，相当于美国国内生产总值的4倍多，超过了整个世界的国内生产总值。目前美国的国债相当于每个美国人负债45000美元，而在2008年支付的债务利息，就已经超过了2500亿美元。

另据统计，截至2007年10月1日，美国审计署计算的美国政府长期债务达到了52.7万亿美元。为便于理解，审计署把它分解成以下数字：美国居民每个人17.5万美元（2007年美国的人均GDP是46280美元），每个全职员工41万美元，每个家庭45.5万美元。为了应付目前的债务，美国政府每天都得兑付18.6亿美元的新债。而按照英国《金融时报》2008年11月24日罗布·阿诺特的文章称，目前，美国政府、社会保障、企业、个人及非营利组织的债务合计已经达到其国内生产总值的8倍，按2007年美国14万亿美元的国内生产总值计算，债务总计已超过100万亿美元。

美国债务如此严重，之所以尚未发生债务危机，这是因为它在国际金融体系中有着特殊的地位。它依靠这种特殊地位，短期内还可以把债务的风险转嫁给国内的人民和世界其他国家，特别是大的债主身上，并以此要挟这些国家不得不继续把钱借给它，继续买它的国债。比如，至今中国已经持有美国国债1万多亿美元，日本为9000多亿美元。当然，这两个国家都将面临美国国债的直接贬值风险和日后如何重新定价的风险。

钱生钱的蛊惑和贫富分化加深

钱作为财富，是由劳动创造的。只有劳动能生钱，钱本身不可能自我生殖。之所以钱能生钱，本质上说，是钱能投机。不通过劳动而投机生来的钱，本身就包含有不道德性。钱只能在证券市场上投机得手，才能生出钱来。可见，证券市场是钱生钱的平台。由证券市场虚拟性所决定，它是最需要由道德支撑的市场。然而实际上，资本主义的证券市场，却是最缺乏道德支撑的市场。利用投机、赌博进行掠夺，这是资本主义证券市场的一种功能。

然而受"钱能生钱"的蛊惑和影响，不少普通劳动者也被吸引到了信贷消费市场和金融赌场上。在疯狂地投机和赌博中，只要手里有钱，通过巧妙理财，通过理财中的投机，就可以不通过劳动而获得财富。于是出现了全球性的、有广大普通劳动者、普通工薪阶层参加的信贷消费热、炒房热、炒地热、炒股热、期货热、古董热、炒汇热、炒息热、炒金热、炒邮热等，似乎只要是有价值的东西，都可以拿来炒，都可以被利用来进行投机、赌博赚大钱。

信贷消费对广大劳动者来说，意味着什么，有着什么样的后果，前面我们已经阐述过了；而金融投机、赌博的后果，比前者要更可怕，更严重。赌场深似海，何况赌枭云集。因为各种金融产品的主要功能，都不在于即时交易，而在于建立在预期基础上的规避风险或投机。所以其在交易过程中存在的风险，诸如市场风险、信用风险、流动性风险、结算风险、法律风险、操作风险等，都根源于那些金融家利用自己掌握信息资源的优势，在利益驱动下的投机所致。

谁都知道，所有金融产品都是通过对未来的预期来实现价值的，而未来的发展方向和实际情况又都是不确定的，其价格都是在这种不确定下不断变动的。虽然这种变动规律充满着偶然性和或然性而难以捉摸，然而掌握金融知识其变动过程信息多的那些金融家们，取胜的概率总是要大于失败的概率；背后的那些实力雄厚的操控者，更是常胜将军；而资金少、掌握信息少又缺乏基本知识的普通劳动者，只能是牺牲品。在这种大鱼吃小鱼、小鱼吃虾米的利益投机和赌博中，普通劳动者始终不能摆脱虾米的地位。无论何种赌场，始终都是投机和赌博者掠夺劳动者的乐园，而不可能成为劳动者的天堂。

值得注意的是，金融风险虽然隐藏在金融活动的各个方面，诸如市场风险、信用风险、流动性风险、操作风险、结算风险和法律风险等；但最本质的是与投机密切相关的信用风险。特别是那些金融衍生品，它们本身就是虚拟资本的产物，是虚拟资本的虚拟资本，是双重虚拟资本。其在交易过程中，投资者主要利用价格的波动，通过复杂的持有和适时的抛出而获得收益。在高杠杆性的推动下，国际金融衍生品价格与其资产价格相脱离的现象，自然倍加严重。由于各种衍生品的信息流通和交易的达成变得更加简易快捷，这在进一步放大了国际金融产品的虚拟性的同时，也为各种投机和赌博提供了更多的平台、手段和方便。正是金融衍生品的这种高杠杆性、高虚拟性、高快速和便捷性，才深得那些大投机者、赌博者的青睐。

对于金融产品投资者来说，其成败很大程度上决定于信息。投资者从签订交易契约到契约的执行过程，都要根据市场价格变动的信息不断计算和衡量着自己的得失。而进行这种计算和衡量的依据，就是市场变化的信息。投机者正是利用信息资源获得的不对称，而获得巨大掠夺性利益的，比如利用隐瞒信息、扭曲信息、制造虚假信息等手段，引诱投资者在不知情中盲目入市，在投资者入市后，又利用隐瞒实际的盈亏情况，控制和利用价格波动，甚至用做假账的手段，欺骗未掌握信息的投资者，使无知的投资者输光赔净。

发达国家利用金融掠夺手段从全球各地掠夺财富的数量规模之巨大，是过去任何历史时期都无法比拟的，从而造成的世界收入的两极分化的程度之大，也是过去任何历史时期所无法比拟的。全球财富源源不断地从各地流入那些金融大国，流入那些金融大国的金融资本的钱袋子里。自20世纪80年代之后，这两个蛊惑人心的发明实践结果怎么样呢？结果是金融资本在各种投机中从劳动者身上掠夺了大量财富，导致了两个加速积累：一个是财富在控制世界金融的发达国家、在发达国家资产者手里加速积累；另一个是债务在劳动者手里特别是发展中国家劳动者手里加速积累；这两个加速积累的必然结果，是广大劳动者贫困的加深，从而加剧了世界富国与穷国之间、富人与穷人之间更严重的贫富两极分化。

特别是在最近的10年间，对冲基金、私募股权基金等不受政府监管的金融机构所掌握的资产，已经膨胀到占整个世界金融资产的四成。这些金融机构大量使用借来的即别人的钱参与竞争，进行各种投机和财富掠夺。这种地下金融系统比正规金融系统更残酷。它们的哲学就是，今天赚的是我的，明天损失的是你的，即使在神前偷盗，只要在人间法律中不被视为偷盗，就什么都能干。它们用别人的钱进行肆意投机，其每项投资所追求的都是个人收益，贪欲无限膨胀，从而加剧贫富两极分化。

正如美国学者克鲁格曼所说，美国收入的不平等和两极分化与美国政治两极化存在因果关系。为了推高需求制造虚假繁荣，让低工资的劳动者也可以轻松地获得以次级债为形式的贷款，而不是向作为消费者的他们支付生活工资，从而以牺牲制造业部门为代价，为金融部门创造了更多的虚幻的利润。这种不正常的情况最终导致了债务泡沫，这一泡沫于2007年破裂并造成了全球性的影响。在他看来，如果2008年的金融危机发生在1971年，美国很可能有更有效的应对方法。因为在当时，两党能达成广泛的共识和采取坚决的行动，并且能就所需的具体行动达成一致；但"今天，由于收入的极端不平等，造成了党派分歧和知识阶层的困惑影响美国的恶果"。在过去的一个世纪中，社会财富的两极分化总是与政治上的两极化相生相伴，"权钱交易，用财富购买权力，小部分人财富的不断增加就能成功收买一个政党，这也就毁了政治合作的前景"。

在克鲁格曼看来，当下共和党盲目服从哈佛大学教授曼昆的金本位思想，并将其视为教条。其幕后黑手就是少数的亿万富翁们，这些教条能为制定出符合其利益的政策奠定理论基础。而这群人已经控制了整个政党。克鲁格曼认为，阻碍了经济的并不是结构性问题，所有的证据都指向需求不足，这只需通过实施财政和货币刺激政策即可迅速治愈。真正的结构性问题在于我们被少数富人阶层手中权力扭曲致瘫的政治体系。而经济复苏的关键在于找到避开其负面影响的方法。各界之间不但没有共识，而且建议苍白无力，这让人们怀疑：民主体制是否还有能力从宏观层面采取强有力的措施。

据统计，从1979年到2007年间，收入最高的1%的美国人的真实收入（去通胀后）增长了275%，最底层五分之一收入的人增长了85%，最低层五分之一收入的人增长了仅有18%。在金融资本的统治下，那些收入上百亿美元的富翁，他们实际创造的价值比他们的收入要大得多的多。有些专家估计很可能是10比1或20比1。比如当很多人花几百美元购买iPhone和iPad的时候，实际上他们宁愿花比市场价格更高的钱购买这些东西。这些"自制"富翁的收入与他们实际所创造的价值相去甚远。这些高收入前0.5%的人，大多是大公司的最高层管理人员，只有少数是影视体育明星。掌管10亿元资产公司的人比掌管1亿元资产公司的人的薪酬要高很多倍。总之无论怎样分割数据、怎样选择衡量指标，经济两极分化都是不容否认的事实。

总之，近几十年来，贷款消费热，金融投机热，依靠虚假消费所支撑的美国经济，其所带来的财富占有的两极分化，所带来的劳动者的贫困，所带来的经济泡沫，后果是严重的。2008年开始的金融危机，正体现了这种严重性。正如美国学者所说，美国经济的悲剧并不仅仅由于过度消费一项，而且因为少数人以牺牲大多数人为代价残酷地追逐财富。

三　全球幸福和全球变革

显而易见，全球化发展是追求全球幸福的正道。尽管全球化是善恶的混杂，特别是在资本主义主导的全球化中，由于资产者对财富和权势的贪婪，其掠夺的恶性给落后国家，给全世界人民都带来了巨大灾难；但它毕竟是世界性生产力发展、科学技术发展的积极因素。尽管发达国家利用残酷的掠夺赚了大钱，积累起巨大财富，使落后国家付出了巨大的代价；但它毕竟给各种文明相互交流、相互借鉴、相互学习提供了机会，得到了一些共同发展。以全球幸福的视角看，促进共同发展才是全球化的本质。全球幸福，就孕育在这种共同发展中。基于在霸权主导下没有形成真正公平合理的全球秩序，并推行零和博弈原则，使全球化在发展中出现并积累起了许多矛盾和问题，出现了对全球化的不满。所以，为了全球人的幸福，就应当通过抑恶扬善，通过对公平、合理、正义新全球秩序的构建，推进全球化在改革中的健康发展。

全球化变革和全球幸福的不二选择

不争的事实是，全球人的幸福得在全球化深入发展中实现。全球化是实现全球人幸福的不二之路。然而，基于全球化中出现的矛盾和问题，基于全球化发展不平衡带来的不同国家、不同人群收入上的差异，人们不得不对全球化进行反思，考虑全球化的变革和世界新秩序的构建问题。有人正是以主要治理功能还都是由主权国家的政府决策为由，把很多问题都归罪于全球化本身，提出了全球化的悖论，这似乎有悖于人类发展进步的客观规律。

人所共知，全球化是由资产阶级开拓的。是它们为了创造一个属于自己的世界，而对外掠夺和扩张的结果。从殖民掠夺开始，它们开拓全球化的过程，始终是它们掠夺世界的过程。全球化是它们的聚宝盆，通过制定规则，对落后国家进行残酷掠夺，使它们集聚了巨额财富，恣意享受全球化给它们带来的巨大福利，享受高收入、高消费的生活。然而，它们却得了便宜卖乖，说它们是全球化的吃亏者，这简直是奇谈怪论，流氓逻辑。

诚然，近些年来，由于霸权主义的横行霸道，全球化的发展，的确受到了伤害，出了一些问题。而这些问题的根源不在于全球化本身，而在于资产者对财富和权势的贪婪无度，在于由霸权主义者制定的全球化的规则有利于富国，有利于富国的资产者。

比如，由于在全球化中，资本主义发达国家在金融业和信息技术这两个方面都占有极大优势，而这两者结合在一起，就造成了和强化了在整个世界范围内资本对劳动力的优势。当资本自由流向劳动力成本最低的地区时，国际劳动力市场上劳动者与资本家讨价还价的能力就被严重削弱了。特别是发达资本主义国家，越来越多的劳动岗位被外包到了海外，包括服务型岗位、技术型岗位等。此外，由于先进科学技术的发展，自动化、智能化、机器人等在生产流程中的运用，就可以在更少的人力或者没有人力的情况下，生产出更多、更标准的产品，使劳动力的作用和影响力进一步被减弱。与此相联系的是在世界范围内，资本收益与劳动力收益之间的差距开始扩大，随之而来的就是收入与财富分配的不平等日趋严重。很显然，造成这种状况的原因不是全球化本身，而是资本家对劳动者的强势，资本对劳动剥削的加强。

比如，在全球化中，由于资源的合理配置和技术进步等因素的作用，使世界劳动生产率的提高和产出增加的步伐加快，这无疑使资本实力雄厚的发达国家得到了更多的收益。但同时，也促进了全球劳动分工的不断深化和趋于合理化，从而有利于整个世界生产潜力的发挥，有利于整个世界劳动生产率的提高，更有利于发展中国家的发展，特别是有利于新兴工业化国家的发展。更为重要的是，它有利于这些国家劳动力素质的提高，有利于这些国家在国际劳动分工中地位的改变。当然，全球化中新技术的影响与全球性社会制度变革和这种变革的社会进程产生互动。世界在全球化中的稳定和发展，呼唤着消除世界上大多数人所遭受的经济掠夺和不公正待遇，呼唤着资本主义发达国家不仅要减少对发展中国家的掠夺和剥削，而且能拿出更多的从发展中国家掠夺来的利润，去帮助发展中国家，去解决它们的贫困，解救整个世界的社会公平和经济发展问题。现在这种一方面是生产能力史无前例地增长，而另一方面是贫困加剧的局面，无论如何是无法再维持下去了。

比如，全球化最大的功绩，是它通过资本全球化，通过跨国公司，打破了市场特别是劳动力市场的阻隔，形成全球市场体系。这有利于对落后国家和发展中国家资源特别是劳动力资源的开发和利用，有利于全球经济的均衡发展，这不仅对落后国家和发展中国家有利，对发达国家也有利。然而，就是因为这一点，全球化却遭到了发达国家的抱怨，认为是发展中国家低廉的劳动力夺走了发达国家劳动者的饭碗，造成了发达国家的问题。表面上看，好像是这样，其实不然。对于资本家来说，到发展中国家投资，资本流向发展中国家，完全是为了超额利润，资本家对发展中国家劳动者的剥削和掠夺，要比对本国劳动者剥削和掠夺深重得多，残酷得多。如果资本家不那么贪婪，能用在落后国家和发展中国家所掠夺的超额利润在国内进行投资或用于失业津贴，那么失业问题和贫困问题就不会那么严重。可那些资本家以及他们的政府，却没有这么做，反而把从发展中国家掠夺来的钱除了塞满自己的腰包之外，大量花在制造武器，发动对外战争上。所以问题不是出现在资本的全球化上，也不是出在发达国家向发展中国家投资上，而是出在资本对利润的贪得无厌上。过去发达国家之所以能够长期维持国内的高工资，正是利用对技术、商品和劳动力市场的垄断，靠在这种垄断基础上对广大落后国家的掠夺而实现的。资本家叫嚷是发展中国家低廉劳动力夺走了本国劳动者的饭碗，那是为了转移国内矛盾，掩盖自己；而劳动者也这么说，那是不明了事实真相。

比如，随着全球化的深入和技术的日新月异和国际竞争日益加剧，对劳动者的数量和对他们所需技能的要求，也都发生了变化。比如美国，自20世纪80年代采取提高利率的办法，吸引全球流动资金进入美国金融市场开始，财富迅速大量地流入金融资本和金融资本中最富有的家庭，从而引发了金融资本的迅速膨胀，金融服务业迅速发展。与此同时，工业特别是制造业萎缩，失业增加，工资下降，在劳资关系的斗争中，开始处于弱势或守势。包括那些原来有劳力储备企业，比如储备有一支忠诚的、熟练的劳动力队伍，在劳动力方面很有竞争优势，但由于科学技术的发展和更新换代，现在已经成了劣势。公司作为过剩劳动力保留的缺少新技能的员工，或工资水平大大高于市场价格的员工，遇到的情况自然会更糟。对这些国家而言，关键问题是如何适应新技术所导致的国际劳动力市场的新变化，实现相关经济制度的变革。

虽然经济全球化给发达国家带来了前所未有的繁荣昌盛，也使一些发展中国家众多劳动者脱离了贫困，但全球化也存在根本性的矛盾：国内市场与全球市场的矛盾。国内市场通常建立在国内的监管及政治制度基础之上，但全球市场却缺乏统一的监管和制度的基础。因为没有统一性的监管，没有全球性的反垄断权力机构，没有全球性的最后贷款人，没有全球性的社会安全网，必然的结果是不稳定、低效率，群众基础薄弱。政府是每个国家的政府，而市场却是全球性的市场，这就是全球化中的致命弱点。

正是有这一致命弱点的存在，金融全球化在给世界带来更多的投资和更快的增长的同时，也带来了动荡和发展不平衡；在各国内部，金融全球化在带来财富增加的同时，也带来了贫富的分化。在阶级还存在的社会里，无论是国内或国际上，市场都不是自我创造出来的，都不能自我监管，不能自我稳定，不能自我合法化，市场经济要健康发展就需要有政府的作用，政府的合理干预和监管。实践中，只有那些采取加强政府监管的国家才避免了动荡和取得进展。可见，要给全球化一个更为稳固的基础，我们需要在市场和政府管制之间找到平衡。针对全球化中的问题，不少学者对全球化发出了责难。其实，有一些责难是混淆了因果关系而走向了谬误。当然，更多的人则是出于治病的善意，希望全球化能健康发展。

这一致命弱点的解决，涉及许多复杂的经济、政治和社会问题，所以不是易事，需要有一个人类发展进步的长期过程。比如，健康发展的全球化，不仅需要有一个全球性的经济体系，还需要有一个相应的全球性的政治体系。这两个体系的建立，必然要涉及国家主权的弱化或让渡。而在这次反思中，有些资产阶级学者却反其道而行之，认为资产阶级的民主和国家主权应该压倒全球化，民主国家有保护自己国家社会制度的权利，当这种权利和全球化发生冲突时，全球化应当让步和服从；认为给民主国家更多自主权能使全球经济基础更稳固，发展更健康。这实际上是一种是非颠倒，是想把一个国家的利益放在国际社会利益之上，让国际社会服从一个或几个所谓民主国家的利益。这也正是全球化中问题的症结。正确的做法应当是，把国际社会的利益放在国家利益之上，在一个或几个国家的国家利益与国际社会利益发生矛盾时，国家利益应当服从国际社会的利益。

当今的世界，是贫富两极分化的世界。把这种状况出现的原因归罪于全球化，这当然是一种无稽之谈。的确，世界人均收入排在前10%的富裕国家，要比人均收入排在最后10%的国家，不知道要高多少倍。即使前一类国家中排在最后10%穷人的收入，比后一类国家中排在前10%的富人的收入高出若干倍。于是就出现了宁愿在富裕国家当穷人，而不愿在贫穷国家当富人的现象，因为在一个富裕国家里当穷人要比在一个贫困国家里当富人的收入高得多。翻开全球化发展的历史，世界一直是划分为少数富裕国家和多数在不同程度上挣扎的贫困国家。即使在世界经济发展突飞猛进的年代，贫穷国家也很难缩小与富裕国家的差距，穷富之间的鸿沟一直在加深。据有学者提供的数据，工业革命初期，世界上最富裕地区与最贫穷地区的比例为2∶1，现在这个比例为20∶1，最富裕国家和最贫穷国家的比例已经上升到80∶1。然而，这种贫富差别不是全球化本身造成的，而是因为存在着不公平、不合理的国际政治经济秩序所致的发达国家对发展中国家的掠夺造成的。

发展中国家贫困最直接的原因是科学技术落后，劳动生产率低。这些国家劳动者的劳动所产生的效益甚至还不能为自己提供足够的食物和住处，更别说诸如医疗保健和教育等其他需求了。导致生产效益低的原因，自然很多也很复杂，但最主要的是缺乏足够的资金、先进技术和设备，而这些都被发达国家垄断着，这是发达国家对发展中国家进行掠夺的基础和手段，发达国家正是依靠这种垄断，对发展中国家进行残酷的掠夺。发展中国家想要从发达国家得到核心技术设备，根本没有可能，即使得到一般性的技术和设备，也需要付出高昂代价。利用发达国家的资金、技术和设备劳动所创造的收益的绝大部分，都被发达国家拿走了，怎能不贫困。如果没有不合理、不公平政治经济秩序的存在，没有垄断资本掠夺的存在，让每个人都有机会进入市场，得到所需的投资和技术，并得到公平、合理和科学的治理，全球化完全有可能铲除所有导致贫困以及让贫困持续下去的社会弊端，成为推动落后地区迎头赶上发达地区的强大动力。

综上所述，可以得出这样的结论：以往全球化发展中的矛盾和问题不是由于全球化本身，而是由于全球化中的霸权主义、零和博弈规则、发达国家对三大市场的垄断以及发达国家仰仗自己的优势对落后国家的掠夺。很显然，要解决这些矛盾和问题，出路只有一条，那就是反对霸权主义，摈弃零和博弈规则，消除发达国家的各种垄断，特别是科学技术垄断，推进全球化的改革，从而构建公平、合理、符合德性的新规则和新秩序。

社会福利和福利制度变革

社会福利事业在全球性的发展，体现着全球人民幸福事业在全球性的发展。产生于资本主义社会的社会福利制度，应该说是资本主义中的社会主义因素，有其道德属性。而在社会主义国家，社会福利制度则是社会主义本质的体现。社会福利制度的建立体现着人类文明的进步，体现着人民的幸福已经进入到了治理者的视野。社会福利事业的发展程度，体现着社会的幸福程度。所以，毫无疑问，全球治理应当积极支持、引导、推动这一事业的健康发展。

我们知道，资本主义国家的社会福利制度开始于19世纪80年代。德国建立养老金制度，应当算是它的起点。之后，经过约半个世纪的逐步发展，世界多国形成了普及化、全民化的包括医疗保健、失业津贴、养老和社会最低生活保障等在内的所谓福利制度。随之，它们也称自己为福利国家，并以此自豪。而发展到20世纪80年代之后，由于竞选政治等原因，使这种社会福利不断膨胀。而资本主义国家的政府主要是为富人服务的，把发展成果的大部分都塞进他们的腰包，从而导致政府财政赤字和国债的不断增加,终于酿成了今天的债务危机。

不断提高居民在社保、教育、住房、医疗等方面的社会福利和社会最低保障,这无疑是社会进步的表现。然而,面对资本主义国家的债务危机,人们对资本主义国家的福利制度不得不进行深入反思。从历史上看,无论是学界还是政界对"福利社会"都有着不同的看法,认为有些社会福利,比如最低生活补贴或最低贫困线的不断提高固然有利于弱势群体,有利于社会稳定,但它也有负面作用,比如影响劳动者就业的积极性,及其在工作中学习从而不断提高其自立能力和社会地位的本事。

比如,器重个人自立能力的美国与欧洲相比,最低工资标准和生活补贴标准都比较低。2004年,一个全年每个工作日都上班的人,以最低工资标准计算,每年的收入为10712美元,2003年美国三口之家的贫困线是14824美元。据美国商务部提供的数据,2002年,美国尚有4360万公民没有医疗保险,有16.3%的儿童生活在贫困线中。

当今的社会,是极端依赖市场的社会。一切东西包括劳动力在内的价值都要靠在市场上衡量和实现。比如在美国,如果一个人在劳动力市场上的价值不足以为其自身和其家庭提供最低生活工资,这仅被认为是不幸。一个人若失去工作,可能也就失去了他的社会地位和健康保险。如果不幸他又生了病,情况自然更糟。相反,如果一个人在劳动力市场上获得很高价值的认可,并实现了就业,还能在那里创新、努力工作,并取得了成功,其得到的回报也是可观的。劳动者由此会意识到,只有努力工作才能使经济得到增长,从而使生活水平得到提高。这似乎是美国比其他国家更具有活力的根源。

应当说,福利制度本质上是一种趋于平等的制度,它预示着人类发展的未来和进步,体现着人类劳动的根本目的和社会公平。它实质上是把劳动者过去应得而没有得到的劳动报酬的一部分归还给劳动者,应当是消除劳动异化、解放劳动者的重要步骤。不过,这里有两个很现实的问题值得提出来研究:一是这部分同资产者从劳动者身上剥削去的部分相比,还是太小了;二是马克思在创立共产主义理论时,有人就提出质疑说,共产主义会使懒惰之风兴起。懒惰,当然是背离人性、背离道德的。马克思批判了这种说法,认为消除了雇佣劳动关系和劳动异化,人们都为自己而劳动,所以不会有懒惰之风的兴起。

显然,不会有懒惰之风兴起的前提,是在劳动生产率极大提高,物质极大丰富的基础上,雇佣劳动关系和劳动异化都被消除。而在资本主义现阶段,雇佣劳动关系和劳动异化都仍然存在的情况下,如果社会福利和社会保险过高,使不参加劳动的人同样可以勉强维持生活,或与最低工资劳动者差不多,这当然对提高劳动者劳动的积极性是不利的。

发达资本主义国家的现实,似乎能证明这一点。或许是这些国家忽视了劳动和劳动职业教育,或许是福利制度与劳动之间缺乏有力的协调机制,的确出现了劳动者劳动积极性下降和基础劳动技能下降的事实。有机构对包括美国在内的一些发达国家的调查证实,16岁至65岁的人群在解决基础问题、阅读和数学技能方面都低于世界平均水平。这引起了这些发达国家的注意,但更应当引起社会主义国家的警惕。

第二次世界大战后,欧洲国家正是用高社会福利赢得了国民,赢得了劳动者,赢得了长期的稳定和发展,给资产者们带来了长期稳定的高收益。从道德和平等的理想看,这种依靠高社会福利政策,对维护社会稳定和刺激劳动者的积极性是非常有用的。当然,劳动者劳动积极性的提高,就意味着资产者财富的增加,资产者当然欢迎。然而,资产者都是贪婪的,在社会福利与其财富增长争夺劳动者劳动成果中总不肯让步,所以,最终还是使社会福利受损。

当然，社会福利的提高应当以生产力发展为基础。如果超越了生产力发展所决定的限度，自然会出问题。如在德国，据有关专家提供的数据，到2002年为止，工资税中有41%用来满足医疗保健、失业保险和养老金的需求。由于解雇工人很困难，雇主在雇用一个20多岁的工人时，必须考虑这可能是为期40年的承诺。因为风险很高，于是企业家倾向于通过尽可能采取自动化生产的办法或通过在海外建厂、尽可能将生产外包来最大限度地减少新雇工人。其结果是高失业率，尤其是年轻人的高失业率成为欧洲大陆经济体的通病。

还有个实际问题，困惑着欧洲大陆各个福利国家，那就是它们都面临着人口老龄化和赡养比率上升的问题，特别是每一个积极劳动力都对应着退休职工人数上升。由于这些福利国家都主要依赖工资税来为退休人员提供转移支付，而税收增长的不可持续性，使得他们要维持现有的福利（养老金、医疗费用，特别是失业保险）水平都很难。因为税收增加不仅会给在职的积极劳动力带来沉重的负担，还会给企业带来压力。看来福利制度的改革势在必行。

然而从欧洲国家的情况看，这种改革的阻力很大。应当明确的是，人类发展生产的目的，就是要提高人们的生活和福利水平，所以这种改革的方向、目标，不应当是要否定这种制度本身，而是要使这种制度怎么与生产的发展相适应。社会福利的发展要建基在经济发展的基础上，靠发展生产，不能靠借债、靠寅吃卯粮。变革的重点，自然应当是劳资关系和借债消费方面。

2008年国际金融危机的爆发，使人们对资本主义的劳资关系，不得不进行深入反思。在劳资关系的变革方面，战后各资本主义国家也采取了一些措施。比如为了使劳资关系和谐，作为制度创新，采取多种形式如资本—劳工协议、参加国家在企业监事会等以改善劳动者的地位，让职工参与企业决策。这对提高劳动者劳动的积极性，都起有非常重要的作用。在第二次世界大战结束后的几十年里，虽然经济危机不断，但美国生产力仍迅速发展，国内生产总值快速增长，普通美国家庭的生活水平也将近翻了一番。之所以取得这一成绩，除了享受得天独厚的国外资源以及有利于美国的和平环境之外，还得力于危机中的反思和变革，特别是有关劳资关系方面的变革。

这次危机告诉我们，这些变革只是缓和了劳资之间的矛盾，而并没有根本解决资本对劳动的掠夺和剥削问题。如前所述，金融资本家对劳动者的残酷剥削和掠夺是酿成这次危机的根本原因，那么解救这次危机的根本，自然就在于变革这种劳资关系。比如通过完善工资政策、税收政策、社会福利制度等，以提高劳动者的地位，增加劳动者的收入，让掠夺者为自己的掠夺酿成的后果出点血，付出一点代价，而不应反而让被掠夺的广大劳动者为肇事的掠夺者买单。然而，实际却正好相反，几乎所有西方国家的政府仍然站在掠夺者一方，对广大劳动者一浪高过一浪的反抗游行示威视而不见，仍在降低社会福利，降低工人工资方面冥思苦索。这不能不说是一股逆流。

不过我们也已经看到，同20世纪30年代大危机时的情况一样，迫于劳动者的呼声和反抗运动压力，各发达国家的统治者也不得不对资本主义制度进行一些变革。比如美国总统奥巴马就提出了新的改革的政策措施。奥巴马把自己的"新政"称为"进步主义和实用主义的哲学"，其内容与罗斯福救治20世纪30年代大危机时的罗斯福"新政"类似，就是加强国家干预。从加强国家干预的内容看，其中具有进步意义重要一项，是保护工人劳动者、特别是贫困者和其他弱势群体的权益，遏制贫富分化，推进社会公平。

奥巴马入主白宫以来，在他发表的演说、讲话、访谈、报告中的确提出了一些带有战略性和根本性的问题。比如：提出鼓励增加储蓄和投资，使美国从借钱挥霍的时代走向省钱投资的时代，这是美国增长与繁荣的新的基础；提出重新分配财富，并向中产阶级和广大低收入者倾斜，不能只照顾富人的利益；提出建立公平的社会，向所有积极肯干的人提供机遇，以实现共同利益；提出对银行和金融体系进行全面改革，加强对整个金融领域的严格监管；提出大力促进新技术，培植新产业，开发替代能源和可减少污染的技术以及与政策目标有关的其他新产业；提出富裕的国家不能再漠视本国以外的苦难，不能再毫无顾忌地消耗全世界的资源，应当对于贫穷国家的人民予以帮助等；这些都得到了人们的赞同，如果真的能这样做，不仅对本国劳动者，而且对世界劳动者都是有利的。

在奥巴马的"新政"中有一项重要内容，是实行医疗保险改革，提升社会福利。医疗保障是奥巴马社会福利计划的重要组成部分。在发达资本主义国家，美国是唯一未实现全民医保的发达国家，据专家统计，2008年，全美3亿人口中约3600万人没有医保，还有数以百万计的美国人医保不足。然而，同其他发达资本主义国家相比，美国医保的开支数额是最高的，只是医保的公平性差，其质量并不占明显优势。如果医保开支进一步增长，将使赤字不断扩大，美国财政将不堪重负。而且对医疗体系进行彻底改革，涉及医生、护理人员、医院、制药公司、保险公司、其他大企业、老年人群体等多个强大利益集团的利益，如何协调，决非易事。

诚然，奥巴马这一改革是一项全面彻底的医改方案，旨在向大约3600万目前未享受医保的美国民众提供此项福利，从而使全美医保覆盖比例从现在的85%最终达到96%，接近全民医保。其中最大的项目是由政府出资的两项，即针对65岁以上老年人的医疗保健项目和帮助低收入者的医疗补助项目。其他多数美国人都由工作单位提供医保。法案草案规定，公司、企业都必须为雇员上保险，或支付相当于工资总额8%的费用；对那些数以百万计无法从工作单位获得医保的人，联邦政府将提供补贴，以帮助他们购买保险。根据该法案，所有美国公民都必须购买医疗保险。奥巴马的这个医改计划如得到实施，在短期内必然会增加政府财政负担，即使按奥巴马的估计，至少也要9000亿美元，许多专家的估计是1万亿美元。因此不能在这改革中得到好处的人，特别是一些利益集团，都起劲地反对这一改革。奥巴马的这一改革究竟能取得多大的效果，还有待观察。

人们都意识到了，世界新兴发展中国家，特别是亚洲的新兴发展中国家，随着经济的发展，目前正面临着建设福利国家的革命。西方发达国家建成福利国家，用了将近一个世纪的时间，而从当前的新兴国家特别是中国和印度的实际情况看，这些国家社会福利建设的速度非常之快。然而，社会福利都是带有平等性的全民性的事业，任何社会福利，都只有在覆盖几乎全部社会人口时才能运行。

目前，中国的养老金制度已经由城市扩大到农村，有2.4亿农村人口被覆盖，几乎所有的农村人口都享受到了医疗保险。印度大约有1.1亿人口享受到了医疗保险，有4000万贫困人口可以享受到每年最多100天的最低工资报酬。然而，中国虽然经济发展很快，但因原来的底子薄，当前的经济实力与发达资本主义国家有很大的差距，所以社会福利建设只能在经济实力许可的范围内进行。应当吸取欧洲国家的教训，不要搞不切实际、政府负担不起的承诺。

债务危机和公共消费制度变革

谁都知道，生产劳动是人们消费的基础。消费不能超出劳动所创造的实际财富。消费道德或道德消费的含义，就是消费自己已经创造出的劳动成果。而虚拟经济的不断发展，信贷消费的不断发展，不仅导致了个人消费过度和个人债务沉重，还导致了整个社会消费过度和国家债务沉重。诸如医疗保险、各种社会福利、最低保障、公共娱乐设施等都盲目发展，无度提高和扩大，从而导致国家财政入不敷出。解决的办法，就是寅吃卯粮，一是搞赤字预算，二是国家借债。结果赤字越来越大，国债越积越多，债期越来越长，利息越来越高。自然不可避免要出现债务危机。可见，遏制信贷消费或借贷消费，是消费制度变革的首要内容。

有一个天经地义的简单道理，那就是债总是要还的，寅吃卯粮是不能长期维持的。用新增的劳动，新增加的财富，偿还一切债务，这是唯一的出路。正是由于到期的债务还不上，还得要维持当年的支出，只得滚动式地借新债还旧债这种恶性循环，使政府不堪重负，叫苦不迭。当债务规模增大到一定程度，外债清偿率超过20%时，债主对其偿债能力开始质疑，国家信用降低，无人再敢购买国债时，债务危机就不可避免。当今欧洲国家所发生的债务危机，就是这种消费过度后果的写照。马克思早就说过：随着公债的产生，不可饶恕的罪恶已经不再是亵渎神灵，而是破坏国债的信用了。

公共信用是资本的信条，而实体劳动是这一信条的基础。然而，公共信用制度、国债制度发展的结果却破坏了这一信条。关于这一点，马克思也早有论述，他指出："公共信用制度，即国债制度，在中世纪的热那亚和威尼斯就已经产生，到工场手工业时期流行于整个欧洲。殖民制度以及它的海外贸易和商业战争是公共信用制度的温室。所以公共信用首先在荷兰确立起来。国债，即国家的让渡，不论是在专制国家，立宪国家，还是共和国家，总是给资本主义时代打下自己的烙印。在所谓国民财富中，真正为现代人民所共有的惟一部分，就是他们的国债。因此，一个国家的人民负债越多就越富这一现代学说是完全合乎逻辑的。公共信用成了资本的信条。"①

公债是资本积累的强有力的手段,而国债使交易所的投机和现代的银行统治兴盛起来。如马克思所说的:"公债成了原始积累的强有力的手段之一。它像挥动魔杖一样,使不生产的货币具有了生殖力,这样就使它转化为资本,而又用不着承担投资于工业,甚至投资于高利贷时所不可避免的劳苦和风险。国家债权人实际上并没有付出什么,因为他们贷出的金额变成了容易转让的公债券,这些公债券在他们手里所起的作用和同量现金完全一样。于是就有了这样产生的有闲的食利阶级,充当政府和国民之间中介人的金融家就大发横财,包税者、商人和私营工也大发横财。因为每次国债的一大部分就成为从天而降的资本落入他们的手中,——撇开这些不说,国债还使股份公司、各种有价证券的交易、证券投机,总之,使交易所投机和现代的银行统治兴盛起来。"②

与国债同时发展起来的是国际债务的发展。国际债务或国际信用作为国家积累的源泉和手段,自然体现着财富在国家间的转移。如马克思说的:"随着国债同时发生的,国际信用制度出现了。国际信用制度常常隐藏着这个或那个国家原始积累的源泉之一。例如,由于没落的威尼斯以巨额货币贷给荷兰,威尼斯的劫掠制度的卑鄙行径就成为荷兰资本财富的这种隐蔽的基础。荷兰和英国的关系也是这样。在18世纪初,荷兰的工场手工业已经远远落后了,荷兰已不再是一个占统治地位的工商业国家。因此,荷兰在1701—1776年时期的主要营业之一就是贷放巨额资本,特别是贷给它的强大竞争者英国。现在英国和美国之间也有类似的情形。今天出现在美国的许多身世不明的资本,仅仅在昨天还是

---

① 《马克思恩格斯全集》第44卷,人民出版社2001年版,第865页。
② 同上。

英国的逐步化了的儿童血液。"①

2009年12月,希腊因为政府财政赤字过高,全球三大信用评级相继调低希腊主权信用评级,从而揭开希腊债务危机亦即欧洲债务危机的序幕。到2010年无论是按国际公认的债务余额占GDP 60%的警戒线,还是财政赤字占GDP 3%的警戒线,欧洲很多国家均已超标。特别是希腊,由于未实现既定的财政紧缩目标,债务违约风险骤升,引起金融市场动荡。2010年9月12日,希腊一年期国债收益率飙升至117%,两年期收益率也接近70%,五年期信用违约互换价格飙升937个基点,创历史新高,成为全球最贵的信用违约互换产品。数据显示,希腊政府2010年前8个月的预算缺口达181亿欧元,扩大了22%,目前其现金仅够维持运行至10月。有学者认为,从数字和技术上看,希腊已经"破产"。

欧洲债务危机的原因,表面看起来是消费过度,从而引起借债太多,然而细琢磨起来,其原因颇为复杂,有经济的,也有政治的。比如从西方政治体制上看,高工资、高福利和各种利益提高的许诺,已经成为竞选者争夺选民的重要手段,致使这些国家不顾国力的实际而实行超高福利政策,居民养成了享受超高福利习惯,形成超高福利文化。为了选举的需要,各参选党派就不得不竞相承诺提高福利的价码,选民的胃口也越吊越高。如有学者说的,这种"超高福利文化"的"无限性"与民主政治体制趋向的"极端性"形成尖锐矛盾。当选后为了兑现竞选承诺,就得提高财力,而为了提高财力,就得增加税收。再加上西方逐渐的人口老龄化、劳动力成本不断上升,造成产业空心化,这就又产生了经济衰退与增税的矛盾。经济衰退增税困难,又要维持党派权利和争取连任,出路只有一条,那就是实行赤字财政,大肆举债。

当然,经济衰退的原因不仅是人口老龄化,根本上说还是劳

---

① 《马克思恩格斯全集》第44卷,人民出版社2001年版,第866页。

资关系没有解决好。比如国内生产总值是劳动者创造的，可由于虚拟资本和虚拟劳动的发展，资产者可以通过金融操控获得巨大的财富。也就是说，他们可以通过金融操控无偿占有劳动者大量的劳动，从而使劳动者在自己创造的这个大蛋糕中所占的份额不断减少。而且现在谁都明白了，要证明这一点，用10%的富人占有国家80%的财富，而90%的穷人只占有国家财富的10%这一数字也就足够了。而且我们看到，欧洲国家在解救这次债务危机中，无一不是采取紧缩政策，降低工资，减少工作岗位等，受害者还是普通劳动者，还是穷人群体。欧洲国家民众罢工、示威游行和骚乱此起彼伏，就证明了这一点。

值得注意的是，债务危机不仅发生在发达国家，也发生在发展中国家。而且发展中国家发生债务危机的原因更为复杂。发展中国家借债不是为了维持高福利，而是为了发展生产力。发展中国家发生债务危机的原因，有的是不顾国力或高估了自己偿债能力，而借债规模过大；有的则是由于社会原因而使用不当或管理不当，造成债务的生产能力和创汇能力都很低。比如，许多债务国在大量举债后，没有根据投资额、偿债期限、项目创汇率以及宏观经济发展速度和目标等因素综合考虑，制定出外债使用走向和偿债战略，不顾国家的财力、物力和人力等因素的限制，盲目从事大工程建设。由于这类项目耗资金、工期长，短期内很难形成生产能力，创造出足够的外汇，造成债务积累加速。

同时，不仅外债用到项目上的资金效率低，而且还有相当一部分外债根本没有流入到生产领域或用在资本货物的进口方面，而是盲目过量地进口耐用消费品和奢侈品；这必然导致投资率的降低和偿债能力的减弱。而不合理的消费需求又是储蓄率降低的原因，使得内部积累能力跟不上资金的增长，进而促使外债的进一步增加。有些国家则是大量借入短期贷款在国内做长期投资，而投资的方向主要又都是房地产和股票市场，从而形成泡沫经济，一旦泡沫破灭，危机也就不可避免地来临了。

债务危机引起的社会后果非常严重。一方面，随着债务危机的发展和经济的衰退，大批工厂、企业倒闭或停工停产，致使失业人口剧增。在高通货膨胀情况下，职工的生活也受到严重影响，工资购买力不断下降，对低收入劳动者来说，更是入不敷出。失业率的上升和实际工资的下降使债务国人民日益贫困化，穷人队伍越来越庞大。另一方面，因偿债实行紧缩政策，债务国在公共社会事业发展上的投资经费会越来越少，人民的生活水平也会日趋恶化。因此，人民的不满情绪日增，他们反对政府降低人民的生活水平，反对解雇工人，要求提高工资。而政府在债权银行和国际金融机构的压力下，又不得不实行紧缩政策。在此情形下，自然会导致民众用游行示威甚至以暴力的方式表示对现状的极度不满，从而导致政局不稳和社会动乱。

四 共幸福和共富裕

人们都在抱怨，当今世界，感到幸福的并不是所有的人，还有很多人感到不幸福。原因就在于，财富占有的不平等。而感到不幸福的这很多人，主要是落后国家的劳动人民。铁的规则是：有了共同富裕，才能有共同幸福。既然全球治理就是要为天下所有人谋福祉，那么全球治理的一切决策和集体措施，都应当以利民、裕民、养民、惠民、富民的共同富裕为准则。只有这一原则的实现，才能消除财富占有的不平等，走向全人类幸福之路。现在人们似乎已经明白，当今全球发展中的一切问题，所发生的一切邪恶，都根源于财富占有的不公平和不平等。1%的富人，占有世界总财富的80%；而总人口90%的穷人，却只占有世界总财富的1%。财富占有的不平等决定了教育的不平等，教育的不平等又加剧了社会地位的不平等，以及财富占有的不平等。通过扶贫的道路解决财富占有的不平等，实现共同富裕，这应当是全球治理的一项重要的、根本性的德性宗旨。

共同富裕和消除不平等之路

当今世界最突出的问题是什么？也许人们会异口同声地回答：社会不公平和不平等。尤以资本不平等和收入不平等最甚。人所共知，这种不平等是资本主义发展的结果，体现着资本主义的本质和痼疾。这个问题究竟如何才能得到解决，仁者见仁，智者见智，而在中国领导人看来，要从根本上解决这个问题，只有坚持发展以人为本，以广大人民的根本利益为本，实现共同富裕。

现在，法国学者皮凯蒂著的《21世纪资本论》一书正热销。这本书在世界上的热销，正体现着当今世界不平等问题的严重，体现着世界对这个问题的关心。在这本书中，皮凯蒂根据全球20多个主要发达国家的大约300年数据证明，资本收益率大于经济增长率，资本持有者的收入增长速度高于普通民众的收入增长速度，资本利润的增长速度快于工人工资的增长速度，从而就会使社会总体的贫富差距持续扩大，而且这种扩大还有着积累的趋势。从前一节论述中我们知道，这些已是马克思在160多年前就得出的结论。

按皮凯蒂提供的数据，全球主要资本主义国家的资本收益率一直稳定地保持在4%—5%，而经济增长率却不到2%。他认为，如果资本年回报率持续大于经济增长率并成为常态，那么资本在社会中的支配地位就会越发明显，而劳动报酬的份额则会稳定地下降。资本利润和其他财产性收入的增长，快于工资收入的增长，必然的结果就是收入分配的不均等程度持续上升。

皮凯蒂在分析最富的0.5%、1%和5%人群的收入来源时发现，在资本主义国家，真正通过诚实劳动而进入高收入行列的人群似乎不存在。致富的来源，主要是来自于资本的利润或投资所得，没有极高的财产存量就不可能获得极高的收入水平。而极高的财富水平是来自于上一代的遗产。在皮凯蒂看来，在资本主义制度下，经济的制高点不仅由财富决定，还由承袭的财富决定，因而出身的重要性要远远高于后天的努力和才能。而且，可被承袭的资本收入超出了工资收入，财富支配着工作。从这个角度来说，资本主义社会的阶层已经被固化，一般阶层已经很难获得向上流动的机会，而社会流动及代际流动的降低，无疑会带来社会活力的下降及社会阶层矛盾的激化。

皮凯蒂认为，在发达国家，收入最高的10%的人拥有全社会财富的60%，其中收入最高的1%的人占有全社会财富的35%。在皮凯蒂看来，要解决这种贫富差距，应该对资本征收累进税。即主要通过改变征税规则、提高金融数据的透明度、防范金融危机、巩固民主社会等办法，来遏制收入不平等的恶化。为了进一步刻画不平等的演化过程，皮凯蒂将收入不平等分解为劳动收入不平等和资本不平等，并从分组数据来看财富和收入的微观构成。总体而论，劳动收入不平等的程度要逊于资本收入不平等的程度。贫富差距的主要来源，不是来自劳动收入的不平等，而是来自资本收入的不平等。

按照皮凯蒂的分析，在资本主义社会的最底层，是一群净财富为负数的穷人。再往上走，是大多数工薪阶层，严格地讲，他们也没有财富。按照国民收入核算，家电、家具、汽车都不算财富，但这些其实是大部分工薪阶层仅有的"财产"。皮凯蒂讲道："财富是如此的集中，以至于社会中大多数人根本就没有见识过财富。"再往上走，到收入最高的10%，在发达国家，他们拥有全社会财富的60%。他们大多拥有自己的房产，而且也开始注意投资股票、债券。但在这10%中，收入最高的1%占有全社会财富的35%。收入最高10%的每一个社会成员拥有的财富是整个社会平均水平的25倍。收入水平越高，房产在个人财富中所占的比例就越低。他们的财富主要是股票和股权等金融资产，来自股票的收入又主要来自于股票的分红，而非股票增值后即炒股票的收入。

如皮凯蒂提出的，只要资本的规模达到了一定的程度，它就会不断地自我繁殖。金钱不眠，你只需要侧耳倾听，就能听到箱子里金币不停掉落的声音。只要你允许市场经济，就不能阻止资本获得提出的回报。只要你允许资本自由地得到回报，就不能避免收入不平等。因此，问题的关键是，在不受限制的资本主义和人人平等的民主制度之间，如果不得不做出取舍，那该如何选择？如果你想要捍卫自由放任的资本主义，那么19世纪可能会是前车之鉴。

至于如何解决这种不平等，皮凯蒂建议在全球范围内征收资本累进税，得到的收入不应交给低效政府，而应通过再分配分给那些资本较少的人。他提出：必须对异常集聚的财富水平征收较高的财富税，从而保持资本所得与劳动回报的相对平衡。显而易见的政策启示就是从遗产税、不动产转让税、赠予税等角度对社会的财富进行强力调节，如对资本回报征收不等的累进税率，或对超过50万美元以上的收入征收80%的惩罚性资本保有税。皮凯蒂认为，不平等将成为21世纪经济学面临的重大课题之一，并暗示如果这个问题得不到解决，21世纪可能会重蹈19世纪的覆辙。19世纪的确是一个全球化的黄金时代，史称第一次经济全球化。但当时也是贫富分化越来越严重、无产阶级贫困化的时代。就在经济全球化狂飙突进的时候，突然出现了各种社会矛盾，各国从拥护自由贸易纷纷改为贸易保护主义，继而开始军备竞赛，最终走向了第一次世界大战的深渊，贫富分化对社会稳定带来的影响值得我们深思。

显然，在皮凯蒂看来，资本主义似乎应当由不受限制的资本主义制度转变为人人平等的民主制度。皮凯蒂的良苦用心，似乎是想通过对大资本实行累进税，并分配给资本少的人的办法，在资本主义社会消灭收入穷富两极分化，从而实现这种转变。不言而喻，在私有制为基础的资本主义社会想用这种办法使资本主义变为人人平等的民主制度，似乎是很不现实的。从资本主义国家这种不平等的本质分析，收入不平等或消费不平等，以致其他方方面面的社会不平等，根源在于财富特别是资本财富的不平等。而在资本主义宪法中明文规定，这种私人财富是不能侵犯的。在资本财富不平等条件下，也就是在机会、条件不平等条件下，收入平等是根本无法做到的。其实，资本主义社会的实践已经证明，资本财富不平等是决定性的，只要存在资本财富不平等，不仅人人机会平等或消费平等不可能存在，而且社会的一切平等都不可能存在。机会平等和消费平等，都要以在资本财富上的共同富裕为前提。如果资本主义能够从因贪婪个人财富而造成极不平等，自己转变为人人平等的民主制度，那我们也许就可以把这种人人平等的民主制度，称为社会主义了。

评论家们认为，皮凯蒂披露的事实是对的。他的"富者越富的动态学"填补了经济学的一个重要空白。传统理论中，经济学家喜欢用的最低工资被侵蚀、全球化导致的低工资工人竞争恶化、技术进步导致的劳动力市场两极分化等，是无法解释1%和99%的收入差距为何如此之大的。所以，马克思最早尝试着从制度层面找寻收入不平等的内部基因，以求在社会主义中能够避免。

从中国的情况看，收入和财富不平等也相当严重。好在中国正在积极想办法解决这一问题。中国的共同富裕理念，正是在马克思主义、社会主义公有制基础上形成的，它的宗旨，就是从根本制度上消除产生资本财富不平等、收入财富不平等、消费财富不平等的根源，达到实现共同富裕。中国领导人都反复强调，解放生产力，发展生产力，消灭剥削，消灭两极分化，实现共同富裕，这是社会主义的本质。当然，实现共同富裕理念里面，就包含有消除这些不平等根源的办法和具体措施。这在中国理论一章中已有所论及，这里不再赘述。

在2018年瑞士达沃斯论坛开幕之前，总部设在英国的救助机构乐施会曾发布报告称：全球经济越来越有利于富豪，而让数十亿人陷入贫困。2017年全球新增财富中，有82%流入占世界人口1%的最富有者手中，而占世界人口一半的37亿最贫困者的财富并没有增长。乐施会认为，不平等问题是当今社会的毒药，它不仅严重阻碍更多人摆脱贫困，而且还危及民主，使贫困人口参与政治的可能性更小。乐施会还对特朗普的减税提出批评，认为这是更有利于富人的政策，因为这种政策必然带来预算赤字，而穷人不得不为这种赤字买单。所以呼吁别的国家，不要效仿这种政策。

实现共同富裕，是社会主义的本质和目的。新中国建立伊始，就把消除财富占有的不平等，实现共同富裕，作为自己的神圣使命。当然，共同富裕虽然是人类德性要求，但是是选择共同富裕还是穷富两极分化，这无疑涉及价值观和信仰。共同富裕，当然是指没有压迫、没有剥削、没有无偿占有别人劳动、所有人都能平等劳动、共同享受劳动成果的共同富裕。广大劳动人民用辛勤的劳动，创造了人类历史，创造了人类的一切物质文明和精神文明，本来就是人类社会之本，是真正值得尊敬的人；然而，至今世界上还有大量的劳动者生活在贫困之中。特别是在资本主义社会，劳动者的辛勤劳动创造出了巨大的财富和人间奇迹，但换来的却是贫困，自己的劳动成果，自己却不能享受；财富中自己应得到的那一份，自己却得不到。共同富裕的理念，就是要改变这种不公平、不合理的状况，恢复劳动者应有的权力和地位，为实现马克思所理想的劳动统治的社会创造条件。

共同富裕，不单是个财富分配或财富平等的理念，而且是一种信仰，一种更高的人生观和价值观。它包含的既为自己致富，也为别人致富，在为自己致富的同时也为别人致富创造条件，并克己奉公的这种精神，体现着道德精神。共同富裕的长远目标是物质极大丰富，使人们都彻底摆脱旧的分工的束缚，都能自由地劳动，自由地享受生活。当然，共同富裕既不同于平均主义概念，也不同于按劳分配概念，里面包含有道德的因素。不仅身强力壮的人富裕，智力高的人富裕，智力低下、体弱多病的人也要富裕。显然，这里讲的不是传统意义上的平等，而是在道德和信仰下的更高层次的平等。

我们知道，中国儒家有"忠恕"思想，其基本精神就是要以己量人，推己及人，以待己的态度待人。这当然包括要恰当理解和对待自己与他人的利益。比如在社会交往中，把他人的利益摆在自己利益之上。凡自己想得到的利益，应当让他人先获得。如《论语》中说的："己欲立而立人，己欲达而达人"；"己所不欲，勿施于人"。孔子劝统治者实行富民政策，勿与民争利，并主张均平的治国政策。孔子在《论语》中说："有国有家者，不患寡而患不均，不患贫而患不安，盖均无贫，和无寡，安无倾。"可以看出，儒家的这些思想与当今共同富裕理念相通着。

学过马克思主义的人都知道，马克思的理论本质或最高境界正是以人为本和共同富裕，并在共同富裕基础上，实现人的彻底解放和全面发展。在马克思的理论中，人，人的自由劳动，人的共同富裕，人的彻底解放，人的全面发展，占有核心地位。马克思说过，他的理论的一切，都是为了人的生存和发展，因为人本身的发展是衡量经济发展、社会进步的最终尺度。这里的人，当然是指劳动人民。马克思的一生，他的思想、理论都是为铲除人间贫困、痛苦和忧患服务的。马克思始终勇敢、坚决地站在贫民一边，为贫民说话，为劳动者主持公道。在马克思看来，解决劳动者贫困和苦难的彻底的办法，是建立公有制。他用消灭私有制来概括他的共产主义理想，他犀利地揭露了只为追求私人利益的人的狭隘和丑恶。

马克思还说过，利益是讲求实际的。而在资产阶级看来，世界上没有比消灭自己的敌人更实际的事情了！私人利益总是怯懦的，因为那种随时都可能遭到掠夺和损害的身外之物，就是私人利益的心和灵魂。有谁会面临失去心和灵魂的危险而不战栗呢？如果自私自利的立法者的最高本质是某种非人的、异己的物质，那么这种立法怎么可能是人道的呢？"当他害怕的时候，他是可怕的。"这句格言可以作为一切自私自利的和胆怯的立法的写照。马克思认为，私人利益的空虚的灵魂从来没有被国家观念所照亮和熏染，私人利益非常狡猾，它会把自己的最狭隘和最空虚的形态宣布为国家活动的范围和准则。

在马克思看来，资本和劳动是相互产生并相互制约的。但由此得出结论说，资本家和工人的利益是完全一致的，那就未必了。生产资本增长得越快，工业越繁荣，资产阶级越发财，资本家需要的工人就越多，工人出卖自己的价格就越高。因此，使工人生活改善的一个必要条件，就是生产资本尽快地增长。这些也许是事实，但如马克思所揭露的，问题的实质在于：如果资本增长了，工资也是可能增长的，秘密在于增长更快的将是资本的利润。因此，工人的物质状况虽然有所改善，但这种改善是以他的社会地位的下降为代价的：工人和资本家之间的鸿沟更加扩大了。当有些人说资本的最迅速的增长是对雇佣劳动最有利的条件的时候，这只不过是说：工人阶级越是迅速增加和扩大，那个与它敌对的力量，即增加和扩大对它起支配作用的他人的财富，它就越是能在更加有利的条件下继续为加强资本的权力而工作，并且越是有机会为自己铸造金锁链让资本家用来牵着自己走。

而以人为本、共同富裕理念，作为人类走向新的文明信念，就是要解决资本和劳动关系，坚持把劳动者放在最高的地位，一切都要以实现劳动者的全面发展和彻底解放为目标。从广大劳动者的根本利益出发，谋发展、促发展，使发展成果不断满足劳动者日益增长的物质文化需要，切实保障劳动者的经济、政治和文化权益，让发展的成果惠及全体劳动人民，使全体劳动人民都富裕，这正是社会主义的本质。当然，劳动者的全面发展，劳动者的共同富裕，其基础或前提是生产力的发展和财富的增加。生产力的发展和人的发展、共同富裕，是个相辅相成、相互促进的过程。实际上，我们平时说的发展生产力，就包括作为生产力核心的人的发展在内。

善性制度和扶贫美德

贫困是无声的危机，它不仅严重阻碍着全球经济的发展，而且也是世界地区冲突、恐怖主义蔓延和环境恶化的根源之一。所以，联合国早就提出了消灭贫困的口号。据联合国提供的数据，目前世界生活在极端贫困中的人数，还有8亿多。面对这种状况，人们不禁会深思，当今的世界，为什么会像100多年前恩格斯所说的那样穷富两极分化，这很值得深思。

恩格斯说："资本家对实力较差的竞争者，保持的优势所引起的不可避免的后果，这是资本集中于少数人手中的趋势的最明显的表现。资本的这种趋势已经为许多人所承认；到处都在抱怨财产日益集中于少数人手中，而大多数的人民却愈来愈贫困。这样，在一小撮富翁和无数的穷人之间，就产生了尖锐的敌对现象。这种敌对现象，在英法两国已经尖锐到惊人的地步，在我们这里也愈来愈尖锐了。只要目前的社会基础保存一天，这种少数人发财，广大群众贫困的进程就无法制止；只要社会还没有最后被迫根据较为合理的原则进行改组，这种敌对现象就会愈来愈尖锐。"[1]

因为掠夺是贫困的根源，所以消除贫困，当然首先是弄清贫困的根源，最根本的是消除掠夺。消灭贫困，是全球治理长期、

---

[1] 《马克思恩格斯全集》第2卷，人民出版社1965年版，第603页。

艰巨的任务。在一些哲学家看来，贫困只是症状，而奴役才是病根。富与贫这两极是压迫和被压迫者两极的必然产物。许多人不是因为贫困才受奴役，而是因为受奴役才贫困。正如罗素说的：现在绝大多数的人，其中不仅有最贫困的人，还有所有工薪阶层甚至专职人员，都沦为金钱的奴隶。几乎所有人都被迫艰苦劳动，而没有闲暇去享乐或者干本职工作以外的事。大多数人都不得不苦累到老，还要在贫困的威胁下生活。几乎所有的劳动者，都对自己的工作没有发言权，都得像机器一样，按老板的意志转动着。

罗素认为，奴役罪恶应当被消除。"假如人类中的文明不再去给别人制造痛苦而转为自己谋幸福，假如你们愿意停下那些企图阻止其他阶级或国家的破坏性活动，转而为他们得以和别人一起享受的进步做一些建设性的工作的话，则可以在一代之内把这个决定一切的制度来一个从头到脚的变革。"[①] 使劳动者真正能掌握自己的命运，在劳动者自由发展为能从事多种工作的基础上，自由选择工作，报酬也根据工作意愿来支付。

虽然消除掠夺，也就是消除无偿占有别人劳动，是消除贫困的根本，但在掠夺还不能完全消除的情况下，面对历史造就的贫困现实，扶贫就有着现实意义。扶贫，完全是德性的体现。通过扶贫达到共同富裕，不仅体现着发展的本质，而且体现着人的本质和人类社会的本质，当然也体现着全球治理的本质。

人们为什么劳动，人类发展意味着什么，简单地说，就是不断提高人们的物质和文化生活水平。致力于发展生产力，并在这个基础上逐步提高人民的生活水平，这就是人类物质文明的本质。强大的物质文明，是精神文明的基础，也是建设有理想、有道德、有文化、有爱国主义和国际主义相结合的、现代的精神文明。

贫穷，不是全球治理的目的；穷富两极分化，也不是全球治

[①]《罗素道德哲学》，九州出版社2004年版，第168页。

理的目的；而在和平发展的基础上，通过全球性的政策调整，通过全球性的扶贫，实现共同富裕，这才是全球治理的目的。扶贫，实现共同富裕，不仅体现着人类物质文明的本质，也体现着全世界劳动人民的共同愿望。无论生活在什么样国家的劳动人民，都不仅希望社会生产力能够得到解放和发展，都希望自己的生活能够不断得到改善和提高；而且都希望能消灭剥削，消除两极分化，最终达到共同富裕。世界上没有人不喜欢富裕，不喜欢拥有自己的财富。世界上也没有人喜欢贫穷，也没有人喜欢自己辛勤劳动创造的财富被别人占有，更没有人喜欢财富占有的不平等和两极分化。

为了消除财富占有的不平等，实现共同富裕，不仅要在治理中坚持和平发展，坚持把保障劳动人民的生存权和发展权作为首要任务，坚持发展为了人民、发展依靠人民、发展成果由人民共享，而且要关注劳动人民的生活质量、发展潜能和幸福指数，使全球治理的一切奋斗和工作都走在造福劳动人民的轨道上。要始终把实现好、维护好、发展好最广大人民的根本利益，作为全球治理工作的出发点和落脚点，把尊重劳动人民主体地位，发挥劳动人民首创精神，保障劳动人民各项权益，实现国际社会公平正义，作为最高境界。

就当今世界的状况看，解决贫穷问题，实现共同富裕，就是在实现世界性的公平正义。比如，在国家和个人的关系问题上，国家利益和个人利益有一致性，也就是整体利益和个人利益的一致性。而无论国家利益或个人利益，都是劳动者创造的，劳动者是这两种利益的支撑者。所以国家的治理，坚持为劳动者谋福利，通过扶贫，实现共同富裕，从而调动起广大劳动者劳动的积极性和创造性，就不仅照顾了这两种利益，而且对无偿占有别人劳动，还是一种遏制。在国际社会和国家的关系问题上，国际社会利益与国家利益也有一致性，既要尊重国际社会的利益，即所有国家的整体利益,也要尊重各国的具体利益。不过以德性要求看,应当把国际社会的利益,特别是把发展中国家和落后国家的利益放在首位。全球治理中的扶贫和共同富裕,不仅包括各国的贫穷人口,而且包括贫穷国家。

无论是一个国家的扶贫,还是整个国际社会的扶贫,办法和方式有多种多样,但最基本的扶贫方式似乎有三种:一种是治理性扶贫,一种是政策性扶贫,还有一种是救助性扶贫。比如在治理扶贫中,要随时随刻倾听被掠夺人民的呼声,回应被掠夺人民的期待,保证人民的平等参与、平等发展的权利,维护社会公平正义;在政策扶贫中,利用税收政策和各种社会政策,向广大劳动者倾斜,使劳动者获得更多利益,比如利用公共产品,使广大劳动者学有所教、劳有所得、病有所医、老有所养、住有所居等;在救助扶贫中,由国家出钱或社会捐助,为劳动者提供一定的劳动的条件和发展条件,使其劳动和发展能够得到持续;总之,不断实现好、维护好、发展好最广大劳动人民根本利益,使发展成果更多更公平惠及全体劳动人民,在经济社会不断发展的基础上,朝着共同富裕的方向稳步前进,这应当是全球治理的长远目标。

共同富裕和劳动者全面发展

自由,自由劳动,自由发展,这是每个人美好生活的重要内容,也是人类文明美好的集中体现。而自由劳动的前提,是劳动者普遍的全面发展。劳动者的发展,就意味着生产力的发展。所谓全面发展,就是包括劳动的科学技术知识的发展、劳动的专业技能和创造能力的发展、劳动者体质和素质的发展等综合性的发展。毋庸置疑,劳动者这种全面、普遍发展,是社会生产力发展的根,人类文明发展进步的根,一切美好和幸福的根。而劳动者全面普遍发展,需要有共同富裕,不仅需要有维持生命和体质发展的物质保证,需要有受教育的物质保证,而且需要有享受文化、体育生活的物质保证。就是说，共同富裕和普遍发展自始至终都是相辅相成的。

我们常说的个人全面发展，或全面发展的个人，当然不是人们想象中的那种抽象的个人，而是现实中的个人。也就是说，这些个人都是从事现实活动，进行物质生产，因而是在一定的社会环境和物质条件下活动的个人。个人的全面发展，或者说全面发展的个人，也不是自然的产物，而是社会关系的产物，是历史的产物，它需要在个人的发展与社会关系的发展、与所有人的共同发展，都达到一定的程度和全面性，达到一定的历史阶段，才能实现。

从道德的视角看，个人自由发展作为人们的本性或所固有的东西，是一个很神圣的概念。但自由对不同的人来说，却有着不同的内涵。如马克思说过的，没有一个人反对自由，如果有的话，最多也只是反对别人的自由。人们常说的种种自由，向来就是存在的，不过有时表现为特权，有时表现为普遍权利而已。马克思曾以出版自由为例说明，问题不在于出版自由是否应当存在，因为出版自由向来是存在的。问题在于出版自由是个别人物的特权呢，还是人类精神的特权。马克思说，在资本主义社会，自由就是自由贸易、自由竞争、自由剥削劳动者。

我们都不能不承认，自由竞争是资本主义社会自由的基础。在马克思主义者看来，在资本主义社会，资本的统治是自由竞争的前提。只有随着自由竞争的发展，资本的内在规律才确立为规律，以资本为基础的生产才以它的最适当的形式确立起来。而在财富占有、资本占有都极不平等的资本统治的前提下，恶性自由竞争意味着劳动者的灾难。

因为自由竞争就是以资本为基础的生产方式的自由发展，就是资本和资本不断再生产的过程的自由发展，信仰自由和宗教自由的思想不过表明自由竞争在信仰领域里占统治地位罢了。历史实践使我们毋庸置疑：在资本主义社会，自由的并不是劳动者个人，而是资本，是资本所有者资产阶级。自由的这种社会本质抑制着劳动者个人的自由发展，是劳动者个性和自由发展的桎梏。正是这种资本统治下的自由竞争，使劳动者失去了自由劳动的条件。

正是自由竞争在资本主义社会中的特殊地位，就使一些人产生了一种荒谬的看法，即把自由竞争看成是人类自由发展的终极，认为否定自由竞争就等于否定了个人自由，等于否定以个人自由为基础的社会生产。当然，这里指的是资本主义的自由和社会基础。如马克思阐述过的，在资本主义社会，这种所谓的个人自由不仅是最彻底地取消任何个人自由，使人的个性完全屈从于这样的社会条件。

显然，造成劳动者没有自由的根源，不在于自由竞争本身，而在于自由竞争背后所体现的社会关系，在于在资本统治下贪婪私人财富所导致的财富占有的极其不平等，所导致的穷富两极分化。所以，采取各种有效手段和方式，遏制这种不平等，遏制穷富两极分化，实现共同富裕，则是实现劳动者自由劳动、自由发展的阳光大道。

同样毋庸置疑的是，资本主义社会最主要的人权，就是资产阶级所有权，就是资本家剥削劳动者的平等权；资本主义社会的自由就是资本的自由，资本剥削劳动者的自由，而不是劳动者自由劳动的自由；资本主义社会的民主，只是对资产阶级少数人的民主，而不是广大劳动者的民主。因此，劳动者要想实现自由劳动，首先必须使自己得到解放。劳动者的解放只能靠劳动者自己，靠劳动者自己起来斗争来达到。历史上劳动通过自己的斗争而达到的每一次解放，都推动着人类社会的前进。

追求自由确实是人的本质，但自由不是一个脱离社会属性的抽象范畴。自由、平等、人权、民主，这是资产阶级反对封建专制制度时提出的口号，因而就给人一种错觉，似乎这些东西都是属于资产阶级。其实马克思主义者才是最讲自由、平等、人权和民主的，而实现这种真正自由、平等、人权和民主的条件，就是劳动者的解放。所以他们不仅反对封建政治特权专制制度，而且反对资本主义金钱特权专制制度。他们反对资本主义制度的原因，就是它还不是真正自由、平等和民主的制度，在这种社会制度中，广大民众并没有真正享受到自由、平等和民主的权利，特别是没有享受到财产平等的权利。马克思主义者所理想的社会状态是，每个人的自由发展是一切人的自由发展的条件，而实现这种理想状态的基本条件，就是消灭了私有制，消除了劳动异化，消灭了阶级对立。

马克思和恩格斯都曾阐述过：我们的目的是要建立社会主义制度，这种制度将给所有的人提供健康而有益的工作，给所有的人提供充裕的物质生活和闲暇时间，给所有的人提供真正的充分的自由。无产阶级将取得公共权力，并且利用这个权力把脱离资产阶级掌握的社会生产资料变为公共财产。通过这个行动，无产阶级使生产资料摆脱了它们迄今具有的资本属性，使它们的社会性有充分的自由得以实现。从此按照预定计划进行的社会生产就成为可能了。生产的发展使不同社会阶级的继续存在成为时代的错误。随着生产的无政府状态的消失，国家的政治权威也将消失。人终于成为自己的社会结合的主人，从而也就成为自然界的主人，成为自身的主人——自由的人。

也就是说，马克思恩格斯所希望建立的自由、和谐的社会状态，就是整个人类都能真正达到成为自然的主人，自身的主人；使整个社会能够达到每个人的自由发展是一切人的自由发展的条件。显然，前一个达到是后一个达到的基础和条件；后一个达到是前一个达到发展的必然。这里提出的"每个人的自由发展是一切人的自由发展的条件"这个概念内涵，有两个方面：既包括个人自由，也包括集体的或社会所有人的自由。而且两者之间存在着相互依存、相互制约、相辅相成的辩证关系，都不是绝对的。个人自由是最基本的自由，是集体或社会自由发展的基础，没有个人自由，当然就谈不上集体的或社会的自由；而集体的或社会自由也不仅只是对个人自由的一种局限，而且也为个人自由发展提供了条件。

一个人的发展取决于和他直接或间接进行交往的其他一切人的发展；彼此发生关系的个人的世世代代是相互联系的，后代的肉体的存在是由他们的前代决定的，后代继承着前代积累起来的生产力和交往形式，这就决定了他们这一代的相互关系。所以，单个人的历史决不能脱离他以前的或同时代的个人的历史，而是由这种历史决定的。马克思主义者认为，个人力量由于分工而转化为物的力量这一现象，不能靠人们从头脑里抛开关于这一现象的一般观念的办法来消灭，而是只能靠个人重新驾驭这些物的力量，靠消灭奴隶分工的办法来消灭。没有共同体，这是不可能实现的。只有在共同体中，个人才能获得全面发展其才能的手段，也就是说，只有在共同体中才能有个人自由。

不过在过去的种种冒充的共同体中，如在国家中，个人自由只是对那些在统治阶级范围内发展的个人来说是存在的，他们之所以有个人自由，只是因为他们是这一阶级的个人。从前各个人联合而成的虚假的共同体，总是相对于各个人而独立的；由于这种共同体是一个阶级反对另一个阶级的联合，因此对于被统治的阶级来说，它不仅是完全虚幻的共同体，而且是新的桎梏。而在未来的真正的共同体的条件下，每个人都在自己的联合体中，并通过这种联合获得自己个性的自由发展。

最后的障碍和善性分工

无论在家庭或社会，任何人都在一定的分工结构中生活。也许人们都会体会到，由于私有制和特权的存在，任何分工都还不是完全自由或自愿的。特别是在资本主义社会，分工仍然是强制性的，仍然没有摆脱奴隶性。奴隶性的分工，主要与特权相关。只要有特权存在，分工就不可能摆脱奴隶性。如马克思说的，分工的这种奴隶性是实现劳动者自由发展的最后障碍。

要消除分工的奴隶性，实现真正的自由劳动，当然首先是消除私有制，消除各种特权。如罗素说的："在我们所描绘的世界中，劳动是自由自愿，完全是为了集体事业的迅速发展而做的，甚至最小的劳动单位也是一种从事创造活动的喜悦。在人际关系上也会取得同样大的进展。唯一有价值的人间关系，是植根于相互尊重自由上的，在那里没有支配，没有奴役，爱是唯一纽带。"① 而这种真正自由自愿的劳动，在崇尚私有制的社会里是不可能实现的。

如马克思说的那样，只有在共产主义发展的高级阶段，随着私有制的消除，以及阶级压迫和阶级统治消除之后，在迫使人们奴隶般地服从分工的情形已经消失，从而脑力劳动和体力劳动的对立也随之消失之后；在劳动已经不仅仅是谋生的手段，而且本身成为生活的第一需要之后，劳动自由、自由发展、自由劳动、每个人的自由发展是一切人自由发展条件的那种理想社会才能实现。消除这种分工的奴隶性，就消除了实现理想社会的最后障碍。

人们都知道，最初的分工，产生于父权家庭。在那种家庭分工中，妻子、子女是父亲的奴隶。在以资本为特权的资本主义社会，工人当然是资本的奴隶。所以，只要有特权存在，自由或自愿分工，也就是善性分工，就不可能实现。在批判共产主义要消灭教育、消灭家庭、消灭伦理道德的攻击和谬论时，马克思也论述了共产主义教育和家庭的特征。马克思和恩格斯认为，现代资

---

① 《罗素道德哲学》，九州出版社2004年版，第176页。

产阶级的家庭不是建立在共同劳动上面的，而是建筑在资本和私人发财上面的。这种家庭的充分发展的形式只有在资产阶级中才存在，而它的补充现象是无产者被迫独居和公开卖淫。

马克思认为，共产主义不是要用社会教育代替家庭教育，更不是不要人们的亲密关系，而只是要改变这种教育的社会性质，使其摆脱统治阶级的影响。人们都亲眼看到了，恰恰是资产阶级把家庭关系变成了赤裸裸的商品交换的金钱关系，它们不仅把自己的妻子看作单纯的生产工具，而且以支配无产者的儿女、或逼其为正式的娼妓、甚至相互诱奸妻子为最大的享乐。所以资产阶级关于家庭教育、关于父母和子女的亲密关系的空话令人作呕。而只有到了共产主义社会，只有消除了那种赤裸裸的金钱交换关系，婚姻才能真正建筑在男女相爱的基础之上，才能有家庭成员的亲密关系，才能有家庭的和谐，社会的和谐。

人们的观念、意识，都随着人们的生活条件、社会关系的改变而改变。只有消除了劳动异化，消灭了私有制，消灭了在私有制基础上的金钱关系，才能改变一切以金钱关系为基础的资产阶级教育和家庭关系。消灭了私有制，也就消灭了阶级和阶级对立，消灭了一切形式家庭暴力的根源。在未来的自由人的劳动联合体内，人们都遵照每个人的自由发展是一切人的自由发展的条件的原则，自己为自己同时也是为社会而劳动，自由地享受着自己劳动创造的巨大的财富，享受着平等的教育，实现着个性的充分自由发展，享受着社会的真正和谐。

当然，不受金钱关系影响的家庭和谐、社会和谐、世界和谐，都是历史的、相对的概念，是一个历史过程。因为决定它的除了私有制、阶级和国家这些因素之外，还有很多其他社会经济、政治、道德等因素。在私有制被消灭和国家逐步消亡之前，无论是家庭和谐、社会和谐或世界和谐，都是相对的，它与这些消灭之后的和谐，都是有很大区别的。我们不难想象，共产主义时代的家庭和谐、社会和谐、世界和谐，应当是不受私有关系、金钱关系影响的真正的、全面的、牢固的和谐，它与前者相比，有着质的飞跃。很显然，这种和谐的实现，除了人的个性的全面发展之外，还有个与此相联系的社会分工的因素。分工的奴隶性，是人类自由、平等、和谐的最后障碍。只有消除了私有制，消除了分工的奴隶性，消除这个最后的障碍，才能实现自由或自愿的善性分工，实现真正的自由发展。

比如，我们知道现实中的个人，都是在一定社会分工下相互发生联系的。而在共产主义社会之前的社会里，分工都是自然的或由社会关系所强制的，所以马克思称之为奴隶般的分工。在马克思看来，私有制最初是在家庭关系中萌芽和出现的。在最初的家庭里，妻子和儿女是丈夫的奴隶。家庭中这种还非常原始和隐蔽的奴隶制，是最初的私有制形式。但就是这种私有制也完全符合现代经济学家们所下的定义，即私有制是对他人劳动力的支配。其实，分工和私有制是相等的表达方式，对同一件事情，一个是就活动而言，另一个是就活动的产品而言。

比如，就整个社会而言，正是这种奴隶般的分工，造成了个人的特殊的利益与社会的普遍利益的分裂。如马克思所说的，只要人们还处在自然形成的分工的社会中，就是说，只要特殊利益和共同利益之间还有分裂，只要分工还不是出于自愿，那么人本身的活动对人类来说就成为一种异己，同它对立的力量，这种力量压迫人，而不是人驾驭这种力量。在这种力量下，每个人就有了自己一定的构建的活动范围，这个范围是强加给他的，他不能超出这个范围，他是一个猎人、渔夫或牧人，或者是一个批判的批判者。只要他不想失去生活资料，他就始终应该是这样的人。这就是一种社会分工，就是人类历史发展的一个阶段。

比如，这种奴隶般的分工，还造成了物质劳动和精神劳动的分裂和对立。在马克思主义者看来，城市和乡村的分离，是物质劳动和精神劳动的最大一次分工，因此消除这种分裂和对立的基础，是消灭城乡之间的对立。而只有到了共产主义社会，所有这种奴隶般的分工才能被消灭，劳动和享乐之间的对立的基础才能消失，以个人全面发展为基础的自愿分工才能实现，劳动才能成为自由人的第一需要。如马克思所说的，共产主义最重要的不同于一切反动社会主义的原则之一，就是下面这个以研究人的本性为基础的实际信念，即人们的头脑和智力的差别，根本不应为肉体需要的差别；由此可见，按能力计酬这个以我们目前的制度为基础的不正确的原理应当变为"按需分配"这样一个原理，因为前一个原理是仅就狭义的消费而言的。换句话说，活动上、劳动上的差别不会引起在占有和消费方面的任何不平等、任何特权。而也只有到了这时，真正家庭和谐、社会和谐、世界和谐的局面才能出现。

所以，马克思主义者的结论就是：在共产主义高级阶段上，在迫使人们奴隶般地服从分工的情形已经消失，从而脑力劳动和体力劳动的对立也随之消失之后；在劳动已经不仅仅是谋生的手段，而且本身成了生活的第一需要之后；在随着人的全面发展生产力也增长起来，而集体财富的一切源泉都充分涌流之后，——只有在那个时候，才能完全超出资产阶级法权的狭隘眼界，社会才能在自己的旗帜上写上：各尽所能，按需分配。这种共产主义作为完成了的自然主义，等于人本主义，而作为完成了的人本主义，等于自然主义，它是人和自然界之间、人和人之间的矛盾的真正解决，是存在和本质、对象化和自我确立、自由和必然、个体和类之间的抗争的真正解决。它是历史之谜的解答，而且它知道它就是这种解答。马克思描述的这种局面，即一切矛盾和抗争都得到真正解决的这种局面，就是在联合劳动中的真正的家庭和谐、社会和谐、世界和谐的局面。

按照马克思揭示的历史发展的必然规律，人类在世界历史发展即全球化的发展中，随着国际劳动生产力和国际生产关系的发展，国家将逐步消亡，各民族生活条件将日益趋于一致，各民族之间的隔绝和对立也随之消失。共产主义在世界历史中实现着自己，世界历史在共产主义中也实现着自己。不过，处在共产主义中的个人，已经不是民族历史的个人，而是世界历史的个人。共产主义成为人类统一的信仰和社会形态，大家都在那自由人的联合体中为增加生产力的总量而自由劳动，自由交往，和平生活。人与自然、人与社会、人与自身都达到了历史性的和谐，世界在和谐中实现了人们想象不到的大发展。

这里我们要特别指出的是，在这种善性分工、劳动者高度现代化、科学化、信息化的自由人联合体中，自己也成为高度现代化、科学化、知识化的劳动者，在这自由人联合体中为自己进行劳动，已经不是负担、不觉辛苦，而是一种需要，一种乐趣，通过自由联合劳动创造出巨大的物质财富，更是为自己赢得了充裕的自由时间。利用这些自由时间，进行学习深造，享受各种文化艺术，不仅使自己得到更全面的发展，也使联合体得到更全面的发展，使所有人都能更幸福、更美好。

第六章

全球治理的德性原则：
和至上和致中和

在人类文明传统中，和为贵、和至上、致中和的思想，既体现了人类的基本本性和道德，也体现了人类在实践中的高超智慧。在当今，它还体现了联合国宪章的基本精神，所以应当是全球治理的基本原则。中国和至上和致中和思想传统，在当今已经有了新发展和新成果，那就是和平共处五项原则。和平共处五项原则是新中国成立初期就提出的，它把和至上和致中和思想引入当今的国际社会，并具体化为理论的、可付诸实践的原则，可谓是伟大创举。

一 博大精深的思想和最高的道德

在人类文明传统中，和至上、和为贵、致中和的思想博大精深，至今仍光芒四射，显示出巨大的力量。它不仅应当是当今全球治理最高的德性原则，也是维护全球和平发展的理论基础。为了和，就要致中，所以这一原则的完整说法应当是致中和。致中和，不仅包含有和至上、和为贵之意，而且包含有中庸、包容和和谐之意。和至上、和为贵，在中国家喻户晓，在希腊也家喻户晓，在当今世界几乎也家喻户晓。特别是中国人，似乎在骨子里就反对争斗、战争和杀戮,而是酷爱和平、和谐和安宁。当前,和平、和谐与安宁,恐怕也是全世界人民的殷切盼望。

随着人类文明的发展,和至上与致中和思想已经发展成为国际社会处理国与国之间关系的基本原则,即和平共处与和平发展原则。无论中国的历史或世界的历史,都以无可辩驳的事实告诉我们,和至上与致中和,不仅是一种博大精深的思想,而且是一种高超、高尚的实践艺术,体现着国家高尚的道德。可想而知,在国际社会,只有所有行为主体都坚持和至上与致中和理念,坚持和平共处、和平发展、和平劳动、平等合作,才能使世界走向和平、稳定、发展、繁荣的道路,走向人们共同追求的美好和幸福。

任何生物,都有自己独特的基因。这种基因决定着生物的结构和特性。一个人、一个国家、一个民族,同样也都有自己的基因。这种基因同样决定着一个人、一个国家、一个民族的特性。致中和,就是中国的基因、中国的传统。中国人世世代代都把它视作最高的信仰,最高的道德,尊崇着,传承着。致中和思想,不仅包含有中国人处理复杂社会关系的高超智慧、高超艺术,更包含有中国人的善良、中国人的德性。所以无论从思想理论上,或具体实践中,致中和都是中国人大智慧和大德性的体现。

和的真谛是什么?和的精髓在哪里?为什么叫致中和?这是我们需要弄清楚的问题。首先应当明白的是,致中和中的致中或中庸,并不是不分是非的和稀泥,而是在宽容条件下,解决问题适中的办法,是一种辩证的智慧。在中国的四书《中庸》一开头,就对中庸、和谐的本质和意义做了这样的阐发:"喜怒哀乐之未发,谓之中;发而皆中节,谓之和。中也者,天下之大本也;和也者,天下之达道也。致中和,天地位焉,万物育焉。"也就是说,只有坚持致中和的原则,天下才能太平、和谐。

从思想方式上说,中庸或中庸之道是倡导行事要顺其自然和规律，反对偏执、片面、极端，主张诸要素的兼济、统一与平衡。而且这种兼济、统一与平衡，表现为一个动态的过程。中庸之道是一种深邃的哲学思想，一种处世的智慧理念与高超艺术，而不是不讲原则，不是四处讨好、迎合所有人的"乡愿"。中国的孔子把中庸称为最高的德，而把这种"乡愿"，称之为德之贼。

在孔子看来，"中庸"作为处世的普遍方法，是指做什么事都要顺其自然，都要适中、中和，都要坚持不偏不倚、无过无不及的标准。孔子提倡做事应"执其两端，用其中于民"，即在两个极端之间找到动态统一平衡的契机，并用之于民。也就是说，中庸的方法论包含有灵活处置、动态协调、辩证综合的意义，而要正确把握中庸的意义，也应有具体问题具体分析和辩证思维的方法。

孔子的中庸之道，还包含有一个重要目的，就是实现社会和谐。在孔子那里，和谐不是要求相同，而是执中庸的和而不同。史学家们都特别强调，孔子主张治国要顺天应人、执守中道、和而不同，在此基础上做到君臣协力，选用贤能，爱民、富民、教民，以建立和谐稳定的人伦政治秩序。孔子的政治思想凸显了人在政治活动中的主体地位，强调人性修养是影响政治活动的根本因素，这是应该肯定的。

当然，致中和思想的博大精深，其在人类思想史上所占地位之高，都是由其自身的价值和在实践中的威力所决定的。在人类的发展中，无论是人体和大脑的发展，还是智力和思想的发展，也许有着相同的规律，只不过至今人们对这一规律还不曾认识。人们都知道，希腊政治哲学中有关和谐和中道的思想，也占有重要地位。这里我们要强调的是，从希腊这些思想当中，我们似乎也能看到中国春秋哲学的影子。

希腊的毕达哥拉斯是第一个使用"哲学"这个概念的人。在他看来，爱是人的德性，而哲学就是爱的智慧。他说，和谐首先是数目的和谐，但数目的和谐可以感染和净化灵魂，使灵魂处于同样的和谐状态，而灵魂达到和谐的途径，就是音乐和哲学。音乐通过和谐音调感染净化灵魂，哲学通过数目的和谐思考净化灵魂，所以和谐是最美好的。

柏拉图政治哲学的核心是正义。什么是正义，在他看来，身心和谐的生活就是正义。他认为正义有三个层次，第一个层次是正义的灵魂，第二个层次是正义的德性，第三个层次是正义的城邦。柏拉图认为在人的生活中，灵魂的各部分与不同的德性相适应，理性的生活是智慧，顺从理性的激情生活是勇敢，合理的欲望生活是节制，身心和谐的生活是正义。

在希腊哲学中，德性与和谐、与中道是相通的。比如亚里士多德给德性就下了这样一个定义："德性是一种选择的习惯，它是相当于我们而言的中道，被实践智慧的理性所规定。"亚里士多德把"中道"作为德性的标准，他说："德性牵涉到选择时的一种性格状况，一种适中，一种相对于我们而言的适中，它为一种合理原则所规定，这就是那些具有实践智慧的人用来规定德性的原则。"[1] 可以说，希腊哲学中的德性思想、和谐思想、中道思想，中国哲学中的道德、中庸、和谐思想，集中体现了人类的精神文明，在人类文明史中占有非常重要的地位。

在中国和希腊的文明传统中，都把实现社会和谐，作为道的标准。在国际关系中，都把对外侵略战争视为"天下无道"，而提倡"天下有道"。中国和希腊文明中的"天下有道"，同西方国家的好战和以掠夺为荣的思想形成了鲜明的对照。中国和希腊文明中有关"天下有道"，包含有施仁政、反暴政、反霸道、讲道德、讲诚信、讲德治等诸多思想，都是与爱护人的生命、关怀人的幸福、尊重人的人格和权力的人道思想相通的。显然，这种思想显示出很高的道德和永恒的价值，都为当今的全球治理提供了非常

---

[1] 参见《西方哲学史》，高等教育出版社2011年版，第89页。

有益的借鉴。

更可贵的是，中国和希腊文明中的和谐，不只是人和人的和谐，还有人和社会的和谐，人和自然的和谐。比如在儒家思想里，中庸之道的基础，就是"天人合一"。《中庸》中说的"致中和，天地位焉，万物育焉"，就是要告诉我们，只有致中和，才能达到人和自然的和谐。而且认为通过至诚、至善而达到的"天人合一"，是人和自然都能得到和谐发展，从而能造福人类的美好自然境界。儒家"天人合一"的思想，包含有人们应当善待自然，尊重自然规律的内容。比如荀子在《荀子·天伦》中就强调："天行有常，不为尧存，不为桀亡。应之以治则吉，应之以乱则凶。强本而节用，则天不能贫；养备而动时，则天不能病；循道而不贰，则天不能祸。"这些经典的话，我们至今都感到很亲切。

中国和希腊文明中，有关对人的本质的认识，对人们社会关系、社会秩序的认识，对和至上与致中和的认识，对理想、美好社会的探索和追寻，都显出了很高的境界。这些认识在当今的全球治理中的理论价值和实践价值，是不言而喻的。当然，和至上与致中和，不是目的，目的是为了实现平等合作、和平发展，并在平等合作和和平发展中，实现全人类的幸福。

如果当今的全球治理能继承这些思想，把和至上与致中和作为全球治理的基本原则，倡导和平发展，倡导以和谐中道，以人为本，以德为本治天下的思想原则，用道德的观点理解社会政治，把道义原则作为政治评价的标准，强调公平正义，强调重义轻利，强调治理者的德性，强调施仁政，行人道，反强权，反霸道，那么全球治理就一定会在共商、共建、共治、共享的德性轨道上，遵循全人类幸福，健康发展；人类社会才能达到以道义原则和道义秩序支撑的美好境界。

中国提出的和平发展理念，其核心内容就是反对霸权主义，反对战争和掠夺，提倡平等合作，互利共赢。纵观数千年的历史长河，崇尚和平、追求发展始终是人类社会发展的主题和目标，是各国人民的利益所在。世界要和平，国家要发展，社会要进步，经济要繁荣，生活要提高，已成为各国人民的普遍要求，成为人类文明发展进步的主导力量，无论霸权主义者如何干扰，人类文明发展的这种大趋势都不会改变。

人们完全有理由相信，和平发展是当今时代新的文明，只要世界各国都坚持和平发展的理念和实践，世界和平是能够得到维护的，世界上的一切高精尖的先进科学技术，一切高精尖的发明创造都能用于为广大人民创造财富、创造幸福上，社会发展繁荣的愿望就能够得到实现，人类的自我毁灭就能够得到避免，道德的背反也能得到回归。

人们完全有理由相信，如果世界各国都能坚持和平发展的理念和实践，都把和平与发展作为头等的伟大事业，遵循联合国的宪章的宗旨和原则，恪守国际法和公认的国际关系准则，在国际关系中弘扬民主、和睦、协作、共赢精神，政治上相互尊重、平等协商，共同推进国际关系民主化；都能在经济上相互合作、优势互补，共同推动经济全球化朝着均衡、普惠、共赢方向发展；都能在文化上相互借鉴、求同存异，尊重世界多样性，共同促进人类文明繁荣进步；都能在安全上相互信任、加强合作，坚持用和平方式而不是战争手段解决国际争端，共同维护世界和平稳定；都能在环保上相互帮助、协力推进，共同呵护人类赖以生存的地球家园；那么世界的和平就有了保障，世界的发展就有了保障，世界的战争掠夺就能够避免。

人们完全有理由相信，只要世界各国都能坚持和平发展理念和实践，彻底抛弃冷战思维，建立以互信、互利、平等、合作为核心的新安全观；只要坚持一切国际争端和地区冲突，都通过和平方式解决，并按照公正、合理、全面、均衡原则实现有效裁军和军备控制；只要各国能互相尊重主权和领土完整、互不侵犯、互不干涉内政、平等互利、和平共处五项原则以及其他公认的国际关系准则；只要坚持建立在平等基础上的对话、协商和谈判解决争端、维护和平的这一正确途径，世界和平与国际安全是能够得到保障的。

谁都会感觉到，人的幸福有两种，或者包括两个方面：物质幸福和精神幸福。从古人的理想中，我们可以悟到，致中和的本质不只是营造良性社会，营造和平、和谐的生活环境，得到精神生活的满足，得到精神幸福；更重要的是，要在和平的环境中，通过平等合作、共赢共享，使全球的经济社会都得到发展，使全球人的物质生活，物质幸福也得到满足。也就是说，和平是幸福，发展也是幸福，和平发展要实现的是精神幸福和物质幸福两种幸福。也就是说，两种幸福是致中和的本质所在、意义所在。放眼当今世界，最突出的就是和平与发展这两个最基本问题，只要这两个问题得到解决，世界就将变得美好。所以，坚持和平发展，促进和平发展，是当今国际社会最根本性的道德，也是全球治理应当狠抓不放的根本任务。

和平劳动和道义至上

中国人都知道，致中和原则作为中国优秀的道德传统，其本质内涵就是和平劳动，和谐相处，道义至上，共享幸福。世界上的文明型国家历来有非常美好的道德传承，讲文明、讲劳动、讲道德、重道义、讲和谐已经成为这些国家的基因。比如中国，它作为文明型国家，其复兴与西方大国的崛起都截然不同。其根本不同之处主要表现为两点：一是始终坚持致中和原则，始终不渝走和平发展道路，中国决不通过掠夺、掠夺他国或损害他国利益而使自己强大，而是靠全国人民的辛勤劳动创造财富，使自己变得富强，从而实现中国梦；二是始终坚持共富原则，始终不渝走共同发展和共富的道路。自己国家发展了，也帮助别国发展；自己国家富强了，也要帮助别的国家富强。中国永远不会独善其身，不会见利忘义，不会谋求霸权。也就是说，在中国的复兴中，始终把道义作为至上的原则。

事实充分证明，中国不仅是促进世界和平稳定的坚定力量，而且是促进和平发展的坚定力量。中国梦就是和平复兴梦，它将给世界各国带来更为确定的和平发展的条件和机会。中国梦也是全球共同发展的世界梦，因为中国的发展离不开世界，世界的发展与繁荣也离不开中国。共同发展、共同繁荣、共同幸福，是中国的坚定主张，是中国身体力行的理念，也体现了全球人的愿望。

毋庸置疑，和平与发展问题是个带有全球性、全局性、战略性意义的问题，只有把它提到这样的高度来认识才会明白，和平与发展问题既是发展中国家的责任，也是发达国家的责任。和平发展在国际社会的意义，就是在和平环境中实现共同发展。而要实现全球性的和平的、共同发展，关键是各行为体都把道义原则——我发展也让你发展，我发展为你发展创造条件，你发展为我发展创造条件——放在重要地位。只有世界所有国家都在道义原则下共同努力、共同推进，才能迎来全球和平发展的大好局面。当然，和平发展虽然只有四个字，但其含义，其道德属性却是非常广泛而深刻，需要有全面认识。

比如，从和平发展自身看，在国际社会，和平是德，发展也是德，和平发展需要在道义支撑下才能实现。而且和平与发展的关系是辩证的、相辅相成的。和平是发展的先决条件，没有和平就不会有发展。只有通过和平方式实现的发展才是持久、牢靠的发展，才会真正是既有利于本国人民也有利于世界各国人民的发展。而经济发展了，反过来又能促进世界和平。所以中国要坚定不移地走和平发展道路，既通过争取和平的国际环境来发展自己，又通过自己的发展来促进世界和平。中国在对外开放中，广泛开展国际合作，不断优化投资环境、开放市场，同世界各国实现互利共赢的实践证明，中国的发展不会妨碍任何人，也不会威胁任何人，只会有利于世界的和平、稳定、繁荣。

比如，从和平发展的性质看，和平与发展是开放性的发展，是整个人类在道义和平等中的共同发展。在相互依赖或相互依存的当今全球化时代，任何国家都不能独善其身，都不能只谋求自己的发展，不顾别人的发展。都只能在发展自己的同时，也促进别人发展，使别人得到发展；或者说，在促进共同发展中发展自己。而实现这种发展的关键，是实现合作共赢的原则。自实行改革开放政策以来，中国就坚定不移地同世界各国开展互利合作，既利用世界经济、科技发展的成果发展自己，又以自身的发展回馈世界。中国的参与还推动经济全球化朝着均衡、普惠、共赢的方向迈进，努力使国际经济、贸易、金融体制为各国特别是发展中国家发展创造有利的条件。

比如，从和平发展的动力看，和平与发展中的引擎是互利共赢。通过互利合作实现共赢，通过共赢发展合作，使整个世界在互利合作和共赢中实现自己的梦，使所有国家在互利合作和共赢中实现自己的梦，使世界所有的人在互利合作和共赢中实现自己的梦。互利合作和共赢，是新的当代的文明，它作为和平与发展的引擎，其力量有多么强大，在中国改革开放的实践中人们已经有深刻体会。所以，中国坚定不移地高举和平、发展、合作的旗帜，坚持走和平发展道路和实施互利共赢的战略。中国将始终不渝地把自身的发展与人类共同进步联系在一起，既充分利用世界和平发展带来的机遇发展自己，又以自身的发展更好地维护世界和平、促进共同发展。决心同世界各国人民一道，努力构建持久和平、共同繁荣的和谐世界，共同创造人类和平与发展的美好未来。

比如，从和平发展最终的目的看，和平与发展是为了全人类的幸福，具体就体现在发展成果的共享上。共享经济发展成果，是实现世界经济持续发展的必然要求。国际社会应该通过经济技术合作，充分利用各国的资源，充分发挥各国比较优势，实现优势互补，促进全球资源的优化配置，努力拓展发展空间，促进共同发展，促进发展成果的共享。在这方面，中国将坚持对外开放的基本国策，建立更加开放的市场体系，在更大范围、更广领域、更高层次上参与国际经济技术合作和竞争，同世界各国广泛开展平等合作，积极推进利益共享、互利共赢。中国还将继续按照通行的国际经贸规则，扩大市场准入，依法保护合作者权益。我们支持国际社会帮助发展中国家增强自主发展能力、改善民生，缩小南北差距。

比如，和平与发展在实践中获得成功，还有一个重要条件，那就是诚信，就是相互信任。增强相互信任，是实现合作共赢的坚实基础。中国一直强调，世界各国都应该在相互信任的基础上，积极推动贸易和投资自由化、便利化，进一步减少技术出口限制，消除贸易壁垒，努力创造公平、公正、合理、开放的贸易环境。各国企业应在坚守诚信基础上，更加主动地开拓对方市场，扩大相互投资。在这方面，中国始终要求企业把诚信放在第一位，鼓励国内有实力的企业怀揣诚信，走出国门，在市场准则和法律框架下遵循互惠、互利、互补的原则，在更大范围、更广领域、更高层次上参与国际经济技术合作和竞争。如习近平同志所说的："中国人民爱好和平。我们将高举和平、发展、合作、共赢的旗帜，始终不渝走和平发展道路，始终不渝奉行互利共赢的开放战略，致力于同世界各国发展友好合作，履行应尽的国际责任和义务，继续同各国人民一道推进人类和平与发展的崇高事业。"[1]

和平崛起和道德超越

人类发展的历史，从上古至当代似乎都离不开战争。如恩格

---

[1] 习近平在第十二届全国人民代表大会第一次会议上的讲话。

斯说的，自氏族社会瓦解之后，战争就逐步成为在陆上和海上进行掠夺财富的正常营生。最初的战争，应当说是贫穷的产物，通过战争抢夺生存资源以维持生存。而在私有制产生之后，战争的目的不再只是掠夺财富，而且还为了扩大权势。战争的根源是私欲，是对私人财富和权势的贪婪。如果没有对财富和权势的贪婪，就不会有穷人和富人的分裂，就不会有战争的爆发。

然而，自私有制和阶级产生之后，压迫、剥削、掠夺就成为正常的营生。因而，人类发展的历史就同战争紧密结合在了一起。特别是到了资本主义时代，对私人财富和权势的贪婪已经发展到了极致，其集中表现就是全球霸权主义。就是想把全世界的财富和权势都装进自家的口袋，为自己所支配，为自己所享用。现在人们都看到了，美国所追求的就是这种霸权主义。

19世纪末，恩格斯曾对英国称霸世界的野心这样说道：英国为实现它成为世界帝国主义的野心已经走过了这样远，难道会在半路上止步吗？现在我们似乎也可以这样说，美国为实现称霸世界的野心，已经走了这么远，难道会在半路上止步吗？不能说绝对不会，只能说很难很难。因为也如恩格斯说的，在他们看来，还有什么比通过战争来扩大市场更为天经地义的呢？

而中国却坚持走和平发展、和平复兴、和平崛起的道路。回顾历史，至今世界上特别是西方大国，还没有一个国家的崛起是走和平发展道路的。比如葡萄牙、西班牙、荷兰、英国、法国、德国、俄国、美国、日本的崛起，走的都是战争掠夺的道路。战争、征服、奴役、残杀、抢劫、破坏等，都是它们崛起过程中的实质内容。残忍、野蛮、嗜杀，是它们表现出来的本性。可见，中国走的这条路是一反过去的人间正道，是一项创举，而且不是普通的创举，而是改写人类历史的伟大创举。

正如西方学者所说的，中国要想在世界上找出一个大国和平崛起的范式加以参考，那是徒劳的。既没有先例，更没有现成的指南，加之那些走战争掠夺道路崛起的国家，过去不仅都对中国进行过惨绝人寰的蹂躏，而且现在仍对中国的和平崛起进行各种干扰，中国走和平复兴道路的挑战的确非常严峻。世界上不少人，也对中国走这条路存在担心和疑虑。然而，中国人对走这条路的决心和信心是坚定和强大的。因为中国人相信，在现今的时代，和平发展是人心所向，人心所归，只要有中国人的勤劳和智慧，有中国人创新的理念，中国一定能实现和平崛起，一定能改写人类历史。稍加思索就会明白，对人类历史的这种改写其意义的确非凡，这里我们不妨列举一些。

比如，中国提出和平发展理念，不仅因为战争、掠夺给人类造成的巨大灾难；还因为只有和平发展人类才能奔向新的文明。剥削阶级在采取战争手段为自己掠夺巨额财富的同时，留给人类的是巨大灾难。在人类发展的每个时代，剥削阶级都把很多科学技术上的发明创造，首先是用在了武器制造和发动战争上。制造武器的劳动，不仅在社会总劳动中占有很大的比重，而且大部分还都是利用社会最宝贵人力资源、技术资源、物质资源的高技术劳动。最为可怕的是，在现代科学技术高度发展的今天，大量毁灭性先进武器，诸如核武器、激光武器、各种隐形武器等的制造和实验，为制造和实验这些武器对大自然所进行的破坏性的开发和污染，都使人类面临着走上可怕的、自我毁灭的道路。

比如，中国认为，世界上的所有问题用战争掠夺都是解决不了的，都必须靠和平发展来解决。因为战争掠夺只能转移财富，而不能创造财富。所以和平发展理念的提出和传播不仅会影响到各国的发展和人民的生活，而且会影响到整个人类社会的发展和进步。这一理念的革命性和伟大意义，只有通过对它的深入研究，通过对它的具体实践，人们才能真正领悟。对资产阶级利用战争手段掠夺财富给劳动者造成的巨大灾难，中国人有锥心刺骨的体会。

比如，回顾人类的发展史，人们虽然都厌恶战争，但绵延不断的战争却始终与物质文明和精神文明的发展相伴随。残酷战争给人类文明造成的巨大破坏，给广大劳动者造成的巨大灾难，的确是罄竹难书。历史上战争，特别是两次世界大战，给人类造成的巨大灾难和破坏都写在了历史书里，这里无须多说。美国发动的阿富汗战争和伊拉克战争给这两个国家造成了多么大的灾难，媒体上的天天报道人们也许都充耳不闻了，这里也无须多说。然而，有些帝国主义国家，却仍然抱着战争和掠夺理念不放，仍然在大搞军备竞赛，没完没了地把大量劳动，大量资源，大量的财力、人力和物力，大量先进科学技术，都投在了生产杀人武器和养活大量军队上，投在了制造灾难的劳动上，这实在是人类文明发展中的悲哀。

总之，由于中国坚持和平发展的理念和实践，体现了广大人民的心愿，所以深受世界的普遍欢迎。全世界的人们已经对战争深恶痛绝到了极点，人们都渴望和平，渴望和平发展。当然，由于霸权主义存在，战争和掠夺不会马上在世界上消失；但我们可以这样说，和平发展理念的提出和实践似乎标志着人类文明发展由战争和掠夺走向和平发展的拐点。中国走和平崛起的道路，不仅是人心所向，而且是大势所趋，一定能取得成功。中国一定能改写人类历史。

也就是说，和平发展，和平崛起，体现的是广大人民的意志，是国际社会的道德。所以，和平崛起对战争崛起的超越，是道德对邪恶的超越。中国崛起的进程，无疑也是道德在除恶中大显神通、大显力量、大显自信的进程。中国在和平崛起中遇到的一切恶势力，都会被这种力量所粉碎。

原则的实现和未来的塑造

和平发展的内涵，就是自由、和平劳动。靠劳动创造幸福、创造美好，这是劳动人民最基本的人生观和价值观。而在阶级社会，劳动却发生了异化，劳动者的人生观和价值观也发生了扭曲。所以，摆脱劳动异化，实现自由、和平、联合劳动，就意味着广大劳动人民人生观和价值观的回归。自由、和平的联合劳动理念，根源于社会主义性质和劳动阶级的人生观和价值观。与剥削阶级的人生观相反，劳动阶级的人生观不是为己，而是为公；不是为攫取个人财富而劳动，而是为大家谋求财富而劳动。劳动不光为自己幸福，更为所有的人都幸福。人不为己天诛地灭对于劳动者，对于劳动阶级，对于共产党人，则是格格不入的。人们常说，共产党人是用特殊材料制造的，这特殊材料当然不是指肉体，而是精神。共产党人的共产主义的理想、信念，就是这种特殊的材料。只有用这种材料打造的共产党人，才坚不可摧。人生观问题，说到底是价值观问题。

　　劳动者是社会的太阳，但在阶级社会中，劳动者却处在社会的最底层。所以在劳动者当家做主、没有压迫和剥削环境下的自由、和平的联合劳动的实现，当然意味着劳动者地位的回归。毋庸置疑，只有在和平环境中，在劳动者当家做主的情况下，劳动阶级的本性才能得以发挥，劳动者才能用自己勤劳的双手创造财富，创造幸福。勤劳致富，这历来是世界劳动人民的优秀品德。作为劳动者，他们不需要掠夺，更不需要战争，而需要的是和平，是在和平环境下的自由劳动。劳动人民历来都向往太平盛世，因为只有太平了，劳动繁荣了，才能出现盛世的感念；只有在和平的环境中，劳动才能得以进行，人们才能安居乐业，过上安稳的幸福生活。人们似乎有理由相信，和平发展理念作为中国劳动人民的心愿和呼声，作为世界劳动人民的心愿和呼声，作为人类文明发展的大趋势，这似乎既意味着战争掠夺理念的被摈弃，也意味着人类文明发展的新拐点。

　　自由、和平、联合劳动的实现，还意味着人本性的回归。实践证明，自由、和平劳动深深植根于劳动者阶级的本性之中。人的本质是什么？我们自然可以坚定地回答，是自由、和平劳动。剥削、掠夺、战争，不是人的本质。人的生命活动，人区别于动物的本质特征，就是自由、和平劳动。人和人类社会，人和人类社会的历史，都是这种自由、和平联合劳动创造的。

然而，自人和人类社会被创造之后，劳动就具有了特定的社会形式和性质，劳动的本质就随着社会的本质发展变化而发展变化着。在阶级社会，劳动者却处于被压迫、被剥削的地位，高尚的劳动竟变为令人厌恶的事情；在资本主义下，劳动者又因商品化的鄙俗而受到劳动关系中主客体颠倒、自己创造的财富自己却不能享受的苦难；而只有到了共产主义社会，劳动才能原本归真，成为劳动者的第一生活需要，成为一种快乐，才能真正创造自己的历史。

在大千世界，人们对人自身的认识也许是最为肤浅的。自己为什么要生，自己的本性和人生的价值究竟是什么，这对许多人来说，也许都是很难回答而又必须回答的问题。而对人自身的认识特别是对人的本质的认识最深刻、最全面的，唯有马克思。只要读读马克思的著作，看看马克思的所作所为，就会领悟到，人是马克思主义理论的基础和根本，马克思主义所有理论的出发点和最终归宿都是人，都是为了人的原本本质的彻底解放、全面发展的最终的完全实现。

自由、和平、联合劳动的实现，还意味着走向共产主义的条件。在私有制被消灭之后，在劳动和劳动者原本归真之后，只有在和平环境中，劳动者才能以自己的本性自觉地保存了以往发展的全部财富，并以更大的力量创造新的财富。当然，在政治经济学理论中，人都是现实的、从事生产活动或社会活动的人，他们都受着自己既定社会生产力发展水平以及与此交往关系的制约，个人的解放程度，个人的财富和社会地位，都同社会的发展程度相联系。

但这并不否认人的独立个性和个性的发展。马克思认为，个性作为一个人与其他人区别开的独有的特征，是人的本质在个体身上的表现。因为个人的需要和活动是多种多样的，所以基于这种需要和活动的个性也是丰富多彩的。只不过是，在一定社会生产条件下的个人，既是单个的个人，也是处于社会联系中的个人。个人个性的发展，与其所处的社会关系是分不开的。而无论是社会的发展或个人的发展，靠的都是劳动，是和平下的劳动。可见劳动者要实现自己的本质，同样需要有和平的社会环境。因为人的本质作为人的真正的社会关系，只有在发展中才能积极实现自己的本质。

自由、和平、联合劳动的实现，意味着劳动阶级道德的胜利。道德和人类社会一样，总是在发展进步的。但至今我们还没有超出阶级道德。是和平发展或战争掠夺，这体现着善恶两种道德。恩格斯在《反杜林论》这部著作中，十分精辟地论述了道德的发展和趋势。他说：如果说，在真理和谬误的问题上我们没有什么前进，那么在善和恶的问题上就更没有前进了。这一对立完全是在道德领域中，也就是在属于人类历史的领域中运动，在这里所播种的最后的、终极的真理恰恰是最稀少的。善恶观念从一个民族到另一个民族、从一个时代到另一个时代变更得这样厉害，以至它们常常是互相矛盾的。当然，在金钱熔铸特权，金钱成为整个社会第一杠杆的资本主义社会，要从资产阶级道德发展到无产阶级道德，从资产阶级的人生观和价值观发展到无产阶级的人生观和价值观，自然是一个很漫长、很艰难的过程。从战争、掠夺理念转变为和平劳动、和平发展的理念，同样是一个很漫长、很艰难的过程。犹如"贪爱钱财是万恶之根源"，这是耶稣对其信徒的教诲。但要让信仰《圣经》的基督教徒放弃自己的财产，就并不那么容易。

劳动创造幸福，自由、和平、联合劳动的实现，体现着所有劳动者的最大幸福。当然，在资产阶级看来，无偿占有别人的劳动，多多赚钱，才是幸福。在它们看来，世界上没有一样东西不是为了金钱而存在的，它们活着就是为了赚钱，赚钱是它们人生的唯一价值。除了快快发财，它们不知道还有别的幸福；除了金钱的损失，它们不知道还有别的痛苦。而这种对钱财的无限地贪婪和掠夺，正是资本主义社会万恶的渊薮，是战争、掠夺的根源。

自由、和平、联合劳动实现，不仅体现着人的本性，也体现着人类文明的本质，是人类最高的道德。在这种道德里，人们的劳动不再是强迫性的，而是自由的；人们之间的相互关系，不是一部分人剥削和掠夺另一部分人，而是在平等基础上的相互合作、相互依存、相互帮助，人人为我、我为人人。每个人的生存和劳动，都是在为社会的发展、为他人更好的生存创造条件。人生的目的不只是为了自己，也同时为了社会、为了人类。只为自己而活、而死，轻如鸿毛；而为了社会、为了人类而活、而死，则重于泰山。由这种人生观和道德观所决定，它必然要反对掠夺，反对战争，这也是其维持发展的必然的手段。

二 新创举和新道德内涵

新中国建立后，不仅继承致中和传统，而且依据新的国际形势把它发展成为和平共处五项原则。和平共处五项原则不仅是对致中和的继承，而且是当代的新创举。和平共处五项原则作为致中和原则的继承、发展和创新，是当代的致中和原则。它不仅体现着当今国际关系中的基本道德，而且大大丰富了国际道德的内涵。世界上越来越多的人都知道，坚持和平发展，和平复兴，坚决维护世界和平，是新中国成立伊始就选择的道路。和平共处五项原则是新中国成立初期就提出的对外关系的基本原则，也是中国对外关系的基本政策。在之后的实践中，中国还创造性提出了维护世界和平、维护世界和平发展的许多新理念，并为国际社会所赞誉和所接受。更重要的是，和平共处五项原则已经进入到了有关国际法中。和平共处五项原则既是中国自己决心要实践、要做到的，也反映了世界绝大多数国家特别是广大人民的愿望，不仅是中国对世界的庄严的承诺，也是中国对维护世界和平的重要贡献。

新创举的中国性和世界性

和平共处五项原则是中国提出的，但当今，它已经属于世界了。新中国建立之初，在刚刚摆脱帝国主义蹂躏之后，就提出了和平共处五项原则，的确很了不起。这也显示出中国和至上、致中和传统的力量。其实，这种了不起是与中国的和至上、和为贵、致中和、至德之世、天下有道等的德性基因密切联系的。和平共处五项原则就是依据新的国际形势，对致中和原则的发展和创新，是一项伟大的创举，是新时代的致中和原则，也是新时代的道德原则。

和平共处五项原则既体现了致中和的精神，也体现了中国人的博大情怀。我们都知道，早在新中国成立之前，毛泽东就论述过，国与国之间的关系应当以和平共处为原则。他多次指出，中国同外国的关系必须建立在平等、互利、互相尊重主权和领土完整的基础上。他说："中国人民军事委员会和人们政府愿意考虑同各外国建立外交关系，这种关系必须建立在平等、互利、互相尊重主权和领土完整的基础上。"[1] 他强调，对任何外国政府，中国都愿意同它在平等、互利和互相尊重领土主权的原则基础之上，谈判建立外交关系的问题。

---

[1]《毛泽东外交文选》，中央文献出版社1994年版，第85页。

毛泽东在新中国成立前夕，先后提出了另起炉灶，打扫干净屋子，然后请客的方针。中国人民政治协商会议第一次会议通过的《共同纲领》规定：凡与国民党反动派断绝关系，并对中华人民共和国采取友好态度的外国政府，中华人民共和国中央人民政府可以在平等、互利及相互尊重领土主权的基础上与之谈判，建立外交关系。在1952年第一次使节会议上，周恩来总理全面阐述了中国的对外方针政策，强调了新中国外交工作的和平政策。可以说，正是毛泽东、周恩来的这些和平相处的外交思想，为和平共处五项原则奠定了基础。对于新中国为什么要实行和平共处的政策的问题，毛泽东做过很充分的说明。

首先，毛泽东认为，和平共处原则是由世界多样性决定的。毛泽东讲道：中国古代的圣人之一孟子曾经说过，夫物之不齐，物之情也。这就是说，事物的多样性是世界的实况。马克思主义也是承认事物的多样性的，这是同形而上学不同的地方。和平共处的政策，就是从事物的多样性是世界的实况出发制定出来的。毛泽东主张，应该把思想体系上的分歧和政治上的合作分别开来。思想体系上的分歧不应该妨碍一国与另一国在政治上的合作。意识形态的墙和社会制度的墙只要在互不干涉内政的原则下，是可以拆掉的。

其次，和平共处原则，是建立在尊重别国主权和选择基础上的。毛泽东讲过，尽管共产党人认为社会主义代替资本主义是世界历史的总趋势，但他们同时认为，"革命不能输出"，各国在一个时期内实行何种社会制度，是各国自己的事情。所以，毛泽东对外国领导人讲过：我们也不在你们国家讲共产主义，我们只讲和平共处，讲友好，讲做生意。我们不挑起人家来反对他的政府。

再次，新中国实行和平共处的政策，也是由新中国的国家性质和实际需要决定的。毛泽东认为，社会主义制度的本质，决定社会主义国家不能对外侵略、扩张，只能实行和平的外交政策。

毛泽东反复讲过：中国共产党是马列主义的政党，中国人民是爱好和平的。我们认为，侵略就是犯罪，我们不侵犯别人一寸土、一根草。我们自己曾是被欺侮的，知道受欺侮的滋味不好受。他还讲过：中国国家大，事情多，连管自己都管不过来，怎么还会想到去侵略别人呢？我们人口虽多，但是可以依靠自己满足人民的吃、穿。所以，对新中国存在这样那样的疑虑和担心，是不必要的。

在毛泽东看来，中国的外交政策不仅应当以和平共处五项原则为基础，同时作为国际共产主义运动的参与者还不能只限于和平共处，还有社会主义国家之间相互支持、相互帮助的问题；有社会主义国家对世界进步、革命支持的问题；有对殖民地半殖民地独立运动的支持问题；有对整个国际工人运动支持的问题。总之，还有一个无产阶级国际主义的问题。在新中国建立初期，在帝国主义四面包围下，要争取和平的国际环境是非常不容易的。回忆五项原则产生的过程，我们就会体会到中国领导人的卓越智慧。

1953年12月31日，是值得我们记住的日子。因为正是在这个日子里，周总理接见参加中印谈判的印度代表团时，第一次提出了和平共处五项原则。周总理说：中国成立后就确立了处理中印两国关系的原则，那就是互相尊重领土主权、互不侵犯、互不干涉内政、平等互惠和和平共处的原则。周总理还说：两个大国之间，特别是像中印这样两个接壤的大国之间，一定会有某些问题。只要根据这些原则，任何业已成熟的悬而未决的问题，都可以拿出来解决。

在中国领导人的努力下，1954年4月中印双方签署了《中印关于中国西藏地方和印度之间的通商和交通协定》和有关换文。协定在序言中把和平共处五项原则确定为指导两国关系的准则，第一次赋予了这些原则以国际法的含义。同年6月，周恩来总理访问了印度和缅甸，分别同印度、缅甸两国总理发表联合声明，不仅确认将五项原则用于指导两国关系，而且共同倡议将五项原则作为国际关系普遍适用的准则，于是和平共处五项原则诞生了。如习近平同志说的：和平共处五项原则的诞生，是国际关系史上的重大创举。

还是在中国领导人的努力下，1954年10月，中苏两国在发表的《中苏联合宣言》中，也共同提出把同亚洲和太平洋区域的各个国家以及其他国家的关系建立在严格遵守互相尊重主权和领土完整、互不侵犯、互不干涉内政、平等互利、和平共处的各项原则的基础之上。人们已经越来越认识到，和平共处五项原则的提出，是新中国成立初期外交政策的一次升华。

和平共处五项原则的提出，是新中国成立初期中国处理与周边国家关系经验的总结。印度、缅甸都是中国的近邻，历史上同中国有着密切悠久的联系，近代都遭受过西方殖民主义的压迫和奴役，在许多方面有着共同的利益和愿望。中印之间、中缅之间有边界划定的问题，三个新兴独立国家在处理彼此之间争议的过程中，共同倡议了和平共处五项原则，展现出一种新型的国家间关系。从这个角度而言，和平共处五项原则不仅是中国与邻国建立睦邻友好关系的基础，而且为新兴民族独立国家处理彼此之间的关系树立了典范。

在和平共处五项原则中，贯穿着一个非常重要的理念，就是求同存异理念。我们都知道，在1955年万隆会议上，周恩来总理不仅提出了"求同存异"的理念和主张，而且强调社会制度不同的国家，是可以在求同存异下实现和平共处的，和平共处五项原则完全可以成为各国建立友好合作和亲善睦邻关系的基础。1956年东欧发生波匈事件，暴露出社会主义国家间也有忽视平等原则、干预内政的现象，中国政府在其后发表的声明中指出：社会主义国家的相互关系就更应该建立在五项原则的基础上。这些应当说，都是和平共处五项原则思想的发展。

1955年的万隆会议是在殖民主义瓦解，但帝国主义主宰国际秩序和大部分国际事务的环境下举行的。这次会议作为刚刚站起来的亚非发展中国家自己的会议，讨论自己如何发展的会议，具有特别重大的意义。当时发展中国家的发展条件是非常困难的，但这些国家聚集一堂讨论自己的问题，体现了这些新兴国家蓬勃向上的精神和自信。当时印尼总统苏加诺曾这样说：我们能做很多，我们能给国际事务诸如理想的声音。还说：我们能够向世界证明，我们拥护的是和平而不是战争，不管我们的力量有多大，永远都将用在支持和平上。当时与会的美国非洲裔记者理查德·赖特在1956年出版的一本关于万隆会议的书中曾这样写道：在万隆，遭鄙视的、受侮辱的、一无所有的——简而言之，受压迫的人种聚集在一起。这是全球规模的阶级、种族和宗教意识。

万隆会议的成功，显示了求同存异理念的正确与威力。万隆会议是中国在国际舞台上第一次亮相，许多国家对中国还不了解、不理解，所以攻击之声很是猖狂。加之其他国家之间也了解很少，所以会议开始气氛不是很和谐。据新加坡建国元勋李炯才回忆，当时智慧的周恩来总理很坦诚地向大家表明：我是来这里找朋友的，不是找敌人，美国要跟我做朋友我都愿意。正是这一句话不仅改变了会场的气氛，而且使周总理成为最受欢迎的人，成为会议的中心。之后在会议争论不休，难于进行下去的时候，正是周总理提出的"求同存异"理念，使与会者茅塞顿开，欣然接受，从而保证了会议的成功。

万隆会议的成功举行，意味着发展中国家走上独立和和平发展的开始。万隆会议的成果，也就是后来命名为万隆精神的，头一条就是和平共处原则。其次是号召亚非人民摆脱帝国主义和殖民主义的压迫，成为独立的国家；号召全世界弱小国家、民族团结起来，建立新的国际秩序。会议最后发表的宣言中，提出了处理国际关系的"十项原则"。而万隆精神，就蕴含在这"十项原则"中。而人们一看就明白，这"十项原则"的源头就是中国提出的和平共处五项原则。正如有学者说的，在中国总理周恩来和印度总理尼赫鲁的积极倡导和支持下，原来的五项原则在会议上则变成了十项原则，变得更具体更细化了。

我们都知道，2015年4月22日，有来自33个亚非国家的元首和77个国家的代表聚集在雅加达，隆重纪念万隆会议60周年。60年来，广大亚非国家遵循"十项原则"，坚决走和平发展道路，其群体崛起的势头不可阻挡。在此关键时刻，各国领导人欢聚在一起重温万隆精神，思考今后合作发展大局，无疑有特殊意义。在60年前的万隆会议上，中国提出了和平共处五项原则，在60年后的纪念万隆会议60周年的会议上，中国又提出了"人类命运共同体"的理念，提出了"一带一路"建设的宏伟蓝图，这必将在和平共处五项原则下，给亚非各国带来发展的新的机遇和共享。

毋庸置疑，和平共处五项原则是战后逐步确立起来的新型国际关系的产物。战后，随着西方殖民体系的瓦解，民族解放运动风起云涌，长期统治国际关系领域的旧理念和旧原则被打破，用和平共处五项原则等解决国际争端就构成了新型国际关系的基础。因为和平共处五项原则集中反映了面临着强权政治和霸权主义的威胁的新兴的独立国家的共同愿望，而且符合联合国宪章的宗旨和原则，所以就自然成为反对殖民主义、霸权主义的有力武器。

新原则和新德性

和平共处五项原则作为致中和传统的继承和发展，体现着当今国际社会的基本道德，既是政治原则，也是道德原则，包含广泛的道德内涵，所以得到了世界的公认，成为全球治理的基本原则。和平共处五项原则（即互相尊重主权和领土完整、互不侵犯、互不干涉内政、平等互利、和平共处这五项原则，被称为和平共处五项原则）的提出，当然是时代的要求，是战后国际关系的发展要求，所以它符合《联合国宪章》的宗旨和原则，也符合世界各国及人民的共同利益。

正因为如此，和平共处五项原则在实践中，显示出巨大的生命力，对现代国际法和国际治理理论做出了创造性的贡献。和平共处五项原则先后在中国与160多个国家的建交文件中得到确认，成为国际公认的处理国家间关系普遍准则，为中国树立独立、和平的国际形象，赢得国际社会的承认和尊重发挥了重要作用。随着国际形势的变化，和平共处五项原则被赋予了新的时代精神，其在国际法和国际治理中的作用和贡献将日益突出和巨大。

和平共处五项原则把致中和原则运用到国际关系中，在更高层次上，揭示了人类文明发展应遵循的规律和原则，是更高、更完美的致中和。和平共处五项原则虽然字数不多，但却言简意赅，内涵博大精深，特别是道德内涵博大精深。其每项原则背后都含藏有很深的国际关系理念，很深的国际道德规范。和平共处五项原则的每一项原则都既是政治原则，也是道德原则。我们只有认真学习这些原则，深刻领会其包含的政治意义和道德意义，才能真正坚持这些原则，正确实践这些原则。

比如，相互尊重是最基本的国际道德。而相互尊重主权和领土完整，更是最大的国际道德。而和平共处五项原则的第一个原则，就是"互相尊重主权和领土完整"。谁都明白，国家主权是国家最根本的属性，它具体表现为国家独立自主地处理自己的内政与外交权力，不受干涉地管理自己国家事务的权力，所以更应当得到尊重。国家的主权和领土完整是相辅相成、不可分割的。领土是国家赖以生存的物质条件，尊重一国主权首先意味着尊重该国的领土完整。领土的完整，主要是指领土的地理范围不受侵犯，包括侵入、占领、割裂或肢解。如果违反了这些，都是对国家主权的侵犯。

另外，领土完整还表现为国家对其领土内的一切人和事物的管辖权不受侵犯。我们知道，国际关系中的权利和义务是统一的，一个国家在维护主权和领土完整的同时，也负有尊重他国主权的义务。中国近代屈辱的百年历史，使维护国家主权和领土完整的诉求受到强烈的认同，将国家的主权和领土完整两个概念合并为一项原则提出，这既是新中国外交的一个创举，也体现了新兴民族独立国家的必然选择。

国家政权，是为维护国家根本制度、根本利益的。相互尊重主权，自然就意味着相互尊重各自的根本利益和根本制度，尊重各自对社会制度的自主选择。当今世界，是多样化世界，也是各种矛盾盘根错节的世界。多种宗教、多种信仰、多种意识形态、多种价值观念、多种政治制度和社会制度、多种道德观念、多种生活方式和生活习惯等，都共存在一个地球上。任何一个政权，都体现着这多样化中的一种，相互尊重主权，自然意味着它对其他多样化的尊重。面对各种复杂的矛盾，这种相互尊重，自然就需要有心胸开阔的包容精神。

世界的多样性，也就是差异性，它是由各国发展环境、历史进程不同造成的。各国在长期历史发展过程中创造了各种各样、多姿多彩的文明。无论是社会制度、价值观念和发展程度，还是历史传统、宗教信仰和文化背景，都存在着差异。中国领导人都认为，每个国家和民族都有自己的特点和长处，大家只有彼此尊重，求同存异，和睦相处，互相促进，才能创造百花争艳、万紫千红的世界。没有多样化，就不成其为世界。不同国家和民族之间巨大的差异性，决定了每个国家在国家发展战略上有着各自的选择，各国人民拥有自主选择社会制度和发展道路的权利，不可能强求一致。尊重多样性是实现国际关系民主化的基本前提，差异的存在不应该成为各国之间发展正常关系的障碍。只有尊重多样性，各个国家和民族才能取长补短、相得益彰。

比如,"互不侵犯"是和平共处五项原则的第二个原则,也是国家主权原则和领土完整原则的重要保证。和平共处,互不侵犯,既是指任何国家都不得以任何借口、以任何方式入侵他国,特别是侵犯他国的主权、领土完整和政治独立;也是指各国相互之间应当相互尊重,友好相处,而不能相互威胁特别是武力威胁。这也是国际关系中的基本道德。侵犯的基本含义,就是非法干涉别国,损害别国的正当权力和利益。严重的侵犯,比如侵犯别国的疆土、主权、掠夺并奴役别国的人民,就变成了侵略。侵犯的形式有多种,诸如武装入侵、政治干涉、经济渗透、文化渗透、颜色革命等,这些都是一种邪恶。

显而易见,互不侵犯还包含有深刻的国际关系民主化的思想。了解帝国主义历史的人都知道,侵犯别国领土、主权,掠夺、奴役别国人民,是帝国主义的本质属性。帝国主义、霸权主义在国际关系中,是只讲强权,不讲民主的。在新中国成立前的100多年里,中国曾深受被帝国主义侵略、掠夺和奴役之苦难。中国人永远不会忘记这种苦难。而互不侵犯就意味着,世界上所有的国家,无论大小、贫富、强弱,都是国际社会平等的一员,都有参与和处理国际事务的权利。国际事务由世界各国共同参与,在平等基础上协商解决,反对少数大国操纵和垄断。尤其是要确保广大发展中国家平等参与国际事务的权利,充分发挥它们在国际舞台上的积极作用。任何国家都没有凌驾于他国和国际社会之上的特权,都不能对他国侵犯。这是实现世界多极化的前提,也是国际关系民主化必不可少的内容。

"互不干涉内政"是和平共处五项原则中的第三项原则,也是反对帝国主义和霸权主义强权政治的一条重要原则。不干涉内政原则,很早就是国际公认的国际关系准则。正如有学者说的,早在法国大革命时期,即1793年制定的宪法中就规定:法国人民不干涉其他国家政府事务,也不允许其他民族干预法国的事务。虽然这一理念后来为欧洲各国资产阶级接受，并成为欧美列强之间适用的国际法准则，但这只是适用于帝国主义国家相互之间，而广大亚非拉国家和民族却被排斥在外。二战后，虽然不干涉内政原则经过《联合国宪章》等国际法文件的确认有了进一步发展，主张任何国家或国家集团均无权以任何理由直接或间接干涉任何其他国家的内政或外交事务，不得以任何理由强迫他国接受别国的意志、社会政治制度和意识形态；但这主要是体现在发达资本主义国家之间，发达国家对落后、贫穷国家内政的干涉，从来没有停止过。中国作为发展中国家，把互不干涉内政原则作为和平共处五项原则中的一项原则，其重要意义就在于向世界宣示，现代国际关系中，国家不分大小、强弱、贫富，都应该适用互不干涉内政原则，尤其发达国家不能以任何形式对发展中国家，特别是落后的发展中国家的内政进行干涉。

互不干涉内政原则中，关于反帝霸权主义和强权政治的深刻含义，人们只要看看实践，似乎就不难领悟。霸权主义者，向来就是打着"民主""人权"的旗号干涉别国内政，这是造成世界不得安宁的重要原因。包括中国在内的世界上绝大多数国家，尽管社会制度、意识形态不同，但在抵制、反对霸权主义和强权政治，反对干涉他国内政这一问题上，却有着共同利益和要求。在互不干涉内政原则中，当然也包含有建立国际政治新秩序的诉求。要建立世界各国人民普遍愿望和共同利益的政治秩序，反对霸权主义和强权政治，则是首要任务，也是落实互不干涉内政的根本途径。

"平等互利"是和平共处五项原则中的第四项原则，也是带有基础性的原则。这一原则虽然只有四个字，却包含有两个关键词：一个是平等，一个是互利。这两个关键词，在国际关系中起有非常重要的基础性作用。在其他四项原则中，都隐含着这两个关键词的作用。互相尊重主权、互不侵犯、互不干涉内政、和平共处，其前提就是主权平等，在主权平等前提下，并通过平等合作，使双方都得到自己所想要的利益。所以也可以说，平等互利原则是在传统主权平等原则基础上的引申。

所谓主权平等，就是国家不论大小、强弱、贫富，不论人口多寡、政治制度和经济制度差异，都是国际社会平等的成员，都享有平等的权利并承担相应的义务。因而都应该互相尊重，平等相处，不得以大欺小、恃强凌弱。当然，我们讲的主权平等，不仅仅是法律意义上的，而且应该是事实上的。可在资本主义主导下的国际关系中，事实上的平等是做不到的，或者说是不存在的。因为事实上的平等要以经济上的平等为基础，而资本主义制度恰恰是经济上不平等的制度。如恩格斯说的，资本主义制度的平等是在富人和穷人不平等的前提下的平等，即限制在目前主要的不平等的范围内的平等，概括地说，就是简直把不平等叫作平等。在资本主义国际关系中，实际存在的是霸权主义和强权政治。在强权政治依然存在的情况下，如果没有经济上的平等，没有在这种平等下的互利合作为基础，国际关系中的平等就得不到真正的实现。中国将平等与互利紧密联系在一起的新意在于：更加强调国家间的真正平等，强调平等的经济意义。

从平等互利原则中，我们似乎能够悟出来和平发展的含义。人们已经越来越深刻认识到，和平与发展是关系到人类命运和前途的两大根本问题。和平与发展两者互为条件，相互制约。和平是发展的前提或条件，而发展则是和平的保证。只有维护世界和平，才能为各国和世界经济的发展创造一个良好的国际环境，才能保证各国集中人力、物力、财力用于社会经济发展，促进各国的繁荣和进步，实现全人类的共同发展。只有发展了，特别是发展中国家发展了，才能构成维护世界和平的强大基础。当然，这里说的发展，不仅是经济问题，而且还包括与此相应的政治的发展、社会文化的发展等。只有各国都走上和平发展的路，才能制约世界战争的爆发，只有实现广大发展中国家的经济发展，才能增强维护世界和平与稳定的力量。因此，应当把发展问题提高到全人类的高度来认识，把平等互利提高到全人类的高度来认识，要从这个高度去观察问题和解决问题。

"和平共处"是和平共处五项原则中的最后一项原则，也是总括性的原则。社会主义国家建立后，面对着帝国主义的四面包围和封锁，社会主义国家应当何以应对，何以能集中精力发展生产力，那就是四个字：和平共处。不仅与资本主义社会和平共处，而且与世界所有国家都要和平共处。和平共处的含义，是指世界各国无论社会制度、意识形态和价值观念、经济发展水平如何，都应该和平地相处、友好地往来、善意地合作，并用和平方法妥善解决彼此间的争端和问题。作为一种外交思想和政策，和平共处最初是由列宁提出来的，其目的是为处于帝国主义包围中的新生政权争取生存空间。

和平共处原则，与《联合国宪章》序言中倡导各国"力行容恕，彼此以善邻之道，和睦相处"的精神是一致的。新中国成立之初，面对困难重重的国际环境，创造性地继承并发展了列宁的和平共处思想，从各国利益和全人类共同利益出发，突破了和平共处只是作为国家对外政策的局限，使之成为适用于一切国家的全方位的国际关系准则。把和平共处五项原则合起来看，一目了然，中国提出的和平共处不是无原则的和平共处，而是有原则和平共处，这些原则就是相互尊重主权和领土完整，互不侵犯，互不干涉内政，平等互利。和平共处五项原则作为对国际法基本原则的高度概括，与《联合国宪章》的宗旨和原则是一致的，体现了现代国际关系的基本特征和要求，是中国等发展中国家对战后国际关系发展的重大贡献。

人心的支柱与和平发展的保证

由于和平发展是当今全球人的共同追求，所以也是全球治理的重中之重。从20世纪至今的历史事实证明，和平共处五项原则作为全球治理原则的新发展，则是全球和平发展的保证。毋庸置疑，发展中国家的发展问题是和平发展的本质，也是当今世界头等大事，全球治理的头等大事。它是涉及人类文明能否持续发展，能否奔向理想、美好明天的问题。人们都讲人类文明，可究竟什么是人类文明，人类最高的文明是什么，也许还没有深思过。在国际关系中，如果说掠夺、战争、杀戮是最大的野蛮、最大的不文明、最大的恶魔的话，那么在和平共处五项原则下，劳动者能够和平劳动，每个国家都能和平发展，人人都能在和平环境中追寻自己的幸福，这就是最高、最大的文明。

自古至今的历史，自古至今的掠夺和战争，对人类物质、文化的大肆糟蹋和破坏使人们懂得了，人类所取得的一切文明成果和文明进步，无论是精神文明成果或物质文明成果，都是在和平环境中取得的，而战争则是人类文明的最大破坏者。所以维护和平，实践和平共处五项原则，就是维护人类文明、促进人类物质文明和精神文明发展的最大的任务。

当今世界，和平与发展就是最主要的人类文明。特别是广大发展中国家，其最需要、最急切的，就是和平与发展。作为帝国主义最大的受害者，文明遭到最大破坏和糟蹋的，是广大发展中国家。人们都一目了然的是，不仅中国需要发展、需要和平，世界所有发展中国家，也都是如此。第二次世界大战后，大批亚、非、拉殖民地国家摆脱了帝国主义殖民统治，获得了政治独立，这是当代具有重大意义的大事。当初，人们都把这些国家称为"不发达国家"，或"欠发达国家"。20世纪60年代后，由于国际经和政治力量对比的变化，以及这些国家在世界经济发展中的作用不断提升，才被称为"发展中国家"。

直到20世纪50年代，亚、非、拉取得独立国家的大多数在政治上还受制于美国和西方国家，经济上还十分落后和困难。对这些国家来说，政治独立的取得还只是它们在争取建设独立富强国家道路上迈出的第一步。这些国家获得政治独立的意义，无疑非常重大。随着这种独立，其经济自主权也日益扩大，帝国主义为所欲为的时代已成过去。在之后的发展中，这些国家逐步在摆脱帝国主义的经济控制，逐步取消了帝国主义的经济特权，走上了独立发展的道路。

比如，收回海关和货币发行权、自然资源租让权和开采权；比如，对外资控制的厂矿企业和重要经济部门实行国有化，开始按照本国的愿望、意志和利益，选择经济发展的方向和道路，制定和推行为本国经济发展服务的计划、方针、政策等。所有这些，都标志着发展中国家开始行使经济主权，从而不再是任凭帝国主义摆布的"附庸"；标志着帝国主义控制一切、垄断一切、为所欲为的时代一去不复返了。

我们知道，发展中国家在世界人口和土地面积中，都占有很大比重。而且其大多都是经济贫困、落后的国家。因此，这些国家积极发展民族经济，改变贫困和落后的面貌，对促进整个世界经济的繁荣，改变整个世界面貌，有重要作用。比如，发展中国家有着巨大的市场和丰富的资源，发展中国家经济的发展就为世界经济的发展拓展了广阔的市场和出路。然而，发展中国家的发展却遇到了已有国际秩序、国际原则的制约。这就决定了，发展中国家的发展，不仅急需和平的国际环境，而且急切需要新的、符合发展中国家利益的秩序和原则。

众多发展中国家虽然分布地区辽阔，各国地理位置、自然条件、历史传统、经济发展水平等都有很大差别，但却有一些基本的和共同的经济特征。比如，工业不发达，农业落后，生产结构片面单一，主要是大量生产某几种、甚至一两种农矿原料产品；社会经济结构复杂，既有本国传统的前资本主义生产关系，也有外来的资本主义关系，大体上是农村以封建生产关系为主，城市和工矿区以资本主义生产关系为主；比如，经济发展不平衡，主要表现为部门经济结构中农业、采矿业和制造业的比例失调，地区经济发展中沿海和内地、城市和乡村经济水平差别很大；比如，收入分配不均，大多数人民生活贫困。

从至今国际分工的状况看，由于旧的不公平、不合理世界政治经济秩序的束缚，发展中国家也仍处于不利的地位。发展中国家虽然政治已经独立，但其在殖民地时期形成的畸形经济结构至今都未能得到彻底改造，仍然处在发达国家原料供应地、商品销售市场和最有利的投资场所的地位。同过去所不同的是，发达国家更加注重用经济手段，即通过经济援助、国际贸易、技术转让、贷款、跨国公司投资等方式，剥削和控制发展中国家。而发展中国家为了民族经济的迅速发展，实现工业化和现代化，在维护国家主权的前提下，也需要利用发达国家的资金、技术和管理经验，付出必要的代价。因此，世界经济和国际关系中，客观上形成了发展中国家和发达国家之间相互依赖、相互影响的局面。适应这种相互关系，就需要有新的秩序、新的原则，即既能反映发达国家的利益，又能反映发展中国家利益的新秩序和新原则。而和平共处五项原则就是这样的原则。

更值得注意的是，发达资本主义国家仍然通过各种形式的跨国公司和跨国经营，采用价格垄断、技术贸易、资本输出、经济援助、国际货币制度和一切旧的国际经济秩序，对亚、非、拉发展中国家推行新殖民主义，想用经济兼并代替政治兼并，用旧的国际分工秩序使发展中国家在经济上的依附地位仰仗其资本、技术和市场的优势，源源不断从广大发展中国家榨取高额利润。当时的学者们就看到了，因为在已有的国际分工中，国际贸易和国际金融等重要方面，少数发达国家仍然起着垄断和支配的地位。它们控制着国际资本市场、技术市场、产品市场，控制着国际货币组织。它们拥有的这种强大的优势，就使发展中国家难以有效行使它们的资源主权、贸易主权和金融主权。发展中国家要有效行使这些主权，当然就需要有适合行使这些主权的新的原则。

不仅从发展中国家与发达资本主义国家关系意义上说，需要有新的秩序和原则，而且从发展中国家之间的关系上说，也需要有新的秩序和原则。人们都知道，由于长期在殖民主义统治下所造成的生产力落后和贫穷，发展中国家要想依靠各自脆弱的力量，很难抵御帝国主义尤其是超级大国的干预、控制和剥削，更难以完成发展民族经济和实现经济独立的历史任务。这就迫使发展中国家不得不采取联合行动，聚集各方力量，以确保在严峻的国际环境中求得生存和发展。发展中国家之间需要团结，需要合作。而这团结和合作，不是人们主观意志的产物，而是有着深刻的、历史和现实根源的。而适用于这种团结和合作的新秩序和新原则，自然也不是人们主观意志的产物，而是有着深刻的、历史和现实根源的。

比如，政治和经济上的共同利益为这种团结和合作提供了基础和条件。这种基础和前提条件主要是，各自都是作为一个独立的主权国家，从本民族的利益出发发展自己的民族经济。虽然各国的政治经济状况极为复杂，对共同斗争目标的认识也不尽一致，因而在发展合作中必然存在一些矛盾和障碍，但在维护民族独立和国家主权，摆脱国际垄断资本控制与剥削，改变自己在国际经济中的不平等地位，建立公平合理的国际经济新秩序等方面的共同政治和经济利益，构成了这种团结和经济合作的牢固的基础。

比如，发展中国家在新的秩序和新的原则下加强团结和合作，既是世界经济发展的大趋势，也是它们自身发展合乎逻辑的必然。发展中国家之间没有根本的利害冲突，而且其中有些国家在工业化道路上已经走了很长一段路，已经掌握了相当的技术，这就为开展经济技术合作提供了条件，而且由于适用性强，可以取得良好的效果。这种合作的含义，一方面是通过相互之间的经济合作促进民族经济的发展；另一方面是增强发展中国家的经济实力和共同协调立场，以提高它们在南北对话中的谈判地位。当然，着眼点都是要改革现存的不合理、不平等的国际经济关系，逐步摆脱经济上对发达国家的依附。

比如，发展中国家的合作作为穷国之间的互助，具有很强的生命力。发展中国家都是主权国家，都有着自己的民族利益。由于发展中国家之间的合作，是建立在考虑各自不同的利益和要求，是建立在平等互利基础上的，它实际上是穷国之间的互助行为，所以就具有很强的生命力。发展中国家无论在资源、资金、技术、劳动力或生产力的实际发展水平方面，都存在着较大的差距和不平衡。因此，需要有新的秩序和原则，使相互之间的合作可以取长补短，达到资源的合理配置，并在相互支援和帮助下，利用集体的力量促进民族经济的发展和技术进步。

由上述可见，遵循和平共处五项原则，解决发展中国家的和平发展和摆脱贫困问题，是全球治理的艰巨任务。和平共处五项原则，作为一种新的国际秩序新的原则，作为全球治理原则的新发展，它不仅体现了广大发展中国家和平发展和摆脱贫困的切身要求，同时，发展中国家在和平共处五项原则基础上要团结起来，把各个分散的、孤立的、弱小的经济力量联合成为一股强大的国际经济实力，实现民族经济独立自主发展的现实，似乎也为这种新秩序、新原则的丰富和发展，提供了新的更为广阔的前景。

人们都不难悟到，和平与发展所体现的是新的人类文明。无论何种历史时代，广大劳动者都憎恨战争，都渴望和平发展，渴望和平劳动，渴望在没有战争的平等、安全、和谐、自由状态下，进行劳动和生活。中国提出的和平发展不仅有着丰富的内涵，而且还有与和平发展相关的许多新思想、新理念，诸如：平等合作、合作共赢、共建共享、和谐社会、和谐世界、人类命运共同体等，这些都体现着人类文明的新发展。也就是说，实现和平共处五项原则，实现和平发展、和平劳动，就是新的人类文明。

不言而喻，和平共处是和平发展的前提。而和平共处五项原则是和平发展得以进行的保证。在和平共处五项原则指引下，和平发展已经成为时代的潮流。世界上一大批新兴市场国家和发展中国家走上发展的快车道，十几亿、几十亿人口正在加速走向现代化，多个发展中心在世界各地区逐渐形成，国际力量对比继续朝着有利于世界和平与发展的方向发展。尽管还存在着霸权主义、强权政治的干扰，但人们有理由相信，这种发展必将使世界变得更加美好、更加文明。

这里要特别指出的是，从和平共处五项原则具体内容和相互联系看，几乎每项原则中都有一个"互"字。这个"互"字，不仅体现着相互平等的意义，而且意味着它是一个开放性、包容性、厚德性的原则。而作为一个开放包容的国际法原则，作为集中体现了主权、正义、民主、法治的价值观，不仅精辟体现了新型国际关系的本质特征，而且昭示着它是一个相互联系、相辅相成、不可分割的统一体。它不仅适用于各种社会制度、发展水平、体量规模国家之间的关系，而且历经国际风云变幻的考验，已经成为国际关系的基本准则和国际法的基本原则。它被不结盟运动、联合国等世界一系列国际组织所采纳，得到国际社会广泛赞同和遵守的事实，就体现出来它的价值，体现出来它对维护世界的和平和稳定，促进人类文明发展进步的作用和贡献。

共识的原则和新世界秩序的基础

显而易见，好的全球治理需要有好的世界秩序。过去，霸权治理和霸权秩序结果证明，它不是一种好的治理和好的秩序，需要进行修正和变革。不言而喻，和平共处五项原则作为联合国宪章原则的发展，应当是建立新型的国际关系和新世界秩序的基础。2014年，习近平在纪念和平共处五项原则发表60周年纪念大会上所发表的演说中，不仅高屋建瓴阐述了维护世界和平的伟大意义，而且特别阐述了和平共处五项原则的本质和伟大意义。

习近平同志认为，和平共处五项原则的诞生是国际关系史上的重大创举，为推动建立公正合理的新型国际关系做出了历史性贡献。和平共处五项原则之所以在亚洲诞生，是因为它传承了亚洲人民崇尚和平的思想传统，体现了中华民族历来崇尚"和为贵""和而不同""协和万邦""兼爱非攻"等理念。和平共处五项原则不仅生动反映了联合国宪章的宗旨和原则，也体现了各国权利、义务、责任相统一的国际法治精神，并赋予这些宗旨和原则以可见、可行、可依循的内涵。

和平共处五项原则的提出，作为对国际关系的一种创新和发展，对人类文明维护和发展的意义是不言自明的。这种意义首先表现在建立新的国际秩序上。人们都知道，和平共处五项原则中的某些内容早已存在，但中国把它们作为一个彼此既相区别又有联系的整体提出来，这在国际关系中还是第一次，无疑是一种创造性的发展。

比如，五项原则中的第一项"互相尊重主权和领土完整"是根本，作为国家主权原则的核心体现是调整国家间关系、实现和平共处的前提。比如，五项原则中"互不侵犯""互不干涉内政"两项，既是第一项原则的扩展和延伸，又是实现第一项原则的保证，从不同侧面强调了捍卫国家主权的具体内容。互不侵犯，与国家主权对外的独立权和自卫权直接联系，目的在于保护国家的独立与领土完整。互不干涉内政，源自国家主权一律平等、"平等者之间无管辖权"的国际惯例，主张各国都能独立自主地处理国家事务，本质目的仍是维护国家主权。比如，五项原则中的第四项原则"平等互利"，是主权平等原则的发展，国家之间只有在平等的基础上才有可能实现互利，只有实现互利，才会有真正的平等。比如，五项原则中的第五项原则"和平共处"，既是前四项原则的根本目的，又是前四项原则的必然结果，揭示了中国等发展中国家所倡导的新型的国家关系的特征。

实践告诉我们，和平共处五项原则的强大生命力，不仅在于它非常明确、清楚、简洁地为国际社会提供了一套完整的国际关系行为规范，具有比单一的国际关系原则更加全面的内容；而且在于它抓住了当今国际关系中最核心、最有决定性的问题。和平共处五项原则的核心，是主权独立、主权平等、平等互利，是在主权独立、主权平等、平等互利前提下的相互依存与和平共处。可见，五项原则不仅突出了国际关系的平等性原则，而且体现了当今国际关系中国家间相互依存、共同发展的本质要求。和平共处五项原则的创新性和突出贡献，就在于它在坚持国家权利与义务相统一的前提下，不是简单地重复已有原则，而是赋予已有原则以新的内容，特别是赋予原则和法理以外内容，这不仅防止了对原则的片面理解和运用，而且使国家间关系的发展真正建立在主权平等的基础上。正如邓小平所说的，总结国际关系的实践，最具有强大生命力的就是和平共处五项原则。

正因为如此，和平共处五项原则已日益深刻地成为国际原则。当今世界，主权国家仍然是国际关系的基本主体，和平共处五项原则被社会制度、文化传统、经济发展水平不同的国家所接受，说明它对于处理国际关系具有很强的适用性。尤其是对发展中国家来说，和平共处五项原则所体现的主权平等理念，是处于弱势地位的发展中国家反对霸权主义的思想武器。和平共处五项原则提出50多年来，一直得到发展中国家的积极拥护和认同，就清楚说明了这一点。

实践还告诉我们，作为一个统一的整体，和平共处五项原则对于当代国际法的发展也有重大作用。甚至如有学者说的，它构成了当代国际法基本原则的支柱。它在这方面的贡献在于：和平共处五项原则把五项重要国际法原则放在一起，形成一个系统的整体，这就奠定了国际法的基础；和平共处五项原则中的互相尊重主权和领土完整、互不侵犯、互不干涉内政、平等互利中都突出了相互的概念，这既表明主权不是绝对的，而是属于相对性质的原则，而且也表明平等应成为国际关系中的核心；和平共处五项原则把平等和互利联系在一起，有法律平等和经济平等相结合的效果，因而平等是实质的，而不单纯是形式的。正如有学者说的，和平共处五项原则既是规范性的原则，也是指导性的原则，既是国家间交往必须遵循的行为准则，也是维护世界和平、保障各国独立与安全的纲领。

早在1956年，周恩来就指出：历史将要证明，一切违反五项原则，企图把一方的意志强加给另一方的做法，在现代的国际关系中最后都会是行不通的。只有实行五项原则，才能符合我们时代的要求。只有以和平共处五项原则为基础的世界秩序，才能具备公正、公平和正义的品格。50多年来，国际社会处于发展变化之中，和平共处五项原则顺应历史进步潮流，并未因为各种新问题、新矛盾的涌现而过时，反而在国际关系实践中不断得到丰富和发展，其适用性和影响力与时俱进，始终具有强大的生命力。

有目共睹，和平共处五项原则在实践中取得的成效是突出的。和平共处五项原则作为中国政府处理同一切国家的相互关系的准则，从提出到现在，已经过去了半个多世纪。在这半个多世纪里，和平共处五项原则一直是中国与世界各国友好往来，建立和发展互利互惠的合作关系的重要基础。在此基础上，中国积极发展同一切国家的友好关系，使发展有了一个很好的国际环境。

比如，在坚持求同存异中，进一步发展同发达国家的关系，超越社会制度和意识形态的差异，努力扩大共同利益的汇合点。比如，在国与国之间坚持通过协商和平解决彼此的纠纷和争端，不应诉诸武力或以武力相威胁，不能以任何借口干涉他国内政。比如，对彼此之间的分歧，坚持在平等与相互尊重的基础上坚持进行对话，不搞对抗，妥善加以解决。比如，坚持与邻为善、以邻为伴的方针，加强与周边国家的友好合作，积极发展睦邻友好关系，营造一个和平、稳定的周边环境。特别是中国同绝大多数邻国解决了历史遗留问题，与周边国家的互利合作蓬勃发展。

更重要的是，自和平共处五项原则提出至今，尽管国际形势起伏跌宕，但和平共处五项原则作为处理国与国之间关系、特别是大国关系的基本准则，一直发挥着重大作用，并逐渐为世界上绝大多数国家所接受，得到越来越广泛的响应。在许多国家的双边条约和协定中，在许多国际文件和宣言中，都经常以不同形式的措辞表达了这一思想，它已经成为举世公认的处理国与国之间关系的基本准则。之所以能如此，主要是因为它适应了国际关系发展的要求，适应了人类文明发展的要求。

比如，和平共处五项原则不仅符合当今世界国家关系的发展要求，而且促进了这种关系向着更美好的方向发展。和平共处五项原则把主权独立和领土完整这一国家生存和发展的基础确定为国际关系的核心，还可以为新的国际秩序奠定坚定的基础。它把互不侵犯、和平共处确定为国际关系的目标，是符合人类社会发展的客观规律和进步要求的。它所明确的平等互利、互不干涉内政的平等原则，反映了当今世界国与国之间自由平等交往、和睦相处的普遍愿望。总的来说，和平共处五项原则体现了主权国家无论大小强弱均平等协商解决国家关系和国际事务的理性原则，这正是当今世界国家关系发展所提出的要求。

比如，和平共处五项原则不仅表达了绝大多数国家的愿望，而且综合体现了世界各国人民的根本利益。随着经济和社会的发展与进步，越来越多的国家增强了主权意识、自主意识，提高了捍卫国家利益的能力和参与国际事务的能力。以大欺小、以强凌弱、以富压贫的霸权主义行径，受到越来越多的国家的抵制和反对。和平共处五项原则适应了世界形势的这种新变化，反映了日益崛起的广大发展中国家以及主持正义的发达国家维护世界长久和平与稳定发展的共同愿望。

比如，和平共处五项原则，不仅适应了当今世界国家形态多样化的状态，而且其简明、扼要、通俗的表达形式，很容易为大多数国家接受。在当今世界上，各个国家的社会制度、思想文化、历史传统、价值观念不尽相同，经济和社会的发展水平也有很大的差异。在今后相当长的历史时期内，资本主义国家和社会主义国家、发达国家和发展中国家并存共处的现象不会改变。国际关系准则的确立必须同世界多样化的现实相适应，必须尊重各国人民的自主权利和历史选择。只有在和平共处五项原则基础上建立起来的国际关系，才能经得起国际风云变幻的考验，才会有长久的生命力。

三 新原则的实践和自我毁灭的拯救

中国向来是讲诚信的。中国不仅是和平共处五项原则的创始者、积极倡导者，而且是坚定忠实的实践者。60多年来，中国在发展同世界各国的关系中，在开展与世界各国的平等合作中，都一直忠实执行这五项原则，并在具体实践中丰富和发展了这些原则，提出了一些崭新的、维护世界和平的理念。正因中国的发展是在和平共处五项原则和这些新理念指导下的发展，所以中国的发展就意味着维护世界和平力量的发展。中国的发展为维护世界和平做出了巨大贡献。

中国人的自信和坚定

和平共处五项原则作为一个开放包容的国际法原则，作为集中体现主权、正义、民主、法治的价值观，已经载入了中国宪法，成为中国外交政策的基石。这清楚表明中国坚持实践这一原则的坚定性。新中国建立后，中国历届领导人都带领中国人民坚决走独立自主、反对战争、维护世界和平的道路，都立志在和平共处五项原则指导下，通过和平发展的道路，实现中华民族的伟大复兴。

60多年的实践表明，中国始终坚定执行和平共处五项原则，忠实执行和平战略，坚定走和平发展、和平复兴的道路，在获得自身巨大发展的同时，也为维护世界和平、为世界的共同发展做出了巨大贡献。在坚持和平发展、和平复兴、坚决维护世界和平方面，中国人有着共同的理念、共同的思想和共同的决心。

这里还应当特别提出的是，在实践和平共处五项原则中，中国的发展作为世界发展的引擎，不仅促进了世界生产力的发展，维护了世界和平；而且由于中国的发展是在一些新理念下的发展，所以这种发展以及激发的世界的发展，又返回来成为维护世界和平的更大的力量，从而促进了国际关系向更美好、更文明的方向发展。

比如，和平共处五项原则的实践促进了国际关系民主化建设。历史反复证明，国际社会必须发扬民主才能有活力。国际社会面临的所有问题，都必须在推进国际关系民主化，通过凝聚各国人民的力量来解决，而这也是和平共处五项原则的宗旨。全球性的问题需要各国共同协商解决；全球性挑战需要各国合作应对。任何一个国家和一种力量，都不可能也没有能力来独自完成这个任务。各国的事情要由各国人民做主，国际上的事情也必须要由各国协商解决。按照和平共处五项原则的精神，只要世界各种文明和社会制度都在和平共处中相互交流，取长补短，在求同存异中共同发展，国际社会中那种和平发展、合作共赢的民主繁荣的局面，就必然出现。

比如，和平共处五项原则的实践促进了和谐世界的共建。我们都会感觉到，在人类漫长的发展史上，各国人民的命运从未像今天这样紧密相连、休戚与共。共同的目标把世界各国联结在一起，共同的挑战需要各国团结在一起。实践各国的共同愿望，就是携手合作，共同为建设一个持久和平、共同繁荣的和谐世界，创造人类更加美好的明天而努力。共建和谐世界，当然必须致力于实现各国和谐共处。这就需要遵循联合国宪章宗旨和原则，恪守包括和平共处五项原则在内的国际法和公认的国际关系准则，在国际关系中弘扬民主、和睦、协作、共赢精神。诸如政治上相互尊重、平等协商，共同推进国际关系民主化；经济上相互合作、优势互补，共同推动经济全球化朝着均衡、普惠、共赢方向发展；文化上相互借鉴、求同存异，尊重世界多样性，共同促进人类文明繁荣进步；安全上相互信任、加强合作，坚持用和平方式而不是战争手段解决国际争端，共同维护世界和平稳定；环保上相互帮助、协力推进，共同呵护人类赖以生存的地球家园等。

比如，和平共处五项原则的实践促进了人类命运共同体意识的树立。人们都越来越感觉到，人类只有一个地球，各国共处一个世界。生活在同一个地球村的所有的人，都应该牢固树立命运共同体意识，在处理国际关系和世界各种事务中坚持同舟共济。而和平共处五项原则，正是倡导的命运共同体的意识和同舟共济的精神。世界各国特别是各国人民，只有同心维护世界和平，才能为促进共同发展提供安全保障。维护和平，是人民的永恒期望。和平犹如空气和阳光，受益而不觉，失之则难存。没有和平，发展就无从谈起。因为生活在地球村的人们，生产力发展水平、工业化水平、综合国力、社会形态、社会意识、价值观念等的不同，所以各国在频繁交往，合作共赢的实践中，磕磕碰碰在所难免，关键是要按照和平共处五项原则的精神，坚持通过对话协商与和平谈判，妥善解决矛盾和分歧，从而维护关系发展大局，使共同生活的地球村成为共谋发展的大舞台。在这个大舞台上，一个增长强劲的世界经济来源于各国共同增长。增长联动，是世界经济强劲增长的特征和要求。日益融入国际社会的各国,灾难和平发展中都有"一荣俱荣、一损俱损"的连带效应。在竞争中合作,在合作中共赢的世界各国,都应当在追求本国利益时兼顾别国利益,在追求自身发展时兼顾别国发展,并让发展成果更好惠及各国人民,为促进世界经济增长多做贡献。

可见,正是坚定实践和平共处五项原则,坚定走和平发展的道路,中国才取得了惊人的奇迹。面对中国的不断发展和不断强大,西方有些人总是戴着有色眼镜看中国,认为中国发展起来了必然是一种"威胁"。如习近平同志说的,"甚至把中国描绘成一个可怕的'墨菲斯托',似乎哪一天中国就要摄取世界的灵魂。尽管这种论调像天方夜谭一样,但遗憾的是,一些人对此却乐此不疲。这只能再次证明了一条真理:偏见往往最难消除"[1]。

习近平向世界郑重宣示:中国坚定不移走和平发展道路,既通过维护世界和平发展自己,又通过自身发展维护世界和平。走和平发展道路,是中国对国际社会关注中国发展走向的回应,更是中国人民对实现自身发展目标的自信和自觉。这种自信和自觉来源于中华文明的深厚渊源,来源于对实现中国发展目标条件的认知,来源于对世界发展大势的把握。

习近平还对这三个来源进行了深刻的阐述。他说:"中华民族是爱好和平的民族。一个民族最深沉的精神追求,一定要在其薪火相传的民族精神中来进行基因测序。有着5000多年历史的中华文明,始终崇尚和平,和平、和睦、和谐的追求深深植根于中华民族的精神世界之中,深深溶化在中国人民的血脉之中。中国自古就提出了'国虽大,好战必亡'的箴言。'以和为贵''和而不同''化干戈为玉帛''国泰民安''睦邻友邦''天下太平''天下大同'等理念世代相传。中国历史上曾经长期是世界上最强大

---

[1] 《习近平谈治国理政》,外文出版社2014年版,第264页。

的国家之一，但没有留下殖民和侵略他国的记录。我们坚持走和平发展道路，是对几千年来中华民族热爱和平的文化传统的继承和发扬。"①

习近平还说，中国人深知，在长时期内中国仍然是世界上最大的发展中国家，提高13亿多人的生活水平和质量需要我们付出艰苦的努力。中国要聚精会神搞建设，需要两个基本条件，一个是和谐稳定的国内环境，一个是和平安宁的国际环境。他说："历史是最好的老师，它忠实记录下每一个国家走过的足迹：也给每一个国家未来的发展提供启示。从1840年鸦片战争到1949年新中国成立的100多年间，中国社会战火频频、兵燹不断，内部战乱和外敌入侵循环发生，给中国人民带来了不堪回首的苦难。仅日本军国主义发动的侵华战争，就造成了中国军民伤亡3500多万人的人间惨剧。这段悲惨的历史，给中国人留下了刻骨铭心的记忆。中国人历来讲求'己所不欲，勿施于人'。中国需要和平，就像人需要空气一样，就像万物生长需要阳光一样。只有坚持走和平发展道路，只有同世界各国一道维护世界和平，中国才能实现自己的目标，才能为世界做出更大贡献。"②

60年的历史已经证明，坚持实践和平共处五项原则，维护和平，促进发展，不仅事关中国生存，也事关世界各国人民的福祉，所以它已成为世界各国人民的共同愿望，成为势不可挡的历史潮流。在这种潮流中发生和发展的世界变革，也昭示当今时代是一个伟大的变革的时代。中国把维护世界和平，促进共同发展，作为中国一贯的外交政策的宗旨，不仅对世界的发展和稳定，起有重要作用；而且对世界向新文明的变革也起有重要作用。在当今时代，中国的前途命运同世界的前途命运日益紧密地联系在一起。中国人民同世界各国人民一道，共同推进世界和平与发展的崇高

---

① 《习近平谈治国理政》，外文出版社2014年版，第265页。
② 同上书，第266页。

事业，共同分享发展机遇，共同应对各种挑战，这既是中国根本利益所在，也是各国人民的共同心愿。各国人民携手努力，推动建设持久和平、共同繁荣的和谐世界，必将使世界变得越来越美好。

遗憾的是，虽然和平与发展的事业、和平共处五项原则的实践关系到世界和平的维护，关系到世界各国人民的共同利益，但却遭到霸权主义者的干扰。中国在坚持这样原则下的发展，本来是有利于世界稳定，中国的强盛本来是实践和平力量的增长，但却被他们说成是威胁。也就是说，中国的发展虽然是世界和平力量的发展，但却因为中国坚持反对霸权主义，对霸权主义者造成冲击，所以必然地遭到了霸权主义者的各种歪曲和干扰，不过这些歪曲和干扰，也难以动摇中国坚持和平共处五项原则，维护世界和平的决心。如邓小平同志说的，因为中国奉行独立自主的正确的外交路线和对外政策，高举反对霸权主义、维护世界和平的旗帜，坚定地站在和平力量一边，谁搞霸权就反对谁，谁搞战争就反对谁，所以，中国的发展是和平力量的发展，是制约战争力量的发展。随着中国综合国力的增强，中国在维护世界和平中的作用将越来越大。

反对霸权主义：新原则的生命

人们从实践中越来越认识到，当今世界人类文明发展的最大阻碍是霸权主义和强权政治。而和平共处的五项原则，针对的就是霸权主义、强权政治。和平共处五项原则倡导的原则，同霸权主义、强权政治的以大压小、以强凌弱、以富欺贫，任意侵犯别国主权、干涉别国内政的方针，同它们动辄诉诸武力或以武力相威胁的行径，是根本对立的。所以，倡导和平共处的五项原则，本身就是对帝国主义、霸权主义的一种批判和抵制。毛泽东说过，我们也要争取同那些国家和平共处，但是决不可以对他们怀抱一些不切实际的幻想。不能设想，不经过工作乃至必要的斗争，它们就会自动地实行这些原则。

当然，实行和平共处的五项原则，也并不意味着放弃中国的国际主义义务。在讲到应当争取与西方国家和平共处的同时，毛泽东明确地指出：亚洲、非洲和拉丁美洲各国的民族独立解放运动，以及世界上一切国家的和平运动和正义斗争，我们都必须给以积极的支持。1972年发表的中美联合公报中，中国方面就严肃地声明：反对任何霸权主义和强权政治，重申坚决支持一切被压迫人民和被压迫民族争取自由、解放的斗争；各国人民有权按照自己的意愿，选择本国的社会制度，有权维护本国独立、主权和领土完整，反对外来侵略、干涉、控制和颠覆等的原则立场。如有学者说的，这样的外交文件在世界外交史上即使不是绝无仅有的，至少也是极为罕见的。

很显然，由于霸权主义是当今战争的根源，霸权主义的理念和原则是与和平共处五项原则对立的；因此，和平共处五项原则的实践，始终与反对霸权主义相联系。深受帝国主义、霸权主义之苦的中国人，对帝国主义、霸权主义有深刻认识，对帝国主义、霸权主义是战争的根源，是对和平的威胁，有亲身体会，所以从新中国成立伊始，中国就把反对帝国主义、反对霸权主义，放在了维护世界和平的重要地位。而且酷爱和平，深知和平宝贵的中国人，坚持独立自主的和平对外政策，坚持和平共处五项原则，坚持和平发展、和平劳动的道路，是持久不变的。

霸权主义是当今世界战争的根源，是对和平的最大威胁，这已经不是一个理论问题，而是世人都眼见的事实。正因为如此，反对霸权主义已经成为世界潮流。诚然，如普京在2018年瓦尔代论坛上说的，美国霸权虽然已经衰落，但它仍是导致许多全球性问题的根源。不过，美国霸权的衰落也为世界其他许多国家提供了发展的机遇。普京说：霸权主义国家企图摧毁它们不喜欢的政权或者将自身的意志强加于别的国家的做法，是没有头脑和不道德的。

从美国特朗普政府的所作所为中，人们都会感到，霸权主义是多么的可恶，其对和平的危害是多么的大，反对霸权主义是多么的必要。所以，坚持走和平道路，就一定要反对霸权主义；坚持和平共处五项原则，就一定要反对霸权主义；坚持和平共处五项原则持久不变，就意味着反对霸权主义也是持久不变的。和平共处五项原则的价值和意义，在今天的国际关系中，就集中体现在反对霸权主义的价值和意义。

这里要特别强调的是，在中国坚决反对霸权主义和强权政治的含义里，也包括自己。不让别人搞霸权主义，首先是自己不能搞霸权主义，这才真正表明了中国反对霸权主义的彻底性。中国人是光明磊落的。永远不称霸，不搞霸权主义，这是中国历届领导人对世界所做出的庄严承诺。

比如，毛泽东就向世界庄严承诺，中国永远不称霸，永远不搞霸权主义。毛泽东反复阐述了反对霸权主义问题。毛泽东认为，霸权主义是世界性问题。在毛泽东看来，美国帝国主义势力为称霸世界，经常挥舞指挥棒，让其他国家服从它，从而成为世界动荡之源。比如美国的帝国主义势力为了称霸世界，往往肆意干涉别国内政。它采取经济上封锁、政治上孤立、军事上遏制的政策，企图扼杀其他国家。它还不惜使用武力，对弱国、小国进行侵略。全世界大多数人民都受到美帝国主义的压迫和欺侮。毛泽东的结论就是，要维护世界和平，维护各国人民的根本利益，维护各国的独立、主权和领土完整，在国与国之间实行和平共处、平等往来，非反对霸权主义不可。邓小平曾这样评价毛泽东，说毛泽东思想在世界上是同反霸权主义的斗争分不开的。

在毛泽东看来，受霸权主义欺负的国家，反对霸权主义最有效和最彻底的办法，除了要敢于对霸权主义进行坚决抵制和斗争之外，就是自强。只要受欺负的国家都发展了，强大了，在国际上有了平等的地位，世界和平才能得到真正的维护。因为几个大国垄断世界事务，对世界的和平与发展是十分不利的。只有世界所有国家取得平等地位，大家都有权过问世界事务，才能真正达成协议，才能真正维护世界和平。

毛泽东认为，中国不仅坚定实行和平共处五项原则，而且为了反对霸权主义，维护世界和平，应当把这五项原则推广到所有国家的关系中去。他强调，五项原则是一个大发展，我们要根据五项原则去工作。我们应当采取步骤使五项原则具体实现，不要使五项原则成为抽象的原则，讲讲就算了。现在世界上有两种态度，一种是讲讲就算了，另一种是要具体实现。美国也说要和平共处，但它是讲讲就算了的，真正要和平共处，它就不干了。而我们不是那样。现在和将来，中国都没有任何理由不将这些原则坚持到底。毛泽东同志特别强调，在国际关系中，大国、小国应当平等相待，任何大国都不应有特权，应当坚决反对大国特权，这应当是一个基本原则。国际上的事要由大家商量解决，不能由少数大国决定。

毛泽东主张，解决国际上的一切问题都不能采取霸权主义的原则，而应当采取和平共处五项原则，应当遵循平等、互利、互相尊重主权和领土完整的原则，都要以和平为上，都应当用和平谈判、和平协商的办法。毛泽东不仅是这么说的，也是这么做的。在毛泽东和周恩来时代，互相尊重主权和领土完整、互不侵犯、互不干涉内政、平等互利和和平共处这五项原则，一直是中国对外政策的基石。

毛泽东特别强调，中华民族在用和平方式努力创造自己的文明和幸福的同时，也促进世界的和平和自由。他指出：我们的民族将从此列入爱好和平自由的世界各民族的大家庭，以勇敢而勤劳的姿态工作着，创造自己的文明和幸福，同时也促进世界的和平和自由。我们的民族将再也不是一个被人侮辱的民族了，我们已经站起来了。我们的革命已经获得全世界广大人民的同情和欢呼，我们的朋友遍布于全世界。的确，从新中国成立至今，中国在和平复兴中，一贯遵循这一理念，一贯坚持通过对话和协商方式解决国际矛盾和冲突，在维护本国和平安全的同时，积极促进世界的和平和自由。

新中国建立至今，中国在维护世界和平事业上的最大贡献，是和平共处五项原则理念的提出和忠实地实践。从和平共处五项原则的内容看，它不仅简洁阐明了世界各国，无论社会制度、意识形态、价值观、经济发展水平如何，都应当按照互相尊重主权和领土完整、互不侵犯、互不干涉内政、平等互利的原则和平共处、友好往来、真诚合作，这是对国际法基本原则的高度概括，体现了《联合国宪章》的宗旨和原则，体现了现代国际关系的基本特征和要求，符合世界各国及人民的根本利益，所以得到世界各国的普遍确认。周恩来总理所说的"历史将要证明，一切违反五项原则，企图把一方的意志强加给另一方的做法，在现代国际关系中最后都会是行不通的。只有实现五项原则，才能符合我们时代的要求"的话，现在已经被历史所证明。

毛泽东向世界做出了这样的承诺：中国人民是热爱和平的，中国作为社会主义国家将坚决、彻底、干净、全部地消灭大国主义，将永远不称霸，永远不做大国沙文主义，一百年、一万年都不会侵略别人，不会侵犯别人一寸土，一根草。永远尊重别国主权和领土完整，绝不干涉别国内政，绝不把自己的意见强加于人。毛泽东要全世界都来监督中国。

比如，邓小平同样向世界承诺，中国坚决反对霸权主义，中国永远不搞霸权主义，永远不称霸。邓小平结合中国改革开放后世界形势的新特点，更加强调霸权主义是现代战争的根源，强调反对霸权主义对维护世界和平的重要性。邓小平说："从政治角度说，我可以明确地肯定地讲一个观点，中国现在是维护世界和平和稳定的力量，不是破坏力量。中国发展得越强大，世界和平越靠得住。对这个问题，不仅我，还有中国其他领导人，包括已故的毛泽东主席、周恩来总理都多次声明，中国最希望和平。中国在毛泽东主席和周恩来总理领导的时候，就强调反对超级大国的霸权主义，并认为霸权主义是战争的根源。"[①] 邓小平指出："第二次世界大战以后，实际上没有什么和平，大战没有打，但小战不断。小战在哪里打？在第三世界。根源还不是超级大国霸权主义在那里挑拨，在那里插手！长期以来，超级大国就是利用第三世界的冲突来达到他们的目的，所以，尽管第三世界本身也有这样那样的问题，直接受害的还是第三世界的国家和人民。"[②]

邓小平认为，大国强权政治、霸权主义的本质，就是要控制别的国家，是想垄断世界。当今，世界人民正面临着反对霸权主义的严重任务。邓小平指出："霸权主义和帝国主义总是欺侮包括非洲国家在内的发展中国家，经常干预这些国家为摆脱控制、发展经济、争取政治独立与自主所作的努力。他们对中国也是这样。有的大国的议会今天通过这样一个决议，明天通过那样一个决议，干涉我们的内政。但是中国是一个十亿人口的大国，中国人民已经站起来了，这些干涉对我们来说，没有什么了不起，我们可以置之不理，也可以提出抗议。我们还有一个台湾问题没有解决，仍然面临着完成国家统一的任务。所以说，连中国这样一个发展中的大国，都还有维护主权、独立和领土完整的任务，可见第三世界发展中国家维护独立、主权的任务还面临着严峻的局面。因此，第三世界要联合起来，共同努力奋斗。"[③]

在邓小平看来，只要霸权主义还存在，战争的危险就还存在，

[①] 《邓小平文选》第3卷，人民出版社1993年版，第104页。
[②] 《邓小平文选》第2卷，人民出版社1993年版，第415页。
[③] 《邓小平文选》第3卷，人民出版社1993年版，第289页。

世界人民必然面临着反对霸权主义、维护世界和平的严重任务。特别是对中国来说，只要霸权主义存在，反对霸权主义和维护世界和平的斗争就始终作为一项严重的任务摆到中国国家和全国人民面前。邓小平同志认为，中国的对外政策是一贯的，有三句话，第一句话是反对霸权主义，第二句话是维护世界和平，第三句话是加强同第三世界的团结和合作。邓小平强调，霸权主义是当今世界战争的根源，所以中国奉行反对霸权主义、维护世界和平的外交政策，谁搞和平，中国就拥护；谁搞战争和霸权，中国就反对。

邓小平认为，中国提出的和平共处五项原则应当成为新的国际政治秩序和经济秩序的准则，中国将永远坚持这五项原则，讲公道话，办公道事，促进以和平方式解决一切国际争端，以维护世界和平。中国对外政策的目标是争取世界和平。在争取和平的前提下，一心一意搞现代化建设，发展自己的国家，建设具有中国特色的社会主义。"我们坚持独立自主的和平外交政策，不参加任何集团。同谁都来往，同谁都交朋友，谁搞霸权主义我们就反对谁，谁侵略别人我们就反对谁。我们讲公道话，办公道事。这样，我们国家的政治分量就更加重了。这个政策很见效，我们要坚持到底。"① 邓小平特别强调，能不能顶住霸权主义、强权政治的压力，坚持我们的社会主义制度，关键就看能不能争得较快的增长速度，实现我们的发展战略，一切都决定于把自己的事情搞好。

邓小平也向世界承诺：中国是维护世界和平的力量，中国作为社会主义国家，将永远反对霸权主义，永远不做超级大国，永远不称霸。即使将来变得强大了，也不会实行霸权主义。如果到那时中国翘尾巴了，在世界上称王称霸，指手画脚，那就不是社

---

① 《邓小平文选》第 3 卷，人民出版社 1993 年版，第 162 页。

会主义国家了。邓小平强调，反对霸权主义，维护世界和平，永不称霸，这是毛泽东、周恩来制定的对外政策，我们要用来教育子孙后代。

比如，江泽民也做出了同样的承诺。江泽民同志认为，中国人民酷爱和平，深知和平之宝贵。而霸权主义和强权政治，已成为世界和平发展的主要障碍。要维护世界和平，就必须反对霸权主义和强权政治。正常的国家关系只能建立在和平共处五项原则的基础上。中国人民将恪守不干涉别国内政的原则，中国人民也决不能允许别人侵犯自己进行历史选择的神圣权利。我们主张在和平共处五项原则基础上建立国际政治、经济新秩序，世界各国互不干涉内政，每个国家的独立和主权都应受到尊重，每个国家的人民都应享有选择自己认为合适的社会制度、发展道路和思想道德的自由。

江泽民向世界承诺：中国将坚定不移地奉行独立自主的和平外交政策，反对霸权主义和强权政治，支持国际正义事业，同世界各国发展友好合作关系。中国永远不称霸，永远不搞扩张，永远反对任何形式的霸权主义、强权政治和扩张行为。中国永远致力于维护世界和平事业，永远做世界人民可以信赖的朋友。中国将坚定坚持独立自主、完全平等、互相尊重、互不干涉内部事务的原则。中国要同世界各国和各国人民一道，为在和平共处五项原则的基础上建立国际政治经济新秩序，做出积极的贡献。

比如，胡锦涛也做出了同样的承诺。胡锦涛同志认为，中国的发展是和平的发展、开放的发展、合作的发展、和谐的发展。中国对内致力于构建和谐社会，对外愿同世界各国一道推动建设持久和平、共同繁荣的和谐世界。中国通过争取和平的国际环境来发展自己，又通过自身的发展来促进世界和平。中国的发展不会对任何人构成威胁，只会给世界众多国家带来更多的发展机遇和更加广阔的市场。中国的发展对维护世界和平，促进世界发展，不是威胁，而是贡献。

胡锦涛同志向世界承诺：中国将坚持独立自主的和平外交政策，继续实行全方位的对外开放政策，在和平共处五项原则的基础上，同世界各国各地区广泛开展经济技术合作和科学文化交流，既利用世界和平与发展的有利时机发展自己，又以自己的发展促进世界的和平与发展，努力争取互利共赢的结果。中国永远坚持反对霸权主义，永远是维护世界和平的重要力量。中国过去不称霸，今后也永远不会称霸。中国人民将同世界各国人民一道，共同推进人类和平与发展的崇高事业，努力为人类做出更大贡献。

比如，习近平也做出了同样的承诺。习近平同志认为，中国走和平发展道路不是权宜之计，更不是外交辞令，而是从历史、现实、未来的客观判断中得出的结论，是思想自信和实践自觉的有机统一。和平发展道路对中国有利、对世界有利，我们想不出有任何理由不坚持这条被实践证明是走得通的道路。习近平强调，中国不认同"国强必霸"的陈旧逻辑。当今世界，殖民主义，霸权主义的老路不仅走不通，而且一定会碰得头破血流。只有和平发展的道路可以走得通。所以，中国将坚定不移走和平发展的道路。

习近平认为，国强必霸，这是资产阶级的思维逻辑。而中国人民崇尚"己所不欲，勿施于人"。如习近平所阐述过的，中国不认同"国强必霸论"，中国人的血脉中没有称王称霸、穷兵黩武的基因。中国将坚定不移沿着和平发展道路走下去，这对中国有利，对亚洲有利，对世界也有利，任何力量都不能动摇中国和平发展的信念。中国坚定维护自身的主权、安全、发展利益，也支持其他国家特别是广大发展中国家维护自身的主权、安全、发展利益。中国坚持不干涉别国内政原则，不会把自己的意志强加于人，即使再强大也永远不称霸。中国真诚希望其他国家都走和平发展道路，大家携手把这条路走稳走好。

习近平特别强调，尽管中国一直维护世界和平的重要力量，尽管中国坚持和平发展、和平复兴，为维护世界和平，维护世界和平发展做出了巨大贡献，然而，一些别有用心的人，别有用心的国家，却视事实于不顾，大肆炒作中国威胁，在中国周边兴风作浪，以图把中国复兴大业搞乱，把世界和平搞乱，把世界人民的和平幸福生活搞乱，其用心何其毒也！在中国维护世界和平和和平复兴大业面临各种恶浪袭扰的情况下，习近平再次向世界宣告，中国将坚定不移走和平发展道路，在和平共处五项原则基础上发展同世界各国的友好合作。中国通过争取和平的国际环境发展自己，同时以自身发展维护和促进世界和平与共同发展，这是中国特色社会主义的本质要求。

习近平同志向世界承诺：中国多次公开宣示，中国反对各种形式的霸权主义和强权政治，不干涉别国内政，永远不称霸，永远不搞扩张。中国在政策上是这样规定的，制度上是这样设计的，在实践中是一直这样做的。当然，中国将坚定不移维护自己的主权、安全、发展利益，任何国家都不要指望我们会吞下损害中国主权、安全、发展利益的苦果。

当然，坚决反对霸权主义，维护世界和平的，还有广大发展中国家。正如邓小平同志所指出的：由于历史的和现实的原因所决定，发展中国家是真正维护和平、反对霸权主义的主力。这不是以人们的意志为转移的，是由发展中国家所处的地位和切身利害关系决定的。值得注意的是，广大发展中国家不仅有着这种渴望和平、维护和平、反对霸权主义、反对战争的本质属性，而且经过这些年来的发展，其综合国力和在全球化经济中的地位都有了较大的提高，积蓄了一定的反对战争和反对霸权主义的力量。特别是在经济全球化发展进程中，由于发达国家和发展中国家相互依赖或依存性不断加深，在经济发展和经济利益上，发达国家也离不开广大的发展中国家。所以，只要发展中国家能够团结起来，齐心反对霸权主义和强权政治，反对战争，维护世界和平，整个世界和平与发展的大趋势是可以长期维持下去的。

显而易见，在霸权主义还有一定优势的条件下，反对霸权主义，维护世界和平，不仅需要决心和意志，而且需要实力的发展。现在似乎无人怀疑，中国作为发展中的大国，作为维护世界和平的重要力量，中国的发展和壮大对世界的和平与发展，对维护世界和平所起的作用也不断增加。也就是说，维护世界和平不仅需要坚决实践和平共处五项原则，更需要经济快速发展、综合国力的日益强大。最宝贵的是，无论中国如何强大，中国都不会走霸权主义的道路。

总之，中国坚定实践和平共处五项原则，坚持独立自主的和平外交政策，坚定不移地走和平发展道路，是永远不会改变的。这里有两个基本点：一个基本点是，中国将始终不渝地走和平发展的道路，并把自身的发展与人类共同进步联系在一起，既通过维护世界和平来发展自己，又通过自身的发展来促进世界和平。中国坚持实施互利共赢的对外开放战略，真诚愿意同各国广泛开展合作，真诚愿意兼收并蓄、博采各种文明之长，以合作谋和平、以合作促发展，推动建设一个持久和平、共同繁荣的世界。既充分利用世界和平发展带来的机遇发展自己，又以自身的发展更好地维护世界和平、促进共同发展。另一个基本点是，中国将坚持在和平共处五项原则的基础上同所有国家发展关系，同国际社会一道致力于人类和平与发展的崇高事业。中国在实践和平共处五项原则中，顺应历史潮流，不仅积极促进世界多极化，积极促进经济全球化朝着有利于实现共同繁荣的方向发展，推动建立公正合理的国际政治经济新秩序；而且提倡国际关系民主化和发展模式多样化，国家不分大小、强弱、贫富一律平等，支持世界各种文明、不同社会制度和发展道路在竞争比较中取长补短、在求同存异中共同发展；树立互信、互利、平等、协作的新安全观，通过对话和合作解决争端,反对诉诸武力或以武力相威胁,反对各种形式的霸权主义和强权政治。

新原则的实践和新的全球性安全

目前,学者们都在谈论新的安全观。所谓新的安全观,是针对旧的诸如霸权稳定论、霸权安全观或冷战安全观而言的。旧的安全观是只讲本国或本集团安全,不顾别国的安全。而中国提出的新安全观,是适应和平发展提出来的,它的基本内涵就是和平共处五项原则,或者说是在和平共处五项原则下的相互安全、共同安全、综合安全或全面安全。这种安全不仅要以和平共处五项原则为原则,而且要以平等互利、合作共赢为基础。其宗旨是为世界和平发展提供一个全面的安全环境。

2005年中国政府发布了《中国的和平发展道路》白皮书,把和平发展道路概括为:"争取和平的国际环境发展自己,又以自身的发展促进世界和平;依靠自身力量和改革创新实现发展,同时坚持实行对外开放顺应经济全球化发展趋势,努力实现与各国的互利共赢和共同发展;坚持和平、发展、合作,与各国共同致力于建设持久和平与共同繁荣的和谐世界。"从中可以清晰看出,综合安全观贯穿于和平发展战略的方方面面,是和平发展战略的题中应有之义。在某种意义上,新安全观就是和平发展观。

新安全观内涵虽然丰富,但其核心部分都与和平共处五项原则相关。比如,在居于国家安全最高位置的政治安全中,核心问题当然是国家政权稳固和国家主权不受侵犯,是相互尊重主权和领土完整,互不干涉内政。在军事安全中,占据核心地位的,当然是互不侵犯。在经济安全中,占据核心地位的当然是平等互利。人们越来越认识到,经济是社会的物质基础,没有经济安全就不可能有真正的国家安全。所以维护以平等互利为原则的和平发展,越来越具有特别重要的意义。至于国家安全的其他方面,诸如文化安全、信息安全、生态安全等，也都只有在维护和平共处的条件下才能实现。

也许人们还没有真正认识到和平共处五项原则中"互"字的深刻含义，尤其是它在新安全观中的地位。在新安全观中，相互安全或共同安全占有特别重要的地位。相互安全，从根本上说，任何国家的安全都是在双边或多边基础上相互确保安全的体现。也就是说，一个国家为追求自身安全利益时，必须考虑双边或多边国家的共同安全。中国政府认为，相互安全是共同安全和合作安全实现的基础和必要前提。因为在全球化中发展的国家关系，已经成为相互依存的命运共同体，国家间彼此安全利益的获得，与维持平等互利、合作共赢紧密联系在一起。相互安全的实现，离不开和平的国际安全环境，它有赖于国际社会的共同协作，任何国家都不能把自己的所谓安全建立在损害他国安全利益的基础上。

军事安全、国防安全，对任何国家来说，都是至关重要的。中国领导人对国家的军事安全和政治安全，对国家主权、领土安全都给予特别的重视。坚决维护中国的主权、领土完整和民族尊严，在涉及国家主权、安全和根本利益，涉及发展中国家权益，涉及世界和平与地区稳定，涉及建立公正合理的国际政治经济新秩序的问题上，中国始终旗帜鲜明，坚持原则，进行不懈斗争。而随着全球化的深入发展和各国相互依赖的加深，经济安全的作用和地位不断提高，中国领导人对经济安全也日益重视。经济优先已经成为世界潮流，这是时代进步和历史发展的必然。当前对每个国家来说，悠悠万事，唯经济发展为大。发展不但关乎各国国计民生、国家长治久安，也关系到世界的和平与安全。各国经济相互依赖已经发展到了必须将保护主权国家的经济安全列为最迫切的问题的阶段。

在经济安全中，科技安全又占有重要地位。人们都日益感觉到，全球化的发展使科技安全的重要性日益突出，也使科技安全成为国家安全总体态势的一个决定性要素之一。从国际安全角度讲，科技安全主要不是强调狭义的科学技术系统的安全性理解，而是侧重广义上的内涵，即在一定的社会环境条件下，特别是国际大环境中，以国家价值准则为依据的对科技系统与相关系统相互作用所决定的国家安全态势的一种动态的理解。

当今，各国综合国力的较量已成为国际竞争的重点，而构成综合国力的两大中心要素除了经济外，另一个就是科技。科技不仅成为经济发展和现代军事需求的重要手段，而且也经常被国内外各种反动势力或极端势力利用，给国家安全和国际安全造成了极其严重的负面影响。可见，科技安全在国家安全的维护中已处于举足轻重的地位。科技的不断进步与创新是经济和军事实力增强的关键。中国领导人主张，一国的科技创新成果，都应当以和平利用为目的，不仅以促进本国的和平发展和国家安全为宗旨，而且应当以促进全人类的安全为宗旨。

在新的安全观中，信息网络安全是一个全新的领域。中共十六大首次将信息安全与政治安全、经济安全、文化安全一起作为今后我国安全维护的四大重点。信息安全是指维持国家政治、经济、科技、军事、文化、社会生活等系统不受内外环境威胁、干扰、破坏而正常运行的状态。因为信息网络安全已经成为国家整体安全的重要基础，成为综合安全观的一个重要组成部分，成为各国政府普遍关注的国家安全问题。所以可想而知，和平共处五项原则同样适用于信息网络安全。

近几年，随着网络信息技术的快速发展，信息安全问题在世界各国都变得突出起来。以美国为首的发达国家，借其在信息和网络技术方面的优势，利用"信息威慑"和"信息霸权"，对发展中国家实施限制性的信息控制与输出，意在达到比冷战时期核威慑更有效的目的。斯诺登爆料的美国对世界各国的监听丑闻，使人们看到了信息网络安全对一个国家的安全和社会稳定会产生多么大的影响。如美国学者约瑟夫·奈说的：信息技术很可能会变成威胁国家安全的重要软权力资源，在信息时代条件下，谁能拥有信息权力的优势，谁就会对未来的世界格局占有支配地位。按照和平共处五项原则，应互相尊重各自虚拟的信息边界，互不侵犯，在相互交流和平等合作中达到共同发展和共享，以实现信息网络的共同安全。

所谓生态安全，是指人类和国家依赖的生存和发展环境处于一种免受污染和破坏的良好状态，具有跨国性、紧迫性和代际性。生态安全问题是人类在可持续发展问题不断深化理解的基础上形成的。从一定程度上讲，人类发展的历史就是向大自然无节制索取而缺乏采取有效治理的历史，由此导致了在开发利用自然界取得成果的同时也给自然界带来了严重的破坏。人与自然对立的结果必然是遭到自然的无情惩罚，如全球普遍出现的大气污染、气候异常、土地荒漠化、水资源匮乏等问题给人类生存和发展带来了严重挑战。这种失衡的生态环境可能会导致经济、政治和社会的全面动荡，威胁人的安全和国家安全。因此，实现人与自然的可持续发展是经济、政治、文化等全面协调发展的坚实基础。人与自然和谐共生对国家和整个人类安全的未来具有重要的意义。

这里我们要特别提及的是，共同安全不仅是新安全观的重要组成部分，而且是新安全观所追求的最终或最高目标。我们知道，中国提出的新安全观，与联合国的安全理念是一致的。1985年联合国发表《安全概念》的研究报告，对共同安全的概念做了如下理解：在相互依存的时代，国家之间存在着相互依赖的、共有的安全关系，任何国家自身利益的获得不应以损害他国利益为前提。因此，共同安全倡导裁军、削减核弹头以增加国家间的互信，建立更稳定的国际秩序，使人类的生活质量在增加国家以及国际的资源再分配中得到根本的改善，这同中国提出的新安全观要达到的目标是一致的。

中国把追求共同安全作为最终或最高目标，意义非常重大。中国的希望是：世界各国都既追求自己国家的安全，也顾及别的国家的安全，顾及各国的共同安全，从而实现个人、国家和国际社会共享的安全局面。中国新安全观认为，随着全球化进程的不断扩展和日益加深，任何国家的安全利益都与维持这个国家所在的地区乃至整个世界的安全，有着相互影响、相互依赖和相互作用的关系。各国的安全有其独立性的一面，也有受他国安全和世界安全影响和制约的一面。所以中国提出的共同安全与旧的"零和"安全理念是根本不同的。实践已经证明，"零和"安全的诉求既危及他国安全和国际社会的安全，也危及国家自身的安全，根本不可能给国家自身、给地区、给整个世界带来真正、持久的安全。

当然，共同安全的实现既是可能的，也是有条件的。最基本的条件就是，各国在高度相互依赖中，共同利益越来越多，已经成为命运共同体。国家的安全，国家的发展，都已经成为对国家利益和共同利益追求的结合。国家间实力的差距是客观存在的，但各方只要相互依赖，只要有共同的利益追求，就会最终摆脱国家安全合作的困境，进而实现安全合作的理想追求。而且我们看到，当今的相互依赖，已经不是单纯一国与另一国的相互依赖，也不是某个经济或者安全领域的相互依赖，而是一种复合相互依赖。在复合相互依赖的条件下，诉诸武力来解决矛盾与冲突，都是愚蠢的。而且因为成本太大，甚至是自取灭亡，所以任何国家都不敢轻易运用武力。

总之，如习近平同志说的："'明者因时而变，知者随世而制。'形势在发展，时代在进步。要跟上时代前进步伐，就不能身体已进入21世纪，而脑袋还停留在冷战思维、零和博弈的旧时代。我们认为，应该积极倡导共同、综合、合作、可持续的亚洲安全观，创新安全理念，搭建地区安全和合作新架构，努力走出一条共建、共享、共赢的亚洲安全之路。"[①] 习近平同志还用如下七个"应该"，概括了新安全观的内涵和意义。

一是安全应该是共同的。应该是要尊重和保障每一个国家的安全。由于世界多样性特点突出，各国大小、贫富、强弱很不相同，历史文化传统和社会制度千差万别，安全利益和诉求也多种多样。但大家共同生活在地球这个大家园里，利益交融、安危与共，日益成为一荣俱荣、一损俱损的命运共同体。

二是安全应该是普遍的。不能一个国家安全而其他国家不安全，一部分国家安全而另一部分国家不安全，更不能牺牲别国安全谋求自身所谓绝对安全。否则，就会像哈萨克斯坦谚语说的那样："吹灭别人的灯，会烧掉自己的胡子。"

三是安全应该是平等的。各国都有平等参与地区安全事务的权利，也都有维护地区安全的责任。任何国家都不应该谋求垄断地区安全事务，侵害其他国家正当权益。

四是安全应该是包容的。应该把世界多样性和各国的差异性转化为促进安全合作的活力和动力，恪守尊重主权、独立和领土完整、互不干涉内政等国际关系基本准则，尊重各国自主选择的社会制度和发展道路，尊重并照顾各方合理安全关切。强化针对第三方的军事同盟不利于维护地区共同安全。

五是安全应该是综合的。应该是要统筹维护传统领域和非传统领域安全。世界安全问题极为复杂，既有热点敏感问题，又有民族宗教矛盾，恐怖主义、跨国犯罪、环境安全、网络安全、能源资源安全、重大自然灾害等带来的挑战明显上升，传统安全威胁和非传统安全威胁相互交织，安全问题的内涵和外延都在进一步拓展。我们应该通盘考虑世界安全问题的历史经纬和现实状况，

[①] 《习近平谈治国理政》，外文出版社2014年版，第354页。

多管齐下、综合施策，协调推进地区安全治理。既要着力解决当前突出的地区安全问题，又要统筹谋划如何应对各类潜在的安全威胁，避免头痛医头、脚痛医脚。对恐怖主义、分裂主义、极端主义这"三股势力"，必须采取零容忍态度，加强国际和地区合作，加大打击力度，使本地区人民都能够在安宁祥和的土地上幸福生活。

六是安全应该是合作的。应该通过对话合作，促进各国和本地区安全。安全的力量在于沟通、互信和团结。要通过坦诚深入的对话沟通，增进战略互信，减少相互猜疑，求同化异、和睦相处。要着眼各国共同安全利益，从低敏感领域入手，积极培育合作应对安全挑战的意识，不断扩大合作领域、创新合作方式，以合作谋和平、以合作促安全。要坚持以和平方式解决争端，反对动辄使用武力或以武力相威胁，反对为一己之私挑起事端、激化矛盾，反对以邻为壑、损人利己。世界各国都应为安全和合作发挥积极和建设性作用，努力实现一赢、多赢、共赢。

七是安全应该是可持续的。安全应该是发展和安全并重，以实现人们幸福的持久安全。习近平同志引用"求木之长者，必固其根本；欲流之远者，必浚其泉源"这句话，说明发展和安全的辩证关系，说明发展是安全的基础，安全是发展的条件。贫瘠的土地上长不成和平的大树，连天的烽火中结不出发展的硕果。对世界大多数国家来说，发展就是最大安全，也是解决地区安全问题的"总钥匙"。要建造经得起风雨考验的安全大厦，就应该聚焦发展主题，积极改善民生，缩小贫富差距，不断夯实安全的根基。要推动共同发展和安全合作良性互动、齐头并进的大好局面，以可持续发展促进可持续安全。

我们从习近平同志阐明的这些思想中自然不难领悟到，面对一个多样化世界，建立在和平共处五项原则基础上的新安全观，不仅符合世界多数国家的意愿，符合世界和平发展的客观规律，而且有利于体现各国和各国人民的共同意愿与利益，有利于推动建立公正合理的国际政治经济新秩序，有利于促进世界政治经济文化的协调平衡发展。世界上的各种力量，都只有按照和平共处五项原则，按照这种新的安全观，在平等互利的基础上加强协调和对话，不搞对抗，共同维护世界的和平、稳定与发展，特别是对维护世界和负有重要责任的大国，应该尊重小国，强国应该扶持弱国，富国应该帮助穷国，这样才能实现美好的明天。只有世界各国共同努力，共同应对各种挑战，并在合作共赢中共同分享发展机遇，积极采取应对措施，不断消除影响和平与发展的消极因素和不稳定因素，才能切实地推进世界和平与共同发展这项崇高事业，世界的持久和平和共同繁荣才能得以实现。

第七章

全球治理的德性秩序：公平和正义

如亚当·斯密说的：正义准则是唯一明确和确切的道德准则。当然它也应当是全球秩序的道德准则。秩序，是治理的核心。基于旧世界秩序缺乏公平正义的合理性，并酿成如今世界的不平等、不民主、混乱、动荡和诚信尽失的局面，这就决定了，建立公平、合理、正义的新的世界秩序，是当今全球治理的一项艰巨任务。秩序是核心，又是规则。规则是体现秩序性质，体现秩序善恶的基础。有了良性规则，才能有良性秩序。建立公平、合理、正义的秩序，首先要制定公平、合理、正义的规则。可想而知，规则的善恶又决定于制定规则的人的善性。国际社会争夺财富和权势的斗争，从根本上说，就是争夺制定规则权的斗争。

一 公平正义和世界秩序

美国特朗普政府的所作所为使全球人都在疑惑：西方秩序的创建者，为什么又成为这种秩序的破坏者。其实，原因很简单，那就是这种秩序是由西方发达国家为了维护自己的利益而制定的，它压根儿就缺乏公平和正义，压根儿就只有利于秩序的制定者，而不利于广大发展中国家。由自己制定的秩序，自然可以由自己支配，可以为了自己的利益而任意对它发号施令。一旦秩序开始要走向公平正义，走向自己不能再任意发号施令，甚至开始脱离了为自己谋利的轨道时，自然就要反对它、破坏它了。在哲学家们看来，公平正义不仅是社会制度的道德标准，是社会制度的第一美德，而且还把它视为全球秩序至高无上的原则。但这种原则和美德，是与贪婪私人财富和权势不相容的。

公平正义：世界秩序的基本准则

共同生活，是人类本性决定的。而任何共同体，都只有在一定秩序下才能生存。世界共同体自然也是如此。要制定世界秩序，首先必须有认同，有对世界运行规则、原则的广泛认同。而公平正义原则，就是最基本的认同。人们都知道，社会公平和正义问题始终是现存经济关系的反映。公平正义观念，应当是从人的共同特性中，从人就他们是人而言的这种平等中引申出来的。公平正义的含义是，一切人，一切国家，整个国际社会中的一切成员，都应当有平等的政治地位和社会地位，都应公平地享受到各种应有的权利。这也许就是学者们把它视为世界秩序的基本原则，或至高无上原则的原因。

无论古代和现今，无论伦理道德学家、社会学家或政治学家们，都把公平正义视为评价社会制度优劣的一种道德标准，或社会制度的首要德性，甚至把它视为人们的第一美德和恒久生命力量，这是有深刻道理的。比如，亚当·斯密说过："与其说仁慈是社会存在的基础，不如说正义是这种基础。虽然没有仁慈之心，社会也可以存在于一种不很令人愉快的状态之中，但是正义的普遍丢失，肯定会彻底摧毁整个社会。正义犹如支撑整个大厦的主要栋梁，如果这根支柱受到摧残的话，那么人类社会这个雄伟而巨大的建筑，必然会在顷刻之间土崩瓦解。"[1]

---

[1] [英]亚当·斯密：《道德情操论》，中国工人出版社2016年版，第80—81页。

这里说的公平正义，当然不仅包含正当、合理之意，而且包括公平和平等之意。哲学家们都把这种正当、合理、公平或平等，称为是内在的、具有普遍意义的善。不仅如此，公平正义还是良好社会秩序的基础。正如亚里士多德在其《政治学中》说的："由正义衍生的礼法，可凭以判断人间是非曲直，正义恰正是树立社会秩序的基础。"[①] 我们这里要说的是，公平正义也应当是世界政治经济秩序的基础。

谁都清楚，社会不平等是人类自进入阶级社会以来，人们一直关心的话题。尤其是当今，财富占有的极端不平等已经成为国际社会不稳定的重要因素。而公平正义原则应用的对象，最初是、现在仍然是社会的不平等问题。实施公平正义原则，就是要通过调节社会制度、调节国际社会国与国之间的关系、从全球的角度实现平等。这种平等不仅包括政治方面，也包括经济方面。

按照美国著名哲学家和伦理学家约翰·罗尔斯的理论，公平正义原则包括两个方面或两个原则：一是平等自由的原则；二是机会的公正平等原则和差别原则的结合。其中，第一个原则优先于第二个原则，第二个原则中的机会平等又优越于差别原则。这两个原则的要义，是要完全平等地分配各种基本权利和义务，同时尽量平等地分配社会合作所产生的利益和负担，坚持各种职务和地位平等地向所有人开放，只允许那种能给最少受惠者带来补偿利益的不平等分配，任何人或团体除非以一种最有利于最少受惠者的方式谋利，否则就不能获得一种比他人更好的生活。

在罗尔斯看来，在联合体中人们都认定某些行为规范，具有约束性力量，并在很大程度上遵循它们而行动。而如果这种规范能够成为旨在推进所有参加者利益的合作体系的标志，那么在从事这种合作事业中，既有利益的一致性，也有利益冲突性。而冲

---

① ［古希腊］亚里士多德：《政治学》，商务印书馆1996年版，第9页。

突性的解决就需要有指导利益分配的原则，而这种原则就是社会公平正义原则。罗尔斯说："让我们假定一个这样的社会，这个社会是由一些个人组成的多少自足的联合体，这些人在他们的相互关系中都承认某些行为规范具有约束力，并且在很大程度上遵循它们而行动。我们再进一步假定，这些规范标志着一个旨在推进所有参加者的利益的合作体系。而且，虽然一个社会是一种为了共同利益的合作事业，它却不仅具有一种利益一致的典型特征，而且也具有一种利益冲突典型特征。存在着一种利益的一致，因为社会的合作使所有人都有可能过一种比他仅仅靠自己的努力独自生存所过的生活更好的生活；另一方面，由于这些人对由他们协力产生的较大利益怎样分配，并不是无动于衷的，因为为了追求他们的目的，他们每个人都更喜欢较大的份额而非较小的份额，这样就产生了一种利益的冲突，就需要一系列原则来指导在各种不同的决定利益分配社会安排之间进行选择，从而达到一种有关恰当的分配份额的协议。这些原则就是社会正义原则，它们提供了一种在社会的基本制度中分配权利和义务的办法，确定了社会合作的利益和负担的适当分配。"[1]

也就是说，一个社会当然也包括国际社会，当它们不仅旨在推进它的成员的利益，而同时也受一种公共正义原则有效调节时，它才会成为有良性秩序的社会。在这个社会里，每个人都接受、也知道别人同样接受的正义原则；这个社会的基本社会制度普遍地满足、也普遍为人所知地普遍满足这些原则。在这种情况下，尽管人们可能相互提出过分的要求，但他们总还承认一种共同的正义原则，他们的要求可以按照这样的原则来裁定。这样，一种公共的正义原则，便成为构成人类联合体良性秩序的原则。

作为调节人们利益的公平正义原则，当然也是一种道德原则。

---

[1] [美]约翰·罗尔斯：《正义论》，中国社会科学出版社2016年版，第4页。

它不仅包含有公正之意，更包含有保证广大人民利益之意。公平正义原则要求，无论任何人都不能只关心自己的利益，还要关心他人的利益，关心整个社会的利益。利益的内涵无非六个字：财富、权势、地位。如亚当·斯密所说的，人们在追求财富、权势、名誉、地位的竞争中，应当遵守公正原则和法律制度，既考虑自己的幸福，也考虑别人的幸福。以牺牲别人来满足自己，使自己的幸福超过别人，这是违反正义的。

亚当·斯密说："我们应当用自己自然地用来看待别人的眼光，而不是用自己自然地用来看待自己的眼光，看待自己。虽然每个人都是他自己整体世界的全部，但对其他人而言，不过是芸芸众生的普通一员。虽然对他来说，世界上任何人的幸福，都比不上自身的幸福重要，这也是他行事的原则，但对其他任何一个人来说，并不比别人的幸福重要。如果他们在追求自己的财富、名誉和显赫地位的竞争中，为了超过一切对手，他可以尽其所能和全力以赴，但是，如果他为达到目的不择手段，旁观者对他的迁就就会停止。不光明正大的行为是不会被旁观者允许的。"[①]

亚当·斯密认为，正义犹如支撑整个社会大厦的主要栋梁。行善虽然是一种美德，但行善就好比一幢华美的建筑物的装饰，而不是对建筑物起支撑作用的根基。所以，与其说仁慈是社会存在的基础，不如说正义是这种基础。社会不可能存在于那些总是相互损伤和伤害的人之间。虽然没有仁慈之心，社会也可以存在于一种不很愉快的状态之中，但是正义的普遍丢失肯定会彻底摧毁整个社会。在当今的全球治理中，正因为这种公平、正义原则的丢失，国际社会的确面临被彻底摧毁的危险。

在《道德情操论》一书中，亚当·斯密就充分阐明了这样的道理：人们都喜欢群体生活，人与生俱来就有一种对社会的热爱，

[①] [英]亚当·斯密：《道德情操论》，中国工人出版社2016年版，第35页。

希望人类为了自身的发展而保持团结，即使他自己并不能从中得到任何好处。对他而言，有秩序的、兴旺发达的社会状况，会令人心旷神怡。他会为这样的社会存在而感到身心愉悦。正是基于对社会的这种热爱，人们才憎恨危害社会的那种践踏正义的人。他说："所有的人，即使最愚蠢和任人摆布的人，都憎恶欺诈虚伪、背信弃义和违反正义的人，并且乐于看到他们受到惩罚。但是，无论正义对社会存在的必要性表现得如何明显，也几乎没有人能考虑到这一层面。"①

然而，在资本主义社会，正是没有考虑到这一层面，才把无产者不是看作人，而是看作创造财富的工具和力量。如马克思说的，资产者把人贬低为一种创造财富的"力量"，这就是对人的绝妙的赞扬！资产者还可以把这种力量同其他的生产力——牲畜、机器——进行比较。如果经过比较，说明人是不适宜的，那么以人为承担者的力量必然被以牲畜或机器为承担者的力量所代替，尽管在这种情况下人仍然享有"生产力"这一角色的荣誉，而他现在只是作为创造财富的机器。

我们都知道，在古希腊的哲学里，正义主要应用于个人行为。而在之后的思想家们，正义被越来越多专门用于评价社会制度的道德标准，认为公平、正义是社会制度的首要德性。当然，在国际社会产生之后，公平正义也应当是国际社会的首要德性，应当是世界秩序的基础和至高无上的原则。

美国哲学家、哈佛大学教授约翰·罗尔斯所说的，公平正义的对象是社会的基本结构，即用来分配公民的基本权利和义务、划分由社会合作产生的利益和负担的主要制度。而人类社会有史以来，权利、义务、利益、负担在分配中一直存在问题，就是不公正、非正义、不平等。所以，如果说在人类社会最初的不平等，

---

① [英]亚当·斯密：《道德情操论》，中国工人出版社2016年版，第82页。

就成为正义原则最初的应用对象的话，那么肆意泛滥的今天的不平等，更是公平正义原则适用的对象。换言之，正义原则是要通过调节主要的社会制度，来从社会的角度解决这种不平等的。

调节社会制度、调节各种治理机制的目的，当然是为了建立良性的社会秩序，使这种秩序符合公平正义原则，符合广大人民的愿望。就当前的国际社会来说，就是符合大多数国家，特别是大多数国家的大多数人民的意志和愿望。6000多年的人类历史告诉人们，良性秩序是人类群体生活的保障；没有共同遵守的良性秩序，就没有人类的共同生活，没有人类社会。面对当今世界的现实，人们都清清楚楚，如果没有公平正义原则的真正实施，没有良性世界秩序的建立，就不会有世界的安全、稳定与和谐。

自古至今的人类文明史，就是从各种规范、秩序中走过来的。回顾人类最早的社会形态——原始公社的发展进程，就会知道，人类最初的社会秩序，是从人的德性中、从习俗和伦理道德中产生的。这种社会习俗和伦理道德中，最核心的部分就是公平正义。公平正义不仅是社会秩序的源头，而且是社会秩序发展的基础。氏族秩序、民族秩序、国家秩序、国际社会秩序，也都离不开这个基础。研究全球问题特别是研究全球治理的学者及其理论，都躲不开从道德角度、从公平正义角度研究世界秩序这一重要课题。

近些年来，叙利亚战争和朝核问题搅动着世界。叙利亚战争从2012年开始，至今已经打了8年，仍然没有停止；朝核问题，从2003年朝核六方会谈开始，至今已经闹了17年，也仍然没有解决；这两件事说明，基于过去世界经济和政治秩序缺乏德性，缺乏公平、正义，缺乏大爱、大善的事实，对这种秩序进行改革，建立新的、以德性为基础的，公平合理，公道正义，让所有人共同富裕、共同幸福的良性秩序，是势在必行，是当今全球治理中亟待解决的迫切问题。

真相：评价公平正义的基石

评价是否公平正义，最基本的依据是什么？可想而知，应当是真相或真实，是事实的真相，是求真务实，这是最基本的德行。真相是宝贵的，然而真相难得，要获得真相是困难的。社会生活中的任何事情，衡量、判断其是否合乎德性，是否合乎公平正义的基础和首要条件，当然就是真实或真相。实事求是的前提，是事实，只有把事实弄清楚，才能求其是非。这也许就是为什么在伦理学中，把真排在真、善、美中第一位的原因。

然而，在当今世界，在资本主义主导的全球治理中，最难的事情就是弄清真相。无论在政治、经济和其他领域，特别是在金融、贸易和外交领域，被充溢的是假象。歪曲事实，弄虚作假，制假贩假，在假新闻、假信息、假话连篇的真假难辨的环境下，真实难得、真话难求。这就给全球性问题的解决，给实现公平正义世界政治经济新秩序的建立，造成巨大的障碍和困难。

2018年8月，"世界报业辛迪加"网站刊登了美国哈佛大学教授约瑟夫·奈题为《充满谎言的白宫》的文章，文章披露，特朗普执政至2018年6月，已经发表了3259条虚假的、具有欺骗性和误导性的谎言。其支持者还为其辩护说，这种撒谎是正当的，因为所有的政客都撒谎。当然，约瑟夫·奈的这篇文章，也在为特朗普辩护，认为虽然政客们都撒谎，但撒谎的目的不同，有的是为私利，有的是为更大的目的。作为国家总统撒谎，即使不是为了私利，也不能把撒谎作为治国之术，因为撒谎会重创公众的信任。然而，撒谎的确是美国总统的治国之术。为达到自己的政治目的，编造谎言，制造事端，用谎言愚弄公众、欺骗公众，这是美国总统一贯的做法。

正如罗尔斯说的：一种理论，无论它多么精致和简洁，只要它不真实，就必须加以拒绝或修正；同样，某种法律和制度，不管它们如何有效率和安排有序，只要它们不正义，就必须加以改造或废除。每个人都拥有一种基于正义的不可侵犯性，这种不可侵犯性即使以整个社会的福利之名也不能逾越。因此，正义否认一些人为了分享更大利益而剥夺另一些人的自由是正当的，不承认许多人享受的较大利益能绰绰有余地补偿强加于少数人的牺牲。所以，在一个不正义的社会里，平等公民的各种自由是确定不移的，由正义所保障的权利决不受制于政治的交易或社会利益的权衡。

当今世界秩序的真实，究竟如何呢？人所共知，现有的世界政治经济秩序是在美国霸权主义主导下所建立的。然而，奇怪的是，特朗普上台之后却又起劲反对全球化，美国的真意何在让人疑惑。2017年6月22日，英国"金融时报"网站以《美国的朋友和敌人如何适应特朗普时代》为题发文称，特朗普否定"全球共同体"，并退出有关全球变暖的《巴黎协定》，是美国自己建立的自由主义世界秩序的破坏者。2017年8月13日，"美国华尔街日报"网站也以《身份认同政治的毒药》为题发文称，特朗普时代的"白人至上"已成为美国的政治毒药。

年龄大的人都知道，现有的世界政治经济秩序不是按照全球人民的愿望而建立的，而是按照那些占有巨额资本的富人，包括高利贷者、银行家、工业巨头、大批发商等的愿望，在霸权主义钳制下建立的。他们设计的这种秩序，就是想蚕食世界的一切，就是想通过控制世界货币体系、商品贸易体系、科学技术与服务体系，按照自己的意愿，对每个国家的所得都做出强硬规定，并通过国家机器、情报部门、武装力量、世界媒体、好莱坞等，对这种秩序倾力支持，只要你融入世界，就得遵照他们的规则行事，服从他们的利益，当他们蚕食世界的工具。在过去的几百年间，他们正是这种世界秩序的主要受益者，而受益最大的则是美国。

谁都知道，西方自由主义者始终坚持认为，通过个人利益的最大化，可以奇迹般地造福全人类，正义可以通过自由经济体系来实现。真实的情况如何呢？自由主义者的自由实质上只是资本的自由，是资产者掠夺财富的自由，是广大劳动者受剥削的自由。如马克思分析的，这只是富人包括中产阶级的意识形态。这种意识形态掩盖了普遍存在的利益冲突和不平等。马克思认为，经济是公平正义的基础，只要经济上的不平等普遍存在，公平正义就不可能实现。自由主义希望用劝善解决社会问题，事实证明，劝善是必要的，如果一个社会没有善良，只有罪恶，那是不可想象的。所以事实告诉我们：如果不在经济上解决非正义、不公平的受害者和不公平的受益者之间的矛盾，就无法实现社会的公平和正义。

当今的国际思想家们越来越多地把公平、正义运用于国家行为，并把它视为设计世界新秩序的基础和基本原则。当然，设计新的世界秩序，就不能不正确分析和认识旧的世界秩序。近些年，由于美国追求单极霸权秩序的失败，并使国际社会出现了一些乱象，处于各种复杂矛盾交织的高度不稳定状态。

毋庸置疑，冷战的起因，在于美国不愿放弃自己的霸权地位。由于苏联发展成为超级大国，要挑战美国的霸主地位，所以美国才决心要搞垮苏联，因而就爆发了冷战。反过来说，如果苏联不发展为超级大国，无力挑战美国的霸权，冷战也许就不会爆发。显然，挑战美国霸权是问题产生的根本。只有抑制自己的发展，在生产力发展水平、科学技术实力、经济实力、军事实力上，一句话，在综合国力上，都永远不要赶上或超过美国，永远不要影响美国在全球的利益，那就不会发生冷战。这显然是一种霸道逻辑，或强盗逻辑。

而真实的情况是：二战中美国之所以与苏联联合，那是因为苏联是美国的敌人的敌人。二战后美国之所以与苏联冷战，原因有三：一是因为苏联是社会主义国家。这是最基本的原因。作为资本主义的霸主，美国是决不允许社会主义存在的。二战时期美国与苏联联合，是迫于无奈，而且有利用德国法西斯消灭苏联社会主义的意图。二是因为苏联的迅速崛起。美国没有想到，世界也没有想到，苏联那么迅速就崛起了，并在科学技术实力、军事实力方面，成为美国的强劲对手，威胁到了美国的霸权，这是美国所不能允许的。三是用武力消灭苏联社会主义，代价太过昂贵，而且没有把握，有把自己毁灭的危险。基于这些原因，用冷战的办法，也就是用和平演变的办法，搞垮苏联社会主义，这是美国战略的选择。

冷战中，美国不仅对苏联推行各种和平演变活动，而且还一直打着人权干涉的旗号，干涉不同文明、不同价值观、不同意识形态国家的内政，向中心国家渗透美国的价值观和意识形态；利用各种非政府组织，通过干预选举、街头政治等方式，搞和平演变和颠覆活动；最后达到用美国的价值观、意识形态改变整个世界，建立美国统治下的世界秩序的目的。

苏联和东欧剧变震惊了世界，也使美国不战而胜。一时间，美国统治者高兴得如痴如醉，以为资本主义在世界可以永生了，再也不会有威胁了；美国可以独霸世界了，再也没有敌手了。

可哪能想到呢？因为称霸世界是不道德、非正义的，所以随着社会主义中国的发展和崛起，以及广大发展中国家的发展和崛起，世界反对霸权主义、反对零和博弈规则、反对不公道、反对非正义的美国主导的世界秩序的斗争，反而越来越强劲。特别是社会主义中国所取得的奇迹，其在世界上越来越大的影响力，就使患有社会主义恐惧症的美国再度焦虑不安。遏制中国的发展，搞垮中国的社会主义，这便成了美国在21世纪的新目标。

其实，冷战时期的世界秩序，除了美苏两个超级大国进行冷战之外，还有各自内部的秩序：以美国为首的资本主义国家的秩序和以苏联为首的社会主义国家的秩序。在以美国为首的资本主义世界的秩序中，美国是名副其实的老大、霸主，一切都由美国说了算，一切都服从美国的利益，美国说一不二。也许这也是美国要抱着冷战思维不放的原因之一。

而现实的情况是，不听美国话的，不愿跟随美国搞零和博弈、不愿再遵循少数国家对多少国家进行掠夺的、不公道、非正义的世界秩序的，不仅有中国和俄罗斯，还有广大的发展中国家，连发达国家内部，也有不听美国话、不愿再跟着美国走的。而中国的主权独立、相互尊重、不结盟、不对抗、不冲突、合作共赢、构建人类命运共同体、建立新的公平、合理、正义的世界秩序的思想和做法，反而得到越来越多国家的赞同和支持。这种状况，应当说是旧秩序走向新秩序的过渡或转变过程中，自然会出现的状况。

有些学者称这种状况为失序，称这种转变过程是失序时代，这似乎有些偏颇。对于旧秩序来说，的确是失序，而对于新秩序来说，却是立序。当然，在这新旧转变的过程中，由于旧的不愿退出，新旧之间的博弈的确会很激烈，会有很多乱象和危险。

公平正义和宽容公道

宽容，是一种美德，是对生命的尊重。宽容可以唤醒别人的良知，实现在感恩中的秩序与和谐。在群体生活中，在国际关系中，公正和宽容都是最基本的德性。因为在复杂的国际关系中，国与国之间的矛盾、摩擦，无法避免。在矛盾、摩擦发生的时候，是抱着宽容之心，化解矛盾与摩擦，还是抱着以牙还牙，使矛盾和摩擦升级，这是两种不同的态度。显然，选择第一种态度，是明智、正确的。因为只有各国都能以宽容的心灵相互对待，才能以和平方式消除矛盾，建立良性秩序，实现和平发展和世界的稳定。

当然，宽容也是有原则、有限度的。宽容是对侵害者的悔改、能对宽容报以宽容为前提的。对那些死不悔改并变本加厉的侵害者，只能施以道德惩罚。比如当今那些有意制造矛盾、扩大矛盾、唯恐天下不乱，企图在乱中浑水摸鱼者，就应当施以道德惩罚。可见，在公平正义的原则中，在宽容的美德中，还存在着互惠原则。

　　法国作家雨果曾说过：世界上最宽阔的是海洋，比海洋更宽阔的是天空，比天空更宽阔的是人的心灵。只要各国都抱有一颗宽容之心，就会有相互间的理解和信任，就会有世界的和平与和谐。因为宽容之心，包含有"求同存异"的肚量，不仅不以自己的原则律人，而且能听进不同意见，能借鉴他国的经验。当然，宽容与贪图私利、与只把本国利益放在第一位的狭隘意识是不相容的。心底无私天地宽，只有从贪图私利中解脱出来，心怀整个世界的大目标，才能具备宽广的胸怀，具有海阔天空的精神境界。

　　人们都相信，世界上的绝大多数人都是会对宽容报以宽容的。特别是想做世界真正的领军人，想建立良性世界秩序的人，决不会只要人家对自己宽容，而不以宽容回报的。决不会只关心自己的国家，而容不得他国光芒的存在。宇宙万物皆相依相存，生活在国际社会的每个人，每个国家，都只能在宽容中，按照公平正义原则与他国和谐互动，才能相互借鉴，从而有利于本国的发展，也有利于他国的发展，有利于世界整体的发展。发展自己也造就别人，也会因别人的造就而改变自己。用一颗互相关怀、互相宽容的心态对待彼此，所有人都会从中获益。

　　欧文说过，宽容精神是一切事物中最伟大的。世界作为一个善恶混杂的整体，全球治理者的宽容就是最伟大的宽容，不仅要宽容污秽，宽容恨，还要宽容邪恶。当然，宽容不是目的，而是为了化解矛盾，避免冲突，消除邪恶，使相互伤害转变为相互合作，使邪恶转化为良善，使恨转化为爱，以达到国际社会和谐的目的。可见，宽容作为一种高贵的品格、崇高的境界，不仅是人类精神文明成熟的体现；而且是一种强大力量，一种强大的感召力和凝聚力；还是一种自信，是对善良必定战胜邪恶的自信，未来世界必定更加美好的自信。

可想而知，从理性角度讲，宽容中包含有不公平。因为在文明多样化、利益多元化、政治关系错综复杂的国际社会里，理性上的公平，或者说绝对的公平是不存在的。所谓宽容，就是受到侵害者对侵害者的宽容，对不公平的宽容。把不公平转变为之后的公平。宽容追求的，不是对自己的公平，而是设身处地替他人着想，忧他人之忧，乐他人之乐。里面包含有人生大慈悲、人生大爱。

国际关系发展的历史证明了这样一个简单的道理：友善比强硬更有力量。因为友善不仅体现着人的德性，而且是一种理智。而强硬则往往会失去理智，走向邪恶。因为只有友善相处，才会有宽容，才能在互惠中成就各自的事业；在求同存异中，获得双赢；在平等合作中，求得共同发展、共同繁荣。友善是人心所致，是强硬无法改变的。

上述这些都在说明一个问题，即在设计全球治理秩序时，特别是在设计具体社会结构时，应当有这种宽容公正的精神。如霍尔德·尼布尔说的：如果没有这种精神，人类的生活将退化到一种几乎没有人性的境地。这种精神，当然渗透到社会政治经济结构的具体设计中，所以马克思主义者认为，应当认真对待人类共同体的政治经济结构，并把这种结构的构建视为不仅为个人，也为国家，为国际社会而追求正义的责任。而拒绝相信，只要有好人操纵，就可以忽视这种结构。

宽容与良心是紧密联系的。这里的宽容，当然不只是指胸襟宽阔，有气量，不追究，而且有忍让、宽恕之意。这里指的良心，也不只有内心对是非的正确认识之意，还包含善良之意。在社会生活中，个人良心总会受到他人和公共秩序、公共利益的制约。

在国际社会，各国的良心、利益不可能与他国、国际社会的公共秩序、公共利益完全契合，必然会有各种矛盾产生。面对各种矛盾，或对自己的不公，或受到了侵害，就会产生宽容或不宽容问题了。

当然，严格说，宽容是对不宽容者而言的。如果是宽容对宽容，那就无所谓宽容了。而且，宽容与侵害总是联系在一起的。因为侵害的发生，才会有被侵害者对侵害者的宽容或不宽容。对侵害者来说，宽容并不意味着不受惩罚，而只是依据被侵害者的宽容，而从宽、从轻惩罚，或对轻者不做惩罚。宽容的目的，是化解敌对，使侵害者停止侵害。对于被侵害者来说，宽容是一种善良，是在正义社会中的一种良心选择。即使不宽容，也是正当的，侵害者也无权要求或抗议被侵害者一定要宽容。

国家是国际社会的主要行为体，所以国家间的相互宽容对提升国际社会的道德，以及国际社会的公平正义有重要意义。有些理论家甚至一些国际理论大师，在对国家的认识上，似乎都有些成见。比如，认为国家总是要按照自己国家利益办事的。这反映到国际社会范围内，就是不会为别的国家着想，即使某个国家是由最为友好的人组成的，它也不会去爱别的国家。

尼布尔也认为，总体上说，国家并非特别有雅量，英明的自私自利通常就是它们的道德造化的界限。然而，自私自利和国家的自我保全的要求，却常常造成对公众道义的侵犯。国家和个人一样，其在追求自己的私利时总会声称，它们遵循的是一种总体价值设计，而正是这种价值，使其在追求自己利益时，却牺牲了国际社会的利益，牺牲了国际社会共同热爱的公平正义原则和既有的相互依存关系上的安全。

这种成见，虽然揭示了资本主义国家的现实，但却忽视了社会主义国家要决心打破这种成见，要改变为了本国利益而牺牲别国利益的这种非正义的行为，实现以平等合作，互利双赢为核心的正义。这种改变，当然很不容易，不是一朝一夕之事，但人类文明发展至今，它已经成为不二的选择。在这种改变中，对过去的历史，对过去加害者，都需要有博大的宽容。

其实，包括西方的一些理论家们，早已看到了这种改变的必然性和正义性。比如被誉为国际思想大师的爱德华·哈莱特·卡尔认为，在西方民主国家，政党代表着强大的既得利益，而无组织的大多数人的意志，依然无力对抗有组织的经济势力的威势。民主政体的生存靠的是重新界定和解释多数人的权利，并找到某种共同的道德意图，这种道德意图应当强大到足以导致强者为了弱者的利益而自我牺牲。

卡尔认为，为了避免民族主义的蔓延导致破坏性的后果，必须建立一种新的国际秩序。在不能通过宪政设计来建立这种秩序的情况下，这种秩序必须建立在某项新事业或共同努力之上。比如以机会均等、救助贫困、实现充分就业为核心的、世界范围内的对社会正义的共同追求；建立大型多国和地区集团，就充分就业、向贫困和发展地区提供援助等，制订联合计划；实现社会公正等。

非常提倡政治现实主义原则的汉斯·J. 摩根索，更提倡国际关系中的道德原则。他认为，所有人的社会活动都受到道德判断的制约，无论是战争时期或和平时期都显示出这一原则的效力。他认定，道义和国际政治的关系，不仅受技术因素的影响，也受到时代与文化的影响。在国际社会，国家利益不仅有相互冲突，也有相互融汇聚合，而实现各国利益融汇聚合的唯有外交，只有通过外交谈判，达成妥协与和解。

西方学者特别是美国学者都崇尚权力政治，认为世界将是一个权力政治的世界。虽然基于发展不平衡基础上的先天不稳定、不断变动、反复无常的力量均衡，不是国际社会理想的权力模式，但即使我们为其缺陷痛心疾首，我们还是要牢记，它是一个以独立国家为基础的国际秩序所不可或缺的组成部分。这些学者提出，适应变化无常的国际社会，不拘旧例，立足使用，乃是衡量一项健全政策的准则。这些学者把权力置于公正、正义和宽容之上，认为这些只有在不妨碍权力目标时才起作用。

二　公平正义和霸权秩序摈弃

霸权主义、强权政治、零和博弈，这都是以往全球秩序不合理、不公平、非正义的根源。随着广大发展中国家融入世界，过去那种不公平、不合正义的霸权世界秩序已经走到了尽头。世界广大人民，包括发达国家的人民，对这种只为少数富人服务的秩序都感到厌倦，对这种秩序中的霸权主义和强权政治，感到愤怒，要求对这种秩序进行改革的呼声一片。要求按照全球人民的愿望，建立以德性为基础的，没有剥削，没有掠夺，没有霸权，没有欺诈，公平合理，合乎正义的新的世界政治经济秩序。只有在这种秩序下生活，人们才能感到安心。

霸权秩序和对公平正义的蹂躏

当今世界各国都在议论建立新的世界秩序问题，也都意识到，世界政治经济新秩序，必须是符合公平合理、公道正义、自主平等原则的秩序。而旧有的世界秩序，是在霸权主义控制下形成的霸权治理秩序。这种秩序的主要弊端，恰恰是对这些原则的违背。无论在理论意义上或实践意义上，霸权主义践行的都是霸道，合乎不合乎公平正义都由霸主说了算，或者由霸主的利益说了算；而不是由广大人民说了算，由广大人民的利益说了算。实际上，霸权秩序无非是霸主为了自己的利益，而凭借武力、刑法、权势等进行统治的一种政策。在霸权主义者的心灵里，只有自己的利益和权势是真实的，而公平、正义只是一种获取自己利益的手段。

在霸权秩序下,没有弱者的地位,只有弱者的哀叹,只有公平正义的哀叹。

人们都知道,公道与正义都是个历史很悠久的概念,通常人们都把这一概念简称为公正或公道。在以往的伦理道德哲学中,功利主义有很大影响。其实,在功利主义中,作为社会制度首要德性的公道、正义,占有非常重要的地位。诸如被称为伟大功利主义者的休谟、亚当·斯密、边沁和密尔,却都是影响巨大的社会学家和经济学家,公道、正义在他们的理论中也无处不在。

比如在亚当·斯密自由经济理论中,就主张,只要进行自由交换,自由交换那只看不见的手,就会让公平正义自动实现。而实际上,国际社会发展的历史证明,在列强争霸、弱肉强食的环境中,那些落后或弱小的民族或国家,是享受不到公道和正义的。在霸权主义者的治理下,它们只有在被掠夺中才能生存,没有条件与霸权主义者讲公平和正义。

所以,新的全球治理首先必须消除这种状况,把贯彻公平正义的原则视为是为享受不到公平正义、被欺负、被掠夺的弱者撑腰、主持公道。全球治理的一切机构设置,都要成为这些弱者、被欺负者享受公道、正义的依靠。不言而喻,评价公道、正义背后所隐藏的核心,就是正视多年事实。如果说,任何思想体系的首要道德是真理的话;那么,社会制度、社会秩序的首要道德,就应当是真实:平等的真实,民主的真实,财富占有的真实,一切事件的真实等。

不难想象,在国际社会里,公道、正义的前提,首先是一切事件的真相。没有真相,就没有公道,更没有正义。我们说公道、正义的不可侵犯性,首先指的是真相的不可侵犯性。真相无畏,真相是最基本的力量。为了达到自己不可告人的目的,不惜隐瞒、歪曲事实真相,甚至编造谎言,欺骗公众,这是霸权主义者的惯用伎俩,是对公道和正义的践踏。当然,那种公开为强权政治张目，主张霸权统治，主张少数富人的利益可以建筑在牺牲多数穷人利益基础之上的言行，则是公然对公道、正义的侵犯。

不言而喻，国际社会的公道、正义，或者是国际秩序的公道、正义，还是一种公共的公道、正义，是各种公道、正义的最大公约数，是一种共识的公道、正义。诸如在何谓公道、正义，何谓不公道、非正义；哪些是公道、正义，哪些不是公道、正义；怎样做是公道、正义，怎样做不是公道、正义的问题上，都体现着大多数国家、大多数人的共同认识。正因为有这些共识，才有相互之间的合作、和谐和稳定的局面，才能构成一个有良好秩序的共同体。

而在道德处于大分裂的状态下，虽然公道、正义的大旗都在高举，但其中有真、有伪。这里且把真伪放在一边不论，就整体和个体的关系上说，公共公道、正义是共同体的一种整合的力量；而公共公道、正义以外的各种行为个体的公道、正义，则是共同体一种分裂的力量。放眼当今的国际社会，这种整合力量和分裂力量的博弈正在激烈进行。而且，各种共同体的分裂力量似乎还很强大。

而更令人担忧的是，由于人们对固有社会制度的习惯，为公平正义而奋斗的精神却在削弱。如罗素所论述的："惧怕贫困虽不足于对人类创造精神的自由发展造成严重障碍，但确实是广大工薪阶层从早忙到晚的主要原因。而另一些人，则怀着富甲天下和权倾一朝的欲望而整天奔忙，这就是那些为数不多的富人。这种欲望以及由它带来的后果是十分有害的，它迫使人们放弃了公理正义的精神，回避以诚实态度思考社会问题，尽管在他们的内心深处，仍然不变地意识到，他们的幸福是建立在大多数人的痛苦之上的。只有坚决摈弃所有贫困和财富的不均，才能消除大多数人对贫困的恐惧。"罗素还强调，"令人吃惊的是，人们变得越来越驯良，越来越习惯于服从命令，而且心甘情愿地放弃独立思考的权力。可以设想，如果这种情况发展下去，人类文明将会陷于拜占庭时期的那种停顿状态"[①]。

事情的微妙之处在于，就全球而论，人类在高度相互依赖中生存的共同体已经不是一般的共同体，而是命运共同体。在这里，命运已经成为强大的力量。命运的力量，即求生存的力量，迫使各个行为体必须在既考虑自身利益，也考虑别人利益的这种德性基础上，找到共同的东西，协调相互之间的矛盾、利益，以便融入公共公道、正义中，参与国际合作，求得共赢，从而在维护整体生存中维护自身的生存。这就决定了，整合的力量，推进人类文明发展进步的力量，最终会战胜分裂的力量。

由于国际结构的复杂性，和平正义的内涵和实践也显得复杂而具体。受历史、社会、经济、政治、文化因素的制约，它作为人们对权力关系特别是经济权力和利益关系平等、公正、合理追求的道德规范和法律规范，在不同历史时期、不同领域、不同人群之间，都是有差别的。我们必须进行有针对性的具体分析，才能弄清其本质，以避免被假象所迷惑。

干涉主义和对公平正义的践踏

在国际社会这个大共同体中，为了各行为主体之间的交流、合作，既需要有共同遵守的行为规范和共同遵守的秩序，更需要维护各行为主体的独立自主，特别是主权独立。有了主权独立，才有主权国家之间的平等、公平和正义。而干涉主义是霸权主义的一种形式，它所倡导的是人权高于主权，是公然违背主权独立，违背公平正义的行径。

干涉，是侵犯他国主权、追求用强权获得国家利益的行为，与公平正义格格不入。然而，历来的干涉主义者都千方百计掩盖

[①] 《罗素道德哲学》，九州出版社2004年版，第255页。

干涉的自私目的，把干涉涂上道德和正义的色彩。它先按照自己的利益、自己的标准，把国家分为正义和不正义的，认为正义国家对非正义国家进行干涉是合乎道德的，是属于人道主义的干涉。所谓的正义国家，当然就是西方大国，或帝国主义国家；而不正义国家，自然是那些落后、弱小的国家。

稍加思索就会明白，干涉主义的根源是种族主义和狭隘民族主义。是把自己看成是高等人种、高等民族、人权的捍卫者；把自家的利益看得高于一切；而把不听话者，则视为劣等人种、劣等民族、人权的糟蹋者。干涉主义的实质，就是用武力改变不服从霸权主义者利益，不听从霸权主义者话的国家的政权性质。干涉主义者说的人权高于主权的人权，实质上就是霸权，人权高于主权就是霸权高于主权。干涉主义的方式主要是血腥的战争。

从20世纪90年代之后，霸权主义者对海地的干涉、对智利的干涉、对南联盟的干涉、对伊拉克的干涉、对利比亚的干涉、对叙利亚的干涉、对巴以冲突的干涉等，都以血的事实证明，干涉就是侵略，就是侵略战争，就意味着千百万人失去生命，意味着对大量财产、对人类物质文明和精神文明的糟蹋和涂炭。

更可悲的是，霸权主义者为了改变不按照自己利益行事的国家的政权性质，不惜采取编造谎言、制造事端、施展各种阴谋诡计，为自己寻找干涉的理由。就是人们常说的，欲加之罪何患无辞。其最擅长的就是颠倒黑白，给被干涉者扣上违反人权的罪名。比如，以储存和使用化学武器为由，对伊拉克和叙利亚的干预最为典型。而事实证明，这种理由是莫须有的。

人们都知道，干涉主义的初始，其改变不听话国家政权性质的手段，就是赤裸裸的武装入侵，进行军事颠覆。可随着这种手段日益遭到世界人民的反对，其不得不加以伪装，不得不穿上人道的外衣，把这种武装入侵、军事颠覆，说成是合乎人德、合乎人权、合乎普世价值的，所以欺骗性很大。人们也把这种伪装的干涉主义称为新干涉主义。人们已经注意到，自对南联盟干涉开始，这种干涉还成了霸权主义者构筑国际关系新秩序的一种模式，他们欲在理论上日渐完备，行动上逐渐机制化，因此其对人们的迷惑性和欺骗性，对世界新秩序，特别是对世界秩序中的公平正义都危害极大。

更可怕的是，由于干涉主义本质的日益暴露，特别是其包含霸权主义野心的日益暴露，以及其给当事国造成巨大灾难的事实，使越来越多的人从其迷惑中清醒了过来。人们日益看出，其行为主要是为霸权主义者和西方发达国家服务的，是与联合国宪章的宗旨相背离的，所以在联合国内反对的声音也越来越强烈。于是，霸权主义者，特别是美国，就想撇开联合国而独自行事，这既体现出霸权主义者在穷途末路时的猖獗，也告诫世界各国和各国的人民，不反对霸权主义，不反对干涉主义，世界就没有和平与安全可言，也没有公平、合理、正义世界秩序可言，更没有世界的和平发展和人们的幸福可言。

当然，事情的发展总是有自己的规律的。如中国俗语说的：邪不压正。由于各行为主体体现着不同的文明和价值观，所以，建立这种共同行为规范和秩序的基础，就是大多数行为体公认的公平正义。平时我们说的公道、正义，包含着人类道德的方方面面。善、爱、仁慈、包容、除恶、消灾、助弱、拯救等，有利于人类文明发展进步，有利于世界大家庭公平、和谐、幸福的，有利于公平、合理世界秩序的，都蕴含于公道、正义之中。

其实，仔细研究起来就会感觉到，公道和正义是个很通俗却内涵很深奥的概念，其本身，就是与霸权主义、干涉主义势不两立的。现在人们都把公平正义视为社会文明进步程度的重要标志，视为人们追求利益关系合理性的价值理念和价值标准，包括平等、诚信、是非、合法合理、惩恶扬善、利益均衡、程序正当等。这都意味着对霸权主义和干涉主义的摈弃。

公平正义不仅是人类社会孜孜以求的美好理想，而且也是孜孜不倦奋斗的目标。人们都知道，在康德的道德哲学里，关爱、自由、理性、善良、意志、责任、自律等都是人类的美德。但康德更看重正义的重要性，他认为正义的价值在善之上。在他看来，正义的重要性，不仅在于它能够使社会福利最大化，达到尽善，更在于它要求超过其他道德利益和政治利益，而无论这些利益有多么迫切，正义都处于首要地位。也就是说，正义是人类价值的集合，是美德中的最高美德。

比如，无论在国家或国际社会中，权力都是重要的。而应当强调的是，权力的获得和使用只有在道义原则决定和指导下，才能沿着正确的目的和方向前进。而且权力只有与相应的责任配合，才能显示出它的意义和作用。人们都想按照自己的判断行使权力，但其前提是愿意承担相应的责任，这并不是强制，而是出于责任感。从国际政治道义的角度看，以往的国家行为中其所固有的道义原则，与个人生活的道义原则有所不同，比如不道义的自私自利在个人生活中是要被谴责的，而作为国家行为的动机，却被说成既是合法的，又是必要的。

在以往的国际政治中或权力政治体系中，霸权主义大行其道、零和博弈大行其道、道义被践踏。在这种理论体系看来，霸权的丧失和赢得一样，都是暴力和战争使然。一国霸权的赢得，是因为它战胜了另一个霸权国。在霸权统治的政治体系中，统治者的职责就是维护自己的霸权和利益。理论上说，在诸列强争霸的殊死搏斗中，只有在势力均衡中才能共存。所以，势力均衡就成为列强共同遵守的原则。实际上，列强争霸中谁都不会遵从这样的原则，因为争霸的最高和最后目标，是霸主地位。

有些国际学者在研究国际体系时，往往过分强调文化的独立性，把国家之间的关系，描绘成是绝对的排他性的。他们从历史上把国际体系分为三类：现代国家体系或者说西方国家体系，这一体系发端于 15 世纪，现在已经遍及全球；古希腊或希腊主义的或者说古希腊罗马式的国家体系；中国战国时期的国家体系。并认为这些国家体系中的国家，都不承认别的国家在政治上有高于自己的地方，并通过外交使节、各种国际会议、通商贸易等，来维持它们之间的相互关系。

这种理论的最大问题，是把国家体系局限于不同文化和不同价值观之中，而忽视了不同文化和不同价值观的国家间同样可以相互借鉴、相互学习，并在相互借鉴、相互学习、相互依赖中，成为合作、共赢、共享的命运共同体。随着这种共同体的发展，公平正义会日益成为共同的追求，而霸权主义、干涉主义、强权政治、种族主义、国家利益至上主义都会日益不得人心，最后退出历史舞台。

不过，这里要强调的是，虽然霸权主义、干涉主义都力图把自己的行为道德化，但所倚重的仍然是军事。无论过去和现在，军事优势都能使争夺强权的国家在争夺世界强权中，既获得更多的利益和权力，又尽量少地承担义务。所以在反对霸权主义、干涉主义的斗争中，发展军事意义重大。

霸权主义的摈弃和公平正义的实现

近来，有学者对美国学者大卫·哈维在研究资本主义中提出的观点进行了热议。人们在想：自马克思断定资本主义必然死亡至今，已过去 150 多年了，可资本主义仍没有死亡，在某些方面似乎还有生机，这似乎打破了资本主义内在否定性的魔咒。而哈维认为，资本主义没有死亡的原因，在于资本掠夺式积累，在于自资本原始积累至今，掠夺并非过去式，即使到 1970 年之后，掠夺式积累依然是新帝国主义的本质。而掠夺，显然是违背公平正义的。

哈维认为，如果没有持续的、通过带硝烟的战争和不带硝烟的战争，比如贸易战、金融战、货币战等手段进行掠夺，资本主义早就死亡了。在新帝国主义时期，由于建立了全球价值生产链以及与之相应的弹性积累模式，由此带来世界范围劳动关系的变化，导致跨国资本家阶级崛起和跨国国家出现。这样，国家、超国家和金融权力与一般资本积累之间的动荡关系，是1973年以来帝国主义政治中最复杂的元素。

可见，当今的国际社会，面对西方国家推行霸权主义、强权政治、零和博弈，仍然在对落后国家进行着掠夺，仍然是世界秩序中的灾难。好在人们已经在觉醒、在反思了。更值得注意的是，人们在反思中都把目光转向了东方，转向了中国。都想从中国特色社会主义制度中，找到建立世界新秩序的途径，找到人类的理想的未来和公平正义的真正实现。

就中国的情况看，中国社会主义的发展是分阶段的。在社会主义不同发展阶段，公平正义的实现程度是不一样的。在现阶段实现的公平正义，主要体现在各种复杂利益关系得到妥善协调，人民内部矛盾和其他社会矛盾得到正确处理，全体人民在各尽所能创造社会财富，能够得到公平合理的共享等方面。从长远看，在中国的道路上促进社会公平正义、增进人民福祉，是一切工作的出发点和落脚点，在经济发展、民生保障、社会生活等各个方面，都努力保证人民的平等参与和平等发展权利。

人类自进入阶级社会以后，由于私有制的存在，人与人之间就产生了极大的不平等。从那时起，人们对未来理想社会的憧憬就始终贯穿着对公平正义的追求。从奴隶社会到封建社会，几千年来，人们提出了各种各样的良好愿望，进行了此起彼伏的反抗斗争，但由于历史和阶级的局限，都没有也不可能真正实现社会的公平正义。

如在本章第二节中分析过的，资产阶级反对封建主义神权、王权和其他种种特权，倡导自由、平等、人权是人类文明的巨大进步。但由于资本主义制度建立在私有制基础之上，自由竞争和等价交换成为衡量公正的标准，结果造成没有资产的无产者并不能真正享有自由、平等的权利，从而无法避免形式公正和实质公正的分离，最终陷入形式公正而实质不公正的困境。

人们都知道，人权和自由主义是资产阶级的信仰。资本主义的社会秩序，包括国际社会秩序，都是在自由主义理论基础上建立的。由于这种理论及其实践都缺乏公平正义，所以至今已走进了其最终的归宿——瓦解和衰败。近些年来，这种瓦解和衰败使西方世界焦躁不安，陷入痛苦反思。但有的是真反思，有的则是在辩解和掩饰。英国"经济学人"周刊网站发表文章，对圣母大学政治学教授帕特里克·德尼恩新著《自由主义为何失败》一书进行了评论。评论说，400年来，自由主义大为成功，把所有对手赶出了战场。如今，圣母大学政治学教授帕特里克·德尼恩说，由于傲慢和内在矛盾的破坏，它正在解体。

德尼恩的观点显然是正确的。如德尼恩说的，自由主义日渐加剧的衰微在世界随处可见，自由主义的信仰已经分崩离析。机会平等制造了一种新的精英领导的贵族统治，具有昔日贵族统治的所有冷漠疏离，却全然没有那种高贵的责任意识。民主已经退化为荒诞派的戏剧，技术进步不断把更多的工作领域变成毫无意义的烦琐劳动。德尼恩写道：如今，自由主义的自我描述与公民面对的现实之间的差距极为悬殊，一致的谎言不再能得到接受。

由此也可见，德尼恩指的自由主义的内在矛盾，就是它不能使社会真正实现公平正义的原则，而实际上却恰恰相反。德尼恩认为，政府的目的是为了保障权利，体制的正当性是基于成年人对社会契约的共同信念。但这就产生了一个悖论。由于自由精神会毫不犹豫地摧毁继承而来的习俗和地方传统，有时是以市场率的名义，有时是以个人权利的名义，所以为作为旺市制造者和执法者的政府创造了更大的扩展空间，从而造成：画面上有数千个微小的个体，面对这一个全能的君主。

德尼恩还正确指出，西方信仰的自由主义的头号大敌不是什么社会的原子化，而是少数人的贪婪。我们放眼当今世界，少数人正是靠无度贪婪才成为比以往贵族更加缺乏道德、缺乏爱心、缺乏公平正义的贵族的。为富不仁，一个国家的贵族恨不得一口吞下整个国家的财富，世界贵族恨不得一口吞下整个世界的财富，贪得无厌。

与资产阶级的信仰衰败形成鲜明对照的是，社会主义的信仰却在蒸蒸日上。原因何在？在于这种信仰是旨在实现共同富裕的基础上，实现社会真正的公平正义。公平正义，不仅体现着社会主义的核心价值和本质要求，而且是社会主义为之奋斗的重要内容。正如有学者所说，从历史上看，社会主义就是在反对不平等、不公正的社会制度的斗争中发展起来的。它之所以具有强大的感召力、凝聚力，就在于它要使社会变得更加公平正义，使全体人民都能享受更加平等的政治权利和经济权利。是马克思第一次指明了社会不公的根源，把公平正义的实现建立在科学的基础之上。

马克思理论告诉我们，社会主义实践也告诉我们，实现社会公平正义的基本条件是整个社会实行生产资料公有制，解放和发展生产力，解放和发展劳动者，消灭工农之间、城乡之间、体力劳动与脑力劳动之间的差别和旧的分工的桎梏。劳动和劳动者的状况是衡量公平正义和实现公平正义的尺度与基石，广大劳动群众是推动社会公平的主体和真正力量。

维护社会公平正义，是指对广大人民的公平正义，而不是指只对少数人的公平正义。所以，维护社会的公平正义，不仅是中国人始终不渝的追求和奋斗目标，也是世界广大人民的追求。实现公平正义，内涵非常丰富，诸如权利公平、机会公平、规则公平、社会公平等，都是社会公平正义的重要内容。其中，处于核心地位的是权利公平。实现权利公平，就要从法律上、制度上营造一个更加公平的社会环境，不断克服人为因素造成的不公正现象，切实维护、落实宪法和法律规定的公民的各项权利和自由，充分保障人民群众的知情权、参与权、表达权、监督权，让每一位社会成员平等地享有权利，平等地履行义务，平等地承担责任，平等地受到保护。

人们越来越有这样的认识，只有在实现权力公平的基础上，才能实现机会公平和规制公平。比如，实现机会公平，就要为每一个人提供广阔平台和施展空间，让他们共同享有人生出彩的机会，共同享有梦想成真的机会，共同享有同祖国和时代一起成长与进步的机会。对那些弱势群体、困难群体，还要给予更多关怀和扶持等，要做到这些，没有权利平等是不可能的。比如，实现规则公平，就要大力营造公开、公正、公平、透明的制度环境，切实维护法律和规则的权威和尊严，不允许任何个人、任何团体、任何国家凌驾于法律和规则之上，做到法律和规则面前人人平等，要做到这些，没有权利平等也是不可能的。历史证明，哪里有特权，哪里就有不公。实现规则公平，必须坚决反对和克服特权思想、特权制度，做到制度面前没有特权、制度约束没有例外。

毋庸置疑，维护和实现社会公平正义是一个不断发展的历史过程。人们都看到了，在霸权主义主导的全球治理中，由于治理原则和制度的不公平、不健全，造成某些利益被固化、"潜规则"在一些领域盛行等原因，现阶段国际社会上仍然存在着大量有违公平正义的问题。这些问题，不单涉及经济领域，也涉及政治、文化、社会、生态文明等各个领域，已经成为当前国际社会各种矛盾的焦点，成为影响国际经济社会发展的重大障碍。因此，必须把反对霸权主义，维护社会公平正义，摆在更加突出的位置，让国际社会各种关系更加协调，让各国人民的心情更加舒畅，积极性、主动性充分发挥出来，同心同德、齐心协力推进公平正义的实现。

人们也越来越认识到，社会公平正义的实现不能脱离具体的历史条件，去追求绝对的、超越社会发展阶段而急于求成。我们不能不承认，我们所能够实现的公平正义是现实的、适度的公平，它既要反映社会成员的要求，又必须是在现阶段条件下能够逐步达到的公平正义，既尽力而为，又量力而行。要把实现社会公平正义的长远目标、原则要求与当前实际结合起来，脚踏实地、稳步推进，使全体人民在共商、共建中，共享改革发展成果，向着建设一个更加公平正义的国际社会目标不断迈进。

三　特权和旧世界秩序的桎梏

特权，是与公平正义对立的。社会的良性秩序，总是与公平正义相联系的。霸权是一种特权，垄断也是一种特权，因为垄断是与霸权相联系的。在国际社会，科学技术垄断、货币金融垄断、商品市场垄断等，都是一种受霸权支撑的特权。正是这种特权，良性世界秩序被破坏。跟随全球化的深入发展，使世界秩序中的霸权主义也发展成为全面的或综合霸权主义。也就是说，在国际关系的各个领域，都有霸权主义，比如政治霸权主义、经济霸权主义、文化霸权主义、话语权霸权主义等。如果说政治霸权主义，主要是以军事力量支撑的话，那么其他霸权主义，则主要是依靠垄断力量支撑的。诸如科学技术垄断、工业生产垄断、世界市场垄断、世界金融垄断等。霸权也好，垄断也好，作为一种特权，都主要是靠霸王条约而实现的。垄断特权与政治特权相互融合，就使富人对财富和权势的贪婪势不可挡，距离公平正义原则也越来越远，从而成为国际政治经济秩序的桎梏。

垄断特权和全球性发展的梗阻

谁都明白，落后国家之所以落后，就落后在生产力发展落后上，集中表现是没有发达的工业。所以，落后国家或发展中国家发展的目标就是实现工业化。而工业化所需要的科学技术、资金、先进设备，都被发达国家所垄断。从发达国家引进资本、先进技术、人才和先进设备，是实现工业化的唯一出路。而这种引进，是要忍受霸王条约，付出很高代价的。而且，这种霸王条约都渗透在由垄断者制定的世界政治经济秩序中，也就是说，特权就体现在世界政治经济秩序中。所以，发展中国家与垄断者虽然可以谈判，但最终付出代价的高低还主要是由垄断者的特权说了算的。

最初的世界秩序，是少数强国利用自己经济、政治和军事实力的优势，采取炮舰政策，在殖民掠夺过程中形成的。从它形成伊始，就是以垂直分工为主的不公平、不合理的秩序，就是凭借其各种优势和实力，弱肉强食的垄断秩序。在其之后的发展中，虽然随着优势在国际的转移和优势内涵的变化，其内涵和形式也有所变化，但本质的东西，即强国利用自己的各种优势对落后国家进行掠夺这一点，却始终依然如故。这里说的各种实力和优势，就是各种垄断，不只是指自然资源优势、劳动力品质优势，而且还包含有地缘优势、产业优势、科学技术优势、政府管理优势、国家政治和军事优势等在内的综合性的优势。

回顾历史就明白，国际经济秩序的形成和发展，总是与国际政治秩序的形成和发展纠缠在一起的。历史上，任何国际秩序，无论经济的或政治的，都不仅是优势秩序、实力秩序，而且是强权秩序、垄断秩序。这种秩序的形成和发展，不仅同强权政治、而且往往同残酷的战争联系在一起。其中的不公平、不合理、非正义，都是不言自明，大家心里都明白的。值得思考和研究的是，资本主义列强的这种特权是如何形成的。

历史告诉人们，由于受国家主权的制约，世界秩序是经济力量和政治力量共同作用下的产物。而且从历史的发展看，有时候，政治力量的作用还往往超过经济力量。就资本主义世界而言，如果说国内秩序是资本主义生产方式产物的话，那么世界秩序则不仅如此，它还是资本主义对外实行强权政治、进行侵略和暴力的产物。世界秩序的出现和发展，始终是和资本帝国主义借助国家政治、军事力量进行对外掠夺相联系的。忽视这一点，正是一切关于国际秩序的理想主义者脱离实际之处。

历史告诉我们，欧洲所有资本主义列强国家在其产生之初，基本上都是依靠自己的船坚炮利，通过对外军事侵略战争和野蛮的殖民掠夺，在杀戮的血腥中开始起步的。它们不仅掠夺殖民地的财富，而且强行使殖民地在经济和劳动上都成为其附庸。殖民者依靠政治暴力，依靠炮舰政策，在亚洲、非洲和美洲建立殖民地，并强迫殖民地根据自己的需要而进行劳动分工和劳动生产。由此可见，列强的特权都是在残酷的掠夺中形成的。在这种特权的形成中，政治和军事暴力因素的作用既是强大的也是强制的。

可想而知，英国为什么能够率先进行科学技术革命和工业革命，因为它通过殖民掠夺积累了大量的财富，有了进行科学技术革命和工业革命的资本和条件。在工业革命之后，正是因为其根据自己发展工业的需要，强行使殖民地国家都只从事农业、采矿业等工业原料和能源的劳动，才使被殖民的国家至今没有大工业。也就是说，当今的不合理、不公正国际秩序，就是从那时、从那种政治暴力中开启的。正是在这种世界秩序下，才造成了亚、非、拉广大原殖民地国家和落后国家，至今这些国家的大多数仍然是从事农业、矿山、油井等工业原料生产劳动的、科学技术落后于世界的农村；即使后来少数落后国家通过利用发达国家的资金和技术自强奋斗，付出了高昂代价，使自己成为真正的发展中国家，或者初步工业化国家，但也仍然是技术相对落后的世界城市和乡村的接合部；而那些发达国家，始终占据着世界先进科学技术和先进产业的中心、高技术制造业中心、世界城市中心的地位。

自欧洲工业革命完成之后，其对科学技术的垄断、对工业生产的垄断、对先进工业产品的垄断，就成为世界更快、更均衡发展的梗阻。一般的或从理想状态讲，如果没有霸权，没有垄断，没有特权，没有霸王条约，如果能在各国优势基础上形成公平、合理的国际秩序，使各种优势得到互补，自然是能如人们盼望的那样，在国际范围内实行劳动要素包括资金、技术、劳动力、人才、原材料、能源、信息、知识等的合理配置，从而合理地利用、节约这些资源，提高劳动效率，世界发展也许就是另一种面貌。

但历史的事实是，至今的国际秩序一直是霸权主义者主导的。霸权主义者正是靠强权政治，靠对科学技术、对国际资本市场和技术市场的垄断特权，谋求它们自身最大利益的，因而它不仅不能实现各国之间的公平正义，不能实现上述那些资源的合理配置和有效利用，而且起着相反的作用。它只有利于霸权主义国家，只为霸权正义国家积累财富，使发达国家与落后国家的差距不断拉大，出现了严重的穷富两极分化。

这种不合理、不公正国际秩序的有害性最突出的表现就是，少数发达国家为谋取本国利益，依靠垄断特权的强制手段，依靠牺牲别的国家来致富，使这种秩序违背了或扭曲了公平正义原则，违背了或扭曲了国际生产力发展的客观规律。如马克思在谈及自由贸易理论时所说的："正如一切都已经成为垄断的，在现实，也有一些工业部门支配所有其他部门，并且保证那些主要从事于这些行业的民族统治世界市场。例如，在国际交换中，棉花本身在贸易中比其他一切成衣原料具有更大的意义。自由贸易的信徒从每一个工业部门找出几个特殊品种的生产，把它们跟工业最发达的国家中一般消费品的最廉价的生产等量齐观，这真是太可笑了。如果说自由贸易的信徒弄不懂一国如何牺牲别国而致富，那么我们对此不应该感到意外，因为这些先生们同样不想懂得，在每一个国家内，一个阶级是如何牺牲另一个阶级而致富的。"① 可见，如果说一些国家靠牺牲别的国家致富是以往国际秩序的本质的话，那么消除靠牺牲别国利益致富则是将建立新的国际秩序的本质。

更值得一提的是，到20世纪中期之后，世界秩序缺乏公平正义的集中表现则是垄断特权和垄断掠夺。在这样的时代里，也正是因为大量产业和财富、大量的知识和信息资本都集中在少数垄断寡头手中，形成全球性的寡头经济和寡头帝国。当然，这里所说的知识是一个整体性的经济概念，即不仅指人们在学习和改造客观世界的生活实践中所获得的认识和经验，而且更重要的是指那些创新的、可以变成资本并进行产品生产的新的知识和经验，即包括新的科学技术知识、新的有价值的信息、新的有价值的经验等。

垄断寡头对落后国家的掠夺，作为不流血的战争，同样不仁而残酷。而且垄断特权往往与强权政治相结合，垄断掠夺与战争掠夺相结合，除了有血腥的一面之外，还带有很大的欺骗性。所以，消除霸权主义，消除各种垄断、各种特权，在公平正义原则下建立新的世界政治经济秩序，则是全球治理的美好未来，是广大发展中国家的美好未来。

而且从人类社会发展的现实看，这种美好似乎开始出现。在中国的带领下，国际社会主要行为主体现在正寻求在共商、共建、共享基础上，建立新的、公平合理、全球性的政治经济秩序，特别是寻求建立类似政府性的管理机构或治理机构，来管理或治理全球的事务，这似乎不仅是可能的，而且是必要的、可能实现的。当然，由于霸权主义和强权政治的存在，各种特权存在，而且还具有很大的力量，所以可以预料，要真正建立公平、合理、正义的世界新秩序，达到全面、理想的全球治理，尚需经过很长的历

---

① 《马克思恩格斯选集》第1卷，人民出版社1995年版，第228—229页。

史时期。

科技特权和全球性工业化的艰难

全球性工业化，是当今全球性和平发展的核心。而工业化的核心，又是科学技术的发展和普及。科学技术是第一生产力，它对一个国家生产力的发展，国家综合实力的增强，国际地位的提高，其力量都是巨大的、难以想象的。在全球深入发展的时代，科学技术在很大程度上决定着一个国家的命运。尤其是在贪婪私人财富和权势的资本主义社会，在每次科学技术革命中，谁占据了先机，谁就能成为王者，成为国际劳动分工秩序的主宰。所以，抢夺最高科学技术的制高点作为隐秘战线，斗争的激烈程度难以想象。

而全球性工业化任务的核心，又是解决发展中国家的工业化问题，即发展中国家的科学技术问题。然而，解决科学技术问题，特别是抢占科学技术制高点，进行科学技术创新，需要大量资金和人才，发达国家之所以一直占据着世界科学技术的制高点，原因就是其有资金和人才的保证。而资金和人才，正是落后国家或发展中国家的软肋、受制于发达国家的"七寸"。发达国家正是仰仗对高科学技术的垄断、高科技产业的垄断，使这些国家屈从于它的特权，屈从于它的掠夺，屈从于它的霸王条约。

美国是工业垄断掠夺的后来者。不过，它却大胆、有效地利用英国大量的资金、先进科学技术成就和技术人才，加上自己在社会制度和劳动方式上的特点和优势，很快就赶了上来。美国利用科技革命的契机，采用新的科学技术建立新兴产业部门，这是它能后来居上，并一直都鹤立鸡群的根本。美国之所以能成为资本主义世界的霸主，成为全球治理的主导者，依靠的就是先进科学技术的支撑。

人们都知道，在人类历史的早期，财富是以拥有多少土地、黄金、白银、珠宝衡量的；在资本主义发展时期，财富是以拥有的资本、石油和机器设备来衡量的；而今天，财富首先是以拥有的科学技术和信息来衡量的。在全球竞争中的成败，即在竞争中获得财富的多少，都要以怎样获得科学技术和获得科学技术的数量和处理质量和速度如何来确定。

在当今时代，科学技术的发展不仅成为最主要的生产力，而且成为企业和国家的生命线。科学技术的发展和创新，产品的创新和不断更新换代，科学技术和科学技术产品的大量输出，已经成为国家和企业能否在激烈的国际竞争中生存和发展的决定性因素。科学技术的创新和垄断，已经成为霸权主义者建立全球统治的基础。因此，无论是国家或是企业，都不断加大了对科学技术研发的投入，使科学技术的发展突飞猛进。全球化时代科学技术发展的规模之大、水平之高、速度之快、成果之巨大，都令人惊讶。

全球化时代，科学技术迅速发展虽然由多种因素所推动，但最主要的仍然是国家和企业这两种力量。从国家角度看，由于科学技术成为国家经济、政治、军事等综合国力增长的决定因素，也是其维护国家安全，在国际竞争中谋求生存、谋求发展的决定性因素，所以各国都不仅不断加大了科学技术研发的投入，而且利用国家的力量，通过制订计划，调动人力、组织重点攻关，甚至组织国家间的广泛合作等，以加快科学技术的发展。尤其值得注意的是，大国之间的军备竞赛，实际上已经成为综合国力的竞赛，成为在科学技术发展上的竞赛，成为抢夺科学技术制高点的竞赛。

我们看到，妄图从全球谋求最大利益、称霸世界的美国，几乎所有的大型科技投资项目都是与军事有关的，需要资金巨大、投入人员众多的战略性的领域和项目，诸如航空、航天、核子、电子、信息、通信、生物、化学等。国家在这些领域的研究和开发，不仅促进了其军事科学技术和军事力量的不断提高，而且带动了整个社会的科学技术研发的热潮，促进了整个社会的经济发展。因为其研究的成果虽然首先是运用于发展军事部门，但有很多也同时或之后运用于民用部门，把战争掠夺和垄断掠夺很好地结合起来，达到一举两得的目的。

从企业角度看，由于科学技术的发展和输出已经成为国际垄断资本进行国际扩张，谋求或维持其国际垄断地位的决定因素，所以几乎所有大的国际垄断企业，也都不断加大了科学技术研发的投入。而且此时期，规模巨大的国际垄断企业已经具备了对重大科学技术项目进行独立研发的力量和能力。为了加强自己在国际竞争中的地位，它们都把新技术开发视为生命，不惜重金，积极开展科学技术的研发工作，从而推动了整个科学技术发展的突飞猛进。

正是在这两个因素的推动下，当今的天文学、核子物理学、电子学、生命科学、光学、地质学、海洋学等基础科学，航空航天技术、信息技术、生物技术、新材料技术、能源技术、传感技术、微电子技术、现代通信技术、纳米技术等都得到了飞速的发展，航天飞机、宇宙飞船、星球探测、卫星通信、卫星定位、卫星导航、卫星传播、生物基因、生物克隆、纳米材料、电子商务、数字地球等领域都取得了惊人的进展，过去连做梦都不敢想的事都一个个变成了现实。知识和信息技术革命，已经使知识和信息产业成为发达国家整个社会的支柱或主导性产业。对各种信息的获得，对各种信息进行生产、加工、储存、转换、传递、市场交易以及信息资源管理等方面的技术，包括计算机技术、电子网络技术、通信技术、数字技术、卫星技术、光纤技术等，借助于各种媒体、移动通信和电子网络的作用，使这些信息技术的发展和应用已经深入到了人类社会的各种领域和地球的各个角落。

人们现正在研究能驱动未来经济的颠覆性技术。麦肯锡全球研究所研究人员列出了具有这种力量的 12 种技术,并估算了它们可能具有的经济潜力。这 12 种技术是:移动互联网、知识型工作的自动化、物联网、云计算、高级机器人、自动化车辆、新一代基因组学、能量储存、3D 打印技术、高级材料、高级油气勘探和采集技术、可再生能源。据该研究所的计算,上述每一个创新领域在 2025 年将给世界经济带来 1 万亿美元以上的收益。排在首位的移动互联网将带来 3.7 万亿至 10 万亿美元的收益。排在第二位的知识型工作自动化,将带来 5.2 万亿至 6.7 万亿美元的收益。这些虽然只是一种研究和预测,但它足以令人们在技术创新中浮想联翩。这个研究所认为,最具影响潜力的创新,主要是那些多年来一直在以新的方式演变的创新。

科学技术,科学知识,作为劳动者追求高效劳动、创造高质量幸福的手段,本来是道德的展现,而当它们被垄断,并作为掠夺的工具,成为一种特权,就背离了道德,背离了公平正义。如马克思说过的,资本的趋势是赋予生产劳动以科学的性质,而直接劳动则被贬低为只是生产过程中的一个要素。科学知识是财富最可靠的形式,既是财富的产物,又是财富的生产者。科学获得的使命是:成为生产财富的手段,成为致富的手段。而在垄断者手里,它却成了特权,成为掠夺劳动者,掠夺广大发展中国家的手段,扭曲了它的本质。

诚然,在全球化过程中,科学技术向发展中国家转移,无疑是一种历史进步,对发展中国家生产力的发展是一种刺激和带动。然而,更重要的是,它在带动了发展中国家产业结构升级的同时,也促进了发达国家产业结构的升级。而且这种在差距中的相对升级,还是个不断发展的过程,这个过程永远不会停止。但由于经济发展的关键性因素、特别是新技术和新技术产品,被少数发达国家所掌握和垄断;而广大发展中国家仍然处于落后的被剥削的地位。这样,一方面,通过这种产业转移,可以使发达国家的产业结构得以升级，产品的附加值提高；另一方面，转移到发展中国家的传统产业，由于吸纳了这些国家廉价的自然资源和劳动力资源，可以使这些国家得到发展；但由于这些产业的产品，仍然不能与那些被发达国家掌握和垄断的高新技术产业的产品相竞争，结果仍然处于不利的或依附的地位。

由于历史的和无休止追逐超额利润的原因，发达国家总是在不断研发、开创、发展新技术、新产业，在国际产业结构和劳动结构中，总是千方百计使自己处于上游和高端。而对发展中国家来说，总也在想方设法从发达国家吸收所谓新技术和新产业，而实际上从发达国家引进来的新技术和新产业对发达国家来说，总是相对旧的、换代的、过时的或非核心的。在科学技术高速发展的知识经济时代，新技术的更新换代非常之快，尽管发达国家向发展中国家转移的技术对发展中国家来说，相对总是新的新技术；可对发达国家来说，相对总是旧的技术，真正的附加值高的、对社会劳动生产率和国家实力的提高起关键作用的高新技术和高新产业，特别是核心技术和核心产业，总是掌握和垄断在其自己手中，在科学技术发展水平及由此所决定的劳动生产率上，总是同发展中国家保持一定的差距，使"新"的永远赶不上"更新"的。从而使发展中国家在国际劳动分工中，永远从属于发达国家，永远处于下游和低端。这一点对发达国家非常重要，因为这是在国际劳动剩余价值分配中，使发达国家吃肉、发展中国家喝汤的基础。

历史告诉我们，资本主义国家科学技术向发展中国家的转移，的确有利于这些国家产业结构和劳动分工结构的更新换代，有利于其经济的发展和人民生活水平的提高。但这并不意味着发展中国家在国际劳动分工结构和格局中地位和利益关系的变化，并不意味着同发达国家差距的缩小。因为与此同时，发达国家的产业结构和劳动分工结构也在更新换代，关键是要看谁提高得快。实践证明，光靠发达国家转移的技术，是很难在劳动分工水平上缩小与发达国家差距或赶上发达国家的，至多是等距追赶。要缩短差距，只有自主创新。其原因有三：

一是这种科学技术转移的主动权操在发达国家手中。这就决定了，在发展中国家引进技术、进行产业结构更新换代和升级的前提，是发达国家先在新的科学技术基础上，向更高一级产业结构的更新换代和升级。也就是说，发展中国家向前迈一步，发达国家也向前迈一步。而且由于新的科学技术的创造有着积累加速效应，发达国家的一步与发展中国家的一步并不是等距的。比如在20世纪后期，大多数发展中国家借助资本主义的工业技术向工业化的产业结构迈进的时候，以美国为首的少数发达国家已经进入了知识经济时代，已经在向高科技的信息化产业结构升级。所以，发展中国家如果没有科学技术方面的自主创新，只有引进技术基础的产业结构换代升级，不仅意味着在发展水平上与发达国家的差距没有缩小，也可能意味着差距的拉大。

二是在信息和知识经济时代，要素禀赋、知识资本成为国际劳动分工中和利益分配中的非常重要的甚至是决定因素。尤其是在经济政治全球化的环境中，体现先进劳动生产力的科学技术和各种要素在发展中国家有着更强烈的需求，表现出更高的稀缺性，从而使富有这些要素的发达国家在国际分工中处于更有利的优势地位。发达国家向发展中国家转移技术，只是要尽量发挥这些优势，而并不是把这些优势转移给发展中国家。

三是在现代经济发展中，最关键的是核心技术。只要控制了这关键的核心技术，就控制住了整个产业，控制住了整个产业产品的生产、销售和利益分配的主导地位。因此，发展中国家即使能掌握和运用这些技术，进行这种产品的生产和出口，也不意味着自己在技术和产业结构上优势的提高。因为这种产品在国际市场竞争中，所体现的仍然是发达国家的优势和利益。对发展中国家来说，充其量也只能享受就业、税收、提高国民生活水平的好处，而不能享受技术进步和产业升级优势的利益。而且这种结构还掩盖了发达国家剥削发展中国家的本质，夸大了发展中国家在国际分工中的地位和利益。

当然，这并不是说发展中国家或相对落后国家，就永远得落后下去，永远没有翻身之日，而是说不能把自身的发展完全寄托在资本主义国家身上，不能只依靠资本主义国家的技术转移。如果真的那样，那就真的是永无翻身之日了。决定自己命运的是自主创新，是自己通过创新性的劳动，在科学和核心技术上获得突破，从而打破发达国家对核心技术的垄断，拥有自己的有自主产权的世界上领先的核心技术。开创和掌握自己的核心技术，在新科学技术革命和技术进步中走在前面，这是彻底改变自己地位的关键。对于基础差的发展中国家来说，这是一条很艰难的路，但除此没有别的选择。

金融特权和全球性腐败的加深

治理者各种形式的腐败，都是特权的产物，都是人们所憎恶的。因为腐败不仅给各种恶势力，给各种犯罪提供了土壤和保护，而且破坏了社会的良性秩序和公平正义，使人际关系冷漠。诸如结党营私、徇私枉法、颠倒黑白、黑恶势力猖獗等，都破坏了社会的公平正义，危害了社会的安全与稳定。而全球治理中的金融特权，又是全球性腐败的得力工具，它促动着全球性金融投机，使全球性腐败不断加深。

人们都知道，第二次世界大战即将结束的1944年，在美英的倡议下，在美国新罕布尔州的布雷顿森林举行会议，讨论和制订战后国际货币金融合作计划。会议依据美国提出的怀特计划和英国提出的凯恩斯计划，最后制定了《国际货币基金组织协定》和《国际复兴开发银行协定》，即布雷顿森林协定，并在协定基础上建立了布雷顿森林体系，1945年协议正式签字，并正式成立了国际货币基金组织和国际复兴开发银行。布雷顿森林会议，是世界经济领域里的一次具有重大历史意义的会议。会议上美国凭借经济、政治和军事实力的优势，迫使与会国同意它的方案，从而确立了战后时期以美元为中心的资本主义货币金融体系，确立了美国在国际货币金融领域的霸权地位。从此世界也进入到了货币金融主导的世界秩序新时代，进入了美国利用金融垄断，利于其在世界金融领域的各种特权对世界进行掠夺的新时代。

随着资本主义的发展，金融资本在经济中的地位和作用不断提高，少数金融寡头不仅统治了各资本主义国家国内的经济生活乃至政治生活，并在不断向外扩张中，在与其他国家的金融资本争夺和勾结中，形成了国际金融寡头。如列宁所分析的，这些金融寡头结成国际联盟，力图统治整个世界。世界发展的实践，完全证实了列宁的这些论断。如今，国际金融资本的势力不断增强，除了各发达资本主义国家的金融垄断资本外，在它们控制下的世界银行和国际货币基金组织等国际金融机构同它们联合，已成为整个世界经济的真正主宰，成为世界秩序的真正主宰。

美国在国际金融中的特权，集中体现在对国际货币的操纵上。因为在货币金融主导的世界秩序中，谁操纵了国际货币，谁就能通过全球性的金融活动，控制和支配整个世界的贸易和生产活动，就能对世界进行掠夺，所以操纵货币是对公平正义原则的践踏。掠夺的基本手段，就是金融投机。美国就是仰仗着其对世界金融的控制，用全球性的金融投机，对其他国家的实体经济进行着掠夺。这种掠夺虽然不用暴力，但它比暴力更残酷。

美国动不动就攻击别国是货币操纵国，其实美国才真正是世界的货币操纵国。当今世界上有条件操纵货币的，只有美国，别的任何国家都没有条件。这个基本条件，不仅在于对世界银行和国际货币基金组织的控制，更重要的是美元的地位和印制美元的权利。它通过控制国际货币和金融组织和世界银行，就能按照本国的利益控制国际货币的流向，影响别国的汇率；它利用美元的地位，就能肆无忌惮地搞赤字预算，肆无忌惮地举债，肆无忌惮地印制美元，以进行债务绑架和美元掠夺。据美国"华尔街日报"网站披露，虽然从2008年9月到2011年底，美联储已经印制了1.8万亿美元的新钞，但这还是美联储决策者在热身。2012年9月他们以刺激增长和降低失业率为名宣布，今后将不设期限以每月400亿美元的速度实施第三轮量化宽松政策，即印制更多美元的政策。

金融寡头统治时代，金融资本的力量是巨大的。如列宁说的，它可以轻易把某个大国排挤出大国的行列，夺走其势力范围，夺走其享有的大国的特权和额外的收入。这已是由历史证明了的事实。列宁还以美国的托拉斯为例说明，金融资本排除竞争者还不限只用经济手段。他说：美国的托拉斯是帝国主义即垄断资本主义经济的最高表现。为了排除竞争者，托拉斯不限于使用经济手段，而且还常常采取政治手段乃至刑事手段。但这并不否认用经济手段就不能实现垄断，如果认为用纯粹经济的斗争方法在经济上不能实现托拉斯的垄断，那就大错特错了。相反地，现实处处证明这是可以实现的：托拉斯可以通过银行、发行股票破坏竞争者的信用，它在一定时期内把价格压低到成本以下，不惜为此付出巨大的代价，以便迫使竞争者破产，从而收买它的企业和原料产地。

在金融资本的密网布满了全世界的时候，不仅在金融资本基础上生长起了非经济的上层建筑，即金融资本的政策和意识形态；而且还出现了企业间的大规模的兼并。美国作为世界金融寡头和寡头帝国，为了制服对手，维护自己的特权，有两个杀招：一个是制裁；一个是兼并。而这两个杀招，都由其对世界金融的控制、对美元的控制做支撑。如学者们说的，当今的美国已经成为全球金融殖民帝国，或美元殖民帝国。

美国对别国的无端制裁，是强权政治的表现，是违背公平正义的。美国制裁别的国家，靠的是本国的强大经济实力和国际影响力。美国的强大自不必言，美国在世界上的影响力更令人难以置信。比如，美国似乎是世界的神经中枢，美国的国内法竟会影响到世界，它若出台一部法律，仅仅是国内法，内容是对敌对国或者其支持国进行贸易往来的企业加收高额税收，就会导致敌对国无法通过贸易途径获得需要的物资，仅仅这样就可以使绝大多数国家屈服。虽然这种手段对美国自身的经济也有很大影响，但是没有哪个国家的经济实力可以和美国对耗。

资本主义企业兼并，靠的是金融资本和银行资本，金融资本和银行资本是兼并的现代经济基础。从这个意义上来说，兼并就是投入到被兼并国家的千万个企业的亿万资本，获得政治上有保证的利润。如列宁说的，如果不采取坚决的步骤打碎资本的枷锁，即使有放弃兼并的愿望也是做不到的。因此，兼并无非是大银行统治的政治表现和政治形式，而大银行统治从资本主义中产生是必然的，这不是由于谁的罪过，因为股票是银行的基础，而股票的聚集则是帝国主义的基础。大银行靠数千亿资本统治整个世界，它通过各种金融业务，与国际各生产部门的垄断者结成同盟，主导或支配着整个世界的生产劳动，主导或支配着整个世界的贸易，这就是当今世界的秩序本质和主要特征。

由于资本主义制度和霸权主义这双重因素的作用，这种金融主导的世界秩序还有一个重要特点，就是垄断资产阶级的腐朽性和寄生性。由于它们利用货币和金融的特性，利用它们控制的银行和金融组织，可以不通过实际的劳动生产经营活动，而靠运营金融和金融衍生产品，靠在运营这些产品中的投机、欺诈和赌博就能获得巨额财富，靠"剪息票"就能过上各种奢侈、糜烂的生活；列宁在剖析垄断资本主义的特征时，特别强调这种秩序的腐朽性、寄生性乃至垂死性的"趋向",认为这是资本主义技术进步和生产力发展中的桎梏。

美国前国务卿基辛格曾经说过,如果你控制了石油,你就控制了所有国家;如果你控制了粮食,你就控制了所有的人;如果你控制了货币,你就控制了整个世界。货币金融控制,已经成为当今发达国家掠夺落后国家的重要手段和工具。实践使我们看到,少数控制金融的富国的寄生性,对许多为了生存不得不引进和利用发达国家的资本,不得不融入国际金融体系的被寄生国来说,不仅也是一种被掠夺,而且与暴力掠夺相比,还是一种更隐蔽、更残酷的被掠夺。以美国为首的富国,正是利用《国际货币基金协定》和《国际复兴开发银行协定》的"双挂钩"原则,通过操纵金融特别是操纵金融衍生产品,控制国际市场和国际投资;通过霸王条款、不等价交换、发行货币、金融投机等手段,不仅掠夺了发展中国家或穷国的大量财富,而且破坏了这些国家的资源和生态,破坏了这些国家发展的潜力。

这里,特别值得一提的是,金融霸权秩序还造成了全球性的道德危机。其主要表现是,在金融资本统治下,在金融投机全球性泛滥下,资本主义的腐朽性和寄生性不断加深,使投机、欺诈、贪腐、徇私枉法、颠倒黑白、弄虚作假等代替了劳动和诚信;使贪婪、享受、生活糜烂代替了奋斗和勤俭。列宁早就说过,在金融霸权秩序下,金融资本是作为一种存在于一切经济关系和一切国际关系中的巨大力量,可以说是起决定作用的力量,它甚至能够支配而且实际上已经支配着一些政治上完全独立的国家;一国的大金融资本也随时可以把别国即政治上独立的国家的竞争者的一切收买过去,而且它向来就是这样做的。

列宁特别告诉我们,资本主义已经发展到这样的程度,商品生产虽然依旧占统治地位,依旧被看作全部经济的基础,但实际上已经被破坏了,大部分利润都被那些干金融勾当的"天才"拿去了。这种金融勾当和欺骗行为的基础是生产社会化，人类历尽艰辛所达到的生产社会化这一巨大进步却造福于投机者。也如马克思和恩格斯所说的，投机、赌博和欺骗是金融垄断资本统治的基础和重要手段。与此紧密联系的是轻视劳动、贪图享乐、生活糜烂的道德堕落和道德危机。因为金融控制者主要靠所有权证书的价格变动而进行掠夺，而所有权证书的价格变动而造成的盈亏，就其本质来说，越来越成为投机和赌博的结果。投机、赌博已经取代劳动，表现为夺取资本财产的本来的方法，并且也取代了直接的暴力，这体现着资本主义社会的本质，也预示着资本主义社会道德堕落和道德的危机。

马克思说："如果说信用制度表现为生产过剩和商业过度投机的主要杠杆，那只是因为按性质来说具有弹性的再生产过程，在这里被强化到了极限。它所以会被强化，是因为很大一部分社会资本为社会资本的非所有者所使用，这种人办起事来和那种亲自执行职能、小心谨慎地权衡其私人资本的界限的所有者完全不同。这不过表明：建立在资本主义生产的对立性质基础上的资本增殖，只容许现实的自由的发展达到一定的限度，因而，它事实上为生产造成了一种内在的、但会不断被信用制度打破的束缚和限制。因此，信用制度加速了生产力的物质上的发展和世界市场的形成；使这二者作为新生产形式的物质基础发展到一定的高度，是资本主义生产方式的历史使命。同时，信用加速了这种矛盾的暴力的爆发，即危机，因而促进了旧生产方式解体的各要素。信用制度固有的二重性质是：一方面，把资本主义生产的动力——用剥削他人劳动的办法来发财致富——发展成为最纯粹最巨大的赌博欺诈制度，并且使剥削社会财富的少数人的人数越来越减少；另一方面，造成转到一种新生产方式的过渡形式。正是这种二重性质，使信用的主要宣扬者，从约翰·罗到伊萨克·贝列拉，都具有这样一种有趣的混合性质：

既是骗子又是预言家。"①

特别是在金融全球化的今天，少数霸权正义国家不仅控制和支配着国际货币和金融，而且控制和支配着与国际货币金融、货币金融产品相联系的信息和服务业，控制和支配着从事这些产业的劳动者。由于信息、网络、数字化的作用，发达国家的诸多脑力劳动产品，比如金融产品、信息产品、知识产品、网络产品的优势，都是容易在国家间进行流动的，而发展中国家的优势，比如廉价劳动力特别是体力劳动力的优势，却是不能跨国自由流动的，不能到劳动力稀缺的发达国家得到比较高的利益。更严重的是，发展中国家的、对发展中国家发展有重要作用的不多的科技人才，还被发达国家千方百计地用高薪收买的办法挖走，这对发展中国家的发展就更为不利。

现在人们似乎都很乐意谈论美国衰落。然而，认真思考一下就会知道，美国的衰落只是一种趋势，只是由于为了自己的利益而穷兵黩武、制造谎言、实行双重标准等行为的不断暴露，其在人们心目中的神话和影响力的衰落。由于受到国内债务的拖累和金融危机的严重冲击，当前美国的确面临诸多严重问题，其经济总量在世界经济总量中所占比例的确有所下降。特别是在其盟友深陷衰退，新兴大国正在挑战其霸权和整个国际秩序主导地位时，其日子的确不太好过。可纵观世界，似乎还没有出现能挑战美国霸权，与美国抗衡的对手。

金融危机的确使得美国的经济实力和国际影响力受到了一定的影响，但美国的货币金融霸权并没有动摇，在这种霸权下的美国综合国力的全面性，美国对全球资金市场、商品生产、技术市场的控制，对国际贸易特别是大宗商品价格的控制，对最新科学技术变革的实力和引领能力，对教育和科学技术制高点的控制，

---

① 马克思：《资本论》第3卷（1894年），载《马克思恩格斯全集》第46卷，人民出版社2003年第2版，第499—500页。

特别是对重点国际游戏规则制定权的控制，也一如既往。美国在军事实力、教育水平、科研力量、人口构成、人口品质等方面的数据仍然遥遥领先。

如有学者说的，由于控制国际体系手段的多样化、国内政治的党派平衡和国际机制对霸权国家的塑造效应，美国具有丰富的战略调整经验和能力。有鉴于此，完全可以肯定，美国只要不那么贪婪，并放弃单边主义，其克服新兴大国崛起和金融危机对其霸权带来的困境是有可能的。完全可以预见到，美国霸权特别是金融霸权仍有很强的生命力，并且其霸主地位仍会维持较长时间。

尽管如此，美国主导的金融霸权秩序，是对世界特别是对发展中国家进行掠夺的秩序，理所当然地受到发展中国家的抵制。只不过打破旧秩序的枷锁，要建立没有特权、没有掠夺、符合公平正义原则、符合所有国家利益的新秩序，难度是很大的。这需要时间，需要发展，需要实力的积蓄，需要发展中国家的共识，需要世界各种正义力量的团结一致。

治理特权和全球性公平正义危机

这里说的治理特权，是指治理者手中的权力不是人民给的，而是抢夺的，或者是人民赋予权力的变异。作为国际社会的治理者，本应是国际社会的勤务员，其手中的权力是世界各国给的，应当为世界各国服务。但受霸权主义者的控制或操纵，这种权力却异变成只为少数霸权国家服务的强权、独裁权。关于这一点，只要回顾一下第一次世界大战后，登上世界霸主宝座的美国的所作所为，就会一清二楚。

在美国主导的全球治理中，不存在真正的道德、真正的善和真正的公平正义。美国追求的是江湖老大的地位，一切都必须美国说了算，都必须首先满足美国的利益。

正如罗素在《罗素道德哲学》一书中分析的，权力是一种冲动，一种欲望。产生这种冲动和欲望的根源，大致有：为人民的幸福、为荣耀、为统治、为财富这四种。第一种冲动和欲望，是具有道德属性的，是伟大的，令人崇敬的。这种冲动和欲望，一般都是靠人民得到满足的。也就是说，这种权力是人民赋予的，一般都是从公平正义中获得，在公平正义中实施，带来公平正义的社会结果：广大人民的幸福。它在给人民带来幸福的同时，自然也就得到了荣耀。

后三种冲动和欲望，作为个人的私欲和冲动，或者作为一个国家的私欲和冲动，其权力的获得，一般都是抢夺的或霸占的，是背离人民意志的，缺乏公平正义和道德属性的。我们说的特权，就是指这种私人的冲动和欲望，这种私人抢夺或霸占的权力。而且在实践中，这三种冲动和欲望很多情况下都是会融会于一身的。比如美国在争夺世界霸权中，就不仅有荣耀的冲动和欲望，也有统治别国和统治世界的冲动和欲望，更有贪婪财富的冲动和欲望。所以，这种霸权在全球治理中的获得、实施，都不仅缺乏公平正义，而且必然带来社会权力和财富分配的不合理、不公、不平等、甚至两极分化，使公平正义遭到破坏。

统治世界，掠夺世界，这是美国全球治理的本质，也是美国霸权或特权的本质。霸权或特权，都是以暴力为后盾的强权。强权的本质就是独裁、专制，就是唯我所是，唯我所定，唯我所从，就是指鹿为马。胆敢不从者，就得消灭。所以，这种强权与民主、与公平正义，都是格格不入的。

人们都知道，在罗尔斯公平正义理论中，平等是核心。罗尔斯认为，公平正义有两个原则：第一个原则就是每个人对于其他人所拥有的最广泛的基本自由体系相容的类似体系都应当有一种平等的权力。而且公平正义原则与人们的善的观念是一致的。在罗尔斯看来，在一个良序社会里，公民们关于他们的善观念与公认的正当的原则是一致的。各种基本的善在其中占有恰当的地位。

既然善观念与正当原则是一致的，那么在良序社会中，对于善观念的考察就是衡量公平正义原则对良序社会条件的关键因素。也就是说，为全体社会成员谋利益，践行公平正义原则的社会，才是良序社会。

罗尔斯还提出，达到良序社会或合宜社会，需要满足的四个条件：第一，这个社会必须以和平且尊重其他社会的方式处理事务。第二，这个社会的法律体系及其正义观念，必须保护所有社会成员的基本人权。比如生命权、自由权、个人财产权、平等权等。第三，这个社会的法官和其他执掌法律体系的人必须相信法律包含正义观，正义相信共同善的存在。第四，这个社会的人民必须具有正派的协商等级制，选民团体都能参与协商，以此反映所有团体的重要利益。

罗尔斯坚信"万民社会"或"世界社会"的存在，罗尔斯关于世界正义或国际正义的思想中，特别强调平等、人权和互相帮助。罗尔斯认为，富裕的社会有责任援助其他社会，帮助它们摆脱压迫，摆脱压在它们身上的沉重负担，使人类个体享有生存的基本权利。罗尔斯强调，帮助他们的目的、摆脱压迫、摆脱贫困、创造建设良性秩序即合乎公平正义秩序的条件。

四 公平正义和旧世界秩序的变革

人们都知道，至今的世界政治经济秩序，基本上还是在霸权国家的强权主导下、依据它们的利益和意志形成的。对于广大发展中国家或相对落后国家而言，它是一种不公正、不合理、非正义的秩序。从20世纪末开始，在以中国为代表的一些发展中国家花费巨大代价，在利用发达资本主义国家的资金、技术和设备发展自己方面，取得了举世瞩目的惊人成就。尽管付出了极为沉重的代价，让发达国家攫取了巨额财富，但毕竟使自己发展起来了，并成为世界经济、政治中不可忽视的力量。它们作为广大发展中国家的代表，都深受不合理、不公正、非正义旧的世界政治经济秩序的危害，都迫切要求变革这种旧秩序，要求建立新的公平、合理、正义的世界政治经济秩序。这种符合公平正义的世界秩序，就是由道德支撑的世界秩序。

公平正义和世界秩序变革的核心

2018年6月，美国"外交政策"双月刊网站发表了扎卡里·卡拉贝尔的一篇题为《特朗普创造性毁灭国际秩序》的文章。该文提出，国际体系、国际秩序并非一成不变；何况现有的世界秩序，是在发展中国家落后的环境中，在美国霸权支配下建立的。以中国为代表的发展中国家，加之十几个富裕国家，越来越不愿屈从于美国的霸权主义和单边主义，要求变革世界秩序，这都属于正常情况，而且改变霸权秩序已是水到渠成。

世界经济秩序，是世界政治秩序的基础。世界经济秩序的不公平、不合理、非正义，就决定了整个世界政治经济秩序的不公平、不合理、非正义。旧世界秩序的要害，是在少数霸权主义国家操纵下的权力不平等，是诸多特权的存在。特权是与公平正义相悖的。这种特权，渗透于全球治理的各种规则、规制中，是构成不合理、不公平、非正义世界政治经济秩序的根子。而要改变这种状况，实现世界秩序中的权利平等和公平正义，就必须消除包括霸权在内的各种特权。这就是世界政治经济秩序变革的要害。

在市场经济环境中，特权是由实力决定的。决定旧世界秩序不公平、不平等和非正义性的，主要是霸权主义国家由实力所凝成的特权。霸权主义国家运用手中的特权，利用自己对资本和技术的垄断，利用自己在世界秩序中各种特权，利用自己对各种国际规则、规制的控制，就使发展中国家和一切落后国家处于对自己的依附式关系中。在这种关系下，这些国家只能从事附加值低的农业、矿业、低技术劳动密集型产业的劳动,处于被掠夺的地位。其在国际贸易组织、经济与合作组织、货币金融组织中,在涉及自己切身利益的问题上,特别是在各种规制、规则的制定上,都缺乏应有的参与权和话语权。

现在世界上的男女劳动者,绝大部分都受着垄断资本的控制,而且约有40%的劳动者仍靠土地为生。而这些劳动者的大部分集中在发展中国家。某些最低收入的发展中国家,甚至有四分之三以上的劳动者仍在从事着农业生产。他们中的多数都很贫穷,与发达国家的劳动者相比,他们的工作与生活常因薪酬微薄而很艰难,而且有许多风险和不安全因素。他们的劳动强度虽然很大,但其劳动成果在世界市场上因劳动分工秩序不公平、不合理,在不等价交换下,其实际获得却很少。他们都携家带口,得到的微薄的劳动所得,还不足以将自身及其家庭提升到每天2美元的贫困线之上。即使从事那些合资企业、来料加工企业的工业劳动者,由于企业的资金、技术,生产、管理,销售、分配都控制在发达国家跨国公司的资本家手中,企业的大部分利润都被外国资本家拿走,他们的对社会经济发展至为关键的创业精神也常常在为生存的奋斗中耗尽,而得到的却只是那点微薄的加工费。

在现今金融主导的世界秩序下,由于国际资本市场、技术市场和商品市场上的不公平制度和不公平交换,一方面,迫使发展中国家必须不断向发达国家出口资源产品和廉价工业品,来形成贸易顺差,才能积累起进口发达国家资本货物和技术设备的外汇资金;另一方面,操纵着国际劳动分工秩序的美国,不仅利用不等价交换对发展中国家进行掠夺,而且向发展中国家坐收每年近200亿美元的"铸币税",迫使一些发展中国家出让货币政策的独立性。在国际金融体系的分工中,美国等少数发达国家凭借"双挂钩"特权和储备货币特权,控制着大量金融虚拟产品,而发展中国家却用自己的外汇储备购买这些虚拟产品,从而形成了"金融中心—外围"关系。

进入21世纪以来，资源外向型的发展中国家希望通过诸如欧佩克这样的国际资源组织，来控制像石油这类不可再生资源大量流失；加工贸易型的发展中国家，也希望通过期货等现代避险工具来减少贸易自由化后的风险。但在发达国家金融自由化政策唤起的几十万亿美元的金融投机浪潮下，无论国际资源组织决定增产还是减产，无论加工贸易国家抑制还是扩大消费，都无法扭转国际期货市场的暴涨暴跌。这给许多发展中国家的发展带来了巨大的危害。一些新兴市场国家试图模仿美国等发达国家走大量进口廉价初级产品和制成品、大量出口虚拟产品的道路，从而成为在剥削"外围国家"的国际分工体系中分一杯羹的"半中心国家"，但在发达国家所主导的国际经济秩序下，虽然付出了比收益更加惨重的代价，却依然没有改变依附中心国家发展的"半外围国家"地位。

权力的不平等以及所造成的规则、规制不平等，是国际交换不公平的根源。实现权力平等从而规则、规制平等，是发展中国家为建立新的劳动分工秩序进行斗争的核心问题。我们都知道，为了改变不合理的世界秩序，自20世纪60年代开始就进行着不懈的斗争。经过长期斗争，终于促使联合国大会于1974年通过了《各国经济权利和义务宪章》等文献，明确规定经济制度的选择权、经济发展方针和政策的自主制定权、经济活动的管辖权、重要资源和战略产业的控制权、国际经济秩序的平等制定权、国际市场的自由权等，是每个国家神圣的经济主权，各国都有义务尊重它们。

然而，在霸权主义国家的控制下，发展中国家的经济主权仍然受到了各种损害。诸如：把国际经济组织和区域经济组织协议凌驾于发展中国家的经济主权之上，迫使发展中国家对涉及自己根本利益的经济主权进行限制，甚至单方面放弃部分经济主权；

发达国家通过一些不平等的条约，迫使一些发展中国家改变原来的经济发展方针和政策，从而损害发展中国家经济发展方针和政策的自主制定权；发达国家利用现行国际分工秩序，在迫使发展中国家开放市场的同时，却对它们实行苛刻的贸易保护主义，从而损害了它们的外贸管理权；发达国家通过一些国际经济组织不公正的游戏规则，剥夺或者架空了发展中国家的平等权和话语权；极少数发达国家利用发展中国家在接受世界贸易组织协议时，对它们的利益做出更多的承诺，损害发展中国家在国际市场上的自主权等；这些就使广大发展国家尽管做出很多让步、很多牺牲，进行过很多努力、很多斗争，却仍然难于摆脱在国际劳动分工中依附于发达国家的"外围国家"的地位。

也就是说，当今的全球经济仍然是在不公正、不合理、非正义的劳动分工秩序下运行的。在这种运行中，民族国家和跨国公司是最重要的行为主体。拥有巨量跨国公司的霸权主义国家，虽然对全球经济进行着控制，是全球治理的主要角色，但在全球经济舞台上，它们追求的目标，都是为了自己的利益，其对私人财富和权势的贪婪，就是问题的症结所在。在这些国家的操纵下，即使能达成一些协议，或制定了一些共同的规章，往往都是对它们最有利，因而得不到所有成员国的切实遵行。这样就使全球经济的运行缺乏正当合理和有效的治理。正如有学者所说，如果各国能根据平等协商、互利共赢的原则行事，很多问题是可以找到利益平衡点，达成一致协议，制定一定规则的，但事实并非如此。

所以，总的来看，世界政治经济秩序的变革是大势所趋。国际社会政界、学界从各自的立场出发，提出了诸多变革的意见和方案，但由于霸权主义者作怪，在世界秩序变革中的矛盾重重，进展非常缓慢。从发展趋势看，主要发达国家面对这种大趋势，也不得不做出变革的姿态，提出了一些改革的设想，但这些设想都以不影响它们的特权，不影响它们的主导和支配地位为原则。

美国特朗普政府高喊的美国利益第一,都应当由美国主导制定,美国的主导地位、支配地位不能改变,这就是霸权主义者的本质。而对广大发展中国家来说,为了自身的利益,对改革的基本要求,正是要打破它们的特权和支配地位。可见,在世界政治经济秩序的变革中,发达国家和发展中国家之间的斗争和博弈还是长期的。

变革的经济力量和道德力量

任何良性秩序,都应当是在道德基础上形成的。而现行的世界秩序却是在发达国家强权政治下、靠经济实力形成的,并受着强权政治和经济实力的严酷控制。这就决定了,要改变这种不公平、不合理、非正义的旧秩序,不仅需要强大的、能体现道德、体现公平正义的政治力量和经济力量,而且需要能运用这种力量的强大的智慧。而这种强大的力量和智慧,主要是出现在发展中国家。霸权主义者倡导的是霸权治理、霸权秩序、霸权稳定论;而发展中国家倡导的是平等协商的民主治理,是公平正义的原则,是公平、合理、正义的良性秩序。所以,在某种程度上说,前者强调的只是实力和权势的力量;而后者强调的是实力加道德规范和道德力量。世界秩序的变革过程,正是这两种力量的博弈。

只有实力,而没有道德,没有公平正义,是不会有良性秩序的。旧世界秩序的桎梏,就在于缺乏道德,缺乏公平正义。广大发展中国家,是旧秩序的受害者。因为其除了政治和军事实力都大大落后于发达国家之外,最主要的是经济实力弱。没有经济实力的强大,哪来的政治实力和军事实力的强大!比如,科学技术水平低、劳动力的科学文化水平低、从事脑力劳动或高端产业劳动者少、科学技术含量高和附加值高的产业少,这是发展中国家存在的根本性的弱点。而要改变旧秩序,不彻底改变这种弱点,是不可能的。可改变这种弱点,谈何容易啊!

当然,如果没有强大的实力做后盾,要进行世界秩序的变革也是不可能的。由于历史条件所决定，发展中国家发展的起步，都首先是从学习发达国家，从发达国家引进资金、先进科学技术、先进生产设备，解决就业和人民的温饱问题开始的。在具有资源特别是劳动力资源优势的发展中国家，这被证明是一条正确的道路。然而，如果仅限于依靠发达国家的资本和技术，仅限于人民的温饱，不仅不能改变自己在国际劳动分工秩序中的地位，而且会越来越加深对发达国家的依附性。要摆脱对发达国家的依附，摆脱旧秩序的束缚，还要走更为艰巨的路，那就是自主创新之路。就是要在学习引用一切先进东西时，通过自主创新，实现对发达国家的超越，使自己变成科学技术强国、劳动力素质强国、产业结构先进强国、综合国力强国。

在霸权主义和强权政治遏制下，在先进科学技术、先进生产设备被发达国家高度垄断和严密封锁下，实现这种超越有多难，只有发展中国家自己能体会到。但事关生死，再难也得勇往直前。因为只有在科学技术的自主创新中，杀出一条血路，把自己变成一个科技强国，变成综合实力强国，才有资格、有能力谈反对霸权主义，谈世界秩序的改革，谈新世界秩序的建立。

实践逐渐使人们形成了这样一种新的观念：任何一个民族的生存条件最终都取决于两个基本条件：一个是由综合劳动力所决定的综合国力；另一个是由法律规范和道德规范所形成的良性秩序。争取民族生存的优势，最根本的就是加速综合劳动力的发展和由此所决定的经济实力的增长；加强民主建设，加强以自由、民主、平等为核心的良性秩序建设。

不断增长以经济实力为核心的综合国力，则是改变一个国家在国际分工中地位的基础。世界经济发展的历史证明，基于各方面条件的变化，世界各国综合实力的增长是非常不平衡的，相对地位不断发生着变化，永远没有一成不变的优势。所以，在增长综合经济实力从而争取生存优势方面的较量，是一场永无终点的马拉松。在这种赛跑中，不容许有任何的松懈。

人们也越来越认识到，在决定综合国力的诸多因素中，科学技术是最为重要的要素。改变一个国家在国际分工中的地位，改革不公平、不合理、非正义的世界秩序，首先应当从通过自主创新发展科学技术，提升发展中国家科学技术发展水平，改变世界科学技术国际结构开始。科学技术上自主创新的意义，占据科学技术制高点的意义，只能用"决定命运"这四个字来概括。

科学技术作为最重要的劳动生产力，像梦幻一样，改变着人们的意识形态、生产方式和生活方式。每次以高新技术的开发和应用为特征的世界性科学技术革命，都给世界经济、政治、军事带来巨大的发展，对各国劳动生产率和经济效益的提高，对各国综合国力和国际地位的提高，其作用都是巨大的，令人想象不到的。发展科学技术方面的竞争，在很大程度上决定、支配着其他一切方面的竞争。正是基于这样的认识，少数发达国家都通过政府的法律制度、财政和各种经济政策，特别是国家的科学技术创新体系和各种制度，以求稳固自己在世界科学技术上的领先地位和控制制高点的地位。这也正是它们以求继续支配和控制世界秩序的最根本的手段。

广大发展中国家也越来越感觉到，科学技术的发展是发展中国家生存和参与国际竞争的生命线。发展中国家引进发达国家的资本和技术，是为了达到两个目的：一是把自己的优势发挥出来；二是把发达国家的优势拿过来。只有在引进的基础上自主创新，在高端技术、核心技术方面打造自己的品牌、自己的专利，打破发达国家的垄断，实现超越，才能改变自己在国际劳动分工中的地位，改变国际劳动分工秩序的现状。

实现在科学技术上的超越，这是一场特殊形式的非军事的国际大战。从长远的角度看，它对世界力量对比变化、对各种秩序的影响，比军事大战都有过之而无不及。它不仅决定着各国在地球上的地位和命运,而且还涉及人类对地球之外宇宙空间的争夺。从事这场战争的士兵,是人才,是富有科技创新能力的人才。而培育、打造这些人才的工厂,是学校,是发达的教育。待发展中国家在教育、人才、科技为先导的综合、整体实力超过发达国家之后,也就是劳动数量和质量、劳动力的数量和质量都超过发达国家之后,包括经济、政治、思想、军事在内的整个世界版图、以发达国家利益为核心的各种秩序,都将发生革命性大变革。当然,实现这种超越需要很长的历史时期,需要几代人的艰苦努力,决不是在短期内能够轻而易举达到的事。

值得注意的是,美国奥巴马上台后,又想利用自己的科学技术优势发展新的制造业,企图夺回世界制造业第一的位置。基于人口、领土、资源禀赋、经济实力、政治实力和军事实力优势基础,美国发展制造业也并非难事。更重要的是,美国要新发展的制造业决非传统制造业,而是在高端科学技术带动下具有更高附加值的高端制造业。如果其愿望得到实现,无论中国或其他发展中国家,都仍然会处于国际劳动分工结构的下游。而且就对世界秩序的控制来看,不只是美国一个国家,还有西方诸多发达国家。无论经济、政治或军事上,它们联合起来的力量都是巨大的。不要说发展中国家的力量一时还联合不起来,即使能联合起来,也抵不过或制衡不了它们对世界秩序的控制。

比如,根据世界银行统计,美国2011年的GDP虽然仍是世界第一,虽然其占全球GDP比重已经从1945年的50%降至21.5%,但美国在军事实力、教育水平、科研力量、人口素质和构成等方面的数据仍然遥遥领先。更为重要的是,美国是全球高等教育和科技研发最为强劲的国家。依据美国自然科学基金会(NSF)发布的2012年《科学与工程指标》提供的资料,2009年,美国拥有2070万正式注册的本科生,分别有134000名和41100名科学与工程专业的硕士生、博士生顺利毕业。长期以来,2/3的本科生和

63%的科学与工程专业的研究生受到了联邦政府的财政资助。在科研成果方面，美国科技学术方面的论文达到全球总数的26%，排名第二的中国占全球的9%。不仅如此，美国持续对科技研发予以有力支持，于2009年投入400亿美元，占全球份额的31%。2010年美国知识技术密集型产业产值为3.6万亿美元，占全球份额的33%，而中国仅占全世界总额的7%。因此，美国是目前为止对高等教育和科技创新投入最大、回报最大的国家。新一轮的科学技术革命和产业革命无论以何种形式展开，它最有可能发起的地方可能仍然是美国。

比如，美国的主导地位依然有着比较雄厚的国际基础。美国通过提供安全和各方面的援助，不仅实现着对一些地区和国家的控制，而且尽管其为了自身利益，不惜制造谎言、实行双重标准等卑劣手段而失去了诚信，但其在国际体系和国际劳动分工秩序中仍有很多优势。特别是美国处理国际责任的灵活方式，也有利于保持其在国际体系中的地位和影响。如有学者分析的，美国维持其霸主地位的力量首先来源于其对国际体系控制手段的多样化。在权力构成上，美国有硬权力与软权力的组合；在权力运用的方式上，把单边主义、孤立主义、双边主义、多边主义结合运用；在机制的选择上，美国根据需要，既可以选择沿用旧有机制，也可推动之前存在但作用不大的机制，也可另起炉灶重新创立一个机制。有趣的是，无论是哪一种具体的手段，美国都不会为之"痴迷"，这种手段不行了，就用下一种。特别是其通过对国际机制的塑造，为国际体系内的行为体确立规则，使其降低了直接施展权力所付出的成本，并且收益更加持久。当它想要让某项国际机制成为维护美国霸权体系的工具时，就出面承担该项机制的各项成本，并且动员其他盟友共同加入，这是美国很擅长的一手。

总之，无论从经济力量和政治力量和道德力量上看，新兴大国的兴起，资本主义世界金融危机，美国霸权主义、单边主义、贸易保护主义的猖獗，都把旧世界秩序的桎梏暴露无遗，整个世界似乎都在觉醒，而且这种觉醒正在形成一股巨大的力量，推动着世界格局和权力结构变化，以美国主导的世界秩序已经开始动摇。建立新的世界政治经济秩序，虽仍然任重而道远，但光明和希望似乎就在眼前。当然，从发展中国家的发展势头特别是从最大发展中国家中国的发展势头看，发展中国家超越发达国家这一天总会到来，新的世界政治经济秩序的建立已经为时不远。

变革的实践和中国的作用

人们也许都意识到了，西方对中国的崛起一直在进行大辩论。辩论的焦点是：中国是更加融入世界成为世界的中国，还是另起炉灶，使世界成为中国的世界。这句话说白了，就是你发展强大了，是遵守我的霸权秩序呢，还是不遵守它，要么用自己的秩序代替它。西方一些人正在热炒中国要挑战西方建构的国际秩序，中国要搞中国说了算，中国要搞"朝贡体系"，中国要统治世界等，都充分表现出它们的小人之心。

而事实是，中国人说话是算话的，中国早就向世界宣示，中国反对霸权主义，反对不合理、不公正的霸权秩序。在建立世界新秩序方面，中国要起建设性作用，中国主张世界各国应以公平正义原则为基础，共商、共建公正、合理的国际新秩序。在建立世界政治经济秩序中，中国决不会走西方的道路，中国决不搞霸权主义和强权政治，更不想也不会统治世界。

一般认为，国际秩序是指主权国家在国际社会的行为规范。它主要通过相关国际条约、国际法、国际惯例等形成，通过相关国家政府和国际组织进行维护的。现今的国际秩序，无论是国际政治秩序或国际经济秩序，都基本上是二战后在雅尔塔体系、布雷顿森林体系和国际贸易组织基础上形成的。这种国际秩序虽然在维护二战后世界政治和经济的发展起有一定作用，但其存在有致命弱点和缺陷，有严重不公平和不合理的地方。而且随着世界发展的不平衡，随着国际关系的变化，特别是发展中国家的迅速发展及其高级地位的提高，这种不平等和不公平显得日益突出，已经严重影响到世界稳定和世界的创新发展。

如前所述，旧的国际秩序的主要问题是，它一开始就是由西方大国主导的，主要维护的是西方大国的利益。更严重的是，美国力图主导国际秩序，肆无忌惮地推行霸权主义和强权政治，打着维护国际秩序，维护"民主""人权"的旗号，推行新干涉主义，肆意对别的国家进行入侵、颠覆和掠夺，严重影响世界的安定和发展。这既致使世界经济发展严重失衡，南北贫富差距巨大；也致使建立国际新秩序的呼声越来越高。旧的不公平、不合理的国际秩序必须改变，这是世界大多数国家的呼声。

中国说的要对国际秩序起建设性作用，其含义就是不是要完全否定现有的国际秩序，而是要改革它、完善它，使它更符合世界所有国家、所有国家人们的利益和愿望。为此，中国领导人都致力于对国际旧秩序的改革和完善，并通过这种改革和完善形成真正平等、公平、合理的国际新秩序。而且都认为，这种新秩序的建立应当以公平正义为原则。而中国提出的和平共处五项原则，正体现了公平正义原则。

比如，早在1974年邓小平在联合国大会发言中，就提出并阐述了建立新国际秩序的问题。邓小平同志说："世界总的局势在变，各国都在考虑相应的新政策，建立新的国际秩序。霸权主义、集团政治或条约组织是行不通了，那末应当用什么原则来指导新的国际关系呢？最近，我同一些外国领导人和朋友都谈到这个问题。世界上现在有两件事情要同时做，一个是建立国际政治新秩序，一个是建立国际经济新秩序。"[①] 中国领导人都主张，要建立

---

① 《邓小平文选》第3卷，人民出版社1993年版，第282页。

的新国际秩序的原则应当是和平共处五项原则。

邓小平还曾这样说:"最近一个时期,我多次向国际上的朋友们说,应该建立国际经济秩序,解决南北问题,还应该建立国际政治秩序,使它同国际经济秩序相适应。我特别推荐50年代由我们亚洲人提出的和平共处五项原则,作为今后国际政治秩序的准则。"① 他还说:"至于国际政治新秩序,我认为,中印两国共同倡导的和平共处五项原则是最经得住考验的。这些原则的创造者是周恩来总理和尼赫鲁总理。这五项原则非常明确,干净利落,清清楚楚。我们应当用和平共处五项原则作为指导国际关系的准则。我们向国际社会推荐这些原则来指导国际关系。"②

邓小平还特别强调,国际关系新秩序的最主要的原则应该是不干涉别国的内政,不干涉别国的社会制度。他说:"中国永远不会接受别人干涉内政。我们的社会制度是根据自己的情况决定的,人民拥护,怎么能够接受外国干涉加以改变呢?国际关系新秩序的最主要的原则,应该是不干涉别国的内政,不干涉别国的社会制度。要求全世界所有国家都照搬美、英、法的模式是办不到的。世界上那么多伊斯兰国家就根本不可能实行美国的所谓民主制度,穆斯林人口占了世界人口的五分之一。中华人民共和国不会向美国学习资本主义制度,中国人口也占了世界人口的五分之一。还有非洲,非统一组织的强烈的普遍的呼声就是要求别国不要干涉他们的内政。这是世界局势的一个大背景。"③ 这当然也是国际新秩序必须坚持和平共处五项原则,坚持不干涉别国内政,不干涉别国社会制度的大背景。

比如,江泽民认为,正常的国家关系只能建立在和平共处五项原则的基础上。江泽民说:"对外要处理好国与国的关系,既要

---

① 《邓小平文选》第3卷,人民出版社1993年版,第328页。
② 同上书,第282—283页。
③ 同上书,第359页。

看到国家关系与意识形态有关联，又要看到其中的区别。处理国家关系要坚持和平共处五项原则，要讲辩证法。"① "正常的国家关系只能建立在和平共处五项原则的基础上。中国人民恪守不干涉别国内政的原则，中国人民也决不能允许别国侵犯自己进行历史选择的神圣权利。我们主张在和平共处五项原则的基础上建立国际政治、经济新秩序，世界各国互不干涉内政，每个国家的独立和主权都应受到尊重，每个国家的人民都应享有选择自己认为合适的社会制度、发展道路和思想道德的自由。社会制度、意识形态或其他方面的不同，不应当成为国与国之间发展友好关系和进行经济文化往来的障碍。"②

江泽民认为，建立什么样的国际新秩序是当前国际社会普遍存在的重大问题。根据历史经验和现实状况，中国主张在和平共处五项原则基础上建立国际政治经济新秩序。这种新秩序的基本点应当包括：各国在政治上相互尊重，共同协商，而不应把自己的意志强加于人。只有尊重各国人民的自主选择，求同存异，互不干涉内政，大家才能和睦相处，我们这个世界才会有真正的和平与安宁。在经济上应相互促进，共同发展，而不应造成贫富悬殊。只有在平等互利基础上加强和扩大经济、科技、文化的交流与合作，促进共同发展与繁荣，反对经济贸易交往中的不平等现象和各种歧视性政策与做法，才能实现共同繁荣。在文化上应相互借鉴，共同繁荣，而不应排斥其他民族的文化；在安全上应相互信任，共同维护，树立互信、互利、平等和协作的新安全观，通过对话和合作解决争端，而不应诉诸武力或以武力相威胁。反对各种形式的霸权主义和强权政治。

比如，胡锦涛认为，应当把反对霸权主义，坚持和平共处五项原则，作为处理国际关系和建立国际政治经济新秩序的准则。

---

① 《江泽民文选》第1卷，人民出版社2006年版，第148页。
② 《十三大以来重要文献选编》中，人民出版社1991年版，第632页。

各国人民应当一道，积极促进世界多极化和国际关系民主化，反对霸权主义，致力于建立公正合理的国际政治经济秩序。他说："我们这个星球是世界各国人民的共同家园，人类发展面临的挑战和问题需要世界各国人民共同应对。各国政府和人民应该共同承担起维护世界和平、促进共同发展的历史使命，积极推动建立公正合理的国际政治经济新秩序。我们要尊重各国的独立和主权，尊重各国人民自主选择社会制度和发展道路的权利，树立互信、互利、平等、协作的新安全观，坚持通过和平方式解决国际争端，促进世界各国和睦相处。"①

胡锦涛认为，应加强多边合作，推动建立国际经济新秩序。建立适应经济全球化发展要求、公正合理的国际经济新秩序，符合世界各国的共同利益。建立公正合理的国际经济新秩序，形成良好的国际经济贸易体制和规则，是促进世界经济平衡有序发展的重要保障。我们要积极支持完善国际金融体系，增加发展中国家在国际金融机构中的发言权，提高国际社会预防和应对危机、维护金融稳定和促进发展的能力，为世界经济增长营造公平、稳定、高效的金融环境。胡锦涛还认为，树立互信、互利、平等、协作的新的安全观，维护各国的独立、主权和民族尊严，尊重世界多样性，已成为各国人民越来越强烈的要求和呼声。各国应以互信、互利、平等、协作的新安全观意识营造国际政治经济新秩序，营造有利于各国共同发展的国际环境。

比如，习近平认为，中国是完善国际秩序，完善全球治理的重要力量。在习近平看来，各国经济相通则共进，相闭则各退。我们必须顺应历史潮流，反对各种形式的保护主义，共同维护和发展开放型的世界经济，统筹利用国际国内两个市场，两种资源。共同维护自由、开发、非歧视性的多边贸易体制，不搞排他性贸

---

① 胡锦涛：《在纪念中国人民抗日战争暨世界反法西斯战争胜利六十周年大会上的讲话》，2005年9月3日。

易标准、规则、体系，避免造成全球市场分割和贸易体系的分化。要探讨完善全球投资规则，引导全球发展资本合理流动，更加有效配置发展资源。

从中国领导人的这些思想中，我们当然不难悟到这样的道理：新国际秩序之所以要以和平共处五项原则作为原则，是因为现今国际秩序中存在的主要问题，只有运用和平共处五项原则才能解决。

比如，霸权主义、强权政治的存在，是当今国际秩序中存在的最突出问题，也是当今世界解决和平与发展问题的主要障碍。因此，建立国际新秩序的着眼点，首先就在于反对超级大国的霸权主义和强权政治，把尊重国家主权和领土完整，互不侵犯，互不干涉内政放在第一位。也就是说，国际关系新秩序的最主要的原则，应该是不干涉别国的内政，不干涉别国的社会制度。美国推行霸权主义的事实证明，只要干涉别国内政，干涉别国社会制度，那就必然会造成国际动乱，特别是发展中国家动乱。保持政治稳定、社会稳定，以保证和平发展的环境，这对任何国家来说，都是最主要的。如邓小平同志说的：什么人权、民权问题，都管不住这个问题。唯一的出路，就是不同社会制度的国家在五项原则基础上和平共处、相互合作，而不是干涉别国内政、挑起别国内乱。中国提出这样的问题是为了引起大家警惕，是为了提醒各国决定对华政策时要谨慎。只要各国都能按照现存的国际法和公认的国际关系准则行事，坚持相互尊重主权、领土完整，遵循平等协商的原则来维护和发展相互关系、处理彼此之间的矛盾、争端和冲突，国际政治秩序就能趋于稳定。

比如，因为由西方大国主导，在关系重要利益和重大决策问题上，都由这些大国说了算，都有利于这些大国，而众多发展中国家话语权很小，而且往往成为利益的牺牲者，这是当今国际秩序中又一突出问题，也是造成当今南北贫富巨大差距的根源。因此，建立国际新秩序的另一个着眼点自然应当放在平等互利上，放在有利于广大发展中国家的发展利益上。这样才能缩小南北经济差距，使南方国家摆脱贫穷和落后状态，因为世界的发展决不能长期建立在广大发展中国家贫穷落后的基础之上。也就是说，国际新秩序应当按照平等互利的原则，通过各种机制，使各国加强团结和合作，坚持公平、公正的原则，逐步在重大国际问题的决定和重大国际争端的解决中，形成对霸权主义、强权政治的制约机制。使各国都能在坚持独立自主的原则的同时，又相互尊重、相互支持，坚决反对任意干涉别国内政的霸权主义行为。在涉及影响世界人民前途命运的重大问题上，逐步做到由各国进行充分讨论和协商，共同做出决定，而不应由少数国家乃至某一个国家说了算。

比如，因为由西方大国说了算的国际秩序推行零和博弈原则，只顾大国自己的利益，不尊重小国、弱国的意见和利益，使这些国家在国际竞争中逐步边缘化，这也是当今国际秩序中的突出问题。因此，国际新秩序应当把国家不分大小一律平等的原则放在重要地位。为此，世界各国应共同推进国际关系民主化，在国际关系各领域，都要弘扬民主、和谐、协作和共赢的精神。在各类国际组织中，应加大发展中国家特别是弱小国家的代表数和发言权，建立平等、公平、公正、包容的运行机制。在处理国际事务尤其是重大国际事务中，应坚持互相尊重、平等协商的原则，不能唯我独尊、以大压小、以强凌弱。解决国际争端，应增强相互信任，坚持用和平谈判方式而不是战争手段予以解决。

共商共建和变革成败的关键

因为霸权主义是旧世界秩序的桎梏，是旧世界秩序中一切恶行、恶果，一切不平等、不公平的总根源；所以，要建立新的公平正义的世界秩序，首要任务，就是反对霸权主义、反对强权政治。能否消除霸权主义和强权政治，是新的世界政治经济秩序能否建立的关键。而在霸权主义、强权政治渗透在世界各个角落的环境下，反对全球性的霸权主义和强权政治不能只靠一两个国家的力量，而要靠全球受旧秩序之害、之苦的所有国家联合的力量才能成事。

共商共建，体现的是平等道德。共商共建新世界秩序的核心，是共商共建秩序运行中的各种原则和规制。只有保证这些原则和规制是合乎公平正义的，是善性的和良性的，才能保证整个秩序的公平正义性和善良性。而实现共商共建的核心，又是解决发展中国家对制定这些原则和规制的参与权、话语权和决策权。没有广大发展中国家的参与，就不会有共商共建。

由于旧的世界秩序，特别是旧秩序中不合理、不公平的规则和规制，都是被美国霸权主义主导下的少数发达国家所把持，所以旧秩序的主要受害者是广大的发展中国家。这就决定了旧世界秩序改革和新世界秩序的建立，实质上是发达国家和发展中国家综合国力的较量。又由于发展中国家的综合国力与这些发达国家的综合国力相差悬殊，所以这种较量是长期的。在发展中国家的综合国力还没有赶上和超过发达国家之前，它是不可能完全实现真正的合理和公平的，只能是向着这个目标不断前进。

当前世界秩序改革面临的基本任务，应当是按照联合国大会1974年通过的《各国经济权利和义务宪章》的要求，逐步解决发展中国家在资金和核心技术上对发达国家的过度依赖，跳出廉价资源和劳动力的陷阱，在发展新技术新兴产业能力的基础上，最后摆脱长期处于国际产业分工链条低端并遭受不平等交换盘剥困境。《各国经济权利和义务宪章》反映了广大发展中国家改革不合理的国际分工秩序、享有与西方发达国家有平等发展权利的要求和呼声，也是彻底改革旧的世界秩序很重要的一步。

问题是，联合国宪章、联合国的许多决议中涉及公平正义、涉及和平发展和平等的内容，为什么不能得到落实？不能落地生根？人们都心知肚明，是因为有霸权主义和强权政治的存在。只要霸权主义存在，一切国际秩序就不可能实现合理和公平。所以，反对霸权主义、消除霸权主义，是建立新世界秩序的根本。当今的霸权主义有许多新内涵和新的特征，而这些新内涵和新特征，都与世界秩序改革有关。比如，控制国际核心技术的转移和流动，控制国际关系游戏规则的制定，控制货币的印制和国际资本流动，控制尖端武器的制造和贸易，控制全球性的军事部署和态势等，这些都是美国霸权主义的新内容，而这些都严重遏制着发展中国家在世界地位的改变和提高，遏制着世界秩序改革的顺利推行。

也许美国的霸权主义，美国学者自己认识得最清楚。比如，美国哈佛大学教授塞缪尔·亨廷顿曾有这么一段话，似乎比较全面地揭露了这种霸权主义的特征："向他国施压，使它们接受美国的人权和民主价值观和做法；阻止他国获得可能会对美国的优势构成挑战的军事力量；在其他国家的领土上或在其他社会中强行实施美国法律；根据他国执行美国有关人权、毒品、恐怖主义、核扩散、导弹扩散、现在又是宗教自由等方面的标准的情况加以分门别类；对达不到美国标准的国家实行制裁；打着自由贸易和公开市场的旗号推动美国公司的利益；从美国公司的利益出发制定世界银行和国际货币基金组织的各项政策；干预与其没有多少直接利害关系的地方性冲突；胁迫他国奉行有利美国的经济政策和社会政策；推动美国在海外的武器销售，同时又阻止他国进行类似的销售。"[①]

从技术扩张的角度看，美国垄断资本向全球的扩张主要是靠科学技术和经济力量，靠垄断资本的强大国际联盟进行。科学技术和经济利益真正成为了这种特殊霸权主义的基础和动力。如果

[①] 参见美国《外交》双月刊1999年3—4月号。

说以前阶段资本家同盟要从经济上分割世界，实行殖民政策和帝国主义政策，首先是以强大的军事实力为基础，在政治上和领土上分割世界，争夺"经济领土"，是一种政治和军事为先导的殖民帝国主义的话；那么在后帝国阶段，则首先是以强大的经济和科技实力为基础，先争夺在全球的科技制高点，以控制核心技术为手段，争夺在全球市场竞争上的优势，从本国利益出发，主导和控制他国经济，主导和控制世界经济的发展。这是一种主要依靠科学技术和经济力量进行扩张和控制的"技术经济霸权主义"。

从国际货币金融和国际贸易领域看，美国还牢牢控制着美元的印制权，牢牢控制着世界银行和货币基金组织，控制着这两个领域游戏规则的制定，实行着严重的金融霸权主义和贸易霸权主义。大叫贸易自由的美国却从本国利益出发，对贸易自由采取实用主义的政策，对美国出口有利的产品，就大叫自由贸易，要别国开放市场；而对别国向美国出口有利的产品，就以反倾销等各种手段进行贸易保护，限制别国的出口。而且动不动就采取经济制裁、贸易报复等打压别的国家。甚至强迫别的国家进行货币升值，强迫别的国家不许与中国进行军火贸易等，这也表现出了赤裸裸的"贸易霸权主义"。

从扩军和军事威胁的角度看，美国拼命在研制更新、更现代化的各种武器，拼命在扩展自己的军备；努力加强其对北约的控制，并积极推动北约的东扩和南进；加强其在世界各地的军事基地，并依据其新的全球战略的需要，正在世界许多地方建立新的军事据点；其正在实行战略转移，把军事重点从欧洲转向亚洲，集中遏制中国。这些都说明，美国一方面为了本国的利益，不仅仰仗其在经济和技术优势，大力扩展军备，以保持在军事力量上的长远的绝对优势和强大军事威慑力；另一方面，却不许别的国家发展军事力量，把别的国家发展军事力量都视为是对美国的威胁。这些事实说明，美国是世界上最强大、最具有野心的"军事霸权主义者"。

从人权干涉的角度看，美国不仅没有放弃其政治和意识形态进攻的手段，而且加强了这种手段。它以维持地区稳定、维护人权等为名，对影响其谋求本国利益，影响其推行美国化的国家或地区进行经济制裁和各种干涉，甚至进行军事打击或政治颠覆，把势力扩展到自己尚没有插足的地方。这说明后帝国主义是一种干涉帝国主义。这种干涉的实质，或者说是后帝国观念的支柱，是所谓美国的责任感和美国的利益。美国有大量在人权问题上的不良记录，美国发动血腥战争、残害无辜百姓，都是在践踏着人权，然而美国为了自身的利益，在人权问题上却采取实用主义的双重标准。美国的所谓责任感，就是要用一切手段把美国的社会制度和价值观念推行到全世界；美国的利益就是要在世界上建立以美国为主导的、符合美国利益的政治经济秩序。谁妨碍了美国的利益，谁反对美国的霸权主义，谁就是违反了人权。这是一种典型的霸道逻辑，典型的"人权霸权主义"。

毋庸置疑，所有这些霸权主义都阻碍着世界秩序的改革，都应当被消除。建立公正合理的国际政治经济新秩序任重道远，需要世界所有发展中国家，所有进步力量的大联合。联合起来，坚决反对霸权主义，反对强权政治，反对各种特权，以联合的力量、集体的力量，推动世界新的政治经济秩序的建立。

比如，在争取相关世界秩序改革的话语权方面，广大发展中国家要联合起来。诸如：在各种国际规则的制定、如何消除特权、如何消除不平等、如何平等合作、如何共赢共享、如何消除贫困等方面，都要有自己话语权，有自己话语权的平台，有把自己的主张、自己的理念、自己的实践向全球推荐的机会和场所。以在与旧主张、旧理念、旧实践的对比、争辩中，显示自己的正确和力量。

比如，在和平发展方面，广大发展中国家应当联合起来。由于长期的殖民主义统治和不公正、不合理的国际经济秩序，造成许多发展中国家的贫困落后状态。而消除这种落后和贫困状态，是当代世界的重大课题。而解决这个问题的根本，就是和平发展。在这种发展中，发达国家应该从提供资金、减免债务、转让技术、平等贸易等方面，支持和帮助发展中国家振兴经济，提高人民生活水平和教育水平，这也符合发达国家的长远利益。发展中国家需要发达国家的资金和技术，发达国家需要发展中国家的原料和市场。发达国家应尊重发展中国家的利益和需要，增加对发展中国家的经济投入和技术援助。

比如，在改革旧秩序中，发展中国家应当与联合国联合起来。在联合国的宗旨和决策机制中，有许多东西是建立新秩序可以继承的。诸如联合国宪章和联合国大会。联合国大会每年举行一次，各成员国不分大小、强弱都有权参加，而且均为一票。这种机制比国际货币基金组织等的决策机制要公平、合理许多。因此，有些发展中国家和学者主张用联合国的决策机制来改革国际组织和国际秩序，增加发展中国家在这些组织和秩序中的话语权、决策权，使这些组织和秩序能反映广大发展中国家的呼声和要求。

总之，发展中国家只有联合起来，利用联合的力量，才能战胜霸权主义，才能消除各种特权，才能在互相尊重主权和领土完整、互不侵犯、互不干涉内政、平等互利、和平共处等原则的基础上，建立和平、稳定、公正、合理的国际新秩序。这种新秩序最核心的问题，是消除霸权主义和各种特权，实现在制定规制、规则上的权力平等。这种新秩序，主张在平等互利基础上，加强和扩大经济、科技、文化的交流与合作，促进共同发展与繁荣，反对经济贸易交往中的不平等现象和各种歧视性政策与做法，反对强国仰仗自己对高端科学技术的垄断，仰仗自己的经济和军事实力，继续对发展中国家进行剥削和掠夺的做法。要通过对旧秩序的改革，通过对公平正义、平等合理新秩序的建立，形成良好的国际分工、国际贸易和国际金融等的体制和规则，为世界的和平发展营造自由、平等、公平、正义、稳定、高效的良好秩序和环境。在这种秩序和环境中，在平等合作，共商、共建、共治、共赢、共享中，实现个人幸福和全球幸福融为一体的美好理想。

第 八 章

全球治理的德性追求：
和谐社会与和谐世界

构建和谐社会与和谐世界是人类文明的更高要求，也是全球治理追求的更高目标。而当今的国际社会，仍然是还没有真正权力机关、没有真正世界政府的分离的社会。世界一切问题的解决，都靠国际社会行为主体之间的协议、决议、协定、条约等维持。而且由于没有权力机关作为保障，已经达成的这些协议、决议、协定等也不能保证得到落实。能够落实的，也主要靠道德规范、靠道义的力量。所以，实现和谐社会和和谐世界，更得靠道德规范和道义的力量。如罗素在《罗素道德哲学》中说的：根据世界的普遍看法，一个人的生活要令人满意，需要两种和谐性：一种是智力、情感和意志的内在和谐；一种是自己意志和他人意志的外部和谐。国际社会所有行为主体要使自己的行为令人满意，同样需要这两种和谐。

一 和谐世界与教育创新

和谐，是人际关系的一种符合德性的平衡状态。我们这里讲的和谐世界，就是指与和善相联系，以公平正义为基础，以合作共赢、共同幸福为目标的，在道德规范下的那种国际社会平衡状态。这种和谐，不仅是人类社会文明发展进步的客观要求，也是人自身品格发展提高的要求。有了这种和谐，才能有国际社会的发展和进步，有人自身的发展和进步；若破坏了这种和谐，国际社会的发展和进步、人的发展和进步，都必然遭到扭曲和破坏。然而在现实中，世界上的一些国家，一些人，却不是为了人类文明的发展进步、为了全球人的幸福和美好理想而疯狂，而是为贪婪财富而疯狂，为贪婪权势而疯狂，对私人财富和权势的贪婪，正是世界不和谐的根源。可见，加强全球性的道德教育，提升全球人的道德素质、道德信仰，消除对财富和权势的私欲贪婪，使每个国家，每个人都能尊崇道德，遵从道德，则是实现和谐世界的根本。

和谐世界和文明新境界

和谐，是国际关系、人际关系的德性。和谐共处、和谐发展、和谐生活，这是生活在任何共同体中每个成员的共同理想和愿望。当然，和谐的实现是需要有好的道德规范、民主规范、法制规范、社会秩序规范等加以保证的。中国提出构建和谐世界，就是要建设一个民主法治、公平正义、诚信友爱、充满活力、安定有序，人与人、国与国、人与自然都和谐相处的和谐世界。人们在和谐中，实现物质和精神、民主和法治、公平和效率、活力和秩序、个人幸福和共同幸福的有机统一。毋庸置疑，构建这样的和谐世界是世界所有国家的人民追求发展，追求物质文明和精神文明进步，追求共同幸福生活的共同诉求。也就是说，和谐世界既体现着造福全人类的德性，也体现着人类文明发展的新高度。

人们都知道，一个人的发展，取决于和他直接或间接进行交往的其他一切人的发展；一个国家的发展，当然取决于和它直接或间接进行交往的其他一切国家的发展。世世代代彼此发生关系的个人、国家，后代的存在和发展，总是受它们的前代影响的。

后代继承着前代积累起来的生产力和交往形式,从而在一定程度上,这就决定了它们这一代相互关系德性程度。就是说,单个人的历史,单个国家的历史,都不仅不能脱离它们以前的或同时代人的历史,而是很大程度上是由这种历史决定的。其中最重要的因素,是社会分工。由于社会分工的作用,人们在国家社会中,国家在国际社会中,必然会结成不同性质的共同体,并在这种共同体中处于不同的地位,实现着在善恶混杂中的相对和谐。

也就是说,只有在共同体中,个人、国家的善恶,才能得到展现。中国提出的和谐社会和和谐世界理念,其所追求的,就是在当今的国际分工所形成的各种联合体内,所有的人和所有的国家,都能尊崇德性,遏制恶性;就是尊重每个人的自由发展,是一切人的自由发展的条件的原则,在为自己劳动的同时,也是为社会的发展、为世界的发展而劳动,为别人劳动创造条件。只有这样,所有人,所有国家才能在善性的充分发挥中,在充分自由享受自己劳动创造的财富中,实现个性的充分自由发展,享受着社会的真正和谐。

当然,在中国提出的和谐世界理念里,并不是要否定矛盾和斗争。矛盾运动是社会发展的基本动力,这是马克思主义的一个基本道理。这里说的和谐,是相对的。构建和谐世界的过程,就是不断扬善抑恶的过程,就是在妥善处理各种矛盾中不断前进的过程,就是不断消除不和谐因素、不断增加和谐因素的过程。和谐世界的实现,是个历史的、相对的概念,是一个由低级到高级的历史过程。我们看到,就整个国际社会而言,当今的国际分工在某种程度上还是强迫性的或被迫性的分工,正是这种分工造成了国家的特殊利益与国际社会的普遍利益的分裂。随着和谐世界的构建,这种强制性或强迫性的分工会逐渐被消除,这种利益的分裂也会随之逐步消除。这种消除过程的每一步发展,都意味着和谐世界的发展前进。

可见，和谐世界所追求的，是一种以人为本的美好的社会状态，一种美好的社会理想。其核心是人们在自由劳动中，能各尽其能、各得其所的那种和谐相处、共同发展的社会。这种追求不仅和中国文明传统一脉相承，而且和马克思主义一脉相承。在马克思看来，最完美的和谐，作为完成了的自然主义，等于人本主义；而作为完成了的人本主义，等于自然主义，它是人和自然界之间、人和人之间的矛盾的真正解决，是存在和本质、对象化和自我确立、自由和必然、个体和类之间的抗争的真正解决，是历史之谜的解答。

马克思描述的这种局面，即一切矛盾和抗争都得到真正解决的这种局面，正是真正家庭和谐、社会和谐、世界和谐的局面，正是马克思所追求的理想社会。到那时，随着国家的消失，各民族生活条件日益趋于一致，各民族之间的隔绝和对立也随之消失。处在共产主义中的个人，已经不是民族历史的个人，而是世界历史的个人。共产主义成为人类统一的信仰和社会形态，大家都在那自由人的联合体中为增加生产力的总量而自由劳动，自由交往，和平生活。人与自然、人与社会、人与自身都达到了历史性的和解，真正实现了世界的和谐发展。

放眼当今国际社会的现实，就会感悟到，构建和谐世界不仅是中国的执着追求，也是历史赋予世界各国人民的历史使命。面对当今纷繁复杂的世界，世界各国都应该更加重视和谐，强调和谐，促进和谐。建设一个持久和平、共同繁荣的和谐世界，不仅是世界各国人民的共同愿望，是人类社会发展的必然要求，也是历史赋予世界各国、各国人民的历史使命。为此，各国都应该遵循联合国宪章宗旨和原则，恪守国际法和公认的国际关系准则，在国际关系中弘扬民主、和睦、协作、共赢精神。政治上相互尊重、平等协商，共同推进国际关系民主化；经济上相互合作、优势互补，共同推动经济全球化朝着均衡、普惠、共赢方向发展；

文化上相互借鉴、求同存异，尊重世界多样性，共同促进人类文明繁荣进步；安全上相互信任、加强合作，坚持用和平方式而不是战争手段解决国际争端，共同维护世界和平稳定；环保上相互帮助、协力推进，共同呵护人类赖以生存的地球家园。

促进国际社会公平、公正和平等，是构建和谐世界的灵魂。没有公平，没有公正，没有平等，当然就不会有和谐。当前，国际政治经济秩序的不公平、不公正，收入的不平等，穷富差距越来越大，是建设和谐世界的巨大障碍。构建和谐社会和和谐世界，就是倡导要把实现公平、公正和平等，作为国际政治经济秩序的导向。无论在国际经济、政治事务中，都要把公平、公正和平等放在第一位，坚持以最广大人民的根本利益为出发点和落脚点，充分考虑和兼顾不同国家、不同地区、不同行业、不同阶层、不同群体的利益，坚决反对各种侵害别的国家、侵害广大群众利益的行为。

毋庸置疑，和谐世界理念的提出，不仅是中国对自己文明传统的继承和发展，而且也大大拓展了既有国际关系理论的视野。因为构建和谐世界，不仅需要各国在政治上相互尊重、平等协商，共同推进国际关系民主化；而且需要各国在经济上相互合作、优势互补，共同推动经济全球化朝着均衡、普惠、共赢方向发展；还需要各国在文化上相互借鉴、求同存异，尊重世界多样性，共同促进人类文明繁荣进步；而且需要在安全上相互信任、加强合作，坚持用和平方式而不是战争手段解决国际争端，共同维护世界和平稳定；在环保上相互帮助、协力推进，共同呵护人类赖以生存的地球家园。所以，和谐世界理念一经提出，在国际社会就反响强烈。人们有理由相信，基于历史反思，构建和谐世界一定会成为世界各国的共同追求和共同行动。

和谐世界和教育创新

和谐世界理念的内涵是丰富的。主要包括政治上相互尊重、平等协商，共同推进国际关系民主化；经济上相互合作、优势互补，共同推动经济全球化朝着均衡、普惠、共赢方向发展；文化上相互借鉴、求同存异，尊重世界多样性，共同促进人类文明繁荣进步；安全上相互信任、加强合作，坚持用和平方式而不是战争手段解决国际争端，共同维护世界和平稳定；环保上相互帮助、协力推进，共同维护人类赖以生存的地球家园。和谐世界理念大大拓展了既有国际关系理论的视野，在国际社会反响热烈。很多国际人士认为，这一理念基于人类根本的道德准则，有助于推动和增加发展中国家话语权，对当今时代国际关系的发展演变具有重大现实指导意义。

值得注意的是，和谐世界内涵中的每一项，无论是政治的、经济的、文化的，或安全的、环境保护的，都是需要由道德支撑的。其真正的实现，都需要所有参与者有很高的、全面的道德素质。这就要求有更新、更高、更全面的道德教育。不只是要用一般的善、一般的爱教育人们，而是要站在全球的高度，全人类的高度，人和自然和谐发展的高度，政治、经济、文化、安全、环保等综合的高度，用公天下的信仰，用为全球幸福而奋斗的志向，用构建人类命运共同体的思想，用无疆的大善、大爱等，全面地教育人们、武装人们，和谐世界才有可能实现。

现在，人们都在热议全球性道德水平的下滑的问题。可道德水平下滑的根源在哪里？也许不需要绞尽脑汁就能看得出来，是全球性的教育出了问题，是对人才的评定标准出了问题，而且是涉及人类文明根本性的大问题。问题在哪儿？问题就在丢失了道德教育，丢失了道德标准。自工业革命以来，全球性的小学、中学、大学教育都不仅没有真正把道德教育放在第一位，而且还进行着狭隘民族主义、不公正政治制度、经济制度的教育，甚至进行种族主义和杀人的教育。在人才评定中，无论是中等人才还是高等人才，都没有把道德标准，放在第一位；所看重的，是对科

第八章　全球治理的德性追求：和谐社会与和谐世界　521

学、技术和知识的掌握。诚然，人类文明的发展离不开科学、离不开技术、离不开知识，但更离不开道德，而且道德是决定命运的。

中国是个文明国家。在中国文明传统中，是最重视道德教育的。比如，人们都知道的，孔子教育门徒有四科：德性、言语、政事、文学。四科中，德性是摆在第一位的。实际上，儒家学说的核心，就是德性。儒家倡导的是德教、德治。因为德性体现着人的灵魂和精神，只有先具备了德性，才能赋予其学得知识、技能和行为灵魂，才能赋予自己所掌握知识、技能以道德属性，才知道为谁而干，如何去干，从而始终行走在人间正道上，为人类做出贡献。一切科学技术，特别是高精尖的科学技术，都必须具备道德灵魂，才能发挥巨大的正能量，为人类做出惊天动地的大事业；如果失去了道德属性，就会变成危害人类的大邪恶。

当今全球治理或构建和谐世界的道德教育，还不同于过去历史上的道德教育，还需要进行教育改革。这种改革不仅体现在把道德教育放在第一位，更体现在需要站在新的、全球的高度，全球人共同利益、共同幸福的高度，用适应这些高度的马克思主义的国际主义精神，人类命运共同体精神，用和谐世界所包含的所有内容，去教育学生，培养人才，特别是培养能胜任全球治理的高端人才。

中国提出的和谐世界的理念，不仅体现着源远流长的中国文明传统，也体现着人类的共同愿望。中华文明历来注重社会和谐，强调团结互助。中国人早就提出了"和为贵""和谐为上"的思想。早就追求天人和谐、人际和谐、身心和谐，向往人人相亲，人人平等，天下为公的理想社会。无论在西方哲学还是在东方哲学中，无论在马克思主义理论还是现代国际关系理论中，和谐，即人与人之间的和谐，国与国之间的和谐，都是不可或缺的内容。在哲学家们看来，和谐是道德凝成的，要实现和谐，首先必须进行道德教育。

比如英国著名哲学家罗素在《罗素道德哲学》一书中就论述了这样的道理：在疯狂的世界里，无论国家社会或国际社会，如果要取得发展和生活满意，都必须实现两种和谐性：一种是智力、感情和意志的内在和谐性；一种是自己的意志与他人意志的外部和谐性。这两种和谐性的建立，教育都至关重要。而实际上，幼儿和青年时期的宗教和道德教育都阻碍这种和谐性的建立。特别是阻碍国家与国家之间、阶级与阶级之间和谐性的建立。在国际社会，要突破这种阻碍，必须有国际联合。只有所有国家都联合起来，进行真正的国际主义教育和道德教育，才能实现这两种和谐性，使所有人享受人类文明发展的成果。

罗素揭示了资本主义社会种种不和谐性的症状，并提出了救治的方法。罗素说："我们的世界是一个疯狂的世界。尽管在生产中技术在不断增长，我们却变得越来越贫困；尽管我们意识到下一次世界大战的令人恐怖的后果，我们却还在年轻人中培养这种意识，而这种意识的继续发展，将使战争变得不可避免；尽管我们拥有科学，我们的反应却背离了理智的考虑问题的习惯；尽管我们驾驭自然的能力日益增长，大多数人却比中世纪的人感到更没有前途和更无能为力。造成所有这些现象的根源，不在于外部世界，也不在于我们所认识的那部分自然，因为我们已比以前了解得更多了；它在于我们的感情，在于我们的情绪习惯，在于逐渐灌输的年轻人心中的信念，在于婴儿期形成的病态的恐惧症。对这些问题的解决办法，便是使人们更明智，只有使人们明智，才能明智地进行教育。"[1]

可见，国际社会的和谐，或者说和谐的国际社会，应当是各种文明、每个国家、每个人创造性充分发挥的社会。而要实现这

---

[1] 《罗素道德哲学》，九州出版社2004年版，第245页。

种和谐，必须进行社会制度，特别是教育制度的改革。罗素说，资本主义社会制度是少数人的特权制度。为了保住特权，他们巧妙利用人们因循守旧的本性，建立了一套严密的体制，正是这种体制扼杀了人们的创造精神。这种庞大的体制被少数特权者所操纵，在他们残暴统治下，人们被迫遵循一种单一的生活模式，而不是独立地思考问题和感知世界，总是被动地接受别人的思想和感情，个性和自由精神遭到扼杀。

当今的现实更使人们看清了，扼杀人们思想感情和自由精神的，是对私人财富和私人权势的贪婪。贪婪私人财富和权势的欲望不仅扼杀了人们的感情、自由精神，而且改变了人们的心态。变态了的人们，人情道德尽失，为贪婪财富和权势而争斗、而厮杀、而疯狂。是金钱、财富、权势，扼杀了道德，扼杀了道德教育。因此，道德教育不仅要使人懂得真善美，践行真善美，更重要的是要树立公天下的信仰，真正摒弃人不为己、天诛地灭的旧理念。因为正是这种理念腐蚀了人性，腐蚀了真善美，腐蚀了人的灵魂。摒弃私有观念、私有价值观，树立公有观念、为公价值观，则是道德教育之本。

尊崇道德和幸福美满

无论家庭，无论国家，无论国际社会，幸福与和谐，总是密切联系的。没有和谐，就不会有事业的兴旺，就不会有真正的幸福。由于和谐是公认国际社会的道德属性，所以它不仅是中国人孜孜以求的理想，也是人类孜孜以求的理想。然而，长期以来，由于霸权主义的主导和控制，国际社会一直处于被分裂状态。国际关系理论，也一直被西方适者生存和零和博弈的理念所支配，酿成了国际社会的和国际关系中的不平等、不和谐和特权盛行。要改变这种状况，构建和谐世界，首先必须进行观念创新，建立新型的以和谐、平等公正的国际关系理论。只有在和谐、平等和公平中，在相亲相爱中，人们理想的美好社会，人们追求的幸福生活，才能圆满实现。

古今的和谐理论，总是与理想社会、与追求幸福紧密联系的。在中国古文明中，有关社会和谐的思想非常丰富。比如，孔子提出的"和为贵"；墨子提出的"兼相爱"；荀子提出的"和则一，一则多力"；孟子提出的，"天时不如地利，地利不如人和"；太平天国运动的领袖洪秀全提出的要建立"务使天下共享"的社会；康有为在《大同书》中提出，要建立一个"人人相亲，人人平等，天下为公"的理想社会等，都在一定程度上反映了千百年来广大人民群众对和谐、美好社会、美好生活的向往。

在西方思想史上，古希腊哲学家也很早就把"和谐"作为哲学的基本范畴；毕达哥拉斯学派有句名言：什么是最美的——和谐；柏拉图提出了"公正即和谐"的命题；亚里士多德认为，中等阶层对国家政权的稳定与社会和谐起着重要作用；黑格尔用矛盾、差异、对立、同一等范畴深化了对和谐的认识；等等。

早在空想社会主义时期，关于和谐社会的主张就很发人深思。法国空想社会主义者傅立叶在《全世界和谐》一书中就提出，未来的理想社会制度是"和谐制度"。书中批判了资本主义制度的不合理、不和谐，指出它必将被"和谐制度"所代替。英国空想社会主义者欧文在美国印第安纳州进行的共产主义试验，也以"新和谐"命名。德国空想社会主义者魏特林在《和谐与自由的保证》一书中，把社会主义社会称为"和谐与自由"的社会，并指出新社会的"和谐"是"全体和谐"。

在马克思、恩格斯创立的科学社会主义理论中，所勾画的未来社会的蓝图，就是和谐社会。他们提出的共产主义社会，不仅是消灭了私有制、消灭了阶级压迫和剥削的社会，而且还是在此基础上，消除了阶级之间、城乡之间、脑力劳动和体力劳动之间的对立和差别，极大地调动全体劳动者的积极性，使社会物质财富极大丰富、人民精神境界极大提高，实现每个人自由而全面的发展，在人与人之间、人与自然之间形成和谐关系的社会。在这种社会关系中，社会成员都自由劳动和自由发展，每个成员的发展，都是在为所有成员的发展创造条件，为所有成员的幸福创造条件。可见，共产主义社会是最高、最理想的和谐社会，是人类美满幸福的真正实现的社会。

中国提出的和谐世界的理论，正是来源于中国文明传统和马克思主义的理论。不过，现今，建设和谐社会似乎已经成为一种旗帜，很多国家都讲自己的社会是和谐社会。其实，建设和谐社会是有条件、有标准的。其最基本的条件和标准，就是公天下的信仰和实践。人们都知道，在资本主义社会，由于存在着私有制，存在着劳动力的买卖，存在着剥削和压迫，存在对私人财富和权势的贪婪，所以是不可能建成和谐社会的。虽然其在劳动力买卖时也呈现出表面的和谐，但那是虚假的和谐。实际上，在那种买卖关系中，包含有很深的资本特权，包含有压迫和剥削，包含有不平等和不公平。有资本特权的存在，有压迫和剥削的存在，就不可能有真正和谐社会的存在。

这就决定了，实现和谐社会和和谐世界，还有一个最基本的条件和标准，就是劳动者当权，使社会的一切运转，都以劳动者为本，以劳动者为中心，一切都着眼于维护最广大劳动者的根本利益，着眼于保障和改善民生，促进社会公平正义，解决好劳动者最关心、最直接、最现实的利益问题。这也是最大限度增加和谐因素、增强社会活力，确保人民安居乐业、社会安定有序，构建和谐社会和和谐世界带有决定性的核心问题。

当今，虽然和谐社会已经成为世界性的向往和追求，实现和谐社会和和谐世界越来越成为全球人不懈奋斗的目标；但在现实中，影响和谐的因素是太多、太多了。其最为核心、最为基本的，就是两个字：私欲。个人的私欲，国家的私欲，财富的私欲，权势的私欲，追求个人利益第一，本国利益第一，对财富和权势的贪婪无度，等等，都破坏着社会的和谐。所以，要构建和谐社会和谐世界，就必须抓住这些根本问题进行变革，进行变革的理论创新和实践创新。

比如，关于国际关系方面的创新。构建和谐世界，或构建和谐的国际社会，核心是构建新型的、和谐的国际关系。所谓新型国际关系，就是以道德支撑的国际关系。旧的国际关系，有许多不和谐之处，根源在于道德的缺失。这主要表现在两个方面：一是在相互关系上，只讲利，而不讲义，或重利轻义，甚至把自己的利益置于牺牲他国利益基础之上；二是在个体和整体关系上，只讲本国利益，只讲本国利益第一，而不讲整体利益，甚至把本国利益置于牺牲整体利益基础之上。而以道德支撑的新型国际关系，倡导的是重义轻利，是把他国的利益、国际社会整体的利益，置于与本国利益同等的地位或更高的地位。这说起来容易，而做起来却并不容易。

变革虽然艰难，但不变革是没有出路的。因为变革是大势所趋，所以人们都只能顺势所为，不愿意当阻碍历史车轮的螳臂。在当前世界正处于大混乱、大动荡、大变革的环境中，提出和谐世界理念，当然是基于对自然和人类社会变化、发展规律的认识。以往的全球治理由于缺乏道德支撑，违背了社会发展的客观规律，所以出现了许多灾难性的问题。这就要求包括国际政治、国际贸易、国际投资在内的全球治理，能以新的思想、新的理念、新的方式，对这些矛盾进行协调，使国际关系能在道德支撑下实现和谐。

比如，关于实现权力和利益平等方面的创新。权力的不平等，利益的不均衡，财富占有的两极分化，从而酿成了国际社会的动荡、混乱、不和谐和无序，这是当今国际社会存在的突出问题。所以，构建和谐世界，首先要在相关劳资关系、社会关系、公平正义等问题上，找出造成不平等的根源，提出解决问题的钥匙。当然，世界上已经有些国家看到了问题的症结，提出了一些很好的理念，比如中国提出的反对霸权主义，反对零和博弈原则，以及倡导的平等合作、共赢共享的理念，都是解决这些问题的正确出路。

更值得注意的是，在一切国际事务中，中国一直倡导国家不分大小，权力和义务都一律平等；在利益关系上，中国一直倡导互利，倡导把国际社会的整体利益放在首位，使各国和各国人民切实得到尊重，利益得到保障。当前最基本、最艰巨的任务，是解决收入分配的不平等问题。而解决这个问题的关键，又是解决贫穷国家的富裕问题。中国倡导的通过资金、技术援助，通过帮贫、扶贫，通过就业支持和合作发展等，发展好、实现好、维护好众多发展中国家特别是贫困国家广大人民的根本利益，使处于落后、贫困的国家、贫困的人口走上脱贫的道路，逐步过上富裕、幸福的生活，这当然都是很实际的创新。

比如，关于建立世界政治经济新秩序方面的创新。构建以德性为支撑的和谐世界，不仅需要通过法治建设和有关制度安排，提高国际法制机构和人员的公认度、公信度、权威性和人民性，促进国际社会一切事物的规范化，促进国际社会公平保障体系的形成，以便使国际社会成为公平正义的社会，使公平正义真正成为协调和解决国际社会一切矛盾的指导原则。并在这一原则下，使各国和各国人民，都能诚信友爱，融洽相处。更重要的是，还必须在广泛平等协商基础上，形成公平合理、广泛认同、不受霸权主义和强权政治控制的新的世界政治经济秩序。历史证明，在国际社会的任何领域，无论是政治、经济、社会、文化领域，只要有霸权主义和强权政治存在，就不会有真正的稳定与和谐，就不会有真正的公平正义，就不会有良性的世界政治经济秩序。眼下，西方发达国家，特别是美国抱着霸权主义和强权政治不放，抱着单边主义和本国利益第一不放,这是构建和谐世界、建立公平、合理世界政治经济秩序的主要障碍。所以要想实现和谐,要建立新的世界政治经济秩序,就必须集全球之力反对霸权主义,反对强权政治,反对单边主义,反对唯我独尊、唯我独利。

比如,关于人和自然和谐方面的创新。构建以德性为支撑的和谐世界,不仅包括人与人的和谐,还包括人与自然的和谐,包括全球性的生态文明建设。自然生态,是人类生存与发展的必要条件,是人类生产和生活的物质来源。人与自然的关系是相辅相成的关系,是各有所取,也各有所给。资本主义工业革命之后,由于资产者贪婪本性所决定,对大自然只顾疯狂索取,而不讲给予,致使全球性自然生态遭到严重破坏,生态治理的赤字非常之大。我们今天讲的生态文明,是对旧的工业文明进行反思的结果,是人类文明的重大进步。

马克思主义认为,未来理想社会是社会生产力高度发达和人的精神生活高度发展的社会,是物质文明和精神文明和谐发展的社会,是每个人自由而全面发展的社会,是人与人和谐相处、人与自然和谐共生的社会。构建和谐世界,就是从当今国际社会的实际出发,通过利益的带动,团结一切积极力量,推动这种理想社会的实现。

总之,和谐世界是民主法治、公平正义、诚信友爱、充满活力、安定有序、人与自然和谐相处的社会,是人类文明发展的一个新目标。和谐世界,不仅是相互联系、相互作用的,既包括人的和谐、社会关系的和谐,也包括人与自然关系的和谐,它体现的是物质和精神的统一、公平与效率的统一、活力与秩序的统一、科学与人文的统一、人与自然的统一。当前,最需要的是,要建立以利益调节为核心的国际社会的整合机制,建立规范的对话和协商机制,以便引导各个国家、各个利益群体,以理性、合法的形式表达利益诉求,妥善处理各种复杂的利益关系,特别是与国际社会整体的利益关系。

二 国际民主化和国际法治化

毋庸置疑，在当今的国际社会构建和谐世界，不仅需要国际关系民主化，更需要国际关系法治化。而无论是国际民主化或国际法治化，它们都具有很深的道德属性。因为构建和谐世界，不是一个或几个国家的事，而是世界各国共同的事。所以，在当今全球化深入发展，使各国都生活在一个地球村里，相互高度依赖，成为命运共同体的时代，客观上就要求社会和谐和世界和谐，要求所有国家都加入到和谐世界的构建中。在人类漫长的发展史中，各国人民的命运从未像今天这样紧密相连、休戚与共。面对共同发展目标，应对共同的挑战，推进人类和平与发展的崇高事业，构建和谐社会、和谐世界，事关各国人民共同的根本利益，需要世界各国政府和人民在平等、民主、法治基础上共同商量，共同献计献策，携手合作，共同努力，共同构建，事情才有可能成功。

国际民主和国际法治相辅相成

国际民主和国际法治是相辅相成的。就当今世界而言，构建和谐世界的核心任务，是实现国际关系民主化和国际关系法治化。可以说，国际关系的这两化是维护世界和平、构建和谐世界的基础和重要保证。而在实际发展中，这两化不仅是相辅相成的，而且两者的灵魂也是平等的。诚然，和谐世界的理念是站在全球治理角度提出的，它不仅解决了世界发展的道路问题，也是建立全球国际政治伦理与国际关系的指导原则。不言而喻，世界所有国家都相互尊重，和谐共处，既坚持用民主的方式，协商的方式，又坚持用法治的方式解决一切问题，这当然是促进人类持久和平、共同繁荣的关键和前提。可见，构建和谐世界，实现国际关系民主化和法治化，都是全球治理的重要内容。

关于国际关系民主化问题，过去谈论的比较多；而关于国际关系法治化问题，谈论的却比较少。其实德国哲学家康德在阐述公共法权时，就提出过国际法权的问题。康德说："公共法权是对于一个民族，亦即一群人而言，或者对于一群民族而言的一个法律体系。这些民族处于彼此之间的交互影响之中，为了分享正当的东西而需要在一个把它们联合起来的意志之下的法权状态，需要一种宪政。这样在公共法权这一普遍概念下使人不仅想到国家法权，而且还想到国际法权或世界公民法权。"[①]

2014年，习近平也提出了"国际关系法治化"的理念，以描述中国政府对世界新秩序构建的愿景。习近平说：我们应当共同推动国际关系民主化。世界命运必须由各国人民共同掌握，世界上的事情应该由各国政府和人们共同商量来办。垄断国际事务的想法是落后于时代的，垄断国际事务的行动也肯定是不能成功的。我们应该共同推动国际关系法治化。推动各方在国际关系中遵守国际法和公认的国际关系基本原则，用统一的规则来明是非、促和平、谋发展。在国际社会，法律应当是共同的准绳，没有只适用他人，不适用自己的法律；也没有只适用自己，不适用他人的法律。适用法律不能有双重标准。我们应当共同维护国际法和国际秩序的权威性和严肃性，各国都应当依法行使权力，反对歪曲国际法，反对以"法治"之名行侵害他国正当权益、破坏和平稳定之实。

可见，国际关系民主化和国际关系法治化是相辅相成的。国际民主的含义，是人民当家做主。它体现的是人民性、平等性和道德性。只有实现了世界民主化，和谐世界才能真正实现。然而，资本主义民主发展的历史告诉我们，资本主义的民主却违背初衷，

[①] 《康德道德哲学文集》第2卷，中国人民大学出版社2016年版，第490页。

距离真正的民主越来越远。人民当然指的主要是劳动人民。劳动和靠劳动创造财富的劳动人民是人类道德的载体，那些靠剥削和掠夺起家的富人，都是不劳而获者，让他们当家做主，就把劳动这一基本德性，把劳动者置于被压迫、被歧视的地位。

毋庸置疑，真正的国际民主也就是真正的由各国和各国人民当家做主，是当今人类政治文明的基础。人们都承认，公民权利与政治权利的平等是民主的核心。而这一点，只有在劳动人民当家做主的情况下才能实现。在当今世界，不讲民主的国家肯定是没有前途的国家。衡量一个国家制度的优劣，就看其是否真正的人民当权。因为人民当权的民主，才会造福人民。历史事实越来越证明，发展到今天的资本主义制度，已经在贪婪私人财富和权势中变成了一种金权制度，这种制度使资本主义社会的民主已经演变成十足的金权民主，或为富人的民主。用这种民主去主导世界，当然是不可能的。然而，那些资本主义的卫道士却仍然把资本主义民主奉为神圣，这令人不解。

人们都知道，20世纪80年代和90年代，在发展中国家经济建设刚起飞的时候，西方政界和一些有名望的学者曾大唱中国崩溃论。它们有个基本的思想逻辑，就是只有有了好的民主制度，经济才能得到快速发展。而美国的民主制度当时是被称为最好的民主，是最有利于经济发展的，所以发展中国家要想快速发展，就必须采取美国的民主，否则必然崩溃。然而，在人民当权的中国特色社会主义民主制度下，中国非但没有崩溃，反而取得了令世界惊异的高速度，取得了无与伦比的奇迹。

面对中国奇迹，那些政客和学者们两难了：要么承认他们原来的理论逻辑是错误的，要么承认中国的民主是好民主。事实上，各国的民主制度都是具体国情的产物，决定其好坏的，是看其是否符合具体国情。这种具体国情，就是劳动者当权的条件是否成熟。那些仍然实行金钱民主的国家，就是因为劳动人民既没有当权,也没有成熟到当权的程度。

国际社会的民主,与国内民主不同。因为国际社会的行为主体,主要是拥有主权的国家,所以国际民主化的核心,就是通过各种行之有效的国际民主机制、法律规范、道德规范和相关的制度安排,以保障劳动人民在全球治理中的主导地位,使全球治理的方方面面都能体现劳动人民的意志和利益。虽然国际社会还无法拥有独立的立法机构,但通过各国的平等协商,却可以形成体现各国劳动人民意志的法律规范和秩序规范,并通过相关机构监督这些规范的执行。

全球治理的各种机构,以及这些机构的具体工作人员,都应当作为全球人民的代表扎根于人民群众之中,了解人民群众的要求和呼声,都能体察民情、了解民意,都能代表全球人民的利益而工作,并在其与人民的关系中,形成开放、互动、畅通的关系;在广泛听取民意、反映民意、充分集中民智的基础上,发挥好自己的作用。只有如此,全球治理的机构才不会变成官僚机构,全球治理的权力才不会被利用、不会变质,全球治理才能实现其本质和效果。

通过共同协商,把各行为主体的正确意见、智慧集中起来,变为大家的共识和力量,这就是国际民主的真谛。其实,中国很早就形成了这样的理念:在当今利益多元化的世界上,任何国家都不能只讲民主不讲集中,只讲民主不讲统一。各行为主体通过自己的代表,把自己的意志和智慧带到治理机构中,然后通过讨论,把最大多数人的正确意志、智慧集中起来,形成治理机构的统一认识、统一规划、统一行动,这样才能事业有成。

当然,推进世界民主化,实现和谐世界,根本的目的还是为了尊重和保障各行为主体的平等权利,为了尊重和保障世界所有公民平等权利,而开辟了广阔的空间。比如,在民主的国际关系下,世界任何国家,任何公民,都能平等享有联合国宪章所规定的权利，也同时平等地履行法定义务。全球治理机构在适用联合国宪章时，对于任何国家、任何人的保护或者惩罚，都不因国而异、因人而异，实行在宪章面前人人平等；任何国家、任何组织和个人，都不得有超越宪章的特权。公民的自由和平等权，只有通过民主权的实现才能得到体现。公民的民主权，不仅包括平等的参与权，而且还包括监督权。在相互依存日益深入的当今世界，参与全球治理已经是世界每个公民政治权利的重要组成部分。所以，不断推进世界民主化，就是要为世界公民积极有序地参与全球治理拓宽渠道，为维护和保障人权创造更多、更好的条件。

然而，当今的全球治理还是在霸权主义主导下的治理，在这种治理中，霸权主义国家，特别是像美国这样一心追求独霸世界的大国，其国内的政治制度、经济制度在国际上都有很大的影响，甚至制约着世界民主化的实现。不过，近些年来，随着美国霸权主义本质、美国民主制度本质的暴露，美国对世界的影响力开始下滑，美国的诱惑力开始下降。特别是青年人，对美国民主失去了以往的热情和兴趣。这对推进世界民主化，实现和谐世界，无疑是有利的。

美国年轻人为什么对美国民主制度失去兴趣？美国拉特格斯大学助理教授肖娜·沙姆斯认为，美国青年对美国政治淡漠、不想投票的原因，是因为对美国民主制度的失望，他们不相信选票能给他们带来改变，不相信美国的政客能代表民意。沙姆斯认为，美国经济即使发展了，青年人也得不到好处。目前，有70%的大学毕业生还不清学费贷款，平均每日负债3.5美元。在穷富两极分化不断发展的环境下，他们感到将无法改变自己的艰难处境。

他们对美国民主制度的失望的另一个原因是，美国的政治制度是金钱制度、是有钱人的乐园。比如2012年，美国赢得众议员席位的平均成本为160万美元，这是一般青年人所望尘莫及的。更重要的是，只靠选票选出的政府只为少数富人服务，加之党派偏见加深，两党对立加剧，政府腐败日趋严重，社会两极分化不断发展，这都使年轻人对美国政治失去了信心。

更值得注意的是，在竞选活动中，竟涌现出了一匹出人意料的黑马，那就是被誉为"民主社会主义者"的伯尼·桑德斯。桑德斯在美国青年人的欢呼中，在美国总统初选中突然崛起，其获得的支持率一度曾领先于希拉里。《21世纪资本论》的作者托马斯·皮凯蒂在英国"卫报"网站发表文章，对此事进行评论时认为，桑德斯的崛起意味着美国进入了新的政治时代。

皮凯蒂认为，桑德斯的成功说明，美国人已经厌倦日益严重的不平等制度。皮凯蒂用事实说明，二战后美国是循着扩大不平等的道路在发展着。比如，对高收入阶层实行高累进税制度，是约束收入不平等的重要措施。在20世纪30年代至80年代的半个世纪里，美国对年收入在100万美元的高收入人群，所得税税率为82%。在罗斯福到肯尼迪执政期间，最高为91%，在1980年里根执政期间，仍高达70%。而到了克林顿执政期间，就下降为40%。这当然就使富人阶层的收入不断积累。社会不平等的另一个原因，是高收入者的薪水高得离谱，而低收入者的薪水反而下降。20世纪30年代，美国建立了最低工资制度，当时每小时的最低工资为10美元，这是至今最高的水平。2016年，美国每小时的最低工资才只有7美元。

正如皮凯蒂所说，也许桑德斯不会获得选举，但桑德斯所提出的通过提高累进税、提高最低工资、提供免费医疗和高等教育等，来遏制收入不平等和教育不平等的主张获得广泛支持这一事实说明，美国的富人民主、富人政治，美国的收入不平等、教育不平等、社会不平等已经难于维持了，美国要开始进入新的政治时代了。

总之，如近来西方报刊所连篇累牍发文所分析的，在资本主义社会有两个不能分：一个是富人财富的增加与穷人贫困的增加，不能分；另一个是政治和金钱，不能分。劳动人民的收入不断下降，富人阶层收入的不断提高，从而造成日益严重的收入分配的不平等和财富占有的贫富两极分化，这是美国金钱选举制度本质性的表现。现在世界包括美国人在内的大多数人都看清了，随着金钱选举的恶性发展，美国的民主已经不仅不是世界最好的民主，甚至是世界最糟糕的民主。这种糟糕的民主，造成了财富占有极端不平等的糟糕的现实。

协商民主和选举智慧

选举，也许是世界出现率最高的词语。选举作为实现民主的重要手段，只要是实行民主制度的国家就离不开选举。全球治理，当然也离不开选举。大选、中选、代选、直选、投票表决、举手表决等，选举的方式、程序都多种多样。可以说，在当今世界，各国的治理者几乎无一不是通过选举产生的。然而，从效果看，选举却有着科学性、道德性和大智慧。选举的科学性、道德性和智慧，决定着选举的真伪以及选举的质量、治理者的质量、民主的质量。

平等协商，无疑是全球治理的道德行为。有事大家商量着办，有问题大家商量着解决，这是生活在任何共同体中的每个成员的愿望，当然也是全球治理中全球人的愿望。平等协商民主制度，是平等协商基础上的选票民主，它与那种单纯的选票民主制度不同，它包含有选举的集体智慧，对人的评价更科学、更全面、更准确。不言而喻，民主不只是选票，更是一种权利，而且是广大人民应当享受的权利。西方选票民主制度的失败，不仅在于它用选票糊弄权利，更在于只靠选票不能实现人民当权。在中国实行的多党合作和政治协商制度，这是保证实现真正人民当权的制度。这种制度似乎也适用于全球治理，适用于世界民主化。

协商制度，作为重要政治形式和组织形式，旨在让广大人民都能参与全球治理。对于全球重大问题的解决，特别是在重大决策之前，让国际社会各行为主体、各不同利益主体、各阶层人士，先在内部进行充分讨论和协商，尽可能就共同性问题达成一致意见，这不仅体现了全球治理中广大人民意志主导的本质，而且因能广开言路，广开才路，放手让四面八方人士都充分发表意见、贡献智慧，从而为集思广益、正确决策，减少工作失误，提供了条件保证。

我们知道，崇尚协商，有事好商量，这是中华文明的传统。这种传统，这种文明，至今仍存在于各种场合。因为这种传统集协商、监督、参与、合作于一体，实现知情权、参与权、表达权和监督权的有机结合，因此有利于世界广大人民有序参与全球治理，促进全球治理决策科学化民主化。协商民主的实践，充分显示出这种特有民主形式的独特优势。在劳动人民主导的全球治理中，大家有事好商量，众人的事情由众人商量着办，这就找到了国际社会意愿和要求的最大公约数，这也体现了人民民主的真谛。广大人民广泛商量的过程，就是发扬民主、集思广益的过程，就是统一思想、凝聚共识的过程，就是科学决策、民主决策的过程，就是实现人民意志的过程。

协商民主作为新生事物，自然有个不断发展完善的过程。构建程序合理、环节完整的协商民主体系，拓宽国际社会各行为主体协商渠道，把平等的政治协商、民主监督、人民参政议政制度化、规范化、程序化，这无疑有利于全球性各种疑难问题的解决。而坚持霸权主义和强权政治解决问题的国家，却不喜欢这种协商民主，他们总想把他们的金钱民主、富人民主，扩张到全世界。

比如，坚持霸权主义的美国就不讲协商，只讲选票。美国总是标榜它的这种制度是世界上最完善、最民主的选举制度，强求别的国家接受，并把它作为判断是否民主国家的标准。由选民直接选举议会和总统，这是美国标榜自己民主制度优越的一项重要内容，也是一些人盲目崇拜美国民主制度的原因。然而，如前所述，美国的这种选举制度一开始就是一种富人选举制度，或金钱选举制度；一开始它就是把占有一定的财产作为选民的基本条件的，这就决定了这种选举的金钱性，决定了它必然是一种金钱选举制度。这种制度，只是少数富人的选举制度，很多穷人根本没有选举的资格和机会。

恩格斯在论述美国的两党竞选和轮流执政时说过：在美国，"轮流执政的两大政党中的每一个政党，又是由这样一些人操纵的，这些人把政治变成一种生意，拿联邦国会和各州议会的议席来投机牟利，或是以替本党鼓动为生，在本党胜利后取得职位作为报酬"[①]。其实，美国两党的形成本身，就是富人之间利益争夺的结果。

不争的事实是，在今天的美国，每位候选人背后都有数个亿万富翁的支撑。无论是总统或议员，其能否获得候选人的资格和当选的机会，就看他能否筹到足够的经费，也就是能否找到足够多的支持他的富豪为他捐款。美国政客的重要本领是筹款，这已成为美国选举政治中颠扑不破的行为准则。当前，美国选举中的金钱性更是恶性膨胀，竞选费用已经飙升至空前的程度。金钱选举恶性发展，使民选日益流于形式，日益成为少数有钱人和政客们进行权钱交易的活动，广大民众的热情和兴趣日益下降。值得注意的是，即使那些有机会投票的民众，对选举结果也起不了多大作用，只是被用来为这种民主制度贴金而已。"投之以桃，报之以李"，捐款者既然出了钱，在被选举人身上投了资，当选者自然要竭尽全力为这些捐款者提供更多发财的机会，使其得到丰厚的回报。这种金钱选举制度，已经成为美国社会制度腐朽的重要根源。

---

① 《马克思恩格斯选集》第3卷，人民出版社1995年版，第12页。

不公正统治和不公平猖獗

有学者在评价当今国际社会时，曾这样说：不公正统治着世界，不公平日益猖獗。这对霸权主义主导的全球治理来说，真的是一箭中的。只要有不公正统治，必然是不公平猖獗。倒过来说也一样，只要是不公平猖獗的地方，肯定存在着不公正统治。不公平、不公正，主要体现在权力和利益上，而根源在于没有实现劳动者当权和劳动者统治。稍加思索就明白，劳动统治是符合人性的，符合道德的；而资产阶级的金钱统治，则是背离人性，背离道德的不公正的统治，因而使世界性的不公平日益猖獗。

诚然，人们不否定资本主义民主的历史进步性。不过，一方面，随着美国经济危机的不断发生，随着贫富两极分化日益严重，随着其资本不平等、收入不平等和社会不平等的日益加剧，随着选举金钱性的日益暴露；另一方面，随着中国特色社会主义民主制度不断发展，特别是不断被世界所了解；美国民主的本质，逐渐被人们所看清，美国民主的诱惑开始衰落。毫不夸张地说，不公正统治，不公平日益猖獗，正是对美国民主的真实写照。

按照马克思主义的理想，未来的社会是劳动统治的社会。走向劳动统治社会之前，首先必须实现劳动者统治或劳动者当权的社会。而且劳动者统治或劳动者当权，是走向劳动统治的必经之路。而劳动统治，是建立在劳动者的自由发展和彻底解放以及所有人的自由发展和彻底解放基础之上的。那时，科学技术的高度发展和普及，劳动技能的全面性和智能性，都使旧式的、强迫性劳动分工被消除，劳动者和所有人都真正进入到了自由的王国——自由人联合体中。一切剥削、压迫，一切不平等、不公平，都不复存在。

人们都知道，自由、平等、人权、民主、博爱等，这些都是资产阶级反对封建专制制度时提出的口号，都有其道德属性，因而就给人一种错觉，似乎这些东西都是属于资产阶级的。其实，马克思主义者才是最讲自由、平等、人权和民主的，而且他们所主张和追求的民主、自由和人权，都是对广大劳动者来说的，都是以劳动者当权为前提的，以劳动者的根本利益和劳动者的彻底解放为准绳，因而才是最彻底的民主、自由、平等和人权。马克思主义者反对资本主义民主制度的原因，就是它还不是真正的民主、自由和平等的制度，在这种社会制度中，广大民众并没有真正享受到人权、自由、平等和民主的权利。民主是劳动阶级政权的本质，在这种政权下进行社会建设，就是要利用这种政权形式为实现自己的理想创造条件。

从劳动人民当权这个意义上说，让世界广大劳动人民在全球治理中发挥主导作用，也应当是实践民主化的核心或本质。当然，由于劳动人民长期处于被压迫、被统治地位，加之不能得到良好的教育，所以至今还没有成熟到完全实现这一本质的程度，还不能完全地实现劳动人民主导，还必须不断进行全球性的政治体制改革，不断进行民主建设，逐步把这一本质落到实处。就是说，世界民主化建设的方向和目标，始终是围绕劳动人民当权这一本质的发展和走向劳动统治的实现。

也就是说，世界民主化建设的各项具体措施都应当始终围绕一个中心，那就是走向广大人民为主体。也就是把过去那种统治社会、压制社会的力量，变成社会本身的生命力；也就是让劳动者组成自己的力量，去代替压迫他们的力量；使人民群众获得社会解放。当然，由于这涉及复杂的国际关系和民主关系，所以，这不是在短时期能完成的，它是一个很长的充满尖锐斗争和各种各样的社会动荡的历史时代。但无论需要多长时间，它作为全球治理的一项使命，总得完成，总会实现。

当然，讲民主就不能不讲到人权。尊重和保护人权，是世界民主化政治的本质要求。要尊重和保护人权，首先就必须充分尊重公民的自由和平等权利,特别是参与政治的权利和自由平等表达自己意愿的权利。人权的核心是财产权,而财产权的不平等,则是当今国际社会最大、最突出的问题。所以,通过实现经济民主、实现公平分配、避免贫富两极更大分化,开创实现财产权平等的新局面,也是建设世界民主化的重要任务。

这里值得一提的是,虽然美国的民主是以维护不平等的私有制为基础的、富人民主制度或金钱民主制度,其本质弱点和虚伪性早已暴露,但至今世界上还有些人,特别是年轻人,对美国民主还存有盲目崇拜,所以这里不妨用西方学者的反思来说明美国民主的虚伪性。说美国民主的虚伪性,主要就是指它不是劳动人民当权的人民民主,而是富人当权的金钱民主。美国著名史学家道格拉斯·多德写有一本书,叫《不平等与全球经济危机》,就比较充分地论述了美国财富占有的不平等性质和危害。

多德认为,当前,不平等现象的普遍存在并日益深化,阻碍了人类社会的发展。不论不平等是不是所有邪恶的源泉,但它必然是世界诸多悲剧的核心原因:贫困与不幸、经济危机、战争及环境破坏。就美国来说,关于不平等产生的原因,就是让富裕者更富。多德说:像美国和英国这样的富裕国家,财阀统治的代价是高昂的。而对贫困国家来说,则是致命的。更甚的是,这些主要的权力国家还指责那些绝望中的贫困国家没有负起责任。记住这一点:权力国家之所以能形成今天的经济力量,都或多或少地依赖于过去它们通过几个世纪里对弱小国家的残酷剥削。可见,以美国霸权主义主导的世界,是不公正统治的世界,自然也是不公平日益猖獗的世界。

实际上,不让劳动人民当权的美国,自始至今都是不公正的统治。正如美国著名学者诺姆·乔姆斯基说的:民主有两种定义:一是词典上的定义,一是现实世界的定义。词典上的定义可以有多种不同维度,而只有一个社会中的人民拥有参与制定公共政策的实质性机会，那个社会就是民主社会。而无论乔姆斯基承认不承认，美国恰恰是缺乏民众参与公共政策制定的社会。从而让富人享受福利，走向越来越不平等，美国国内是这样，美国主导的世界也是这样。

我们都知道，在美国的宪法中，压根儿就没有把人民的权利写进去。后来在人民的激烈反对下，虽然被迫又制定了《权力法案》，但对广大人民来说，权力主要是只停留在口头上或法律中，而不在广大人民的实际生活中。在实际生活中的民主，只对富人、对金钱所有者，才有意义。比如，人生而平等，这种来自《圣经》的信条，也是自移民时期就开始的美国人的最高精神境界。美国人不仅把它写进自由的《独立宣言》中，而且作为最高法律规定了下来。在《独立宣言》中这样写道："我们认为下述真理是不言而喻：人人生而平等，造物主赋予他们若干不可剥夺的权利，其中包括生命权、自由权和追求幸福的权利。"这些当然都是冠冕堂皇的。然而，马克思主义认为，社会存在决定社会意识，经济基础决定上层建筑。从美国 200 多年的实践看，由于法定财产占有的不平等所决定，这种平等权只是抽象的理念和精神境界，只存在于经文、宣言和法律条文中，只是"交换价值的交换的一种理想化的表现"，在现实中并不存在。

在最早的殖民管理中，美国就形成了贫富极其不平等的状况，绝大多数人都是出卖劳动力的打工者或农奴。人们不仅所占有财富的多寡和方式很不平等，而且由这种不平等所决定的社会地位和权利，包括生命权、自由权和追求幸福的权利，都是很不平等的。是穷人、雇工、农奴的不满和暴动威胁到富人财产安全，富人精英们才想出了采取契约、法律进行管理或统治的所谓民主体制。契约起草者和法律制定者，一开始就都是富人，他们制定契约和法律的目的，就是如何能保护自己自由追逐财产的权利和维护自己财产的安全。也就是如何维护这种不平等，并使其世代相传。在美国,信仰、理念和现实,并不在同一轨道上,它们被财富占有的不平等,被富人们对财富和金钱的无度追逐所隔离。

每个人都有获取、占有和继承财产的权利,这看起来似乎是一种平等的权利,但由于它是建立在原来的财产占有极不平等的基础上的,所以这种平等放在不平等的基础上,其结果就仍然是一种不平等的权利。马克思曾经说过,就资本主义民主制度而言,美国的民主制度是最好的。然而,法权关系毕竟是由经济关系决定的,正是由于这种不平等经济关系的决定性作用,即使这种最好的民主制度,其法定民主权利,也是一种不平等的权利,这也是美国民主制度固有的、自身难于克服的致命缺陷。

美国的学者们承认,美国和其他资本主义国家一样,其资本主义和民主并不是一体的或互补的体系。相反,它们运行所遵循的是两种不同甚至相矛盾的规则。资本主义的规则是以各种财产权不平等为基础的经济特权为主导;而民主的规则是以个人权利为基础的平等权为主导。美国民主制度的要害或最根本性的缺陷,就在于它是建立在财产占有的极不平等的基础上的,这种不平等的存在,就决定了其政治上"平等权"的虚伪性。美国民主制度中的所有弊端,都是在这一基础上产生的。

人们都知道,美国的自由民主,一开始就是建立在财产占有极不平等基础上的,是由少数富人制定并为保护少数富人权力和利益服务的。财富占有的极不平等,以及把这种极不平等变成铁的法律,就使人人生而平等、一切权力属于人民这些冠冕堂皇的文字变成了空话。那些开口不离上帝和圣经,而只考虑如何掠夺财富、如何保护自己财富不受侵犯、如何使自己的财富通过继承代代相传的巨富们,实际上已经背叛了上帝和圣经。如美国学者所承认的,美国是西方国家中两极分化最严重、最不平等的国家。越来越少的人手中掌握了越来越多的金钱和权力。而与此同时,越来越多的人变得越来越贫穷。这就会使美国的民主失去根基。

这些学者所淋漓尽致地揭露的美国的金钱政治和在这种政治下的腐败,都以事实证明,美国的民主是富人的民主,美国的腐败是一种微妙形式的腐败。这种腐败不是通过老一套的行贿受贿,而是通过重视财富和经济力量的特殊文化的方式来运作,从而形成了一个金钱政治与腐败相结合的根深蒂固的政治经济体系。这种体系假借企业自由经营和国家安全的名义,而实际上对富有者有利,并最终侵蚀了美国的民主。

不平等的财产权,是美国社会结构的阶级性和等级性的基础,是资产者赖以统治的基础。在美国社会中,财富实际上是最大的权力。不占有财富的广大劳动者享受的自由和民主,只能是在不触犯富人的权力和利益前提下的自由和民主,或者只是在富人设计好的契约上签字的自由和民主。美国民主制度的思想来源,是《圣经》中有关社会契约和人民主权的内容,这也是欧洲民主思想家们的思想理念。然而,在财富不平等存在,并以财富多寡决定统治者和被统治者、资本所有者和雇佣劳动者存在的情况下,所谓的自由、平等、民权就失去了在契约内容中的平等权。契约中的那些条款都是为统治者进行统治,为资本所有者赚钱而制定的,都是具有霸王性的条款。劳动者为了生存,对契约中的那些霸王条款也不得不接受,不得不在契约上签字。美国的自由、平等、民权,对广大劳动者来说,最后就只是体现在了这个"签字"上。只要你和统治者、资本所有者一同在契约上签了字,你就同统治者和资本所有者一样,享受了自由、平等和权利。美国的阶级关系和等级制度,正是靠这种契约来维持的。

恩格斯指出,资产阶级正是因为占有了财富、占有了生产资料,才能支配劳动者。"它甚至使他们产生一种错觉,似乎他们是按照自己的意志行动的,似乎他们是作为一个自主的人自由地、不受任何强制地和资产阶级签订合同的。好一个自由!无产者除了接受资产阶级向他们提出的条件或者饿死、冻死赤身裸体地到森林中的野兽那里去找一个藏身之处所,就再也没有选择的余地了。"① 恩格斯早在一百多年前就指出的由财产占有的不平等所决定的合同、契约签订者的这种表面平等而实际不平等的性质,直到目前在美国也没有得到根本性的解决。

如马克思所指出的:"在自由竞争情况下,自由的并不是个人,而是资本。只要以资本为基础的生产还是发展生产力所必需的、因而是最适当的形式,在纯粹资本条件范围内的个人运动,就表现为个人的自由。然而,人们又通过不断回顾被自由竞争所摧毁的那些限制来把这种自由教条地宣扬为自由。"② 这种自由对每个占有财富和社会地位不同的人来说,都有着不同的含义。

更值得注意的是,"在现代,财产的统治权也通过世界市场的发展、现代金融制度和有限责任企业法人而得到增长。它的相当戏剧性的化身是跨国企业,它控制着千百万人的生活,不动声色地一心盯着利润,并且航行在愈来愈徒有虚名的主权的民族—国家海洋里"③。对这些财富占有者来说,自由、民主就是自由地获取财富,获取特权。

正是由于这种特权和对这种特权的无度的追求,使民主在美国和所有资本主义国家都变成了一种装饰品。比如,美国引以骄傲的,是其两党竞选。但无论是在历史上或在现实中,所谓竞选,无非是一种金钱活动,是有钱人的游戏。因为只有有钱人才有被选举权,只有有钱人才有能力承担那巨大的竞选活动经费。而普通老百姓,只是在为那些竞选者摇旗呐喊。"各种民主制度常常只是各个先进的资本主义国家社会生活中的装饰品而已:自豪地展示给来访者,并为大家所赞美,但很少使用。在那些事情切实进行的地方,——在诸如家庭、军队、工厂和办公室这类核心机构

---

① 《马克思恩格斯全集》第2卷,人民出版社1957年版,第360页。
② 《马克思恩格斯全集》第46卷下,人民出版社1980年版,第159页。
③ [美]塞缪尔·鲍尔斯:《民主和资本主义》,商务印书馆2003年版,第18页。

里——什么都有，就是没有民主。代议制政府、公民自由权和正当的程序顶多遏止了这些无责任的权力王国过分显眼的扩张，然而却遮掩和加强了特权和统治的各种基本形式。"①

总之，美国民主制度中一切问题的总根源，就在于这种财富占有的不平等。由于这种不平等的存在，就使一切自由、人权都变成了由金钱所决定的特权。如恩格斯所说的："资产阶级的力量全部取决于金钱，所以他们要取得政权就只有使金钱成为人在立法上的行为能力的惟一标准。他们一定得把历代的一切封建特权和政治垄断权合成一个金钱的大特权和大垄断权。资产阶级的政治统治之所以具有自由主义外貌，原因就在于此。资产阶级消灭了国内各个现存等级之间一切旧的差别，取消了一切依靠专横而取得的特权和豁免权。他们不得不把选举原则当做统治的基础，也就是说在原则上承认平等；他们不得不解除君主制度下书报检查对报刊的约束；他们为了摆脱在国内形成独立王国的特殊的法官阶层的束缚，不得不实行陪审制。就这一切而言，资产者真像是真正的民主主义者。但资产阶级实行这一切改良，只是为了用金钱特权代替以往的一切个人特权和世袭特权。"② 美国的事实证明，金钱特权有着无限积累的趋势。刚刚过去的从美国华尔街引爆的世界金融大危机，把美国资本不平等、财富不平等、收入不平等和社会不平等的状况，把美国民主的虚伪性，都暴露无遗。

2015年8月3日，美国"赫芬顿邮献报"网站以《卡特说得对，美国不再是民主国家了》为题发文，对当今美国民主进行了研究和评论。主持人汤姆·哈特曼采访美国前总统吉米·卡特，对2010年"公民联盟诉联邦选举委员会"案与2014年"麦卡琴诉联邦选举委员会"案的裁决怎么看，卡特回答说："这违背了美国政治体系的精髓，而这种精髓才使得美国成为伟大的国家。现

---

① ［美］塞缪尔·鲍尔斯：《民主和资本主义》，商务印书馆2003年版，第5页。
② 《马克思恩格斯全集》第2卷，人民出版社1957年版，第647—648页。

在，美国只有寡头政治，无限制的政治贿赂成为提名总统候选人或当选总统的主要影响因素。州长、参议员和国会成员的情况也是如此。所以，现在我们的政治体系已经遭到颠覆，它只是用来为主要的献金者提供回报。这些献金者希望并期待在选举过后得到好处。前民主党和共和党的现任官员把这种不受限的金钱视为向他们提供的巨大收益。国会大佬们会有更多途径来捞好处。"

文章还披露，美国社会科学领域实际上对美国到底是民主国家，即领导人代表大多数人利益的国家，还是权贵政治或寡头政治国家，即政府行为反映最富有公民意志的国家，进行过一项经验研究和调查。调查报告以《测试美国的政治理论》为题，于2014年9月发表在美国政治学协会出版的《政治学展望》杂志上。这份报告在结尾时说："我们的发现显示，统治美国的不是大多数人，至少在实际决定政策结果的因果意义方面不是这样。"该报告还说：经济精英的偏好对政策变化的独立影响远超普通公民的偏好对政策变化的独立影响。换句话说，研究人员发现：统治美国的是富人。

文章说，现在美国主要的"新闻"媒体已经为权贵政治所拥有和控制。"新闻自由"实际上仅仅是权贵控制"新闻"的自由——根据他们希望的方式操纵公共问题。由权贵指派的媒体经理人挑选编辑，而这些编辑再雇用记者来制造权贵们可接受的宣传，从而作为"新闻"出现在公众视野中。从里根时期以来，权贵还变得几乎可以自由收买他们想要的政治候选人。于是，"恰当"的候选人，加上"恰当"的新闻——有关这些候选人的报道，带来了"恰当"的人，以便在新的美国"民主"中"代表"民众。对此，卡特评论说：我们的政治体系已经遭到颠覆，它只是用来为主要的献金者提供回报，这是对现状非常适当的评论。卡特1977年上台执政。1977年正是美国转向权贵政治时代的开端。卡特说，美国民主实际上已经全然不是现在时，而是过去时，民主再也不是一种现实。

文章说，美国的富人专政越来越严重。关于这一点，《纽约时报》也有调查研究。2015年8月2日《纽约时报》头版大标头以题为《少数富人支配选举捐赠》发文说，《纽约时报》对联邦选举委员会报告和国内税收署民记录的分析显示，筹集选举资金的竞赛已经使争得大多数总统候选人对一小部分最富美国人产生了深刻的依赖。《纽约时报》的这项研究显示，最近大企业财力的释放令共和党获得了巨大的益处。所有证据都显示，尽管不同的权贵存在利益竞争，但他们都在同民众竞争。他们的目的是降低他们工人的工资，并降低消费者的安全与福利水平，来增加他们自己的利润。

文章认为，美国正在迅速退回到"镀金时代"的经济不平等中去。或许，美国的状况会比早年无法无天的强盗大亨时代有过之而无不及。《纽约时报》的这项研究还显示，甚至在民主党内，大量捐助正落入亲企业、反民众的最保守分子的腰包。在新的美国，草根政治可能会萎缩，甚至死亡。文章认为，权贵们不会向他们自身和同伴的剥削利益开战。权贵阶层都是一路货，尽管他们的确相互竞争主导权，以决定他们中的哪些人来统治民众。而民众似乎接受了这种现代形式的债务奴役，既是因为他们所见到的"新闻"，也是因为他们未见到的新闻。

实践是最好的教材。社会主义民主和资本主义民主的实践使人们在比较中思考，在比较中选择。对资本主义民主，人们在比较中似乎有这样的认识：进入21世纪之后，以西方为中心的世界日益没落。这是300多年来资本主义世界发展大趋势最根本、最本质性的逆转。因为这种逆转意味着先进文明的力量，意味着非西方国家在选择社会制度与价值体系时享有更大空间，意味着更公正的国际秩序正在降临。这个新的国际秩序是一个更符合对等与互惠原则的国际经济模式，更尊重多元性的全球公共领域，更能统筹绝大多数国家可持续发展的需求,更能体现"休戚与共"及"和而不同"理念的全球秩序,所以它对人类社会将产生深远影响。

制度悔过和自知美德

自知,或知己,是德性行为。中国古语称:"贵有自知之明。"自知是宝贵的,人需要有自知之明,国家需要有自知之明,制度也需要有自知之明。然而,自知之明涉及人生观、价值观,要真正做到自知之明,做到对自己有科学、正确的认识,诸如:自己的长处和优势何在?自己在人类文明发展中的贡献何在?自己的不足和劣势何在?如何看待自己在国际社会中的地位?在善恶博弈中,自己的历史应当如何写?都能有科学正确的认识,那是非常非常难的。正因为它难,它才宝贵。

自知是宝贵的。自知后的悔过,更是宝贵的。而悔过后的自新,则是宝贵之最。一个人,一个国家,过去做了恶事、错事,能知恶、知错,贵也;知后又能深刻认识恶、认识错,深刻认识恶、错的根由,进行悔过,中贵也;悔过后又能改过,能够悔过自新,弃恶从善,弃暗投明,改邪归正,则大贵也。浪子回头金不换。在当今大动荡、大变革的世界上,对社会制度的自知之明,就是关乎人类文明发展进步的大问题。

世界上有很多人不假思考地迷信直选,似乎只要实行直选,就是好民主。这也是他们盲目崇拜美国这种竞选制度,把它视为是实现自由、民主和人权的重要手段和标志的原因。其实,直选只是一种选举的形式。只要看看美国的实践就会明白,美国的竞选并不像有些人想象得那么美好。有人说美国的竞选制度比其他资本主义国家都更为完善,这在一定程度上体现了美国发展中的优势。但就本质而言,美国的民主与欧洲国家民主相比,更缺乏道德支撑。

自21世纪开始，随着资本主义制度，特别是资本主义民主制度本质的大暴露，西方的有识之士被德性所唤醒，开始重新审视、认识自己的制度，展现出了自知之明，这无疑是一种进步。比如，开始正视西方民主最大的弊病，是生来就具有金钱性。当然，金钱本身谈不上道德与不道德，可掌握金钱的人，或者说金钱与其使用者相结合，就有善恶之分了。我们这里说的金钱性，就是指的金权政治。意思是有钱就有权，这和选举形式失败是两回事。而与这种金钱性恶性发展相并行的，正是其金权性，或者说虚伪性和欺骗性的日益暴露。

随着美国民主制度本质的暴露，人们对美国民主制度开始反思。这种反思，实际上也是对美国民主制度的自知和悔过。这种对制度的自知和悔过，与个人的自知和悔过相比，是大自知和大悔过。这种自知和悔过，涉及人类文明的发展，涉及全球人的幸福。我们不妨以最有诱惑性的美国民主为例，来看看这种自知和悔过意味着什么。

现在连西方学者都承认，美国选举的金钱性已经使美国出现了"邪恶"统治，这似乎不是空穴来风。美国学者奥托·纽曼等在《信息时代的美国梦》一书中指出：新的富豪统治正在美国国内形成，因此他们也成为具有新兴全球精英特征的一部分。他们在电视上频频出头露面，他们的一举一动被刊登在热门杂志上，而这些杂志往往归他们自己所有。这些杂志要证明，他们理应过这种样式的生活。再看看生活在下面的阶层，迅速扩大的临时劳动大军正在水深火热中挣扎。

美国的开国元勋们，最初一般都是反对党派斗争，认为党派斗争是邪恶，因而反对建立党派，反对党派精神。比如总统华盛顿，面对内阁中官员们在政策上不同意见的分歧和激烈斗争，就很担忧。他视党派性为"恶魔"，在他的著名的告别词中还告诫后人：要防止和反对党派精神，以维护民族和国家的统一。亚当斯也认为"党派"乃"最大的政治邪恶"。杰斐逊更是发誓说:"如果上天堂先加入党派,我就不愿意上天堂。"然而,社会的发展总是不以人们的主观意志为转移的。残酷的利益之争还是使党派在激烈的利益斗争中在美国产生了。为了利益不得不把自己变成"政治恶魔",为了利益宁愿不上天堂。以民主和共和两党为主体的党派斗争和党派精神,不仅在美国之后的现实政治斗争中产生和发展了起来,而且成为美国政治体制中重要的组成部分,成为美国政治体制的鲜明特色。现在已经成为分裂美国的祸首。

当然,美国两党在大的原则和总体利益上有着高度一致性。美国两党的形成虽然有其深厚的历史根源,在经济、政治利益上也存在许多矛盾,但在实行美国式的资本主义制度的问题上,不存在任何根本性的矛盾和斗争。恩格斯在评论英国两党制时就曾说过:在争夺统治权的政党中,是从来没有过原则斗争的;它们中间只有物质利益冲突。恩格斯的这一论述非常符合美国的情况。

比如美国两党有着具体利益的矛盾,但在坚持联邦宪法,坚持共和制,坚持资本主义制度等这些基本原则问题上,在只有依靠联邦宪法和联邦政府,才能维持自己的私有财富、不断扩大自己的私有财富这些方面都是一致的,因为这些都是实现它们利益和权力的根本保证。无论哪个党在台上执政,都不会背离这些基本原则和利益;无论哪个党在野,也不会企图推翻这些原则。而且随着南部种植园经济和各种小农经济向大农业经济、大工业经济的转变,两党之间所存在的带有大规模的阶级性的矛盾,以及所体现在政府政策上的矛盾,也不断消除,它们无论在利益上和大的政策上都逐步走向融合。它们之间的矛盾和斗争,则更多是表现在不同行业集团、不同政治集团、不同阶层之间的不同的具体利益上。

正因为如此,从 20 世纪开始,两党在竞选中都不再是靠它们的原则和纲领的正确性和科学性而获胜,也不是靠它们的纲领和政策更符合广大人民的利益而获胜,而主要是靠自己的经济实力和政治手段而获胜。有足够的金钱、大量的组织活动以及巧妙的政治上的交易,则成为竞选中获胜的法宝。还值得一提的是,这些环境和条件,植根于美国民族的特性和历史传统中,不是一朝一夕能够形成的。财富和政治权力相融合,财富决定政治权力分配,政治权力又成为掠夺更多财富的工具,先有钱后有权势,再利用权势攫取更巨大的财富,这是美国选举制度也是美国政治制度的遗传基因。

毋庸置疑,当今的西方民主已经成为金钱的玩物,成为富人的玩物。先用财富堆造出总统,再利用总统获得更大的财富的这种西方民主选举制度,已经成为金钱践踏道德的广告牌。毫不夸张地说,美国的历届总统,都是用金钱堆起来的。没有金钱做后盾,就别想做总统梦。要组建庞大的竞选班子,雇佣大批工作人员,在媒体上做大量广告,印发大量宣传材料,到各地去做竞选旅行、演说,组织许多集会等,都需要大量的金钱。如美国人所说的:金钱是政治的母奶,通往白宫的路是用金钱铺就的,总统和议员的权力都是用金钱换来的。

这些大量的金钱从哪里来,除了很少一部分联邦政府的拨款外,绝大部分是大企业和各种利益集团的捐款。这些捐款当然都是企业职工的血汗,用这种捐款得到的回报同样是劳动者的血汗。所以,每次的竞选表面上看是候选人之间的竞争,而实际上幕后是各利益集团之间的较量,是有钱人的游戏,权钱之间的交易。这种幕后的、黑暗的、不择手段的、包括各种弄虚作假的权钱交易,就决定了这种民主选举的虚伪性,这种交易的受害者当然是广大的劳动者。如美国纽约州立大学教授詹姆斯·科克罗夫特在2017年5月30日西班牙《起义报》中《美国的选举和未来》一文中说的:事实上,美国从来就没有真正的民主,美国的民主一直是在为超级富豪提供宪法保护。正是由于广大人民对这种民主制度的厌恶，所以才提出了"民主的民主化"这样的口号。事实证明，资产阶级的民主不是真正的民主。

在美国选举中，通过捐款这种形式使当选者和捐款者双方都得到利益：当选者因有大量捐款而获得权力，捐款者因捐款而获得特别的利益交换。两者通过选举活动而各得其所，这就是美国选举政治的特色。而在这种活动中，各种游说利益集团有着特殊重要的作用。一方面，各种游说集团通过捐款，从国会或政府那里得到自己所要的利益；另一方面，国会议员和政府官员们，不仅通过这些捐款获得席位，而且还可以通过这些游说集团获得新的金钱利益。可见，美国的游说政治就是捐款政治，就是行贿受贿政治。

目前，美国选举中的金钱性更是恶性膨胀。无论是总统或者议员，其能否有作为候选人和当选的机会，就看他能否筹到足够多的钱款，也就是能否找到足够多的支持他的富豪。"金钱对于美国政治的极端重要的作用，近年来随着当选政治高位的花费'行情'的飙升而达到了前所未有的程度。2000年总统大选中，共和、民主两党的总开支突破了30亿美元。政客最重要的本领是筹款，这个美国选举政治中颠扑不破的行为准则，现在愈发是不容置疑的金玉良言。"[①] 据美国媒体报道，在2004年的总统竞选中，这一数字又突破了40亿美元，可能达到了50亿美元。

由于选举中的这种金钱性，使选举日益成为少数有钱人为自己利益而进行的权钱交易活动，广大的民众对选举越来越没有热忱和兴趣，无论在联邦政府或州政府的大选中，投票的人数越来越少。20世纪60年代美国大选的投票率都在60%以上，70和80年代下降为50%以上，到1996年又下降到了49%，到2000年美国的人口有2.8亿，而获胜的小布什所获得的选票还不到5000万

---

① 张西明：《新美利坚帝国》，中国社会科学出版社2003年版，第381页。

张。2004年美国大选的投票率也只有49%。

当今，世界上人们似乎都在反思，反思资本主义制度，反思全球的治理，反思对美国的认识。人们在反思中认识到，美国过去努力打造的新自由主义世界秩序，完全是为了美国的最大利益，失去为绝大多数民族谋福祉的基本功能，因而成为扭曲市场和与民主的根本力量。

如有学者说的，在美国的政治运作中，政客们擅长政治包装、形象塑造、抹黑对手、操弄选民、散布假信息、遥控媒体。政治人物最优先考虑的是金权，金权政治占据了整个政治舞台。劳动者的政治影响力直线滑落。富人们通过利益游说、金权政治和媒体操控，富裕阶层主导着游戏规则制定。美国民主已丧失民主精髓，逐步沦为寡头政治。

人们认识到，美国不仅积极向世界推广这种虚伪、劣质民主，已经成为虚伪、劣质民主的最大传染源；它提供错误示范，输出政治伎俩，为他国政治人物提供"专业服务"，且经常采取自我矛盾的双重标准，制造混乱；而且把"市场化"与"民主化"结成"连体婴"而成为所有新兴民主国家的根本性障碍。如有学者说的，事实证明，彻底的市场化、私有化与自由化，意味着劳工群体与中产阶级不可能透过民主体制改变自身的不对等地位。当今，对我们生活方式、经济安全、社会秩序、环境质量产生巨大影响力的决策者，往往不是民选政府，而是一些几乎完全不受民主机制监督的跨国权力行为体，如跨国企业集团、跨国媒体集团、信息科技王国、华尔街投资银行、避险基金、信用评级机构、大会计公司、国际货币基金组织、美联储等。

人们在反思中认识到，资本主义民主制度和不平等的经济制度融合在一起，越来越威胁到人类社会的文明和进步。如有学者说的：资本主义让主要经济体都必须将经济活动维持在过度消费与信用膨胀的亢奋状态，才能避免经济衰退与金融体系崩溃。全球化让国际金融体系变成了无法驾驭的超级赌场。国家、社会、家庭的经济命脉，都成为极少数跨国银行、投资机构、对冲基金赌桌上的筹码。从可持续发展看，资本主义是最浪费的制度，其生活方式鼓励贪婪、奖励自私、崇尚个人主义、刺激无止境的物质欲望和没必要的消费需求，诱导追求虚荣的价值观。在资本主义的资源配置逻辑下，全球的生产活动主要是为了满足富裕阶层的物质需求，有限资源不断被转换成垃圾，第三世界国家多数人群被挤压到边缘，生产资源被私人占有，广大群体无法尽其力、用其物，形成人力资源的巨大浪费。美国在"经济自由化"旗帜下推动资本主义全球扩张，对社会、民主、文化与环境都构成生存威胁。

如《经济学家》在评论美国的选举制度时所说的：美国人虽然把民主制度作为自己的特产，但在涉及其选举制度时，对诸如"为什么如此众多的美国人根本不能参加投票？为什么选举中充斥着如此浓厚的金钱政治味道和大量的人身攻击？为什么如此众多的选区会发生那么多奇怪的事情？"也感到疑惑不解。从这种金钱化的漏洞百出的选举中就可以看出，美国的民主制度已经是"老牛破车，有名无实了"。

美国选举制度的这种金钱化，使民主失去了它的本质和意义，这也是美国政治制度失去了优势的原因。其突出的表现是，如美国学者所说的，使美国违背了初衷，不仅由于"内线人物"的肆虐，使社会腐败日益猖獗，而且出现了"邪恶"的选举、"邪恶"的统治或统治中的"邪恶"，使选举日益成为权力与金钱、金钱与权力的交易。

比如，由于金钱竞选，使当选者必然代表金钱者的利益，必然为有金钱者服务，使政府的发展和经济政策越来越有利于最富的人，而不利于最穷的人，从而使两极分化越来越严重。如奥托·纽曼所指出的："非常荒谬的是，当先进世界中的阶级力量大为削弱的时候，美国的邪恶却在明显抬头。有一点要说明，它不再是历史上那种资本主义与无产阶级的分歧，而是以一种非常新的形式出现。""新统治阶级的出现是个前所未有的现象，具有'上流社会'的特点，由仅占人口2%的精英组成。其社会功能模式更像南美的财阀统治，而不像西方的统治阶级。这些形形色色的亿万富翁、公司总裁、资深政客、军事首脑、国家和地区的帝王缔造者以及媒体和企业的精英，比以往任何时候都更牢固地控制着国家的制高点。他们的权力巨大无比，势不可挡地盘踞在大都市中，并与其他社会管理精英相勾结，拥有巨大的财富和全球最好的智囊和其他资源。对他们来说，法律或道德的约束已不复存在。"[1]

英国前首相托尼·布莱尔曾发表文章，也对西方民主发出了这样的疑问，"民主已死"？因为通过这篇文章，我们可以在对比中领悟西方民主的虚伪性和中国民主的诚信性，所以这里我们不妨看看布莱尔是这么说的。

布莱尔以《民主已死？——真正的民主体制不仅仅是赋予民众投票权》为题著文称："如今，民主国家的日子不好过。许多国家的民主制度机能失调：美国国会、英国联合政府以及许多欧洲国家的政府都遭遇了困境，难以作出必要的决策以使经济恢复增长。屋漏偏逢连夜雨，除了民主制度的失灵，近期还出现了一系列意义深远的挑战。有鉴于此，欧洲极右翼政党的崛起，以及社会上对民主政治普遍存在的忧虑与失望情绪便不足为奇了。"

文中，布莱尔承认，西方民主制度遭到了挑战，民主的价值是正确的，但西方的民主制度往往无法兑现这些价值。在风云变幻的世界中，国家、社区、企业都必须不断调整自己去适应这些变化，民主制度显得迟缓、官僚而又脆弱。在这个意义上，民主

---

[1] [美] 奥托·纽曼、理查德·德·佐萨：《信息时代的美国梦》，社会科学文献出版社2002年版，第186页。

国家对不起自己的公民。至于这种情况为何发生，又该如何应对？布莱尔虽然无法探索其根本，但却道出了一些问题。

他在文中说："我们似乎忘了，只有实践中行得通的理论才是好理论。民主制度的理论基础是重要的，通过选举产生政府的基本原则显然是正确的，它也仍然得到大众的认可，但民主原则在践行中却往往遭到歪曲。今天我们应该讨论如何改善民主制度，如何使它现代化。传统上，辩论民主的议题无外乎政府的透明度、诚信度。"

他认为，导致人们对民主政府大失所望的真正原因是，人们认为生活中迫切需要的改变迟迟没有发生。这是一个很实际的挑战。人们往往有另一套说法，他们说政府不倾听民众的声音。但实情往往是，政府在倾听，但民众的声音却是杂乱分化的。通过强势领导有效进行决策的能力，正是民主制度所缺乏的。他还认为，西方民主国家发生了一系列变化，降低了民主体制的功效。在美英两国，有越来越多的选区受其边界划分结果的影响，直接落入某个政党囊中，成为其固有选区。如果你成功获得了党内候选人提名，便将铁定赢得该选区的议席。这促使潜在的候选人采取某些立场，讨好拥有提名权的党内活跃分子，而不是广大公众。就这样，政治家们逐渐远离了大众所持的中立立场，而这必将损害他们的决策能力。

布莱尔承认，在这资本主义的民主体制内，摆好政治姿态比实干解决问题更重要。随着传统观众群体的萎缩，新闻机构发现最大的商机在于煽动忠实观众，呼应他们的具体利益。因此，许多西方媒体的党派色彩变得越来越鲜明。在我们的体制中，产生了强大的利益集团，它们能阻拦我们进行实质的、必要的改革。要满足公众日益提升的需求，改革必不可少，但公众很容易被动员起来反对这些改革。所以，在变革面前，西方政治家们往往退避三舍，导致选民对民主政治的进程大失所望。

布莱尔的结论就是："我们必须把民主体制的问题搬上台面，开诚布公地讨论。民主体制光给民众投票权是不够的，还需要收获实实在在的成果。然而目前民主制度却没有做到这一点。我们不应坐视选民在独裁和民粹之间做选择。如果我们真的相信民主，就让我们着手拯救它。"

与此同时，英国伦敦政治经济学院亚洲研究中心客座研究员马丁·雅克也撰文谈了中国政治制度的优越性。他在文中说："西方一些人曾怀疑中国的改革乃至政治制度能否持续，但这种态度正发生变化。中国的改革开放已经走过了30多年，并在这个过程中赢得外界越来越多的尊重。怀疑中国政治制度能否延续的声音越来越不笃定，而更多的人开始关注中国的未来发展潜力。"

马丁·雅克还说："1945年以后，欧美国家开始越来越推崇西方式的民主，尤其是普选权和多党制，并认为这是政府合法性的唯一来源。这种看法其实肤浅而又缺乏历史根据。西式民主并不能确保政府在人民的眼中具有足够合法性，只要看看意大利就能明白：二战过后，其政府不断更迭如过江之鲫。议会党派林立，小党派众多，长期需要多党联合，甚至无法形成一党单独执政的局面。很多意大利人对此颇觉无奈。"

马丁·雅克说："反观中国，走出了一条区别于西方式民主的道路，中国的领导层获得了高度的合法性认可。根据皮尤研究中心的报告，中国政府享有高度支持，支持率在世界各国中十分靠前。显然，西方的民主道路并不能帮助解释这个现象。如同美国学者白鲁恂在其《亚洲权力与政治》一书中所指出，很多西方学者在谈论政治时，都会先入为主地认为政治体制要比政治文明重要，但事实却恰恰相反。"

马丁·雅克说："中国就是一个最佳范例。首先，中国严格来讲应该被称为一个文明国家，而非西方所普遍定义的那种民族国家。长久以来，占据国家管理者案头的首要任务就是维护国家的统一，也就是中华文明的统一。中央政府因此获得高度权威，民众对此高度认同。国家的概念，在中国百姓心中更如'家'的延续，而非西方社会眼中的统治者谋取利益的工具。"

马丁·雅克说："中国更加看重国家产生的整体功效。西方社会关注政府究竟如何选出，而中国却更关注管理者能否真的胜任。高效的政府带领中国实现了波澜壮阔的改革，创造了现代经济史上的发展奇迹。实际上，无论是国家制度还是社会形态，由于历史和文化的原因，中国同西方的差异都非常大，尽管可以互相学习也应该互相学习，但这种差异不可能尽数消弭。"

马丁·雅克说："西方一些势力以前总是信誓旦旦说，中国会朝西方国家的方向改革，但实际上，政府的治理危机更有可能发生在西方，而不是中国。随着美国和欧洲的衰落，其政治制度的合法性和权威性也日渐下降。而中国，基于其自身实际走出发展和繁荣之路毫不令人意外。中国的快速发展带来日新月异的变化。只要稍微看看一个普通中国家庭 30 多年来变化有多大，就不难想象整个社会正在经历怎样的变迁。当前进行的全面深化改革，不断完善法制，都是中国面对日益增长的社会需求作出的重要抉择。"

在中国人的意识里，国和家总是紧密联系在一起，而不可分的，有国才有家，家是国的基础。关于这一点，马丁·雅克似乎也领悟到了。他说："在西方，民主是政权合法性的唯一来源，这已经几乎成为一条公理。但这是错误的。中国这个国家的合法性深藏在其历史中。在中国历史上，'家'和'国'是两个最重要的系统。至少在 2000 年的时间里，国家被视为中华文明的维护者和化身。这是其合法性的重要来源。……这个国家其他一些特征也同样有着深刻的根源。这些特征包括对能人治国的强调、强大的国家机器以及用家庭概念来理解国家与人民之间的关系。"我们似乎能够看出，在这里马丁·雅克领悟到了中国人常常讲的"家国情怀"，也就是"修身、齐家、治国、平天下"这种情怀。如一些学者所分析的，当官的要如《诗经》所说的"恺悌君子，民之父母"；而老百姓则要保持家庭和睦，必要时又要舍家报国。这种情怀，绵延几千年未曾断绝，是十分宝贵的。

2018年7月，英国"金融时报"网站刊登了该报首席经济评论员马丁·沃尔夫的文章：《我们如何因贪婪与怨愤丢掉了美国》。文章说，贪婪的政治精英让美国堕落。文章认为，如此多的美国人处于贫困状态，在一定程度上是财阀政治的产物。尽管"富豪民粹主义"或"贪婪与怨愤"政治在共和党和白人劳动阶层极具吸引力，但并不能解决基础选民的焦虑。特朗普当选是亿万富翁获得减税的代价，他并不能解决贫困阶层的焦虑。

三 和谐世界和包容智慧

和谐世界，不仅包含国际社会各行为主体之间的和谐，还体现着人类文明发展的未来。和谐，从来就是与包容联系在一起的。没有包容就没有和谐。国际社会各行为主体之间，各文明之间，都存在差异和不同。差异、不同是绝对的，相同是相对的。因为有差异和不同，才有包容，才需要包容。包容的本质和核心就是包容差异，和而不同。当然，除了包容不同之外，还有对恩怨的包容，对加害者悔过自新的包容。人们都明白，对于做过恶事的加害者，不能施以报复，不能冤冤相报，应当施以包容，终止邪恶。当然，这种包容不是无原则的，其前提就是作恶者停止作恶，弃恶从善，悔过自新。

求同存异和差异包容

文明的多样性，是由文明差异性决定的。差异是客观事物存在的本质，不同文明存在的本质。世界上没有完全相同的人，也没有完全相同的事，更没有完全相同的文明和国家。有差异，才有不同之间的和谐相处、相互沟通、相互借鉴、相互促进，才有整个人类文明的不断发展和进步。有差异，就必须包容，包容差异是构建和谐世界的基础。因为只有包容差异，才能共存、合作、共同发展、共赢共享，达到共同幸福。所以，包容差异，不仅是美德、是智慧，而且是幸福。那种同者昌、异者亡，或顺者昌、逆者亡的理念是恶道。

2018年6月，上海合作组织在中国上海召开了峰会。上海合作组织就是不同文明在差异包容中形成，在差异包容中发展起来的。上海合作组织，应该说是构建和谐世界起步和试点，从上海合作组织的宗旨和精神可以看出，中国主张建立的和谐世界应该是一个民主平等的世界，和睦互信的世界，公正互利的世界，包容开放的世界。建设这样的和谐世界，自然不是一个国家的责任，而是世界各国共同的责任。只有世界各国在相互尊重、平等协商的基础上，坚持齐心协力、共同建设，和谐世界才有希望建成。为此，中国提出了协商共建原则。尽管和谐世界的建成是个很长的历史过程，但只要坚持这个原则，就一定能通过艰苦努力，最后得到实现。

实现和谐世界，之所以要坚持协商共建，这是由世界文明的多样性所决定的。而实现协商共建的前提，就是包容差异。不同文明之间的差异表现在许多方面，诸如信仰差异、意识形态差异、价值观差异、社会制度差异、生活方式和生活习性差异等。要共存，要协商共建和谐世界，对这些差异都需要包容，需要在包容中相互借鉴，实现共同发展。毋庸置疑，包容差异在构建和谐世界中，在整个全球治理中所起的作用，所发挥的力量，都是全面的、巨大的；然而，包容差异特别是包容根本性差异，也是很艰难的。

比如，承认不承认，任何文明中，无论是信仰、意识形态、价值观、社会制度、生活方式都有自己的优势，有好的地方，值得借鉴的地方，这就是关系到不同文明互鉴能否实现的问题。当今世界，是由不同的国家和民族组成的，每个国家和民族都有自己的社会制度、价值观念、历史传统、宗教信仰和文化背景，相互之间都存在很大差异。每个国家和民族在历史发展过程中所形成的文明都有自己的特色和长处，没有绝对的高低、优劣之分，都是人类文明的重要组成部分。古往今来，每个民族都会在某些方面优越于其他民族。如马克思说的，如果批判的预言正确无误，那么任何一个民族都永远不会优越于其他民族。这是马克思主义关于文明互鉴的一个基本观点。只有如此认识，承认别种文明的优势，才能有文明互鉴的实现。

不管承认不承认，文明不分大小，国家不分大小，都是国际社会平等的一员，都应当受到包容和尊重，这是关系到和谐世界能否建成的问题。在过去的全球化和全球治理中，在霸权主义主导下，实行的是以大欺小、倚强凌弱，所以酿成今天这种不平等、不公平的局面。基于过去的教训，所以中国主张，不同文明的国家应当不分大小、贫富和强弱，都应是国际社会的平等一员；各国应平等相待，尊重彼此的选择，各国的事务由各国人民自己定夺；国际事务要通过平等协商解决，而不是由大国决定，尤其是发展中国家的利益应得到维护；在事关世界和地区和平的重大问题上，应该按照联合国宪章的宗旨和原则以及公认的国际关系基本准则，坚持通过协商谈判和平解决争端，坚持各种文明之间的相互尊重、平等相待、互信合作、和睦相处等；要做到这些，自然要求坚持协商共建原则。

比如，承认不承认世界的多样化是世界发展活力的基础，这也是和谐世界和全球幸福能否建成的重要方面。世界多样化，是多种文明的共生共存的生动体现，也是世界充满活力的根本原因。

只有尊重和维护世界的多样性，使各个国家和民族不同文明和谐相处，相互学习，相互借鉴，相得益彰，人类文明才能得到健康发展。人类社会的进步要通过不同的文明共同促进，各个国家的社会理想可以通过不同的发展道路来实现。各种文明和各种道路和谐共存，在竞争比较中取长补短，在求同存异中共同进步，这是人类社会发展和进步的规律和体现。在中国看来，各国人民在自身的发展进程中都创造了丰富多彩的文明。各种文明相互交流和借鉴，是人类进步的动力。所以，各种文明和社会制度应该而且可以长期共存，在竞争比较中取长补短，在求同存异中共同发展。总之一句话，世界是丰富多彩的，不可能也不应该只有一种文明、一种模式。一花独放不是春，百花齐放春满园。

比如，承认不承认发展中国家，特别是中国的优势和贡献，这同样是构建和谐世界的关键所在。中国的文明，中国的善良，中国的新理念，中国的高速发展，都对人类物质文明和精神文明发展进步做出了巨大贡献。而西方霸权主义国家对中国的发展，中国的贡献，特别是对中国的信仰、价值观、意识形态、社会制度，非但不包容，而且为了自己的霸权和私利，硬是不顾事实，颠倒黑白，把贡献说成是威胁。2018年4月，英国《金融时报》首席经济评论员马丁·沃尔夫在《美中竞争将影响21世纪》一文中就提出，西方须习惯与崛起的中国共处。

沃尔夫认为，意识形态不同不应成为美国和西方遏制中国发展的理由，美国和西方想借知识产权阻止中国走向繁荣，也是愚蠢的。中国的未来取决于中国，但西方与中国的关系取决于西方。美国和西方可以要求中国信守承诺，但美国和西方也必须做到这一点。不管如何，中国都不是真正的威胁，真正的威胁是美国和西方自身的堕落，诸如经济领域权力寻租现象严重，对大多数公民的命运漠不关心，金钱对政治的腐蚀，以及私人和公共消费牺牲长期投资等。沃尔夫强调，美国和西方不仅可以而且必须与崛起的中国共处，而且还应该是出于自己本性中的善意这么做。如果美国和西方想控制历史车轮的转向，那么就必须扪心自问是否真的可以做到。沃尔夫的这些话，无疑反映了事物的本质，给人以启发。

总之，人类社会发展的过程是各种文明相互借鉴、共同发展的过程。一个和谐相处、共同发展的世界，只能是一个各种文明相互交汇、相互借鉴，所有国家平等相待、彼此尊重，充满活力而又绚丽多彩的世界。在人类历史上，不同文明之间的交流与融合就是始终存在的现象。随着近代以来世界体系的形成，各种文明的交流和融合更是不断扩大。每一种文明都不同程度地吸纳着其他文明的有益成果，使自身不断得到丰富和更新。比如，西方文明不断从东方文明中吸收营养，东方文明也不断从西方文明中吸收新的内容。特别是随着经济全球化的迅速发展，不同文明的交互影响会越来越大。

由于协商共建和谐世界的基础是各国在经济上的平等合作，所以协商共建原则也首先体现在经济合作上。诸如通过协商共建原则，使这种平等合作能够真正达到优势互补、共赢共享，并共同推动经济全球化朝着均衡、普惠、共赢方向发展。因为经济是基础、是前提，所以，只有各国普遍发展、共同繁荣，和谐世界才有坚实的基础和前提。贫穷不会和谐，两极分化也不会和谐，这确信无疑。事实上，只有采取有效措施推动经济全球化朝着均衡、普惠、共赢的方向发展，努力缓解经济发展不平衡问题，逐渐减少和消除贫困，和谐世界才能真正实现。不容忽视的是，在目前的经济全球化进程中，发达国家是主要受益者，而发展中国家获益甚少，甚至有被边缘化的危险。因此，国际社会应共同努力，趋利避害，缩小南北差距，防止"贫者愈贫，富者愈富"的现象继续发展，实现共赢共存，这样才能促进和谐世界的实现。

实践协商共建原则的一项重要任务，是坚决反对信仰霸权主义。要在平等协商中实现不同文明之间的求同存异、和谐相处，就必须倡导和遵循这样一条准则：承认每一个国家和民族都拥有选择和保留自己的信仰、社会模式和生活方式的权利。不同文化传统、生活方式、政治制度和宗教信仰的国家和民族都应该相互尊重，互相理解，在坚持自己文明的前提下，进行平等对话和交流，相互学习对方的长处。任何一种文明不仅需要吸收他种文明以丰富自己，而且需要在与他种文明的比照中更深入地认识自己，以求有新发展。这对于保持人类文明的多样性，增进各国和各民族之间的相互信任、友好相处是非常必要的。每一个国家和民族都应克服对他人的歧视和偏见，尤其放弃同化别人的企图。不同的国家和民族有着不同的价值观念体系，任何一国都不应将自己的价值观念体系强加到别人头上。

实践协商共建原则的另一项重要任务，是反对战争维护和平。协商共建原则的本质就是提倡用对话、谈判等和平方式，而不是战争手段，解决各文明之间的一切争端，共同维护世界和平。当今世界60多亿人口，200多个国家和地区，有多种民族、语言和宗教。只有充分尊重不同文明的多样性与差异性，相互之间应提倡兼容而不歧视，交流而不排斥，对话而不对抗，共处而不冲突，在彼此尊重的基础上，发挥各种文明的积极作用，促进人类社会的不断发展和世界各国、各民族人民的共同进步，世界才能丰富多彩、充满活力。

实践协商共建原则还有一项重要任务，就是要树立新的安全观。当今世界虽然总体和平，但局部冲突和战争仍此起彼伏。战争和冲突不符合世界大多数国家和人民的根本利益，是对建设和谐世界的严重威胁。只有通过公平、有效的机制，以协商、谈判和平解决国际争端和地区冲突，维护世界的和平与安全才有保障。也只有加强合作，才能成功应对人类面对的共同挑战。要树立以互信、互利、平等、协作为核心的新安全观，努力营造长期稳定的国际和平环境。各国在安全上的相互依存不断加深,共同点在增多,任何国家都难以单独实现其安全目标。只有加强国际合作,才能有效应对全球安全挑战,实现普遍和持久的安全。各国应以互信求安全,以互利求合作,从根本上减少不安全因素,维护全球战略的平衡和稳定。

中国提出协商共建原则,一方面向世界表明,中国将坚定不移地走和平发展道路,决不妨碍其他任何国家。中国现在不称霸,将来也永远不会称霸。中国的发展是机遇不是威胁,是和平而非冲突。另一方面也表明,随着中国的发展,中国将承担更多的国际责任,为促进世界的和平与发展做出我们应有的更多的贡献。中国愿与世界上各个民族和各种文明在彼此尊重、平等对待、求同存异的基础上实现共同进步与提高,也愿同世界各国人民一道,共同推进世界和平与发展的事业。如习近平同志所说:"中国人自古就主张和而不同。我们希望,国与国之间、不同文明之间能够平等交流、相互借鉴、共同进步,各国人民都能够共享世界经济科技发展的成果,各国人民的意愿都能够得到尊重,各国能够齐心协力推动建设持久和平、共同繁荣的和谐世界。"[1]

如习近平同志所分析的,我们所处的是一个风云变幻的时代,面对的是一个日新月异的世界。这个世界,和平、发展、合作、共赢成为时代潮流。这个世界,一大批新兴市场国家和发展中国家走上发展的快车道,十几亿、几十亿人口正在加速走向现代化,多个发展中心在世界各地区逐渐形成,国际力量对比继续朝着有利于世界和平与发展的方向发展。这个世界,各国相互联系、相互依存的程度空前加深,人类生活在同一个地球村里,生活在历史和现实交汇的同一个时空里,越来越成为你中有我、我中有你的命运共同体。

---

[1] 2013年3月19日,习近平接受金砖国家媒体联合采访时的讲话。

在这样的世界里，任何国家或国家集团都再也无法单独主宰世界事务。世界上一切问题的解决，都必须采取民主和共同协商的办法，旧的霸权主义的原则和秩序都已经过时，都必须以协商共治的新的原则、新的秩序来代替。面对国际形势的深刻变化和世界各国同舟共济、合作共赢的客观要求，这种新的原则和秩序也就是协商共建的原则和秩序，应当体现如下一些精神：一是各国和各国人民应该共同享受尊严。应当坚持国家不分大小、强弱、贫富一律平等，尊重各国人民自主选择发展道路的权利，反对干涉别国内政，维护国际公平正义。鞋子合不合脚，自己穿了才知道，一个国家的发展道路合不合适，只有这个国家的人民才最有发言权。二是各国和各国人民都应当有权参与全球的治理。全球的事情，应当由全球各国协商解决，无论国家大小都应当有话语权。三是各国和各国人民应该共同享受发展成果。每个国家在谋求自身发展的同时，要积极促进其他各国共同地发展。世界长期发展不可能建立在一批国家越来越富裕而另一批国家却长期贫穷落后的基础之上。只有各国共同发展了，世界才能更好地发展。四是各国和各国人民应该共同享受安全保障。各国要同心协力，妥善应对各种问题和挑战。越是面临全球性挑战，越要合作应对，共同变压力为动力、化危机为生机。面对错综复杂的国际安全威胁，单打独斗不行，迷信武力更不行，合作安全、集体安全、共同安全才是解决问题的正确选择。

习近平一再强调这样的思想：随着世界多极化、经济全球化深入发展和文化多样化、社会信息化持续推进，今天的人类比以往任何时候都更有条件朝和平与发展的目标迈进，而合作共赢就是实现这一目标的现实途径。世界的命运必须由各国人民共同掌握。各国主权范围内的事情只能由本国政府和人民去管，世界上的事情只能由各国政府和人民共同商量来办。这是处理国际事务的民主原则，国际社会应该共同遵守。

第八章 全球治理的德性追求：和谐社会与和谐世界

当然，当今世界，人类依然面临诸多难题和挑战，诸如国际金融危机深层次影响继续显现，形形色色的保护主义明显升温，地区热点此起彼伏，霸权主义、强权政治和新干涉主义有所上升，军备竞争、恐怖主义、网络安全等传统安全威胁和非传统安全威胁相互交织等，这些都给实践协商共建原则造成困难，都使维护世界和平、促进共同发展、建设和谐世界的任务，更加艰巨。

互利共赢和利益包容

和谐社会，是以德性支撑的、有良性秩序的社会。和谐，意味着多样性之间的相互尊重、配合和互补，这是和谐社会的追求，也是人类文明的重要内容和重要组成部分。因为和谐体现的是广大劳动者的愿望，所以自古至今，它一直是广大劳动者孜孜以求的理想。和谐社会和和谐世界之所以引起世界的极大关注，这当然是在情理之中。在文明多样性、信仰多样性的全球化中，利益也必然多样性。和谐离不开包容，没有多样性的包容，就没有多样性的和谐。包容，首先是包容利益的多样性，承认不同利益的存在。对于他种文明、他种利益，应当在包容中宽厚待之，和睦相处，平等合作，相互帮助，相互扶植，共同发展，共赢共享，实现共同幸福。

而在资本主义主导的全球化中，在霸权主义主导的全球治理中，由于特权、压迫、剥削、掠夺的存在，真正在自由、平等条件下的和谐是很难做到的。资本主义的所谓和谐，只是体现在特权、压迫、剥削上的契约和谐，或签约和谐。只要双方都在契约上签了字，买卖就算成功，和谐的局面就算达成，而不问签字者是出于什么心情，是愉悦还是痛苦，是狂笑还是血泪。

在马克思看来，在资本主义社会，因为劳动力是商品，劳动力的买者和卖者只取决于自己的自由意志。他们是作为自由的、在法律上平等的人缔结契约的。契约是他们的意志借以得到共同的法律表现的最后结果。资本主义平等的含义就是，因为他们彼此只是作为商品所有者发生关系，用等价物交换等价物。在资本主义社会，因为人们都只顾自己；使他们连在一起并发生关系的唯一力量，是他们的利己心，是他们的特殊利益，是他们的私人利益；正因为人人只顾自己，谁也不管别人，所以大家都是在事物的前定和谐下，或者说，在全能的神的保佑下，完成着互惠互利、共同有益、全体有利的事业。① 恩格斯认为，资产阶级经济学关于资本和劳动的利益一致、关于自由竞争必将带来普遍和谐和人民的普遍福利的学说完全是撒谎。

资本主义的历史告诉人们，客观事实也告诉人们，只顾个人，只顾本国利益，而不能包容他人利益、他国利益和世界的整体利益，不仅不能实现和谐世界，不能实现普遍的福利，而且造成和谐的破坏，福利的分裂。当前，世界正在吞食资本主义主导全球治理的苦果，正在思考如何变革，致使全球处于大变革、大动荡的混乱之中。在此环境中，面对复杂的利益问题，每个国家，每个国家的人民，对于在包容中实现共同发展的问题，都不能不认真加以思考。

比如，如果没有包容，就处理不好复杂的利益矛盾。应当承认，人类社会总是在矛盾运动中发展进步的，任何社会，包括国际社会，都不可能没有矛盾。构建和谐社会和和谐世界，所面对的矛盾就更多、更复杂。只有通过不断化解这些矛盾，最大限度地增加和谐因素，最大限度地减少不和谐因素，才能不断促进国际社会和谐稳定。当今国际社会相关利益的突出矛盾，是本国利益第一或全球利益第一之间的矛盾。最突出的表现，是追求单边主义、贸易保护主义、美国利益第一的美国，与世界大多数国家之间的冲突。

---

① 《马克思恩格斯全集》第44卷，人民出版社2001年版，第204—205页。

比如，如果没有包容，就不可能有平等和公正实现，不可能有公平正义的实现。经验说明，在国际关系中，只有相互包容，相互间才能有真正的诚信和友爱，才能有真诚的平等相待。只有在包容利益、包容发展中，才能构建平等公正、充满活力、安定有序、人与自然和谐相处的国际社会。包容不仅是调节国际社会各种矛盾，调动国际社会各方积极因素，使国际社会各方利益关系得到妥善协调，利益矛盾得到正确处理，社会公平正义得到切实维护和实现的保证；也是使各行为主体之间能在包容中，诚信友爱，互帮互助、诚实守信，融洽相处的保证。只有在包容中，才能使一切有利于国际社会和谐、进步，有利于全球人幸福生活的正能量得到发挥；使有利于和谐世界的创造愿望得到尊重，创造活动得到支持，创造才能得到发挥，创造成果得到肯定；使全球治理的社会组织机制健全，社会秩序趋于良好，全球人民群众安居乐业，社会保持安定团结得到保证。

比如，如果没有包容，就无法解决全球人共同发展和全球人共同幸福的问题。和谐社会和和谐世界建设，同全球性的物质文明、政治文明、精神文明、生态文明建设是有机统一的。我们既要从全球着眼，既要把和谐社会和和谐世界建设，落实到包括全球性经济建设、政治建设、文化建设、社会建设、生态文明建设中，把它们融为一体；又要把保障和改善全球性的民生，促进全球性的公平正义，推进国际社会领域制度创新，推进基本公共服务均等化，加快形成科学有效的全球治理体制，提高全球治理水平，确保全球各项发展都充满活力又和谐有序。因为有包容，才有共同发展，才有共同发展带来的共同幸福，所以，包容之心、包容之行，也是一种幸福。

比如，如果没有包容，就无法解决全球性的民生问题。民生是社会和谐和世界和谐之本。因此，和谐社会和和谐世界建设，解决民生问题极为重要。而在当今的国际格局下，要解决全球性的民生问题，解决发展中国家、落后国家特别是贫困国家的民生问题，首先是个包容问题。如果没有利益包容，没有发展包容，这些国家的民生问题就无法解决。民生连着民心、民心凝聚民力，做好保障和改善民生工作，事关全球人福祉及国际社会和谐稳定，事关让全球人都有更好的教育、更稳定的工作、更满意的收入、更可靠的社会保障、更高水平的医疗卫生服务、更舒适的居住条件、更优美的环境。世界人民对美好生活的向往，就是构建和谐世界奋斗目标；让全球老百姓都过上好日子，是全球治理一切工作的出发点和落脚点。

比如，如果没有包容，就无法形成全球性的创造力。和谐社会和和谐世界，是全球人民共同事业，要举全球各国之力，全球各国人民之力，才能建成共同享有的和谐劳动、和谐生活、和谐发展的和谐大家庭。构建和谐世界，正是为了能举全球之力，即发挥全球人的积极性和创造力，以促进人类的物质文明和精神文明能得到更大、更快的发展。为此，在和谐社会和和谐世界的建设中，应实施尊重劳动、尊重知识、尊重人才、尊重创造的方针，使一切有利于全球人民的劳动都能得到尊重和保护，一切有利于经济发展和社会进步的思想、理念和实践活动，都能得到支持和鼓励，从而最大限度地激发社会活力。要团结一切可以团结的进步力量，在正确处理和化解利益矛盾中，汇集起国际社会的强大合力，形成构建和谐世界人人有责、人人出力、人人共享的生动局面。

总之，构建和谐社会和和谐世界，除了建立以利益调节为核心的社会整合机制，建立规范的对话和协商机制，引导各个利益群体以理性、合法的形式表达利益诉求，妥善处理各种社会利益关系之外，还要努力使社会在和谐中成为一个充满创造活力的社会。通过尊重劳动、尊重知识、尊重人才、尊重创造等措施，不断增强全社会的创造活力。通过调动各方面的积极性和创造性，提高社会发展的质量和效率。既要保护发达地区、优势产业和先富群体的发展活力，又要高度重视和支持欠发达地区、欠发达国家、比较困难的行业和群众的发展愿望。

不言而喻，和谐世界也是包容的世界。和谐世界理念，在经济方面的含义就是包容发展、和谐发展。在政治方面的含义是国际关系民主化，就是权力公平和责任公平。而在文化方面的含义，则是以包容、和睦的心态，致力于实现不同文明和谐进步。不言自明，在不同文明、不同社会制度存在的条件下，要促进国际关系民主化建设，要建立和谐世界，重要的是坚持如下两条：

一条是，应该遵循联合国宪章宗旨和原则，恪守国际法和公认的国际关系准则，在国际关系中弘扬相互尊重、和睦相处、协作共赢和共享精神。而且面对当今纷繁复杂的世界，我们应该更加重视和强调和谐共处。在互相尊重主权和领土完整、互不侵犯、互不干涉内政，尊重和维护各国自主选择社会制度和发展道路的基础上，推进国际关系民主化、法制化，逐步改革和完善现行国际体系和秩序，使之朝着更加公正合理的方向发展。应该坚持多边主义，促进国际关系民主化，保障各国参与国际事务的平等权利；应该鼓励和支持以和平方式，通过对话、协商和谈判解决争端和冲突，反对任意使用武力或以武力相威胁；应该在平等的基础上加强合作，共同应对全球性挑战。各国根据本国国情，选择适合自身条件的社会制度和发展模式，充分利用经济全球化带来的有利条件和机遇，促进世界上的不同发展模式在竞争比较中取长补短、在求同存异中共同发展，在共同发展中求得和谐。

另一条，是要有包容精神。在文明多样化的状态下，实现国际关系民主化，建立和谐世界，各国和各种文明体都必须有包容精神。文明多样性是人类社会的基本特征，也是人类文明进步的重要动力。在人类历史上，各种文明都以自己的方式，为人类文明进步做出了积极贡献。有差异，各种文明才能相互借鉴、共同提高。强求一律，只会导致人类文明失去动力、僵化和衰落。各种文明有历史长短之分，无高低优劣之别。历史文化、社会制度和发展模式的差异，不应成为各国交流的障碍，更不应成为相互对抗的理由。而应当在相互借鉴、取长补短、求同存异中求得共同发展，在共同发展中努力消除相互间的疑虑和隔阂，使人类更加和睦，让世界更加丰富多彩；应该以平等开放的精神，维护文明的多样性，促进国际关系民主化，协力构建各种文明兼容并蓄的和谐世界。

当然，首先实现不同文明体内部和相互之间的和谐，对实现世界和谐有着特别重要的意义。也就是说，建立和谐世界，必须致力于实现不同文明和谐进步。各国应该维护世界多样性和发展模式多样化，坚持平等对话和交流，倡导开放和兼容并蓄的文明观，使不同文明在竞争比较中取长补短，在求同存异中共同发展；应该承认各国文化传统、社会制度、价值观念和发展道路的差异，不能以此为借口对别国内政说三道四，更不能把世界上存在的一些问题和矛盾，归因于哪一种文明、哪一个民族或哪一种宗教；应该努力使世界上所有文明、所有民族携手合作，共同推进人类和平与发展的崇高事业。

经济的发展关系到广大人民的生活和社会稳定，所以世界经济的和谐发展，是建立和谐世界的基础的基础。共建和谐世界，最重要的是必须致力于实现全球经济和谐发展。在这方面国际社会面临着诸多艰巨任务。比如，各国应该重视并采取有效措施推动经济全球化朝着均衡、普惠、共赢的方向发展，努力缓解发展不平衡问题，消除贫困；比如，各国应该积极推进区域和全球经济合作，共同解决全球经济发展中出现的问题，维护经济安全；比如各国应该以相互开放取代彼此封闭，努力建立开放、公平、规范的多边贸易体制，实现优势互补、互利共赢，使所有国家都从中受益等。

在构建和谐世界中，大国当然负有更多的责任。现在，各国经济的相互联系、相互依存日益紧密，各国特别是主要经济体的经济状况对世界经济发展会产生深刻影响，世界经济状况也会对各国经济发展产生重要作用。世界各国特别是主要经济体，不仅应采取负责任的经济政策进行必要的经济结构调整，维护主要储备货币汇率的相对稳定，防止贸易保护主义；而且相互间应加强宏观经济政策的对话，特别是要加强在一些涉及世界经济发展全局和各国共同利益的重大问题上的协调，以共同促进世界经济平衡有序发展。

当然，中国提出的和谐世界，不仅包括人与人的和谐，也包括人与自然的和谐。中国在总结西方工业化的经验教训时，得出了一条最深刻的教训，就是400多年来，人们虽然创造了前所未有的物质财富和经济繁荣，但由于忽视了人和自然的和谐，对自然资源过度开发，从而带来了资源枯竭、环境恶化、生态退化等恶果。这使中国认识到，人类社会不能不发展，但又不能不顾人和自然的和谐，采取饮鸩止渴式的发展。毕竟我们只有一个地球，所以提出了人与自然和谐相处的思想，这也许为人类社会实现可持续发展开创了一条文明新路，让早已不堪重负的地球，实现"休养生息"成为可能。

无疆大爱和大爱包容

爱是奉献，爱是德。而无疆的大爱，则是大德。而且爱具有相互性、感染性和传导性，你爱他，他就会爱你，你爱的人越多，你获得的爱就越多。爱也是交友之道，人们都希望能朋友遍天下，那就需要你的爱遍天下、你的付出遍天下，自然，你获得的爱也遍天下。和谐，向来是和爱相辅相成的。如果国际社会各种关系都是由爱的丝线编织而成，那自然是和谐社会了。

当然，和谐世界所体现和需要的，不是一般的爱，而是无疆的大爱。和谐世界和无疆的大爱，也是相辅相成的。我们都知道，自由、平等、博爱，这是资产阶级革命时提出的口号。比如，在康德道德哲学里，就把爱与尊重视为人类德性的重要内容。康德的爱或友爱，指的不仅是友人之爱、父母之爱、家庭之爱、城邦之爱，而是广泛的公民社会的陌生人之爱、邻人之爱、人类之爱。可见，康德把道德完善视为德性的责任，而且不仅是个人道德完善的责任，而是包括他人道德完善的责任，即对他人的爱的德性责任和敬重责任。如康德说的："爱你的邻人如爱你自己。"

康德爱的德性，不是指偏爱，或单方面的爱，而是指相互的爱，平等的爱，是在相互的关爱中的和谐。康德认为，真正的友爱不仅是一种相互之爱，而且还是一种相互敬重。当爱者对被爱者行善，不仅要有行善之心，同时还要有敬重之心。而被爱者在接受施爱者之爱的同时，也要有一种感恩之心，以表示对施爱者的敬重。这样，不仅使爱达到共享，而且在共享基础上实现共同的幸福。

哲学家罗素也认为，爱是发自内心的对他人的关怀和尊重。罗素说：如果"人认识到了任何形式地使用武力，都会对他造成伤害，并且意识到那些凭借武力夺取的财富是毫无意义的。这些人，将会对他人的自由给予充分的尊重，而不会试图去强迫或束缚他人。他们会细心体察人意，小心地处理事端，因为他们懂得，无论自己还是别人，所怀有的善意都是十分敏感和脆弱的。他们不会轻易指责与自己不一致的人。因为他们懂得并且认为：个性纷呈将会带来繁荣，而单调一致意味着死气沉沉。他们希望每个人都应避免机械呆板的生活，应当让生动、活泼成为追求。但是，他们以为可贵的并珍藏于心里的东西，却正是这个残暴无情世界极力想摧毁的。总之，他们在与人交往过程中体现出来的友爱之情和谦虚之风，完全发自内心深处对别人的尊重"①。

大爱和宽容是紧密联系的。也许这种观点是对的：我们所做的任何事情，无论多么高尚，都无法单独做成。因此，我们必须得救于爱。任何善良的行为，从我们朋友或敌人的立场上看，都远没有从我们自己立场上看那么善良，因此，我们必须得救于爱的最后形式，即宽容之心。

其实，博爱一词最早出现在中国的《孝经·三才章》中。不过，如孙中山先生说的，"博爱云者，为公爱而非私爱"。在儒家思想中，爱和仁是紧密相连的，仁者爱人。在人与人的关系中，主张平等、兼爱，主张大爱无疆，这是中国的文明传统。兼爱、民本、尚同、尊公、和贵，这是流传在中国文明中最牢固、对当今最有价值的理念。和谐世界的实现，同这些理念的实现，不仅是相辅相成的，而且其中兼爱是对所有理念的实现都有作用的最根本，大爱无疆，可以说是和谐世界的最高境界，是最高层次的文明。

中国人都知道，在中国的战国时代，面对列国兼并、社会秩序急剧动荡的现实，墨子和当时其他思想家一样，在寻求导致社会动乱的根源，探索解决社会问题的办法时，就提出了兼爱思想。这种思想虽然是从抽象的爱出发，带有很大的空想性，但其中包含的价值却不能否认。墨子认为，社会动乱、不和谐的根本原因，在于人与人之间不相爱。他说："圣人以治天下为事者也，不可不察乱之所自起，……起不相爱。臣子之不孝君父，所谓乱也。子自爱，不爱父，故亏父而自利；弟自爱，不爱兄，故亏兄而自利；臣自爱，不爱君，故亏君而自利，……父自爱也，不爱子，故亏子而自利；兄自爱也，不爱弟，故亏弟而自利；君自爱也，不爱臣，故亏臣而自利。是何也？皆起不相爱。"②

---

① 《罗素道德哲学》，九州出版社2004年版，第251页。
② 参见《墨子·兼爱上》。

显然，这里有一个重要的问题，就是人们为什么不相爱的问题，墨子没有解决。其实问题很清楚，爱与利、爱与公，从来就是紧密相连的。在之后的一些思想家，似乎意识到了这种不相爱的根源，提出了"爱与公""公天下"的思想。在今天中国提出的和谐世界理念中，正是把这种"爱与公""公天下"，把平等、公平、正义、克己奉公作为建设和谐世界的重要原则。

这里我们要强调的是，墨子不仅把一切社会政治问题，而且把国家间的政治问题的根源，也都归结于人与人之间不相爱，从而导致的人们自私自利，亏人利己。比如，诸侯只爱自己的国家而不爱别人的国家，所以，就攻打别人的国家，而为自己的国家牟利。由于墨子把社会动乱根源归结为人与人之间不相爱，"兼相爱"便成为解决一切社会问题的根本途径。"天下之人皆不相爱，强必执弱，众必劫寡，富必侮贫，贵必傲贱，诈必欺愚。凡天下祸篡怨恨，其所以起者，以不相爱生也。是以仁者非之。既以非之，何以易之？墨子言曰：以兼相爱、交相利之法易之。"①

墨子认为，兼相爱、交相利，不仅是解决社会纷争最有效的途径，也是解决国家间纷争的最有效途径。比如他说："视人之国若视其国，视人之家若视其家，视人之身若视其身。是故诸侯相爱则不野战，家主相爱则不相篡，人与人相爱则不相贼，君臣相爱则惠忠，父子相爱则慈孝，兄弟相爱则和调，天下之人皆相爱，则强不执弱，众不劫贫，富不侮贫，贵不傲贱，诈不欺愚。"② 这样，通过兼爱便可以实现和谐的社会秩序了。

从"视人之国若视其国，视人之家若视其家，视人之身若视其身"这句话里，我们可以看出，墨子的兼爱不是说的一般的爱，而是说的大爱，是我们今天追求的无疆的大爱。中国提出的所有创新理念，所涵盖的最本质的东西，也正体现在这句话里。如果

---

① 参见《墨子·兼爱中》。
② 参见《墨子·兼爱下》。

每个国家都能做到这一点,战争、掠夺、欺诈、剥削、压迫、不平等就统统不存在了,体现着共产主义最高理想的和谐世界也就实现了。

反对战争,维护和平,这是实现和谐世界的保证。墨子兼爱中反对战争的内容,对实现和谐世界也很有价值。战国时期,列国之间的战争连绵不绝,极大地影响了民众的正常生活。墨子从兼爱思想出发,坚决反对战争,提倡"非攻",这表明他对人民大众的生活状况的关注。墨子认为,一切战争都是违反道义的行为,罪莫大焉。这里墨子似乎没有认识和区分战争的性质,但从他提出的"非攻"看,他似乎还是区别了"攻"和"非攻"的。这里似乎可以认为他主要反对的是侵略战争。从他说的反对战争的理由中,似乎也可以看出这一点。

史学家把墨子反对战争的理由,主要归结为三点:第一,认为战争是人类社会最严重的损人利己的行为,损人利己便是不义。墨子将战争与日常生活中的盗贼相类比:假如有一个人进入别人园圃,窃人桃李,这种行为被他人知道必定会遭到非议,被当政者知道必定会受到惩罚。何以如此?是因为盗贼"亏人而自利"。至于盗窃别人的家畜,其不义程度更甚,而战争则是最大的亏人自利。据此,墨子认为,一切进入别人家园的战争都是不义的。第二,认为杀人是不义的行为,战争杀人,因此,战争便是人类社会最严重的不义行为。墨子推论说:杀一人,谓之不义,必有一死罪矣。若以此说往,杀十人,十重不义,必有十死罪矣;杀百人,百重不义,必有百死罪矣。每个人都知道这种行为是违反道义的,可是对战争这种最严重的杀人行为,人们却根本看不到它的不义,今至大为不义,攻国则弗知非,从而誉之,谓之义,情不知其不义也。第三,认为战争影响民众生活,妨碍社会生产发展。墨子说,无论在什么时候发生战争,民众的生产和生活都会受影响。冬行恐寒,夏行恐暑,春则废民耕稼树艺,秋则废民获敛。百姓饥寒冻饿而死者不可胜数。和现代战争一样，春秋战国时期的战争大多带有掠夺的性质，一些国家的统治者往往把战争作为获得财富的重要手段。对此，墨子指出：凡是以掠夺财富为目的而发生战争的国家，最终一定是得不偿失，计其所得，反不如所丧之多。这些具有辩证的思维，对实现和谐世界无疑有参考价值。

毋庸置疑，爱，当然有本能的爱，有两性之间的爱，但我们说的作为和谐世界中的无疆大爱，是有条件、有原则的。最基本的条件就是对公的信念和信仰，对相互性和包容性的信念和信仰，对平等和尊严的信念和信仰。人们常说的，爱是无私的奉献，这当然指的是相互的、平等的、无私奉献，而不是单方面的无私奉献。在不同文明之间，要实现这种爱，必须有相互间的包容精神，必须平等地相互包容、尊重对方的选择和对方的尊严。也就是说，这种相互奉献，体现在平等合作、发展共赢和平等共享发展成果之中。

诚然，自由、平等、博爱的口号，是资产阶级提出来的，但在实际的国际关系中，资产阶级并没有真正实践这一口号。马克思说过，自由、平等、博爱，只有在消灭了私有制，消灭了剥削和压迫的社会主义才能实现。中国特色的社会主义，就始终把公天下信仰，把无疆大爱，作为自己的核心价值观。而且，在中国的文明传统中，无疆大爱总是与公或与克己奉公联系在一起的。

比如，元朝的许衡提出：古今立国规模虽各不同，然其大要在得天下心。得天下心无他，爱与公而已矣。爱则民心顺，公则民心服，即顺且服。于为治也何有？必吾之爱、吾之公达于天下而后已，至是则纪纲法度施天下虽大可不劳而理也。在许衡看来，要达到"爱与公"必须有仁心、行仁政。他说：仁者，性之至而爱之理也，爱者，情之发而仁之用也。公者，人之所以为仁之道也。克己则公，公则仁，仁则爱。可见，无论是"爱"的办法，还是"公"的办法,最后都归结为"仁",归结为君主的仁爱之心、仁爱之政。这种仁爱之心,仁爱之政的思想理念,对人类文明发展的意义显而易见。

还比如,清朝思想家王夫之也在民本思想基础上,提出了"公天下""均天下"的思想。王夫之认为,以天下论者,必循天下之公,天下非夷狄盗逆之所可私,而抑非一姓之私也。一姓之兴亡,私也;而生民之生死,公也。在王夫之看来,天下国家是广大民众的天下国家,而不是君主个人的一人之私,不能把天下国家与君主个人等同看待。王夫之认为,民为国之本,并以此出发,提出"均天下"的思想。在王夫之看来,聚者有余,有余者,不均也。聚以之于彼,则此不足;不足者,不均也,故平天下者,均天下而已!他认为,土地是广大民众生存的条件,凡是有劳动力的人都可以治理土地,使其为民造福。可见,无论是"公天下"或"均天下",都体现着两个概念:公与平等。而公与平等,正是当今国际社会文明建设的重要任务。

不可否认,在国际关系中,人人都渴求爱,社会也渴求爱。如果人人都能坚持"公天下",坚持公爱、平等的爱、无疆的爱,都能做到视人之国若视其国,视人之家若视其家,视人之身若视其身,那么因爱而给人们带来的幸福一定非常持久。当你把爱奉献给他人和社会时,他人也会把爱奉献给你和社会,从而使人们和社会获得更多的爱和幸福。人们都会相信,如果世界上所有的人都这样的大爱无疆,肯定会使世界更和谐,人民更幸福,而且是持久的和谐和幸福。

第九章

全球治理的德性方案：构建人类命运共同体

构建人类命运共同体，是新时代全球治理的德性方案。这一方案是中国提出的。2017年，习近平在联合国日内瓦总部演讲中明确提出，在全球治理中，中国的方案是：构建人类命运共同体，实现共赢共享。在解释人类命运共同体的本质和含义时，习近平说：人类命运共同体，就是每个民族、每个国家的前途和命运都紧紧联系在一起，应该风雨同舟，荣辱与共，努力把我们生于斯、长于斯的这个星球建成一个和睦的大家庭，把世界各国人民对美好生活的向往变成现实。也就是说，人类命运共同体体现着不同文明的共同利益和价值观的新内涵。

回顾国际关系史自然就会清楚，人类命运共同体思想的提出，是国际关系理论的重大创举。从本质上说，构建全球人类命运共同体涵盖了全球治理的所有本质内涵，包括全球治理的宗旨、信仰、原则、任务、目标、方式等。全球人类命运共同体是人类共同体的最高形态。无论是同地区人类共同体相比，还是同领域共同体，诸如利益共同体、政治共同体、情感共同体、价值共同体等相比，无论在内涵、外延、高度、深度上和意义上，它都是集所有共同体的核心精华而形成的共同体的制高点。构建全球人类命运共同体，就是要构建全球持久和平、普遍安全、持续和平发展、平等合作、共赢共享、包容开放、清洁美丽、共同幸福的地球村。这是当今全球治理最伟大的方案和最伟大的事业。

一 指路明灯和中国贡献

人类命运共同体思想是当今最伟大的思想，它体现着人类美好的未来。人类文明发展的历史证明，任何发展和进步都是由先进思想、先进理念指导和引领的。从创新意义上看，精神的力量要远胜于物质力量。正是基于先进思想的指导和引领，人类才超越了一般动物，不仅没有在基于丛林法则的恶性争斗中毁灭，而且还创造出了惊人的人间奇迹。构建全球人类命运共同体思想，就是引领当今处在生死十字路口的国际社会摆脱困境，定准方向，奔向新的发展的指路明灯。

伟大创举和功德无量

正当世界被霸权主义、民粹主义、贸易保护主义搅得天昏地暗，人们都焦躁不安、忧心忡忡，对全球化的未来、对如何进行全球治理都感到迷茫的时候，中国提出了构建人类命运共同体的理念，从而拨开了迷雾，为人类文明的发展，全球化的发展指明了方向；为新时代的全球治理，闯开了一条新的路径。这对于全人类的发展和幸福来说，的确是功不可没。

人们都知道，人类命运共同体中的命运不只是指生死，而且包含有生命过程中所必然要遇到的各种遭遇、各种磨难、各种矛盾；包含有应对这些遭遇、磨难、矛盾的奋斗。人类命运共同体，自然是关系整个人类生死存亡的共同体。共同体的核心，是和平、安全、平等和共同。诸如生死与共、同甘共苦、财富平等、权力平等、平等合作、共同发展、共同幸福等。而不决是一部分人甘，而另一部分人苦；一部分人占有巨额财富和权势，而另一部分人则一无所有；一部分人幸福，另一部分人则不幸福。

人类命运共同体思想虽然早就提出，但这一思想成熟的标志，是2015年，习近平主席在联合国所做的题为《携手构建合作共赢新伙伴　同心打造人类命运共同体》的重要演讲。演讲中，习近平从政治、发展、安全、文明和生态五个方面，阐述了人类命运共同体的思想内涵和政策方案。这五个方面就是：建立平等相待、互商互谅的伙伴关系；营造公道正义、共建共享的安全格局；谋求开放创新、包容互惠的发展前景；促进和而不同、兼收并蓄的文明交流；构筑尊崇自然、绿色发展的生态体系。这五个方面，正是人类命运共同体思想的核心。

在大动荡、大变革的当今世界，人类命运共同体思想恰逢其时，对指引当今全球治理，指引新的世界政治经济秩序的建立，指引人们的思想行为都意义非凡。构建全球人类命运共同体，就是构建人类梦寐以求的，能够使全球人都能和平、安全、平等、自由劳动，平等、自由、全面发展，从而能使人走进梦中的幸福和理想社会；就是构建马克思所理想的那种以个人所有制为基础的，没有阶级压迫、剥削，没有旧式强迫性分工的束缚，物质和精神都极大丰富，人人都得到全面发展的那种自由劳动、和谐幸福的联合体。人类命运共同体的思想和实践，是为人类免于自我毁灭、为全球人谋幸福的创举；构建人类命运共同体行为，是为全球人谋幸福的功德无量的伟大行为。

毋庸置疑，群体性，或者说共同体性，既是人的本能，也是人类生存的条件。符合人类共同生存、共同幸福的共同体，都是人间正道，任何脱群行为，都是与人性、与人类道德相违背的。人是有灵魂、有情感、有思维、有理性、有道德的动物。正是具有这些特征和本性，人类的群体生活才更加和谐和美好。虽然基于历史、地缘等原因，形成了先进与落后，形成了不同的民族和不同的文明，并在生存、利益、财富的争夺中，出现了利益的掠夺，出现了因利益掠夺而产生的许多矛盾和冲突，但那不是人的本性，而是人性的扭曲。

可贵的是，即使出现了这些扭曲，人们还是用情感、用理性、用道德，不断化解这些矛盾和冲突。人类生来就有用理性和道德，对过去走过的路、做过的事，进行反思的美德。在反思中，公德，也就是被公认的道德规范，总是被提到核心地位。无论何种群体，都有其特定的公德支撑，有了公共道德，才会有群体生活，才会也共同体，才会有公共秩序，才会有共同体的生存和发展，这是人类独有的本质特性。人类命运共同体的构建，也意味着人本性的回归。

全球人类命运共同体思想，包含着人类文明发展的各种复杂的联系和辩证关系，是对当今全球各种复杂联系和辩证关系的科学解释，高度概括，所以它既是新时代人类文明发展的哲学基础，也是全球治理的哲学基础。构建人类命运共同体思想，不仅是把人类美好理想与当今世界的现实相结合而提出的创新理论，而且是切切实实可以动员全世界所有力量，共同奔向美好未来最好的行动方案，具有重要的实践价值。

构建全球人类命运共同体的依据是全球化的深入发展，已经使全球的人都在相互联系、相互合作、相互依赖、相互融合成为命运相关，一荣俱荣，一损俱损的大家庭——地球村。唯有大力倡扬人类命运共同体的思想，大力倡扬和平发展、合作共赢、包容发展的新理念，使各个国家都意识到，在今天的国际社会，各国的前途和命运都是休戚与共的。只有相互理解、相互包容，相互信任，同舟共济，合理看待并尊重彼此之间的差异，在追求本国利益时，兼顾对他国合理关切，在谋求本国发展中，也促进别国共同发展，从而建立更加平等均衡的新型全球发展伙伴关系，才能实现共同发展、共享发展机遇和成果、共担发展风险和成本。

人们的心性使人们相信，只要各国都能积极参与全球化，参与全球治理，参与人类命运共同体的构建，以对话代替对抗，以和平代替战争，以平等合作代替恶性竞争，以共赢代替掠夺，就能推动国际秩序和国际体系朝着公正、合理的方向不断发展，就能不断增进人类共同利益，相互促进的人类和谐发展的美好愿景。正如习近平同志说的：中国人历来主张世界大同，天下一家。中国人民不仅希望自己过得好，也希望各国人民过得好。我真诚希望，国际社会携起手来，秉持人类命运共同体的理念，把我们这个星球建设得更加和平、更加繁荣。

人类命运共同体思想之所以伟大，就伟大在它是能启发人、引领人、使人走上免于自我毁灭的光明正道。正如2013年，习近平在莫斯科国际关系学院演讲中说的，由于这一理念的付诸实践，不仅能够避免人类自我毁灭，而且可以使人类共同奔向和谐、幸福、美好的明天，所以它体现着全球治理的大德性，无论用何种高尚的语言，形容它对人类文明发展的伟大意义和实践价值，都不会过分。

人们都会记得，马克思早就说过，人的本质就是人的真正共同体。马克思认为，人的物质生活和精神生活、人的道德、人的活动、人的享受、人的本质，就是人的真正的共同体，就是在这一共同体内像一家人一样地共同生活。马克思的话很经典，也很精辟。系统读读马克思的书就明白，马克思主义的理论，马克思的共产主义，就是这样的共同体。

人们都知道，早在200多年前，德国古典哲学家康德也曾提出过"伦理共同体"思想。在康德看来，现代社会的法治的确有利于遏制人世间的邪恶，但单纯依靠法律并不能抵制这种邪恶。因为这种抵制，还是一种外在的抵制，不是来自主体自身的自我抵制。而且，由于人的社会性，人类本性中恶的禀赋最大化地被激发处理，破坏了人们之间的道德禀赋。虽然每个人身上都有善良的意志，可这种善良的意志不足于抵制强大的恶的力量。所以，要从人的内心中防止这种恶的产生,要实现德性的共同完善、善性的共同完善,就需要建立一种德性的联合体,或善的联合体,或它们的综合"伦理共同体",以在共同与恶进行斗争中,实现德性和善性的共同完善。

人们也知道,康德哲学中的理性人,是充满对他人爱和尊敬的人。康德的友爱观,是一种以他人的幸福为目的的、公共的、人与人之间的爱和敬重。在康德看来,这种友爱是超越家庭、超越民族、超越国家的善的联合体、德性的联合体、精神的联合体,这种友爱在伦理的共同体中获得实现。人类在这种"伦理共同体"内,都彼此行善,相互尊重,达到近似于道德的完善。显然,这种伦理共同体思想与我们当今构建的人类命运共同体思想有很多相通之处。人类命运共同体所追求的,正是德性的共同完善,善性的共同完善。

毋庸置疑,人类命运共同体中最主要的关系,是利益关系,特别是国家之间的利益关系。处理这种关系的核心,是如何贡献他人。就国际社会讲,就是如何贡献他国、贡献世界、贡献整个人类。罗素在论述理想世界时,曾这样说过:"那些其生活对自己、对朋友、对世界都有益处的人,是为希望所激发、为快乐所支撑的人。在处理私人关系时,他们从不为可以失去别人的亲爱和尊重而索然挂怀。他们只顾付出爱和尊重,而回报自然会不招自来。工作时,他们不会受嫉妒心的驱使,而只关心什么事是必须做的。政治上,他们不会耗费时间和热情为本阶级或本国辩护,他们的目标在于让整个世界更幸福、更少些残忍、更少些利欲之事,让更多的人摆脱压迫,自由发展。这种精神主导下的生活,即不为占有只求创造的生活,包含一种根本性的幸福,任何不利的坏环境,都不能完全将它夺走。"[1]

---

[1] 《罗素道德哲学》,九州出版社2004年版,第164页。

显而易见，人类命运共同体理念同这些思想也是一脉相承的。构建全球人类命运共同体，让人类能在和平中发展，在平等与和谐中劳动和幸福生活，这当然是世界性的大善举，是当今时代全球治理的大德之事。习近平在演讲中说：让和平的薪火代代相传，让发展的动力源源不断，让文明的光芒熠熠生辉，是各国人民的期待，也是我们这一代政治家应有的担当。

人类命运共同体的理念也是一种信仰和价值观，而且是体现着人类共同利益的共同价值。构建全球人类命运共同体，是人类文明发展到今天的客观需要，是时代的要求。在世界多极化、经济全球化、文化多样化和社会信息化环境中，国家安全都面临诸多严峻挑战，特别是诸如粮食安全、资源短缺、气候变化、网络攻击、人口爆炸、环境污染、疾病流行、跨国犯罪等，这些全球非传统安全问题层出不穷，对国际秩序和人类生存都构成了严峻挑战。不论人们身处何国、信仰何如、是否愿意，实际上已经处在一个命运共同体中。人类命运共同体所践行的诸多理念，诸如和平发展、平等合作、共赢共享、共商共治、包容兼爱等，都是人类德性的展现，避免人类自我毁灭，应对共同挑战为目的的全球价值观，所以中国提出后，就立时得到世界强烈反响，并逐步获得国际共识。

可见人类命运共同体所体现的是新的全球价值观。这种价值观与贪婪追求私人利益的价值观不同，它把共同发展、共同利益放在首要位置。过去那种为贪婪私利进行掠夺和争夺世界霸权引发了数不清的战争与冲突，给世界造成的灾难罄竹难书。而现今，随着经济全球化深入发展，资本、技术、信息、人员跨国流动，国家之间处于一种相互依存的状态，一国经济目标能否实现与别国的经济波动有重大关联。各国在相互依存中形成了一种利益纽带，即要实现自身利益就必须尊重别国利益的纽带。依靠这种纽带，各国可以通过国际体系和机制来维持、规范相互依存的关系，从而维护共同利益。

当然，命运共同体中，不光讲利益，更要讲责任，所以命运共同体同时也是利益共同体和责任共同体。世界各国之所以能成为命运共同体，关键在于各国之间具有共同利益、整体利益。而在具有共同利益或整体利益的世界各国之间，存在着荣损与共、利益相连的连带效应。习近平同志说：一个强劲增长的世界经济，来源于各国共同增长。各国要树立命运共同体意识，真正认清一荣俱荣、一损俱损的连带效应，在竞争中合作，在合作中共赢。在追求本国利益时兼顾别国利益，在寻求自身发展时兼顾别国发展。他还形象地说道：国家无论大小、强弱、贫富，都应该做和平的维护者和促进者，不能这边搭台、那边拆台，而应该相互补台、好戏连台。

共同利益，共同责任，是命运共同体的基础。正由于世界各国之间具有共同利益，各国才需要共同发展和合作共赢；正因为有共同责任，才能够共同发展和合作共赢。共同发展、合作共赢的理念和主张，是命运共同体思想的重要内容，它们充分展示了命运共同体思想中统一观的核心。所谓共同发展、合作共赢的主张，用习近平同志的话说，就是要和平不要战争、要合作不要对抗、在追求本国利益的同时要兼顾别国利益关切的一种主张；就是既要让自己过得好，也要让别人过得好的一种共荣、共进的理念。因为命运共同体思想包括差异观和统一观，而从这两种观念中又能引申出一系列具体的内容，所以命运共同体思想有着十分丰富的内容。

命运共同体思想，体现着时代的精神和时代的要求。越来越多的人认识到，面对越来越多的全球性发展问题和安全问题，任何国家都不可能独善其身，任何国家要想自己发展，必须让别人发展；要想自己安全，必须让别人安全；要想自己活得好，必须让别人活得好。在这样的背景下，人们对共同利益也有了新的认识。既然人类已经处在"地球村"中，那么各国公民同时也就是地球公民，全球的利益同时也就是自己的利益，一个国家采取有利于全球利益的举措，也就同时服务了自身利益。中国政府自改革开放以来调整了自己与国际体系的关系，越来越重视人类的共同利益，使自己成为国际社会的"利益攸关者"。正如党的十八大报告所强调的那样，中国将坚持把中国人民利益同各国人民共同利益结合起来，以更加积极的姿态参与国际事务，发挥负责任大国作用，共同应对全球性挑战。

2017年2月，构建人类命运共同体理念被列入联合国决议。2017年3月，这一理念又被载入联合国安理会决议。人类命运共同体理念赢得了世界范围的认同，中国智慧开始成为全人类共同的财富。联合国社会发展委员会第55届会议主席菲利普·查沃斯说：从长远来看，世界各国和联合国都会从这一理念中受益，构建人类命运共同体理念是中国人着眼于人类长远利益的远见卓识。

思想是推动人类发展的先导，是引领历史进步的旗帜。人类命运共同体理念之所以获得广泛关注和认同，在于其继承和维护以联合国宪章宗旨和原则为核心的国际秩序和国际体系，不搞穷兵黩武，抛弃零和博弈，奉行双赢、多赢、共赢的新理念，契合世界各国对于发展的共同诉求，在世界范围内激发"最大公约数"。

哈佛大学费正清中国研究中心研究员罗斯·特里尔主编的《习近平复兴中国》一书评价说，以人类命运共同体为纲领的全球治理体系，展现了对中国和世界各国关系长远发展的战略思考，也给国际格局新秩序的建立带来新动力。

人类文明进步历程从来没有平坦的大道可走，而是在同困难的不断斗争中砥砺前行。人类命运共同体的构建，就是让拥有不同信仰、不同制度、不同民族的国家，可以和谐地融入到这个共同体中，让共同利益压倒分歧和对立，让人类理性选择世界的未来。实践证明，特别是中国提倡的"一带一路"、上海合作组织的实践证明，人类的确正在用理性选择未来，正在实践人类命运共同体思想，正在为功德无量的事业而奋斗。

命运相依和共生为大

2014年，习近平主席在联合国教科文组织总部演讲时指出："当今世界，人类生活在不同文化、种族、肤色、宗教和不同社会制度所组成的世界里，各国人民形成了你中有我、我中有你的命运共同体。"显然，这段话包含有两层含义，一是当今世界各国的差异性，二是世界各国的相互依存性。所谓命运共同体，就是说在利益高度相连、高度相互依存的状况下，存在着诸多差异的世界各国、各民族已经成为生死与共、命运攸关的集合体。所以各国要树立世界眼光，更好地把国内发展与对外开放统一起来，把自身发展与世界发展联系起来，把本国人民利益同各国人民共同利益结合起来。而这样一种"世界眼光"的必然体现，就是"命运共同体"思想。

生命，是生物的意义；维护生命，是各种生物的本能。就国际社会而言，命运相依的本质就是共生。对于任何共同体来说，维护共生，维护共同的生命，既是国际社会的头等大事，也是人类的最大德性。尤其是在全球化深入发展的今天，人们之间的相互联系、相互依赖已经使地球这个人类家园，变成了生死与共、命运攸关的地球村。在这个地球村中，任何国家、任何个人都不能独善其身。特别是在核武器这个"达摩克利斯之剑"还悬在头顶的环境下，在这个地球村中，不再有你死我活，而只有你死我也死，你活我也活。追求共活，而且是更好的活，这是全世界人民最大的愿望。

2018年，瑞士达沃斯论坛期间，再一次对习近平构建人类命运共同体的思想进行了高度评价。这次论坛的主题，就是"在分化的世界中打造共同命运"。无论从当前看或是从长远看，全球治理的基本任务，对人类命运攸关的任务，就是构建人类命运共同体。习近平同志提出的构建人类命运共同体的理念，不仅体现着中国的文明传统，体现着世界广大人民的愿望，而且体现着人类对美好未来的最高理想，真的是博大精深，无论用何种语言都无法表达它的价值。这种人类命运共同体发展的必然结果，也许就是马克思所理想的自由劳动者联合的共同体。

在宇宙中，地球只有一个，它是人类唯一共同的家园。世界各国和各国的公民虽然在这个地球上共同生活了5000多年，但至今还面临着各种严重威胁，特别是命运的威胁。比如，各种宗教，各种文明，各个国家之间，在政治、经济利益上的矛盾仍然尖锐复杂，仍然在殊死搏斗；比如，各种能毁灭人类的先进武器，仍在不停地生产、制造、贩卖，美丽的地球和居住的美丽的公民，的确已经到了自我毁灭的边缘。该怎么办？是在殊死搏斗中自我毁灭，还是在宽容中、在和平发展中，求得共同幸福、美好的明天，还是任其自我毁灭，生活在地球上的每个善良的人，是应当做出抉择的时候了。

中国荀子说过："水火有气而无生，草木有生而无知，禽兽有知而无义，人有气、有生、有知亦且有义，故最为天下贵。"有感情、有理性、有道德，是人与天地间其他生物在本源上的区别。在当今的全球化中，无论人与人之间，或国家与国家之间，都处在同呼吸、共命运大群体中，处在人类大家庭中，要维护人类大家庭的生存和发展，就需要探索人类共同的本质属性的理论，以及共生的道德。

人是社会动物，人具有社会本性，这是古今哲学家的共识。当然，人生活在社会里，维护自己的生命是第一要务。但人为什么而活，或者人活着是为了什么，这是古今各种文明一直都在探讨的问题。人类社会的本质是社会关系，即人与人之间互相联系、相互作用。生活在人类社会这个命运相依的共同体内的人们，本能地就具有一定凝聚力、向心力和相互交流的意识和本领，并在相互交流中，形成一定的、大家都共同遵守的道德、规则和秩序。这种道德、规则和秩序就告诉人们，人不仅是为自己活着，也是为他人、为所有人而活着。因为在命运相依的共同体内，为自己和为他人、为所有人是统一的、辩证的，为他人和所有人，同时也是为自己。

我们知道，人的命运本来应当属于自己，完全由自己支配和决定。在命运相依的共同体中，也必须有与命运相依适应的共生道德，即维护人们共同生存的道德，比如，我活，也让你活，甚至在为我活的奋斗中，也为你活创造更好的条件，使你活得比我更好。只有这样，人们才能和谐地共生、共存、共发展。可见，共生道德也是属于共同体中所有人自己的道德。我们当今构建的人类命运共同体，就是要全球人都能掌握自己命运，能自由劳动、自由发展的共同体。

然而，在阶级社会，被压迫、被统治的劳动者，没有力量支配和改变自己的命运，却无奈地幻想出了上天、宗教、上帝等作为精神寄托，有了命运在天的意识，都敬畏天命，敬畏上帝。而这正中统治者的下怀，被统治者所利用。不过，随着广大劳动人民的日益觉醒，命运在天的意识逐渐被破除，而且首先是从道德理性入手破除的。

关于人类命运的话题，在中国文明中，有极为丰富的思想。而且，这些思想对我们当今构建人类命运共同体，都很有价值。

命运共同体和"共"的精神

应当弄清楚的是，在文明多样性、利益多样性的世界里，如何构建人类命运共同体，靠什么构建人类命运共同体。生活在相互依存的共同体内，既然求得共生，是首要任务和基本道德，那么一切从共生着想，倡扬共的精神，则是构建人类命运共同体的核心。也就是说，"共"就是不同中的同，就是各种不同中同的最大公约数。所以，"共"的精神，是构建人类命运共同体的支柱，构建人类命运共同体靠的就是这种"共"的精神。

这里有一种关系需要弄清楚，就是个体和整体的关系，或者个体与"共"的关系，树立如中国人常说的：大河水涨小河满的理念；弄清个体生存与整体生存的辩证关系，把个体的生存与整体的生存、个体利益与整体利益有机结合起来。也就是说，遵循共的精神，维护共生的一切行为，使命运共同体在和谐中得到发展的一切行为都是善行。一切践踏人类生命、破坏人类共生的行为，都是邪恶，都应当剔除。

为什么说人类命运共同体思想是当今国际形势发展的产物，不仅有其必然性，而且是人类文明发展进步的最终归宿呢？原因就在于共是人的本质。共在性、共生性、共处性，都是人与生俱来的本能。应当明白的是，当今国际形势的最突出特征是不同文明之间、不同国家之间，既有命运相关的一致性，又有相互之间的差异性。诸如，不同信仰的差异性、经济发展水平的差异性、价值观的差异性、地缘政治的差异性等。由于不同文明的主体都是人，这就决定了，不同文明的共性、一致性，永远大于差异性。这就是当今国际社会的现实，是人类共同生存的共同体的现实。正因为有共性、一致性，构建人类命运共同体才有可能性和可行性；正因为有差异性，构建人类命运共同体才有必要性和必然性。

2013年，习近平在莫斯科国际关系学院演讲中，曾对当今的国际形势做出了如下四点高度概括。从这四点概括中我们可以发现，而今提出建设命运共同体思想，不仅切合时宜，是当今人类文明发展的需要，世界形势发展的需要；而且从某种意义上说，它体现着马克思的联合劳动、自由人联合体的思想。

习近平的四点概括为：一是这个世界，和平、发展、合作、共赢成为时代的潮流,旧的殖民体系土崩瓦解,冷战时期的集团对抗不复存在,任何国家和国家集团都再也无法单独主宰世界事务;二是这个世界,以大批新兴市场国家和发展中国家走上发展的快车道,十几亿、几十亿人口正在加速走向现代化,多个发展中心在世界各地区逐渐形成,国际力量对比继续朝着有利于世界和平与发展的方向发展;三是这个世界,各国互相联系、相互依存的程度空前加深,人类生活在同一个地球村里,生活在历史和现实交汇的同一个时空里,越来越成为你中有我、我中有你的命运共同体;四是这个世界,人类依然面临诸多难题和挑战,国际金融危机深层次影响继续显现,形形色色的保护主义明显升温,地区热点此起彼伏,霸权主义、强权政治和新干涉主义有所上升,军备竞争、恐怖主义、网络安全等传统安全威胁和非传统安全威胁相互交织,维护世界和平、促进共同发展依然任重道远。

当然,命运共同体中,不光讲利益,更要讲责任,所以命运共同体同时也是利益共同体和责任共同体。世界各国之所以能成为命运共同体,关键在于各国之间具有共同利益、整体利益。而在具有共同利益或整体利益的世界各国之间,存在着荣损与共、利益相连的连带效应。习近平同志说:一个强劲增长的世界经济,来源于各国共同增长。各国要树立命运共同体意识,真正认清一荣俱荣、一损俱损的连带效应,在竞争中合作,在合作中共赢。在追求本国利益时兼顾别国利益,在寻求自身发展时兼顾别国发展。他还形象地说道:国家无论大小、强弱、贫富,都应该做和平的维护者和促进者,不能这边搭台、那边拆台,而应该相互补台、好戏连台。

共同利益,共同责任,是命运共同体的基础。正由于世界各国之间具有共同利益,各国才需要共同发展和合作共赢;正因为有共同责任,才能够共同发展和合作共赢。共同发展、合作共赢的理念和主张,是命运共同体思想的重要内容,它们充分展示了命运共同体思想中统一观的核心。所谓共同发展、合作共赢的主张，用习近平同志的话说，就是要和平不要战争、要合作不要对抗、在追求本国利益的同时要兼顾别国利益关切的一种主张；就是既要让自己过得好，也要让别人过得好的一种共荣、共进的理念。因为命运共同体思想包括差异观和统一观，而从这两种观念中又能引申出一系列具体的内容，所以命运共同体思想有着十分丰富的内容。

在这命运共同体思想里，我们似乎隐隐约约嗅到了共产主义那种自由人联合体的味道。有学者提出，命运共同体所体现的是共生主义。我认为共生主义这个提法好，他比较贴切地体现了习近平命运共同体的本质。从习近平同志对命运共同体的论述中，我们似乎能够悟到，命运共同体思想所体现的，的确是相互依存的共生主义。这种共生主义，似乎是我们认识当今世界新的世界观和方法论，是对人与自然、人与人之间相互依存、互利共荣、协同发展的生存状态和发展方式的一种新的合乎逻辑、合乎科学的解释。

共的精神，共的文明，共的相互性，作为人类命运共同体思想的核心，还体现在其通行的原则中。诸如共有、共商、共建、共治、共赢、共享原则，平等合作、相互尊重、相互信任、相互包容原则等；这些都不仅具有国际政治经济学的意义，而且具有哲学意义，都体现着新的人类文明。它作为对新的人类文明的追求，无论在构思、设计还是实施的方式上，都渗透着这些新的文明，都是推进人类文明发展进步的新的思路、新的蓝图。

一些学者就认为，过去的亚洲多被战争、社会制度、各种政治分歧以及领土纠纷所分裂。而今中国提出的亚洲命运共同体理念，就从哲学高度唤醒、激励起亚洲人的共鸣：亚洲应该以史为鉴，在共的精神指引下，迈向一个新的未来，即追求和平发展的未来，合作共赢的未来，富裕和谐的未来，美满幸福的未来。亚洲命运共同体理念不仅意味着亚洲的和平发展，亚洲国家的合作共赢，而且意味着亚洲人民的福祉、和谐和富裕。

正因为对共的精神、共的原则的坚持，使人类命运共同体理念得到世界越来越多人的认可。如有学者说的，共的原则意味着在实现资源整合的同时，也将在一定程度上推动全球治理民主化和共生道德实现。它不仅具有国际政治经济学的意义，而且具有哲学意义。它作为体现新的世界文明的思想，不仅有深厚的哲学基础，而且有巨大的实践意义。

选择这种共生主义发展模式的核心，就是在倡导社会制度、发展道路和文化形态等多样性的前提下，追求世界各国的和谐共生、共同发展、合作共赢、互利互惠。它主张在发展中采取一种"万物并育而不相害，万道并行而不相悖"的共生、共荣、共利、共进的命运共同体思想。不言而喻，命运共同体思想是一种不同于零和博弈的崭新的国际观。这种国际观是在对当今国际社会本质和规律性科学认识基础上，对国际关系和全球治理的创新。命运共同体思想不仅是对客观现实的充分反映，而且是对当今国际社会存在和运行规律、本质及其走向的深刻揭示。是人们认识当今国际关系本质，认识全球治理本质，进行国际政治经济秩序变革的根本指导思想。

应当注意的是，命运共同体思想着眼的是人类的共同利益，其包含的新理念和新准则也都体现着人类的共同利益。诸如在理解信任、平等合作、开放包容、互学互鉴、互利共赢这些理念中，都是要提倡从对人类共同利益做出贡献的视角，从自己的发展要为世界整体发展创造条件的视角，看待各国发展和世界发展的；都是要从整体上全方位推进务实合作，打造政治互信、经济融合、文化包容的利益共同体、命运共同体和责任共同体。因而，推行命运共同体思想，不仅有助于克服和解决当今日趋严重的全球性问题，有助于推动世界各国的共同繁荣和进步，更重要的是，倡导并积极建构命运共同体，能够为世界创造和平稳定的发展环境，从而为中国的科学发展和中国的崛起提供极其有利的外部条件。

　　以共的精神为核心的命运共同体思想，体现着时代的精神和时代的要求。越来越多的人认识到，面对越来越多的全球性发展问题和安全问题，任何国家都不可能独善其身，任何国家要想自己发展，必须让别人发展；要想自己安全，必须让别人安全；要想自己活得好，必须让别人活得好。在这样的背景下，人们对共同利益也有了新的认识。既然人类已经处在"地球村"中，那么各国公民同时也就是地球公民，全球的利益同时也就是自己的利益，一个国家采取有利于全球利益的举措，也就同时服务了自身利益。中国政府自改革开放以来调整了自己与国际体系的关系，越来越重视人类的共同利益，使自己成为国际社会的"利益攸关者"。正如党的十八大报告所强调的那样，中国将坚持把中国人民利益同各国人民共同利益结合起来，以更加积极的姿态参与国际事务，发挥负责任大国作用，共同应对全球性挑战。

　　以共的精神为核心的命运共同体思想，还体现着新的全球价值观。这种价值观与贪婪追求私人利益的价值观不同，它把共同发展、共同利益放在首要位置。过去那种为贪婪私利进行掠夺和争夺世界霸权引发了数不清的战争与冲突，给世界造成的灾难罄竹难书。而现今，随着经济全球化深入发展，资本、技术、信息、人员跨国流动，国家之间处于一种相互依存的状态，一国经济目标能否实现与别国的经济波动有重大关联。各国在相互依存中形成了一种利益纽带，即要实现自身利益就必须尊重别国利益的纽带。依靠这种纽带，各国可以通过国际体系和机制来维持、规范相互依存的关系，从而维护共同利益。

　　当今，人类社会是一个相互依存的共同体，这已经逐步成为共识。特别是2008年国际金融危机的发生，使相互依存和共生现象具有了更加深刻的内涵。一国发生的危机通过全球化机制的传导可以迅速波及全球，危及国际社会整体。面对这些危机，各国和国际社会只能以同舟共济来应对。如有学者说的，在人类共同居住的"地球村"里，各国利益高度交融，使所有国家都成为共同利益链条上的一环。任何一环出现问题，都可能导致全球利益链中断。比如，一个国家的粮食安全出现问题，则饥民将大规模涌向别国，而且交通工具的进步为难民潮的流动提供了可能，而人道理念的进步又使拒难民于国门之外面临很大道义压力。比如，互联网已经把各国空前紧密地连在一起，在世界任何一点发动网络攻击，看似无声无息，但给对象国经济社会带来的损失却有可能不亚于一场战争。还比如，气候变化带来的冰川融化、降水失调、海平面上升等问题，不仅给小岛国带来灭顶之灾，也将给世界数十个沿海发达城市造成极大危害。资源能源短缺涉及人类文明能否延续的问题，环境污染导致怪病多发并跨境流行。

如有学者所说的，提出命运共同体思想和推动命运共同体建设源自中华文明传统。当今中国人民致力于实现中华民族伟大复兴的中国梦，所追求的不仅是中国人民的福祉，也是各国人民共同的福祉，关于命运共同体的传统理念得到进一步发扬光大。推动建设人类命运共同体，也是中国领导人基于对世界大势的准确把握而贡献出的中国方案。中国不仅坚持走和平发展、合作共赢的道路，更敞开胸怀欢迎各国搭乘中国快车、共享发展机遇，以实际行动为构建人类命运共同体注入中国智慧，贡献中国力量，同世界各国合作共赢。

二　人类命运共同体和道德支撑

在当今的国际社会，虽然行为主体颇多，但最重要的行为主体还是国家。所以，如果说构建全球人类命运共同体主要靠道德的力量的话，那么国家道德特别是大国道德，就是带有决定性的力量。构建全球人类命运共同体，虽然是国际社会主要行为主体共同的事情，但它作为全球治理的历史性工程，其治理者不仅包括国际社会治理机构的治理者，也包括各行为主体的治理者，特别是各个国家的治理者。所以，全球治理中所包含的精华要素，也就是各种文明、各个国家治理中的精华要素。各种文明中，只要是对全球治理有利的先进的理念、思想、政策和具体做法，都可以在全球治理中展现自己的作用和力量。

文明互鉴和德性目的

文明多样性和差异性，是当今世界的客观现实。以什么样的态度对待这种现实？是勇敢地承认现实，承认不同文明都各有长处，都各有可学习、宽容借鉴之处，并在和平共处和和平发展中，坚持国家不分大小，都平等相互学习、相互借鉴，以促进共同发展，谋取到更大或更多的共同福祉；还是在种族主义、狭隘民族主义、单边主义钳制中，相互对立、相互排斥、零和博弈，只为自己的利益和福祉争个你死我活？如何选择，这使全球人，也使全球治理都不能不做出自己的决定。相互借鉴，是人类命运共同体中不同文明关系的本质。所以前一种选择，是构建全球人类命运共同体的选择。人类命运共同体理念已被世界大多数人所接受表明，全球大多数人已经做了这样的选择。

应当承认，各文明之间存在着复杂的差异和矛盾。但有差异和矛盾，不一定就必然要冲突。一些西方学者炒作文明冲突论，意在为霸权治理造势。而构建人类命运共同体所需要的是前者，是在树立和平相处、和平发展、相互学习、相互借鉴的意识的基础上，把各种文明的共处、互鉴，把互鉴中的道德建设，作为构建人类命运共同体的第一要务。

不同文明之间的沟通、交流和借鉴，是构建人类命运共同体的重要内容。承认别种文明、别的国家优势、优点和长处，并虚心加以学习、借鉴，这是一个国家的大道德。习近平同志在联合国教科文组织总部的演讲中，就从人类文明的多样性、平等性和包容性这三个方面，论证了不同文明交流和借鉴的基础、必然性和条件。习近平认为，文明的多样性既是文明交流和借鉴的基础，也是文明交流和借鉴的价值所在；文明的平等性是文明交流和借鉴的前提条件；文明的包容性是文明交流和借鉴的动力。任何文明都只有在交流和互鉴中，才能充满活力。

在2018年瑞士达沃斯论坛期间，瑞士知名汉学家胜雅律曾表示：中国古老文明中的智慧，今天依然充满活力，它将帮助各国领袖和精英应对未来挑战，为改善全球治理，提供智力支持。胜雅律认为，中国古老的智慧很值得当今世界其他国家借鉴。比如，老子的"大国者下流，天下之交"，就是说国与国之间能否和平相处，关键在于大国能否像江海一样，"谦居下位"，能否做到不以大压小、不恃强凌弱。在一个没有霸权的世界里，各国更能和平相处，弥合分歧，共同缔造更加美好的"共同未来"，而这正是2018年达沃斯论坛的主题。

我们都知道，同舟共济这一理念是中国的文明传统。而当今的时代，构建人类命运共同体的时代，最需要的正是同舟共济理念。今天的世界，人们已经相互融合、相互依赖成了地球村。整个地球的人们已经处在一条船上，同呼吸、共命运。同舟共济、构建人类命运共同体，已经成为时代的本质和要求。由人类命运共同体本身性质所决定，构建人类命运共同体自然涉及人生观和价值观方面的转变，或深刻革命，所以其不是短期的任务，而是长期、艰巨的系统工程，它与实现共产主义的伟大目标紧密联系。

2012年习近平在党的十八大报告就提出："这个世界，各国相互联系、相互依存的程度空前加深，人类生活在同一个地球村里，生活在历史和现实交汇的同一个时空里，越来越成为你中有我、我中有你的命运共同体。"之后，习近平多次提出构建人类命运共同体的问题。在2017年的新年贺词中，习近平再次向世界发出构建人类命运共同体的呼吁："中国人历来主张'世界大同，天下一家'。中国人民不仅希望自己过得好，也希望各国人民过得好。""我真诚希望，国际社会携起手来，秉持人类命运共同体的理念，把我们这个星球建设得更加和平、更加繁荣。"

构建人类命运共同体的思想，既同中华文明一脉相承，也同共产主义理想一脉相承。比如，从人类命运共同体的内涵看，其核心是以人为本，是要使广大人民在民主自由环境中，共同发展、共同富裕、共同幸福。这同中华文明中的"公天下""致中和""克己奉公""民为邦本，本固邦宁""天地之间，莫贵于人"相一致。中国儒家思想的基本精神，就是以己量人，推己及人，就是己欲立而立人，己欲达而达人，己所不欲，勿施于人，就是把他人的利益摆在自己的利益之上，自己获利时，应当让他人先获利。而共产主义就是共同富裕的社会。

习近平同志指出："当今世界，人类生活在不同文化、种族、肤色、宗教和不同社会制度所组成的世界里，各国人民形成了你中有我、我中有你的命运共同体。"文化是人们相互交流沟通的桥梁和纽带。构建人类命运共同体，需要在尊重和维护文化多样性的基础上，推动多元文化交流交融。

文化交流、交融是人类社会发展进步的重要精神支撑。不同文化只有加强交流互鉴，才能在推动人类社会进步、维护世界和平中繁荣发展。纵观世界发展史，任何国家和民族都不可能完全丢掉或摆脱自己的文化传统，也很难接受外部强加的文化。在新的历史时期，世界文化发展之道是以构建人类命运共同体为基本价值取向，坚持交流、互鉴，促进和而不同、兼收并蓄的文化交流，推动人类文明永续发展。

实践证明，文化因交流而多彩、因互鉴而丰富。文化交流互鉴是推动人类文明进步与世界和平发展的重要动力。每种文化都有自己的价值，都有其独特魅力和深厚底蕴，都是人类的精神瑰宝。人类历史就是一幅不同文化交流、互鉴、融合的宏伟画卷。多样带来交流，交流孕育融合，融合产生进步。构建人类命运共同体，应尊重文化发展的多样性，推动不同文化交流对话、和平共处、和谐共生。

创新劳动和共享道德

不言自明，人类命运共同体思想所包含的，首先应当是发展共同体和利益共同体。如习近平同志指出的："人类已经成为你中有我、我中有你的命运共同体，利益高度融合，彼此相互依存。"利益高度融合，彼此相互依存，这是命运共同体的基础和条件。世界各国、各地区之间，都具有广泛的共同利益，只有超越零和博弈，实现利益上的共商、共建、共赢、共享，才能为构建人类命运共同体奠定坚实基础和充足的条件。

人们都知道，劳动创造世界。但更确切地说，是创新劳动，或创造性劳动创造世界，是各种创新劳动推动着人类文明的不断发展和进步。科学技术的创新，生产力的创新，生产方式的创新，社会关系的创新，思想理论的创新等，都是人类文明发展进步的引擎。先进国家占有了巨大财富，而落后国家却处于贫困之中，两者差距之大令人惊异。追其根源，就在创新劳动上。发达国家掌握着高新技术，进行的都是创新劳动；而落后国家则没有高新技术，进行的都是笨重的体力劳动，劳动的附加值与创新劳动相比，有天地之别，不可同日而语。发达国家对落后国家的剥削和掠夺，根源就在于此。

也就是说，落后国家进行创新劳动是困难的，但再困难也得克服，否则，将永无出头之日。创新劳动的动力，当然是劳动者的解放和劳动者的发展，而劳动者的解放和发展靠的是劳动成果。所以，享受劳动成果，既是培植劳动者创造能力基础，又是调动劳动者积极性、创造性的基础。在共同体内，特别是在全球共同体内，劳动是共劳动，发展是共发展，享受劳动成果，也是共享受。共劳动是共同体的道德，共发展也是共同体的道德，共享劳动成果更是共同体的道德。

共享劳动成果，还是解决劳动异化、解决财富占有不平等、实现人对物的统治的德性道路。在资本主义社会，由于存在着对劳动者的剥削和掠夺，劳动者的大部分劳动成果都被剥削阶级拿去了，从而造成了劳动异化，自己不仅不能享受自己的劳动成果，反而被自己的劳动成果所统治。所以，共享发展，共享劳动成果，是实现社会公平正义的正确道路，其理论价值和实践意义非同小可。

在相互依存的人类命运共同体内，在共同劳动中，贡献自己的所能，贡献自己的创造，并共享共同创造性劳动成果，以实现共同的幸福，这是社会公平正义的重要体现。可见共享劳动成果实现的程度，也是衡量社会公平正义的重要指标。如习近平说的：我们的人民期盼有更好的教育、更稳定的工作、更满意的收入、更可靠的社会保障、更高水平的医疗卫生服务、更舒适的居住条件、更优美的环境，期盼着孩子们能成长得更好、工作得更好、生活得更好。广大人民的这些期盼当然得靠共同创造性劳动，共享劳动成果来实现。从而，社会的公平正义也才能实现。

毋庸置疑，因为广大劳动者不仅是共享劳动成果的主体，还是劳动成果的创造者，因此坚持共享劳动成果，必然激发广大劳动者进行创造劳动的积极性和创造性，从而创造出更多、更丰富的劳动成果，从而在更高层次上满足广大人民的物质文化生活需要。共享劳动成果不断升级，就意味着广大劳动者积极性、创造性的不断激发，意味着劳动成果的不断增长，带来共享劳动成果的新的升级。这样以创造性劳动为起点的循环上升，也意味着共同体所有人幸福指数的不断提高。这也是共同体所有人的愿望和期盼。

作为追求公平正义的社会，消除财富占有的不平等自然是一项重大任务。实践证明，社会不能实现公平正义的原因，不在于社会财富的多寡，而在于对财富占有的不平等。所以，消除零和博弈规则，消灭剥削和掠夺，通过平等合作，互利共赢的共同体发展，并共享发展成果，这是消除财富占有不平等，实现社会公平正义的正确道路。

基于资本主义对全球化的主导，所酿成的世界财富占有极不平等的现实，大力扶贫或济贫，大力帮助或周济落后国家，也就是贫穷国家，是构建人类命运共同体的一项重要任务。当然，帮助落后国家，一定要尊重这些国家主权，保护这些国家的尊严，从帮助其发展入手，特别是从技术援助入手，也就是从创新劳动入手。在与其共发展、共享发展成果中，提高其科学技术水平，培植其创新劳动的资质，以慢慢缩小其与发达国家的差距。

共享发展成果，带有根本性的是共享科学技术成果。在全球化时代，科学技术的发展成为发展中国家的生命线。科学技术的发展和创新，产品的创新和不断更新换代，科学技术和科学技术产品的大量国际流动，已经成为国家能否在激烈的国际竞争中生存和发展的决定性因素。技术创新和对新技术的垄断，正是霸权主义国家建立全球统治的基础。因此，在全球化发展的新时代，无论是国家或是企业，都不断加大了对科学技术研发的投入，使科学技术的发展突飞猛进。科学技术发展的规模之大、水平之高、速度之快、成果之巨大，都令人惊讶。

单就经济方面说，世界财富占有的不平等根源在于科学技术的不平等，在于发展科学技术的基础和条件的不平等。从国家角度看，由于科学技术成为国家经济、政治、军事等综合国力增长的决定因素，也是其维护国家安全，在国际竞争中谋求生存、谋求发展的决定性因素。所以各国都不仅不断加大了科学技术研发的投入，而且利用国家的力量，通过制订计划，调动人力、组织重点攻关，甚至组织国际上的广泛合作等，以加快科学技术的发展。科学技术落后的发展中国家，更应当这样做。在这种科学技术革命的大潮中共享科学技术成果，对于广大发展中国家，就尤为重要。

共享发展和共享发展成果，是相辅相成的。共同体成员在共享发展成果的同时，还将共同承担发展的成本和代价。共享成果要以共同谋划发展为基础和前提。首先要共同谋划发展，共同参与发展，共同承担发展投入，承担风险，承担责任，共同为发展的成功付出自己应有的力量，这样才能保证发展取得丰硕成果；然后，才能有对成果的共享。反过来说，只有共同体成员共享了发展成果，他们才能获得更大的动力，更积极地投入到新发展中去，更勇于投入，更勇于承担风险，更勇于承担责任，从而使发展能持续上升，使共同体在平等、繁荣、幸福的道路上健康发展。

大国胸怀和大国道德

当然，有一个问题，这里首先必须弄清楚。那就是，既然人类已经发展成为命运共同体，那么构建人类命运共同体是何种含义？可想而知，在当今的现实中，人类命运共同体还只是一种客观的状态，要把它上升到全球制度层面，还需要有成熟的规范和秩序，有完整的机制和结构。人们对它的认识还刚刚开始，还缺乏自觉，还存在很大的逆向的力量。所以这里的构建，就是要树立构建人类命运共同体的意识和自觉，要构建人类命运共同体运转的良性规范、机制和合理秩序，要解决人类命运共同体构建中的各种复杂的矛盾和问题。

诚然，在构建全球命运共同体中，起作用大的，还是大国。所以大国的文明，大国的胸怀，大国的道德，大国治理者的品德和素质等，对人类文明的发展进步，对构建全球人类命运共同体的成效，都发挥着至关重要的影响。习近平主席在出席达沃斯世界经济论坛开幕式发表的主旨演讲中，提出了四种模式论，引起世界舆论的高度关注。习近平主席提出："我们要坚持创新驱动，打造富有活力的增长模式；要坚持协同联动，打造开放共赢的合作模式；要坚持与时俱进，打造公正合理的治理模式；要坚持公平包容，打造平衡普惠的发展模式。"打造这四种模式，无疑是全球治理、全球人类命运共同体构建的核心内容，肯定需要世界各国通力合作，但大国肯定起有更大的作用，负有更大的责任。

毋庸置疑，在文明多样性的世界里，构建全球人类命运共同体，大国和小国都有责任，但由于实力的差异，大国自然要比小国大，这里的大，主要是指贡献，指责任。要在构建全球人类命运共同体中，各尽所能，建立新型的适应全球人类命运共同体构建的大国关系就尤为重要。当前，受实力对比变化驱使，大国关系正进入新一轮调整阶段。紧紧把握国际局势脉络和世界发展战略大局，积极推动构建新型大国关系，致力于打破历史上大国冲突对抗的传统逻辑，谋划大国之间互相尊重、合作共赢的新型大国关系，自然是构建全球人类命运共同体的德性之举。

诚然，现今的世界大国，在信仰、价值观、意识形态、经济和政治利益上，都有很多不同，面临着严峻的纠纷、矛盾和摩擦。但在相互依存中，各主要大国之间也拥有越来越多的共同利益，所以构建相互尊重、合作共赢的新型大国关系，也是完全有深厚基础和可能的。当然，由于某些大国还受制于信仰、价值观、意识形态，受制于缺乏德性的霸权主义和冷战思维，受制于缺乏德性的零和博弈规则等，所以构建全球人类命运共同体并不那么容易。

可见，要构建全球人类命运共同体，就要构建适应全球人类命运共同体构建的新型大国关系。而要构建符合全球人类命运共同体精神的新型大国关系，首要的一条，是一些大国必须舍弃霸权主义追求和零和博弈原则,舍弃对落后国家的掠夺。追求霸权,推行零和博弈原则,都是构建新型大国关系的大害,是构建新型大国关系的主要障碍。不舍弃这些理念和追求,就无法正确看待中国的发展。当今,构建大国关系的当务之急,是必须以理性、道德、客观、公正看待中国的发展,看待中国发展对世界、对人类文明发展的贡献。

构建符合全球人类命运共同体的新型大国关系,各大国都必须树立和而不同的意识。各文明之间在信仰、价值观、意识形态方面的不同、差异是客观存在,但这与相互尊重、合作共赢,与新型大国关系的构建,与人类命运共同体的构建,并不是对立的。不是对立的根源,是另一个客观存在,即人类文明发展至今已经到了命运相依的客观存在。命运相依的现实,要求求同存异、求同化异,也只能求同存异、求同化异;要求相互尊重、合作共赢,也只能相互尊重、合作共赢。所以,求同存异、求同化异,不对抗、不冲突,相互尊重、合作共赢,是新型大国关系的核心。求同存异、求同化异,不对抗、不冲突,相互尊重、合作共赢,善哉;有意破坏合作,故意挑起事端,挑起对抗和冲突,邪恶也。

2012年,习近平主席在访美前夕,接受美国《华盛顿邮报》书面采访时指出,宽广的太平洋两岸有足够空间容纳中美两个大国。推动中美合作伙伴关系不断取得新进展,努力把两国合作伙伴关系塑造成21世纪的新型大国关系。双方应有充分信心、持久恒心,始终抓住共同利益这一主线,不要让这样那样的矛盾、分歧左右中美关系大局,要携手走出一条大国之间和谐相处、良性竞争、合作共赢的新型道路。2013年,中美两国元首以高超的政治担当和智慧,达成共同构建中美新型大国关系的共识,其核心就是:不对抗、不冲突,相互尊重、合作共赢。

构建符合全球人类命运共同体的新型大国关系,还必须客观理性看待彼此战略意图,树立合作两利、冲突两伤的意识。用对话方式，而不是冲突方式，解决相互之间的矛盾和分歧。新型大国关系的构建，不是一朝一夕的事。各国都必须以积水成渊、积土成山的精神，坚持做伙伴、不做对手。坚持通过对话合作、而非对抗冲突的方式，妥善处理矛盾和分歧。要多栽花、少栽刺，排除各种干扰，避免猜忌和对抗。如习近平在谈及中美新型关系时所说的：构建新型大国关系是一种使命和责任，中美两国利益深度交融，历史和现实都表明，中美两国合则两利，斗则俱伤。双方应求同存异、求同化异。凡是有利于为两国关系注入正能量的，都要做"加法"；反之，都要做"减法"。

构建符合全球人类命运共同体的新型大国关系，需要通过和平方式完成。在构建新型大国关系中，必须坚持主权独立的原则。所有国家的独立、主权和尊严都应得到尊重。如习近平说的："世界的命运必须由各国人民共同掌握。各国主权范围内的事情只能由本国政府和人民去管，世界上的事情只能由各国政府和人民共同商量来办。这是处理国际事务的民主原则，国际社会应该共同遵守。"在构建新型大国关系过程中，应允许各国根据自身的历史、文化和现实发展自己，尊重各国人民自主选择社会制度和发展道路的权利，而不能把自己的价值观念、社会制度、经济模式强加于人，更不能以各种借口干涉别国内政。

总之，随着新兴大国群体性崛起和传统大国的国际影响力相对下降，维护世界和平、应对和处理全球性挑战，需要更多国家共同参与，尤其是大国携手合作和共同行动。特别是基于各国的相互依赖，在诸多领域的共同利益越来越多，合作空间也日益广阔，这就使不冲突、不对抗，合作共赢，成为大国之间在新的历史条件下，处理彼此关系的最大公约数。这也使构建新型大国关系，建立人类命运共同体，符合人类社会发展趋势和国际社会共同利益。这也是构建平等互信、包容互鉴、相互尊重、不冲突、不对抗、合作共赢的新型大国关系，对于推动建设持久和平、共同繁荣的和谐世界具有的重要价值和重要意义。

三　全球人的意志和道德的力量

可想而知，全球人类命运共同体思想是对人类社会本质的高度概括，是对人类美好未来理想的高度概括，是对人类道德内涵的高度概括。道德的永恒，道德的自信，在于它体现的是全球人的意志和愿望。全球人类命运共同体发展的最高或最后目标，就是马克思说的以个人全面发展为基础、物质极大丰富、精神高度文明、民主、平等、和谐的自由人联合体。也就是说，全球人类命运共同体是在和平、合作、共享的环境下，人们自由劳动、自由发展、不断进步的结果。这种发展，不仅蕴含着人的本性，始终以人的德性为基础，而且是人本性、人类道德、人类文明向更高层次的发展和进步。所以，构建人类命运共同体，首先要树立对人的自信，对人民的自信，对道德的自信。全球人民的意志不可违，全球人民的心性不可违，道德的力量是不可战胜的。

理想巅峰和道德制高点

理想的魅力，在于它的人民性。人类命运共同体理想正因为着眼全球人的命运、全球人的幸福，所以被全球人所接受。由于构建全球人类命运共同体体现着全人类拥有的共同价值、共同利益、共同幸福和共同前程，体现着人类圣贤们的共同理想，体现着马克思共产主义的质核，所以，它最全面、最深刻、最贴切地体现了人类道德，是当今人类道德的制高点，人类美好理想的巅峰。它的实施，必将带来以善、爱、包容为基础的最具有公正性、合理性、正义性和理想性的国际关系、国际秩序和国际体系，必将促进全球性的和平发展事业，促进全球人幸福，使全球治理迈向更高水平和理想状态。

眼见的事实是，构建全球人类命运共同体正在成为全球人的德性选择。由于人类命运共同体思想不仅是对马克思主义的传承，而且反映了当今世界各国人民的共识，反映了人类追求共同幸福生活的美好愿景，所以，它体现着共同体利益的一致性。正因为如此，它才正被全球人广泛接受、选择。但不可否认，它也体现着共同体不同文明之间利益的矛盾性，体现着科学解决这些矛盾的方式和方法的复杂性。特别不能否认的是，还存在反对人类命运共同体的恶势力。所以总的来看，构建人类命运共同体所需要的，是在道德原则引导下，平等合作、共商共建、互利共赢、包容共享的方式和方法。因为这种方式和方法，符合全球人的利益和愿望，所以得到大多数人的赞同，但反对者也不甘心退出历史舞台。

由不同文明所组成的世界家园究竟应当是个什么样子，哲学家、经济学家、政治家提出了诸多的见解和设想。比如罗素就曾这样说："我们必须寻求的是这样一个世界，在那里创造精神充满活力，在那里，生活就是一次充满了欢乐与希望的历险，它不再受到保护自己财产并抢占他人所有的欲望的驱使，而有一种进行建设的冲动主导着。这是一个情感不受约束的世界；爱不再带有任何统治欲望，残忍与嫉妒将被幸福和一切本能的自由发展所清除。人的所有本能建立起了生活并使生活充满精神的愉悦。这样的世界可以实现；只等人们满怀希望地去创造它。"[①]

可喜的是，当今世界的人们，的确正在满怀激情、满怀希望地在创造它。比如，现在人们已经认识到，由于全球化中国际行为主体多元化，所以全球性问题的解决，已经成为国际社会所有行为主体的共同责任，成为一个由主权国家、国际组织、地区组织、政府组织、非政府组织、跨国公司、公民群体等共同参与和

[①] 《罗素道德哲学》，九州出版社2004年版，第181页。

互动的过程，并在这一过程中强化国际规范和国际标准的形成，加快全球治理法治化、制度化的进程，从而形成具有法律约束力和道德引导力、化解全球性问题挑战的"全球机制"和"全球体系"。

谁都会感觉到，在当今时代，构建全球人类命运共同体是触及包括价值观在内的深刻变革。国际关系和国际秩序，都正处于这种广泛而深刻的变革之中。国际社会的各行为主体，都自觉或不自觉地处在了这种变革的风口浪尖，或主动、或被迫地站在价值判断和行为选择的关键当口：要战争还是要和平，要对抗还是要合作，要贫穷还是要发展，要封闭还是要开放，要零和博弈还是要共赢共享。可以肯定的是，人们的选择并不都会是一致的。

构建人类命运共同体，就是中国的选择。党的十八大以来，以习近平同志为核心的党中央站在全局和战略高度，针对全球治理领域出现的新情况新挑战，鲜明指出，构建人类命运共同体是崭新命题和时代使命，并以此确立了当代中国外交的总目标、总布局、总路径；指明了当今世界全球治理的大趋势、大潮流、大方向；为开辟中国特色大国外交新境界，为推进全球治理体系新变革提供了理论指南，制定了行动纲领，贡献了中国方案。

当然，构建全球人类命运共同体的许多问题并不是世界所有人都清楚的。比如，什么是人类命运共同体？为什么要构建人类命运共同体？怎么样才能构建人类命运共同体？等等，在这一系列的问题上，国际社会都还存在着某种模糊认识和困惑心态。当然，这种困惑和心态既为我们深入研究、广泛宣传人类命运共同体提出了要求；也提醒我们，只有把这个问题研究透，宣传深，才能使各国政府和人民尽快达成广泛共识，才能凝聚全球人的力量，推动全球治理体系和全球治理体制朝着更加公正更加合理的方向转轨换型，才能把全球人类命运共同体建设得美好。

诚然，人类命运共同体思想是化解人类生存厄运的中国智慧。

中华民族自古以来，就有一种人类命运共同体意识和天下为一家的情怀，就流传着四海之内若一家，故近者不隐其能，远者不疾其劳，无幽闲隐僻之国，莫不趋使而安乐之的佳话。但要构建人类命运共同体，不只需要中国的智慧，而且需要全球人的智慧。如果全球人都能明白人类命运共同体的含义，明白人类面临的生态危机、道德危机、价值危机威胁的严重性，明白构建人类命运共同体与自身利益、自身幸福密切相关，从而积极投入人类命运共同体的构建，何患大事不成。

正如联合国社会发展委员会第55届会议主席菲利普·查沃斯所说："当前世界各国之间相互依存程度日益提高，人类面临各种各样的严峻挑战。在这样的形势下，'构建人类命运共同体'理念体现了中国人着眼于维护人类长远利益的远见卓识。""这一理念已经得到广大联合国会员国的普遍认同，彰显了中国对全球治理的巨大贡献，正在以稳健步伐迈向世界舞台中央的中国向联合国提供了可以惠及全人类的公共产品，这是中国在联合国这个世界最重要的多边外交舞台上有效争得话语权的成功例证。"

谁都明白，理想、目标、愿景都是从现实中产生的。历史虽然是人民创造的，但是，人民并不是随心所欲地创造历史，而是在从过去承继下来的条件下创造的。诚然，如今中国作为世界第二大经济体，已经开始走向国际舞台中央。随着互联网、大数据、云计算等迅猛发展，世界范围新一轮的科技革命和产业革命，全球性的和平发展，必将进入新阶段，也必然促使传统国际关系、传统的全球治理开始向新的、更理想治理转变。适应这种转变，构建以合作共赢为核心的新型国际关系，构建人类命运共同体，日益成为世界各国政府和人民的共同追求和必然选择。在这种转变中，中国必将起到越来越大的引领作用。

毋庸置疑，构建全球人类命运共同体将是从根本上改变人与人、人与社会、人与自然之间相互关系，改变民族与民族、国家与国家、全球与地区之间相互关系等的全球治理的伟大创举，是全球性的一场深刻的社会大革命，并集中体现着世界各国人民对建设和平安宁、快乐幸福家园的深切渴望，体现着人类美好未来前景的宏伟构想和发展蓝图。人类命运共同体理念的被接受，不仅有助于克服和解决当今日趋严重的全球性问题，而且有助于推动世界各国共同繁荣发展和文明进步。

全球幸福和安全障碍

使生活在共同体内的每个人都能和谐、愉快、幸福，这应当是构建全球人类命运共同体的起码要求。而要做到这一点，首先必须保证安全。习近平同志曾指出："世上没有绝对安全的世外桃源，一国的安全不能建立在别国的动荡之上，他国的威胁也可能成为本国的挑战。邻居出了问题，不能光想着扎好自家篱笆，而应该去帮一把。"这就是说，构建人类命运共同体必须坚持共商共治，营造公道正义、相互帮助、共建共享的安全格局。

按照全球人和谐幸福这一准则，我们要构建的全球人类命运共同体首先是和平与安全的共同体，因为安全是幸福的第一要素。历史是最好的教科书，历史一再证明：国家和，则世界安；国家斗，则世界乱。历史还一再证明，霸权主义、强权政治是全球治理缺乏公平正义、缺乏道德的根源，全球治理中发生的一切祸事都与此有关。20世纪的两次世界大战，以及之后延续40余年的冷战，以及再之后的科索沃战争、伊拉克战争、叙利亚战争，都给世界和平与发展带来极大损害，教训惨痛而深刻。所以，构建和谐幸福的人类命运共同体，就要求国家之间要平等相待、唇齿相依，坚持和平发展，坚持对话不对抗、结伴不结盟，反对霸权主义，反对强权政治，提倡建立同呼吸、共命运的安全伙伴关系，超越"修昔底德陷阱"，创造新的历史。

比如，构建和平安全的全球人类命运共同体要求把世界多样性和各国差异性转化为促进世界安全合作的活力和动力。世界各国都应当既把平等参与全球治理作为自己的权利，也把维护世界安全作为自己的责任。按照新的安全观，通盘考虑世界安全问题。比如：坚持统筹兼顾、综合施策，协调推进世界安全治理；坚持以和平方式解决争端，促进各国和本地区安全；坚持着眼各国共同安全利益，以合作谋和平，以和平发展、合作共赢推进人类命运共同体的构建等。

比如，构建和谐幸福的全球人类命运共同体，需要摒弃零和博弈原则，坚持以合作共赢为核心，树立平等合作、共赢共享的新理念。各国和各国人民在追求自身利益时，兼顾他方利益，在寻求自身发展时促进共同发展，坚持以共同利益为重，实现不同文明共同繁荣发展，使各国和各国人民在平等合作中都能共同享受人类尊严，共同享受发展成果，共同幸福生活。

比如，构建和谐幸福的全球人类命运共同体无疑是世界各国人民的共同愿望和普遍期待，更是世界大国应该承担的全球责任和国际义务。人类共同的命运，需要世界各国人民共同掌握；人类共同的利益，需要世界各国和各国人民共同维护；人类共同的责任，需要世界各国和各国人民共同担当、共同履行；人类共同的使命，需要世界各国人民共同奋斗、共同完成。只有国际社会携手同行、共同努力，人类命运共同体构建的伟大事业才能实现。

比如，构建和谐幸福的全球人类命运共同体需要长期奋斗。因为构建全球人类命运共同体是人类社会的一项长期、复杂而又艰巨的历史过程，绝非一日之功，更难凭一国之力促成，既不会一蹴而就、一步到位，也不可能一呼百应，一往无前。它需要国际社会各行为主体携手构建。只有国际社会各行为主体都积极投入构建人类命运共同体的伟大实践，都积极主动为构建人类命运共同体添砖加瓦、增光添彩，坚持共同研究磋商，坚持共商共建共享的基本原则，构建人类命运共同体的美好愿景就一定能变为现实。

比如，构建和谐幸福的全球人类命运共同体最需要的是制定游戏规则的民主化，实现共商共治。以往全球治理规则的制定，无论是政治规则、贸易规则、金融规则、资本规则，基本上都是在霸权主义、强权政治主导下制定的；所以都基本上是被霸权国所掌控，都是为它们利益的最大化服务的。时至今日，美国最担心、最焦虑的，就是这种制定规则权的旁落。美国特朗普上台后，更是把制定规则权视为美国的专利，扬言，只有美国才能制定这种规则，决不能让这种权力落入别的国家之手。

比如，构建人类命运共同体还有一个话语权的问题。我们都知道，自美国成为世界霸主之后，就利用自己的媒体、教育、文化等意识形态的所有部门，按照自己的意志，依据维护自己霸权地位的需要，炮制出了各个领域里的所谓权威理论、权威思想、权威人物，并把它们固定化、神圣化，让全世界的人都到美国去学习这种理论、学习这种思想，都拜倒在这些权威人物的脚下；以实现其理论霸权、思想霸权、文化霸权和话语霸权的目的。

可见，如何破除西方"话语霸权"，破除对西方理论、思想、权威的崇拜，如何坚定对中国理念、思想、文化的自信，坚定对中国倡导的更公平、公正、合理世界新秩序的自信，坚定对中国倡导的共商、共治、共享的自信，坚定对中国倡导的"一带一路"的自信，坚定对中国提出的构建人类命运共同体的自信，并以构建人类命运共同体为指导，加强自身理论建设和实践创新，谋划新思路，施展新作为，中国对世界的贡献必将会越来越多、越来越大。

总之，应当如习近平不断强调的，丰富多彩的人类文明都有自己存在的价值。要理性处理本国文明与其他文明的差异，认识到每一个国家和民族的文明都是独特的，坚持求同存异、取长补短，不攻击、不贬损其他文明。不要看到别人的文明与自己的文明有不同，就感到不顺眼，就要千方百计去改造、去同化，甚至企图以自己的文明取而代之。历史反复证明，任何想用强制手段来解决文明差异的做法都不会成功，反而会给世界文明带来灾难。"世界潮流，浩浩荡荡，顺之则昌，逆之则亡。要跟上时代前进步伐，就不能身体进入 21 世纪，而脑袋还停留在过去，停留在殖民扩张的旧时代里，停留在冷战思维、零和博弈老框框内。"

人间正道和德性大展现

中国人，为什么对构建人类命运共同体信心十足，原因就在于构建人类命运共同体是人间正道：人类文明发展进步的正道，为全球人谋福祉的正道，全球治理的正道。当然，因为构建全球人类命运共同体是涉及包括人生观、价值观在内的深刻革命，所以，在其进程中必然会遇到很多阻力、很多障碍、很多挑战。只有克服了这些阻力、障碍和挑战，构建人类命运共同体的美好愿望才能实现。

对构建全球人类命运共同体的基本自信，来自于它体现的是全球人的幸福，是全球人的愿望，是全球人的共同意志。这些就为克服这些阻力、障碍和挑战，提供了深厚的基础和条件。可以确信，只要全球人团结一致，共同努力，任何阻力和障碍就都能克服。不过值得一提的是，由于人类命运共同体的德性所决定，克服这些障碍的主要力量，表现为道德的力量，所以也需要全球人的道德修养和道德自信。

比如，和平发展和安全的阻碍。当前情况是，一些对世界和平发展和安全有巨大影响的国家，仍然抱着旧的安全观，只顾本国的安全和本国的利益，而不顾别的国家的安全和别国的利益，甚至为了本国的安全和利益，仰仗强大的军事实力，不惜对别的国家发动侵略战争，破坏、牺牲别的国家的安全和利益。它们为了加强其军事威慑，仍然热衷于穷兵黩武，致使大规模杀伤性武器扩散的势头，特别是核威胁的势头都难于遏制。这些都不仅威胁到世界的和平与发展，威胁到世界的共同安全，无疑也威胁到人类命运共同体的构建。而要让像美国这样的霸权主义国家改弦易辙，肯定是困难的，不是一朝一夕之功。

比如，唯民族和唯国家利益的阻碍。当前的情况是，国际社会中，那种认为只有自己的民族才是最优秀的民族，才是上帝的宠儿；只有自己的国家才是世界的耶路撒冷的偏见，还根深蒂固。而且国与国之间的关系，仍然是由利益带动的。大多数国家的外交决策和选择，都是以本民族和本国家的利益为轴心、为转移、为依归的，这就为构建人类命运共同体增加了难度。因为构建人类命运共同体要求的是，不仅考虑本民族、本国家的利益，而且要考虑他国和全球的利益，不是把本国利益放在第一位，而是把全球利益放在第一位。在国际社会，本国利益是私，全球利益是公，这就涉及公与私观念的转变。而无论从历史或现实的角度看，这种转变都是困难的、长期的。

比如，霸权主义和强权政治的阻碍。在当今的国际社会中，有些具有实力优势的大国仍然死抱着这样的理念：人类社会如同动物世界一样，遵循的是丛林法则，各国之间的冲突和矛盾只能靠实力说话、靠实力较量、靠国力决定。这是霸权主义和强权政治理念。当今一些国家，为争夺领土、资源，时常发生冲突乃至战争；在国际政治、国际贸易、国际话语权等领域，霸权主义和强权政治仍大行其道。而要构建人类命运共同体，当然必须摈弃这种霸权主义理念。当然，从目前国际社会实力格局看，要让那些实力大国摈弃这种理念也是困难的，必须团结国际社会的一切积极力量，共同努力才行。

比如，意识形态和价值观的阻碍。构建人类命运共同体，需要意识形态和价值观的超越。然而，虽然冷战结束了，但那些西方大国仍然不顾客观情况的变化，而死抱意识形态对立的旧意识，死抱着西方意识形态对立不放,以意识形态的不同作为衡量是非的标准,致使各国之间特别是大国之间,意识形态的对立不仅不能消除,而且仍然十分尖锐、十分激烈。如果这种情况不改变,人类命运共同体当然就无法构建。而要实现意识形态的超越,自然也不是一件容易的事。

比如,治理能力和治理体系的阻碍。由于在当今的全球治理中,还没有统一的、具有最高权威的立法机构和执法体系,还没有足够的、具有高素质的治理队伍,构建人类命运共同体的一些具体事项即使有好的理念,好的方案,也很难落实。即便有些可以通过国家间达成了默契或一致,加以解决,但也难以让所有国家自觉自愿、不折不扣地信守执行,最终可能停留在口头上和纸面上。可见,构建人类命运共同体需要加强全球治理的能力建设,加强全球治理中的体制建设和制度安排。

比如,历史恩怨和心态因素的阻碍。在源远流长的历史中,民族与民族之间,国家与国家之间,总会有些恩恩怨怨。特别是那些帝国主义国家对殖民地、对落后国家侵略、战争、掠夺等进行的残酷的加害,给被加害国家造成深重苦难。这就使许多国家之间积累了错综复杂的、深层次矛盾和感情纠葛,至今由于心态的阻碍都难以化解。加之种族纠纷、教派之争、权力内斗等,都会对构建人类命运共同体造成严重威胁。这就需要加害者和被加害者,都本着以史为鉴的态度,以新的、人类命运共同体的视野,以道德的意识,以最大的诚恳化解恩怨,重新开始。诸如,加害者对被加害者施以最诚恳的认罪、道歉和补偿;被加害者对加害者施以最诚恳的善意、仁慈和宽容;以便能够在人类命运共同体中,平等合作、共赢共享、谋求共同幸福、奔向美好的未来。

当然,由于全球治理的赤字很大,欠债很多,所以构建人类命运共同体的难度也很大。但由于构建人类命运共同体是为全球人安全、幸福的大善、大德之事,所以困难再大也要克服,即便做出牺牲也是值得的。如习近平在中法建交50周年纪念大会上说的：中国梦是追求和平的梦、追求幸福的梦、奉献世界的梦。由于国家富强、民族振兴、人民幸福的中国梦，与世界各国人民热爱和平、繁荣和幸福的梦是相通的；正因为如此，构建人类命运共同体，既是中国梦，也是世界梦，是全球所有人的梦。这就决定了，它一定能成功。

如前所述，构建人类命运共同体不仅需要强大的思想基础、物质基础，而且需要有强大的道德力量、需要有"共"的精神支撑。这种"共"的精神，在中国倡议的"一带一路"建设中，得到了具体的展现。"一带一路"精神，就是构建人类命运共同体所需要的精神。"一带一路"文明或"一带一路"精神，都包含哪些内容，如何弘扬"一带一路"精神，习近平同志在讲到丝路精神时，已经阐述过了。这就是：

弘扬"一带一路"精神，首先就是要弘扬各种文明相互沟通、相互交流、相互借鉴的精神。每一种文明都是世界文明的组成部分，人类文明没有高低优劣之分，因为平等交流而变得丰富多彩，正所谓"五色交辉，相得益彰；八音合奏，终和且平"。全球的和谐、全球的发展、全球的幸福，都蕴含在这种相互借鉴之中。

弘扬"一带一路"精神，就是要弘扬对话不对抗的精神。在"一带一路"的共建中，中国坚持以开放包容心态看待对方，用对话交流代替冲突对抗，创造了不同社会制度、不同信仰、不同文化传统的国家和谐相处的典范。中国将继续毫不动摇支持每个国家维护民族文化传统，反对一切针对特定民族和宗教的歧视和偏见。中国将同世界各国一道努力，倡导文明宽容，防止极端势力和思想在不同文明之间制造隔阂，制造断层线。

弘扬"一带一路"精神，就是要弘扬尊重各国依据本国的具体情况进行制度和道路选择的精神。"履不必同，期于适足；治不必同，期于利民。"一个国家发展道路合不合适，只有这个国家的人民才最有发言权。不能要求所有花朵都变成紫罗兰这一种花，也不能要求有着不同文化传统、历史遭遇、现实国情的国家都采用同一种发展模式。否则，这个世界就太单调了。中国愿同所有国家分享治国理政经验，从各自古老文明和发展实践中汲取智慧。

弘扬"一带一路"精神，就是要弘扬共商、共治、平等、合作、共赢、共享精神。在"一带一路"的共建中，中国追求的是共同发展。可以说，"一带一路"是互利共赢之路，它将带动各国经济更加紧密结合起来，推动各国基础设施建设和体制机制创新，创造新的经济和就业增长点，增强各国经济内生动力和抗风险能力。中国的目标是既要让自己过得好，也要让别人过得好。中国要大力加强与沿路各国的务实合作，做互利共赢的好伙伴。当今，中国和许多发展中国家都处在关键发展阶段，面临前所未有的机遇和挑战。中国希望每个国家都能提出符合本国国情的发展目标，确保经济长期稳定发展，实现国家繁荣富强和民族振兴。在全面加强务实合作中，中国将支持沿路各国将经济互补优势转化为务实合作优势、持续增长优势，打造互利共赢的利益共同体。

弘扬"一带一路"精神，就是要弘扬公平正义、坦诚相待的精神。中国坚定世界热点地区的和平进程，中国将以建设性姿态参与地区事务，主持公道、伸张正义，同世界各国一道，推动通过对话找到各方关切的最大公约数，为妥善解决地区热点问题提供更多公共产品。中国提倡加强政治沟通和政策沟通，提倡彼此之间坦诚相待，不惧怕分歧、不回避问题，就各自外交政策和发展战略进行充分交流，增进政治互信，促进战略对接，为沿路国家的合作提供政策助力。

上述这些精神在具体实践中就表现为各种规则或原则。比如，如下这些原则，就是"一带一路"精神实践中的原则。这些原则都是符合人的本性、符合追求人类幸福、符合处于相互依存的全球人愿望的德性原则。这些原则的实施，就具体体现着道德的力量，体现着道德的自信。

比如，共商、共建、共治、共赢、共享原则。构建全球人类命运共同体是世界和平发展的、涉及众多国家的世界性工程，需要世界所有国家的共同参与和世界所有攻击的大力支持，才能得以实现。共商，就是集思广益，好事大家商量着办，使人类命运共同体建设兼顾双方利益和关切，体现双方智慧和创意。共建，就是各施所长，各尽所能，把双方的优势和潜能充分发挥出来，聚沙成塔，积水成渊，持之以恒加以推进。共享，就是让建设成果更多更公平惠及沿路各国人民，打造沿路国家的利益共同体和命运共同体。

比如，相互尊重和公平正义原则。毋庸讳言，构建全球人类命运共同体需要大国做出更多贡献，贡献更多的公共产品。但对大多数国家来说，应当遵循相互尊重和公平正义的原则。人类命运共同体既是对权力政治的超越，也是对国家利益至上、局部利益至上、集团利益至上的超越。因此，在构建人类命运共同体的过程中，也就是在实现这种超越的过程中，各国都需要遵循相互尊重和公平正义的原则，在实践中实现国家利益、集团利益和全人类利益的一致性。

比如，脚踏实地，讲究实效原则。构建全球人类命运共同体，既要登高望远、更要脚踏实地。登高望远，就是要做好顶层设计，规划好方向和目标，依据沿路各国的具体优势，构建切实可行的合作共建格局。诸如，有的是以能源合作为主轴，深化油气领域全产业链合作，维护能源运输通道安全，构建互惠互利、安全可靠、长期友好的能源战略合作关系；有的是以基础设施建设、贸易和投资便利化为两翼，加强在重大发展项目、标志性民生项目上的合作，为促进双边贸易和投资建立相关制度性安排；有的则是以核能、航天卫星、新能源三大高新领域为突破口，通过设立技术转移中心，努力提升务实合作层次。脚踏实地，就是要争取早期收获。只要是有共识、有基础的项目，都应该加快协商和推进，争取成熟一项实现一项。构建人类命运共同体建设越早取得实实在在的成果，就越能调动各方面积极性，发挥引领和示范效应。

比如，独立自主和世代友好原则。构建全球人类命运共同体所需要的是，各国都要在相互尊重主权的前提下，做真诚互信的好朋友，做和谐和睦的好邻居。中国向各国承诺，中国坚持走和平发展道路，坚定奉行独立自主的和平外交政策。中国尊重各国人民自主选择的发展道路和奉行的内外政策，决不干涉别国内政。中国不谋求地区事务主导权，不经营势力范围。中国愿同世界所有国家加强沟通和协调，共同为建设和平、和谐、发展、共赢的人类命运共同体做出不懈努力。如果其他国家都能够这样做，那么人类命运共同体的构建就会顺利多了。

比如，为各国人民谋福祉的原则。构建全球人类命运共同体需要各国都能以更宽的胸襟、更广的视野，拓展区域合作，在为全球人谋福祉的道路上共创新的辉煌。当前，世界经济融合加速发展，区域合作方兴未艾。欧亚地区已经建立起多个区域合作组织。比如欧亚经济共同体和上海合作组织成员国、观察员国地跨欧亚、南亚、西亚，通过加强上海合作组织同欧亚经济共同体合作，可以获得更大发展空间。而构建人类命运共同体的实施，可以使欧亚各国经济联系更加紧密、相互合作更加深入、发展空间更加广阔。中国主张，各国的发展都应该以为广大人民谋福祉为基本目标。中国提出的要用创新合作的发展模式，提出的共同建设人类命运共同体战略，这都是造福于沿途各国人民、造福全球人民的大事业。

比如，求同存异原则。构建全球人类命运共同体需要各国都有恪守联合国宪章的宗旨和原则，遵守中国提出的和平共处五项原则，坚持开放合作，坚持和谐包容。倡导文明宽容，求同存异，尊重各国发展道路和模式的选择，加强不同文明之间的对话，求同存异、兼容并蓄、和平共处、共生共荣。构建人类命运共同体实施中的一切重大问题，都应当共同商量着办，都应该遵循市场规律和国际通行规则，在坚持互利共赢原则基础上，兼顾各方利益和关切，寻求利益契合点和合作最大公约数，体现各方智慧和创意，各施所长，各尽所能，把各方优势和潜力充分发挥出来。

上述这些原则，都是构建全球人类命运共同体、构建新的世界秩序应当遵循的德性原则，得到了大多数国家和人民的赞同。相信构建全球人类命运共同体的事业总会乘风破浪，一往而无不胜。这也是道德力量、道德自信的基础。

四　共同的事业和共同参与的平台

构建全球人类命运共同体作为追求全球人幸福的伟大创举，自然是全球人的一项共同事业，需要全球人的参与，需要有全球人参与的平台。所谓平台，就是为推进人类命运共同体建设、吸纳全球人参与的宣传、组织、实践和进行具体活动的场所。不言自明，在国际社会现实中，以主权国家参与的共同体平台，多种多样。从规模上看，有大有小，有地区性的、有全球性的。从内容上看，有综合的、政治的、经济的、军事的等。值得注意的是，这些平台有的是构建全球人类命运共同体的平台，有的是构建地区人类命运共同体的平台，有的则是对抗或破坏人类命运共同体的平台。虽然有些平台不是专为构建全球人类命运共同体的平台，但却是构建全球人类命运共同体可以加以改造和利用的平台。

公德之路和新创举的开端

人类命运共同体思想，是中国倡议的"一带一路"的灵魂。也可以说，"一带一路"是构建全球人类命运共同体的开端，也是构建全球人类命运共同体具体实践的最大的平台，更是当今推动构建全球人类命运共同体的最大力量。"一带一路"倡议的魅力，在于它的德性，在于它是追求平等合作、共商共建、共赢共享的幸福之路。平等合作、共商共建、共赢共享，正是"一带一路"德性的核心。这一倡议提出后，正因为沿路各国亲身感到，它是共同商量，共同建设，共同治理、共同发展、共同繁荣、共赢共享之路，是文明之路。中国在"一带一路"建设中提出的人类命运共同体思想，正是这文明之路的体现。在某种意义上，共同体思想还体现着马克思的自由人联合劳动的思想。这一思想，是习近平同志在世界形势千变万化的局面中提出来的，它的现实意义无疑是深远而巨大的、不言自明的。

发展，是人类社会永恒的主题，也是构建全球人类命运共同体的根本保障。但在人类命运相依的今天，发展不能是一个国家的发展，也不能是少数几个国家的发展，而必须是所有国家的共同发展。习近平同志指出："国家不分大小、强弱、贫富，都是国际社会平等成员，理应平等参与决策、享受权利、履行义务。"一带一路所倡导和追求的，就是和平发展、平等发展、互相尊重的超越单边主义的共同发展。

实践证明，只有发展才能保障各国人民的基本权利，满足各国人民对美好生活的热切向往。"一带一路"所倡导的共建全球人类命运共同体，不仅要坚持公平发展，让发展机会更加均等，使各国都能做世界发展的参与者、贡献者、受益者；而且要坚持开放发展，反对各种形式的保护主义，单边主义，实现共商、共建、共赢、共享，让发展成果更多更好惠及各国人民；还要坚持全面发展，让发展基础更加坚实，努力实现经济、社会、环境协调发展，实现世界的可持续发展和人的全面发展。显然，在新形势下，只有打造共同发展平台，才能为构建人类命运共同体注入源源不断的动力。

然而,"一带一路"的这些新的文明,将对沿路各国人民带来哪些实际福祉,中国积极倡议"一带一路"的真正用意是什么,具体要怎么做等,沿路各国人民并非都了解,需要进行深入广泛的宣传,以排除各种疑虑。诚然,中国倡议"一带一路"的根本目的,是要弘扬丝路精神,促进各种文明的互鉴,促进各国经济的共同发展;就是要进一步扩大对外开放,要以更完善、更具活力的开放经济体系,全方位、多层次发展国际合作,扩大同各国各地区的利益汇合、互利共赢,为世界经济的发展,为世界人民的福祉,做出更多贡献。

共建"一带一路"虽然是中国的倡议,但同时也是中国与沿线国家的共同愿望,体现了沿路各国的共同要求。作为人类命运共同体的构建,它既是一个平台,也是起点和试点。站在"一带一路"的起点上,中国愿与沿线国家一道,以共建"一带一路"为契机,平等协商,相互借鉴,兼顾各方利益,反映各方诉求,携手推动更大范围、更高水平、更深层次的大开放、大交流、大融合、大合作。并以此共同推进整个人类文明的大发展,推进全球人类命运共同体的构建。

中国领导人承诺:中国愿与沿线国家一道,不断充实、完善"一带一路"的合作内容和方式,共同制定时间表、路线图,积极对接沿线国家发展和区域合作规划;中国愿与沿线国家一道,在既有多边和区域次区域合作机制框架下,通过合作研究、论坛展会、人员培训、交流访问等多种形式,促进沿线国家对共建"一带一路"内涵、目标、任务等方面的进一步理解和认同;中国愿与沿线国家一道,稳步推进示范项目建设,共同确定一批能够照顾多边利益的项目,对各方认可、条件成熟的项目抓紧启动实施,争取早日开花结果。

至今的实践已经证明,"一带一路"的确是一条互尊、互信之路,一条和平合作之路,一条文明互学互鉴之路,一条互利共赢之路，一条开放包容之路，一条共同幸福之路。只要沿线各国和衷共济、相向而行，就一定能够谱写好"一带一路"建设的新篇章，让沿线各国人民在共商、共建中，在互信、互鉴中，在合作共赢中，共享"一带一路"建设的丰硕文明成果。从而为全球人类命运共同体的构建，提供经验和样板间。

在当今不同文明共处的"地球村"中，探索全球治理问题是人类文明发展中最重要、最困难也是非解决不可的问题。而"一带一路"的一个突出特征，就是沿路各国文化的多样性和由此带来的合作机制的多元化。"一带一路"就是世界的一个缩影。基于这种多样性和多元化特征，基于"一带一路"坚持的基本原则是尊重国家主权，所以在"一带一路"战略实施中所坚持的共商、共建、共赢、共享、共治，就能为整个世界提供实践经验。

"一带一路"倡导的共治，也就是参与国在民主、平等协商基础上的共治，是一种新的文明，是中国的创新和中国社会的本质属性，它体现着全球治理的民主化，是对霸权治理的革命。美国特朗普政府的所言所行告诉人们，霸权主义是不会甘心退出历史舞台的，霸权主义的干扰和破坏，反对霸权主义的斗争，始终是构建人类命运共同体面对的最大挑战。

"一带一路"作为全球人类命运共同体构建的起点和最具典型意义的平台，其所遵从的宗旨和原则，就是构建全球人类命运共同体宗旨和原则，也是全球治理的宗旨和原则。"一带一路"沿线国家的多元化特征，首先源于沿路各国的特殊性。"一带一路"沿路各国政治、经济、历史、文化、信仰的差异性，是全世界较为突出的。因此，正如有不少学者所说的，在"一带一路"的合作中，短期内不可能形成统一的机制化的制度安排，只能按照亲诚惠容的理念，采取多元化开放性的合作机制和多种灵活形式。多元化当然不仅涵盖合作内容的多元化，也包括合作机制的多元化。因此，未来的"一带一路"并不寻求成为一个统一的自由贸易区，当然也不寻求以统一的规则与机制约束所有参与者的行为。

"一带一路"沿路国家的多样性或差异性表现在许多方面：第一，经济发展水平的多样性和差异性非常明显。人们都知道，"一带一路"沿路涵盖的国家，既有社会主义国家，也有资本主义国家，既有发达国家，又有发展中国家，还有最不发达国家。其经济发展水平的差异之大，令人吃惊。这种差异性不仅会影响合作的动机，合作的方式，而且会影响合作的质量。第二，政治体制的多元化非常突出。"一带一路"沿路国政治体制多元化，也是世界最为突出的。尽管这种政治体制的多元化不再呈现出两大阵营相互对抗态势，但它仍然是影响合作发展的重要因素。第三，是宗教与文化差异非常巨大。"一带一路"沿路国汇聚了世界三大宗教：基督教、伊斯兰教与佛教。毋庸置疑，宗教与文化的差异对国家关系与经济合作都有很大的影响。也就是说，在这种多样性和差异性的状况下，"一带一路"只能采取亲诚惠容的理念和原则，搭建一个合作的平台，在这个平台上，只要是能促进和平发展，能获得实效，能使国家和人民得到实惠的合作项目，都可以开展。

这种差异性，就带来了"一带一路"治理中的极其复杂性和很多难题。解决这些难题，当然不能用旧的、帝国主义或霸权主义那一套，不能用旧的零和博弈的思维或冷战思维。在"一带一路"治理中，则要求要用新理念、新道路、新逻辑、新思维来解决所有问题。这种对接或相互联结的性质，就决定了它的治理是一个互动、双向或多向发生的过程。可见，"一带一路"的治理，实际上是全球治理的缩影，它的成功，将为全球治理摸索出一条正确的道路。

显然，由中国与世界的深度对接或对接的这种性质决定，"一带一路"的合作方案和治理方案都应当是中国与沿路国的共同合作的方案，而不是中国自己单独推进的方案，也不是中国强制推行而其他国家被迫接受的霸权方案，更不是中国将自己的战略意志强加给世界的方案。"一带一路"倡议中，中国提出的许多新思想、新理念、新思路、新逻辑、新原则，都是中国在研究、吸取西方国家崛起过程中的一系列教训而阐发的，都旨在避免走西方帝国主义、殖民主义、霸权主义的老路。在"一带一路"倡议中，中国就是要向世界证明，中国的复兴，中国推行的"一带一路"倡议，与西方国家过去走向世界的战略思维是有本质不同的。这种不同，突出表现在要改写历史，而决不走霸权主义道路上。中国作为社会主义国家，其融入国际社会，其融合式崛起的逻辑，恰恰是平等合作，永不称霸。这当然是西方一些人无论如何也无法理解的。

中国在"一带一路"倡议中，其一直坚持的和平共处五项原则，坚持和平发展、平等合作和互利共赢原则，坚持包容互鉴思想和亲诚惠容理念，坚持搭便车思想和惠及让利精神，都体现着文明多样性的现实和要求。构建人类命运共同体，需要用东方智慧，东方文明，妥善化解"一带一路"建设中不同文明带来的各种矛盾和分歧，特别是在政治理想、经济利益、文化追求等方面的矛盾和分歧。只要各国都本着相互尊重主权和领土完整，本着互信、包容和求同存异的精神，构建"一带一路"建设中的新机制和新秩序，一定会为全球的治理开创出一条更公平、更合理、更有效、更文明的新路子。

越来越多的人认识到，中国选择和平发展，选择合作共赢，选择与世界深度互动的新型链接范式本身，就是对人类历史的某种超越。它昭示了这样的道理：一个崛起的大国，一定不能走对外扩张和称霸的老路，这不仅是历史规律的体现，更是中国对人类未来所担负的高度责任和神圣使命。中国人深知，当今的国际社会复杂多变，世界上还存在很多不确定甚至危险的因素，还存在着霸权主义、强权政治和不合理的国际秩序，因此，中国必须在为广大人民谋福祉这一基本目标下，用最直接、最简洁、最明了和最淳朴的理念、方式和行动告诉世界，只有通过持久的、深度的、全面的和真诚的国际合作，只有世界所有国家都走上和平发展的道路，这个世界才会变得安宁、和谐、幸福和繁荣。

在"一带一路"体现的文明中，除了那些体现人类文明发展方向的理念之外，更重要的是人心聚集。从"五通"构思中我们就可以看出来，在"一带一路"治理中，既重视机制建设，更重视民心的沟通。比如，如学者们说的，"一带一路"在打造命运共同体为目标的合作安排中，多元平等合作，与以自贸区为代表的现有区域合作机制不同，这种以开放多元的特征推进区域合作进程，也可能成为最终推动全球贸易投资自由化的一个新途径。而多元合作治理成功之关键，是民心通，是广大人民的认同、积极拥护和支持。

人们能够悟到，"一带一路"中提出的"五通"，作为多元合作的、可以实现的目标，就体现了国心、民心沟通的特别重要性。五通即贸易畅通、道路联通、货币流通、政策沟通、民心相通。如果说传统的自贸区协定可以通过促进贸易投资自由化实现贸易畅通的话，那么道路联通、货币流通、政策沟通显然已经超越了传统自贸区的合作范围。至于民心相通则更不是单独依靠现行的区域贸易协定所能达到的目标。当然，如有学者所说的，在"一带一路"中，无论是坚持与邻为善、以邻为伴，坚持睦邻、安邻、富邻，还是亲诚惠容，都不是纯粹的经济合作所能涵盖的。如何把这种新理念落到实处，同样需要我们超越传统的自贸区合作机制，探索新的、多种形式的合作机制。实际上，在"一带一路"倡议的初步实施中，已经创造出了不少独具特色、很有价值的机制。

比如，以互联互通为基础的合作机制，以产业园区为载体的合作机制，以海洋为基础的多重合作机制，区域金融合作机制，经济发展政策合作机制等。这些机制秉持开放性的合作精神，致力于维护全球自由贸易体系和开放型世界经济体系，无疑是世界各国和各国人民的愿望。"一带一路"建设把自己的宗旨定为促进经济要素有序自由流动、资源高效配置和市场深度融合，推动沿线各国实现经济政策协调，开展更大范围、更高水平、更深层次的区域合作，共同打造开放、包容、均衡、普惠的经济合作架构，无疑也是世界民心所向。共建"一带一路"不仅符合国际社会的根本利益，而且彰显了人们的共同理想和美好追求，是国际合作以及全球治理新模式的积极探索，将为世界和平发展增添新的正能量。

平台的多样性和力量的集结

构建全球人类命运共同体，既然是世界各国共同的事业，那么就需要发挥有志构建人类命运共同体所有智慧，集结所有国家、所有国际组织、国际机构的力量，携手推进构建全球人类命运共同体的伟大进程。在当今国际社会，构建人类命运共同体可以利用的或在全球人类命运共同体构建中能起作用的平台很多，只是所起作用的大小和意义不同，所以，关键在于科学、巧妙地利用。

比如，中国直接倡导和参与的"一带一路"平台，是当前构建人类命运共同体最主要、最有价值的平台。它在构建人类命运共同体中自然起有较大的作用，特别是起有带头作用和示范效应，这在上节已有论述。除此之外，由中国倡导和直接参与的，还有上海合作组织平台，金砖国家平台，博鳌亚洲论坛平台，以及金融平台等。它们作为一个平台，以自己的优势，在构建全球人类命运共同体中都起有积极作用。

关于上海合作组织的作用，我们从它的宗旨、精神和原则中便可以看出来。根据上海合作组织成立时的宣言，上海合作组织的宗旨和任务是：加强成员国的相互信任与睦邻友好；维护和加强地区和平、安全与稳定，共同打击恐怖主义、分裂主义和极端主义、毒品走私、非法贩运武器和其他跨国犯罪；开展经贸、环保、文化、科技、教育、能源、交通、金融等领域的合作，促进地区经济、社会、文化的全面均衡发展，不断提高成员国人民的生活水平；推动建立民主、公正、合理的国际政治经济新秩序；上海合作组织遵循的主要原则是：恪守《联合国宪章》的宗旨和原则；相互尊重独立、主权和领土完整，互不干涉内政，互不使用或威胁使用武力；所有成员国一律平等；平等互利，通过相互协商解决所有问题；奉行不结盟、不针对其他国家和组织及对外开放原则。

上海合作组织的宗旨和原则，集中体现"上海精神"上，即"互信、互利、平等、协商、尊重多样文明、谋求共同发展"。"上海精神"体现了人类命运共同体的精神，体现了成员国的共同利益，是几年来合作中积累的宝贵财富，应继续发扬光大，使之成为21世纪上海合作组织成员国国家关系的基本准则。"上海精神"与构建人类命运共同体的精神，是完全一致的。

习近平在2018年上合组织青岛峰会的讲话中，对上海精神做了充分肯定和新的阐述。习近平强调，要弘扬"上海精神"，要加强团结协作，坚持互信、互利、平等、协商、尊重多样文明、谋求共同发展，深化团结互信，加大相互支持，推进安全合作，推动上海合作组织实现新发展，构建更加紧密的命运共同体，为维护世界和平稳定，促进人类发展繁荣做出新的更大贡献。因为"上海精神"体现了和平共处五项原则的发展，所以也是建立国际新秩序的旗帜。

"上海精神"表达了各成员国人民的共同愿望，顺应了和平与发展的时代主流，符合各成员国共同的发展利益。"上海精神"不仅反映了新型的国家关系，而且体现了先进的文明交流形态。人类的许多悲剧都源于彼此的不信任以及对文明的不尊重。"上海合作组织"集中了两百多个民族，文明属性各不相同。在这样一种广大的国际生存空间中，各个民族国家在忠于自己文明与文化传统的同时，对其他文明形态保持了应有的尊重和理解。这样一个庞大的民族群体保持一种宽容的文明心态，与各种文明进行真诚而开放的交流，无疑对该组织的健康发展发挥了深厚的文化影响，该组织各成员国平等相待，相互尊重对方的宗教信仰，形成了各种文明平等交流的局面，为促进人类文明的进步与发展提供了生动的范例。

金砖国家合作平台，也是构建全球人类命运共同体的很好的平台。金砖国家合作的宗旨，是遵循开放透明、团结互助、深化合作、共谋发展原则，坚持开放、包容、合作、共赢的金砖国家精神，致力于构建更紧密、更全面、更牢固的伙伴关系。只要是旨在谋求和平发展，谋求人民幸福，坚持平等合作，坚持共赢共享，坚持开放包容的合作，都是有利于构建全球人类命运共同体的合作，都是值得积极支持、积极参与的合作。

2017年，金砖国家第九次峰会在中国厦门举办。再次强调了金砖国家合作精神，这就是深化务实合作，促进共同发展；加强全球治理，共同应对挑战；开展人文交流，夯实民意基础；推进金砖国家遵循开放透明、团结互助、深化合作、共谋发展原则和"开放、包容、合作、共赢"的精神，致力于构建更紧密、更全面、更牢固的伙伴关系。可见，金砖国家合作的宗旨，合作的精神，也与人类命运共同体宗旨和精神相一致，应当支持其发展和壮大。

2018年，习近平在金砖国家南非峰会工商分会上的讲话中再次强调，金砖国家要顺应历史大势，把握发展机遇，合力克服挑战，为构建新型国际关系、构建人类命运共同体发挥建设性作用。习近平说："未来10年，将是全球治理体系深刻重塑的10年。世界多极化、经济全球化在曲折中前行，地缘政治热点此起彼伏，恐怖主义、武装冲突的阴霾挥之不去。单边主义、保护主义愈演愈烈，多边主义和多边贸易体制受到严重冲击。要合作还是要对立，要开放还是要封闭，要互利共赢还是要以邻为壑，国际社会再次来到何去何从的十字路口。全球治理体系的走向，关乎各国特别是新兴市场国家和发展中国家发展空间，关乎全世界繁荣稳定。"

习近平提出，金砖国家要进一步坚持合作共赢，建设开放经济；坚持创新引领，把握发展机遇；坚持包容普惠，造福各国人民；坚持多边主义，完善全球治理。习近平强调，现行国际秩序并不完美，但只要它以规则为基础，以公平为导向，以共赢为目标，就不能随意被舍弃，更容不得推倒重来。金砖国家要坚定奉行多边主义，敦促各方切实遵守共同制定的国际规则，坚持大小国家一律平等，大家的事商量着办，反对霸权主义和强权政治。

在中国倡导的构建人类命运共同体的平台中，还有一个重要平台，就是金融合作平台。比如亚投行平台、上合组织开发银行平台、金砖国家开发银行平台、丝路基金平台等。特别是亚投行作为政府间的多边开发机构，已经有100个正式成员国，涵盖亚、欧、非、大洋洲、南美洲。亚投行的宗旨是：以基础设施及其他生产性领域的投资，促进亚洲经济可持续发展、创造财富并改善基础设施互联互通；与其他多边和双边开发机构紧密合作，推进区域合作和伙伴关系，以应对发展挑战。

作为一家新成立的多边开发银行，它通过融资支持，不仅对推动亚洲的合作和发展，而且对推动世界的合作和发展都有积极作用；所以，受到世界大多数国家的点赞。亚投行在治理结构、环境和社会保障政策、采购政策、借款国财政可持续性评价，以及包括基础设施领域投资等方面，将充分借鉴现有多边开发银行通行的成功经验和好的做法，同时寻求更好的标准，制定严格并切实可行的高标准保障条款，避免重蹈现有国际金融体系走过的弯路，以降低成本，提高运营效率，更好地为成员国服务，努力将亚投行打造成一个实现各方互利共赢和专业、高效的基础设施投融资平台。

亚投行的创建，不仅是全球治理、建立国际新秩序探索中的一个创举，也是构建人类命运共同体的重要内容。然而，固守国际金融旧秩序的美国却故意歪曲它的用意，抹黑中国，试图浑水摸鱼。其实，中国政府反复重申：亚投行与现有多边开发银行是互补而非竞争关系。现有的世界银行、亚洲开发银行等多边开发银行，其重点目标都是发放扶贫贷款，而亚投行的业务领域，则重在基础设施建设投资。创建亚投行的出发点不是一己之私，而是满足亚洲国家在新形势下寻找新的经济增长点的需要和共同心愿，是为了回应亚洲人民对改善基础设施、改善生存发展空间的强烈愿望。

世界各国，包括美国和日本在内，口头上都说欢迎中国全面参与建构21世纪的国际秩序，然而，它们对亚投行的排斥态度，暴露了其心术不正和歹意。一个众所周知的事实是，当前的国际金融治理体系，主要是由以美国为首的西方发达国家主导的，新兴经济体长期处于边缘地位，这与新兴经济体的经济地位极不相称。美国为维护其主导地位，一直拖延国际货币基金组织投票权份额改革，拒绝给予中国等新兴经济体更多份额。在此背景下，亚投行的诞生对促进全球金融治理民主化的意义当然是不言而喻的。

世界越来越多的人已经看到，随着经济实力和参与全球治理能力的不断增强，中国希望推动国际金融体制改革，为建立更加公正合理的国际金融秩序做贡献。事实上，创建亚投行、设立丝路基金、上合组织开放银行、金砖国家开发银行等这些重大举措，实际上不仅是中国，同时是新兴经济体国家参与全球金融治理的重要步骤。当然，如学者们所说的，中国和新兴经济体国家参与国际秩序变革，不是要用一种话语替代、征服、消除其他话语，而是一个共同进化的过程，即相互学习和借鉴、互为生成条件、互为变化条件、形成新的生命合体的过程。比如，亚投行吸引主要欧洲国家加入，这仅仅是成功的第一步，而接下来能否成功运营才是关键。要想成功运作一个复杂的多边金融组织，这需要中国人的聪明智慧，需要中国在汲取已有经验基础上，以创新的姿态，尽快掌握这一大国必备技能。世人都相信，在中国创新的一系列新理念指引下，加上中国在金融管理方面的成功经验，亚投行成为世界平等合作、互利共赢治理的典范和标志，已经指日可待。

可想而知，要构建全球人类命运共同体，就需要有全球人的共识。有了共识，才能有共建。所以，建立各种形式的论坛，为对构建全球人类命运共同体的各种问题，通过进行讨论、辩论取得共识，就显得异常重要。博鳌亚洲论坛就是这种论坛。它的宗旨是为建设一个更加繁荣、稳定、和谐相处，并与世界其他地区和平共处的新亚洲，提供一个平台，以求对亚洲的发展和整个世界的发展做出贡献。

2018年的年会上，习近平所做的主旨演讲中，对论坛的作用给予了很高的评价。习近平说："博鳌亚洲论坛成立以来，立足亚洲，面向世界，在凝聚亚洲共识、促进各方合作、推进经济全球化、推动构建人类命运共同体等方面建言献策，提出许多富有价值的'博鳌方案'，做出了积极贡献。"

习近平还特别从民生的角度强调了构建人类命运共同体的伟大意义。习近平说："放眼全球，当今世界正在经历新一轮大发展大变革大调整，人类面临的不稳定不确定因素依然很多。新一轮科技和产业革命给人类社会发展带来新的机遇，也提出前所未有的挑战。一些国家和地区的人民仍然生活在战争和冲突的阴影之下，很多老人、妇女、儿童依然饱受饥饿和贫穷的折磨。气候变化、重大传染性疾病等依然是人类面临的重大挑战。开放还是封闭，前进还是后退，人类面临着新的重大抉择。"

习近平说："从顺应历史潮流、增进人类福祉出发，我提出推动构建人类命运共同体的倡议，并同有关各方多次深入交换意见。我高兴地看到，这一倡议得到越来越多国家和人民欢迎和认同，并被写进了联合国重要文件。我希望，各国人民同心协力、携手前行，努力构建人类命运共同体，共创和平、安宁、繁荣、开放、美丽的亚洲和世界。"为了构建人类命运共同体，习近平还提出了五个面向未来的思想。这就是：

面向未来，我们要相互尊重、平等相待，坚持和平共处五项原则，尊重各国自主选择的社会制度和发展道路，尊重彼此核心利益和重大关切，走对话而不对抗、结伴而不结盟的国与国交往新路，不搞唯我独尊、你输我赢的零和游戏，不搞以邻为壑、恃强凌弱的霸道强权，妥善管控矛盾分歧，努力实现持久和平。

面向未来，我们要对话协商、共担责任，秉持共同、综合、合作、可持续的安全理念，坚定维护以联合国宪章宗旨和原则为核心的国际秩序和国际体系，统筹应对传统和非传统安全挑战，深化双边和多边协作，促进不同安全机制间协调包容、互补合作，不这边搭台、那边拆台，实现普遍安全和共同安全。

面向未来，我们要同舟共济、合作共赢，坚持走开放融通、互利共赢之路，构建开放型世界经济，加强二十国集团、亚太经合组织等多边框架内合作，推动贸易和投资自由化便利化，维护多边贸易体制，共同打造新技术、新产业、新业态、新模式，推动经济全球化朝着更加开放、包容、普惠、平衡、共赢的方向发展。

面向未来，我们要兼容并蓄、和而不同，加强双边和多边框架内文化、教育、旅游、青年、媒体、卫生、减贫等领域合作，推动文明互鉴，使文明交流互鉴成为增进各国人民友谊的桥梁、推动社会进步的动力、维护地区和世界和平的纽带。

面向未来，我们要敬畏自然、珍爱地球，树立绿色、低碳、可持续发展理念，尊崇、顺应、保护自然生态，加强气候变化、环境保护、节能减排等领域交流合作，共享经验、共迎挑战，不断开拓生产发展、生活富裕、生态良好的文明发展道路，为我们的子孙后代留下蓝天碧海、绿水青山。

显然，这五个面向未来正是构建人类命运共同体的重要内容。如习近平说的，中国人民将继续与世界同行、为人类做出更大贡献，坚定不移走和平发展道路，积极发展全球伙伴关系，坚定支持多边主义，积极参与推动全球治理体系变革，构建新型国际关系，推动构建人类命运共同体。

从习近平的讲话中我们不难悟出，博鳌亚洲论坛是我们宣传推动构建人类命运共同体的很好的平台。应当努力把它办好，扩大它在世界的影响。总之一句话，凡是有利于全球人类命运共同体构建的一切平台，有利于全球人类命运共同体构建的一切话语、行为，只要是有利于构建全球人类命运共同体的正能量，都要积极支持，大力弘扬。

成效初显和未来光明

构建全球人类命运共同体作为全球人共同的伟大事业，面临众多现实挑战和艰难险阻。在全球治理中，构建全球人类命运共同体虽然是中国提出的方案，但它却体现着全球人民的意志。方案的实施，却需要与其他国家、国际组织、国际机构、跨国公司、非政府组织等进行合作，共同努力，才能实现。而如何与其他国家、国际组织、国际机构等进行合作，这就是个非常复杂和艰巨的任务。

就当今的现实看，要其他国家、国际组织、国际机构参与，要同它们合作，首先的一条，是取得共识。所以，利用一切可以利用的平台，利用可以利用的一切机会，向全球宣传构建全球人类命运共同体的含义、人民性、道德性、美好性、必然性，使全球人都能明白，它关系到自己的幸福，关系到人类的未来，从而心悦诚服地加入构建全球人类命运共同体伟大事业，并为能加入这一伟大事业而自豪和骄傲。

可见，搞好宣传是当务之急。宣传当然分两个方面，一个是话语宣传，一个是实践宣传。在话语宣传中，应当利用一切可以利用的讲台，利用一切可以利用的机会，使构建人类命运共同体成为一种公价值观，一种值得为之奋斗的公信仰，成为理论研究的高端和热门的话题。

当今世界可利用的讲台很多，但有影响的全球性的讲台，就是联合国及其下属机构。除了联合国之外，还有许多其他国际组织和国际机构，诸如世界贸易组织、国际货币基金组织、世界银行、世界人权组织、世界卫生组织，还有20国集团等，这些都是全球性的大讲坛，都可以进行国际全球人类命运共同体的宣传。

毋庸置疑，联合国及其下属组织既是全球治理的重要组织机构，也是宣传构建全球人类命运共同体最大和最好的场所。在联合国这个大讲台上，宣传构建全球人类命运共同体还有双重性：一是向全球人宣传构建全球人类命运共同体，一是向联合国治理人员宣传构建全球人类命运共同体。只有联合国治理人员接受了人类命运共同体思想，才能通过联合国，在全球扩大构建全球人类命运共同体的力量。

联合国的宪章和宗旨，联合国的原则，都是构建全球人类命运共同体所追求的。在联合国及其下属组织搭建的平台上，各个国家和地区平等参与决策，共同完善全球治理，这也是构建人类命运共同体所需要的。充分发挥联合国及其组织在全球治理中的特殊作用，坚定维护联合国权威和地位，继承和弘扬联合国宪章的宗旨和原则，当然是构建全球人类命运共同体的重要任务。此外，在充分利用联合国及其组织长期以来在全球治理方面积累的成功经验基础上，结合时代发展和形势变化，推动联合国及其组织改革创新，使其运转在构建全球人类命运共同体的轨道，以避免人类命运共同体建设陷入无组织、无秩序状态，这尤为重要。

2018年4月8日，中国国家主席习近平在北京人民大会堂会见联合国秘书长古特雷斯时指出，"国际上的问题林林总总，归结起来就是要解决好治理体系和治理能力的问题。我们需要不断推进和完善全球治理，应对好这一挑战"。统筹推进经济、政治、文化、社会、生态文明这五个方面的建设，把为人民谋幸福，为世界谋大同，有机结合起来，形成一条融社会治理、国家治理和全球治理为一体的治理之道，这是构建全球人类命运共同体的必由之路。

习近平说：人民对美好生活的向往，就是我们的奋斗目标。构建人类命运共同体所遵循的，正是这句话。构建人类命运共同体所谋求的，正是全球人对全球能长治久安、和平发展、共同繁荣和共同幸福的美好向往。在具体方式方法上，人类命运共同体建设是开放的、包容的，欢迎世界各国和国际、地区组织积极参与，强调平等协商，兼顾各方利益，反映各方诉求，携手推动更大范围、更高水平、更深层次的大开放、大交流、大融合。

当今的国际社会，国际组织的数目不断增多，各类区域性组织纷纷设立，国家间经济组织的作用日益突出。全球治理体系，向着多层次、宽领域、多元主体化的方向迈进。这些国际组织的活动，国家之间多种合作的开展，都为全球治理机制和规则的完善积累了许多宝贵经验。这些经验都是构建人类命运共同体的宝贵镜鉴。

人类共同行动、互助合作的意识，往往同人的文明程度和素质水平紧密联系。人类文明的发展、人的素质提高，人类命运共同体意识开始形成，并逐步普及强化，必将为人类命运共同体建设提供坚实的价值观支撑和思想基础。每个人的文明程度越发展、素质水平越提高，共同行动的意识就越自觉，互助合作的意愿就越强烈。人类越来越认识到：偏见、歧视、嫉妒、仇恨和战争，只会带来灾难和痛苦；相互尊重、平等相处、包容互鉴、和平发展、共同繁荣，才是人间正道。以此为基础，使相互依存的国际权力观、共同利益观、可持续发展观和全球治理观等逐渐强化，是人类命运共同体建设的重要思想基础。

构建全球人类命运共同体，绝不是简单的外交辞令，也不是抽象的、缥缈的空谈，更不是为国内发展争取和平发展环境的权宜之计，而是现实的、具体的、有纲领、有法理、有规则、有计划的伟大行动。它不仅以尊重国家利益、承认民族差异为前提，以国际法规、国际伦理为依据，还有自己的具体原则。比如，国家主权平等原则、不干涉内政原则、不诉诸武力原则、和平解决国际争端原则、善意地履行国际义务原则等，以及主权、公平、正义、民主、自由、法治等国际主义价值观。不同国家和地区既要在国际法规范围内共商合作大计、共谋全球幸福大事，也要以国际伦理规则来规范、评价彼此间的协商交流、互助互动，使人类命运共同体建设有法可依、有章可守、有规可循。

总之，无论从思想、理论、宣传方面或实践方面看，构建全球人类命运共同体的伟大事业初显成效。在国际社会，构建人类命运共同体的声音已经唱响。特别是"一带一路"建设，已经取得了显著成效。这都预示着，构建全球人类命运共同体作为全球人的向往，有着光明的前途，有着实现的必然性。然而，推进这一伟大事业，不仅需要中国人的力量，而且需要全球人的力量。力量来自高尚的信仰，力量来自价值观，如果没有共生信仰，没有平等合作、互利共赢、为人民谋幸福的价值观，构建全球人类命运共同体的事业就难以实现。而当今的现实是，要在全球树立这种信仰和价值观，的确是困难很多、挑战很多，任重而道远。

主要参考文献

［德］黑格尔:《历史哲学》,台台里仁书局1984年版。
［德］黑格尔:《法哲学原理》,商务印书馆1982年版。
［英］亚当·斯密:《道德情操论》,中国工人出版社2016年版。
［英］亚当·斯密:《国富论》,华夏出版社2005年版。
《罗素道德哲学》,九州出版社2004年版。
《康德道德哲学文集》,中国人民大学出版社2016年版。
［法］卢梭:《社会契约论》,商务印书馆1980年版。
［法］卢梭:《政治经济学》,商务印书馆1956年版。
［英］罗素:《伦理学与政治学中的人类社会》,中国社会科学出版社1992年版。
［美］约翰·罗尔斯:《正义论》,中国社会科学出版社2016年版。
［美］斯蒂芬·扬:《道德资本主义》,上海三联书店2010年版。
［美］海拉德·威尔则:《不平等的世界》,中国友谊出版公司2013年版。
［美］道格拉斯·多德:《不平等与全球经济危机》,中国经济出版社2011年版。
［美］理查德·哈斯:《失序时代》,中信出版社2017年版。
［法］托马斯·皮凯蒂:《21世纪资本论》,中信出版社2014年版。
［美］诺姆·乔姆斯基:《世界秩序的秘密》,译林出版社2015

年版。

［德］米歇尔·鲍曼：《道德的市场》，中国社会科学出版社2003年版。

［美］阿纳托尔·利文：《美国的正确与错误》，中信出版社2017年版。

［美］马克·莱文：《民主的假面：即将逝去的美国光环》，中信出版社2017年版。

［美］查默斯·约翰逊：《帝国的悲哀》，上海人民出版社2005年版。

［美］约翰·S.戈登：《伟大的博弈——华尔街金融帝国的崛起》，中信出版社2013年版。

［美］杰里米·里夫金：《同理心文明》，中信出版社2015年版。

［美］约瑟夫·乔飞：《美国的帝国诱惑》，台北：博雅书屋有限公司2007年版。

［美］詹姆斯·雷切尔斯：《道德的理由》，中国人民大学出版社2014年版。

房龙：《宽容》，长江文艺出版社2018年版。

［美］肯尼思·汤普森：《国际思想大师》，北京大学出版社2003年版。

［美］保罗·肯尼迪：《大国的兴衰》，求实出版社1988年版。

［美］塞缪尔·亨廷顿：《文明的冲突与世界秩序的重建》，新华出版社1998年版。

［美］罗伯特·吉尔平：《国际关系政治经济学》，经济科学出版社1989年版。

［美］丹尼·罗德里克：《全球化的悖论》，中国人民大学出版社2011年版。

宋希仁：《西方伦理学思想史》，湖南教育出版社2006年版。

［美］凯伦·阿姆斯特朗：《神的历史》，海南出版社2013年版。

［美］休斯顿·史密斯:《人的宗教》,海南出版社2013年版。

傅莹:《看世界》,中信出版社2018年版。

西方哲学史编写组:《西方哲学史》,高等教育出版社2011年版。

西方政治思想史编写组:《西方政治思想史》,高等教育出版社2011年版。

中国哲学史编写组:《中国哲学史》,高等教育出版社2012年版。

中国政治思想史编写组:《中国政治思想史》,高等教育出版社2012年版。

周振甫:《诸子百家名篇》,上海辞书出版社2013年版。

催连钟、刘明翰等:《世界通史》,人民出版社1997年版。

赵向标、刘松岭等:《中国通史》,新疆人民出版社2002年版。

后　　记

《国际道德——新时代全球治理的道德支撑》一书，从国际道德的内涵切入，研究分析了道德在新时代全球治理中的重要作用，研究分析了全球治理的信仰、宗旨、原则和秩序的构建等方面的道德内涵，以期它在这一领域的研究中，能够抛砖引玉。

当今国际关系发展的现实，特别是 2020 年新冠肺炎疫情在全球的大流行，告诉人们，新时代的全球治理，既需要坚持法治原则，更需要坚持道德原则，二者缺一不可。而且随着人类文明的进步，道德原则会显得越来越重要。研究国际道德，弘扬国际道德，也会显得越来越重要。

研究国际道德、弘扬国际道德、提高对道德的认识，让国际道德渗透到国际社会的每个角落，使所有的国家、所有的人，都能提高道德境界，坚持道德底线，崇德向善，做一个为全球谋幸福的奋斗者，这样，全球治理才能避免周期性的大变局，走上正确的道路。

本书于 2018 年完稿后，在评审、编辑过程中，中国社会科学院老干部局、世界经济与政治研究所、中国社会科学出版社，都花费了大量的精力，为本书的出版，做出了巨大的贡献。特别是世界经济与政治研究所的罗肇鸿研究员、沈骥如研究员、林水源研究员、吴广义研究员、林振淦研究员，中国社会科学院俄罗斯东欧中亚研究所的张森研究员,中国社会科学出版社的喻苗副编审及其团队,都功不可没,在此一并表示深深感谢!

刘国平

于 2020 年 6 月